Die justizielle Personalanforderungsrechnung
Ein Instrument des modernen Personalmanagements
im öffentlichen Dienst?

AF814227

Europäische Hochschulschriften
Publications Universitaires Européennes
European University Studies

Reihe V
Volks- und Betriebswirtschaft

Série V Series V
Sciences économiques, gestion d'entreprise
Economics and Management

Bd./Vol. 3121

PETER LANG
Frankfurt am Main · Berlin · Bern · Bruxelles · New York · Oxford · Wien

Konrad Kmetic

Die justizielle Personalanforderungsrechnung

Ein Instrument des modernen Personalmanagements im öffentlichen Dienst?

PETER LANG
Europäischer Verlag der Wissenschaften

Bibliografische Information Der Deutschen Bibliothek
Die Deutsche Bibliothek verzeichnet diese Publikation in der Deutschen Nationalbibliografie; detaillierte bibliografische Daten sind im Internet über <http://dnb.ddb.de> abrufbar.

Das Land Steiermark

➔ Wissenschaft

Gedruckt mit Unterstützung der
Karl-Franzens-Universität Graz
sowie des Landes Steiermark,
Abteilung Wissenschaft und Forschung.

ISSN 0531-7339
ISBN 3-631-53490-6

© Peter Lang GmbH
Europäischer Verlag der Wissenschaften
Frankfurt am Main 2005
Alle Rechte vorbehalten.

Das Werk einschließlich aller seiner Teile ist urheberrechtlich geschützt. Jede Verwertung außerhalb der engen Grenzen des Urheberrechtsgesetzes ist ohne Zustimmung des Verlages unzulässig und strafbar. Das gilt insbesondere für Vervielfältigungen, Übersetzungen, Mikroverfilmungen und die Einspeicherung und Verarbeitung in elektronischen Systemen.

www.peterlang.de

Als Nasrudin Friedensrichter war, kam eine Frau mit ihrem Sohn zu ihm. “Mein Sohn isst zu viel Zucker”, klagte die Mutter, “ich kann es mir nicht leisten, ihm so viel zu geben. Ich bitte Euch daher, ihm zu verbieten, so viel zu essen. Auf mich hört er nämlich nicht.”
Nasrudin sagte: “Komm in sieben Tagen wieder.” Nach sieben Tagen erschien die Frau mit ihrem Sohn ein zweites Mal vor Nasrudin. “Ich brauche noch einmal sieben Tage”, sagte Nasrudin und schickte die Frau fort. Als sie das dritte Mal zu Nasrudin kam, wandte der sich an den Sohn und erklärte: “Hiermit verbiete ich dir, mehr als zwei Stück Zucker am Tag zu essen.” Die Mutter fragte verwundert: “Das hättet Ihr doch schon sagen können, als ich das erste Mal bei Euch war. Warum habt Ihr so lange gebraucht, um ein so einfaches Urteil zu sprechen?” – “Ganz einfach”, erklärte Nasrudin, “ehe ich das dem Jungen befehlen konnte, musste ich erst herausfinden, ob ich selbst mit zwei Stück Zucker auskommen kann.”

Sufi- Geschichte

Vorwort

Zum Verständnis der doch sehr speziellen Hintergründe der vorliegenden Erhebung werden im ersten Teil in möglichst gedrängter, kurzer Form der Untersuchungsgegenstand, die Untersuchungsmethode und schließlich die wesentlichen Elemente der justiziellen Personalanforderungsrechnung, kurz PAR, nämlich die Entwicklung des Projektes, die PAR-Zeitwerte und die jährlichen Auswertungen behandelt.

Für Interessierte sind weitergehende Informationen zum Rechenwerk im Anschluss an die Ergebnisse der Umfrage im zweiten Teil der Arbeit zu finden, wo das Zustandekommen und die Entwicklung der einzelnen Vorgabezeiten genauer dargestellt werden. Dies fiel ausführlicher aus, da der größte Teil der bezughabenden Unterlagen „graue" Literatur war, die über justizinterne Veröffentlichungen wohl nicht hinaus gelangten.

Um die vorliegende „Buch-Version" nicht unnötig mit dem der Umfrage zugrunde liegenden Datenmaterial über das ohnehin gewählte Maß hinaus zu belasten, wird dieses ja nur für einen ganz engen Leserkreis von Bedeutung sein, aber auf Hinweise darauf auch hier nicht ganz zu verzichten, wurden im Text jeweils Hinweise auf die Fundstellen im Anhangteil der gebundenen Dissertation aufgenommen.

Vor Beginn der Ausführungen will ich aber noch allen Personen danken, die mir bei der gegenständlichen Arbeit unentbehrliche und wertvolle Hilfe waren. Vor allem gilt dieser Dank allen Umfrageteilnehmern, die zum überwiegenden Teil nicht nur in Geduld die vier Delphi-Runden über sich ergehen ließen, sondern auch bis zuletzt durch ihren Einsatz die Erhebung am Laufen hielten. Besonders hervorheben möchte ich aus diesem Kreis Herrn VPräs. Dr. Peter Jocham und Herrn EStA Dr. Thomas Mühlbacher, die mir den Zugang zu den Landesgerichten Klagenfurt und Leoben auftaten.

Der leitende Visitator des OLG Graz, SPräs. Dr. Thomas Hofmann und GV Dr. Gerhard Reissner leisteten bei der praktischen, VAss. DI Dr. Volker Wippel bei der technischen Umsetzung der Arbeit, vor allem beim nicht immer leichten Zugang zu Unterlagen und Hintergrundinformationen, entscheidende Unterstützung.

Graz, im Dezember 2004

Inhaltsverzeichnis

1. Einführung in die Erhebung 17

1.1. Untersuchungsgegenstand 17

1.1.1. Probleme der Leistungsmessung immaterieller Tätigkeiten 18
1.1.2. Die „Personalanforderungsrechnung“ als Verfahren zur Leistungsmessung in der Justiz 19
1.1.3. Exkurs: Justiz in Österreich 20
Organisation und Organe 20
Personalstand 22
Leitbild 23
1.1.4. Richterliche Selbstverwaltung 24
Die Personalsenate 25
Aufgaben der Personalsenate 27

1.2. Untersuchungsmethode 28

1.2.1. Delphi-Verfahren 28
Grundprinzipen der Delphi-Technik 30
Schritte einer Delphi-Erhebung 32
1.2.2. Exkurs: Statistische Grundbegriffe und Grundlagen der Umfrageauswertung 34
Univariate und multivariate Auswertungen 36
Skalenniveaus von Variablen 36
Korrelation und Signifikanz 41
Vorgehen bei der Auswertung 43

1.3. Das Projekt „PAR“ 44

1.3.1. Entwicklung 44
1.3.2. Komponenten der Personalanforderungsrechnung 47

1.4. PAR-Zeitwerte 50

1.4.1. PAR-BG-Zeitwerte – Streitige Zivilverfahren 51
1.4.2. PAR-BG-Zeitwerte – Außerstreitige Zivilverfahren 52
1.4.3. PAR-BG-Zeitwerte –Insolvenz- und Sonstige Verfahren 53
1.4.4. PAR-BG-Zeitwerte – Straf- und Exekutionsverfahren 54
1.4.5. PAR-LG-Zeitwerte – Zivilverfahren (I) 55
1.4.6. PAR-LG-Zeitwerte – Insolvenz- und Registerverfahren 57
1.4.7. PAR-LG-Zeitwerte – Strafverfahren 58

1.5. PAR-Auswertungen 59

1.5.1. Komponenten Arten – Mengen – Zeiten im PAR-ADV-Raster 59

1.5.2. Auswertungen des PAR-ADV-Rasters 63
PAR-Auslastungsgrad 64
Planstellungsauslastungsgrad nach PAR 65
Einschub: Periodenabgrenzung 65
Sonderauswertung „Richter als Rechtspfleger“ 66
Verteilung der Jahresarbeitszeiten auf variable und infrastrukturelle Tätigkeiten 69

2. Auswertung und Ergebnisse der Erhebung 71

2.1. Allgemeine Auswertung 71

2.2. Informationsstand und Akzeptanz 79

2.2.1. Informationsstand (I. Runde) 79
2.2.2. Informationsbeschaffung und Informationsquellen (I. Runde) 84
2.2.3. Akzeptanz (I. Runde) 89
2.2.4. Akzeptanzsteigerung durch Information (II. Runde) 94

2.3. Einsatzbereiche 99

2.3.1. Gegenwärtige Einsatzbereiche (I. Runde) 99
2.3.2. Gegenwärtige Einsatzbereiche (II. Runde) 101
2.3.3. Bewertung der PAR in den gegenwärtigen Einsatzbereichen (I. Runde) 109
2.3.4. Künftige Einsatzbereiche (I. Runde) 112
2.3.5. Bewertung der PAR in künftigen Einsatzbereichen (II. Runde) 113
2.3.6. Zusätzliche Situationen (II. Runde) 117

2.4. Stärken und Schwächen 120

2.4.1. Offene Fragen nach Vor- und Nachteilen (I. Runde) 120
2.4.2. Nachteilskategorie „Falsch“ (I. Runde) 122
2.4.3. Zuordnung „falscher“ Zeitwerte (II. Runde) 126
2.4.4. Zuordnung „falscher“ Zeitwerte (III. Runde) 128
2.4.5. Einschätzung des Zeitwertempfindens (II. Runde) 138
2.4.6. Vorschläge zur PAR-Zeitwerterhebung (III. Runde) 140
2.4.7. Fehlerquellen der PAR-Zeitwerterhebung (III. Runde) 147
2.4.8. Nachteilskategorie „Starr“ (I. Runde) 154
2.4.9. Nachteilkategorie „Starr“ (II. Runde) 157
2.4.10. Vorteilskategorie „Vergleichbarkeit“ (I. Runde) 162
2.4.11. Vorteilskategorie „Vergleichbarkeit“ (II. Runde) 166
2.4.12. Vor- und Nachteilskategorie „Maß für die richterliche Arbeit“ (I. Runde) 171
2.4.13. Vor- und Nachteilskategorie „Maß für richterliche Arbeit“ (II. Runde) 173

2.4.14. Gemischte Kategorien „Transparenz“, „Betroffene haben selbst mitgewirkt“, „Objektiv“ und „Manipulationsanfälligkeit“ (I. Runde) 178
2.4.15. Gemischte Kategorien „Transparenz“, „Betroffene haben selbst mitgewirkt“, „Objektiv“ und „Manipulationsanfälligkeit“ (II. Runde) 185
2.4.16. Kategorie „Sonstige Vorteile und Nachteile“ (I. Runde) 189
2.4.17. Einschätzung der „Verteilungsgerechtigkeit“ nach PAR (II. Runde) 190
2.4.18. Einschätzung des Auslastungsempfindens (II. Runde) 193
2.4.19. Pro und Contra externes Beratungsunternehmen (III. Runde) 198
2.4.20. Einschätzung des Verwaltungsaufwandes (III. Runde) 201
2.4.21. Eintreffen der Erwartungen (III. Runde) 205

2.5. Fragengruppe Zukunft 208

2.5.1. PAR als Instrument des Personalcontrollings (III. Runde) 209
2.5.2. PAR als Instrument einer (Personal-)Kostenrechnung (III. Runde) 211
2.5.3. Aktualisierung der PAR-Zeitwerte (III. Runde) 212
2.5.4. Einbeziehung der Richterschaft (III. Runde) 214
2.5.5. Zukunft der Systempflege (III. Runde) 217
2.5.6. Zukunftsperspektiven (III. Runde) 220

2.6. Zusammenfassung 223

2.6.1. Teilnehmerfeld 223
2.6.2. Informationsstand und Akzeptanz 224
2.6.3. Einsatzbereiche der PAR 224
2.6.4. Stärken und Schwächen der PAR 226
2.6.5. Zukunft der PAR 234

3. PAR-BG 239

3.1. Projektorganisation 239

3.2. Projektdurchführung 241

3.3. Variable Tätigkeiten beim BG 247

3.3.1. Geschäftsgattung C 252
3.3.2. Geschäftsgattungen MSch und PSch 259
3.3.3. Geschäftsgattung A 260
3.3.4. Geschäftsgattung P 263
3.3.5. Geschäftsgattung SW 267
3.3.6. Geschäftsgattung F 270
3.3.7. Geschäftsgattung E 271
3.3.8. Geschäftsgattung Nc 277
3.3.9. Geschäftsgattung Hc 279
3.3.10. Geschäftsgattung Ub 281

3.3.11. Geschäftsgattung TZ 281
3.3.12. Geschäftsgattung U 283
3.3.13. Geschäftsgattung Hs und Z 285
3.3.14. Geschäftsgattung I bzw. Se und S, Sa 286

3.4. Infrastrukturelle Tätigkeiten beim BG 286

3.4.1. Führungsaufgaben 288
3.4.2. Grundaufgaben 290
3.4.3. Aufgaben „ad personam“ 295
3.4.4. Standortzuschläge 297
3.4.5. Doppelplanstellen 297

4. PAR-LG 299

4.1. Projektorganisation 299

4.2. Projektdurchführung 301

4.3. Variable Tätigkeiten beim LG 312

4.2.1. Die Zeitkategorien in den einzelnen Geschäftsgattungen 317
4.2.2. Die Zivilzeitwerte 320
4.2.3. Geschäftsgattung Cg 320
Exkurs: Bearbeitung der Roh-Zeitwerte 323
4.2.4. Geschäftsgattung Cga 328
4.2.5. Geschäftsgattung Cgs 333
Nacharbeiten in Cg, Cga und Cgs 334
Nebenregister für Cg, Cga und Cgs (Nc) 338
4.2.6. Geschäftsgattung R 342
Nebenregister für R (R/N-Senatsgerichtsbarkeit) 347
Einschub 1: Senatszeitwerte nach Funktionen 349
Einschub 2: Senatszeitwerte nach Verfahrensdauer 350
Nacharbeiten in R 351
4.2.7. Die Insolvenzverfahren: S, Sa, Svv und Se 353
4.2.8. Die Strafverfahren 361
4.2.9. Geschäftsgattung Ur 362
Nacharbeiten in Ur 365
4.2.10. Geschäftsgattung EHv 367
Nacharbeiten in EHv 370
4.2.11. Geschäftsgattung SHv Schöffenverfahren 372
Nacharbeiten in SHv (Schöffen) 374
4.2.12. Geschäftsgattung SHv Geschworenenverfahren 375
Nacharbeiten in SHv (Geschworene) 378
4.2.13. Geschäftsgattung Bl 379
4.2.14. Geschäftsgattung BE 382
Nacharbeiten in BE 387

4.2.15. Geschäftsgattung Ratskammerverfahren (RK) 387
4.2.16. Geschäftsgattung Hs 390
4.2.17. Geschäftsgattung Ns 392
4.2.18. Firmenbuch und Todes-/Kraftloserklärungen 394
4.2.19. Geschäftsgattung Firmenbuch 394
4.2.20. Geschäftsgattung T 399

4.4. Infrastrukturelle Tätigkeiten beim LG 401

4.3.1. Justizverwaltung 402
4.3.2. Grundaufgaben 403
4.3.3. Aufgaben „ad personam“ 413
4.3.4. Standortzuschläge 415

Abkürzungsverzeichnis 417

Literaturverzeichnis 423

Summary 429

Die justizielle Personalanforderungsrechnung – ein Instrument des modernen Personalmanagements im öffentlichen Dienst?

I. Teil – Die Delphi-Erhebung

1. Einführung in die Erhebung

1.1. Untersuchungsgegenstand

„In Zeiten erhöhter Anforderungen der Bürger an den Staat und zunehmend kritischer Beurteilung der Arbeit staatlicher Einrichtungen steht auch die Justiz im ständigen Blickpunkt der Öffentlichkeit.

Die Justiz ist sich bewusst, dass sie zur Erfüllung ihrer Funktion als wichtige Säule des demokratischen Rechtsstaates nicht nur Autorität durch staatliche Zwangsgewalt, sondern vor allem auch das Vertrauen der Bevölkerung benötigt. Für dieses Vertrauen sind nicht nur Unabhängigkeit und Unparteilichkeit der Rechtsprechung, sondern auch das bürgerfreundliche und rasche Funktionieren der Justiz Voraussetzung. Vor allem wird heute von der Justiz gefordert, dem Bürger menschlich zu begegnen, die Verfahren möglichst rasch zu führen, sich verständlich zu erklären und zunehmend eine Servicefunktion zu übernehmen“.[1]

Damit die Justiz diese Aufgaben erfüllen kann, forderte das Justizministerium in seinem „Leitfaden zur Personalanforderungsrechnung (PAR) im Bereich der Richter und Rechtspfleger der Bezirksgerichte“ neben der Schaffung der legislativen und administrativen Voraussetzungen auch die Erfüllung der organisatorischen, personellen und finanziellen Erfordernisse. Als zentrale Punkte wurden dabei die **ausreichende personelle Dotierung** der Gerichte und die **Sicherstellung entsprechender Arbeitsbedingungen** angesehen.

Dies war die Ausgangslage, die bis dahin verwendeten Steuerungsinstrumente[2] des betrieblichen Informationssystems (BIS) und des Personalinformationssystems (PIS) durch ein weiteres zu ergänzen und zu erweitern. Seither werden, beginnend mit 1994 für die Bezirksgerichte und 1996 für die Landesgerichte alljährlich PAR-Auswertungen vorgenommen, die Ergebnisse der Berechnungen im Mai des Folgejahres dargestellt und an die einzelnen Gerichte versandt.

Seit dieser Zeit verstummen aber auch die „Zweifel“ an den so unbestechlich scheinenden Zahlen nicht, decken sich doch die rechnerisch ausgewiesenen „Auslastungsgrade“ der Gerichte nicht immer mit den subjektiv empfundenen „Belastungsgraden“ der Betroffenen. Ist dies bloß Ausfluss allgemein vorhandener

---

[1] Fellner Wolfgang, Leitfaden zur „Personalanforderungsrechnung“ im Bereich der Richter und Rechtspfleger der Bezirksgerichte (PAR-BG) (1996), 2.

[2] Näheres dazu: Fellner Wolfgang, Personalbewirtschaftung in der Justiz und die Steuerungsinstrumente des betrieblichen Informationssystems, in: BMJ (Hrsg.), Die Verwaltung der Gerichte – Wege zu einem neuen Justizmanagement (1991), 105ff.

Skepsis „Gemessener“ am Messsystem oder wohnen der Kritik berechtigte Zweifel an der Messbarkeit richterlicher Tätigkeit inne?

Ziel dieser im Rahmen einer Dissertation an der Sozial- und Wirtschaftswissenschaftlichen Fakultät der Universität Graz durchgeführten Delphi-Studie war es, die PAR als Instrumentarium des Personalmanagements in der Justiz darzustellen. In einer auf vier Runden angelegten, über Fragebögen anonym geführten Diskussion unter Experten sollten die Stärken und Schwächen dieses Instrumentariums herausgearbeitet werden. Die Fragebögen ergingen an Richter des Sprengels des Oberlandesgerichtes (OLG) Graz, die neben ihrer Betroffenheit als „Messgegenstand“ der PAR mit diesem Instrumentarium als Angehörige der Personalsenate befasst waren. Weiters waren in die Erhebung in der Justizverwaltung tätige Personen des OLG Graz eingebunden. Vervollständigt wurde das Umfragefeld durch von Vertretern der Richtervereinigung und der „Gewerkschaft öffentlicher Dienst (GöD) – Sektion Richter und Staatsanwälte“ namhaft gemachte Kollegen, die sich mit der PAR auseinandergesetzt hatten.

Die Umfrage verstand sich weder als Sprachrohr der Unzufriedenen, um so ein unliebsames Kontrollinstrument in Frage stellen zu können, noch als wissenschaftliche Absegnung oder Freibrief für ein Werkzeug zur zentralen Steuerung des Einsatzes richterlicher Arbeitskraft. Durch die Erörterung von Fragen wie „Bedeutung der PAR für die Justizverwaltung“ oder „Einsatzgebiete und Funktionsweise des Rechenwerkes“ konnten möglicherweise auch vorhandene Vorurteile oder Missverständnisse in der Richterschaft aufgezeigt und vielleicht ausgeräumt werden. Diese als eine anhand der Einschätzung von „Experten“ im Sprengel des OLG Graz durchgeführte Systemanalyse sollte so ihren Beitrag zur Weiterentwicklung des Systems leisten.

1.1.1. Probleme der Leistungsmessung immaterieller Tätigkeiten

Traditionell wird Leistungsmessung vor allem im Zusammenhang mit Fragen der Personalentlohnung diskutiert. Nicht umsonst wird bei der Suche nach dem „gerechten Lohn“ die Leistungs-Gerechtigkeit als ein Aspekt dieser Lohngerechtigkeit angesehen.[3]

Leistung im Sinne der Arbeitswissenschaft[4] wird als Arbeitsergebnis je Zeiteinheit gesehen. Dabei zeigt sich bereits, welch zentrale Bedeutung die Ermittlung von Zeiten für die Messung menschlicher Arbeit einnimmt. Im Zusammenhang mit Akkordentlohnungsmodellen wurde der Begriff der „Vorgabezeit“ geprägt.

[3] Olfert Klaus/Steinbuch Pitter A., Personalwirtschaft[4] (1990), 246.
[4] Wohinz Josef W./Russ Michael, Arbeitswissenschaften – Skriptum der TU Graz, Institut für Wirtschaft und Betriebswissenschaften (1993/1994), 1.7.

Olfert/Steinbuch schlagen folgende Methoden der Ermittlung solcher Zeiten und Zeitanteile vor:[5]

- ➔ Ermittlungsverfahren
  - ➔ Zeitschätzung
  - ➔ REFA-Zeitaufnahme
  - ➔ Multimomentaufnahme
- ➔ System vorbestimmter Zeiten
  - ➔ Work-Faktor-Verfahren
  - ➔ Methods-Time-Measurement-Verfahren

Bei der ersten Gruppe, den Ermittlungsverfahren, werden Ist-Zeitwerte erhoben. Dies geschieht entweder durch (exaktes) Messen, wie bei der REFA-Zeitaufnahme, oder durch (näherungsweises) Schätzen. Eine Sonderform stellt die stichprobenartige Erfassung der Häufigkeit zuvor festgelegter Ablaufarten, deren Dauer man bereits kennt oder zu der Annahmen oder Vorgaben bestehen, dar (Multimomentaufnahme).[6]
Das Ergebnis einer Zeitermittlung durch Vergleichen und Schätzen lässt sich unter anderem durch die systematische Darstellung der Vergleichs-/Schätzunterlagen verbessern. Dabei werden ähnliche Abläufe nach ihren Zeiten geordnet und in Zeitklassen zusammengefasst. Diese Unterart der Zeitermittlung durch Vergleichen und Schätzen nennt man Zeitklassenverfahren.[7]
Die zweite Gruppe, die der Systeme vorbestimmter Zeiten, bezeichnet Verfahren, die im Gegensatz zur ersten, Soll-Zeiten ermitteln. Diese Systeme gehen von der Vorstellung aus, dass (vor allem manuelle) Tätigkeiten analytisch ermittelt werden können. Es werden dabei einzelne Bewegungsabläufe in ihre Elemente zerlegt und auf diese zurückgeführt. Diesen Bewegungselementen, z.B. Hinlangen, Bringen, Greifen etc., werden (idealtypische) Zeitwerte unter Verwendung von Bewegungszeittabellen zugeordnet.

1.1.2. Die „Personalanforderungsrechnung“ als Verfahren zur Leistungsmessung in der Justiz

Gegenstand der vorliegenden Arbeit ist ein System einer solchen Leistungsmessung, welches seit einigen Jahren in der österreichischen Justizverwaltung angewendet wird, um für den Bereich der Rechtsprechung Kennzahlen zu erhalten, die Aufschluss über den Leistungsgrad der einzelnen Organisationseinheiten (Gerichte) geben. Es handelt sich dabei um die sogenannte „Personalanforderungsrechnung“, kurz PAR. Die aus diesem System gewonnen Daten kommen in einer

[5] Olfert/Steinbuch, Personalwirtschaft, 287f.
[6] Wohinz/Russ, Arbeitswissenschaften, 4.14.
[7] Wohinz/Russ, Arbeitswissenschaften, 4.24.

Vielzahl von Verwaltungsaufgaben zum Einsatz. So werden neben der Ermittlung der Aus- und Belastungssituation in den einzelnen Gerichten auch die gesamte Planstellenbewirtschaftung und Fragen der Geschäftsverteilung auf die Ergebnisse der PAR-Berechnung abgestellt.

Zum Verständnis der Funktionsweise dieses Berechnungssystems soll zunächst ein Überblick über sein Einsatzgebiet gegeben werden.

1.1.3. Exkurs: Justiz in Österreich[8]

Organisation und Organe[9]

Dem im Zeitalter der Aufklärung entstandenen Modell der „Gewaltenteilung" folgend werden die Funktionen des österreichischen Staates in drei, in allen Instanzen voneinander getrennte „Staatsgewalten" unterteilt. Neben der Gesetzgebung, die innerhalb dieser Gewalten eine übergeordnete Position einnimmt, bildet die Rechtsprechung mit der Verwaltung eine dieser Staatsgewalten. Ihr kommt innerhalb des Staatsgefüges die Aufgabe zu, über zivilrechtliche Ansprüche und Verpflichtungen sowie über die Stichhaltigkeit strafrechtlicher Anklagen zu entscheiden.[10]

Zur Erfüllung dieser Aufgaben sind in der österreichischen Verfassung als Organe der Gerichtsbarkeit die Richter[11], die Rechtspfleger[12] und die Mitwirkenden aus dem Volk[13] eingerichtet.

---

[8] Dass die Diskussion um mehr Effizienz und „Ökonomisierung" des Gerichtsbetriebes kein österreichisches Spezifikum war, zeigt die seit einigen Jahren mitunter heftig geführte Diskussion dazu in Deutschland, wo aber mit „PEBB§Y" ein der PAR vergleichbares Messsystem erst im Entstehen ist. Eine Auswahl von Beiträgen dazu: Kleinknecht Manfred, Schlanker Staat – schlanke Justiz, RZ 1995, 167; Günter Hans-Helmut, Der Unternehmensberater am Arbeitsplatz des Richters, DRiZ 1994, 305ff; Adickes Franz, So schnell und so billig wie möglich Recht finden, DRiZ 1995, 120f; Huff Martin W., Bessere Organisation in der Justiz – Das Museum Gericht, DRiZ 1995, 282; Werner Marcus/Koetz Axel G./Hagener Dirk, Der Unternehmensberater am Arbeitsplatz eines Richters – ein Muß!, DRiZ 1995, 430ff; Mäurer Ulrich, Dezentrale Ressourcensteuerung im Justizhaushalt der Freien Hansestadt Bremen – Erfahrungen und Perspektiven im Umgang mit den Finanzen der Justiz zu Zeiten knappen Geldes, DRiZ 1996, 169ff; Hoffmann-Riem Wolfgang, Für ein professionelles Gerichtsmanagement, DRiZ 1997, 290ff; Leeb Hermann, Brauchen wir Gerichtsmanager, DRiZ 1997, 287; Schäfer Hans-Bernd, Kein Geld für die Justiz – Was ist uns der Rechtsfriede wert?, DRiZ 1995, 461ff; Baumgart Michael/Schmitt-Michalowitz Sylvia, Justizreform durch leere Kassen, DRiZ 1997, 61f.

[9] Die folgende Darstellung bezieht sich auf den Stand 1996, also dem Jahr, in dem PAR-BG die ersten „Kinderkrankheiten" überwunden hatte und die Erfassungen zu PAR-LG durchgeführt wurden. Am Ende des Jahres 1996 lagen erstmals die „vollen" PAR-Auswertungen, also sowohl eine PAR-BG als auch eine PAR-LG vor, weshalb dieses Jahr zum Bezugspunkt der Darstellung gewählt wurde. Zwischenzeitig kam es zu leichten organisatorischen Änderungen. So wurden vor allem einige kleinere Bezirksgerichte zusammengelegt und der JGH Wien sowie die diesem angeschlossene JA Erdberg abgeschafft.

[10] Walter Robert/Mayer Heinz, Grundriss des österreichischen Bundesverfassungsrechts[9] (2000), 323f.

[11] Art 86ff B-VG, BGBl. 1930/1 i.d.g.F.

[12] Art 87a B-VG.

Während die Aufgaben der Rechtsprechung „unabhängig", d.h. ohne Eingliederung und Unterwerfung der Rechtssprechungsorgane in ein hierarchisches Weisungssystem wahrgenommen werden, ergibt sich in organisatorischer Hinsicht[14] folgender Aufbau der Justiz in Österreich.

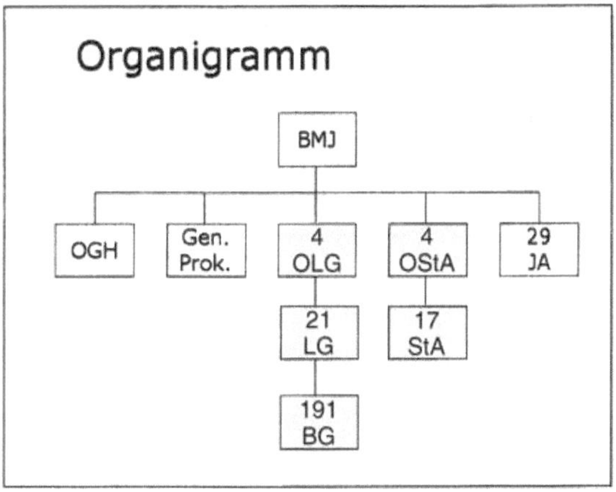

An oberster Stelle in verwaltungstechnischen Belangen ist das Bundesministerium für Justiz (BMJ). Im Instanzenzug der Rechtsprechung steht das in Wien angesiedelte Höchstgericht für Zivil- und Strafrechtssachen, der Oberste Gerichtshof (OGH) an der Spitze. Dem OGH „beigegeben" ist die Generalprokuratur (Gen.Prok.), welche die Anklage in Strafverfahren vor dem Höchstgericht vertritt. Ebenfall in den Ressortbereich des Justizministeriums gehören die Justizanstalten (JA).

Sieht man vom Höchstgericht ab, werden die eigentlichen Aufgaben der Rechtsprechung in den sogenannten „Justizbehörden in den Ländern" ausgeübt (grau hinterlegte Bereiche obenstehenden Diagramms). Das österreichische Bundesgebiet wird in 4 Oberlandesgerichts-(OLG-)Sprengel unterteilt, wobei neben Wien in Graz, Linz und Innsbruck sich der Sitz dieser Gerichte befindet. Die Sprengel der OLGs zerfallen wiederum in Landesgerichts-(LG-)Sprengel. So umfasst der Sprengel – also der Zuständigkeitsbereich – des OLG Graz die LG-Sprengel Graz, Leoben und Klagenfurt.

---

[13] Art 91 B-VG.

[14] Bundesministerium für öffentliche Leistung und Sport (Hrsg.), Verwaltung auf einen Blick. Leistungsbericht der österreichischen Bundesverwaltung 2000 (2000), 13.

1996 waren in Österreich 21 Landesgerichte eingerichtet, wobei 7 davon „Spezialgerichte“ darstellten.[15]

Bei jenen Gerichten, die auch Strafrechtspflege betreiben, sind zur Vertretung der öffentlichen Anklage Staatsanwaltschaften (StA), bei den Oberlandesgerichten, da sie auch als Rechtsmittelinstanz in Strafsachen tätig werden, Oberstaatsanwaltschaften (OStA) eingerichtet.

Personalstand

Das im Justizbereich eingesetzte Personal teilte sich, dieser organisatorischen Gliederung entsprechend, 1996 wie folgt auf die einzelnen Bereiche auf:[16]

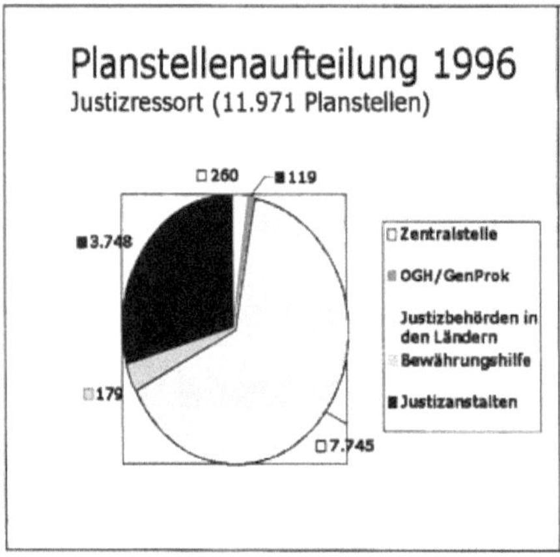

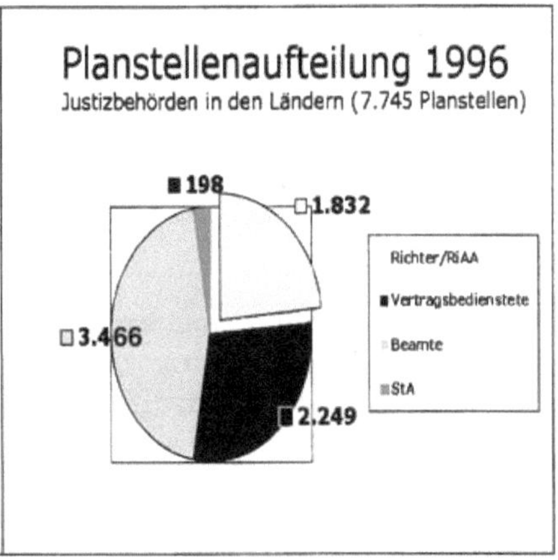

Die laut Verfassung als Organe der Gerichtsbarkeit zu betrachtenden Personen, die auch die eigentliche Rechtsprechung ausüben, sind zum einen die oben im abgehobenen Ausschnitt dargestellten Richter.[17] Die andere Gruppe, die Rechtspfleger, sind im Abschnitt „Beamte“ enthalten.

Die Entwicklung der Personalzahlen zeigte in den darauf folgenden Jahren nachstehende Entwicklung:[18]

---

[15] LG für Strafsachen und LG für Zivilrechtssachen je in Wien und Graz; Handelsgericht, Jugendgericht und Arbeits- und Sozialgericht je in Wien.

[16] Fellner Wolfgang, Personalbewirtschaftungssystem der österreichischen Justiz. Instrumente der Messung der richterlichen Arbeitsauslastung in Österreich (Vortragsunterlage) (1996).

[17] „RiAA“ bezeichnen die noch in Ausbildung befindlichen „Richteramtsanwärter.

[18] Bundesministerium für öffentliche Leistung und Sport (Hrsg.), Leistungsbericht 2000, 14.

	1997	1998	1999
Personalkapazität per 31.12. (ohne Justizanstalten)	7.721	7.719	7.707

Die Beschäftigtenzahlen waren im gesamtösterreichischen Durchschnitt relativ konstant geblieben. Wie später dargestellt wird, gibt es dabei regional und in den einzelnen Verwendungsgruppen demgegenüber jedoch stark abweichende Entwicklungen.

Leitbild

Ausgehend von der Entwicklung eines Leitbildes für den Gesamtbereich der öffentlichen Verwaltung begann in den letzten Jahren auch eine Leitbilddiskussion innerhalb der Justiz. Als Ergebnis der bisherigen Bemühungen kann folgender Entwurf einer „Kurzcharakteristik" gesehen werden.[19]

„Die Gerichte und Staatsanwaltschafen haben die Aufgabe, Rechtssicherheit und Rechtszufriedenheit herzustellen und zu erhöhen. Die Aufgabenerfüllung erfolgt unparteiisch und fair sowie mit dem Anspruch, dass möglichst wenige Entscheidungen aufgehoben werden.

Neben der Gesetzeskonformität gerichtlicher Entscheidungen kommt vor allem einer *angemessenen Dauer* gerichtlicher Verfahren zentrale Bedeutung zu, wobei auf eine *gleichmäßige Auslastung der Entscheidungsorgane* sowie die *Beibehaltung des hohen Kostendeckungsgrades* geachtet wird."

Bemerkenswert an dieser Kurzdarstellung der Aufgaben, wie sie vom Justizministerium erarbeitet wurde, ist der Umstand, dass neben allgemeinen Zielvorstellungen zur Ausübung der Rechtsprechung auch Kriterien der „Effizienz" und ökonomischen Betrachtung Einfluss gefunden haben.

Insbesondere der Passus über die „gleichmäßige Auslastung der Entscheidungsträger" zeigt, welche Bedeutung Fragen der Leistungs- und Belastungsmessung auch im Bereich der Justiz gewonnen haben.

---

[19] Bundesministerium für öffentliche Leistung und Sport (Hrsg.), Leistungsbericht 2000, 13.

1.1.4. Richterliche Selbstverwaltung[20]

Aus der besonderen Stellung der Gerichtsbarkeit (Artikel 94 B-VG: „Die Justiz ist von der Verwaltung in allen Instanzen getrennt") und ihrer Organe (Artikel 87 Abs. 1 B-VG: „Die Richter sind in Ausübung ihres richterlichen Amtes unabhängig") ergibt sich die Notwendigkeit, dieser besonderen Stellung auch in organisatorischen Belangen Rechnung zu tragen. Zumindest in Kernbereichen, wo die Gefahr direkter Einflussnahme anderer Staatsgewalten – namentlich der Exekutive – besonders groß erschien, wurden bestimmte organisatorische Aufgaben der „Verwaltung" der Richterschaft selbst übertragen. Dieser „autonome", „eigene Wirkungsbereich" der Justizverwaltung, die sogenannte „richterliche Selbstverwaltung", wird in Form von „Senaten" – also kollegialen Organen, bestehend aus mehreren Richtern - ausgeübt. Die dabei wahrgenommenen Agenden, obwohl inhaltlich Verwaltungstätigkeiten, ergehen in Ausübung der Rechtssprechung[21]. Dies unterscheidet den durch Senate wahrgenommenen Bereich der Justizverwaltung von jenem, in dem die Organe „monokratisch" – also nicht im Senat – Justizverwaltungsaufgaben wahrnehmen. Die Präsidenten der Oberlandesgerichte, der Landesgerichte sowie die Vorsteher der Bezirksgerichte handeln in diesen Fällen ohne die richterlichen Garantien weisungsgebunden, wobei sich die Weisungsspitze diesbezüglich beim Bundesministerium für Justiz befindet.[22]

Bei der Frage, welche Aufgaben dem Bereich der Justizverwaltung zuzurechnen sind, wird auf den historischen, bis zur Erlassung des B-VG ausgebildeten Umfang der Justizverwaltung abgestellt[23]. Inwieweit Aufgaben dem Bereich der „Senatsverwaltung" zugehören, lässt sich im Wesentlichen aus Bestimmungen des B-VG direkt ableiten. Haben diese ihren Ursprung bzw. Anknüpfungspunkt in den Bestimmungen der Verfassung, erfahren sie ihre nähere Ausgestaltung in daraus abgeleiteten Normen des Richterdienstgesetzes (RDG)[24].

Zur Ausübung der „Senatsverwaltung" sind zwei Arten von Organen eingerichtet:

1. Die Personalsenate gemäß §§ 36 bis 49 RDG zur Besorgung von Aufgaben die im Wesentlichen der Personalverwaltung zuzurechnen sind sowie
2. die Senate der
   a. Dienst- (§ 90 RDG) und
   b. Disziplinargerichte (§ 111 RDG).

---

[20] Weiterführend dazu: Malaniuk Wilhelm, Justizverwaltung beim Gerichtshof, JBl 1954, 529ff; Walter Robert, Trennung von Justiz und Verwaltung und Justizverwaltung, JBl 1957, 255ff; Hanke Othmar, Justiz und Justizverwaltung, RZ 1991, 86f; Hule Oskar, Nochmals: Reform der Personalsenate, RZ 1993, 209.
[21] Walter/Maier, Grundriß, RZ 765 und Artikel 87 Abs. 2 B-VG.
[22] Walter/Maier, Grundriß, RZ 770.
[23] Walter/Maier, Grundriß, RZ 765 m.w.N.
[24] RDG, BGBl. 305/1961 i.d.F. BGBl. I 70/1999.

Ihnen kommen Aufgaben vor allem im Zusammenhang mit der Versetzung bzw. Ablösung eines Richters aus disziplinären oder dienstlichen bzw. persönlichen Gründen zu.

Die Personalsenate[25]

Sie sind die eigentlichen Träger der richterlichen Selbstverwaltung. Bei jedem Gerichtshof, d.h. bei den Oberlandes- und Landesgerichten, ist ein **Personalsenat**[26] zu bilden, der i.d.R. aus 5, ausnahmsweise, wenn die bei einem Landesgericht einschließlich den, diesem „zugehörigen" Bezirksgerichten systemisierten Richterplanstellen-Anzahl 100 übersteigt, 7 Mitgliedern. „Mitglieder kraft Amtes" sind der Präsident des Gerichtshofes und dessen (dienstältester) Vizepräsident. „Wahlmitglieder" werden für eine Funktionsperiode von vier Jahren gewählt, wobei für jedes von ihnen auch zwei Ersatzmitglieder zu ermitteln sind.

Bei jedem Oberlandesgericht und dem OGH sind neben den Personalsenaten als weitere „besondere" Personalsenate, die sogenannten **Außensenate**, einzurichten.[27] Auch hier bilden der jeweilige Präsident mit einem Vizepräsidenten die Mitglieder kraft Amtes, drei Richter im Fall der OLGs und 5 beim OGH deren Wahlmitglieder. Als Besonderheit gilt für deren Wahl, dass nur die in die Personalsenate gewählten Richter die Mitglieder „ihres" Außensenates wählen, dabei jedoch jeden (zum Personalsenat wählbaren[28]) Richter des OLG-Sprengels wählen können.[29]

De facto werden die (Wahl-)Mitglieder des Außensenates nicht nur von den (Wahl-)Mitgliedern der LG-Personalsenate gewählt, sondern – zumindest zum Teil – auch aus deren Kreis. Dadurch soll dieser „Wahl der Wahlmänner" auch eine verstärkte Legitimierung durch die „Basis" verliehen werden, weil so letztlich auch in den Außensenat nur Personen gewählt werden, die ihrerseits in die Personalsenate gewählt worden waren.

Ein weiteres Kriterium für die Wahl in den Außensenat ist auch die gleichmäßige Repräsentanz der verschiedenen, dem OLG angehörenden Landesgerichte, wie es auch im nachstehenden Ergebnis der Außensenatswahl des Jahres 2000 für das OLG Graz zum Ausdruck kommt.

---

[25] Graphische Darstellung der Pesonalsenate siehe Beiblatt.
[26] § 36 RDG.
[27] § 36a RDG.
[28] Näheres dazu siehe § 37 RDG.
[29] Für den Außensenat des OGH gilt das gleiche System, nur umgelegt auf die Personalsenate der OLGs. Näheres dazu siehe § 36a Abs. 3 und 4 RDG.

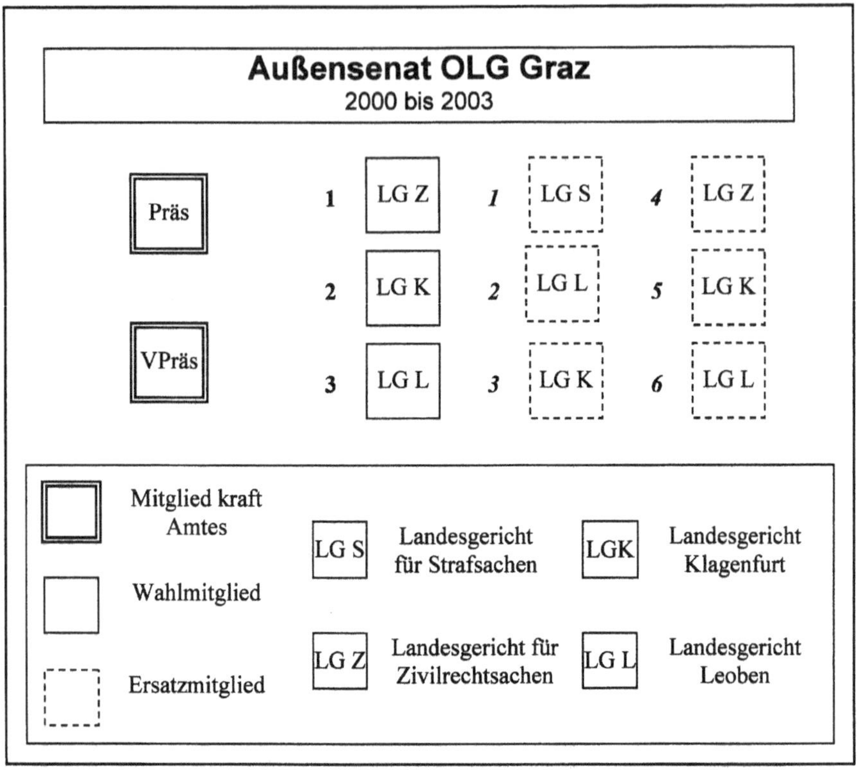

Die (unter Einbeziehung der „Ersatzmitglieder") zu vergebenden 9 „Mandate" wurden gleichmäßig zu je 3 auf Graz (hier wiederum aufgeteilt auf – diesmal notwendigerweise nicht gleichmäßig – Zivil- und Straflandesgericht), Leoben und Klagenfurt verteilt.

Mit Wahl in den Außensenat ist die Funktion als Mitglied des Personalsenates unvereinbar (§ 46a Abs. 6 RDG: „Nimmt ein Wahlmitglied die Wahl zum Außensenatsmitglied oder Außensenatsersatzmitglied an, so scheidet es als Wahlmitglied oder Ersatzmitglied des Personalsenates des Gerichtshofes erster Instanz aus."). Deshalb erreichen die Personalsenate auch bereits kurz nach ihrer Wahl im Regelfall nicht die im Gesetz vorgesehene volle „Sollstärke".[30]

[30] Vgl. Darstellung des Ergebnisses zur Personalsenatswahl 2000, in der bereits die „Unvereinbarkeiten" zur Darstellung kamen, da die einzelnen Personalsenate schon unmittelbar nach der Wahl nicht mehr ihre volle Sollstärke aufweisen; in: RZ 2000, 39.

Dem Umstand begegnet die große Anzahl der Ersatzmitglieder –jeweils die doppelte Anzahl der für den jeweiligen Personalsenat vorgesehenen Wahlmitglieder – ebenso wie allen anderen persönlichen Änderungen, die zum Ausscheiden von Wahlmitgliedern während der 4-jährigen Amtsperiode führen, sodass von der im § 36 Abs. 6 sowohl für Personal- als auch Außensenate vorgesehenen „Ergänzungswahl" in den seltensten Fällen Gebrauch gemacht wird (§ 36 Abs. 6 2. Satz RDG: „Reicht die Zahl der Ersatzmitglieder nicht aus, so ist für den Rest der Funktionsdauer eine Ergänzungswahl durchzuführen, bei der unter sinngemäßer Anwendung der Bestimmungen über die Personalsenatswahl so viele weitere Ersatzmitglieder zu wählen sind, dass wiederum die nach Abs. 5 vorgesehene Zahl an Ersatzmitgliedern erreicht wird; die neugewählten Ersatzmitglieder haben nach den bisherigen Ersatzmitgliedern entsprechend der Zahl ihrer Wahlpunkte einzutreten").

Aufgaben der Personalsenate

Die wesentlichsten Aufgaben der Personalsenate ergeben sich direkt aus der Verfassung und erfahren, wie bereits angeführt, ihre nähere Ausgestaltung vornehmlich im RDG sowie in weiteren einschlägigen Verwaltungsvorschriften für den Justizbereich.

Aufgaben der Personalsenate		
B-VG	**Einfachgesetzliche Ausgestaltung**	**Inhalt der Aufgabe**
Besetzung von Planstellen		
Artikel 86 B-VG	§§ 25 Abs. 3, 32, 33 RDG	Erstattung von Besetzungsvorschlägen
„Laufender Geschäftsbetrieb"		
Artikel 88a B-VG	§ 65 Abs. 2 RDG; §§ 24 Abs. 1, 26 Abs. 2, 30 Abs. 3, 32 Abs. 2 und 35 GOG	Verwendung (Einsatz) der Sprengelrichter
Artikel 87 Abs. 3 i.V.m. 83 Abs. 2 B-VG	§§ 27, 27a GOG	Geschäftsverteilung
	§ 52 RDG	Dienstbeschreibung der Richter
	§ 38 Abs. 1 GOG	Einteilung der Richter zur Rufbereitschaft
Versetzung bzw. Absetzung von Richtern		
Artikel 88 Abs. 2 u. 3 B-VG	§§ 90, 111 RDG	Zusammensetzung des Dienst- und Disziplinargerichtes
	§ 25 Abs. 4 RDG	Erstattung von (Versetzungs-) Gutachten

In personalwirtschaftlichen Begriffen kommen den Personalsenaten Aufgaben im Bereich der Personaleinstellung/Auswahl, der Personalverwaltung (Geschäftsverteilung; Sprengelrichtereinsatz) sowie der Personalbeurteilung (Dienstbeschreibung; Disziplinarrecht mit Versetzungen und Absetzungen) bis hin zum Bereich der Beendigung des Dienstverhältnisses (Kündigung und Entlassung als Ergebnis eines Dienst- oder Disziplinargerichtsverfahrens) zu.[31]

1.2. Untersuchungsmethode

1.2.1. Delphi-Verfahren[32]

Das Delphi-Verfahren hat militärischen Ursprung und wurde als Kind des kalten Krieges geboren. „Projekt Delphi" war der Name einer Studie, die die US-amerikanische „Rand-Corporation"[33] in den frühen fünfziger Jahren des 20. Jahrhunderts im Auftrag der US Air Force zur Erhebung möglicher (industrieller) Ziele sowjetischer Bombenangriffe auf die USA durchführte. Ziel war es, die Meinungen einer Reihe von Experten dazu durch mehrmaliges Befragen mittels Fragebogens zu erheben, wobei zuvor jeweils die Antworten der anderen Experten als „Gruppenmeinung" rückgemeldet worden waren, um diese so schlussendlich zu einem Konsens im Sinne einer brauchbaren Prognose zusammenzuführen.

Rund ein Jahrzehnt später fand diese Methode der Expertenbefragung durch einen Aufsatz von Helmer/Rescher sowie eine Studie von Gordon/Helmer zur Erforschung von „Long-Range-Trends" Eingang in die Wissenschaft.[34]
Ersonnen als Prognoseinstrument wurde es zunächst im Bereich von „Non Profit-Organi-sationen" eingesetzt, wo es zu Delphi-Erhebungen über Entwicklungen im Gesundheits-, Wohnungs- und Bildungswesen kam. Sehr bald fand die Methode jedoch auch Anwendung im Rahmen von Planungsprozessen in Unternehmungen, wo die Methode nicht nur auf technologische Vorhersagen beschränkt blieb, sondern sich ihre generelle Eignung zur Zielfindung, Problemerkennung, Maßnah-

---

[31] Vgl. auch: Klingler Josef, Funktionierende Justizverwaltung – ein wichtiges Anliegen der Richterschaft, RZ 1991, 158ff.

[32] Die Darstellung des Erhebungsverfahrens folgt im Wesentlichen folgenden Arbeiten über die Untersuchungsmethode: Rauch Wolf, WTI-Delphi, Untersuchung über den gegenwärtigen Stand und zukünftige Entwicklungen des wissenschaftlich-technischen Informations- und Dokumentationswesens in Österreich (1978); Popelka Hans-Bert, Die Delphi-Methode. Ein Leitfaden zur praktischen Durchführung von Delphi-Untersuchungen (1990).

[33] Die „Rand-Corporation" ist eine der größten unabhängigen Forschungsgesellschaften in den USA mit Sitz in Santa Monica (Kalifornien), gegründet 1948. Sie beschäftigt mittlerweile rund 1.600 Wissenschafter, die Forschungsaufträge auf fast allen Wissensgebieten ausführen. Auch in Europa ist die Gesellschaft mit drei Niederlassung (Leiden, Berlin und Cambridge) vertreten; www.rand.org.

[34] Helmer Olaf/Rescher Nicholas, On the Epistemology of the Inexact Sciences, Management Science 1959, 25ff; Gordon Theodore J./ Helmer Olaf, Report on a Long Range Forecasting Study, Rand Paper P-2982 (1964); Popelka, Delphi-Methode, 1.

men- und Strategieplanung, also ganz allgemein gesprochen zur Meinungs- und Entscheidungsbildung herausstellte.[35]
Bei den konventionellen, den „klassischen“ Delphis vollzog sich schließlich ein Wandel vom reinen Prognoseinstrument zu einem vielschichtigen Instrument, eingesetzt im Bereich der Willens- und Entscheidungsbildung oder Informationsgewinnung. Zuletzt fand das Verfahren in den Lehrbüchern der Betriebswirtschaftslehre Einordnung unter den sogenannten „kreativen Problemlösungstechniken“.[36] Rauch[37] sieht im Verfahren ein Modell, um „in Gebieten sozioökonomischer Forschung durch eine umfassende Diskussion aller beteiligten Gruppen von zufälligen Entwicklungen durch unkoordinierte Entscheidungen zu zielorientierten, wohlüberlegten Handlungsweisen zu gelangen“. Für dieses Modell wurde der Begriff des „Decission-Delphi“ geprägt.

Wenige Jahre nach den ersten „großen“ Delphi-Prognosen begannen auch die Untersuchungen zur empirischen „Überprüfung“ der Methode. Diese bezogen sich zum einen darauf, ob sich die Annahmen über die Vorteile des Delphi-Verfahrens gegenüber anderen Problemlösungsinstrumenten – z.B. die Ausschaltung ungünstiger Gruppenprozesse durch die Anonymisierung der Befragung – auch experimentell nachweisen ließen. Es war wieder die Rand-Corporation, also jene Institution, von der die erste Delphi-Untersuchung aus den fünfziger Jahren stammte, welche nachweisen konnte, dass tatsächlich von Runde zu Runde einer Delphi-Erhebung eine Konvergenz der Meinungen eintrat, wobei sich dabei die Schätzwerte verbesserten.

Andererseits wurde auch die Effizienz der Delphi-Methode als Prognoseinstrument erforscht. Dabei konnte in einer Studie nachgewiesen werden, dass die in der Untersuchung von Gordon/Helmer in den frühen sechziger Jahren abgegebenen Vorhersage von „Long-Range-Trends“ im Bereich von Wissenschaft und Technologie eine „überraschend hohe“ Eintreffensquote von über 50% hatte.[38]
Den ersten Berichten und Erfolgsmeldungen in den sechziger Jahren folgten zwischen 1970 und 1972 Euphorie und Überschätzung der Methode. Die Anzahl der bis zum Ende der siebziger Jahre durchgeführten Delphi-Erhebungen wurde auf rund 1.500 geschätzt, wobei ein Großteil der Erhebungen aufgrund ihres militärischen oder betrieblich sensiblen Inhaltes wissenschaftlich vermutlich nie publiziert worden war. Mitte der siebziger Jahre machte sich ob der immer stärker wer-

---

[35] Popelka, Delphi-Methode, 2 (2. Abs.) und 3 (3. Abs.).
[36] Schmidt Götz, Methoden und Techniken der Organisation[9] (1991), 232f; Ehrmann Harald, Unternehmensplanung[3] (1999), 72 (dieser ordnet Delphi als qualitative Planungstechnik sowohl der Prognose als auch der Suche nach Lösungsideen zu); Popelka, Delphi-Methode, 2 (Mitte), 7 (oben), 13 (unten) f; Mag Wolfgang, Planung, in: Bitz Michael/Dellmann Klaus/Domsch Michel/Egner Henning (Hrsg.), Vahlens Kompendium der Betriebswirtschaftslehre II[3] (1992), 26 (hier wird es ausschließlich den Prognoseinstrumenten zugeordnet.).
[37] Rauch, WTI-Delphi, 159; Popelka, Delphi-Methode, 2 (3. Abs.).
[38] Popelka, Delphi-Methode, 4 (2. Abs. am Ende).

denden Kritik am Verfahren bereits Enttäuschung und Ernüchterung breit. Die Kritik bezog sich dabei einerseits auf den ursprünglichen „Kernbereich“ des Verfahrens, also seine Leistung als prognostisches Instrument. Von Sackmann wurde das Verfahren in diesem Zusammenhang als neue Version des „Kristallkugellesens“ bezeichnet.[39] Die Argumente gingen dabei in jene Richtung, dass es fraglich erschien, eine „Mehrheitsmeinung“ bereits als guten Prognosewert anzusehen. Darüber hinaus wurde der Zeitbedarf zur Durchführung des Verfahrens als enorm bezeichnet. Die Laufzeit einer Befragung externer Experten in vier Runden schätzen manche Autoren auf zumindest sieben Monate[40]. Daraus wird ersichtlich mit welchen Kosten die Durchführung eines solchen Verfahrens vor allem unter der ausdrücklich empfohlenen Beteiligung externer Experten verbunden ist.

Grundprinzipien der Delphi-Technik

In nachstehender Übersicht werden die herausragenden Charakteristika dieser Erhebungsmethode dargestellt, die sie von anderen Problemlösungsverfahren unterscheidet.

Grundprinzipien der Delphi-Technik[41]	
➔ Befragung von Experten ➔ Befragung in mehreren Runden („Mehrstufigkeit“) ➔ Informationsrückkoppelung nach jeder Runde Rückinformation i.) statistischer Art ii.) Begründungen ➔ Anonymität der Teilnehmer durch schriftliche Befragung mittels Fragebogen	

Die Befragung wendet sich an eine **Gruppe von Experten**. Ziel ist es, die gesuchte Information aus einem Gruppenurteil zu gewinnen. Eine Reihe von Untersuchungen[42] ergab, dass zumindest für den Bereich der Prognose diese Art der Informationsgewinnung Vorteile gegenüber einem Einzelurteil hat. In allen Ausprägungen war das Gruppenurteil mindestens genauso gut, in mindestens einer Ausprägung erheblich besser[43].

[39] Sackman Harold, Delphi Assessment. Expert Opinion, Forecasting and Group Process (1974), 73; nach: Popelka, Delphi-Methode, 4 (unten).
[40] Geschka, Horst, Delphi, in: Bruckmann, Gerhard (Hrsg.) Langfristige Prognosen (1978), 36.
[41] Nach Geschka, Horst, Delphi, in: Bruckmann (Hrsg.) Langfristige Prognosen, 37; Geschka setzte sich sehr intensiv mit der Methode auseinander und publizierte vielfach zu diesem Thema: Implementierungsprobleme bei der Anwendung von Ideenfindungsmethoden in der Praxis der Unternehmen (1978); in: Pfohl Hans Christian/Rürup Bernd (Hrsg.), Anwendungsprobleme moderner Planungs- und Entwicklungstechniken (1978), 158-171.
[42] Z.B. Salinger Edgar/Kunz Christian, Zum Nachweis der Effizienz der Delphi-Methode, ZfB 1981, 470ff.
[43] Popelka, Delphi-Methode, 8.

Dass diese Gruppenmeinung in Form einer **anonymen Befragung** erhoben wird, grenzt das Delphi-Verfahren gegen andere Methoden der Informationsgewinnung aus Gruppenmeinungen, wie z.B. „Round Table“, „Face to face-Diskussion“ oder dem „Brainstorming“ ab. Die Interaktion zwischen den Gruppenmitgliedern findet in der Delphi-Erhebung mittels Fragebogen über den „Moderator“ oder das „Monitor-Team“ statt und vermeidet so negative Gruppenprozesse.

In dieser „Machtposition“ des Monitor-Teams/Moderators liegen auch die größten Gefahren für das Scheitern der Erhebungsmethode, denn dadurch geht auch die direkte und unmittelbare Auseinandersetzung mit den Meinungen der anderen Gruppenmitglieder verloren. Dieser Verlust wird aber gerade in solchen Einsatzfällen zu verschmerzen sein, wo zwischen den befragten Experten hierarchische Strukturen oder faktische Machtunterschiede bestehen. Allein die Anonymität bei der Meinungsäußerung gewährleistet hier die Chance einer gleichmäßigen Beteiligung sämtlicher Teilnehmer am Problemlösungsprozess.

Die Durchführung der **Befragung in mehreren Runden** dient der Informationsrückkopplung. Das Verfahren sieht dabei die Vornahme dieser „Rückinformation“ sowohl in einer statistischen Aufbereitung der Gruppenmeinung als auch in einer darüber hinausgehenden Begründung dieser Ergebnisse vor.

Durch diese Befragung in mehreren Runden mit jeweiliger Bekanntgabe der Ergebnisse des vorangegangenen Durchganges soll schrittweise eine Gesamtlösung erarbeitet und die unterschiedlichen Meinungen in dieser anonym geführten Diskussion zu einer konvergenten Gruppenlösung zusammengeführt werden.

Die Gestaltung der Rückkoppelung ist einer der Kernpunkte des Delphi-Verfahrens, wobei das größte Gefahrenpotenzial darin liegt, dass die Antworten der Vorrunde durch den „Filter“ des Moderators gehen. Es ist unbedingt erforderlich, um das Verfahren handhabbar zu machen, die für das Erreichen des Befragungszieles relevante Information aus der Fülle der Antworten herauszusieben und diese auch in einer entsprechenden Art zur Darstellung zu bringen. Die kritische Position des Moderators oder der Monitor-Gruppe in dieser Frage wurde bereits in den frühen wissenschaftlichen Abhandlungen, die sich mit dem Verfahren beschäftigten, kritisiert[44]. Es zeigt sich der Zwiespalt, einerseits alle Standpunkte zu berücksichtigen und auch der weiteren Diskussion zugrunde zu legen. Andererseits muss auch eine Überflutung mit irrelevanter Information vermieden werden, um das Erhebungsziel nicht völlig aus den Augen zu verlieren.

Es hat sich daher eingebürgert, bei der Auswertung nicht nur die Meinung der Mehrheit – statistisch gesprochen den Mittelwert einer Erhebung – bekannt zu

---

[44] Geschka, Delphi, 32 nach: Popelka, Delphi-Methode, 9 (Mitte).

geben, sondern auch die Verteilungen der Antworten darzustellen, teilweise den Mehrheitsmeinungen auch vereinzelt gebliebene Ansichten gegenüberzustellen.

Generell soll durch die statistische Darstellung der Gruppenergebnisse in einer möglichst objektiven Art die Meinung der gesamten Gruppe zur Darstellung gebracht werden. Diese Form der Auswertung – so auch Geschka[45] – verringert die Einflussmöglichkeit des Moderators oder des Monitor-Teams – da statistisch auszuwerten nach bestimmten, festgelegten Regeln und nicht nach Willkür, Sympathie oder Interessen auszuwerten bedeutet.

Schritte einer Delphi-Erhebung

Schritte einer Delphi-Erhebung nach Linstone[46]		
➔ Bildung der Monitorgruppe		
➔ Auswahl der Experten		
➔	Runden 1 - n	Fragebogen entwickeln Pretest des Fragebogen Umfrage („Test“) Analyse der Antworten
➔ Gesamtauswertung		

Monitor-Team oder **Monitor-Gruppe** bezeichnet das Gestaltungs- und Steuerungsinstrument der Delphi-Umfrage.[47] Zu seinen Aufgaben zählt neben der Formulierung des Untersuchungszieles die eigentliche Vorbereitung der Erhebung durch Erstellen und Testen des Fragebogens und Planen der Durchführung. Im Zug der Erhebung obliegt es diesem Steuerungsinstrument die Ergebnisse rückzukoppeln, was einerseits die Auswertung und Interpretation der Zwischenergebnisse, andererseits die Entwicklung der weiteren Fragebögen erfordert.

Am Ende der Erhebung kann auch die Auswertung und Interpretation der Erhebungsergebnisse im Monitor-Team durchgeführt werden.[48] Da die Delphi-Erhebung durch ihre ständigen Rückmeldungen der Zwischenergebnisse einen dynamischen Charakter hat, kann sich immer wieder die Notwendigkeit ergeben, noch während des laufenden Erhebungsprozesses Modifizierungen vorzunehmen. Gerade die in der gegenständlichen Umfrage gewählte Anlage der Delphi-Erhebung

[45] Geschka, Delphi, 34 nach: Popelka, Delphi-Methode, 10 (oben).
[46] Linstone und Turoff setzten sich im englischsprachigen Raum am Ende der Siebzigerjahre intensiv mit dem Delphi-Verfahren auseinander: Linstone Harold A./Turoff Murray, The Delphi Method, Techniques and Application (1979); Linstone Harold, The Delphi Technique, in: Fowles J. (Hrsg.), Handbook of Futures Research (1978), 273ff, nach: Popelka, Delphi-Methode, 15.
[47] Popelka, Delphi-Methode, 16.
[48] Papandreou Konstantinos A., Die Entwicklung neuer Telekommunikationsformen. Ergebnisse einer Delphi-Studie am Beispiel Griechenlands (1984), 137, nach: Popelka, Delphi-Methode, 16.

mit offenen Fragen in der ersten Runde, um so den befragten Experten einen gewissen Spielraum der Mitbestimmung zu geben, diese gleichsam selbst mitentscheiden zu lassen, in welche Richtung die Erhebung gehen soll und im Lauf des Projektes zu erarbeiten, worin die dringendsten Fragefelder des untersuchten Problemkreises liegen, erfordert häufig die Formulierung von einzelnen Fragen erst während der Erhebung. Um auf solche geänderte Verhältnisse entsprechend reagieren zu können, wurde das Monitor-Team so gewählt, dass es auch fachlich in der Lage war, die einlangenden Zwischenergebnisse, die Meinungen der befragten Experten, zu interpretieren und durch entsprechende Frageformulierung die Diskussion weiter in Gang zu halten.
Für die gegenständliche Umfrage konnten drei Persönlichkeiten zur Mitarbeit in der Monitor-Gruppe gewonnen werden, wobei sich das Monitor-Team ausschließlich aus „Justizinternen", also Angehörigen des Justizressorts zusammensetzte. Ein Richter kam aus dem Bereich der Justizverwaltung, war selbst im Rahmen der PAR-Projekte Mitglied des Bundessteuerungsausschusses und ist derzeit nach wie vor in der PAR-Systempflege tätig. Die beiden anderen kamen über ihre Tätigkeit in der richterlichen Standesvertretung zur Beschäftigung mit der PAR und waren selbst ebenfalls aktiv sowohl in den Bereich des Projektes PAR-BG als auch PAR-LG eingebunden.

An die Mitglieder der Monitor-Gruppe wurde der im Anhang dargestellte Fragenkatalog mit der Bitte um Durchsicht, Ergänzung, Streichung bzw. allfälliger Korrektur übermittelt. Der Fragenkatalog sollte dabei vor allem das Erhebungsziel umreißen und gliederte die Fragen in vier Erhebungsbereiche. Zum einen interessierte der **Informationsstand** der Richter und Rechtspflegerschaft über die PAR, zum andern ihre **Einsatzbereiche**. Im dritten Erhebungsfeld waren die zentralen Fragen über die **„Stärken und Schwächen"** des Instruments zusammengefasst, um schließlich mit Fragen über die **„Zukunft" der PAR** abzuschließen.

Anhand der mit Ergänzungen rückgemittelten Fragenkataloge wurden diese zunächst auf die projektierten vier Fragerunden verteilt. Im Lauf der Erhebung zeigte sich, dass es erforderlich war, nicht sämtliche im Fragenkatalog ausgearbeiteten Fragen zu stellen, in anderen Fällen aber – aufgrund der Antworten, die neue Erhebungsfelder auftaten – Fragen neu zu formulieren.
Aus der Entwicklung der Umfrage, insbesondere auch durch den im Laufe der Erhebung einsetzenden personellen Wechsel innerhalb der Funktionen, ergab sich die Notwendigkeit, die ursprünglich erst für die vierte Runde vorgesehenen Fragen vorzuziehen und bereits in die dritte Fragebogenrunde aufzunehmen. Dies wurde auch deshalb möglich, da sich eine Reihe der an sich für die dritte Fragebogenrunde geplanten Fragen durch die umfangreichen Antworten zu den vorangegangenen Runden erübrigt hatten. Die vierte Runde wurde daher primär für eine ausführliche Rückkoppelung der Erhebungsergebnisse sowie zur Möglichkeit einer abschließenden Stellungnahme der Befragten konzipiert.

1.2.2. Exkurs: Statistische Grundbegriffe und Grundlagen der Umfrageauswertung

Da die Auswertung – das Gesamtergebnis der Delphi-Erhebung, aber auch bereits die „Rückkoppelung" in den Zwischenrunden – anhand statistischer Verfahren erfolgte, sollen am Beginn ganz kurz die Grundlagen der zur Anwendung gekommenen (statistischen) Verfahren dargestellt werden.

Gegenständliche Umfrage bewegte sich auf dem Boden der **„beschreibenden (deskriptiven) Statistik"**, die darauf abzielt, die in einer Erhebung angefallene Fülle von Einzeldaten, welche in der Regel eine unüberschaubare Datenmenge darstellen, durch möglichst wenige, jedoch aussagekräftige Zahlen zu charakterisieren. Im Extremfall wird dafür eine einzige Zahl wie z.B. der Mittelwert zur Charakterisierung verwendet.[49]

Unterteilt man die Statistik nach ihren Hauptfunktionen,[50] so ist von den hier angewendeten Verfahren der deskriptiven Statistik der Bereich der **schließenden (analytischen oder induktiven) Statistik** zu unterscheiden, welcher sich mit Schlussfolgerungen bzw. Rückschlüssen von einer Stichprobe auf eine Grundgesamtheit beschäftigt. Hier erlangen Fragen der Repräsentativität, Varianz und Signifikanz Bedeutung, welche für die beschreibende Statistik irrelevant sind.[51]

Unterteilung der Statistik nach ihren Hauptfunktionen[52]		
beschreibende (deskriptive, explorative)		schließende (induktive, analytische)
	Statistik	
statistische Beschreibung der Beobachtungs-, Befragungs- oder Analysedaten		Schlussfolgerung von einer Stichprobe auf die Grundgesamtheit

Für die deskriptive Statistik ist es – im Gegensatz zur induktiven Statistik – auch gänzlich unerheblich, ob das zu verarbeitende Datenmaterial aus einer Vollerhebung oder Teilerhebung herrührt.[53] Sie „beschreibt" die jeweils vorliegenden Beobachtungs-, Befragungs- oder Analysedaten.[54]

[49] Bamberg Günther/Baur Franz, Statistik[11] (2001), 3.
[50] Kromrey Helmut, Empirische Sozialforschung[6] (1994), 314.
[51] Der Bereich der Signifikanz erlangt bei der deskriptiven Statistik dort Bedeutung, wo es um die Beurteilung eines Zusammenhanges (Korrelation) bei multivariaten Analysen geht. Dazu siehe später.
[52] Kromrey, Sozialforschung, 314.
[53] Bamberg/Baur, Statistik, 5.
[54] Atteslander Peter, Methoden der empirischen Sozialforschung[7] (1993), 340.

Es wurde in vorliegender Arbeit keine Stichprobe gezogen, um aus der Meinung eines Teils der Befragten auf die Meinung sämtlicher Richter zu schließen – dies wäre eine Fragestellung aus dem Bereich der schließenden Statistik. Im gegenständlichen Fall wurden Experten ausgewählt, die unter den methodischen Vorgaben des Delphi-Verfahrens (anonyme, mehrstufige Befragung mit Rückkoppelung der statistisch aufgebreiteten Gruppenergebnisse der Vorrunden) die Stärken und Schwächen der PAR als personalwirtschaftliches Instrument der Justizverwaltung diskutierten und analysierten. In Begriffen der Datenerhebung stellten die als „Experten" definierten Personen – Justizverwalter, Mitglieder der Personal- und Außensenate sowie Vertreter der Personal- und Standesvertretung – die Grundgesamtheit der Umfrage dar, die in Form einer Vollerhebung[55], also unter Einbeziehung sämtlicher „Merkmalsträger", befragt wurde.

Da der Auswahl der Befragten der Charakter einer Stichprobenbildung fehlt, werden auch ganz bewusst Aussagen über eine Verallgemeinerbarkeit der Antworten vermieden. Gegenstand der Erhebung – dies ergibt sich auch schon aus der Wahl der angewandten Methode der Delphi-Erhebung – war nicht, Meinungen über die PAR unter den Richtern einzuholen – auch und eigentlich schon gar keine repräsentativen im Sinne einer „Meinungsumfrage" – sondern eine Delphi-gesteuerte Analyse des Verfahrens durch ausgewählte „Insider" im Sinne von Richtern, die selbst „Gegenstand" des Personalplanungsinstrumentes sind.

Inwieweit dabei auch Meinungen und Einschätzungen der Befragten über die PAR zum Ausdruck kommen, können diesen aus den oben dargestellten Umständen nur insoweit allgemein gültige Aussagen beigemessen werden, als man die diesbezüglichen Besonderheiten (die ausgewählten Befragten sind keine repräsentative Stichprobe sämtlicher Richter des gesamten Bundesgebietes; das Erhebungsverfahren ist nicht an den Methoden der Meinungsforschung, sondern an den Vorgaben einer Delphi-Erhebung orientiert) mit ins Kalkül zieht.

Aber – nochmals – Ziel der Erhebung war nicht die Erforschung der Meinung über die PAR innerhalb der Richterschaft, sondern eine Analyse des Instruments anhand eines Verfahrens, welches, angelehnt an die Grundprinzipien einer Delphi-Erhebung, das Expertenwissen von „Insidern" nutzbar macht. Bei der Auswahl der Befragungsteilnehmer stand vor diesem Erhebungsziel daher nicht Repräsentativität sonder „Expertentum" im Vordergrund. Im Lichte dieser Überlegungen ist die Auswahl der in die Befragung einbezogenen Personen aus den Bereichen der Justizverwaltung, der Personal- und Außensenaten, der richterlichen Personal- und Standesvertretung zu sehen.

[55] Zum Unterschied zu einer Teilerhebung oder Stichprobenerhebung: Bamberg/Baur, Statistik, 5.

Univariate und multivariate Auswertungen

Innerhalb der beschreibenden Statistik unterscheidet man die einzelnen Auswertungs
(analyse)verfahren weiter, je nachdem, ob nur ein Merkmal beschrieben wird, in die Verfahren der **„univariaten Analyse“** oder ob das Vorliegen mehrerer Merkmale, also von Merkmalskombinationen, dargestellt und ausgewertet wird, in die Verfahren der **„multivariaten Statistik“**. Den einfachsten Fall der multivariaten Analyse stellt dabei die Untersuchung von einem gleichzeitig vorliegenden Merkmalspaar, also zwei Merkmalen dar, die sogenannte bivariate Analyse.

Bei den multivariaten Verfahren stehen vor allem Fragen der wechselseitigen Abhängigkeiten der verschiedenen Merkmale im Vordergrund, die entweder durch Maßzahlen (Korrelationskoeffizient) oder funktionale Beziehungen (Regressionsfunktionen) erfasst und dargestellt werden. [56]

Die Fragen eines Fragebogens stehen für die untersuchten Merkmale. Es kann sich dabei um quantitative Merkmale, also solche, die sich direkt in Zahlen ausdrücken, wie z.B. Alter oder Einkommenshöhe der Befragten, handeln. Andererseits können es auch qualitative Merkmale, wie Geschlecht oder Religionszugehörigkeit, sein.[57] Um auch letztere für statistische Auswertungen nutzbar zu machen, werden sie quantifiziert, sodass aus einem an sich qualitativen Merkmal ein formal quantitatives, ein „quantifiziertes“ Merkmal wird. Mit der Unterscheidung der beobachteten Merkmale – im Fragebogen werden sie als „Variable“ bezeichnet – hängt direkt die Frage zusammen, welche statistischen Auswertungen Sinn machen, welche Verfahren zur Auswertung welcher Merkmale herangezogen werden können.

Im Sprachgebrauch der Statistik unterscheidet man dazu die Merkmale (Variablen) in **nominalskalierte**, **ordinal- oder rangskalierte** und **kardinal- oder metrisch skalierte** Variablen.[58]

Skalenniveaus von Variablen[59]

➔ nominalskaliert

  ➔ Sonderform: dichotom

➔ ordinalskaliert

---

[56] Bamberg/Baur, Statistik, 31.

[57] Bamberg/Baur, Statistik, 5.

[58] Die kardinalskalierten oder metrischen Variablen werden weiter unterteilt in intervall-, verhältnis- und absolutskalierte Variablen; näheres dazu Bamberg/Baur, Statistik, 7.

[59] Bamberg/Baur, Statistik, 7; Bühl Achim/Zöfel Peter, SPSS für Windows Version 6 (1994), 83f.

➔ kardinalskaliert
    ➔ intervallskaliert
    ➔ verhältnisskaliert
    ➔ absolut skaliert

Die Werte einer nominalskalierten Variablen sind einer Kategorie zugeordnet, wobei die Zuordnung zu einer Kategorie („Codierung“) nichts über den „Rang“ der Kategorien zueinander aussagt. Typisches Beispiel einer nominalskalierten Variable ist die Codierung der Variable „Geschlecht“ in die Kategorien „Mann“ (beispielsweise Zuweisung des Codes 0) und der Kategorie „Frau“ (Code 1).

Auch im Bereich ordinalskalierter Variablen werden die Werte dieser Variablen Kategorien zugeordnet, die jedoch zueinander – entsprechend der Codierung – in einer Rangfolge („Ordnung“) stehen. Beispiel dafür wäre die Variable „Raucher“, die in die Kategorien „Nichtraucher“ (Code 1), „mäßiger Raucher“ (Code 2), „starker Raucher“ (Code 3) und „Kettenraucher“ (Code 4) unterteilt wird.

Das höchste Skalenniveau ist bei den kardinalen Variablen erreicht, da die Werte dieser Variablen tatsächliche Werte darstellen. Beispiel für kardinalskalierte Variablen wären etwa das Alter oder die Körpergröße sowie alle an sich bereits quantitativen Merkmale. Soweit eine solche Variable über einen „Nullpunkt“ verfügt – man spricht in diesem Fall von absolutskalierten Variablen – kann man mit diesen Werten auch Rechenoperationen im Zuge der Auswertung durchführen.[60]
Folgender Überblick stellt die für die einzelnen Variablen, abhängig von ihrem Skalenniveau, zur Verfügung stehenden Auswertungsinstrumente dar.

---

[60] Der Ausdruck „höchste Skalierung“ bezieht sich darauf, in welchem Umfang statistische Aussagen bzw. Auswertungsoperationen mit den Variablen durchgeführt werden können. Eine vollständige Auswertung ist eben bei kardinalskalierten Variablen gegeben, bei ordinal- und in noch stärkerem Ausmaß nominalskalierten Variablen sind statistische Auswertungen nur eingeschränkt möglich.

Einen Sonderfall stellen nominal skalierte Variablen dar, die nur zwei Merkmalsausprägungen einnehmen können. Diese Variablen werden auch als „dichotome“ Variable bezeichnet. Die Besonderheit dieser Variablen besteht darin, dass sie sich im Hinblick auf ihre Auswertbarkeit nicht wie die übrigen nominalskalierte Variablen verhalten, sondern können sämtlichen Auswertungen unterzogen werden, denen auch ordinalskalierte Variablen unterfallen. (Bühl/Zöfel, SPSS, 185).

Variable werden weiters danach unterschieden, welche Werte ihre Merkmalsausprägungen einnehmen können. Danach unterscheidet man zwischen diskreten Variablen – hier können die Variablen nur bestimmte Werte, ohne Zwischenstufen dazwischen, einnehmen – und stetige Variable. Bei letzteren kann die Variable alle möglichen Werte (also auch alle Zwischenstufen zwischen den Werten) annehmen.

Univariate Analysen			
	nominalskalierte Variable	ordinalskalierte Variable	kardinalskalierte Variable
Häufigkeitsverteilungen			
Absolute und relative Häufigkeiten	X	X	X
Klassenbildung	(X)	(X)	X
Kumulierte Häufigkeiten	X	X	
Lageparameter			
Modalwert/ Median/ Mittelwert[61]	X (Modalwert)	X (Median; u.U. auch Modal- und Mittelwert)	X (Mittelwert; u.U. Modalwert)
Perzentil/Quartil	X	X	X
Lageregeln (Schiefe, Exzess)			X
Streuungsparameter			
Minimum/ Maximum			X
Spannweite (Range)			X
Durchschnittsabweichung			X
Mittlere quadratische Abweichung			X
Standartabweichung und Varianz			X
Konzentrationsmaße			X

Multivariate Analysen			
	nominalskalierte Variable	ordinalskalierte Variable	kardinalskalierte Variable
Darstellung	Kreuztabelle (Kontingenztabelle)		Streuungsdiagramm (Scatterplott)
Korrelationsrechnung	Kontingenzkoeffizient (ausgehend von χ^2)	Rangkorrelationskoeffizient nach Spearman	Bravais - Pearson Korrelationskoeffizient

Zur näheren Ausführung zu den einzelnen Instrumenten – auf diese verzichtet vorliegende Arbeit – wird auf die entsprechenden Fundstellen in dem dieser Ar-

[61] Genauer gesagt gibt es eine ganze Reihe von Mittelwerten. In diesem Zusammenhang ist zumeist vom „arithmetischen Mittel" die Rede, näheres dazu und zu den Berechnungsmethoden der übrigen Mittelwerte s. Bamberg/Baur, Statistik, 17.

beit zugrundegelegten Standardwerk über Statistik in den Sozial- und Wirtschaftswissenschaften verwiesen. Daneben finden sich auch Hinweise zu den entsprechenden Fundstellen im Handbuch des für die Auswertung verwendeten EDV-Statistik-Programms SPSS, welches ebenfalls Standard für statistische Auswertungen sozialwissenschaftlicher Erhebungen darstellt.

Univariate Analysen		
	Bamberg/Baur	**SPSS-Handbuch**
Häufigkeitsverteilungen	Kap. 3.1 Häufigkeitsverteilungen, 11ff	51-54; 91-92
absolute und relative Häufigkeiten		
Klassenbildung		
kumulierte Häufigkeiten		
Lageparameter	Kap. 3.2 Lageparameter, 15ff	54-55; 93-95
Modalwert/Median/Mittelwert		
Perzentil/Quartil		
Lageregeln (Schiefe, Exzess)		
Streuungsparameter	Kap. 3.3 Streuungsparameter, 20ff	
Minimum/Maximum		
Spannweite (Range)		
Durchschnittsabweichung		
mittlere quadratische Abweichung		
Standartabweichung und Varianz		
Konzentrationsmaße	Kap. 3.4 Konzentrationsmaße, 24ff	

Multivariate Analysen		
	Bamberg/Baur	**SPSS-Handbuch**
Darstellung		
Kreuztabellen (Kontingenztabellen)	31f	167-189
Streuungsdiagramm (Scatterplott)	31f	239
Korrelationsrechnung		
Kontingenzkoeffizient (χ^2)	40-42	181ff (187)
Rangkorrelationskoeffizient	38-39	243ff

nach Spearman		
Bravais/Pearson Korrelations-koeffizient	36-38	241-242

Im Bereich der **multivariaten Analyse**, also der Auswertung „mehrdimensionalen Datenmateriales“, betrachtet man nicht bloß das Vorliegen bestimmter Merkmale, analysiert nicht nur das Auftreten der Merkmalsausprägungen bei einzelnen Variablen, wie das im Bereich der **univariaten Analyse** geschieht.

Hier interessiert die Kombination solcher Merkmale und dabei insbesondere in wie weit einseitige oder **wechselseitige Abhängigkeiten (Korrelationen)** zwischen dem Auftreten verschiedener Merkmalsausprägungen bestehen.
Für den einfachsten Fall eines mehrdimensionalen Datenmaterials, der gleichzeitigen Kombination von zwei Merkmalen („bivariate Analyse“) können die Zusammenhänge auch grafisch in einer Kreuztabelle, oder, wenn das Datenmaterial metrischskaliert ist – hier also in der Regel eine Fülle einzelner Datenpunkte vorliegen – mit Streuungstabellen dargestellt werden.

Die Kreuztabelle in ihrer „Grundkonfiguration“ stellt das Auftreten (die „Häufigkeit“) der Kombination von Merkmalsausprägungen dar, wobei gleichzeitig auch die jeweiligen Randsummen in absoluten und relativen Zahlen (Prozentwerten) dargestellt werden („Column Total“ und „Row Total“).

Erweitert werden die „Cross tabs“ um die Ausgabe der „erwarteten Häufigkeiten“ („exp. val.“). Diese stellen im Gegensatz zu den „beobachteten Häufigkeiten“ jene Verteilung der Nennungen dar, wie sie sich entsprechend einer Normalverteilung auf die einzelnen Kombinationen verteilen müssten.

Die „Residuen“ oder Residualhäufigkeiten („residual“) geben die Differenz zwischen beobachteten und erwarteten Häufigkeiten wieder.

Sind diese in absoluten Zahlen dargestellten Residuen bereits ein erster Hinweis auf das Bestehen von Zusammenhängen zwischen Variablen, lässt sich dies durch die Darstellung der jeweiligen prozentuellen Anteile neben den absoluten Häufigkeiten verdeutlichen. Diese relativen Häufigkeiten lassen in der Regel erst verlässliche aber auch deutlichere Aussagen über das Bestehen von Korrelationen zu.[62]

[62] Auch im Bereich der Kreuztabellen besteht die Möglichkeit zur Datenselektion: Man kann, um weitere Zusammenhänge aufzuklären, für einzelne Fälle getrennte Kreuztabellen erstellen und diese miteinander vergleichen.

Korrelation und Signifikanz

Solche derart anhand der grafischen Darstellung vermuteten Zusammenhänge (Korrelationen) zwischen Variablen (Ausprägungen von Variablen) können anhand der Instrumentarien der **Korrelationsrechnung** näher analysiert werden. Die dazu verwendeten Verfahren und auch die Aussagemöglichkeiten hängen stark vom Skalenniveau der Variablen ab.
Da beispielsweise eine Nominalskala keine Ordnungsstruktur aufweist, kann der ihr zugehörige Kontingenzkoeffizient nur die Stärke des Zusammenhangs angeben. Dem gegenüber vermögen die Koeffizienten bei ordinal- (Rangkorrelationskoeffizient nach Spearman) und kardinalskalierten (Bravais/Pearson Korrelationskoeffizient) Variablen auch die „Richtung" des Zusammenhanges anzugeben.[63]

Ausgangspunkt für diese Berechnungen ist jeweils der Chi-Quadrat-Test (χ^2-Test), der den Zusammenhang oder die Unabhängigkeit (i.S. es besteht kein Zusammenhang) zweier Variablen überprüft.[64]

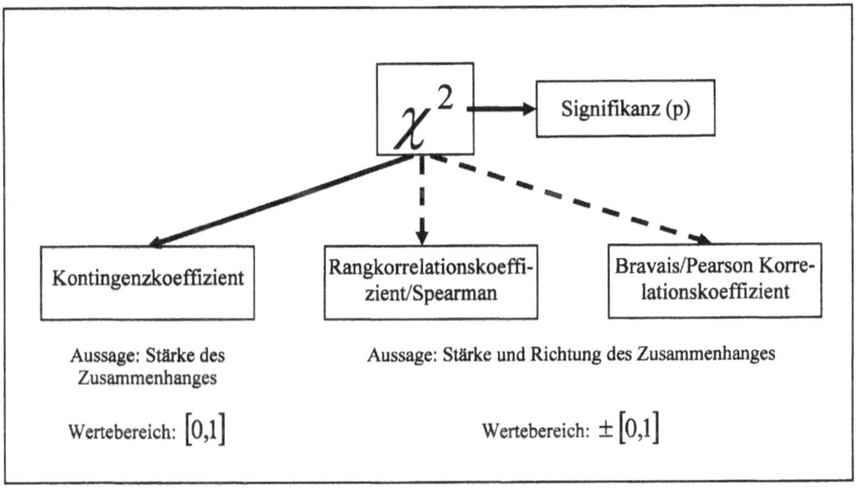

Zwei Variablen gelten dann als voneinander unabhängig (es besteht zwischen ihnen kein Zusammenhang), wenn die beobachteten Häufigkeiten der einzelnen Merkmalskombinationen mit den erwarteten Häufigkeiten übereinstimmen. An Hand einer Kreuztabelle kann man solche Übereinstimmungen oder Abweichungen bei den einzelnen Merkmalskombinationen beobachten, der Chi-Quadrat-Test

[63] Bamberg/Baur, Statistik, 35.
[64] Bühl/Zöfel, SPSS, 181f.

liefert nun für die gesamte Tabelle, also für alle Kombinationsmöglichkeiten der Merkmalsausprägungen der Variablen, eine Maßzahl.[65]

Diese Maßzahl bietet einerseits den Ausgangspunkt für die Berechung der Stärke des Zusammenhanges. Darüber hinaus kann auch die **Signifikanz** dieser so festgestellten Zusammenhänge überprüft und berechnet werden. Darunter versteht man die „Irrtumswahrscheinlichkeit" (p), also die Wahrscheinlichkeit, dass ein anhand der Korrelationsrechnung festgestellter und behaupteter Zusammenhang zwischen zwei Variablen in Wirklichkeit doch nicht vorliegt, in der Erhebung also rein „zufällig" zustande gekommen ist.

Je nach Höhe dieser Irrtumswahrscheinlichkeit unterscheidet man zwischen nicht signifikanten bis hin zu höchst signifikanten Aussagen.

Signifikanztabelle (p)[66]		
$p > 0,05$	(> 50 %)	nicht signifikant
$p \leq 0,05$	(≤ 50 %)	signifikant
$p \leq 0,01$	(≤ 10 %)	sehr signifikant
$p \leq 0,001$	(≤ 1 %)	höchst signifikant

Der Wertebereich zwischen 0 und 1 bildet die Stärke bzw. die Schwäche zwischen den Variablen ab, wobei, je näher sich der Wert bei 1 befindet, umso stärker der Zusammenhang ist.[67] Bei ordinal- und kardinalskalierten Variablen gibt das Vorzeichen des Korrelationsmaßes zusätzlich auch Auskunft über die Art und die Richtung des Zusammenhanges. Eine positive Korrelation liegt vor, wenn mit größer werden der einen Variablen auch die Werte der zweiten Variablen größer werden. Zwischen diesen beiden Variablen besteht eine „gleichläufige/gleichsinnige" Beziehung. Eine negative Korrelation liegt demgegenüber vor, wenn bei zunehmender Größe der einen Variablen die Werte der anderen, abhängigen Variablen geringer werden, also abnehmen. Zwischen solchen Variablen besteht eine „gegenläufige" oder „gegensinnige" Beziehung.[68]

---

[65] Es gibt verschiedene Methoden der Berechnung von Chi-Quadrat, so etwa das Verfahren nach Pearson, die „likelihood-ratio" oder den „Mantel-Haenszel Test for linear association"; näheres dazu Bühl/Zöfel, SPSS, 183f.

[66] Bühl/Zöfel, SPSS, 90.

[67] Bühl/Zöfel, SPSS, 184.

[68] Maße, die nur über die Stärke des Zusammenhanges Auskunft geben, werden auch als „Assoziationsmaße" bezeichnet (Bühl/Zöfel, SPSS, 187f). Solche Maße, wo auch Aussagen über die Richtung des Zusammenhangs getroffen werden können, werden als Korrelationsmaße bezeichnet. Näheres dazu Bühl/Zöfel, SPSS, 184f.

Korrelationskoeffizienten[69]	
Werte des Korrelationskoeffizienten r	Interpretation
$0 < r \leq 0{,}2$	sehr geringe Korrelation
$0{,}2 < r \leq 0{,}5$	geringe Korrelation
$0{,}5 < r \leq 0{,}7$	mittlere Korrelation
$0{,}7 < r \leq 0{,}9$	hohe Korrelation
$0{,}9 < r \leq 1$	sehr hohe Korrelation

Vorgehen bei der Auswertung

Die Auswertung der erhobenen Daten wurde einerseits anhand des im Bereich der Sozial- und Wirtschaftswissenschaften als Standard Verwendung findenden Statistikprogramms „SPSS" in der Version 11.0 (englisch) vorgenommen.

Zur Verarbeitung und Ordnung vor allem jener Antworten, die zu den offenen Fragen der Erhebung erfolgten, fand das Datenbank-Programm „Access XP" Version 2002 Anwendung.

Um die anhand der Fragebögen erhobenen Daten auswerten zu können, wurden zunächst **Codepläne** entwickelt. Diese ordnen den einzelnen Fragen der Fragebögen einerseits Variablennamen zu, um andererseits auch den einzelnen Merkmalsausprägungen, die eine Variable annehmen kann, entsprechende Codenummern zu vergeben. Als Beispiel für diesen Vorgang der Codierung wäre die Zuordnung der Codenummern 1 für die Merkmalsausprägung männlich sowie 2 für die Merkmalsausprägung weiblich für die Variable „Geschlecht".

Ein besonderer Code war für die sogenannten „missing" Werte, also die fallweise bei den einzelnen Variablen auftretenden fehlenden Werte, zu vergeben. Für gänzlich fehlende Antworten – wo von einer in die Befragung einbezogenen Person der Fragebogen nicht rückgesendet worden war – wurden die systemdefinierten missing Werte verwendet. Durch Leerlassen des entsprechenden Feldes der Datenmatrix definiert das Statistikprogramm das Vorliegen eines solchen missing Wertes durch Setzen eines Kommas. Für das Fehlen einzelner Antworten an sich beantworteter Fragebögen wurden bei Variablen „benutzerdefinierte missing Werte" vergeben.

Die Ergebnisse der Befragung wurden zur Weiterverarbeitung und Auswertung in die Form einer Tabelle, der sogenannten **SPSS-Datenmatrix** gebracht. Die Zeilen der Datenmatrix standen dabei für die Befragten, in die Spalten wurden die ein-

[69] Bühl/Zöfel, SPSS, 185.

zelnen Variablen aufgetragen. Da die Befragung in mehreren Runden durchgeführt wurde, waren Spaltengruppen den einzelnen Fragebögen zugeordnet.

Nach Eingabe der Daten in die Datenmatrix war noch vor Durchführung der ersten Analysen die **„Datenexploration“**[70] durchzuführen. Dieser Auswertungsschritt diente einerseits dem Aufdecken von Eingabefehlern. Durch eine erste Analyse von Verteilungen, die anhand einfacher Verfahren der Häufigkeitsauszählungen durchgeführt wurden, waren andererseits auch Hinweise für das weitere Vorgehen bzw. die Richtung der weiteren Auswertung zu erhalten.

Für die Auswertung selbst ergab sich fallweise auch die Notwendigkeit, diese nicht auf die sich aus dem Fragebogen selbst ergebende Einteilung der Variablen, wie sie in der Datenmatrix vorgegeben war, zu beschränken. Die Verfahren der **Datenselektion**[71] und **Datenmodifikation**[72] lösten die Aufgaben in diesem Bereich. Bei der Datenselektion wurden im Wesentlichen bestimmte Fälle ausgewählt, um anschließend nur diese einer weiteren Auswertung zu unterziehen. Dabei erzeugt man eine Teilmenge, z.B. nur die Antworten der weiblichen Befragten, und führt – etwa zur Gegenüberstellung mit dem Ergebnis aller Befragten – eine Häufigkeitsauszählung nur für diese Gruppe durch.

Man kann nach diesem Vorgehen auch das gesamte Umfragefeld getrennt nach Gruppen analysieren. Das Statistikprogramm bietet darüber hinaus auch die Möglichkeit eine Zufallsstichprobe aus den vorgegebenen Fällen zu ziehen.

Bei der Datenmodifikation werden auf Grundlage der ursprünglich erfassten Daten neue Variablen gebildet. Dabei entstehen beispielsweise aus „alten“ Variablen durch Rechenoperationen neue oder durch Umcodierung von Werten Variablengruppen.

1.3. Das Projekt „PAR“

1.3.1. Entwicklung

Im jährlichen Stellenplan des Bundes waren 1996, im Jahr der Entwicklung der PAR-LG, rund 240.000 Planstellen vorgesehen.[73] Davon entfielen auf das Justizressort rund 12.000 Planstellen, was einem Anteil von rund 5% der Öffentlich Bediensteten entsprach. Der budgetäre Aufwand für diese Planstellen betrug ca.

[70] Bühl/Zöfel, SPSS, 155.
[71] Bühl/Zöfel, SPSS, 103.
[72] Bühl/Zöfel, SPSS, 127.
[73] Angaben zum Personalstand sowie zu den Budgetaufwendungen beziehen sich auf den Stand von 1996.

5,5 Milliarden ATS, was bei einem Gesamtbudget für das Justizressort von 9,7 Milliarden ATS einen Anteil von 56,7% ausmachte.

Die Entwicklung der Ausgaben für die mit der Rechtsprechung und Verwaltung dieser Aufgaben befassten Bereiche des Justizressorts zeigte für die folgenden Jahre dieses Bild:[74]

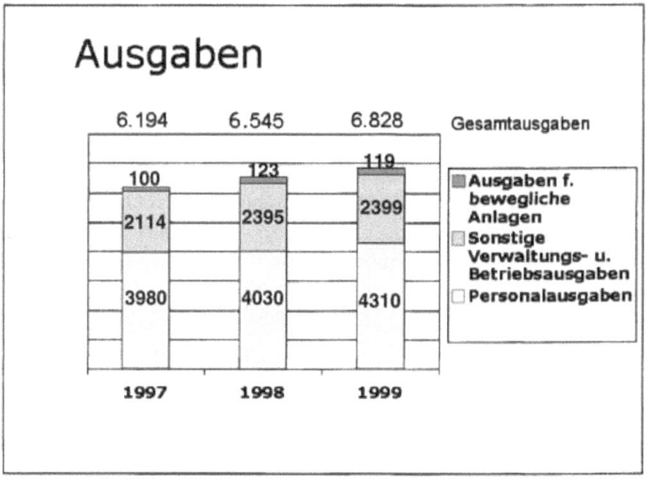

1994 war noch die Zeit, als von „zusätzlichen personellen Kapazitäten" gesprochen wurde, die „in Zeiten scheinbar unabdingbarer Sparmaßnahmen nur dann erreicht werden können, wenn der Einsatz der vorhandenen Ressourcen optimiert wird und überzeugende Argumente die Notwendigkeit von Personalerweiterungen unter Beweis stellen."[75]
Die Begrenzung der personellen Ressourcen, das Verlangen nach größerer Auslastungsgerechtigkeit und die Frage nach dem objektiv erforderlichen Ausmaß der Personaldotierung waren Anlass, die bis dahin im öffentlichen Dienst vorhandenen Steuerungsinstrumente zu ergänzen und zu erweitern.[76]

Dazu wurde zu Beginn der neunziger Jahre das Schweizer Managementberatungsunternehmen „ROI Seidel + Partner Management Consultants" beauftragt, die Grundlagen und das Modell eines Controllingsystems für den Öffentlichen

---

[74] Bundesministerium für öffentliche Leistung und Sport (Hrsg.), Leistungsbericht 2002, 14.
[75] Fellner, Leitfaden, 2.
[76] Bereits vor PAR gab es Verfahren und Überlegungen zu einer „Messung" der erforderlichen Anzahl von richterlichen Organen. Vgl. dazu: Jackwerth Reinhard/Krommer Eberhard/Schmidt Alexander, Die Messung der richterlichen Auslastung und Effizienz, RZ 1992, 117ff; Jackwerth Reinhard, Urteilsrückstände und Dauer gerichtlicher Verfahren, RZ 1991, 33ff; Ackerl Franz, Ergebnisse einer Untersuchung, RZ 1991, 88ff; Reissner Gerhard, PAR – Ein Experiment mit Folgen?, RZ 1994, 75ff.

Dienst auszuarbeiten. Im Schlussbericht dieses „CIS“ genannten Projektes[77] war bereits der Entwurf einer „Personalanforderungsrechnung“ enthalten. Die Beraterfirma wurde schließlich damit beauftragt, auf Basis der im Pilotprojekt gewonnenen Erkenntnisse eine solche Personalanforderungsrechnung für die Justiz zu erstellen. Dieser „Prototyp“[78] war zunächst auf den engen Bereich einiger ausgewählter Gerichte im Sprengel des OLG Linz begrenzt. Das Berechnungsmodell, welches die Funktionsweise der „PAR“ anhand von Beispielen darstellte, umfasste die Aufgabenbereiche für Richter, Rechtspfleger und den Kanzleidienst.[79]

Das Pilotprojekt zeigte, dass dieses von ROI zunächst für die Wirtschaft entwickelte Modell einer Personalanforderungsrechnung nach entsprechender Adaptierung auch für die Gerichtsbarkeit brauchbare Ergebnisse zu liefern schien.[80] Von besonderem Interesse war dabei zunächst der unmittelbare Bereich der Rechtsprechung, also die Berechnungsgrundlagen für Richter und Rechtspfleger. Der Kanzleidienst blieb aus der praktischen Umsetzung ausgespart und wurden dafür – trotz Empfehlung des Beratungsunternehmens – bis heute keine konkreten Umsetzungsschritte gesetzt[81].

Entsprechend dem von der Einführung eines Meßsystems für rechtsprechende Aufgaben betroffenen Personenkreis wurde als nächster Schritt seitens des Ministeriums das Einvernehmen mit der richterlichen Standesvertretung und der Personalvertretung der nichtrichterlichen Bediensteten (in diesem Fall ging es insbesondere um die Wahrnehmung der Interessen der Rechtspfleger) hergestellt. Nachdem von dieser Seite keine Bedenken erhoben wurden[82], kam es im Jahr

---

[77] ROI, Schlussbericht zum „Controlling-Informationssystem (CIS)“ (Jänner 1993).

[78] Näheres dazu: ROI, Handbuch für die Handhabung der Personalanforderungsrechnung für Bezirksgerichte im Oberlandesgerichtssprengel Linz; ROI, CIS Controlling-Informations-System. Pilotprojekt OLG Linz (Mai 1992).

[79] ROI, Personalanforderungsrechnung bei den Bezirksgerichten. PAR-BG. Schlussbericht (1995), 1.

[80] Vgl. dazu auch: Seidl Thomas/Hubner Elmar, Prozessmanagement und -kosten. Der Beitrag der Personalanforderungsrechnung (PAR) zur Ressourcenlenkung in der Verwaltung (Zeitungsartikel Wiener Zeitung vom 03.09.2002); Harris Hubert/Mosnik Rudolf/Redding Joseph/Schmeidler Neal/Seidl Thomas, Industrial engineering in government, in: Maynard's industrial engineering Handbook[5] (2001), 15.3ff (15.7ff).

[81] Dazu muss jedoch ausgeführt werden, dass bis dato auch nicht der gesamte Bereich der Rechtsprechung erfasst ist. Für die Oberlandesgerichte fehlen PAR-Berechnungen ebenso wie für die Tätigkeiten in der oberstgerichtlichen Judikatur. Auch diesbezüglich – so der derzeitige Stand der Entwicklungen – ist keine Ausweitung des Instrumentariums beabsichtigt.

[82] Ob in dieser Anfangsphase das Interesse an der Realisierung des Projektes „PAR“ eher auf Seiten des Ministeriums oder der richterlichen Standesvertretung lag und bei welcher Seite die Skepsis gegenüber dem neuen Verfahren, insbesondere den unbekannten Auswirkungen auf den Personalbedarf, überwog, lässt sich im Nachhinein nicht mehr genau sagen. Erweckt die im Schlussbericht zum PAR-LG gewählte Formulierung („Nach Herstellung des Einvernehmens mit der Standesvertretung der Richter und der Personalvertretung der nichtrichterlichen Bediensteten der Gerichte ...“; ROI, Schlussbericht zum Projekt Personalanforderungsrechnung im Bereich der Richter und Rechtspfleger der Gerichtshöfe erster Instanz. PAR-LG (1997), 1) den Eindruck, treibende Kraft sei das Bundesministerium gewesen, äußerten am Entstehungsprozess der PAR beteiligte Standesvertreter demgegenüber die Ansicht, in der „Frühphase“ habe auf Seiten der Justizverwaltung eher die Skepsis überwogen. Erst als sich als Ergebnis der Erhebungen „realistische“ Personalbedarfswerte abzeichneten, habe auch auf dieser Seite das Vertrauen in die Methode zugenommen.

1994 zur Beauftragung des Beratungsunternehmens mit der Erstellung einer Personalanforderungsrechnung für die Ebene der Bezirksgerichte.[83] Mit Vorliegen der ersten PAR-BG-Auswertung bereits Ende 1995[84] folgte im Jahr 1996 die Erarbeitung der Vorgabezeitwerte für die Landesgerichte. Nach den Erhebungen, welche im Zeitraum Mai bis Oktober stattgefunden hatten, konnte Ende des darauffolgenden Jahres[85] auch bereits die erste PAR-LG, die PAR-LG 1996, präsentiert werden.

1.3.2. Komponenten der Personalanforderungsrechnung

Die Personalanforderungsrechnung baut auf den 3 Komponenten **Arten, Mengen und Zeiten** auf.

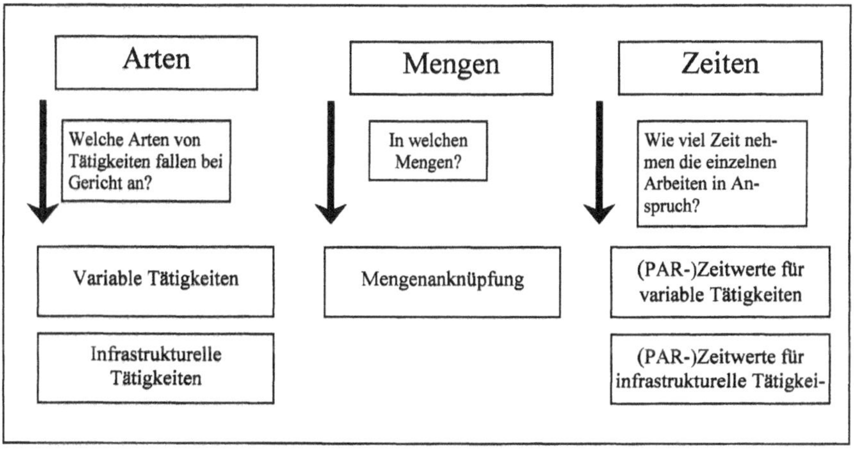

In einem ersten Schritt wurde untersucht, inwieweit sich die Tätigkeiten, die in der Rechtsprechung ausgeübt werden, in einzelne Kategorien unterteilen lassen. Es traf man über Vorschlag der Beraterfirma eine grundlegende Unterscheidung in **infrastrukturelle Tätigkeiten** und **variable Tätigkeiten**.

Die Aufgaben im **infrastrukturellen Bereich** schaffen die Grundlage für das Funktionieren der jeweiligen Funktionseinheit. Sie gewährleisten, dass der Betrieb

[83] Daneben wurde im Rahmen dieses Projektes auch eine Vorstudie für die Geschäftsstellen der Bezirksgerichte („Kanzleidienst“) sowie die Tätigkeit der Bezirksanwälte erstellt, um dadurch eine Entscheidungsgrundlage zu erhalten, inwieweit auch diese Bereiche in die PAR einbezogen werden können. (ROI, Schlussbericht BG, 2 und 4). Näheres zu diesen Vorstudien: ROI, Schlussbericht BG, 28ff (Geschäftsstellen) und 31ff (Bezirksanwälte).

[84] Personalanforderungsrechnung für das Jahr 1994 im Bereich der Richter und Rechtspfleger der Bezirksgerichte. (PAR-BG 1994), (01.04.1996).

[85] Personalanforderungsrechnung im Bereich der Richter und der Rechtspfleger der Gerichtshöfe erster Instanz für das Jahr 1996 (PAR-LG 1996) (17.12.1997), JMZ 573.10/82-III 1/97.

planmäßig und organisiert ablaufen kann. Ihr Umfang ist im Wesentlichen unabhängig von der Inanspruchnahme des Gerichtes durch Anträge oder Klagen. Die von den Arbeitsgruppen gefundenen „Kataloge“ infrastruktureller Tätigkeiten reichten dabei von Arbeiten, die nur bestimmte Organe zu erledigen hatten, wie die Wahrnehmung von Führungsaufgaben oder Tätigkeiten in der richterlichen Selbstverwaltung, über Zeitwerte, die sich auf bestimmte Gerichte bezogen, wie Standortzuschläge für besonders lange Anreisen zu abgelegenen Gerichtsorten, bis hin zu Zeitanteilen für Fort- und Weiterbildung oder die Teilnahme an Sitzungen und Dienstbesprechungen, die alle Richter und Rechtspfleger betrafen.
Da nach den Erfahrungen von ROI Meßsysteme zur Erfassung des Zeitbedarfes dieser Tätigkeiten nur begrenzt Anwendung finden können, war es Aufgabe der im Rahmen der PAR-Projekte eingerichteten Arbeitsgruppen neben der Definition bzw. Benennung des Umfanges dieser Aufgaben auch die dazugehörigen Zeitwerte zu finden.

Bei den **Variablen Tätigkeiten** handelt es sich um jenen Bereich rechtsprechender Arbeit, dessen Umfang von der konkreten Inanspruchnahme der Gerichte durch Parteien abhängt. Um die entsprechenden Zeitwerte für diesen Bereich finden zu können, wurden diese Tätigkeiten zunächst in unterschiedliche Arten von Arbeiten, in sogenannte „Geschäftsgattungen“ zerlegt.

Zur Ermittlung der Zeitanteile, die die Aufgabenerfüllung in der jeweiligen Geschäftsgattung in Anspruch nehmen, erschienen der Beraterfirma folgende Verfahren als grundsätzlich geeignet:[86]

➔ Interviews
➔ Strukturierte Tätigkeitsaufschreibungen
    ➔ Selbstaufschreibungen
    ➔ Vergleichen
    ➔ Schätzen
➔ Zeitaufnahmen (Stoppuhr)
➔ Mulimomentaufnahmen
➔ Systeme vorbestimmter Zeiten

Aufgrund der Erfahrungen und Erkenntnisse, die im „CIS-Projekt“ gewonnen worden waren, fiel die Entscheidung bei der Auswahl des Instrumentes für die Zeitfindung bei der rechtsprechenden Tätigkeit der Richter und Rechtspfleger auf die „Äquivalenzwertmethode“.

---

[86] ROI, Schlussbericht BG, 6f.

Es handelt sich dabei um ein kombiniertes Zeitermittlungsverfahren.[87] Systematisch lässt es sich beschreiben als eine Kombination aus einem Zeitklassenverfahren mit Elementen eines Systems vorbestimmter Zeiten[88].
In Projekt-Arbeitsgruppen, denen auch Vertreter der Richter- und Rechtspflegerschaft angehörten, wurden auf die jeweiligen Geschäftsgattungen abgestimmte Erhebungsbögen („Äquivalenwertbildung-Erfassungsblätter“) entwickelt. Diese wurden den, nach einer Stichprobenziehung ausgewählten, an „Erfassungs-“Gerichten tätigen Richtern und Rechtspflegern vorgelegt. Die innerhalb einer bestimmten Periode von einer Person erledigten Geschäftsfälle waren von dieser zunächst einer der vorgegebenen **Verfahrenskategorie** „einfacher“, „mittlerer“ oder „komplexer“ Geschäftsfall zuzuordnen. In den Arbeitsgruppen waren dafür die jeweiligen „Zeitrahmen“ der Verfahrenskategorien ausgearbeitet worden. Diese wurden schließlich noch weiter unterteilt, so dass schließlich eine Zuordnung zu insgesamt 9 Zeitklassen zu treffen war.

Weiters mussten die in die Erhebung einbezogenen Organe für die einzelnen Verfahren auch „Parameter“ vergeben. Diese Parameter bezeichneten Ereignisse, die für die Zuordnung des Verfahrens zu einer bestimmten Verfahrenskategorie charakteristisch waren. Teilweise waren die Parameter im Erfassungsblatt bereits vorgegeben. Die Befragten waren aber auch aufgefordert, selbst solche Parameter zu benennen. Soweit Parameter vorgegeben waren, waren diese zuvor in einer Arbeitsgruppe erarbeitet worden.

Das Ergebnis der bei den ausgewählten Gerichten mittels „Äquivalenzwertbildung-Erfassungsblätter“ durchgeführten Erhebung wurde schließlich – getrennt nach Verfahrenskategorien – zusammengefasst. Über die einzelnen Zeitkategorien wurden schließlich Durchschnitte gebildet, welche anschließend zu einem Gesamtdurchschnittswert verdichtet worden waren. Auf diese Weise ergaben sich für jede Geschäftsgattung Zeitwerte, welche als „Vorgabezeiten“ für die verschiedenen Aufgaben der Rechtsprechung auf der Ebene der Bezirksgerichte für ganz Österreich dienten.

Durch Verknüpfung dieser Zeitwerte mit den aus den Registern ableitbaren Anfallsmengen wurden so auch Kenngrößen für die Auslastungssituation jedes einzelnen Bezirksgerichtes geschaffen.

Derartige PAR-Berechnungen werden seither jährlich, getrennt für die Bezirks- (PAR-BG) und Landesgerichte (PAR-LG) durchgeführt, wobei es in der Darstellung zu „Verdichtungen“ entsprechend der organisatorischen Hierarchieebenen kommt. Dies bedeutet, dass in PAR-BG neben einer gerichtsbezogenen Auswer-

---

[87] Fellner, Leitfaden, 7f.
[88] ROI, Schlussbericht BG, 6.

tung auch eine für die Ebene der Landesgerichtssprengel, worin die Auswertungsergebnisse aller in diesen Sprengel fallenden Bezirksgerichte zusammengefasst werden, für die Oberlandsgerichtssprengel sowie, als Zusammenfassung sämtlicher Ergebnisse, für das gesamte Bundesgebiet erfolgt. Bei PAR-LG gibt es Verdichtungen für den jeweiligen OLG-Sprengel und das Bundesgebiet.

Derartige PAR-Auswertungen gibt es derzeit für die rechtsprechende Tätigkeit, wobei in diesem Bereich nach Richtern und Rechtspflegern getrennt ausgewertet wird. Für den „Verwaltungsbereich" (Geschäftsstellen und Kanzleibetrieb) liegt lediglich eine Vorstudie vor.

1.4. PAR-Zeitwerte

Die folgenden Tabellen geben einen Überblick, wie sich die einzelnen PAR-Zeitwerte im Laufe der Jahre entwickelt haben. Der Großteil blieb seit seiner Erfassung 1994 bzw. 1996 unverändert. In einzelnen Verfahren traten aber auch, zum Teil gravierende Veränderungen in den Werten auf. Die Ursachen und näheren Verfahren, die zu diesen Veränderungen führten, werden bei der Entwicklung der einzelnen Zeitwerte dargestellt. Zu einer gänzlichen Neu-Erhebung kam es lediglich im Bereich der Geschäftsgattung U. Hier wurde die Veränderung durch eine Novellierung des Verfahrens als so weitreichend empfunden, dass eine Fortschreibung, allenfalls Modifikation auf Grundlage des ursprünglich erhobenen Zeitwertes nicht mehr möglich war. In den anderen Bereichen, wo es zu neuen Zeitwertansätzen kam, wurde teilweise, wie bei Ub, erst nach der eigentlichen Erhebung im Rahmen des PAR-Projektes ein Zeitwert „nachgeliefert". In anderen Bereichen kam es zu Modifikationen der Zeitwerte im Rahmen der Systempflege, wobei in diesen Fällen immer von den ursprünglich erhobenen Zeitwerten ausgegangen und diese lediglich „angepasst" worden waren.

1.4.1. PAR-BG-Zeitwerte – Streitige Zivilverfahren

				94	95	96	97	98	99	00	01	02
streitige Zivilverfahren[89]	Allgemeine Streit-sachen	C-Mahn-sachen	Ri. als Rpfl.	5,80	5,80	5,80	5,80	5,80	5,80	5,80	5,80	5,80
			Rpfl.	6,50	6,50	6,50	6,50	6,50	6,50	6,50	6,50	6,50
		C-Allg. Streitsachen		166,00	166,00	166,00	166,00	166,00	166,00	166,00	166,00	166,00
		C-Verkehrssachen		458,00	458,00	458,00	458,00	458,00	458,00	458,00	458,00	458,00
	Bestand-sachen	C-Bestandsachen		148,00	217,00	217,00	217,00	217,00	217,00	217,00	217,00	217,00
		C-prätorischer Räumungs-vergleiche		10,00	10,00	10,00	10,00	10,00	10,00	10,00	10,00	10,00
		Räumungen		87,00								
		C-Kündigung ohne Einw.		10,00	10,00	10,00	10,00	10,00	10,00	10,00	10,00	10,00
	Familien-sachen	C-Familienrechtssachen		269,00	269,00	269,00	269,00	269,00	269,00	269,00	269,00	269,00
		C-§ 55a EheG		88,00	88,00	88,00	88,00	88,00	88,00	88,00	88,00	88,00
		Hc[90]	Ri.	43,50	43,50	43,50	43,50	43,50	43,50	43,50	43,50	43,50
			Ri. als Rpfl.	26,00	26,00	26,00	26,00	26,00	26,00	26,00	26,00	26,00
			Rpfl.	25,40	25,40	25,40	25,40	25,40	25,40	25,40	25,40	25,40

[89] Es ist dies die Zuweisung zu den jeweiligen „streitigen“ und „außerstreitigen“ Registern, wie sie die Geo vornimmt. Es kommt dabei in einzelnen Verfahren zu Abweichungen zur tatsächlichen Verfahrensart. So ist z.B. die einvernehmliche Scheidung (§ 55a EheG) in das „streitige Register“ einzutragen, tatsächlich handelt es sich dabei jedoch um ein Verfahren, das nach den Regeln des Außerstreitgesetzes abzuführen ist. (§ 55a EheG; §§ 220 ff AußStrG; Ballon Oskar J., Einführung in das österreichische Zivilprozessrecht[5] (1995), 284.

[90] Danzl weist in seinem „Geo-Leitfaden“ diese Verfahrensart den „streitigen Verfahren“ zu, der Geo selbst kann keine solche eindeutige Zuordnung entnommen werden, hier bildet sie im V. Hauptstück mit dem 5. Kapitel eine eigene Verfahrenskategorie. Zur übersichtlicheren Darstellung wird in vorliegender Arbeit der Einteilung Danzls gefolgt. Danzl Karl-Heinz, Geo. Geschäftsordnung für die Gerichte I. und II. Instanz. Leitfaden[5] (1999), 127.

1.4.2. PAR-BG-Zeitwerte – Außerstreitige Zivilverfahren

				94	95	96	97	98	99	00	01	02
außerstreitige Zivilverfahren	Bestand-sachen	MSch		302,00	302,00	302,00	375,00	375,00	375,00	375,00	375,00	375,00
		PSch					302,00	302,00	302,00	302,00	302,00	302,00
	Familien-sachen	P	Ri.	113,00	113,00	113,00	113,00	113,00	113,00	113,00	113,00	113,00
			Ri. als Rpfl.	49,00	49,00	49,00	49,00	49,00	49,00	49,00	49,00	49,00
			Rpfl.	85,00	85,00	85,00	85,00	85,00	85,00	85,00	85,00	85,00
		SWB		294,00	294,00	294,00	294,00	294,00	294,00	294,00	294,00	294,00
		SW	Ri.	107,00	107,00	107,00	107,00	107,00	107,00	107,00	107,00	107,00
			Ri. als Rpfl.	59,50	59,50	59,50	59,50	59,50	59,50	59,50	59,50	59,50
			Rpfl.	74,60	74,60	74,60	74,60	74,60	74,60	74,60	74,60	74,60
		F		284,00	284,00	284,00						
		F-§98 EheG					44,00	44,00	44,00	44,00	44,00	44,00
		F-§§81ff EheG					463,00	463,00	463,00	463,00	463,00	463,00
		F-übrige					147,00	147,00	147,00	147,00	147,00	147,00
		A	Ri.	84,00	84,00	84,00	84,00	84,00	84,00	84,00	84,00	84,00
			Ri. als Rpfl.	30,00	30,00	30,00	30,00	30,00	30,00	30,00	30,00	30,00
			Rpfl.	51,00	51,00	51,00	51,00	51,00	51,00	51,00	51,00	51,00
		Ub					47,00	47,00	47,00	47,00	47,00	47,00
		TZ		23,00								
		TZ (max. 40% d. GA)			25,40	25,40	25,40	25,40	25,40			
		TZ (max. 45% d. GA)								25,40	25,40	25,40
		aTZ (6-20% d. TZ)			9,33	9,33	9,33	9,33	9,33			
		aTZ (3-20% d. TZ)								9,33	9,33	9,33

1.4.3. PAR-BG-Zeitwerte –Insolvenz- und Sonstige Verfahren

				94	95	96	97	98	99	00	01	02
Insolvenzverfahren		I (Privatkonkurs)										
		Se	Ri.				72,00	72,00	72,00	72,00	72,00	72,00
			Ri. als Rpfl.				72,00	72,00	72,00	72,00	72,00	72,00
			Rpfl.				72,00	72,00	72,00	72,00	72,00	72,00
		S, Sa	Ri.				552,00	552,00	552,00	552,00	552,00	552,00
			Ri. als Rpfl.				552,00	552,00	552,00	552,00	552,00	552,00
			Rpfl.				616,00	616,00	616,00	616,00	616,00	616,00
Sonstige Verfahren		Nc	Ri.	99,00	99,00	99,00	99,00	99,00	99,00	99,00	99,00	99,00
			Ri. als Rpfl.	58,00	58,00	58,00	58,00	58,00	58,00	58,00	58,00	58,00
			Rpfl.	44,00	44,00	44,00	44,00	44,00	44,00	44,00	44,00	44,00

1.4.4. PAR-BG-Zeitwerte – Straf- und Exekutionsverfahren

				94	95	96	97	98	99	00	01	02
Straf		U		103,00	103,00	108,00	108,00	108,00	108,00	108,00	172,00	172,00
		Hs (und Z)		43,00	43,00	43,00	43,00	43,00	43,00	43,00	43,00	43,00
Exekutionsverfahren		E	Ri.									
			Ri. als Rpfl.	9,00								
			Rpfl.	16,37								
		E-Zwangsversteigerung			340,00	340,00	340,00	340,00	340,00	340,00	340,00	340,00
		E-Zwangsverwaltung			259,00	259,00	259,00	259,00	259,00	259,00	259,00	259,00
		E-sonstiger richterl. Anfall			69,00	69,00	69,00	69,00	69,00	69,00	69,00	69,00
		E-Räumungen			87,00	87,00	87,00	87,00	87,00	87,00	87,00	87,00
		E-restlicher Gesamtanfall	Ri. als Rpfl.		9,00	8,00	8,00	8,00	8,00	8,00	8,00	8,00
			Rpfl.		16,37	14,50	14,50	14,50	14,50	14,50	14,50	14,50

1.4.5. PAR-LG-Zeitwerte – Zivilverfahren (I)

			96	97	98	99	00	01	02
Zivilverfahren	Cg	Cg-Verkehrssachen	944,00	944,00	944,00	944,00	944,00	944,00	944,00
		Cg-einstw. Verfügung außerhalb Prozess				944,00	944,00	944,00	944,00
		Cg-Amtshaftung	1.010,00	1.010,00	1.010,00	1.010,00	1.010,00	1.010,00	1.010,00
		Cg-Gewerblicher Rechtsschutz	514,00	514,00	514,00	514,00	514,00	514,00	514,00
		Cg-Wechsel/Scheck	104,00	104,00	104,00	104,00	104,00	104,00	104,00
		Cg-Darlehen/Kredit/ Bürgschaft	114,00	114,00	114,00	114,00	114,00	114,00	114,00
		Cg-Lieferung/ Kaufpreis	279,00	279,00	279,00	279,00	279,00	279,00	279,00
		Cg-Werklohn/Honorar	470,00	470,00	470,00	470,00	470,00	470,00	470,00
		Cg-übrige	611,00	611,00	611,00	611,00	611,00	611,00	611,00

PAR-LG-Zeitwerte – Zivilverfahren (II)

				96	97	98	99	00	01	02
Zivilverfahren	Cga	Cga-Mahnsachen	Ri. als Rpfl.	18,50						
			Rpfl.	7,80						
		Cga-ohne Mahns.		378,00						
		Cga-nicht beeinspr. Mahnsachen	Ri. als Rpfl.		7,80	7,80	7,80	7,80	7,80	7,80
			Rpfl.		7,80	7,80	7,80	7,80	7,80	7,80
		Cga-ohne nicht beeinspr. Mahnsachen			374,00	374,00	374,00	374,00	374,00	374,00
		Cgs-gesamt		195,00	195,00	195,00	195,00	195,00	195,00	195,00
		Nc-Verfahrenshilfe		84,00	84,00	84,00	84,00	84,00	84,00	84,00
		Nc-ohne Verfahrenshilfe		28,00	28,00	28,00	28,00	28,00	28,00	28,00
	Rechtsmittelverfahren	R-C		669,50	669,50	669,50	669,50	669,50	669,50	669,50
		R-MSch und PSch		868,50	868,50	868,50	868,50	868,50	868,50	868,50
		R-Exekution		429,50	429,50	429,50	429,50	429,50	429,50	429,50
		R-Außerstreit		521,50	521,50	521,50	521,50	521,50	521,50	521,50
		Nc-Senat		160,50	160,50	160,50	160,50	160,50	160,50	160,50

1.4.6. PAR-LG-Zeitwerte – Insolvenz- und Registerverfahren

			96	97	98	99	00	01	02
Insolvenz-verfahren	S		390,00	390,00	390,00	620,00	620,00	620,00	620,00
	Sa, Svv		390,00	390,00	390,00	620,00	620,00	620,00	620,00
	Se		44,00	44,00	44,00	72,00	72,00	72,00	72,00
Registerverfahren	Firmenbuch (Fr)	Ri.	50,00	50,00	50,00	80,00	80,00	80,00	80,00
		Rpfl.	46,00	46,00	46,00	30,00	30,00	30,00	30,00
	Nc für Fr		32,00	32,00		30,00	30,00	30,00	30,00
	Offenlegungen					30,00	30,00	30,00	30,00
	T-Todeserklärungen		115,00	115,00	115,00	115,00	115,00	115,00	115,00
	T-Wert-papiere	Ri. als Rpfl.	33,00	33,00	33,00	33,00	33,00	33,00	33,00
		Rpfl.	33,00	33,00	33,00	33,00	33,00	33,00	33,00

1.4.7. PAR-LG-Zeitwerte – Strafverfahren

			96	97	98	99	00	01	02
Strafverfahren		Ur-Jugendstrafsachen	356,00	356,00	356,00	356,00	356,00	356,00	356,00
		Ur-ohne Jugendstraf-sachen	291,00	291,00	291,00	291,00	291,00	291,00	291,00
		EHv-Einzelrichter	318,00	318,00	318,00	318,00	318,00	318,00	318,00
		SHv-Schöffensenat	1.117,00	1.117,00	1.117,00	1.117,00	1.117,00	1.117,00	1.117,00
		SHv(G)-Geschworenengericht	4.074,00	4.074,00	4.074,00	4.074,00	4.074,00	4.074,00	4.074,00
		BE-Senat/ Maßnahmenvollzug	296,00	296,00	296,00	296,00	296,00	296,00	296,00
		BE-Senat/ohne Maßnahmenvollzug	178,00	178,00	178,00	178,00	178,00	178,00	178,00
		BE-Amnestie	79,00	79,00	79,00	79,00	79,00	79,00	79,00
		BE-Übrige	124,00	124,00	124,00	124,00	124,00	124,00	124,00
		RK-Ratskammer	181,00	181,00	181,00	181,00	181,00	181,00	181,00
		Bl	400,00	400,00	400,00	400,00	400,00	400,00	400,00
		Hs	71,00	71,00	71,00	71,00	71,00	71,00	71,00
		Ns	16,00	16,00	16,00	16,00	16,00	16,00	16,00

1.5. PAR-Auswertungen

1.5.1. Komponenten Arten – Mengen – Zeiten im PAR-ADV-Raster[91]

Am PAR-Auswertungsblatt („PAR-ADV-Raster"), welches in Arbeitsgruppen im Rahmen der jeweiligen Zeiterfassungs-Projekte entwickelt worden war, lässt sich die Gliederung entsprechend der drei PAR-Komponenten **Arten – Mengen – Zeiten** erkennen.

Der Bereich **Arten** – in der im Anhang beigefügten Tabelle[92] durch dunkelgraue Hinterlegung dargestellt (Spalte 1) – bringt zunächst im ersten Bereich die infrastrukturellen Tätigkeiten, im zweiten Bereich die variablen Tätigkeiten näher zur Darstellung. Diese Felder sind jeweils weiter unterteilt in die einzelnen „PAR-Geschäftsgattungen", also in jene Verfahrensarten, die eigene PAR-Zeitwerte haben.

Im Bereich der variablen Tätigkeiten werden die Arten durch die Teil-Spalte „zuständig" noch dadurch erweitert, dass hier für die jeweilige Verfahrensart angeführt wird, ob diese in richterliche Zuständigkeit fällt oder durch Rechtspfleger zu erledigen ist. In manchen Verfahrensarten, z.B. A, gibt es sowohl Zuständigkeiten für Richter als auch, daneben, solche für Rechtspfleger.

Die dritte Möglichkeit der Zuständigkeitssituation ist im Auswertungsblatt etwas „versteckt". Es handelt sich dabei um Verfahren, die an sich in die Zuständigkeit von Rechtspflegern fallen, aber – es wurde im Zusammenhang mit der Erhebung der Zeitwerte für variable Tätigkeiten darauf bereits hingewiesen – unter bestimmten Umständen im beobachteten Geschäftsjahr von Richtern ausgeübt worden waren. Hinweis auf das Auftreten solcher Fälle ist der Umstand, dass in der Zeile, in der als „zuständig" Rechtspfleger angegeben ist, auch unter der Spaltengruppe „Richter" (Spalten 3 bis 6) ein PAR-Zeitwert (Spalte 3) aufscheint, wie zum Beispiel bei der Geschäftsgattung „C-Mahnsachen" (Spalte 3: 5,80 Minuten). Dies bedeutet, dass hier der Fall möglich ist, dass ein Richter Rechtspflegertätigkeit ausübt.[93]
Der Bereich der **Mengen** (Spalten 2 und 7) – in der Anhangtabelle durch hellgraue Hinterlegung gekennzeichnet – spiegelt die Mengenanknüpfung wieder.

---

[91] Darstellung des PAR-ADV-Rasters siehe im Anhang. Die folgenden Hinweise auf einzelne Spalten und Zeilen des Rasters beziehen sich ebenfalls darauf.

[92] PAR-ADV-Raster im Anhang als Faltblatt.

[93] In obenstehender Tabelle, die die Situation des BG für ZRS Graz 2002 wiedergibt, war kein Richter im Bereich der C-Mahnverfahren tätig. Ein Vergleich mit der PAR-BG 2002 für das Bundesgebiet (Tabelle am Ende dieses Kapitels) zeigt demgegenüber (erkennbar in Zeile 13), dass österreichweit 133.312 Geschäftsfälle in dieser Geschäftsgattung, die an sich in die Zuständigkeit von Rechtspflegern fallen, von Richtern ausgeübt wurden.

Hier wird die Anzahl der Geschäftsfälle, aufgeteilt auf die einzelnen Geschäftsgattungen, dargestellt, die im jeweiligen Rechnungsjahr bei den österreichischen Gerichten erledigt wurden. Diese Information wird im Wesentlichen aus den Registern bzw. dem bundesweit „verdichteten Register", dem betrieblichen Informationssystem „BIS" bezogen.

In Einzelfällen gibt es für Geschäftsgattungen, für die zwar eigene PAR-Zeitwerte ermittelt wurden, keine direkte Anknüpfung aus dem BIS. In diesen Fällen wird die Mengenanknüpfung entweder über Hilfsrechnungen (vgl. Hubner-Formel) oder durch Registerauswertungen ermittelt.[94]

In den Spalten 3 und 8 – im Beispielsblatt mittelgrau unterlegt – ist das eigentliche **„PAR-Zeitgerüst"** enthalten. Hier stellen die Auswertungsblätter die einzelnen PAR-Vorgabezeiten für die variablen Tätigkeiten sowohl für Richter als auch für Rechtspfleger in den einzelnen Spalten dar. Der Zeitwert für Richter als Rechtspfleger ist daran erkenntlich, dass auch in der Spaltegruppe „Richter" (Spalten 3 bis 6) bei der Zuständigkeit eines Rechtspflegers ein Zeitwert (Spalte 3) steht.

Anknüpfend an die PAR-Vorgabezeiten befinden sich in diesem Bereich bereits die ersten Auswertungen, erkenntlich in den Spalten 4 bzw. 9: **„Erledigungszeit in Stunden"**. Für die **infrastrukturellen Tätigkeiten** wird diese direkt aus der PIS-Auswertung, die ersichtlich macht, bei wie vielen Personen bzw. in welchem Umfang die jeweiligen Zeitansätze für infrastrukturelle Tätigkeiten bei den einzelnen Gerichten zur Anwendung kommen, übernommen.

Beim Personalinformationssystem des Bundes, kurz PIS, handelt es sich um ein vom Bundesministerium für Finanzen entwickeltes Datenbanksystem, in welchem die dienst- und besoldungsrechtlich relevanten Daten der Öffentlich Bediensteten erfasst werden.[95] Diese reichen dabei von persönlichen Angaben wie Geburtsdatum oder Familienstand über Informationen wie Eintritts- und Vorrückungstag, Ausbildungswege, bis hin zu den sogenannten „Verwendungsdaten". Diese stellen, da PIS für alle Dienststellen des Öffentlichen Dienstes entwickelt wurde, ressortspezifische Erweiterungen dar und geben im Justizbereich Auskunft über die tatsächliche Verwendung eines Bediensteten. Hier ist beispielsweise abzulesen, dass ein Richter an einem bestimmten Bezirksgericht im Jahr 2000 zu 80% in „C-Allgemeine Streitsachen" und zu 20% seiner Arbeitskapazität in „MSch-Sachen" tätig war.[96]

---

[94] Näheres dazu vgl. „Mengenanknüpfung" in: ROI, Schlussbericht BG, Anlage III; ROI, Schlussbericht LG, Anlage VIII; Kapitel PAR-Projekte im Einzelnen.
[95] BMJ (Hrsg.), Leitfaden zum PIS-Dialogverfahren (1996), 1.
[96] Reinhard Jachwerth, PIS, was ist das? Eine Kurzinformation über das Personalinformationssystem des Bundes (Vortragsunterlage).

Im PAR-Auswertungsblatt wird bereits das Summenergebnis der jeweiligen infrastrukturellen Tätigkeitsart (Führungsaufgaben, Amtstag, etc.) ausgewiesen. Um diese, im Blatt angegebenen Zeitwerte näher aufschlüsseln zu können (Herleitung aus den einzelnen Ansätzen der PAR) benötigt man die Information aus dem PIS, die in der PAR-Auswertung selbst nicht dargestellt wird.[97]
Im Bereich der **variablen Tätigkeiten** ist die Erledigungszeit in Stunden durch Multiplikation der Anzahl der Geschäftsfälle in der jeweiligen Gattung mit den dafür geltenden PAR-Zeitwerten errechenbar, wobei die Erledigungszeit für die Auswertung im ADV-Raster in Stunden umgerechnet wird, während die PAR-Vorgabezeit (Spalten 3 und 8) den Zeitwert in Minuten vorgibt.

Die weitere Auswertung, welche in den Spalten 5 bzw. 10 erkennbar ist, ergibt sich direkt aus der Erledigungszeit in Stunden. Diese wird „umgelegt" auf die im öffentlichen Dienst häufig angewendete „Grundrecheneinheit der Personalwirtschaft", nämlich auf eine Vollzeitkraft (VZK). Eine VZK spiegelt jene Arbeitleistung (in Stunden) wieder, die ein vollbeschäftigter Richter oder Rechtspfleger in einem Arbeitsjahr erbringt. Diese beträgt für eine richterliche VKZ 1.720 Jahresarbeitsstunden, für eine rechtspflegerische VZK 1.612,5. Als Grundlage für diese Rechengrößen wird bei den Richtern von einer 40-Stunden-Woche ausgegangen[98], bei Rechtspflegern von 37,5 Arbeitsstunden pro Woche. Von der hochgerechneten Jahresarbeitszeit wird schließlich in beiden Fällen eine Abwesenheitszeit von 17,3% in Abzug gebracht. Umgerechnet repräsentieren diese 9 Wochen die durchschnittliche Abwesenheit eines Bediensteten aufgrund von Erholungsurlauben, Feiertagen oder Krankenständen.[99]Auch am Auswertungsblatt selbst ist im Bereich der „Arbeitskapazität" (näheres dazu weiter unten) nachvollziehbar, wie es zum Ansatz von 1.720 Stunden für eine volle richterliche Arbeitskraft bzw. 1.612,5 Stunden für einen Rechtspfleger kam.

In den Spalten 5 bzw. 10 wird ausgewiesen, wie viele VZKs die Gerichte zur Abdeckung der jeweiligen Erledigungszeiten – diese ergeben sich aus der Multiplikation der angefallen (genauer gesagt der erledigten) Geschäftsfälle mit den jeweiligen Zeitwerten für die einzelnen Geschäftsfälle – im abgelaufenen, also dem

[97] Nur in einzelnen Fällen ist auch die Herleitung direkt aus der Information erkennbar, die das PAR-Auswertungsblatt zur Verfügung stellt. Beispielsweise ist in Spalte 2, Zeile 45 die Anzahl der systemisierten Richterplanstellen beim einzelnen Gericht erkennbar und kann man damit über jene, in der PAR-Erhebung ermittelten Zeitanteile für Führungsaufgaben oder für Amtstage die Summenzeitwerte des Erhebungsblattes direkt errechnen. Nicht erkennbar ist jedoch, wie viele Personen in der Standes- oder Personalvertretung am einzelnen Gericht tätig sind, hier werden die im PAR-Blatt ausgewiesenen Zeitwerte direkt aus dem PIS übernommen.
[98] Dabei wird dem Rechnung getragen, dass dieser Berufsgruppe zur Abgeltung einer Mehrleistungskomponente eine Dienstzulage ausbezahlt wird, weshalb bei den Richtern die vollen 40 Stunden, ohne Abzug für Pausen, als „Netto"-Arbeitszeit angesetzt werden. Bei den Rechtspflegern wird eine halbstündige Mittagspause in Abzug gebracht; Fellner, Leitfaden, 5.
[99] ROI, Schlussbericht LG, 25.

der PAR-Jahresauswertung zugrundeliegenden Geschäftsjahr, benötigten (Spalte 5 an Richtern, Spalte 10 an Rechtspflegern).

Im Zeittableau werden zur besseren Übersichtlichkeit diesbezüglich auch zwei Summenzeilen ausgewiesen. Am Ende des Bereiches der infrastrukturellen Zeiten (Zeile 11) sowie am Ende des Bereiches der variablen Zeiten (Zeile 42) werden die jeweils für diese Bereiche benötigten Erledigungszeiten in Stunden bzw. deren Umlegung auf VZKs summiert dargestellt.

Zusätzlich zu den Bereichen der drei PAR-Komponenten Arten, Mengen und Zeiten tritt am Auswertungsblatt schließlich als „vierte Dimension" die zur Verfügung stehende **Arbeitskapazität** hinzu. Dieser Bereich wird im Beispiel durch dunkle Hinterlegung hervorgehoben. Ausgangspunkt sind dafür die in Spalte 2 bzw. 7 dieses Bereiches (Zeile 45) ausgewiesenen Werte, die die Anzahl der VZKs ersichtlich machen, die im jeweiligen Rechnungsjahr am Gericht als Arbeitskapazität tatsächlich zur Verfügung standen[100]. Diese Zeitwerte ergeben sich aus dem Personalinformationssystem (PIS), dieser Bereich wird daher auch als die „PIS-Anknüpfung" bezeichnet.

Bis zum Rechnungsjahr 1999 wurde diese Verbindung stichtagsbezogen durchgeführt. Dies bedeutete, dass österreichweit jene Größe an Vollzeitkräften zur Grundlage der PAR gemacht worden war, die sich aus der Anzahl der zum Stichtag 1. Juli des betreffenden Jahres bei den einzelnen Gerichten eingesetzten Organe ergab. Seit den Auswertungen des Jahres 2000 liefert das PIS nicht nur stichtagsbezogene Daten sondern ermöglicht eine gesamtjahresgenaue Abrechnung.[101]

Für die Rechtspfleger sind zusätzlich auch die Rechtspflegeranwärter dargestellt, wobei deren Arbeitskapazität entsprechend den Vorgaben der PAR-Erhebung[102] mit einem Drittel ihrer Arbeitskapazität – ausgehend ebenfalls von einer 37,5-Stundenwoche – bei der Leistungskapazität Berücksichtigung finden. Die gesamte Arbeitskapazität der bei einem Gericht tätigen Rechtspfleger ergibt sich somit aus der Summe der Zeilen „Zeiteinsatz brutto" (Zeile 45) und „Rechtspflegeranwärter" (Zeile 48).

Die Anzahl der im Erhebungsblatt ausgewiesenen VZKs entspricht nicht der Anzahl jener Richter oder Rechtspfleger, die in diesem Jahr bei Gericht tätig waren, da oft nicht alle Arbeitskräfte an den einzelnen Gerichten zu 100% Verwendung finden. Diesbezügliche Abweichungen gibt es etwa bei Halbauslastungen auf

---

[100] Bei den Rechtspflegern wird zusätzlich auch die Anzahl (in VZK) der Rechtpflegeranwärter ausgewiesen.
[101] Näheres dazu: Erlass des BMJ vom 04.04.2001, JMZ 575.00/7-III 1/2001.
[102] Fellner, Leitfaden, 6.

Grund von Kinderbetreuung oder bei sogenannten „Doppelplanstellen“. Dabei ist die richterliche Arbeitskapazität zwischen Gerichten aufgeteilt.

Die in Spalte 2 und 7 der Zeile 45 dargestellten Werte geben im Unterschied zu der in Spalte 5 und 10, vorletzte Zeile ausgewiesenen Anzahl der systemisierten Planstellen (Zeile 45) die **Ist-Arbeitskapazität** der Gerichte wieder, während die letzteren die **Soll-Arbeitskapazität**, jeweils gemessen in VZK, repräsentieren.

1.5.2. Auswertungen des PAR-ADV-Rasters

Als letztes ist in den PAR-Blättern schließlich der Bereich der Auswertungen enthalten, die im Schlussbericht als „Signalinformation“ bezeichnet werden. Der Auswertungsbereich beginnt mit der Summenzeile **„kalkulierte Erledigungszeit“** (Zeile 43). Ausgehend von dieser Kerngröße werden verschiedene Auslastungsgrade berechnet, die zu den jeweiligen Organisations- sowie Periodenvergleichen, also den Vergleichen zwischen den einzelnen Gerichten bzw. zwischen den Geschäftsjahren, herangezogen werden. Die kalkulierte Erledigungszeit gibt an, wie viel Arbeits-(Personal-)Kapazität im Rechnungsjahr benötigt wurde, um die in diesem Jahr erledigte Arbeit abzudecken. Diese wird zum einen in Stunden ausgewiesen (Spalten 4 und 9). Ausgehend von dieser Summengröße erfolgt jedoch auch eine Umrechnung in VZK auf Basis der 1.720 Jahresarbeitsstunden eines Richters bzw. 1.612,5 Stunden Jahresarbeitszeit eines Rechtspflegers. Diese als **„Vollzeitkräfte nach PAR“** (VZK^{PAR}) bezeichnete Kerngröße rechnet sich, wie in den Auswertungsblättern erkennbar, aus den jeweiligen PAR-Jahresergebnissen wie folgt:

$$Geschäftsfälle\,(Spalte 2) \times Zeitwerte^{PAR}\,(Spalte\,3) = Erledigungszeit\,(Spalte 4)$$

$$Erledigungszeit : 1720h = VZK^{PAR}_{Richter}\,(Spalte\,5)$$

$$Erledigungszeit : 1612{,}5 = VZK^{PAR}_{Rpfl.}\,(Spalte\,10)$$

In Zeile 43 (kalk. Erledigungszeit (inf.+ var.)) werden die Summen der darüber liegenden Spalten ausgewiesen und stellen jeweils die gesamten, jährlich kalkulierten Erledigungszeiten in Stunden (Spalten 4 und 9) sowie „in VZK“ (Spalten 5 und 10) dar.

Werte der „Vollzeitkräfte nach PAR" aus PAR-BG 2002[103]

BG für ZRS Graz	$VZK^{PAR}_{Richter} = 26{,}92$	$VZK^{PAR}_{Rpfl.} = 26{,}74$
Bundesgebiet	$VZK^{PAR}_{Richter} = 748{,}66$	$VZK^{PAR}_{Rpfl.} = 589{,}30$

Letztere, als „VZK nach PAR" bezeichnete Größe ist Ausgangspunkt für die beiden Kennzahlen **„PAR-Auslastungsgrad"** sowie **„Planstellenauslastungsgrad nach PAR"**.

PAR-Auslastungsgrad

Diese Kennzahl bezieht sich auf den Ist-Zeiteinsatz (Ist-Leistungszeit), gibt also an, wie viel an Arbeitskapazität (VZK nach PAR) die der PAR-Berechnung zugrunde gelegten Arbeitsmengen (erledigte oder abgestrichene Akten laut Spalte 3) im Berichtsjahr in Anspruch genommen haben.

Formel des PAR-Auslastungsgrades	**Zahlenbeispiel: PAR-BG 2002 Bundesweit**
$VZK^{Ist}_{Richter} \ldots\ldots 100\%$	$697{,}47 \ldots\ldots 100\%$
$VZK^{PAR}_{Richter} \ldots\ldots\ x$	$748{,}66 \ldots\ldots\ x$
$PAR - Auslastungsgrad\ (in\%)$	$107{,}34\%$

Diese Kenngröße des „Auslastungsgrades nach PAR", welche den Ist-Auslastungsgrad darstellt, wird direkt im PAR-Auswertungsblatt in Zeile 50 („Auslastungsgrad"), Spalte 6 angezeigt. Zusätzlich findet diese Kennzahl auch Eingang in die jährlichen PAR-Berichte des Bundesministeriums für Justiz und ist dort Teil der Ergebnis-Zusammenfassung.[104]

---

[103] Da am BG für ZRS Graz im Geschäftsjahr 2002 der für die folgenden Darstellungen bedeutsame Fall „Richter als Rechtspfleger" nicht gegeben war, werden bei den Zahlenbeispielen die Ergebnisse der PAR-BG 2002 für alle Bezirksgerichte im Bundesgebiet herangezogen. Das diesbezügliche PAR-Auswertungsblatt ist am Ende dieses Kapitels dargestellt.

[104] Zu finden ist sie in den jeweiligen Jahresberichten zur PAR bei den „Zusammenfassenden Ergebnisse" in Zeile 2.

Planstellungsauslastungsgrad nach PAR

Im Unterschied zum vorhin dargestellten PAR-Auslastungsgrad, welcher eine Maßgröße für den Ist-Auslastungsgrad darstellt, bezieht sich diese Kennzahl auf die Personalkapazität, die den einzelnen Organisationseinheiten (Gerichten) laut Stellenplan zur Verfügung stehen hätte sollen. Sie ist so gesehen eine Größe, die den Soll-Auslastungsgrad repräsentiert, da ihre Bezugsgröße die Anzahl der systemisierten Planstellen darstellt. Diese Bezugsgröße (Anzahl der systemisierten Planstellen) ergibt sich bundesweit aus dem jährlichen Stellenplan sowie, davon ausgehend für die einzelnen Gerichte, aus den dazugehörigen Systemisierungsübersichten. In den PAR-Blättern wird diese Größe übernommen und in der vorletzten Zeile (Zeile 51), Spalte 5 in der Einheit „VZK" dargestellt.

Formel des Planstellenauslastungsgrades nach PAR	**Zahlenbeispiel: PAR-BG 2002 Bundesweit**
$VZK_{Richter}^{lt.Stellenplan}$ 100%	701,00......100%
$VZK_{Richter}^{PAR}$ x	748,66...... x
Planstellenauslastungsgrad nach PAR (in %)	106,80%

Die Kenngröße „Planstellenauslastungsgrad nach PAR" wird in den PAR-Blättern nicht direkt ausgewiesen, findet aber in den jährlichen PAR-Berichten als Teil der Ergebniszusammenfassung Eingang.[105]

Einschub: Periodenabgrenzung

Der PAR-Auslastungsgrad nimmt Bezug auf das Ausmaß der Arbeitskapazität, welche die im jeweiligen Rechnungsjahr erledigten Akten in Anspruch genommen haben. Hier zeigt sich jedoch das Problem der „Periodenabgrenzung". Die "kalkulierte Erledigungszeit" gibt an, wie viel Arbeitszeit die in diesem Jahr abgestrichenen Akten insgesamt in Anspruch genommen haben. Dabei ist jedoch nicht bekannt, über welchen Zeitraum diese Inanspruchnahme andauerte, also wie viel dieser gesamten Erledigungszeit der erledigten Akten auf das betrachtete Geschäftsjahr entfiel.

In einem „Rechnungsjahr" fallen zunächst Arbeiten für Akten an, die erst im darauffolgenden Jahr „fertig" werden. In der PAR-Berechnung werden jedoch diese

[105] Jahresberichte PAR, Zusammenfassende Ergebnisse, jeweils Zeile 6.

bereits in Vorperioden erbrachten Arbeiten als Summe der Gesamtarbeitszeit je Akt erst in jenem Jahr erfasst, in dem der Akt erledigt (abgeschlossen) wird. Für diesen Bereich der Arbeiten kann daher gesagt werden, dass von den Richtern und Rechtspflegern Arbeiten im Rechnungsjahr erbracht werden, die personalanforderungsrechnungsmäßig erst im nächsten Jahr erfasst werden. Übertragen auf die Terminologie des Rechnungswesens ist dies vergleichbar mit Aufwendungen, die bereits in einem Geschäftsjahr anfallen, wirtschaftlich jedoch erst das nächstfolgende Bilanzierungsjahr betreffen. Die im Rechnungswesen dafür vorgesehenen Maßnahmen der Rechnungsabgrenzungen finden in der PAR jedoch nicht statt.

Als zweites gibt es im Rechnungsjahr „Finalisierungsarbeiten", wo also ein Teil der Arbeit des Aktes bereits im Vorjahr angefallen ist. Hier wird nun die gesamte Arbeit, die auf diesen Akt entfallen ist, diesem Jahr, also dem Jahr der Erledigung, zugeschlagen. Dieses Phänomen wäre vergleichbar mit jenem Bereich des Rechnungswesens, wo ein Ertrag im Bilanzierungsjahr anfällt, dessen Grundlage jedoch bereits im vorangegangenen Rechnungsjahr gelegt wurde.

Die dritte Kategorie von Arbeiten – die problemloseste in diesem Zusammenhang – ist jene in Akten, die im Geschäftsjahr angefallen waren und auch noch im selben erledigt werden konnten. Diese Arbeiten werden zu Gänze im (richtigen) Jahr berücksichtigt.

Die Ergebnisse der PAR spiegeln nun nur unter der Hypothese die „richtige"[106] kalkulierte Erledigungszeit eines Jahres wieder, dass sich die erste und zweite Art von Arbeiten „ausgleichen".

Sonderauswertung „Richter als Rechtspfleger"

Auf bezirksgerichtlicher Ebene[107] ist bei der Auswertung der jährlichen PAR-Ergebnisse und den Schlussfolgerungen, die sich daraus für den (künftigen) Bedarf an Richtern und Rechtspflegern ergeben, das Phänomen mit zu berücksichtigen, dass Richter auch Aufgaben ausführen, die an sich in den Zuständigkeitsbereich von Rechtspflegern fallen. Verstärkt wird dieses Problem dadurch, dass für solche, an sich inhaltlich gleichen Arbeiten, dabei regelmäßig auch jeweils unterschiedliche PAR-Vorgabezeitwerte anzusetzen sind, je nach dem, ob die Tätigkeit von einem Richter für einen Rechtspfleger oder von einem Rechtspfleger ausgeübt wurden.

---

[106] „Richtig" i.o.S. bedeutet, dass der Zeitwert dem tatsächlichen Arbeitszeitaufwand, der in einem Jahr (im Rechnungsjahr) bei den Gerichten angefallen ist, entspricht.

[107] Auf landesgerichtliche Ebene stellt sich in der Praxis dieses „Problem" nicht, da hier Richter keine Rechtspflegeraufgaben wahrnahmen. Es ist daher auch in den PAR-LG-Auswertungsblättern die Auswertungszeile „Richter als Rechtspfleger" nicht enthalten.

Unter der Zeile „kalkulierte Erledigungszeit" wird daher in der Spaltengruppe „Richter" (Spalten 4 bis 6) auch in der Einheit „VZK" ausgewiesen, wie viel der kalkulierten Erledigungszeit darauf entfiel, dass hier von „richterlichen Vollzeitkräften" eigentlich Arbeiten erledigt wurden, für die nicht sie, sondern Rechtspfleger notwendig gewesen wären (Zeile 44). Dieser Wert ergibt sich als Summe über die in Spalte 5 ausgewiesenen Zahlen, wo die Zuständigkeit eines Rechtspflegers (Spalte 3) gegeben war.

Da, wie bereits angeführt, für Rechtspfleger jedoch andere PAR-Zeitwerte gelten und auch der „Umrechnungsschlüssel" in VZK ein anderer ist (die richterliche Arbeitskapazität wird für die Umrechnung mit 1.720 Stunden je Jahr, die rechtspflegerische mit 1.612,5 berechnet) wird in Spalte 10 ausgewiesen, wie viel an rechtspflegerischer VZK-Kapazität diese im Rechnungsjahr von Richtern erledigten Arbeiten in Anspruch nehmen würden.[108]

Dieses „Sonderproblem" führt in der Folge zur Berechnung und zum Ausweis einer Reihe zusätzlicher Auslastungsgrade, die zunächst einmal die Auslastungssituation der Richter betrachten, würden sei nur ihre, also die richterlichen Aufgaben ausführen.

Ausgangspunkt dieser Auslastungsgrade ist die Kennzahl **„Richter als Richter (Ri. als Ri.)"**, angegeben im PAR-Auswertungsblatt in Zeile 52, Spalte 5. Diese gibt die Anzahl der richterlichen VZKs nach PAR an, welche zur Erledigung der rein richterlichen Arbeit im Rechnungsjahr benötigt worden wären. Rechnerisch ergibt sie sich aus der Subtraktion der Werte jeweils der Spalte 5, und zwar Zeile 43 („kalkulierte Erledigungszeit") minus Zeile 44 („davon Richter als Rpfl.").

Formel der Kennzahl/Ri. als Ri.	**Zahlenbeispiel: PAR-BG 2002 Bundesweit**
$VZK^{PAR}_{Richter}\,(Zeile\,43)$	748,66
$-\ Richter\ als\ Rpfl.(Zeile\,44)$	−17,90
$Ri.als\,Ri.(Zeile\,52)$	730,76

Die Kennzahl **„Auslastungsgrad nach PAR/Ri. als Ri."** wird in der PAR-Auswertung nicht explizit dargestellt, ist aber aus den ausgewiesenen Kennzahlen leicht errechenbar.

[108] Vgl. diesbezüglich auch: PAR-BG 2002, 224, 2. Abs.

Formel des PAR-Auslastungsgrades/Ri. als Ri.	**Zahlenbeispiel: PAR-BG 2002 Bundesweit**
$VZK^{Ist}_{Richter}$......100%	697,47......100%
$Ri.als\,Ri.$ x	730,76...... x
$PAR-Auslastungsgrad\,/\,Ri.als\,Ri.$	104,77%

Während die vorhin dargestellte Kenngröße die Ist-Auslastungssituation richterlicher Arbeitskapazität, bezogen auf die in ihren Zuständigkeitsbereich fallenden Agenden darstellt, gibt die Kennzahl **„Planstellenauslastungsgrad nach PAR/Ri. als Ri."** diesen Wert bezogen auf die Sollauslastungssituation wieder, geht man davon aus, dass sämtliche systemisierten Planstellen im Rechnungsjahr auch tatsächlich zur Verfügung standen.

Formel des Planstellenauslastungsgrades/Ri. als Ri.	**Zahlenbeispiel: PAR-BG 2002 Bundesweit**
$VZK^{lt.Stellenplan}_{Richter}$......100%	701,00......100%
$Ri.als\,Ri.$ x	730,76...... x
$Planstellenauslastungsgrad\,/\,Ri.als\,Ri.(in\%)$	104,24%

Diese Kenngröße wird direkt im PAR-Auswertungsblatt in der letzten Zeile (Zeile 52: „Ri. als Ri.-Planstellenauslastungsgrad") ausgewiesen.

Für die Jahres-PAR-Berichte wurden jedoch noch weitere, leicht modifizierte Kennzahlen aufbauend auf diese Größen gebildet.

Ausgehend von der Vorgabe, dass „Handlungsbedarf" für die justizielle Personalbewirtschaftung erst ab einem Über- oder Unterschreiten der PAR-Auslastungsgrade im Bereich 90% bis 110% gegeben ist, also Schwankungen plus/minus 10% von der Idealauslastung 100% zu tolerieren sind, wurden als zusätzliche Kennzahl für das Ausmaß der Belastung richterlicher Arbeitskapazität mit „Fremdarbeit" nicht sämtliche Zeitanteile, wo Richter Rechtspfleger-Aufgaben wahrnahmen, herangezogen. Von diesen Zeitenanteilen nahm man nur jene, wo der Auslastungsgrad der richterlichen Arbeitskapazität (unter Einbeziehung ihres Anteiles für rechtspflegerische Aufgaben) mehr als 110% betrug, wo also eine derartige Überlastung der richterlichen Arbeitskapazität gegeben war, dass „Handlungsbedarf" im Sinne der PAR-Personalbewirtschaftung bestand. Diese Werte werden in den Jahres-PAR-Berichten dargestellt und darauf aufbauend eine modifizierte

Maßzahl für „VZK nach PAR/Ri. als Ri." berechnet. Ausgehend von dieser Kenngröße wird auch die sich daraus ergebende Über- bzw. Unterdotierung im Vergleich zu den systemisierten Planstellen in den Jahres-PAR-Berichten ausgewiesen.

Gleich wird bei der zusammenfassenden Darstellung der Ergebnisse der PAR für Rechtspfleger vorgegangen, wobei hier diese modifizierten Kennzahlen mit den für Rechtspfleger geltenden, von den jeweiligen richterlichen Werten abweichenden PAR-Zeitwerten berechnet werden.[109]

Verteilung der Jahresarbeitszeiten auf variable und infrastrukturelle Tätigkeiten

Als ergänzende Auswertung wird in Spalte 6 der Jahres-PAR-Blätter die Zusatzinformation geboten, wie sich die gesamte kalkulierte Erledigungszeit einerseits auf infrastrukturelle, andererseits auf variable Tätigkeiten verteilt (Zeile 11 für infrastrukturelle, Zeile 42 für variable Tätigkeiten), wobei diese Verteilung auch für die einzelnen Unterarten zur Darstellung gebracht wird. Die gleiche Auswertung erfolgt für den rechtspflegerischen Bereich in Spalte 11.

Entgegen der offenbar ursprünglich gegebenen Intention, die PAR-Auswertungen zunächst halbjährlich zu Stichtagen (1.4. bzw. 1.10. eines jeden Jahres) für die davor liegende Halbjahres- und Jahresperiode bereitzustellen, wobei als Ziel darüber hinaus sogar Quartals- und Monatsauswertungen genannt worden waren[110], kam es schlussendlich zu einer jährlichen Auswertung, wobei die Ergebnisse des jeweils vorangegangenen Jahres in Form eines Jahresberichtes durch das Bundesministerium für Justiz zumeist Mitte des folgenden Jahres in schriftlicher Form den Dienststellen zur Kenntnis gebracht werden.

In diesen Jahres-PAR-Berichten werden die PAR-Ergebnisse auf unterschiedlichen „Verdichtungsebenen" dargestellt. PAR-BG enthält die Auswertungen der Jahres-PAR-Ergebnisse einerseits für jedes einzelne Bezirksgericht. Diese Einzelergebnisse werden schließlich zusammengefasst zu einem Gesamtergebnis der zu einem Landesgerichtssprengel gehörenden Bezirksgerichte, welche ihrerseits wiederum in ein Summenergebnis aller Bezirksgerichte, die zu einem der vier Oberlandesgerichte gehören, gebracht werden. Die letzte Verdichtungsebene ist schließlich das Gesamtergebnis für alle im Bundesgebiet eingerichteten Bezirksgerichte.

---

[109] Jahresberichte PAR, Zusammenfassende Ergebnisse Rechtspfleger, jeweils Zeilen 8 bis 10.

[110] Nach Auffassung des Beratungsunternehmens hätte „die Aufgabe als aktuelles Führungsinstrument" nur dadurch wahrgenommen werden können; ROI, Schlussbericht BG, 26.

Unter Wegfall einer Verdichtungsebene erfolgt die Darstellung im Jahresbericht des PAR-LG. Ausgehend von einer Gesamtdarstellung für sämtliche Landesgerichte des Bundesgebietes werden diese auch getrennt nach den vier Oberlandesgerichts-Sprengel ausgewiesen, um schließlich auch für jedes einzelne Landesgericht eine Jahres-PAR-Auswertung zu erhalten.

Welche Auswertungen schließlich aus diesen Rohergebnissen vorgenommen werden differiert ebenfalls zwischen den Jahresberichten für BG und LG. In den PAR-BG-Auswertungen werden nach Darstellung der jeweiligen Jahres-PAR-Blätter in den vier Verdichtungsstufen „Rankings" der Bezirksgerichte nach drei verschiedenen Auslastungsgraden für Richter (Auslastungsgrad nach PAR; Planstellenauslastungsgrad nach PAR/Richter als Richter; Anhängigkeitsstand[111]) sowie nach dem PAR-Auslastungsgrad für Rechtspfleger dargestellt.

Anstelle dieser „Rankings" wird in den Jahresberichten der PAR-LG nach den jeweiligen PAR-Blättern in den drei Verdichtungs-Stufen ein PAR-PIS-Vergleich gezeigt. Dieser stellt gegenüber, wie viele Vollzeitkräfte im Jahr laut PAR und wie viele laut der gerichtlichen Geschäftsverteilungen – diese Information ergibt sich aus dem PIS – in den einzelnen Geschäftsgattungen tätig waren. Anzumerken dabei ist, dass für diese Auswertung die Einteilung der Geschäftsgattungen etwas zur Darstellung in den PAR-Blättern differiert. Für die PAR-PIS-Vergleiche erfolgt eine Zusammenfassung, wobei einzelne Geschäftsgattungen laut PAR dabei auch näher differenziert werden mussten.[112]

Einheitlich in beiden Jahresberichten (BG und LG) ist jedoch die zusammenfassende Darstellung der Jahresergebnisse. Dabei werden die tabellarisch angeordneten Gesamtergebnisse des Jahres auch kurz erläutert. Die dabei gewählte Form folgt sowohl für PAR-LG als auch PAR-BG dem gleichen Grundmuster und werden hier vor allem die beiden Auslastungsgrade, Auslastungsgrad nach PAR sowie Planstellenauslastungsgrad nach PAR, jeweils getrennt für Richter und Rechtspfleger angeführt.

---

[111] Dies ergibt sich aus dem BIS.

[112] Näheres dazu vgl. Anhang (abgedruckt nur in der gebundenen Fassung der Dissertation).

2. Auswertung und Ergebnisse der Erhebung

2.1. Allgemeine Auswertung

Schlussendlich teilgenommen – dass heißt in zumindest einer der Runden I. bis III. einen Fragebogen ausgefüllt – haben von den 63 zur Teilnahme Ausgewählten 55, was einer gesamten Rücklaufquote von 87,3% entspricht.

Natürlich nahm auch hier, wie bei einer mehrstufigen Befragung grundsätzlich zu erwarten war, mit jeder Runde die Zahl der Teilnehmer etwas ab. So beteiligten sich am zweiten Durchgang nur noch 45, am dritten 43 Personen.[113] Nach der ersten Runde wurde insofern im Teilnehmerfeld eine „Filterung" durchgeführt, als – nachdem in einer „Erinnerungs-runde" alle Empfänger eines bis zum Abgabetermin nicht rückgelangten Fragebogens nochmals um ihre Teilnahme ersucht worden waren – für die folgenden Runden nur noch jene angeschrieben wurden, die – wenn auch erst nach dem projektierten Abgabetermin – die erste Fragenbogenrunde beantwortet hatten. Bezogen darauf, dass ab der zweiten Runde daher „nur" noch 55 Teilnehmer angeschrieben worden waren, ergibt dies für den zweiten Durchgang eine Rücklaufquote von 81,8% und für den dritten von 78,2%.[114]

Rücklaufquoten

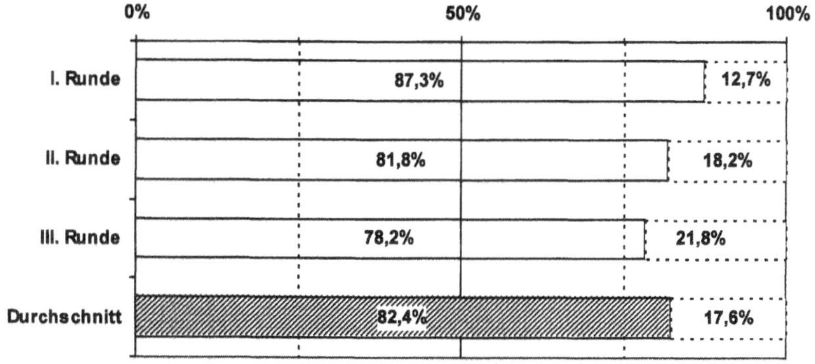

[113] Anhang, Tabelle 1 bis 5.
[114] Anhang, Tabelle 6 bis 9.

Untersucht man das Teilnehmerfeld nach **Funktionen** – das RDG spricht von Planstellenarten bzw. Gehaltsgruppen – so waren unter den für die Befragung Ausgewählten, zum überwiegenden Teil Richter des Landesgerichtes (66,7%).

Teilnehmerfeld nach Funktionen

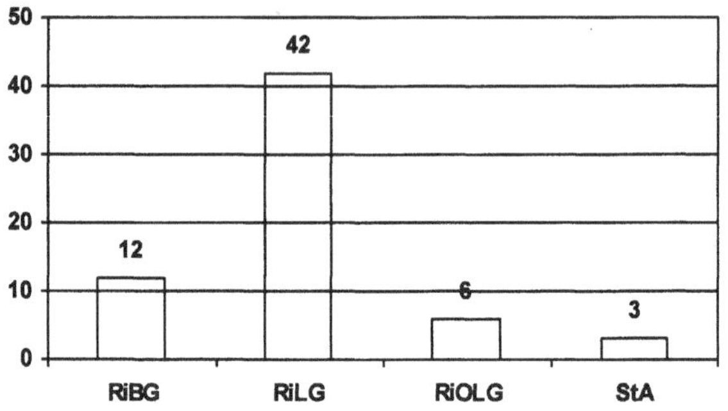

Das Umfragefeld war dabei jedoch zu dreiviertel (74,6%) durch die Mitglieder (einschließlich der „Ersatzmitglieder") der Personal- und Außensenate vorgegeben.[115] Die übrigen 16 Mitglieder des Teilnehmerkreises waren insofern „freigewählt", als es sich dabei um von der Standes- und Interessensvertretung „benannte" Personen, die sich mit Fragen der PAR beschäftigt hatten und um Funktionsträger, wie bei den Staatsanwälten, die im Bereich der Verwaltung tätig oder auf Ebene des Oberlandesgerichtes Graz mit Personalverwaltung betraut waren, handelte.[116]

Die Funktionen beziehen sich auf den Stand des Beginnes der Erhebung im Mai 2002. Die im Laufe der Umfrage eingetretenen Änderungen in den Planstellen durch Verwendungsänderungen oder Ruhestandsversetzungen wurden nicht berücksichtigt.

Eine etwas andere Aufteilung des Teilnehmerfeldes ergibt sich bei der Untersuchung, welchen **„Funktionsgruppen"** die einzelnen Befragten zuzuordnen waren.

Eine Funktionsgruppe bildeten die bereits angesprochenen **Personalsenate** der Landesgerichte (PS) sowie der Außensenat (Auß.Sen.) des OLG. Diese Funkti-

[115] Anhang, Tabelle 11.

[116] Die Zusammensetzung der "Freigewählten" nach Funktionen war dabei folgende: RiBG 2, RiLG 6; RiOLG 5; StA 3.

onsgruppen wurden für gegenständliche Auswertung jedoch um jene Mitglieder „bereinigt", die gleichzeitig auch eine andere Funktion bekleideten. Dazu gehörten zum einen die „Personalsenatsmitglieder kraft Amtes". Dabei handelt es sich jeweils um den Präsidenten und Vizepräsidenten des Gerichtshofes, bei dem der Senat eingerichtet ist. Diese Personen wurden der Funktionsgruppe **„Justizverwaltung"** (Jv) zugeordnet, da ihre Tätigkeit als Präsident oder Vizepräsident – neben der Tätigkeit in den vorgenannten Senaten – primär – und das unterscheidet sie von den übrigen Mitgliedern der Senate – Verwaltungsaufgaben beinhaltet.

Zum zweiten wurden auch jene Mitglieder in Personalsenaten, die gleichzeitig auch eine Funktion in der Richtervereinigung oder Gewerkschaft ausübten, ebenfalls aus der Gruppe der Senate ausgeschieden und sind diese in nachstehender Darstellung in der Gruppe **„Interessensvertreter"** zu finden.

Teilnehmerfeld nach Funktionsgruppen[117]

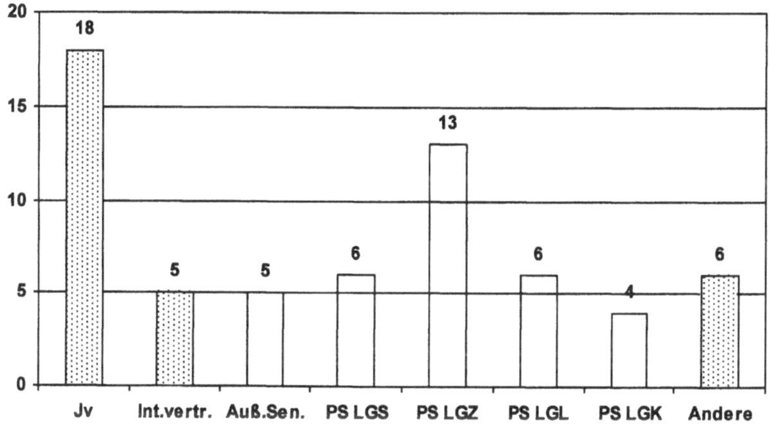

Aus dem Dargelegten zeigte sich, dass einige Teilnehmer gleichzeitig mehrere Funktionen bekleideten. In oben stehender Darstellung war es daher notwendig, eine eindeutige Zuordnung nach dem „Überwiegen" in einem für die Umfrage relevanten Sinn zu treffen. In einem eigenen Auswertungsschritt[118] wurden jedoch auch die „Mehrfachfunktionen" berücksichtigt. Für die Auswertung der Ergebnisse der Erhebung wurde dort, wo es beim angewendeten Auswertungsverfahren möglich und sinnvoll war, auf diese Mehrfachzuordnungen bzw. Mehrfachver-

[117] Anhang, Tabelle 12: Diese „eindeutige" Zuordnung erfolgte in der Variablen „fktgrpe 1".
[118] Anhang, Tabelle 13 bis 14.

wendungen der Befragungsteilnehmer abgestellt. Bestimmte Fälle, wie zum Beispiel die Auswertung anhand von Kreuztabellen, erforderte jedoch eine eindeutig Zuordnung und wurde in diesen Fällen auf die oben dargestellte Zuordnung nach dem „Überwiegen" zurückgegriffen.

Das Problem, dass ein Befragungsteilnehmer gleichzeitig mehrere Funktionsträgereigenschaften aufwies, wurde für gegenständliche Erhebung folgendermaßen gelöst:

Grundsätzlich wurden alle Eigenschaften ausgewiesen bzw. für die Erhebung herangezogen (Mehrfachantworten). Wo dies für das gewählte Auswertungsverfahren nicht möglich oder nicht sinnvoll erschien, wie zum Beispiel bei den bereits angesprochenen Kreuztabellen, erfolgte eine Zuordnung zur Variable Funktionsgruppe[119] nach folgenden Regeln:

In der Funktionsgruppe „Justizverwaltung" waren alle jene Personen enthalten, die am OLG, den Landesgerichtes oder den Bezirksgerichten (Vorsteher) mit Justizverwaltungstätigkeiten betraut waren. Dazu zählten insbesondere die Mitglieder Kraft Amtes in den Personal- und Außensenaten. Letztgenannte Personen wurden in den Fällen der „eindeutigen" Zuordnung ausschließlich der Funktionsgruppe „Justizverwaltung" und nicht den Funktionsgruppen der Personalsenate bzw. des Außensenates zugeordnet. Schließlich wurden dieser Gruppe auch solche Wahlmitglieder der Personalsenate zugeordnet, die Vorsteher eines Bezirksgerichts waren.

Der Funktionsgruppe „Interessenvertretung" wurden jene Personen zugeordnet, die im Zeitpunkt der Umfrage eine Funktion in der richterlichen Standesvertretung oder der Gewerkschaft (GöD-Sektion Richter und Staatsanwälte) ausübten.[120] Sofern es hier Überschneidungen mit anderen Funktionsgruppen gab, wurden diese derart gelöst, dass für Personen, die gleichzeitig auch Justizverwaltungsaufgaben wahrnahmen, die Zuordnung zur Gruppe der Justizverwaltung vorging. Hatten solche Personen Aufgaben in einem Personal- oder Außensenat, so zog die Zugehörigkeit zur Funktionsgruppe „Interessensvertretung" vor.

Die Funktionsgruppen der jeweiligen Personalsenate bzw. des Außensenates umfasste die für die Funktionsperiode 2000 bis 2004 gewählten Mitglieder samt deren Ersatzmitgliedern. Seit der Wahl zu den Personalsenaten im Herbst 1999 eingetretene Änderungen bei den Mitgliedern wurden insofern berücksichtigt, als die bis zum Beginn der Erhebung im Frühjahr 2002 in den Ruhestand versetzten bzw.

---

[119] Im Codeplan von SPSS „fktgrpe 1".

[120] Ob ein Teilnehmer eine Funktion in der Richtervereinigung i.S. dieser Zuordnung ausübte, bezog sich auf den Stand der Neuwahl zu den Gremien der Österreichischen Richtervereinigung vom 29.11.2001; RZ 12/01.

karenzierten Kollegen nicht in das Teilnehmerfeld aufgenommen worden waren. Andere Funktionsänderungen (erfolgreiche Bewerbungen auf Planstellen, die zu einem Ausscheiden aus den Personalsenaten führten) blieben unberücksichtigt. Das heißt, diese Personen wurden in das Erhebungsfeld aufgenommen. Beim Zusammentreffen der Mitgliedschaft in einem Senat mit der Tätigkeit in der Justizverwaltung bzw. der Interessensvertretung zogen letztere Funktionen vor.

In die Kategorie „Andere“ fielen schließlich jene Personen aus der Richterschaft, die – teilweise von Seiten der Standesvertretung, teilweise aus der Kollegenschaft – als Personen bezeichnet worden waren, die – obschon weder Funktionen in der richterlichen Selbstverwaltung noch in der Interessensvertretung ausübend – dennoch aus ihrer Beschäftigung mit PAR „Expertenstatus“ erlangt hatten.

Folgende Tabelle zeigt, inwieweit die Mitglieder der einzelnen Funktionsgruppen an der Umfrage teilnahmen. In nachstehender Abbildung wurde dabei auf die „eindeutige“ Zuordnung Bezug genommen. Die Prozentangaben der Runden 2 und 3 stehen in Relation zum Gesamtteilnehmerfeld, berücksichtigen also die „Filterung“ des Teilnehmerfeldes nach Runde I nicht.

Teilnehmer an den Umfragerunden (Werte in % des gesamten Teilnehmerfeldes)

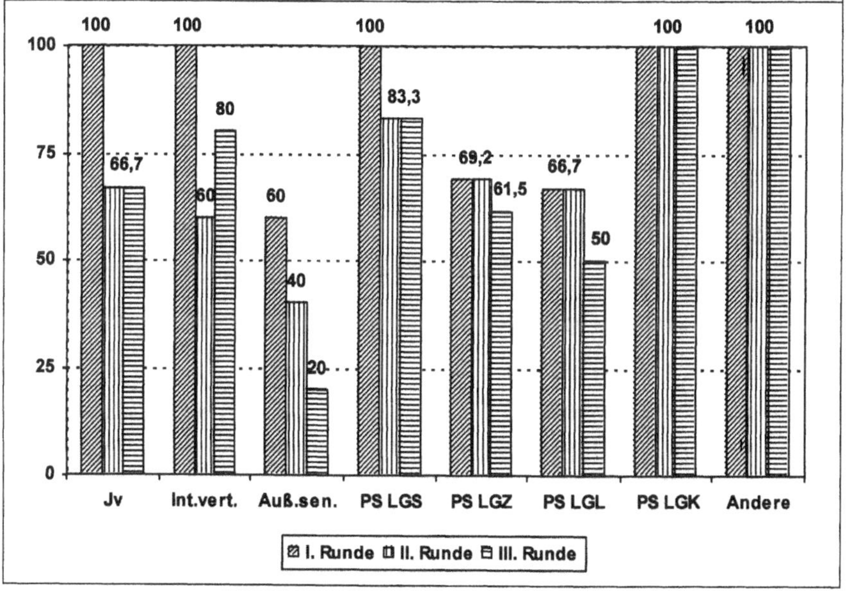

Nach den allgemeinen Daten des Teilnehmerfeldes kann auch eine Auswertung, aufgeteilt nach dem **Dienstort** – dieser wurde, zum einen um die zugesicherte Anonymität zu wahren, zum anderen aus Übersichtlichkeitsgründen für die im Anhang zur Darstellung gebrachte Abbildung einerseits nach den „Bundesländern“ Graz - Steiermark - Kärnten und andererseits nach „Stadt-Land“ zusammengefasst – erfolgen.[121]

Alle Richter, die an einem Gericht innerhalb von Graz ernannt waren wurden abgegrenzt von jenen Richtern, die an Gerichten der Steiermark außerhalb der Landeshauptstadt tätig waren (Kategorie „Steiermark“). Der dritten Kategorie gehörten die Richter der Kärntner Gerichte an.

In die Kategorie „Stadt“ fielen jene Richter, die an einem Gericht in Graz, Klagenfurt oder Leoben ernannt waren, der Kategorie „Land“ jene an „Landgerichten“, also Bezirksgerichten außerhalb der genannten Städte.

Weiters wäre eine Auswertung nach dem **Geschlecht** der Teilnehmer möglich. Da daraus jedoch für die Umfrage keine aussagekräftigen Ergebnisse zu erwarten waren – und sich solche auch tatsächlich nicht ergaben – werden die statistischen Daten, ohne näher darauf einzugehen, im Anhang zur Darstellung gebracht.[122]

Aussagekräftiger ist die Untersuchung der Antworten nach den Kriterien, ob die Teilnehmer aus dem Bereich der **Strafrechtspflege oder Zivilrechtssprechung** kamen.

Auch dabei zeigte sich das Problem der „mehrfachen Verwendungen“. Manche Teilnehmer waren im Laufe ihres Berufslebens in beiden Bereichen tätig gewesen, manche waren sogar im Zeitpunkt der Erhebung gleichzeitig in beiden Sparten rechtssprechend tätig. Es musste daher – ersichtlich in oben stehender Tabelle – für eine Reihe von Auswertungen (vor allem Kreuztabellen) zunächst eine eindeutige Zuordnung vorgenommen werden. Diese Zuordnung wurde, wo es möglich war, nach der im Zeitpunkt der Erhebungen ausgeübten Tätigkeit vorgenommen. War ein Teilnehmer nicht mehr in der Rechtssprechung, sondern ausschließlich in der Justizverwaltung tätig, wurde er aus dieser Auswertung ausgenommen, er ist in unten stehender Tabelle in der Kategorie „Sonstige“ enthalten. War ein Teilnehmer im Zeitpunkt der Erhebung in der Rechtssprechung beider Bereiche tätig – was bei Bezirksgerichten der Fall sein konnte – wurde die Zuordnung nach dem „Überwiegen“ der Tätigkeit vorgenommen.

Damit jedoch die Information der „Mehrfacherfahrung“ nicht verloren ging, wur-

[121] Anhang, Tabelle 15 bis 16.
[122] Anhang, Tabelle 17.

Straf- und Zivilrichter[123]

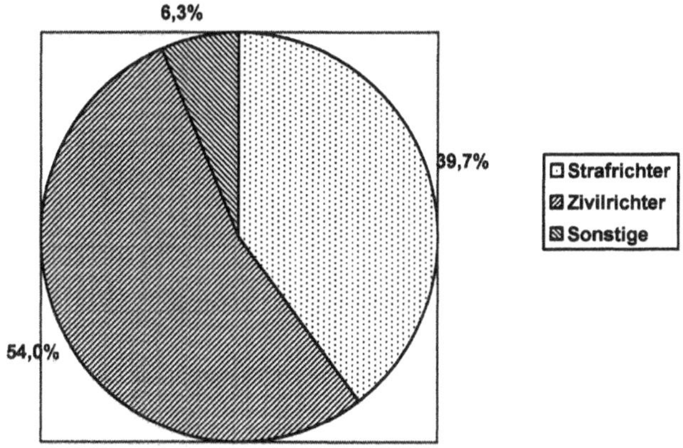

de daneben auch eine Auswertung aufgenommen, die die gesamte praktische Erfahrung der Teilnehmer berücksichtigte.[124]

Um das Auswertungsproblem solcher Mehrfachverwendungen, in Begriffen der Statistik „multiple responses"[125] zu lösen, wurde die Zusatzinformation, dass ein Befragungsteilnehmer neben seiner aktuellen oder überwiegenden Verwendung in Zivil- oder Strafverfahren auch Erfahrungen im jeweils anderen Bereich hat, in einer weiteren Variablen („strafzi2") gespeichert. Die Information aus diesen beiden Variablen („strafziv" und „strafzi2") wurde nun einerseits in weitere, sogenannte „trans-Variable" durch Datenmodifikation (Berechnung einer neuen Variablen) zusammengefasst.

Auf diese Art und Weise wurden zwei „trans-Variablen" aus den vorhandenen Variablen durch Rechenoperationen (Datentransformation) gebildet. Die Variable „transstr" konnte die Merkmalsausprägungen „1" und „leer (.)" annehmen. Nahm diese die Merkmalsausprägung „1" an, bezeichnete sie alle Teilnehmer mit praktischen Erfahrungen in Strafrecht, sei es, weil der Teilnehmer im Zeitraum der Erhebung aktuell als Strafrichter tätig war, sei es, weil er im Laufe seiner Berufstätigkeit als solcher tätig gewesen war. Nahm diese Variable die Merkmalsausprä gung „leer" an, bezeichnete sie all jene Teilnehmer, die keine solche praktische

[123] Anhang, Tabelle 18.
[124] Anhang, Tabelle 19.
[125] Bühl/Zöfel, SPSS, 191f.

Bildungsregel der trans-Variablen	Merkmalsausprägungen	
$transstraf = 1\ wenn\ strafziv = 1 \mid strafzi2 = 1$ $transzif = 1\ wenn\ strafziv = 2 \mid strafzi2 = 2$	transstraf	„1": Erfahrungen in Strafrecht „.": keine Erfahrung in Strafrecht
	transziv	„1": Erfahrung in Zivilrecht „.": keine Erfahrung in Zivilrecht

Erfahrung in Strafrecht oder eine lange, im Sinne von mehr als 10 Jahren zurückliegende praktische Erfahrung in Strafverfahren hatten.

Nach den gleichen Bildungsregeln wurde die Variable „transziv" gebildet, welche ebenfalls die Merkmalsausprägungen 1 und „leer (.)" annehmen konnte. Entsprechend der zuvor erläuterten Variable für die Erfahrung in Strafrecht nahm diese Variable die Merkmalsausprägung „1" an, wenn der Befragungsteilnehmer praktische Erfahrungen im Zivilverfahren auswies. Die Merkmalsausprägung „leer" bezeichnete solche Teilnehmer, die keine oder eine lange Zeit zurückliegende praktische Erfahrung in der Zivilrechtssprechung hatten.

Durch diese Zusammenfassung der Mehrfachfunktionen zu einer einzelnen Variablen war es möglich, damit auch Auswertungen durchzuführen, die an sich auf Nicht-Mehrfachantworten, wie zum Beispiel Kreuztabellen, beschränkt waren. Darüber hinaus konnten so die beiden Variablen „strafziv" und „strafzi2" einer Häufigkeitsauszählung für Mehrfachantworten nach der kategorialen Methode[126] zugeführt werden, die folgendes Ergebnis erbrachte:

Hier zeigte sich, dass von den insgesamt 63 Teilnehmern 27 (42,9%) praktische Erfahrungen in Strafrecht, 39 (61,9%) praktische Erfahrungen in Zivilrecht hatten. Die „Übeschneidung", welche dazu führte, dass bei einer Zusammenrechnung der oben angegebenen Prozentwerte mehr als 100% herauskommen, bezeichnet jene Schnittmenge der Teilnehmer, welche Erfahrungen sowohl in Straf- als auch Zivilverfahren hatten.

Bezogen auf das „ungefilterte" Teilnehmerfeld, also sämtliche in die Befragung einbezogenen 63 Richter, zeigte sich, dass von den während der Erhebung in den jeweiligen Arbeitsgebieten Rechtssprechenden 96% der in die Befragung einbezogenen Strafrichter und rund 80% der Zivilrichter an zumindest einer Runde teilnahmen.[127]

[126] Bühl/Zöfel, SPSS, 199ff.

[127] Anhang, Tabelle 24. Diese Auswertung bezieht sich auf die (eindeutige) Zuordnung nach dem während der Erhebung (ausschließlich oder überwiegend) zuzuordnenden Arbeitsbereich. Bezogen darauf, ob die

Praktische Berufserfahrung des Teilnehmerfeldes[128]

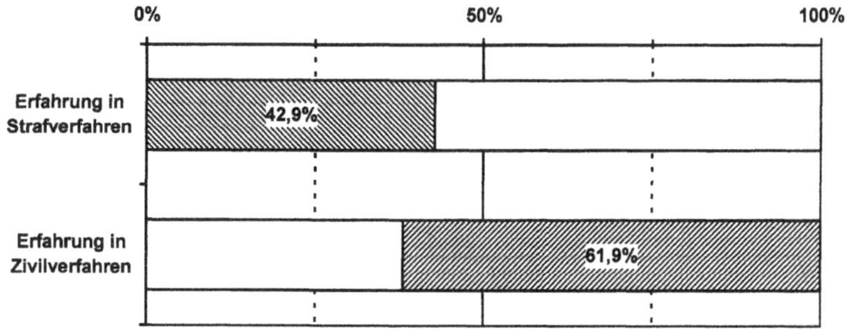

2.2. Informationsstand und Akzeptanz

2.2.1. Informationsstand (I. Runde)

Bei der Beantwortung der Frage nach dem **eigenen Informationsstand** bezeichneten 58,5% der Befragten diesen mit „hoch/eher hoch“ (14 Personen kreuzten die erste Kategorie der 4teiligen Werteskala, 17 die zweite an), wohingegen der **Informationsstand der Richter- und Rechtspflegerschaft** nur von 22,6% als „eher hoch“ (keine einzige Nennung entfiel auf „hoch“, 12 Befragte entschieden sich für die 2. Kategorie) eingeschätzt wurde.

Teilnehmer über Erfahrung in den Bereichen verfügten, ergab das Ergebnis der Teilnahme, dass 92,9% derjenigen, die Erfahrungen in Strafverfahren (Anhang, Tabelle 28) sowie 84,2%, die praktische Erfahren im Zivilbereich hatten (Anhang, Tabelle 32) an zumindest einer Runde der Erhebung teilnahmen.

[128] Anhang, Tabelle 20.

Fragebogen I Frage 1: Eigener Informationsstand

➔ Wie hoch würden Sie **Ihren eigenen „Informationsstand"** über die PAR (Kenntnisse über das Zustande-kommen der PAR, die Grundlagen und Funktionsweise der Berechungsmethode, wie also alljährlich die „Aus-lastungsgrade" bei den jeweiligen Gerichten berechnet werden) einschätzen:

hoch ☐☐☐☐ nieder

Wünschen Sie sich:

➔ mehr allgemeine/grundlegende Informationen über die PAR ☐

➔ mehr laufende Information über die aktuellen Berechnungsergebnisse bzw. den „Systempflegeprozess" innerhalb der PAR ☐

➔ keine weiteren Informationen, ich bin ausreichend informiert ☐

➔ keine weiteren Informationen, da für meine Aufgabenerfüllung eine eingehendere Beschäftigung mit PAR nicht erforderlich ist ☐

Fragebogen I Frage 2: Informationsstand der Richter und Rechtspfleger

➔ Wie hoch schätzen Sie den **„Informationsstand" der Richter- und Rechtspflegerschaft** über die PAR ein:

hoch ☐☐☐☐ nieder

Wäre eine weitergehende Information der „Betroffenen" aus Ihrer Sicht - etwa für die Akzeptanz oder das Vertrauen in die PAR- notwendig in Bezug auf: (Mehrfachantworten möglich)

➔ mehr allgemeine/grundlegende Informationen über die PAR ☐

➔ mehr laufende Information über die aktuellen Berechnungsergebnisse bzw. den „Systempflegeprozess" innerhalb der PAR ☐

➔ Betroffene sind ausreichend informiert ☐

➔ (mehr) Information (alleine) würde diesbezüglich nichts bringen ☐

Etwas mehr als die Hälfte (58,5%) der Befragten bezeichnete demnach ihren **eigenen Informationsstand** über die PAR als „hoch/eher hoch". Dieses Ergebnis scheint den Anspruch gegenständlicher Erhebung, die als „Expertenerhebung" konzipiert war, ein wenig in Frage zu stellen. Bei näherer Betrachtung ist dieser Prozentsatz jedoch nicht nur zu tolerieren, sondern stellt dieses Erhebungsergebnis auch keinen Widerspruch dazu dar. Analysiert man die Antworten zur Frage nach dem eigenen Informationsstand, zeigt sich, dass sich diese „Selbsteinschätzung" – wie grundsätzlich zu erwarten – zunächst einmal um die „Mitte" gruppierte. 32,1% der Befragten (17 Personen) bezeichneten ihren Informationsstand als „eher hoch", 35,8% (19 Teilnehmer) als „eher nieder". Mit 14 Nennungen in der „höchsten" Kategorie, bei gleichzeitig nur 3 Nennungen in der niedersten, wird erkennbar, dass das Ergebnis statistisch gesprochen eine deutliche „Schiefe“[129] in Richtung einer „überdurchschnittlichen“ Informiertheit der Befragungsteilnehmer aufwies, ausgehend davon, dass als „durchschnittlicher“ Informationsstand die Verteilung entsprechend einer Normalverteilung anzusehen sein wird.

Eigener Informationsstand[130]	**Informationsstand Ri. u. Rpfl.**[131]

(Verteilung der absoluten Nennungen auf der jeweils 4teiligen Skala der Fragen 1 und 2)

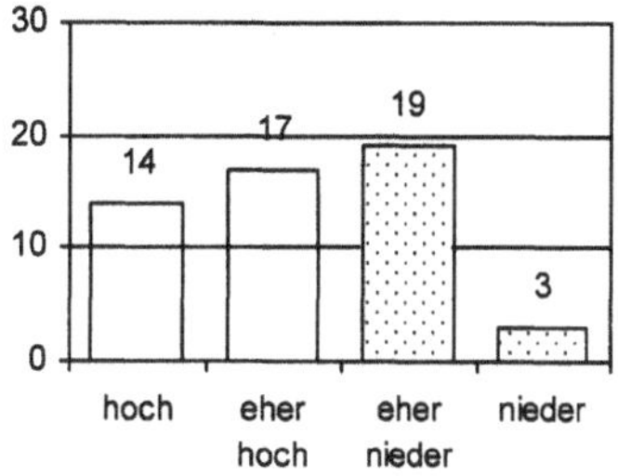

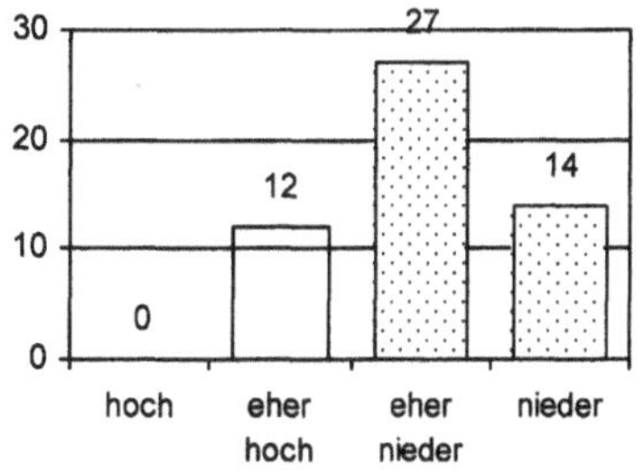

Dies zeigt, dass das Teilnehmerfeld den Anforderungen einer „Expertenbefragung“ genügte. Damit in Verbindung standen auch die Antworten zu den Fragen der Selbsteinschätzung als „Laie“ oder „Fachmann“ anhand fünfteiliger Skalen, die im ersten Fragebogen bei einzelnen Fragen, in den folgenden Erhebungsrunden pauschal abgefragt worden war. Auch diese Antworten, die primär einer gewichteten Auswertung einzelner Fragen dienten, bestätigen dieses Bild.

Woher kamen nun die Stimmen, die ihren Informationsstand mit „hoch/eher hoch“ oder „eher nieder/nieder“ bezeichneten? Über 80% der Nennungen "hoch“ waren aus dem Bereich Justizverwaltung (85,7% der Antworten aus diesem Bereich waren von Teilnehmern, die der Justizverwaltung zuzuordnen waren), zwei Drittel der Nennungen „nieder“, also zwei der drei Antworten, waren von Teilnehmern, die Personalsenaten angehörten. Erstaunlich ist, dass die dritte Nennung auch von einem Vertreter der Justizverwaltung kam. Dies ist wohl darauf zurückzuführen, dass auch die Vorsteher der Bezirksgerichte in der Auswertung dem Bereich der Justizverwaltung zugerechnet wurden, also eine Ebene der Verwaltung, die noch nicht zwangsläufig – stark abhängig von der Größe des Gerichtes –

[129] Schiefe oder „Skewness“ bezeichnet die Abweichung einer Häufigkeit von einer symmetrischen Verteilung, also einer Verteilung, bei der innerhalb gleicher Abstände vom Mittelwert auf beiden Seiten jeweils gleich viele Werte liegen. Bei einer Normalverteilung beträgt die Schiefe „0“. Bühl/Zöfel, SPSS, 95; Popelka, Delphi-Methode, 42.
[130] Anhang, Tabelle 33.
[131] Anhang, Tabelle 37.

mit dem Instrument PAR operiert und auch mit Fragen wie Personalverteilung oder Zuweisung von Planstellen nicht befasst ist.[132]

Deutlich geringer fiel die Einschätzung des **allgemeinen Informationsstandes**, also des Informationsstandes der Richter und Rechtspfleger, aus Sicht der befragten Experten aus. Tendenziell höher wurde dabei der Informationsstand der Betroffenen von den Vertretern der Justizverwaltung eingeschätzt. 6 mal erfolgten Angaben in der Kategorie „eher hoch“. Statistisch wären, gerechnet vom Anteil der Vertreter dieser Gruppe am Teilnehmerfeld und unter Annahme einer gleichmäßigen Verteilung (Normalverteilung) der Antworten über die Antwortkategorien, in dieser Kategorie nur 3,8 Nennungen zu erwarten gewesen. Gleichzeitig schätzten auch die Interessenvertreter den Informationsstand ihrer Kollegen höher ein, als diese dies selbst taten. Hier erfolgten 3 Nennungen in der Kategorie „eher hoch“ anstatt der statistisch erwarteten 1,1. Es wurde von den Interessensvertretern möglicherweise von einem eigenen höheren Informationsstand – vgl. diesbezüglich die Selbsteinschätzung bei der vorangegangenen Auswertung – auf einen allgemein höheren Informationsstand geschlossen.

---

[132] Anhang, Tabelle 34.

Einschätzung des Informationsstandes getrennt nach Funktionsgruppen (Kreuztabelle)[133]

Funtionsgruppen * Informationsstand der Richter und Rechtspfleger Crosstabulation

			Informationsstand der Richter und Rechtspfleger			
			eher hoch	eher nieder	nieder	Total
Funtionsgruppen	Jv	Count	**6**	**6**	5	17
		Expected Count	**3,8**	**8,7**	4,5	17,0
		Residual	**2,2**	**-2,7**	,5	
	Int.vertr.	Count	**3**	2	**0**	5
		Expected Count	**1,1**	2,5	**1,3**	5,0
		Residual	**1,9**	-,5	**-1,3**	
	Außensenat	Count	0	2	1	3
		Expected Count	,7	1,5	,8	3,0
		Residual	-,7	,5	,2	
	Pers.Sen.LG S	Count	**0**	**4**	1	5
		Expected Count	**1,1**	**2,5**	1,3	5,0
		Residual	**-1,1**	**1,5**	-,3	
	Pers.Sen.LG Z	Count	1	**7**	**1**	9
		Expected Count	2,0	**4,6**	**2,4**	9,0
		Residual	-1,0	**2,4**	**-1,4**	
	Pers.Sen.LG L	Count	0	2	2	4
		Expected Count	,9	2,0	1,1	4,0
		Residual	-,9	,0	,9	
	Pers.Sen.LG K	Count	0	1	**3**	4
		Expected Count	,9	2,0	**1,1**	4,0
		Residual	-,9	-1,0	**1,9**	
	Andere	Count	2	3	1	6
		Expected Count	1,4	3,1	1,6	6,0
		Residual	,6	-,1	-,6	
Total		Count	12	27	14	53
		Expected Count	12,0	27,0	14,0	53,0

Tendenziell am schlechtesten wurde der allgemeine Informationsstand von den Vertretern des Personalsenates des Landesgerichtes Klagenfurt (im folgenden kurz PS/LGK) eingeschätzt. Von diesen erfolgten gleich 3, anstelle der erwarteten 1,1 Nennungen in der Kategorie „nieder“, was einem Residual von +1,9 entspricht. Auch von den Mitgliedern des Personalsenates des Landesgerichtes für

[133] Auszug aus Anhang, Tabelle 38: Es wurden jene Felder hervorgehoben, die eine Residuale von >1 aufwiesen.

Zivilrechtssachen Graz (PS/LGZ) erfolgten in der Kategorie „eher nieder“ 7 statt der erwarteten 4,6 Nennungen (Residual +2,4). In dieser Funktionsgruppe glichen sich die Ergebnisse jedoch insoweit aus, als in der Kategorie „nieder“ nur eine Nennung anstatt der erwarteten 2,4 (Residual -1,4), aber auch in der Kategorie „eher hoch“ nur eine anstatt der erwarteten 2,0 (Residual -1,0) erfolgte. Es kann somit für diese Funktionsgruppe keine Tendenz in eine Richtung hoher oder niederer Informationsstand angegeben werden.

2.2.2. Informationsbeschaffung und Informationsquellen (I. Runde)

Die Zusatzfrage, welche Art von Information die Befragungsteilnehmer für sich selbst („eigene Informationsquellen“) und welche sie für die Richter- und Rechtspflegerschaft („gesamtheitliche Informationsquellen“) wünschten, zeigte folgendes Bild:

Eigene Informationsquellen[134]	**Gesamtheitliche Informationsquellen**[135]
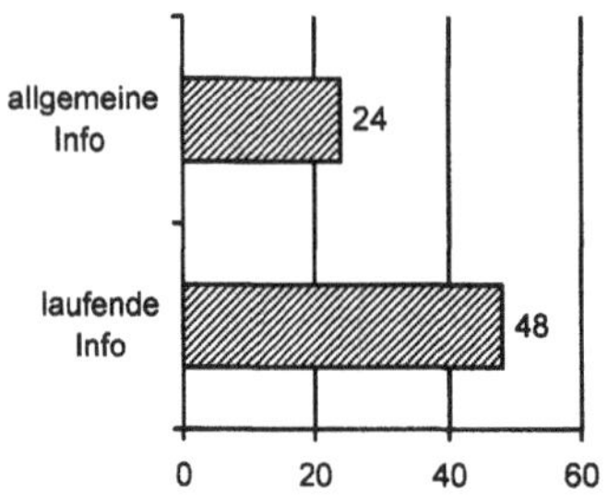	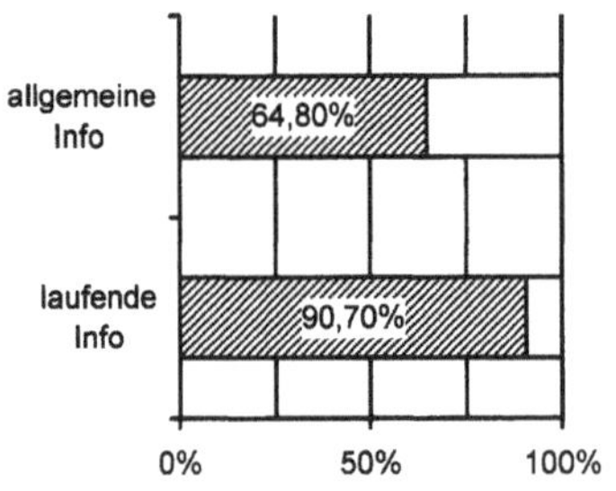

Für die **eigene Informationsbeschaffung** („eigene Informationsquellen“) wünschten sich 44,4% (24 Teilnehmer) mehr allgemeine/grundlegende Information, 88,9% mehr laufende/aktuelle Information. Lediglich 6 Befragte wollten keine weiteren Informationen. 4 davon kamen aus dem Bereich der Justizverwaltung, die beiden anderen aus der Interessenvertretung bzw. dem PS/LGZ. Dies zeigt, dass eine Mehrheit der Befragten für sich selbst (55,6%) keine allgemeine/grundlegende Information wünschte, der Schwerpunkt demgegenüber eindeutig bei der laufenden Information über die PAR lag.

Besonders deutlich wird dies bei einer nach Funktionen getrennt durchgeführten Auswertung.[136]

[134] Anhang, Tabelle 35.
[135] Anhang, Tabelle 40.

Allgemeine Information	**Laufende Information**
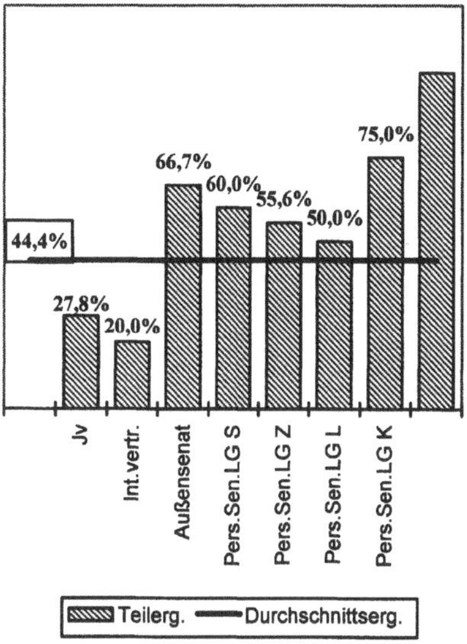	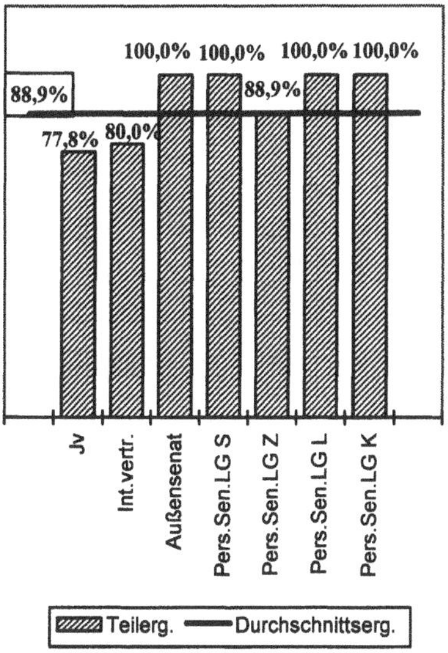

Bei sämtlichen Personalsenaten wünschten sich alle befragten Mitglieder mehr laufende Information, lediglich beim PS/LGZ waren es „nur“ 88,9%, was genau dem Durchschnittswert entsprach. Unter diesem Durchschnittswert, was den Wunsch nach mehr laufender Information über die aktuellen Berechnungsergebnisse bzw. den „Systempflegeprozess“ innerhalb der PAR anging, blieben nur die Vertreter der Justizverwaltung und der Interessensvertretung.

Zur Verbesserung des **allgemeinen Informationsstandes** („gesamtheitliche Informationsquellen„) nannten 64,8% mehr allgemeine, 90,7% mehr laufende Information als wünschenswert. 7 Teilnehmer hielten hier weitergehende Information der Richter- und Rechtspflegerschaft über die PAR als nicht zweckmäßig, wobei sich diese Gruppe wie folgt zusammensetzte: 2 Teilnehmer (einer aus dem Bereich Justizverwaltung, einer aus der Gruppe „Andere“) schätzten die Richter- und Rechtspflegerschaft als ausreichend informiert ein. 5 Teilnehmer meinten, dass mehr Information der Betroffenen (allein) für die Akzeptanz oder das Vertrauen in die PAR nichts bringen würde (3 Justizverwaltung, 1 PS/LGZ und 1 PS/LGK), weshalb aus diesem Grund eine weitergehende Information als nicht notwendig erachtet wurde. Zur Untermauerung dieser Ansicht brachte ein Teilnehmer folgende Argumente:

[136] Anhang, Tabelle 36.

Meiner Meinung nach ist der derzeitige Informationsfluss zufriedenstellend. Es braucht nicht unbedingt mehr zu werden, weniger wäre aber sicher schlecht. Ohne ein Minimum an mathematischer Aufgeschlossenheit der zu Informierenden geht aber gar nichts.

Aus den Anmerkungen zur Frage nach dem eigenen Informationsstand bestätigte sich, dass ein hoher eigener Informationsstand vor allem bei persönlicher Eingebundenheit in den Systempflegeprozess vorhanden war. Umgekehrt wird ein Defizit an eigener und damit auch an allgemeiner Informiertheit gerade in der mangelnden Information über die Systempflege – die von vielen Teilnehmern im Übrigen generell als unzureichend und schwerfällig empfunden wurde (dazu siehe später) – gesehen.

Mein Wissenstand über die PAR geht leider kaum über jene Kenntnisse hinaus, die ich mir beim Lernen für die Richteramtsprüfung (aus Skripten) selbst erworben habe. Über aktuelle Berechnungsergebnisse bin ich im Detail nicht informiert, sondern beschränkt sich diesbezüglich mein Wissensstand auf Gespräche mit Kollegen in der Kantine.

Die Entwicklung der PAR stellte sich als Momentaufnahme dar, und zwar bezogen auf eine bestimmte Tätigkeit der Gerichte, wobei nicht ausreichend berücksichtigt und informiert wurde und wird, wie sich die Grundlagen im Detail darstellten und laufend (abhängig von Organisationsart etc. durch Streitwertgrenzen und BG-Zusammenlegungen, durch Gesetze z.B. im Strafrecht [Diversion, andere Tatbestände etc.]) verändern. Das bedürfte daher einer ständigen Betreuung, wozu aber vor allem auch die Detailinformationen der PAR-Gezählten gehörte - nach eigener Erfahrung aber fehlt. Selbst im eigenen Fachbereich Strafrecht wurde vorerst die Erhöhung der PAR-BG-Werte übersehen. Die Information kam erst durch Kollegengespräch. In den sonstigen Bereichen ist die Information noch geringer. Zusammenfassend: Die PAR-Information ist zu gering.

Gerade im letzten Argument wird neben fehlender allgemeiner Grundinformation das Fehlen einer „ständigen Betreuung“ im Sinne einer aktiven Informationspolitik über den Systempflegeprozess beklagt. Diese Ansicht findet ihre Bestätigung auch in den folgenden Argumenten:

Kontinuierliche Mitteilungen, insbesondere soweit sie etwaige Änderungen betreffen, wären zweckmäßig.

Soweit Systempflege betrieben wird, wäre sie transparent zu machen.

Die aktuellen Berechnungsergebnisse des Vorjahres sollen im ersten Quartal des Folgejahres zur Verfügung stehen und nicht wie bisher erst in der zweiten Jahreshälfte. Eine Information über die Auslastung während des Jahres wäre wünschenswert.

Es wurde mehrmals ausdrücklich beklagt, dass die entsprechende Information nicht „automatisch“ fließt.

PAR-LG wird zur Einsichtnahme aufgelegt. Könnte den Richtern zur Kenntnis gebracht werden.

Leider gelangt man als Betroffener zu den alljährlichen PAR-Auswertungen nicht automatisch, sondern nur wenn man sich darum bemüht.

Informationen nur über Nachfrage.

In dieses Bild passt auch nachstehendes Argument, welches wohl die Situation vieler Kollegen in Bezug auf die gegenwärtige Informiertheit über die PAR widerspiegelt:

Verwende meine Zeit lieber zur Aktenerledigung anstelle Studium des „PAR-Systems" und der Ergebnisse.

In folgenden Aussagen zeigt sich eine Einschätzung, warum trotz generell eher gering bewertetem allgemeinen Informationsstand nach Meinung einiger Umfrageteilnehmer sich manche Richter dezidiert mehr mit PAR beschäftigen. Darin ist herauszulesen, dass bei diesen Kollegen ein Informationsvorsprung vermutet wird, der nur teilweise in einer Tätigkeit in der Verwaltung, sondern auch in einer persönlich motivierten Beschäftigung mit der Materie gesehen wird. Es schwingt jedenfalls die Meinung mit, dass der Informationsvorsprung auch konkrete Vorteile bringe.

Im Allgemeinen sind nur jene Kollegen damit ver-/betraut, die im Zuge anstehender Personalsenatssitzungen sich für jeweils ihr Gebiet bzw. ihren Bereich (Straf - Cga/Cgs - Cg) informieren, um in der Sitzung selbst argumentieren zu können (Stichwort „Geschäftsverteilung", wo es mitunter zu heftigen Diskussionen zwischen den „Bereichsvertretern" kommt). Hinzu kommt, dass die einzelnen Zeitwerte nicht jedem einzelnen Kollegen zur Verfügung stehen.

Einzelne Kollegen (Richter) sind meines Erachtens über die PAR sehr gut informiert; die Beschaffung der Information scheint der persönlichen Initiative überlassen. Es kursieren Gerüchte über „Machenschaften" (Manipulationen) des BMJ bei der Festsetzung der Parameter (Erledigungszeiten).

Abgesehen von einigen Personalsenatsmitgliedern sind fast allen Richtern des Landesgerichtes für Strafsachen Graz die aktuellen Berechnungsergebnisse der PAR im Detail meiner Einschätzung nach nicht bekannt. Auch über den sogenannten „Systempflegeprozess" wissen nur ganz wenige Richter (Personalsenatsmitglieder) Bescheid. Allgemeine bzw. grundlegende Kenntnisse über die Existenz und Funktion der PAR sind hingegen wohl mehrheitlich vorhanden.

Meine Angaben zu dieser Frage sind ein Durchschnittswert, weil ich der Meinung bin, dass Richter in Justizverwaltungsfunktionen (Personalsenat) oder aus der Richtervereinigung sicher besser, als von mir angegeben, informiert sind.

Die Einschätzung zur Frage bezieht sich auf die Gesamtheit der Richter und Rechtspfleger. Wirklich Interessierte (Minderzahl) sind ausreichend informiert (ausgenommen laufende Informationen über aktuelle Entwicklungen). Bei allen Übrigen (Mehrzahl) würde ein Mehr an Information nichts bringen (zu geringes Interesse).

Aus den laufenden Gesprächen ergibt sich immer wieder, dass die Richter in der überwiegenden Zahl über die PAR-Berechnungen nicht informiert wurden, die Zahlenwerte nicht kennen und noch weniger die Veränderungen mitverfolgt haben. Man könnte meinen, die Vielzahl kennt nur den Begriff PAR. Die PAR-Information ist abgehoben gering und erinnert an die Geheimnisse des Glaubens.

Außerhalb der Standesvertretungsinformationen wird PAR meines Erachtens eher als „Geheimwissenschaft" gehandhabt.

Der in den zuletzt angeführten Argumenten getätigte „Vorwurf" an die PAR, eine Art „Geheimwissenschaft" zu sein, fand auch in den Stellungnahmen weiterer Teilnehmer Bestätigung:

Der „Systempflegeprozess" unterliegt praktisch der Geheimhaltung.

Über das Zustandekommen der PAR gibt es nur spärliche Informationen, diese werden meines Erachtens geradezu „geheim" gehalten, wie z.B. die statistischen Grundlagen für die anschließende mathematische Berechnung.

Zusammenfassend lässt sich sagen, dass vor allem das Fehlen laufender Information beklagt wird, wobei aus einer Reihe von Argumenten abzuleiten ist, dass hier eine „aktivere" Bereitstellung zeitnaher Ergebnisse des Systempflegeprozesses gewünscht wird. Daneben mahnten vereinzelte Stimmen zur Steigerung des allgemeinen Informationsstandes auch eine einfache Erläuterung der Berechnungsgrundlagen ein.

Information erfolgte nur grob und im Wesentlichen nur über die Ergebnisse (Bewertung) und nicht über das Zustandekommen der Werte.

Eine allen Betroffenen zugängliche, einfache Darstellung der PAR wäre notwendig. Dabei wären auch die Grundlagen des Systems darzustellen. Wichtig wäre auch, erkannte Unrichtigkeiten der Zeiterfassung (etwa Hs) zu berücksichtigen. Es müsste eine Konferenz der Praktiker einberufen werden.

Diesem Anliegen standen aber auch eine Reihe kritischer Argumente entgegen:

Diejenigen, die sich bis jetzt keine grundlegenden Kenntnisse angeeignet haben, werden es wohl auch in Zukunft nicht tun. Im Übrigen glaube ich, dass es der Mehrzahl der Kollegen nur darum geht, was „unter dem Strich" herauskommt.

Ohne ein Minimum an mathematischer Aufgeschlossenheit der zu Informierenden geht gar nichts.

Das Interesse von Richtern und Rechtspflegern an der PAR ist generell sehr niedrig – die PAR-Ergebnisse werden sehr oft als Unsinn und realitätsfremd abgetan.

Dazu gab es jedoch auch einige „versöhnlichere" Stellungnahmen:

Steigerung der laufenden Information würde sicher die „kritische Akzeptanz" fördern.

Durch entsprechende Information könnte das zweifellos mangelnde Interesse gefördert werden.

2.2.3. Akzeptanz (I. Runde)

> **Fragebogen I Frage 3: Akzeptanz**
>
> ➔ Wie hoch schätzen Sie die **„Akzeptanz“** der PAR in der Richter- und Rechtspflegerschaft, deren Vertrauen in die „Richtigkeit“ der durch PAR ermittelten Daten (i.S. PAR liefert richtige Vorgabezeiten bzw. stellt den Auslastungsgrad den tatsächlichen (zeitlichen) Anforderungen an den Mitarbeiter entsprechend dar):
>
> hoch ☐ ☐ ☐ ☐ nieder

Ähnlich wie den Informationsstand schätzten die Befragten die **Akzeptanz der PAR**[137] bei den Richtern und Rechtspflegern ein. 22,3% bezeichneten sie als „hoch/eher hoch“ (1 Nennung im ersten Feld, 11 Ankreuzungen im zweiten Feld), 77,7% hingegen als „eher nieder/ nieder“ (20 Nennungen im dritten Feld sowie 22 Nennungen im vierten Feld).

Die Akzeptanz der PAR in der Richter- und Rechtspflegerschaft wurde dabei[138] von den Jv-Vertretern tendenziell leicht höher eingeschätzt. 5 Nennungen erfolg ten in der Kategorie „eher hoch“ statt der statistisch erwarteten 3,7 (Residual +1,3), dafür nur 6, statt der erwarteten 7,3 im Feld „nieder“. Von den Teilnehmern aus dem PS/LGK wurde die Akzeptanz demgegenüber leicht niederer bewertet.

[137] Anhang, Tabelle 41.
[138] Anhang, Tabelle 42.

Es erfolgten in der Kategorie „nieder" 3 Nennungen statt der erwarteten 1,6. Ansonsten waren keine markanten Abweichungen in der Einschätzung der Akzeptanz der PAR in Abhängigkeit von der Zugehörigkeit der Befragten zu Funktionsgruppen festzustellen.[139]

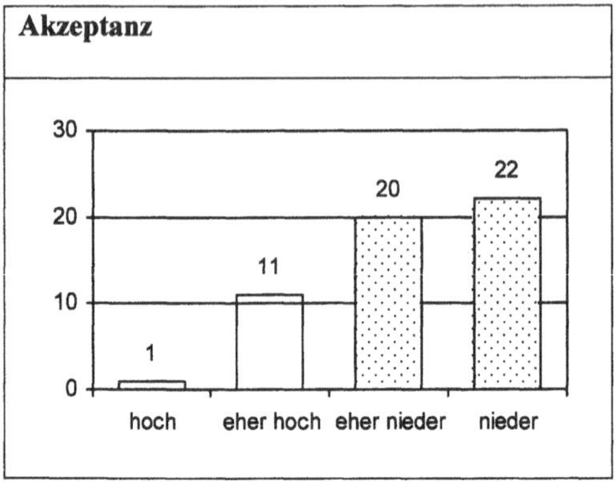

Zur Illustration der Ursache der als gering eingeschätzten Akzeptanz soll zunächst eine sehr ausführliche Stellungnahme eines Teilnehmers zu dieser Frage dienen:

Das fehlende Vertrauen in die PAR liegt meiner Ansicht nach nur zu einem geringen Prozentsatz im mangelnden Interesse der Richterschaft. Vielmehr herrscht bei vielen Richtern die Meinung vor, dass die durch die PAR ermittelten Zahlen sehr oft nicht den tatsächlichen Belastungsgrad wiedergeben. 1. Im LGS Graz herrscht vielfach die Meinung vor, dass aufgrund der immer wieder vorkommenden Großverfahren aber auch aufgrund vieler mittelgroßer Verfahren die PAR keine repräsentativen Vorgabezeiten liefert. 2. Diskutiert wird auch häufig die Frage, weshalb die PAR beispielsweise für Jugendakten höhere Vorgabezeiten ansetzt als für „normale" Strafsachen, weshalb aber Sittlichkeitsakten bzw. Suchtgiftstrafsachen nicht besser bewertet werden. Unter vorgehaltener Hand gestehen doch viele Richter zu, dass Sittlichkeitsdelikte aufgrund der langwierigen kontradiktorischen Vernehmungen aber auch aufgrund der durch die unangenehme Materie bedingten persönlichen Belastung besser bewertet werden sollten. 3. Das fehlende Vertrauen in die PAR gründet sich darüber hinaus aber auch darauf, dass die „gewöhnlichen Richter" nicht in den Systempflegeprozess der PAR eingebunden sind und daher keine Möglichkeit haben, an der Verbesserung der PAR mitzuwirken oder zumindest ihre Bedenken zu artikulieren. 4. Die relativ geringe Akzeptanz der PAR erklärt sich weiters auch durch das in weiten Teilen der Richterschaft verbreitete Misstrauen gegenüber der Justizverwaltung. Die Justizverwaltung leistet hiezu (meiner persönlichen Ansicht nach) ihren Beitrag, weil sie auch in begründeten Fällen von dem ihr zur Verfügung stehenden Möglichkeiten der Entlastung von Richtern bei Großverfahren nicht im gebotenen Maß

---

[139] Die einzige weitere Residuale von >1 lag in der Funktionsgruppe „Andere" in der Kategorie „eher nieder" vor. Diese Residuale von -1,2 wurde jedoch durch die jeweils positiven Residualen in den „Nachbarfeldern" (+0,8 bei „eher hoch" und +0,6 bei „nieder") ausgeglichen.

Gebrauch macht. Hiezu ein Beispiel: In den Jahren 1997 und 1998 wurde am Landesgericht für Strafsachen Graz ein Großverfahren durchgeführt, das die üblichen Größenordnungen von Strafverfahren um ein vielfaches überschritt[140]*. Derartige Großverfahren werden durch die PAR nicht erfasst, weil es hiefür andere Möglichkeiten der Entlastung gibt (Sprengelrichter). Tatsächlich kam in dieser Zeit kein Sprengelrichter an das LG für Strafsachen Graz. 5. Auch bei der Zuteilung von Richteramtsanwärtern (zur Entlastung von stark belasteten Abteilungen) sind keine objektiven Vergabekriterien der Justizverwaltung erkennbar. In Teilen der Richterschaft herrscht die Meinung vor, dass die Justizverwaltung hierbei einzelne Richter bevorzugt behandelt. 6. Gerüchteweise lässt sich aus der PAR-Auswertung des vergangenen Jahres ableiten, dass am LGS Graz glaublich ca. 1,5 Richterplanstellen zuwenig bestehen. Die Erfahrung zeigt, dass trotz dieser Zahlen nicht zu erwarten ist, dass das LGS Graz in absehbarer Zeit mehr Planstellen bekommen wird. Solange die PAR aber bei derartigen Ergebnissen nicht zum verbindlichen Maßstab für die Justizverwaltung gemacht wird und die laut PAR stark belasteten Gerichte nicht mehr Planstellen bekommen, werden sich die davon Betroffenen immer fragen: wozu das Ganze?*

Gerade das auch in oben stehendem Argument angesprochene mangelnde Vertrauen in die „Richtigkeit der Zeitwerte" wurde von vielen anderen Teilnehmern als Ursache der mangelnden Akzeptanz angesprochen. Im Übrigen findet sich dieses Argument der falschen PAR-Zeitwerte auch als einer der Hauptpunkte der von den Teilnehmern genannten Nachteile des Rechenwerkes.[141]

Die subjektive Akzeptanz ist eher gering, die „Richtigkeit" der Daten wird generell stark bezweifelt, soweit es nicht um die bloß rechnerische Auswertung geht.

Seit Jahren werden gewisse Zeitwerte hinsichtlich ihrer Richtigkeit angezweifelt (C-Verfahren).

Nach meiner Wahrnehmung ist es einhellige Meinung, dass die Vorgabezeiten falsch - teilweise zu hoch (Ub), teilweise eklatant zu niedrig („C-Wert") - sind; weiters dass die „Systempflege" durch Anpassung der Vorgabezeiten an geänderte Verhältnisse dort, wo ein Planstellenbedarf zu erwarten ist, einfach unterbleibt (Fixierung auf dem Status quo[„C-Wert"]).

Zu hohe Cgs- oder SW-Bewertungen und zu niedrige Bewertung der allgemeinen C- und Cg-Sachen führen zu der eher geringen Akzeptanz.

Immer wieder sind Diskussionen über die „Falschheit" der PAR-Werte bei den einzelnen Sparten des Zivilrechts beobachtbar.

Die Richtigkeit der Ermittlungsergebnisse anlässlich der Ersterhebung - vor allem im BG-Bereich - wird sehr stark angezweifelt.

Es hat sich gezeigt, dass der in der PAR herangezogene Zeitwert mit praktischen Erfah-

---

[140] Es handelt sich bei dem angesprochenen Verfahren um die Strafsache wegen der „Briefbombenattentate".
[141] Näheres dazu siehe Fragebogen I Frage 8.

rungen nicht immer in Einklang zu bringen ist (z.B. C- und Cg-Werte zu gering; ASG-Werte zu hoch).

Schon von Beginn an (1994 und 1996) bestanden Zweifel am Zutreffen der (bzw. einzelner) Zeitwerte. Diese Zweifel stiegen aufgrund offensichtlich unzureichender Systempflege (keine Reaktion auf WGN 1997 u.a.) und nun auch wegen der Unausgewogenheit zwischen neuem U-Wert (172 Min.) und den C-Werten bzw. dem RM-Wert. In vielen Bereichen unterbleibt die nötige Anpassung an geänderte Verhältnisse (etwa Hv).

Eine besondere Rolle unter den oben angeführten Meinungen nehmen jene Stellungnahmen ein, die die Unrichtigkeit der Zeitwerte vor allem auf eine mangelhafte Systempflege zurückführten. Aber sowohl grundsätzliche Bedenken gegen das System der PAR, als auch mangelnde Information darüber wurden als Gründe für die mangelnde Akzeptanz genannt:

Aufgrund unterschiedlichster Fallkonstellationen sind durchschnittliche Erledigungsdauerberechnungen bereits grundsätzlich problematisch. Jeder Betroffene (Kollege) fühlt sich eigentlich nicht richtig erfasst bzw. zeitlich richtig gewichtet.

Vorgabezeiten und Auslastungsgrad wären nicht durch PAR zu ermitteln.

Die genannte „Geheimhaltung" fördert das Misstrauen. Allgemein bekannte und weitgehend akzeptierte „Schieflagen" werden nicht korrigiert, sondern z.B. bei Geschäftsverteilungen im Einzelfall berücksichtigt.

Geringe Akzeptanz ist begründet in einer gewissen Skepsis durch mangelnde Information.

Keine grundsätzliche mangelnde Akzeptanz der PAR, aber mangelnde Transparenz und offenkundige Unrichtigkeit der Vorgabezeiten führen zu äußerst schlechter Akzeptanz.

Zahlreiche Wortmeldungen differenzierten bei der Akzeptanz danach, ob die Ergebnisse der PAR (also im Wesentlichen die Zeitwerte) den Betroffenen „ins Konzept“ passen, ihren Interessen entgegenkommen oder nicht. Diese Argumente bezogen sich auf Vertreter der Justizverwaltung, sparten aber auch die „einfachen Richter“ nicht aus.

Die an sich gegebene Akzeptanz bei den Strafrichtern wird eingeschränkt durch die mangelnde Akzeptanz in der Justizverwaltung, wenn Ergebnisse deshalb angezweifelt und nicht begründet korrigiert werden, weil sie nicht ins momentane Konzept passen bzw. von vorne herein ein anderes Ergebnis erwartet wurde.

Niedrige Akzeptanz, da Ergebnisse so lange nachjustiert wurden, bis das vom Auftraggeber (BMJ) gewünschte Ergebnis vorlag.

Die Akzeptanz ist unter der Richterschaft gering. Wenn PAR für jemanden spricht, wird darauf berufen, im anderen Fall wird PAR angezweifelt.

Die Akzeptanz ist überwiegend dort gegeben, wo der einzelne die Zahlen hört und sich freut, dass er daraus Vorteile ziehen kann. PAR ist im Übrigen in gleicher Weise Anlass für Streit, wie vorher BIS- und PIS-Verknüpfungen, weil angesichts der Berechnung auf die Gesamtmenge der „Vollzeitkräfte" (VZK) der Einzelne daraus nichts für seine konkrete Tätigkeit ableiten kann, die zumeist nicht dem PAR-Durchschnitt entspricht, wobei der Einzelne schon gar nicht der PAR-VZK-Idealfigur entspricht. Wie beim Glauben hofft der Einzelne auf Vorteile für sich selbst, dann ist es gut, sonst braucht man das nicht.

Akzeptiert werden die PAR-Werte immer dann, wenn sie günstig sind. Wenn sie ungünstig sind, kommen Argumente, warum in diesen einzelnen Fällen PAR nicht heranzuziehen ist.

Hängt wesentliche vom Grad der Objektivität sich selbst gegenüber ab.

Ähnlich differenziert sahen es jene Teilnehmer, die eine besonders geringe Akzeptanz in jenen Bereichen vermuteten, wo besonders gravierende Unrichtigkeiten der Zeitwerte konstatiert werden:

Akzeptanz je nach Tätigkeitsbereich der Betroffenen unterschiedlich.

Niedrige Akzeptanz insbesondere im C-Bereich (nach meinen Erfahrungen).

Zweifel bestehen vor allem an der Richtigkeit der Werte: v.a. im C- und Cg-Bereich zu niedrig; Cga und Cgs oder Ub sehr gut.

Gegen diese Art der Verknüpfung von allgemeiner Akzeptanz des Rechenwerkes mit Zweifeln an einzelnen Zeitwerten sprach folgendes Argument, welches insofern auch von anderen Teilnehmern bestätigt wurde, als diese ohnehin eine Korrektur der als unrichtig eingeschätzten Zeitwerte der PAR etwa im Rahmen der Geschäftsverteilung sahen.

Die faktische Akzeptanz ist viel höher als das Vertrauen in die „Richtigkeit", weil Vergleichbarkeit richterlicher Arbeit und Verteilungsgerechtigkeit als sehr wichtig eingeschätzt werden. Als so wichtig, dass man sogar scheinbare Verteilungsgerechtigkeit auf Basis „falscher" oder unvollständiger Prämissen akzeptiert.

Die genannte „Geheimhaltung" fördert das Misstrauen. Allgemein bekannte und weitgehend akzeptierte „Schieflagen" werden nicht korrigiert, sondern z.B. bei Geschäftsverteilungen im Einzelfall berücksichtigt.

Berechnung der Auslastung dient meines Erachtens nur der „relativen" Gerechtigkeit; die tatsächliche Belastung, insbesondere in der „Allg.-C", ist viel höher. Mit der „PAR-Zeit" kommt ein Richter in „Allg.-C-Abteilungen" nicht aus. Vor allem fehlt Zeit für die notwendige Fortbildung, ferner für die genaue und zielgerichtete Vorbereitung auf die Verhandlung und das eingehende und sorgfältige Verfassen von Urteilen sowie allgemein für die geistige Vorbereitung auf die beruflichen Anforderungen.

2.2.4. Akzeptanzsteigerung durch Information (II. Runde)

Die Ergebnisse der Erhebung zum eigenen Informationsstand, zum Informationsstand der Richter und Rechtspfleger sowie zur Akzeptanz wurden in der zweiten Fragebogenrunde „rückgekoppelt“, d.h. es wurden den Umfrageteilnehmern die Verteilungen der Nennungen zu diesen Fragen auf die jeweils vier Antwortkategorien – mit dem Stand der Rückantworten 01.09.2002 – mitgeteilt und daran anschließend die Diskussion mit folgenden Fragen fortgesetzt:

Fragebogen II, Fragen 1 und 1.1: Akzeptanzsteigerung durch Information

➔ Inwieweit könnte Ihrer Ansicht nach die Akzeptanz durch mehr Information verbessert werden?

stark ☐☐☐☐ wenig

➔ Wie sollte oder könnte der Informationsstand verbessert werden?

....

....

Die Rückkoppelung der „Akzeptanzwerte“ aus der ersten Fragebogenrunde, mit dem Ersuchen um Stellungnahme inwieweit eine vermehrte Information zu mehr Akzeptanz führen könnte, erbrachte folgendes Ergebnis[142]:

Akzeptanzsteigerung durch Information

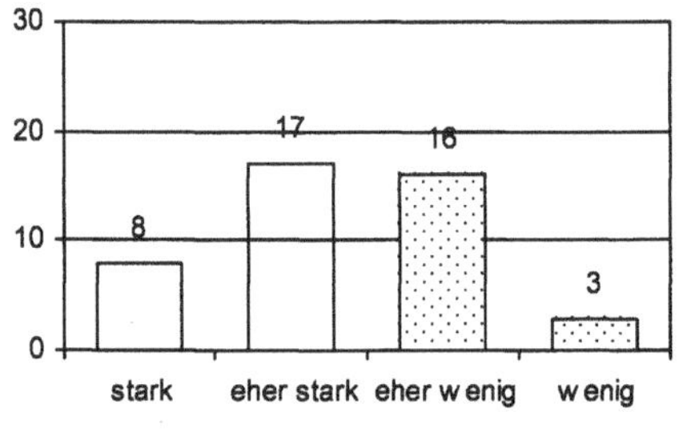

Eine Mehrheit von 56,8% (8 Nennungen in der Kategorie „stark“, 17 Nennungen in der Kategorie „eher stark“) vermeinte, eine Akzeptanzsteigerung sei durch „Informationsarbeit“ zu erreichen, die restlichen Teilnehmer (16 Nennungen „eher wenig“, 3 Nennungen in der Kategorie „wenig“) teilten diese Auffassung nicht. Unter diesen, die einer Akzeptanzsteigerung durch vermehrte Information skep-

[142] Anhang, Tabelle 71.

tisch gegenüber standen, war Akzeptanz keine Frage der Information. Mehrheitlich knüpften sie das Ausmaß der Akzeptanz an die Richtigkeit der Zeitwerte.

Akzeptanz scheitert vor allem an den für unrichtig erkannten oder eingeschätzten Werten.

Die Akzeptanz ist deswegen nicht gegeben, weil teilweise unrealistische Zeitwerte zugrunde gelegt werden.

Akzeptanz kann nicht durch Information, sondern durch Anpassung an die realen Gegebenheiten erreicht werden.

Dringender als die Information wäre eine Nachjustierung und Systempflege.

Besserer Informationsstand ändert nichts an der derzeitigen Unrichtigkeit der Zeitwerte.

Wenn die PAR-Zahlen als falsch erkannt werden, nutzt Information wenig.

Ich bezweifle, ob „mehr Information" die Akzeptanz der Parameter (Richtigkeit der Zeitwerte) erhöhen würde.

Auch verbesserte Information könnte meines Erachtens die Akzeptanz der PAR-Zeitwerte kaum heben.

Mangelnde Akzeptanz liegt vor allem an den als nicht angemessen empfundenen Werten.

Andere Argumente sahen die Ursache einer geringen Akzeptanz in komplexen, teilweise auch psychologisch bedingten Gründen, die schon sehr die Grundfragen, die „Natur" eines solchen Steuerungsinstrumentes tangierten.

Große Teile der Richterschaft lehnen die PAR in weiten Bereichen „aus dem Bauch heraus" ab, da sie es als Instrument der Justizverwaltung ansehen, an dessen Weitergestaltung und Weiterentwicklung sie nicht mitwirken können.

Sicherlich wäre mehr Information ein Vorteil und ein Baustein für mehr Akzeptanz, allerdings sehe ich die Grenze immer in der allgemeinen menschlichen Unvernunft und der Vordergründigkeit eigener Befindlichkeit/Fehleinschätzung des Ichs sowie im Besonderen aber in der Ablehnung von Fremdbestimmung gerade im Richterberuf. Durch laufende (einfache) Information zur PAR würde das Wissen höher und damit die Akzeptanz etwas größer sein. Nach außen würden aber weiterhin die Richter überwiegend die PAR mit dem Argument ablehnen, dass sie nicht die eigene Einschätzung des Arbeitsleids wiedergibt und daher falsch ist. Die menschliche (Richter)Natur sieht den Arbeitsdruck noch immer als nicht annehmbares Übel an.

Folgende Argumente stehen beispielhaft für jene Teilnehmer, die dennoch einen Zusammenhang von Information und Akzeptanz sahen, wobei Information vor allem mit Transparenz gleichgesetzt wurde:

Es fehlt an Transparenz der Auswertung der zeitlichen Vorgaben. Insbesondere Änderungen sind selbst von „Experten" nicht ohne weiteres nachvollziehbar. Dies führt zu großem Misstrauen.

Transparenz schafft Akzeptanz.

Doch auch dies wurde teilweise differenziert gesehen.

Nachvollziehbarkeit ist eine Grundvoraussetzung für Akzeptanz; die geringe Akzeptanz hat jedoch mehrere Ursachen, sodass auch die Transparenz meines Erachtens keine signifikante Anhebung des Akzeptanzwertes herbeiführen würde.

Kritisch zu einem Effekt auf die Akzeptanz durch mehr Information äußerten sich auch folgende Teilnehmer, die ihre Bedenken eher auf der Ebene der Annahmebereitschaft gegenüber dieser Information sahen.

Kommt ohnehin nur für Personen in Betracht, die wollen und für die gibt es immer einen Weg.

Weniger interessierte Personen nützen auch eine verstärkte Information nicht (Papierkorb).

Ein Argument sah überhaupt in der „Akzeptanzsteigerung" kein Ziel. (*Akzeptanzsteigerung ist kein Ziel.*)

Auf die **Zusatzfrage, „Wie sollte oder könnte der Informationsstand verbessert werden?"** (Frage 1,1) waren die Antworten – ähnlich der Einschätzung der Frage der ersten Fragebogenrunde, welche Art von Information gewünscht wird – zweigeteilt in Befürworter von grundlegender, allgemeiner Information über die Funktionsweise der PAR und laufender, aktueller Information. Beispielhaft ausgesprochene Meinungen der Befürworter der Aufklärung über Grundlagen der PAR waren:

Durch nähere Erklärung des Systems der PAR.

Zumindest alle ein bis zwei Jahre Informationsveranstaltungen über das „Wesen" PAR; viele junge Kollegen haben die Entstehung (noch) nicht aktiv miterlebt.

Übermittlung entsprechender Unterlagen der Grundlage der Berechnung.

Präsentation im Rahmen von Informationsveranstaltungen über Dienstrecht, die äußerst selten sind.

Durch Bekanntgabe der Zusammensetzung der Minutenwerte (Anteil für Vernehmung, Lesen, Entscheidung etc.) sowie einfache statistische Erklärung der Grundannahmen (Durchschnittsverteilung etc.).

Berechnungen sollten zumindest allen Interessierten Schritt für Schritt begründet offengelegt werden; mit völliger Aufschlüsselung von Beispielen und Beantwortung häufiger Fragen.

Mehr Information über die Art der Auswertung der Aufschreibungen durch das Institut und dann das BMJ.

Durch exakte Zeitberechnung für jeden Mitarbeiter durch die Ersteller (zurzeit sind Rechenkünste nötig).

Anleitung zur PAR-Berechung, um die Möglichkeit zu eröffnen, die eigene Abteilung „durchzurechnen".

Gemeinsames detailliertes Auswerten der PAR für den eigenen Bereich; wie berechne ich die eigene und andere Leistung, allenfalls schriftlich, allenfalls durch die Vorseher der Gerichte oder durch die Richtervereinigung.

Beachtenswert sind letzte Argumente, gehen sie doch in Richtung einer Nachkontrolle der Ergebnisse durch „eigenes Nachrechnen“. Diese Forderung kam von Teilnehmern außerhalb der Justizverwaltung, also von „unmittelbar den Zeitwerten Unterworfenen“. Ergänzend dazu standen folgende Meinungen, die neben einer allgemeinen Information laufende Information über die aktuellen Zeitwerte verlangten:

Schriftliche oder mündliche Information über Hintergründe, Zwecke, Methode und die aktuelle Situation.

Neuerliche Information sämtlicher Richter über exakte PAR-Werte pro Fall, Übermittlung der Jahresergebnisse an alle Richter.

Bekanntgabe der PAR-Berechungsgrundlagen (Minutenwerte) an Richter. Regelmäßige Infos über Auslastung nach PAR, laufende Anpassung und Überprüfung der PAR-Werte samt Bekanntgabe der Ergebnisse.

Zur Frage, wie diese Information präsentiert werden sollte, gab es ebenfalls vielfältige Meinungen. Eine Gruppe setzte auf Verbreitung im Rahmen von Informationsveranstaltungen, andere auf Information im schriftlichen Weg.

Schriftliche Mitteilungen, aber auch Vorträge, mit der Möglichkeit, Fragen zu stellen.

Raschere Übermittlung der PAR an die Gerichte nach Jahresende; die Überlassung von Kopien der PAR der betreffenden Gerichte an die Betroffenen, der PAR-Grundlagen (Zeitwerte) und von zusammengefassten Vergleichszahlen anderer Gerichte.

Regelmäßige Rundschreiben halbjährlich oder jährlich.

Durch Informationsveranstaltungen des Dienstgebers. Bloß schriftliche Information reicht sicherlich nicht aus, weil derartige Information ungelesen im Papierkorb landet, überflogen wird oder mangels sofortiger Rückfragemöglichkeit auf „unbestimmte Zeit" abgelegt wird.

Einbeziehung der PAR in periodische Dienstbesprechungen.

Seminare, Informationsveranstaltungen in den einzelnen Gerichten.

Ein Teil plädierte – offenbar ob des derzeit bestehenden Gefühls der „Unterinformiertheit“ – für direkte, möglichst persönliche und teilweise informelle Informationsflüsse.

Eigentlich nur durch Einzelgespräche im Zusammenhang mit der Erörterung von Geschäftsverteilungsfragen.

Mündliche Präsentation von „Verhandlungsergebnissen".

Durch mündliche Erörterung (nicht unpersönlich schriftlich) des Zustandekommens der Zeitwerte in den einzelnen Sparten. Es ist eine personenbezogene Verbreiterung des Wissens als Voraussetzung für Informationsflüsse nötig.

Möglichst große Transparenz und nicht schriftlich sondern mündlich (eher inoffiziell).

Durch regelmäßige Besprechungen bei denen auch Änderungen der PAR-Werte diskutiert werden. Dadurch entsteht im Gegensatz zu reiner (einseitiger) schriftlicher Information auch das Gefühl, in das Projekt eingebunden zu sein.

Besondere Formen der Informationsweitergabe wurden von folgenden Teilnehmern vorgeschlagen.

Zugriff aller Richter, Rechtspfleger auf Auswertungen mittels Intranet.

Schon laufende Information auf niederem Niveau würde genügen, gegebenenfalls könnte man aber auch strukturiert Personen als Informationsträger einsetzen, sozusagen, PAR-Gerichts-, Sprengel- und OLG-Sprengel-„Delegierte", die mit Informationsveranstaltungen das Wissen nach unten weitergeben und umgekehrt nach oben die Veränderungen zwecks Anpassung artikulieren.

2.3. Einsatzbereiche

2.3.1. Gegenwärtige Einsatzbereiche (I. Runde)

Fragebogen I Frage 4: Gegenwärtige Einsatzbereiche der PAR

➔ Für welche **Bereiche** des justiziellen Personalmanagements hat die PAR derzeit Bedeutung:

	die PAR hat auf diesen Bereich - direkt oder indirekt – Einfluss	die PAR hat auf diesen Bereich keinen Einfluss
→ Geschäftsverteilung	☐	☐
→ „externe Planstellenbewirtschaftung" i.S. Zuweisung von Planstellen an die Justiz	☐	☐
→ „interne Planstellenbewirtschaftung" i.S. Verteilung von Planstellen auf einzelne „Organisationseinheiten"	☐	☐
→ Personalbeurteilung (etwa bei Dienstbeschreibungen)	☐	☐
→ Zuweisung bzw. Verteilung von Budgetmittel („Sachaufwand")	☐	☐

Während ein Einfluss der PAR auf die **Geschäftsverteilung** und die **interne Planstellenbewirtschaftung** (Verteilung von Planstellen auf die einzelnen Organisationseinheiten) nahezu von allen Befragten konstatiert wurde – lediglich ein Befragungsteilnehmer machte bei der internen Planstellenbewirtschaftung keine Angaben und jeweils ein Befragungsteilnehmer konstatierte für diese Bereiche keinen Einfluss der PAR – ist das kontroversiellste Ergebnis für die Bereiche **Personalbeurteilung** und **Budgetmittelverteilung/Sachaufwand** zu verzeichnen. Neben der relativ stark differierenden Einschätzung, ob PAR hier Bereichen direkt oder indirekt Einfluss ausübt, ist auch die relativ hohe Unsicherheit (keine Ankreuzungen sowie Vermerke, dies nicht beurteilen zu können) auffällig.

Für jene Teilnehmer, die in der ersten Fragebogenrunde der PAR auch für die Personalbeurteilung Bedeutung einräumten, bestand diese vor allem in einem indirekten Einfluss:

Auf die Personalbeurteilung hat PAR einen indirekten Einfluss.

Auf Geschäftsverteilung, externe und interne Planstellenbewirtschaftung hat PAR einen direkten, auf Personalbeurteilung einen indirekten Einfluss.

Gegenwärtige Einsatzbereiche der PAR (Ergebnisse der I. Runde)[143]

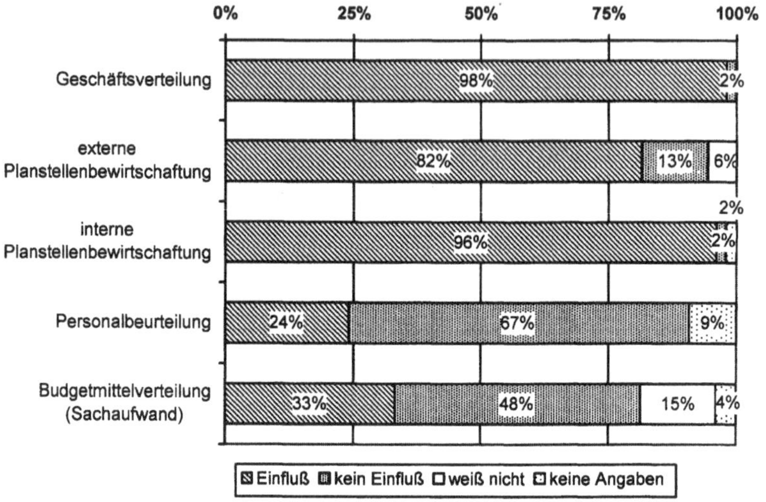

Im Bereich der „externen Planstellenbewirtschaftung" wurde PAR sowohl als Hilfsmittel gegen als auch als Instrument für Planstellenkürzungen genannt:

Im Bereich der externen Planstellenbewirtschaftung wird PAR laut BMJ als Argumentationshilfe gegen Sparvorhaben BKA/BMF verwendet.

Bei der externen Planstellenbewirtschaftung hat PAR insbesondere große Bedeutung für Planstellenkürzungen.

Zahlreich wurde auch darauf hingewiesen, PAR übe vor allem im Bereich des Personalaufwandes Einfluss auf die Verteilung von Budgetmittel aus. Da daran auch der Sachaufwand geknüpft ist, erkläre sich der (indirekte) Einfluss auf diesen.

Sachaufwand: Mittelbar für Neu- und Zubauten bzw. Einrichtung, weil diese durch Planstellen und diese wieder durch PAR mitbestimmt sind. Dies gilt auch für Budgetmittel/„Personalaufwand".

Der Sachaufwand ist eventuell indirekt abhängig vom Richtereinsatz.

[143] Anhang, Tabelle 43 bis 47.

Von 5 Teilnehmern wurden weitere Bereiche genannt, auf die ihrer Meinung nach PAR bereits derzeit direkten oder indirekten Einfluss ausübt: Einsatz von „Springer"-Personal/
Sprengelrichtern; Zuteilung von RiAA/RpflA und Belastung des Kanzleipersonals als Folge der richterlichen Belastung. Ein Teilnehmer formulierte ein seiner Meinung nach ebenfalls denkbares, zumindest überdenkbares Einsatzfeld der PAR als:

Wettbewerbsverhalten der Richter als zusätzliches Einsatzgebiet, wo es meiner Meinung nach einsetzbar wäre oder eingesetzt wird.

Da bei den Antworten zu den gegenwärtigen Einsatzgebieten sehr oft zwischen direktem und indirektem Einfluss unterschieden worden war, wurden, auch um die Nennungen der weiteren Anwendungsgebiete zu hinterfragen, die Einsatzbereiche in der zweiten Fragebogenrunde neuerlich zur Diskussion gestellt.

2.3.2. Gegenwärtige Einsatzbereiche (II. Runde)

Fragebogen II Frage 2

	die PAR hat auf diesen Bereich **direkt** Einfluss	die PAR hat auf diesen Bereich **indirekt** Einfluss	die PAR hat auf diesen Bereich keinen Einfluss	weiß nicht
→ Geschäftsverteilung	☐	☐	☐	☐
→ „externe Planstellenbewirtschaftung" i.S. Zuweisung von Planstellen an die Justiz	☐	☐	☐	☐
→ „interne Planstellenbewirtschaftung" i.S. Verteilung von Planstellen auf einzelne „Organisationseinheiten"	☐	☐	☐	☐
→ Personalbeurteilung (etwa bei Dienstbeschreibungen)	☐	☐	☐	☐
→ Zuweisung bzw. Verteilung von Budgetmittel („Sachaufwand")	☐	☐	☐	☐

➔ Von 6 Teilnehmern wurden weitere Bereiche genannt, auf die ihrer Meinung nach PAR derzeit bereits direkten oder indirekten Einfluss ausübt:

	die PAR hat auf diesen Bereich **direkt** Einfluss	die PAR hat auf diesen Bereich **indirekt** Einfluss	die PAR hat auf diesen Bereich keinen Einfluss	weiß nicht
→ Einsatz von „Springer"-Personal/Sprengelrichtern	☐	☐	☐	☐
→ Zuteilung von RiAA/RpflA	☐	☐	☐	☐

Von einer Reihe der Teilnehmer wurde darauf hingewiesen, PAR übe vor allem im Bereich des Personalaufwandes Einfluss auf die Verteilung von Budgetmittel aus. Da daran auch der Sachaufwand geknüpft ist, erkläre sich der (indirekte) Einfluss auf diesen.

➔ Weitere Nennungen zum gegenwärtigen Einsatzbereich der PAR waren:

	die PAR hat auf diesen Bereich **direkt** Einfluss	die PAR hat auf diesen Bereich **indirekt** Einfluss	die PAR hat auf diesen Bereich keinen Einfluss	weiß nicht
→ „Wettbewerbsverhalten" der Richter	☐	☐	☐	☐
→ Belastung des Kanzleipersonals als Folge der richterlichen Belastung	☐	☐	☐	☐

Dabei wurden, wie bereits angesprochen, neben jenen in der ersten Runde „vorgegebenen" Einsatzgebieten auch die in Antworten zum Fragebogen I genannten, „weiteren" Anwendungsfälle allen Teilnehmern zur Diskussion gestellt und die Meinungen der übrigen Befragten dazu eingeholt.

Es verstärkte sich im Bereich der **vorgegebenen Einsatzbereiche** das Bild, welches sich bereits nach der ersten Erhebungsrunde abgezeichnet hatte. Sämtliche Teilnehmer – in einem Fall blieb die Frage nach dem Einfluss auf die Geschäftsverteilung unbeantwortet – sahen in den Bereichen der **Geschäftsverteilung** und **internen Planstellenbewirtschaftung** einen Einfluss der PAR. Für beinahe 90% (39 Teilnehmer) war er im ersten Fall, für genau 80% (36 Teilnehmer) im zweiten Fall sogar ein direkter Einfluss, 5 (11,1%) bzw. 9 Teilnehmer (26%) sahen einen zumindest indirekten Einfluss.

Teilweise kritische Anmerkungen zu dieser Frage aus der ersten und zweiten Fra gebogenrunde wiesen im Bereich der Geschäftsverteilung auf das Problem der „Richtigkeit der Zeitwerte" hin, welches nach Ansicht der Teilnehmer Bedeutung auch auf die anderen Einsatzgebiete hätte.

Die zu gute Bewertung einzelner Gattungen gleicht (bei größeren) Gerichten die zu geringe Bewertung bei anderen Gattungen aus (z.B. Cgs => Cg).

Gegenwärtige Einsatzbereiche der PAR 1. Teil (Ergebnisse der II. Runde)[144]

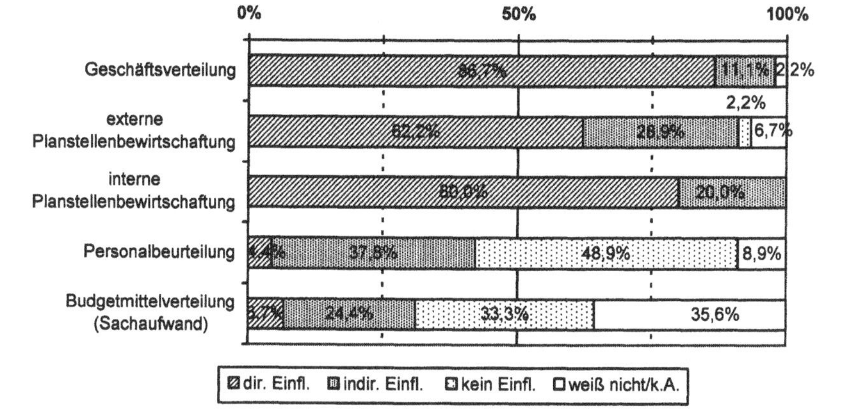

Problem ist die Messung von nicht messbaren Größen, hier Leistung eines Richters, der keine Arbeitszeitverpflichtung hat und im Rahmen seiner Fähigkeiten zu einem sehr entscheidenden Teil geistige Leistungen erbringt, die nicht zeit- und ortsgebunden sind und bei denen die Qualität nicht in die Messung einbezogen wird. Beispiel: Es könnte ein Richter die rechtlichen Erwägungen zu einem Fall auch beim Autofahren anstellen, wenn er gerade auf dem Weg in den Urlaub ist, wobei es nicht einfließt, dass er zu falschen Lösungen gekommen ist und die Sache ohnehin aufgehoben wird. Laut PAR ist der Fall bearbeitet und sind die zeitlich enthaltenen Komponenten erbracht worden. Man sucht also nach akzeptablen Messgrößen und weiß dabei ständig, dass sie nichts taugen - es gibt allerdings derzeit nichts Besseres. Bei der Geschäftsverteilung ergibt sich daraus das Problem, dass die konkrete Tätigkeit von der PAR- Durchschnittsberechnung abweicht, und es daher einer weiteren Zerlegung bedarf, sodass die Grenzen der PAR ständig überschritten werden (z.B. Teilung auf Sachgebiete SMG, JE, Sittlichkeitsdelikte, die allerdings in der PAR nicht gesondert zeiterfasst sind). Die PAR misst zu grob und zu idealisierend. Das System funktioniert nur bei gleich zu beurteilender Tätigkeit, die alle Unterworfenen entsprechend dem PAR-Durchschnitt ausüben. Dennoch wird die PAR für die Zuweisung von Planstellen intensiv eingesetzt, auch für die interne Verteilung und letztlich auch für die Beurteilung des Arbeitserfolges, der am PAR-Erledigungsstand („Soll") gemessen wird. Ständig ist aber das Dilemma, dass die Grundwerte nicht stichhältig sind und noch weniger die Detailwerte im konkreten Einsatz. Man könnte ähnlich erfolgreich das Leben eines Heiligen mit dem Sollwert gottgefälligen Verhaltens vergleichen und daraus Bewertungen vornehmen.

[144] Anhang Tabellen 72 bis 76.

Auch für den Bereich der **externen Planstellenbewirtschaftung**, also den Bereich der Frage, wie viele Planstellen von öffentlichen Bediensteten der Justiz im jährlichen Stellenplan zugebilligt werden, sahen immerhin 91,1% einen direkten oder indirekten Einfluss. Nur noch ein Teilnehmer – um 6 weniger als in der ersten Runde – schloss einen solchen Einfluss aus. Die Unsicherheit („weiß nicht") in diesem Bereich blieb mit 6,7% annähernd gleich hoch.

Kontroversiell blieb die Einschätzung in den übrigen Einsatzgebieten. Nur 2 Teilnehmer (4,4% der Befragten) sahen einen direkten, immerhin 17 (37,8%) aber einen indirekten Einfluss der PAR auf die **Personalbeurteilung**, also z.B. die Abfassung der Dienstbeschreibungen. Mit 3 Nennungen in der Kategorie „weiß nicht" (6,7%) und einer „Antwortverweigerung" (keine Nennung, 2,2%) war auch hier die Unsicherheit im Vergleich relativ hoch. Immerhin beinahe 50% der Befragten (22 Teilnehmer) erkannten bei der Personalbeurteilung jedoch keinen Einfluss der PAR, eine Auffassung, der vor allem auch die Vertreter der Justizverwaltung anhingen:

Die Auslastung hat nach meiner Erfahrung nahezu keinen Einfluss auf Dienstbeurteilungen. Im Extremfall könnte eine hohe Auslastung als (teilweise) Rechtfertigung von Rückständen eine Rolle spielen.

Bei Dienstbeschreibungen ist meines Erachtens Einfluss nur in der Weise möglich, dass die Leistung an der (nach der PAR ermittelten) Auslastung gemessen bzw. zu dieser in eine Relation gesetzt wird.

Befürworter des Einflusses orteten diesen, wie auch bereits in obenstehenden Argumenten angeklungen, bei der Bewertung einer Auslastungs- bzw. Belastungssituation, vor deren Hintergrund der zu beschreibende Kollege seine zu beurteilende Leistung erbracht hat.

Auslastungs- und Erledigungsgrad spielen im Verhältnis zueinander eine Rolle, zumindest bei Beurteilung des (quantitativen) Leistungspotenzials des Richters.

Höchstens insoweit, als die Belastungssituation nach PAR beurteilt wird.

Personalbeurteilung: Die Belastungssituation kann bei der Beurteilung - nicht nur bei der Dienstbeschreibung, sondern auch bei Bewerbungen! - eine gewisse Rolle spielen.

Bei der **Budgetmittelverteilung (Sachaufwand)** drittelten sich die Antworten: 14 Teilnehmer erkannten einen Einfluss auf diesen Bereich (6,7% einen direkten, 24,4% einen indirekten), 15 Teilnehmer (33,3%) verneinten einen solchen. 16 Teilnehmer (35,6%) beantworteten die Frage nicht. Anmerkungen zu dieser Frage machten zwei „Einflussgegner":

Bei Sachaufwand meines Erachtens am wenigsten Einfluss, außer bei Neubauten.

Eine Verknüpfung des Sachaufwandes mit der PAR wurde mir gegenüber weder durch Organe der Justizverwaltung (LG, OLG) noch in der Standesvertretung angedeutet. Ob das BMJ die PAR bei der Verteilung des Sachaufwandes irgendwie berücksichtigt, kann nicht beurteilt werden. Beim Sachaufwand ist der Einfluss gleich null.

Gegenwärtige Einsatzbereiche der PAR 2. Teil (Ergebnisse der II. Runde)[145]

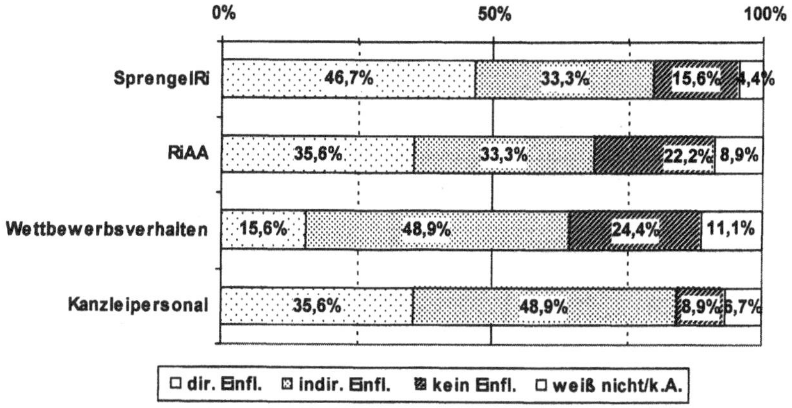

Bei den **weiteren**, von den Teilnehmern in der ersten Fragebogenrunde genannten **Einsatzgebieten** kann ganz allgemein gesagt werden, dass bei jedem der Genannten auch die überwiegende Mehrheit der übrigen Teilnehmer einen zumindest indirekten Einfluss der PAR sah, wobei hier aber auch die Unsicherheit (keine Antwort oder Nennung unter „weiß nicht“) eine gewisse Rolle spielte.

Beim **Sprengelrichtereinsatz** sahen zwar 80% der Befragten (36 Personen) einen direkten oder indirekten Einfluss der PAR, 9 Teilnehmer (20%) sahen keinen oder waren unentschlossen. Zur Art der vermuteten Einflussnahme wurden hier keine näheren Ausführungen gemacht, ein Teilnehmer begründete seine Ansicht, warum hier kein Einfluss gegeben sei damit, dass Sprengelrichter nur in Fällen *„abgesoffener oder kranker Richter“*, nicht aber zum Ausgleich von „PAR-Spitzen“ Verwendung finden.

Ähnlich die skeptischen Argumente zum Einfluss bei der **Zuteilung von RiAA und RpflA**, die zum überwiegenden Teil als Unterstützung angesehen werden.

[145] Anhang, Tabelle 77 bis 80.

Auch wenn für den Richter, dem ein RiAA zur Ausbildung zugeteilt wird, mit der Zuteilung Ausbildungsaufgaben verbunden sind, so wird, da diese Ausbildung „on the job“ erfolgt, also in der Bearbeitung von Akten liegt, von der Mehrheit der „Ausbildungsrichter“ im Regelfall wohl der Effekt der Arbeitsentlastung als überwiegend empfunden. Es wurde argumentiert, dass in Geschäftsgattungen, wo eine besondere Überlastung vermutet wird (beispielhaft Cg angeführt), im jeweils beobachteten Gericht *„die betreffenden Kollegen keinen bzw. äußerst selten RiAA zugeteilt“* hätten. Beispielhaft für einen Vertreter der Auffassung, es gäbe einen indirekten Einfluss war die Meinung:

Sicher nicht die Regel, aber doch möglich.

Ganz allgemein wird hier auch „nur“ von 68,9% (31 Teilnehmern) ein direkter oder indirekter Einfluss der PAR gesehen, 10 Teilnehmer (22,2%) sahen keinen Einfluss. Die Unsicherheit in diesem Bereich war auch doppelt so hoch wie noch beim Sprengelrichtereinsatz (4 Teilnehmer, 8,9%).

Die deutlichste Zustimmung, vor allem durch besonders viele Nennungen in der Kategorie „indirekter Einfluss“, fand die Ansicht, auch für die Besetzung bzw. den Umfang des **Kanzleipersonals** habe die PAR Bedeutung. 84,5% der Teilnehmer (38 Personen) sahen für diesen Bereich einen Einfluss, davon 16 Teilnehmer einen direkten, 22 einen indirekten. Dem gegenüber standen 4 Nennungen (8,9%), die einen solchen Einfluss auf die Besetzung des Kanzleipersonals nicht erkannten, 3 Nennungen (6,7%) waren unentschieden. Die überwiegend zu einer indirekten Einflussnahme abgegebenen Äußerungen waren folgende:

Vor allem bei auffällig unrichtigen PAR-Werten, wie auf einer 100%igen BG-C-Abteilung, wird ein solcher Einfluss deutlich. PAR-Auslastungsgrad für Richter passt mitunter nicht zur Berechnungsmethode der Einheiten (Auslastung) des Kanzleipersonals.

Je günstiger/schlechter die Belastungswerte nach PAR, desto besser/schlechter für die Kanzlei.

Auch beim Kanzleipersonal hat die PAR derzeit indirekten negativen Einfluss, weil durch die unterschiedliche Berechnung die Kanzleibeamten nur durch komplizierte Berechnungen bei ihrer Tätigkeit auf die erforderliche Leistung kommen. Die PAR-Zahlen stimmen nicht mit dem Kanzleiaufwand überein. Beispielsweise zählen SMG, J oder JE Akten im Strafverfahren gleich viel wie andere Akten. Durch die unterschiedliche Struktur bei den Richtern muss geteilt und laufend geändert werden. Geschäftsabteilung entspricht nicht mehr Gerichtsabteilung.

Die richterliche Auslastung ergibt sich aus dem Geschäftsanfall. Deshalb notwendige Änderungen der Geschäftsverteilung im richterlichen Bereich führen zu Verwendungsänderungen im nichtrichterlichen Bereich.

Könnte nur bei großen Bezirksgerichten und Landesgerichten von Bedeutung sein. Die

Gerichtsabteilungen wirken sich meist auch auf die Struktur der Geschäftsabteilungen aus.

Erhöhung der Zeitwerte für richterliche Arbeit würde gute Argumente für den Standpunkt liefern, dass im nichtrichterlichen Bereich bereits zuviel Personal eingespart wurde.

Von jenen Teilnehmern, die keinen Einfluss sahen, wurden dafür folgende Argumente vorgebracht:

Kein tauglicher „Umrechnungsschlüssel" vorhanden.

Hier gibt es eigene Belastungsmessinstrumente.

Kein Einfluss, ansonsten gäbe es nicht eine derartige Ungleichheit bei von Beamten zu erledigendem Arbeitsanfall. Verwaltungsbeamte außerdem nicht einzuordnen.

Daneben gibt es eigene Belastungskennzahlen/Rechnungen für Beamte.

Am heftigsten wurde die Frage diskutiert, inwieweit PAR Einfluss auf ein „**Wettbewerbsverhalten**" der Richter hat bzw. PAR erst zu einem solchen führte. Auch hier sah eine deutliche Mehrheit – mit 64,5% beinahe zwei Drittel der Befragten – einen direkten oder zumindest indirekten Zusammenhang, wobei überwiegend (von 22 Teilnehmern) die Einflussnahme auf indirektem Weg bejaht wurde. Dem gegenüber erachteten 11 Teilnehmer keine Verknüpfung zwischen der PAR und einer unter dem Schlagwort „Wettbewerbsverhalten" zu beobachtenden Verhaltensweise unter den Richtern. Mit 5 Teilnehmern, die die Kategorie „weiß nicht" ankreuzten, war in dieser Frage auch die Unsicherheit entsprechend groß (11,1%).

Zur Frage, was unter „Wettbewerbsverhalten unter Richtern" zu verstehen sei, machten sich 2 Teilnehmer die nachstehenden Gedanken:

Das Wettbewerbsverhalten der Richter (wer hat die wenigsten offenen Akten, wer schafft mehr) ist ein durchaus bekanntes Phänomen, das nicht grundlegend abzulehnen ist. Die Qualität der Arbeit kann jedoch darunter unter Umständen leiden.

Ganz schwierig ist es, von einem Wettbewerbsverhalten der Richter zu sprechen, weil das positiv besetzt wäre, derzeit aber angesichts der ständigen Erfordernisse der Leistungserhöhung die PAR eher für Negativwettbewerbe herangezogen wird. Es geht z.B. sehr oft darum, dort, wo PAR nicht ausreichend detailliert misst, mit der hohen Bewertung einer Durchschnittsakte nach Auslagerung der zeitintensiven Akten zu Kollegen nur unterdurchschnittlich intensive Akten zu bekommen und diese mit den hohen PAR-Werten anrechnen zu lassen. Z.B. Man gebe Suchtmittel- oder Sittlichkeitsdelikte zu den Durchschnitts-PAR-Werten dem Kollegen und nehme mit den gleichen PAR-Werten nur einfachste Einzelrichtersachen.

Im letzten Argument klingt bereits ein Aspekt an, der auch von anderen Teilnehmern aufgegriffen wurde. Im Gegensatz zur Idee des Wettbewerbes „of the fittest“, also der Besten, trat das Bild eines Wettbewerbsverhaltens im Sinne eines Kampfes um die geringste Belastung, eben der Angesprochene „Negativwettbewerb“. Dazu, so meinen nachstehende Argumente, wird oft PAR als Argumentationshilfe herangezogen:

Vor allem an größeren Gerichten (vgl. etwa BGZ Graz) wenn es um Auslastungsgrade bei einer neuen Geschäftsverteilung unter den Spartenrichtern geht (z.B. C gegen Familienrichter) wird PAR als „Waffe“ im „Verteilungskampf“ eingesetzt.

Liefert Argumente für die Belastung und damit Geschäftsverteilung.

Die Unzufriedenheit mit den Zeitwerten (Gefühl der Ungerechtigkeit) führt zur Dynamisierung der „Kämpfe" bei der Geschäftsverteilung.

Wenn die PAR-Vollauslastung einer Einheit erreicht oder überschritten ist, beginnen die Verteilungskämpfe mit PAR als Argumentationshilfe.

Skeptisch gegenüber diesem Phänomen oder seiner Erschaffung durch PAR waren die Verfasser folgender Argumente:

Zu einem geringen Prozentsatz ist ein solches Verhalten nicht auszuschließen, eigene Wahrnehmungen habe ich nicht.

Unmöglich ist nichts, die Wahrscheinlichkeit aber wohl gering.

Bei mir gibt es jedenfalls ein solches Wettbewerbsverhalten nicht; es mag aber sein, dass einzelne Kolleg(Innen) zum Erbsenzählen auch auf die PAR zurückgreifen. Im Vordergrund steht aber hier jedenfalls der Anfall und - im C-Bereich - die Anzahl der Urteile bzw. streitigen Erledigungen.

Dankenswerterweise nur zum Teil, da bei Besetzungsentscheidungen auch Qualitätskriterien beachtet werden.

Wettbewerbsverhalten war wohl ursprünglich, bei der Ersterfassung der Zeitwerte, gegeben; derzeit gibt es eher das Bestreben, PAR-Belastungsspitzen durch Änderung der Geschäftsverteilung abzubauen.

Für eine generell differenzierende Betrachtungsweise der Frage, auf welche Bereiche PAR Einfluss hat, soll abschließend folgendes Argument eines Teilnehmers dargestellt werden:

Die gesamte Beurteilung der Einflussnahme scheitert an der Fragestellung, ob die „PAR" Einfluss hat. Richtig wäre: Teile der PAR. Beispielsweise im Hv-Bereich gibt es keine Detailzählung für SMG, Sittlichkeitsdelikt, J, JE - der Gesetzgeber verlangt eigene Abteilungen - damit kann man nur Teile (über den Daumen) für diese Richteraufgaben als Berechnungsgröße heranziehen, letztlich zerstört das aber die gesamte Berechnung.

2.3.3. Bewertung der PAR in den gegenwärtigen Einsatzbereichen (I. Runde)

Fragebogen I Frage 6: Bewertung der PAR in den jeweiligen Einsatzbereichen

➔ Inwieweit liefern Ihrer Einschätzung nach die PAR-Berechnungen in den einzelnen **„Einsatzgebieten“** ein brauchbares Ergebnis/einen wertvollen Beitrag:

→ Geschäftsverteilung

gutes Ergebnis					schlechtes Ergebnis

→ „externe Planstellenbewirtschaftung“ i.S. Zuweisung von Planstellen an die Justiz

gutes Ergebnis					schlechtes Ergebnis

→ „interne Planstellenbewirtschaftung“ i.S. Verteilung von Planstellen auf einzelne „Organisationseinheiten“

gutes Ergebnis					schlechtes Ergebnis

→ Personalbeurteilung (etwa bei Dienstbeschreibungen)

gutes Ergebnis					schlechtes Ergebnis

→ Zuweisung bzw. Verteilung von Budgetmittel

gutes Ergebnis					schlechtes Ergebnis

Bei der Frage, inwieweit die PAR in einzelnen Einsatzgebieten ein „brauchbares Ergebnis“ oder einen „wertvollen Beitrag“ leistete, verteilten sich die Nennungen jener Befragten, die für den jeweiligen Einsatzbereich einen Einfluss der PAR konstatiert hatten[146], folgendermaßen:

Es wurden in allen Bereichen – insbesondere auch im sehr „umstrittenen“ Bereich der Personalbeurteilung – die Beiträge der PAR als eher positiv bewertet. Lediglich im Bereich der Budgetmittelverteilung (Sachaufwand) überwog leicht die Skepsis gegen die Brauchbarkeit der PAR für diesen Einsatzbereich.

Zur Begründung ihrer Einschätzung, dass PAR im Bereich der **Geschäftsverteilung** ein eher schlechtes Ergebnis liefert, machten zwei Teilnehmer folgende Angaben:

Ich bin der Auffassung, dass die Zeitwerte der PAR nicht (mehr) richtig sind (nicht dem tatsächlichen Arbeitsaufwand entsprechen - insbesondere C, Cg, R). In kleinen Organi-

[146] Es wurde zur Durchführung dieser Auswertung eine Datenselektion vorgenommen. In die Auswertung der Frage 6 des I. Fragebogens flossen nur die Antworten jener Teilnehmer ein, die bei Frage 4 des I. Fragebogens im jeweiligen Einsatzgebiet „Einfluss“ angekreuzt hatten.

sationseinheiten (z.B. LG) kann darauf Rücksicht genommen werden; für Planstellenzuweisungen ist die PAR eine Katastrophe.

Bewertung der PAR in den gegenwärtigen Einsatzgebieten[147]

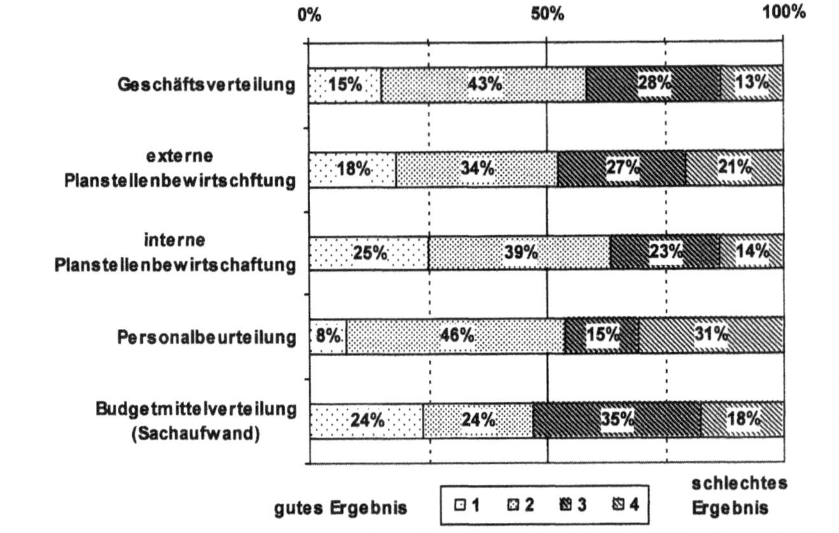

Im Bereich der Geschäftsverteilung führt PAR nur zu einer „relativen" Gerechtigkeit. Dietatsächliche Auslastung der Richter in verschiedenen Sparten ist stark verschieden, wie der Vergleich SW- und Allg.-C-Abteilungen deutlich zeigt. Deshalb liefert die PAR meines Erachtens im Bereich der Geschäftsverteilung nur ein eher schlechtes Ergebnis.

Das im vorangegangenen Statement angeführte Argument der unrichtigen Zeitwerte, die nur in bestimmten Bereichen (etwa Geschäftsverteilung) auf „unteren Ebenen“ (Organisationseinheit LG) ausgeglichen werden können, wurde auch von anderen Teilnehmern in ihrer Gesamteinschätzung der PAR aufgegriffen.

Da meiner Meinung die PAR-Zahlen in gewissen Bereichen sicher nicht stimmen (z.B. Allg.-C), wird in allen Einsatzgebieten kein gutes Ergebnis erreicht. Würden jedoch die Zahlen der PAR-Berechnung stimmen, wäre PAR ein guter Beitrag für die genannten Gebiete.

Wenn PAR-Berechnungen unreflektiert, ohne Kenntnis des gesamten Umfeldes des zu beurteilenden Bereiches erfolgen, liefern sie ein schlechtes Ergebnis.

[147] Anhang, Tabelle 55 bis 59; weitere Aufteilung nach Funktionsgruppen: Anhang, Tabelle 60 bis 64.

Jene Teilnehmer, die der PAR im Bereich der **externen Planstellenbewirtschaftung** ein schlechtes Ergebnis konstatierten, stützten ihre Skepsis darauf, dass ihrer Meinung nach zu wenige Planstellen im Justizressort vorhanden sind.

Im Bereich der „externen Planstellenbewirtschaftung" liefert die PAR ein schlechtes Ergebnis, da es zu einer zu knappen Bemessung kommt.

Die PAR liefert zur externen Planstellenbewirtschaftung ein eher schlechtes Ergebnis, es wären mehr Planstellen nötig.

Teilweise wird dies jedoch auch darauf zurückgeführt, dass es nicht an der PAR selbst oder ihren Berechnungsergebnissen liegt, sondern daran, dass die Erkenntnisse der PAR bei den Verhandlungen um die Planstellen seitens des Justizressorts gegenüber dem Finanzministerium nicht entsprechend um- und durchgesetzt werden können.

Bei der „externen Planstellenbewirtschaftung" würde PAR ein gutes Ergebnis liefern, wenn es zur Gänze berücksichtigt würde!

u

Zu guter Letzt bekräftigten einige Teilnehmer hier auch ihre bereits zuvor geäußerte Ansicht, wonach PAR auf den Bereich der **Personalbeurteilung** keinen Einfluss ausübt bzw. wenn sie tatsächlich einen solchen ausüben sollte, dies nur ein „schlechter Einfluss" sein könnte:

Im Bereich der Personalbeurteilung hat PAR meiner Erfahrung nach kein Ergebnis; Erledingungen werden nach BIS „abgerechnet".

Kein oder nur schlechtes Ergebnis der PAR bei der Personalbeurteilung, da Dienstbeschreibungen Qualitätsbeurteilungen sein sollen und hier durch PAR überhaupt nichts dazu beigetragen werden kann.

Im Bereich der Personalbeurteilung ein eher schlechtes Ergebnis, weil bei der Beurteilung nur allfällige Rückstände an sich ohne entsprechende Gewichtung und Differenzierung nach PAR berücksichtigt werden können.

2.3.4. Künftige Einsatzbereiche (I. Runde)

Fragebogen I, Frage 5: Weitere mögliche (künftige) Einsatzbereiche der PAR

➔ Für welche Bereiche des justiziellen Personalmanagements könnte/sollte die PAR darüber hinaus Bedeutung haben oder erlangen/von Nutzen sein:

20 Teilnehmer (46,3% der Befragten) nannten weitere mögliche, also derzeit noch nicht vorgesehene, nach Auffassung der „Autoren“ aber vorstellbare Einsatzgebiete der PAR. Von den übrigen Befragten äußerten sich 9 Personen (16,7%) dahingehend, dass sie eine „Ausweitung“ der Einsatzbereiche ablehnen:

„Zahlen" sind im Sprengel des OLG Graz - bedingt durch seine Führung - besonders wichtig. Ständig weitere Rechnungen werden abgelehnt.

Weiß nicht. Angeblich soll die PAR nur dazu dienen, den Auslastungsgrad einer Organisationseinheit darzustellen. Tatsächlich ist es das Hauptkriterium für die Erstellung der Geschäftsverteilung. Aufgrund der falschen Zeitvorgaben führt das möglicherweise dazu, dass einerseits die Einheiten zu wenige Planstellen bekommen, andererseits die nach PAR erstellte Geschäftsverteilung zu ungleichen Arbeitsbelastungen führt.

Meines Erachtens ist die Bedeutung ohnehin schon überzogen, daher keine Ausweitung zu empfehlen.

Weitere mögliche (künftige) Einsatzgebiete[148]

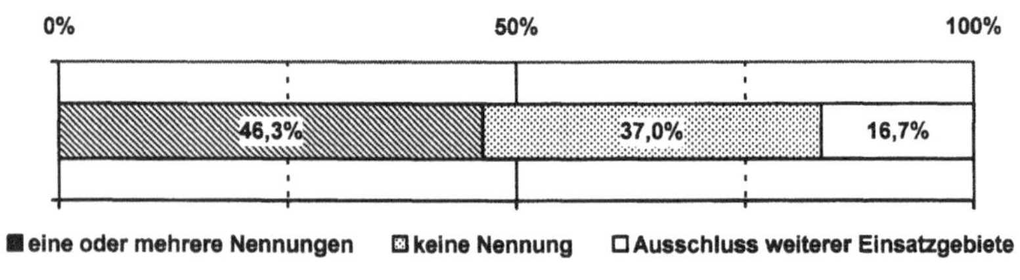

Auf folgende weitere Einsatzgebiete entfielen dabei Nennungen. Diese wurden in der zweiten Fragebogenrunde sämtlichen Teilnehmern zur weiteren Diskussion darüber vorgelegt, in wie weit PAR für diese Bereiche ihrer Ansicht nach brauchbare Ergebnisse liefern könnte.

[148] Anhang, Tabelle 54.

Künftige Einsatzgebiete	Anzahl der Nennungen in der I. Fragebogenrunde
OLG/OGH	7
Gerichtskanzlei	6
nichtrichterlicher Personal („NiRi“)	4
Justizverwaltung	2
Staatsanwaltschaft	2
Mitarbeitermotivation	2
Qualitätskontrolle	2

2.3.5. Bewertung der PAR in künftigen Einsatzbereichen (II. Runde)

Hinsichtlich dieser in der ersten Fragebogenrunde genannten weitern möglichen Einsatzgebiete wurden die Teilnehmer in der zweiten Runde um ihre Einschätzung der aus einem Einsatz der PAR in diesen Bereichen zu erwartenden Ergebnisse anhand einer vierteiligen Skala ersucht.

Fragebogen II Frage 3: Weitere Einsatzbereiche

➔ Inwieweit würde/könnte PAR (auch) in folgenden Bereichen ein brauchbares Ergebnis liefern/einen wertvollen Beitrag leisten:

→ OLG / OGH

gutes ☐☐☐☐ schlechtes Ergebnis

→ Gerichtskanzlei

gutes ☐☐☐☐ schlechtes Ergebnis

→ nichtrichterliches Personal

gutes ☐☐☐☐ schlechtes Ergebnis

→ Justizverwaltung

gutes ☐☐☐☐ schlechtes Ergebnis

→ Staatsanwaltschaft

gutes ☐☐☐☐ schlechtes Ergebnis

→ *„PAR könnte als Grundlage gezielter **Mitarbeitermotivation** genutzt werden. Wer (mengenmäßig) eine erhebliche Mehrbelastung zu bewältigen hat, der auch nicht durch eine geänderte Geschäftsver- bzw. -einteilung zu begegnen ist, sollte dafür ein Entlohnungsäquivalent erhalten, ohne auf das unbefriedigende System der Leistungsbelohnung angewiesen zu sein.“*

gutes ☐☐☐☐ schlechtes Ergebnis

→ Qualitätskontrolle

gutes ☐☐☐☐ schlechtes Ergebnis

Bewertung der PAR in den künftigen Einsatzbereichen[149]

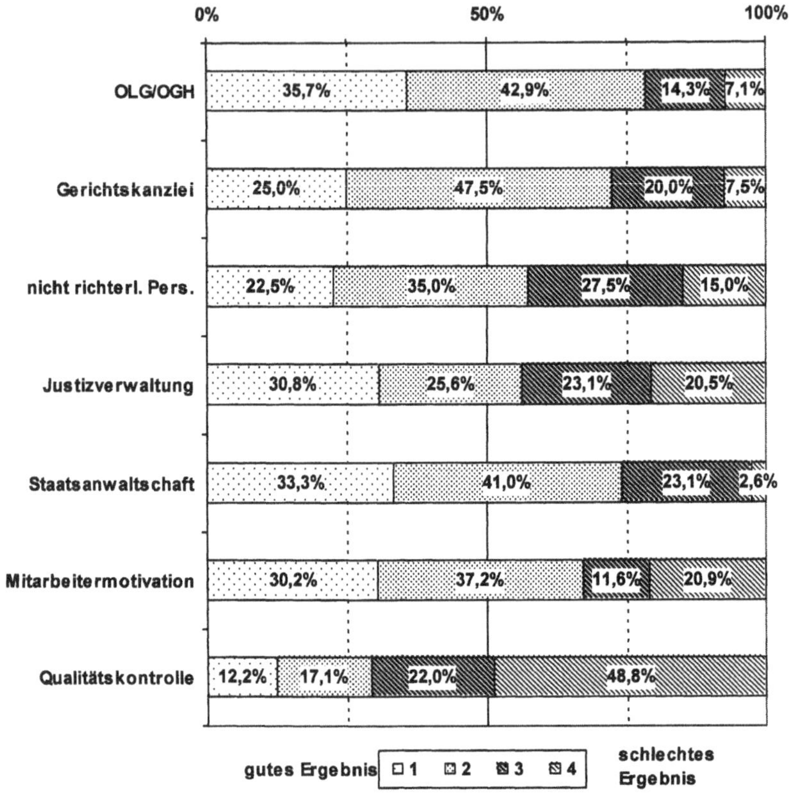

Die besten Einschätzungen erhielten – gemessen an ihren Mittelwerten von 1,93 bzw. 1,95 – der Bereich der Rechtsmittelgerichte **OLG und OGH** sowie der Bereich der **Staatsanwaltschaften**. 78,6% der Teilnehmer (33 Personen) waren der Meinung, PAR würde im Bereich OLG/OGH ein gutes oder eher gutes Ergebnis liefern, 71,4% (29 Personen) waren es im Bereich der Staatsanwaltschaften. 2 Teilnehmer begründen in diesen Bereichen jedoch ihre Ansicht, warum PAR dafür nur schlecht zu verwenden sei.

Beim OGH brächte der Einsatz der PAR kein gutes Ergebnis, da keine weitere vergleichbare Organisationseinheit vorhanden ist. Ansonsten wäre wieder nur ein - nicht wünschenswerter - Einfluss auf die Geschäftsverteilung gegeben.

[149] Anhang, Tabelle 81 bis 88.

Die Staatsanwälte haben zum Teil eine andere Arbeitsweise als die Richter. Insbesondere sind die Verhandlungszeiten oftmals von der Verhandlungsführung durch den Richter abhängig.

Im ersten Argument wird die Sinnhaftigkeit einer PAR-Berechung für das Höchstgericht in Frage gestellt, zumal es hier zu keinem Vergleich zwischen „gleichrangigen“ Organisationseinheiten kommen kann. Überlegenswert wäre allerdings – sofern man nicht ohnehin an die Fähigkeit der PAR-Zeitwerte zum „interdisziplinären Vergleich“ glaubt – ein zeitlicher Vergleich (Vergleich mit Vorjahren), der anhand von PAR-Werten möglich wäre. Im zweiten Argument kommt zum Ausdruck, dass die im Bereich der Staatsanwaltschaften zumindest zu einem erheblichen Teil anfallenden Zeitwerte „fremdbestimmt“ sind, möglicherweise aber auch aus den Zeitwerten für Richter ableitbar wären.

In den sich teilweise überschneidenden Bereichen **„Gerichtskanzleien“** und **„nicht richterliches Personal“** überwog ebenfalls die eher positive Einschätzung. 72,5% der Befragten (29 Teilnehmer) hielten für den Bereich der Gerichtskanzlei einen Einsatz der PAR-Berechnung für zumindest „eher gut“, 57,5% (23 Personen) für den gesamten Bereich des nicht richterlichen Personals. Ein Argument weshalb gute Ergebnisse im Bereich der Gerichtskanzlei zu erwarten wären, war die gute Vergleichbarkeit der Tätigkeiten. Im Bereich des nicht richterlichen Personals wurden, ob der Vielfältigkeit der Aufgaben, die Einsatzmöglichkeiten differenzierter gesehen:

Für den Bereich gleichbleibender manipulativer Tätigkeiten in der Kanzlei oder beim nichtrichterlichen Personal ist PAR gut geeignet.

Kommt auf den Arbeitsbereich an.

Hängt von Kriterien, die zeitlich gemessen werden, ab.

Der Bereich der **Justizverwaltung** schien ebenfalls der Mehrheit der Teilnehmer als Einsatzgebiet der PAR geeignet, wobei hier die Zustimmung mit 56,4% der Nennungen (22 Personen) in den Bereichen „gutes“ oder „eher gutes Ergebnis“ deutlich geringer als etwa im Bereich OLG/OGH und Staatsanwaltschaft lag. Bemerkenswert in diesem Bereich ist jedoch der hohe Anteil der Nennungen, der auf die erste Kategorie („gut“) entfiel. Mit 12 Nennungen, was 30,8% der abgegebenen Wertungen entsprach, stellte diese Kategorie sogar den Modalwert, also die Gattung mit den häufigsten Nennungen. Von den Kritikern dieser Auffassung wurde die Frage gestellt, nach welchen Messkriterien die Anknüpfungspunkte für die PAR-Zeitwerte gesetzt werden sollten, da gerade im Bereich der Justizverwaltung zuwenig gleichartige Tätigkeiten anfielen, was eine sinnvolle Bildung von Vorgabezeiten erschweren oder geradezu unmöglich machen würde.

Gemessen an den Stellungnahmen und Anmerkungen wurden bei dieser Frage die beiden allgemeinen Einsatzgebiete **„Mitarbeitermotivation“** und **„Qualitätskontrolle“** am heftigsten diskutiert. Im Bereich der Mitarbeitermotivation wurde der Einsatz der PAR überwiegend eher positiv angesehen. Mit 67,4% sahen mehr als zwei Drittel der Teilnehmer ein gutes oder eher gutes Ergebnis. Hier wirkte offenbar der Gedanke, ein Belohnungssystem an objektive Kriterien zu knüpfen, durchaus interessant und zustimmenswürdig.

Wenn Erheblichkeitsschwelle genau definiert werden könnte, wäre die PAR auch eine gute Methode zur Mitarbeitermotivation.

Sofern nicht nur die Idee sondern auch der Betrag motivierend wirkt.

Interessante Idee, aber die PAR kann zur Verwirklichung dieses Gedankens wahrscheinlich nichts beitragen.

Mehrbelastung müsste je nach Sparte und dafür derzeit vorgesehenen Zeitwerten kritisch beurteilt werden.

Eine Mehrleistungsbelohnung setzt eine „reale", der tatsächlichen Arbeitsbelastung entsprechende PAR voraus.

Fraglich ist, nach welchen Kriterien die Belohnung erfolgen soll. Dies ist aus meiner Sicht schwer umsetzbar. Die größte Motivation wird zunächst durch richtige und daher akzeptierte PAR-Werte erreicht. Die Anwendung der erhöhten Entlohnung könnte durch exzessive Ausnutzung einer geänderten Geschäftsverteilung umgangen werden.

Stets nur auf der Grundlage realistischer Zeitwerte; ob solche für die Justizverwaltung im Hinblick auf die unterschiedlichen Materien überhaupt denkbar sind, wird bezweifelt.

Kritisch angemerkt wurde jedoch auch, dass für die Frage der Beurteilung der Arbeitsleistung, welche letztlich in einem Belohnungs- und Motivationssystem inhärent ist, „die Menge“ nicht ausschlaggebend ist. Diese Argumente knüpften damit an jene Meinungen an, die sich bereits kritisch gegenüber der PAR in ihrer möglichen (bzw. vermuteten) Rolle im Bereich der Dienstbeschreibungen äußerten.

Menge ist nicht ausschlaggebend.

Entlohnung wäre zusätzliche Förderung des Prinzips „ Quantität vor Qualität ". Qualität ist mit der PAR nicht messbar.

Neuerlich ist deutlich darauf hinzuweisen, dass die PAR kein Instrument der Qualitätssicherung ist. Nach PAR wäre ein Spitzenarzt, wer an einem Tag 30 Herzoperationen übernimmt und „beendet", indem jeder der Patienten nach 10 Minuten Operation tot ist. Damit relativiert sich die PAR auch als Instrument der Motivation und Leistungsbelohnung. PAR ist der Ausdruck jeglicher Menschenverachtung in Dienstleistungsberufen.

Es gibt keine Qualitätsprüfung, schlechte Qualität verbunden mit Geschwindigkeit wird ungerechtfertigt begünstigt. Geschäftsabteilungen sind nach dem Arbeitsstil des Richters völlig unterschiedlich belastet.

Qualität und Quantität werden schon jetzt zu häufig verwechselt.

Benötigte Zeit ist nicht gleich Qualität. Qualität ist über Zeit nicht messbar - zu kurze Zeit bedeutet jedenfalls Qualitätsverlust: „Speed kills quality".

Zahlenwettbewerb der Richter ist abzulehnen.

Die Qualität ist in der PAR nicht zu ersehen. Als Richter gewinnt man den Eindruck, dass Qualität nicht viel zählt, da dazu wenig positive Rückmeldungen kommen, man jedoch bei Urteilsrückständen usw. sofort berichten muss.

Qualitätskontrolle kann durch PAR nicht durchgeführt werden

PAR ist für die Qualitätsmessung nicht geeignet und gibt höchstens Aufschluss über die Qualität im Verhältnis zur Quantität.

PAR ist quantitatives System ohne Rücksicht auf Qualität. Ziel muss sein, stets etwas unter 100% zu liegen.

Die Argumente leiten bereits über zu den Ergebnissen, inwieweit PAR als geeignetes Instrument im Bereich der **Qualitätskontrolle** angesehen werden kann. In diesem Bereich konstatierten 70,8% der Teilnehmer (29 Nennungen) der PAR ein „schlechtes" oder „eher schlechtes" Ergebnis. Mit 20 Nennungen in der vierten und letzten Wertungsstufe (48,8%) entfielen auf die Kategorie „schlechtes Ergebnis" auch die häufigsten Nennungen (Modalwert) zu dieser Frage.

2.3.6. Zusätzliche Situationen (II. Runde)

Um den Fragenkreis Einsatzgebiete der PAR abzuschließen, wurden in der zweiten Fragebogenrunde auch Situationen in der Justizverwaltung dargestellt und die Einschätzung der Teilnehmer abgefragt, inwieweit dabei ebenfalls auf die PAR zurückgegriffen wird[150]:

Fragebogen II Frage 4

➔ Finden Erkenntnisse aus der PAR Ihrer Meinung nach auch in folgenden Situationen Anwendung oder
könnten/sollten sie es (etwa als Argumentationshilfe)?

➔ Personaleinsparungen

....

....

➔ Schaffung neuer Planstellen

....

[150] Anhang, Tabelle 89 bis 91.

....
→ organisatorische Veränderungen (Gerichtsauflösungen bzw. Zusammenlegungen)
....
....

Im Bereich der **Personaleinsparungen** war die überwiegende Mehrheit der Teilnehmer der Auffassung, dass dafür Erkenntnisse aus der PAR Anwendung finden. 37 Teilnehmern (92,5%) standen hier nur 3 Teilnehmer (7,5%) gegenüber, die eine solche Einflussnahme verneinten.

Im ambivalenten Bereich der **Schaffung neuer Planstellen** war ebenfalls eine überwiegende Mehrheit der Auffassung, dass auch dabei Erkenntnisse der PAR zumindest Anwendung finden sollten (74,4%), 10 Teilnehmer (25,6%) vertraten die Meinung, dass PAR in diesem Zusammenhang keine Anwendung finden würde. In den Argumenten dazu zeigte sich, dass diese unterschiedliche Einschätzung darauf zurückzuführen ist, dass in PAR zwar einerseits eine Argumentationsgrundlage bzw. Rechtfertigungshilfe für Personaleinsparungen gesehen wurde, andererseits jedoch die von den Teilnehmern empfundene Notwendigkeit der Personalaufstockung ignoriert und dabei auch die Signale aus der PAR nicht beachtet würden.

Bei Personaleinsparungen und Schaffung neuer Planstellen wird PAR tatsächlich angewandt. Zahlenwerten werden aber beliebig verschoben.

Beim LGS Graz sind angeblich derzeit rund 1,6 Richterplanstellen zuwenig vorhanden. Ich sehe aber nirgendwo Bemühungen der Justizverwaltung, hier Abhilfe zu schaffen.

PAR-Wert-Erhöhungen führen zu keiner Stellenvermehrung (Kindschaftsrechtsänderungsgesetz 2001).

Hier wird die PAR-Rechnung oft verdrängt und andere Argumente für die Ablehnung neuer Stellen gefunden.

Nein, neue Planstellen gibt es zumeist nur durch Gesetzesänderungen.

Sollte Berücksichtigung finden - wird meinem Eindruck nach von der Zentralstelle aber nicht konsequent beachtet.

PAR wird nicht/kaum als Argument für die Schaffung neuer Planstellen herangezogen. PAR ist eher unflexibel.

Aus den zu dieser Frage angeführten Begründungen ist ersichtlich, dass die Antworten zum Teil auf die bestehende Ist-Situation Bezug nahmen, wo die aktuelle Art und Weise der Anwendung der PAR kritisch gesehen wurde. Zum Teil nahmen die Antworten aber auch dazu Stellung, ob PAR Anwendung finden sollte („Soll-Zustand"). Nach Ansicht dieser Teilnehmer sollte sie gerade für die Bereiche Personaleinsparung bzw. Personalaufstockung teilweise sogar vermehrt Anwendung finden, wobei diese Forderung aber mit einer Berichtigung der Zeitwerte bzw. Aktualisierung der Rechengrundlagen verbunden wurde.

Ja, bei richtigen Zeitwerten und der Maxime, dass der Auslastungsgrad nicht mehr als 100% betragen darf.

Soweit sie ein verlässliches Spiegelbild des erforderlichen Arbeitsaufwandes ergibt, sind daraus Schlussfolgerungen - jedoch mit Vorsicht - zu ziehen; Problem: nicht alle Bedienstetengruppen, Organisationseinheiten sind erfasst und damit vergleichbar; im Rahmen der Systempflege werden einzelne Sparten neu bewertet, das eigentliche Gefüge gerät dadurch in den Hintergrund. (negatives Beispiel: das System der Berechnung der Mehrleistungszulagen bei den „nicht richterlichen Bediensteten" gewährt schon längst keine Vergleichbarkeit mehr). Schlussfolgerung: PAR ausweiten und laufend warten; mehr als ein Hilfsmittel kann und darf sie aber nicht sein.

Wenn Ergebnisse der PAR objektiv annehmbar sind und angenommen werden (von den „Gemessenen").

Ja - gerechtfertigt aber nur, wo die Zeitwerte zumindest durchschnittlich realistisch sind.

Natürlich wird in allen diesen Bereichen mit PAR argumentiert.

Als subsidiäres Moment spielt PAR bei Personaleinsparungen/Schaffung neuer Planstellen selbstverständlich eine Rolle.

Hier wird PAR natürlich schon jetzt stark eingesetzt.

PAR ist hier ausschlaggebend; sollte auch grundsätzlich so sein.

Im Bereich der **organisatorischen Veränderungen** (beispielhaft wurden aus aktuellem Anlass Auflösungen oder Zusammenlegungen von Gerichtstandorten angeführt) erachtete ebenso eine überwältigende Mehrheit einen Einfluss der PAR auf diese Fragen. 35 Teilnehmer (92,1%) waren der Meinung, dass PAR-Erkenntnisse in diesem Bereich Anwendung finden. Lediglich 3 Teilnehmer (7,9%) sahen in diesem Zusammenhang kein Einsatzgebiet der PAR, 2 Teilnehmer waren unentschlossen (jeweils eine Nennung in der Kategorie „weiß nicht“ bzw. keine Angaben). In den Argumenten dazu kam zum Ausdruck, dass die Einschätzung, auch in diesen Bereichen übe PAR Einfluss aus, eine Einschätzung des Ist-Zustandes ist.

Die Vergangenheit zeigte, dass PAR hier verwendet wurde (als Argument der Schließung kleiner Bezirksgerichte).

Dies ist eine Tatsache.

Daneben wurden jedoch auch Probleme aufgezeigt, die sich aus dieser Einflussnahme ergaben.

Anwendung von PAR hier problematisch, weil vielfältige (ökonomische, soziale, politische ...) Erwägungen eine Rolle spielen.

Meiner Meinung nach finden hier PAR-Erkenntnisse keine Anwendung, da die angesprochenen organisatorischen Veränderungen politische Entscheidungen sind.

Ich bezweifle die Richtigkeit der Argumente der Wirtschaftlichkeit und Sparsamkeit, die immer wieder von seitens der Justizverwaltung gebraucht werden, wenn die Justizverwaltung Gerichtszusammenlegungen durchsetzen will. Außerdem sehe ich nicht ein, weshalb in der Diskussion um Gerichtsauflösungen und Gerichtszusammenlegungen nur ökonomische Argumente zugelassen werden. Ich bin der Meinung, dass die Justiz eine wesentliche Dienstleistungsfunktion für die Bevölkerung hat und daher auch in mittleren Gemeinden präsent sein sollte.

2.4. Stärken und Schwächen

2.4.1. Offene Fragen nach Vor- und Nachteilen (I. Runde)

Zur Durchführung einer „Stärken- und Schwächenanalyse" des Instrumentariums wurden die Teilnehmer in der ersten Fragebogenrunde anhand offener Fragen ersucht, die ihrer Meinung nach vorliegenden Vor- und Nachteile der PAR anzuführen. Ergänzt wurden die Fragen mit dem Ersuchen, sich in Bezug auf diese Fragen auf einer fünfteiligen Skala den Kategorien als „Fachmann" oder „Laie" zuzuordnen.

Fragebogen I Frage 7 Vorteile der PAR

➔ Was sind aus Ihrer Sicht die größten **Vorteile** der PAR- etwa im Vergleich zu vorangegangenen Methoden der „Belastungsverteilung":

Bitte ordnen Sie sich in folgender fünfteiligen Skala ein: Ich bin in dieser Frage...(bitte nur ein Feld ankreuzen):	**Laie**	①	②	③	④	⑤	**Fachmann**

Fragebogen I Frage 8 Nachteile der PAR

➔ Was sind aus Ihrer Sicht die größten **Nachteile** der PAR:

Bitte ordnen Sie sich in folgender fünfteiligen Skala ein: Ich bin in dieser Frage...(bitte nur ein Feld ankreuzen):	**Laie**	①	②	③	④	⑤	**Fachmann**

Von 54 Teilnehmern wurden insgesamt 82 Vorteile und 144 Nachteile genannt. Die abgegebenen Antworten ließen sich folgenden Kategorien zuordnen[151]:

Vorteile

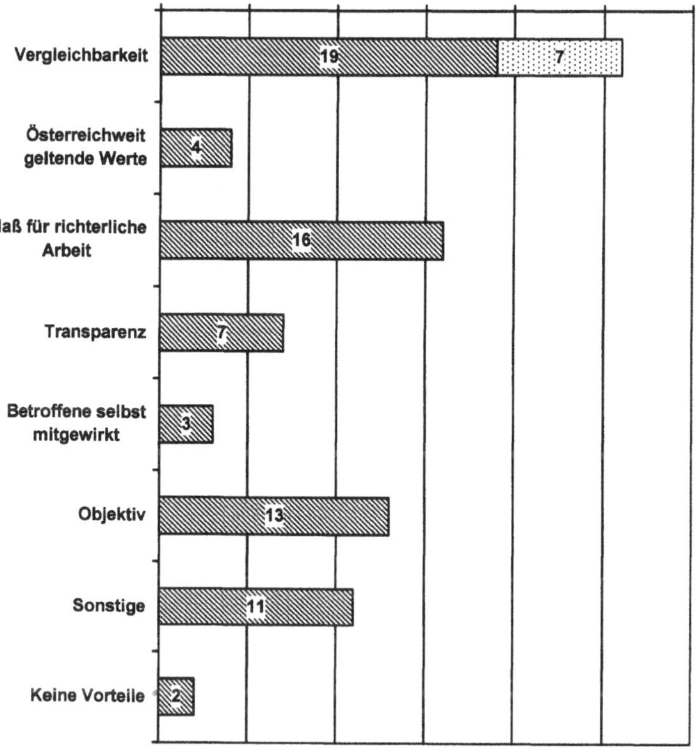

[151] Die angegebenen Zahlenwerte stellen die Anzahl der Argumente dar, die in den offenen Fragen als Vor- und Nachteile genannt wurden. In einzelnen Fällen wurden Argumente, sofern sie gleichzeitig mehrere Kategorien ansprachen, auch in diese mehrfach aufgenommen (Mehrfachnennungen). Anhang, Tabelle 65 und 68; weiter aufgeteilt nach Funktionsgruppen: Anhang, Tabelle 67 und 70.

Nachteile

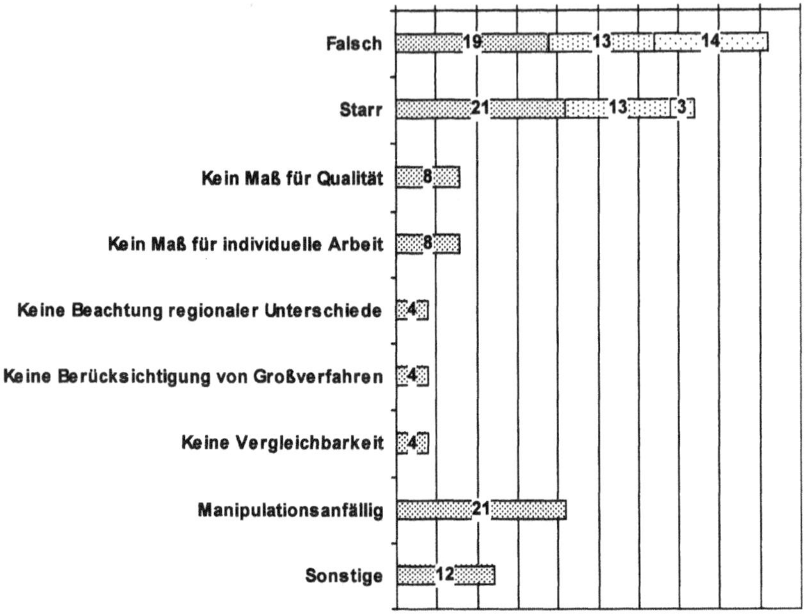

2.4.2. Nachteilskategorie „Falsch“ (I. Runde)

In der Kategorie „Falsch“ wurden von Teilnehmern als Nachteil genannte Argumente zusammengefasst, die zum Ausdruck brachten, die PAR bilde mit ihren Kennzahlen, den PAR-Zeitwerten, nicht die tatsächliche Arbeitsleistung der Richter und Rechtspfleger ab, liefere insofern also inhaltlich unrichtige Werte. Die von PAR in dieser Hinsicht erstellte Beurteilungsgrundlage sei daher „falsch“, entspräche nicht der tatsächlichen richterlichen Auslastung, würde die tatsächliche richterliche Aktenbelastung falsch messen.

Von den Argumenten dieser Kategorie nannten 19 Fehler in den Zeitwerten selbst, 13 orteten solche in der Umsetzung. Die restlichen 14 Antworten bezogen sich auf sonstige Ursachen der Fehlerhaftigkeit der PAR, wie etwa Vorbehalte gegen das angewendete Verfahren an sich.

In den im Folgenden wörtlich wiedergegebenen Argumenten kamen solche **grundsätzliche Bedenken** gegen das gewählte Messsystem zu Tage.

Zu schematisierte Betrachtung der Arbeit des Richters/Rechtspflegers: z.B. die „menschlichen" Spielräume in der Arbeit sind viel zu gering bemessen; ein „Normrichter" wird abstrakt vorgegeben, die unterschiedlichen Arbeitsweisen der Richter sind zu wenig berücksichtigt.

Die PAR hat Arbeitszeiten für Maschinen errechnet und nicht für Menschen.

Richterliche Arbeit (insbes. Gedankenarbeit) wird zu sehr vereinheitlicht, nivelliert.

Die PAR nimmt nicht ausreichend Rücksicht auf „Qualität" der Erledigungen und zwingt in manchen Bereichen - gemessen an den Zeitwerten - zum „Schleudern".

Anfallbezogenheit nach Aktenzahlen, tatsächlicher Arbeitsaufwand bleibt unberücksichtigt (z.B. in Rechtspflegersachen).

In diesen Argumenten wird vor allem die „mechanistische" Sichtweise der richterlichen Arbeit durch die Brille der PAR beklagt. Ganz generell wird in Frage gestellt, in wie weit komplexe Tätigkeiten wie die richterliche, durch Vorgabezeiten in entsprechender, ausreichender und geeigneter Weise darstellbar sind. Diese Kritik blieb jedoch deutlich im Hintergrund zu den Meinungen, die nicht generell die Messbarkeit der richterlichen Arbeit in Frage stellten, wohl aber **einzelne Zeitwerte** als **unrichtig** (im Sinne nicht dem tatsächlichen durchschnittlichen Zeitbedarf der Geschäftsgattung entsprechend) erachteten. Im Wesentlichen wurde vorgebracht, dass es „am Herzstück" der PAR kranke, dass einzelne Zeitwerte in bestimmten Kategorien falsch seien (19 ausdrückliche Nennungen).

Ungleichgewichte der BG- und LG-PAR-Werte zu Lasten der Bezirksgerichte.

Teilweise unrichtige Zeitansätze.

Unterschiedliche, nicht ausgewogene Bewertung der einzelnen Tätigkeitsbereiche.

Die PAR kann nur so gut sein wie die Daten, auf der sie basiert und diese sind in einigen Bereichen (C, Cg - beide Bereiche sind sehr schlecht bewertet) nicht nachvollziehbar.

PAR-Zeitvorgaben entsprechen nicht dem tatsächlichen Arbeitsaufwand (insbesondere in diversen Sparten).

Meines Erachtens liegt in manchen Sparten eine Überbewertung, in anderen eine Unterbewertung vor.

Unvollständige bzw. ungenügende Berücksichtigung von Parametern: so ist z.B. der zeitliche Aufwand in Strafsachen nach Rechtskraft des Urteils mitunter gleich groß oder sogar größer als im Verfahren selbst: Strafaufschubsgesuche - nachträgliche Strafmilderung, ...

Gewisse Berechnungen entsprechen zum Nachteil der Richter eklatant nicht den Tatsachen.

Für bestimmte Sparten zu niedrige bzw. überhöhte Zeitwerte. Daraus resultieren bei strikter Übertragung der PAR auf die Geschäftsverteilungen unausgewogene Belastungsverhältnisse.

Die Festsetzung der Zeitwerte war schon im ersten Ansatz teilweise ungenau und unrichtig.

Auslastungsungerechtigkeit durch falsche Vorgabezeiten.

Werte (etwa für „normalen" C-Akt - ausgenommen Versäumungsurteil) wurden nicht richtig erfasst und Anpassungen der Werte erfolgen nicht regelmäßig.

Die vorgegebenen Zahlen sind teilweise irreal und entsprechen keineswegs dem tatsächlichen Aufwand.

Zum Teil gravierend unterbewertete Zeiteinheiten (z.B. C, Cg).

Zeitwerte stimmen vielfach nicht.

In folgenden Argumenten wurde Kritik an einzelnen Aspekten des gewählten Verfahrens zur Ermittlung der Zeitwerte geübt:

Schwer durchschaubare Auswertungsmethoden der Beraterfirma.

Eher ungenaue Erhebungsmechanismen.

Ermittlung der Zeitwerte fragwürdig.

Anscheinend unterschiedlicher „Ehrgeiz" der „Aufschreibenden" in den jeweiligen Phasen der Zeitermittlung. Daraus ergibt sich eine gewisse „Verzerrung" zwischen einzelnen Sparten (z.B. „C" eher unterbewertet, „P" bzw. „E" wohl überbewertet).

Diverse Entscheidungen, z.B. EV in laufenden Verfahren werden nicht berücksichtigt.

PAR-Werte für Akten und nicht für jeden einzelnen Antrag, z.B. im Pflegschaftsbereich.

Daneben gab es auch Teilnehmer, die die Ursache der Fehler in der **praktischen Umsetzung** der Ergebnisse aus den PAR-Zeitberechnungen sahen. Dabei wurde vor allem eine zu starke Berücksichtigung der PAR-Zeitwerte im Rahmen der Geschäftsverteilung beklagt. Nach Ansicht dieser Teilnehmer wird zu sehr auf die einzelnen Zeitwerte abgestellt, die Verantwortlichen würden gleichsam an diesen Zeitwerten „kleben".

Berechnung der Zeitwerte aus dem Verhältnis arbeitsintensiver Akten - schematisch erledigbarer Akten („Schotter") erscheint ohne laufende Begleitkontrolle problematisch.

PAR hat oftmals zuviel Einfluss auf die Geschäftsverteilung (obwohl dafür grundsätzlich nicht vorgesehen).

Verwendung für Geschäftsverteilungen (gerichtsintern).

Einzelne Sparten sind im Vergleich zu anderen unrichtig bewertet; dennoch z.T. Festklammern an den Spartenwerten in der Geschäftsverteilung, obwohl die PAR hiefür nicht vorgesehen war und auch nicht wirklich geeignet ist („wir haben eben nichts besseres!").

Bei kleineren Einheiten führt die Anwendung der PAR zu Ungenauigkeiten in der Geschäftsverteilung.

PAR ist nur eine operative Rechengröße und sollte bei kleineren Einheiten nicht mit der Apothekerwaage angewendet werden.

Letzteres Argument wurde in dem Sinn, dass die PAR-Zeitwerte einerseits zu ungefiltert, andererseits aber auf „Punkt und Komma" als Maßstab herangezogen würden, auch in folgenden Meinungen anderer Teilnehmer aufgegriffen:

Psychologischer Kult um PAR in kleinen Bezirksgerichten (Streit um Promille).

Anreiz für manche Richter/Innen zum Messen mit der Apothekerwaage.

Es gibt ein regelrechtes „Hängen" an den Zahlen und damit mangelnde Flexibilität mit gleichsam festgefahrener Struktur.

Hinzu kam der weitere Aspekt, dass durch das Ansetzen der PAR-Zeitwerte ohne entsprechenden „Sicherheitsabstand" oder „Spielraum" der Justizverwaltung Reaktionsmöglichkeiten auf personelle Unterkapazitäten genommen würden. Unterstellt wird dabei ein ständiges „Fahren an der Kapazitätsgrenze" bzw. an der „Grenze zur Überlastung".

PAR verhindert Bildung von Personalreserven, weil Planstellen streng nach PAR-Werten vergeben werden, Änderungen werden nicht oder zu spät berücksichtigt.

(Zu) knappe Ressourcenbemessung verhindert flexible Reaktion auf „Ausfälle".

Weitere, schon sehr spezifische Schwachstellen in der Umsetzung des Zahlenwerkes sahen folgende Argumente:

Durch die nicht praxisnahen und zu niedrigen Ansätze kommt es zur Zersplitterung eines Richters, z.B. der Doppelplanstellen.

Bei einer Belastung von bis zu 110% besteht kein Handlungsbedarf. Dadurch ergeben sich Ungerechtigkeiten, da bei einer Belastung von 90% ebenfalls kein Handlungsbedarf besteht. Der Unterschied beträgt jedoch einen ganzen Arbeitstag.

Einen weiteren Gedanken, der ebenfalls die Unrichtigkeit der Zeitwerte betraf, sprachen jene vier Teilnehmer an, die in der PAR bzw. ihren Kennzahlen keine oder keine ausreichende Berücksichtigung von Großverfahren sahen:[152]

Keine Berücksichtigung von „Ausreißern" (Großverfahren).

Keine Rücksicht auf individuelle Belastungen („Monsterprozess").

Kein Spielraum für statistische Ausreißer (Großverfahren).

Der Ansatz von Durchschnittswerten führt im Einzelfall zu Auslastungsungerechtigkeiten („Großverfahren").

2.4.3. Zuordnung „falscher" Zeitwerte (II. Runde)

Für die zweite Fragenbogenrunde wurde als statistisches Ergebnis – allerdings zum Stand 01.09.2002 – die Anzahl der Argumente bekannt gegeben, die als Nachteile der PAR die Unrichtigkeit der Zeitwerte nannten. Gleichzeitig war um Bezeichnung der nach Meinung der Teilnehmer unrichtigen Zeitwerte ersucht worden.

Fragebogen II Frage 5

➔ Führen Sie bitte (beispielhaft) Geschäftsgattungen an, in denen der PAR-Zeitwert im Verhältnis zum tatsächlichen **durchschnittlichen** Zeitbedarf Ihrer Meinung nach:

zu kurz, (zu geringer PAR-Wert)	**richtig,** (im Großen und Ganzen)	**zu lang** ist. (zu hoher PAR-Wert)

Dabei wurde bewusst die Problematik in Kauf genommen, von den Richtern zu verlangen (oder zu erwarten), selbst an- oder zuzugeben, welche Zeitwerte ihrer Meinung nach zu hoch sind. Es blieb nachstehende Antwort auf die Frage nach den „zu langen" PAR-Zeitwerten *(„Ich werde mich hüten!!!")* vereinzelt. Vor dem Hintergrund des sich aus den Antworten zur „Manipulationsanfälligkeit" bereits abzeichnenden Bildes eines tiefen Misstrauens bei einer großen Zahl der Befragungsteilnehmer gegenüber den für die Ausstattung der Justiz mit ausreichenden Planstellen Verantwortlichen und der damit verbundenen Annahme, PAR diene nur dazu, das richterliche Personal möglichst gering zu halten, kamen durchaus auch Antworten zur dritten Kategorie. Auch „Leermeldungen" oder Antworten, wie „kein zu langer PAR-Zeitwert bekannt" blieben vereinzelt.

---

[152] Dieser Aspekt wurde auch als gesonderte Frage in die dritte Runde aufgenommen. Siehe dazu später.

In der zweiten Runde ergaben die Antworten auf diese Frage folgendes Ergebnis[153]:

zu kurzer PAR-Zeitwert		**richtiger** PAR-Zeitwert		**zu langer** PAR-Zeitwert	
Ur (2)	**C** (27)	**U** (9)	**C**	**U** (3)	C-Verkehrs.
Hv (7)	C-Bestand	**Ur** (5)	C-Bestand	**Ur** (2)	Real-E(2)
EHv(2)	**MSch** (2)	**SHv**	Räumungskl.	**BE**	**Mahn./Rpfl**
RK	**E**	**BE**	C-§55aEheG	**RK**(2)	**F**
Hs	**F-**	**Hs**	**MSch**(2)		**AußStr**
	§§81ffEheG		**E** (5)		**P**
Sittlichkeits-	**P** (2)	**Strafverf.**	Real-E (2)		**SW** (6)
verf.	**AußStr/Rpfl**	(3)	**F**		SW-B (2)
Haftsachen	einige **Nc**		**P**(2)		**Ub** (4)
	(Enteign.,		**A**(2)		
Ncharb./	Notwege)		**SW**(3)		**Cga**(2)
Straf (2)	**Ub**		**Ub**		**Cgs** (6)
Auslieferg.			**Hc**(2)		**R**
	Cg (21)				
	Cga (2)		**Cg** (2)		
Rechtsmittel	**R** (7)		**Cga** (5)		
			Cgs (4)		

Ein Teilnehmer formulierte in dieser Runde seine Ansicht über die Richtigkeit der Zeitwerte in einer allgemeinen Art. Er hinterfragte dabei die Ursache, warum in einzelnen Bereichen die Zeitwerte nicht richtig sind, wobei diese Überlegungen, ausgehend von der praktischen Erfahrung in Strafverfahren, dargestellt wurden. Fraglich ist, in wie weit sie auch auf andere Bereiche (Zivilverfahren) übertragbar und somit verallgemeinerbar sind.

Zu kurz: generell, weil es einer menschlichen Komponente bedürfte: a) für die PAR-Vollzeitkraft z.B. durch Berücksichtigung des Alters, der gesundheitlichen Leistungsfähigkeit mit einer „Leistungsziffer", b) für die Tätigkeit z.B. durch die Unterschiedlichkeit des menschlichen Einsatzes zwischen Kfz-Sachen und Sachwalterschaft durch eine „Belastungsziffer" und c) für die qualitative Anforderung der Arbeit z.B. die Unterschiedlichkeit des Energieeinsatzes zwischen Rechtshilfe und Geschworenenverhandlung, Sittlichkeitsdelikt etc. durch eine „Schmerzbewertung". Hier ist die PAR einfach zu weit abgehoben, weil es von der „durchschnittlichen" Vollzeitkraft (VZK) und der idealisierten Gleichartigkeit von Leistungsminuten ausgeht.
Zu lang: Für Tätigkeiten mit geringer Qualitätserfordernis („U"), wo a,b,c laut oben nur gering zum Tragen kommen würden, allerdings derzeit hohe Minutenwerte gegeben werden, wobei die Arbeit sogar noch zu einem hohen Maß vermeidbar oder auslagerbar ist (

[153] Bei Geschäftsgattungen, die von mehr als einem Teilnehmer angeführt wurden, ist die Anzahl der Nennungen im Klammerausdruck nachgestellt; fett unterlegt sind Hauptgruppen von Geschäftsgattungen, für die es in der Regel eigene PAR-Zeitwerte gibt. Wurden Verfahrensarten genannt, die Teile einer solchen Geschäftsgattung bezeichneten und für die es vielfach bislang keine eigenen PAR-Zeitwerte gibt, wurden diese in Normalschrift unter den jeweils dazugehörigen Gruppen dargestellt.

z.B. Kanzlei erledigt vor, Rechtspraktikant ist einsetzbar, die gezählte Arbeit wird oft nicht erbracht, wird von den Kunden aber akzeptiert).
Richtig: kaum etwas. Keine individuelle Erfassung von Beisitzertätigkeit in Schöffensachen (hiefür kein eigener Zeitwert, die Zeit wird der HV-Abteilung gutgeschrieben).
Die Ergebnisse der Einschätzung der „Richtigkeit" der Zeitwerte in den einzelnen Geschäftsgattungen aus der zweiten Fragebogenrunde wurden schließlich im III. Fragebogen bekannt gegeben und neuerlich zur Diskussion gestellt.[154]

2.4.4. Zuordnung „falscher" Zeitwerte (III. Runde)

Fragebogen III Frage 2

➔ Das (statistische) Ergebnis der Frage nach den **Geschäftsgattungen mit „zu kurzen/richtigen/zu langen PAR-Zeitwerten"** soll in dieser Runde, trotz einiger kritischer Antworten dazu, neuerlich zur Diskussion gestellt werden, da sich die gesamte Einschätzung der PAR unter den Befragten (und nach mehrheitlicher Ansicht dieser auch der gesamten Richterschaft) auf die Frage der Richtigkeit dieser Zeitwerte zu konzentrieren scheint:

zu kurzer PAR-Zeitwert		**richtiger** PAR-Zeitwert		**zu langer** PAR-Zeitwert	
Ur (2)	C (22)	U (6)	**C**	U (2)	C-Verkehrs.
Hv (7)	C-Bestand	**Ur** (3)	C-§55aEheG	Ur (2)	**Mahn./Rpfl**
EHv	**MSch** (2)	**SHv**	**E** (2)	**BE**	**SW** (3)
RK	**E**	**BE**	Real-E (2)	**RK**	**SW-B** (2)
Hs	**F-**		**MSch**		**Ub** (4)
	§§81ffEheG	**Strafverf.**	**P**		**Real-E**
Na-	**P** (2)		**A**		**AußStr**
charb./Straf(2	**AußStr/Rpfl.**		**SW**		
)	einige **Nc**		**Ub**		**Cga**
Auslieferg.	(Enteign.,				**Cgs** (5)
	Notwege)		**Cg** (2)		**R**
			Cga (4)		
Rechtsmittel	**Cg** (17)		**Cgs** (3)		
	Cga (2)				
	R (7)				

(Wurden Geschäftsgattungen in der 2. Runde von mehr als einem Teilnehmer angeführt, ist die Anzahl der Nennungen im Klammerausdruck nachgestellt)

Verteilen Sie bitte die oben angeführten Geschäftsgattungen auf die Ihrer Meinung nach zutreffenden Felder:

zu kurzer PAR-Zeitwert	**richtiger** PAR-Zeitwert	**zu langer** PAR-Zeitwert

[154] Die in der Frage angeführten Geschäftsgattungen stellten den Stand der Umfrageergebnisse per 31.10.2002 dar. Das Ergebnis unterscheidet sich um die noch nach diesem Stichtag rückgelangten Fragebögen der zweiten Fragebogenrunde.

Dabei ergab die Zuordnung in der dritten Runde folgendes Bild:[155]

zu kurzer PAR-Zeitwert		**richtiger** PAR-Zeitwert		**zu langer** PAR-Zeitwert	
Ur (10)	**C** (27)	**U** (15)	**C**	**U** (4)	C-Verkehrs.
Ur-Sittlich-	C-Bestand	**Ur** (12)	C-Verkehrs.	**Ur**	(2)
keit	(11)	Ur-Jugend	(9)	**BE** (6)	**Mahn./Rpfl**
Ur-Suchtgift	**MSch** (10)	**Hv** (4)	C-Bestand	**RK**	(2)
Hv (12)	**E** (8)	EHv (2)	(3)	**Hs**	Real-E (2)
EHv (2)	Real-E	**SHv** (3)	Räumungskl.		**F-**
Hv-Sittlich-	**F** (5)	**BE** (7)	C-	**Rechtsmittel**	**§§81ffEheG**
keit	**F-**	**RK** (10)	§55aEheG(6)		**P**
Hv-Suchtgift	**§§81ffEheG**	**Bl** (3)	**Mahn./Rpfl**		**SW** (7)
SHv (4)	(5)	**Hs** (4)	(3)		SW-B (4)
BE	**P** (7)		**MSch** (6)		**Ub** (4)
RK (3)	**SW**	**Na-**	**E** (5)		
Bl	**AußStr**	**charb./Straf**	Real-E (7)		**Cg**
Hs (3)	**AußStr/Rpfl**	**Auslieferg.**	**P**(7)		**Cga**
	(4)		**SW** (7)		**Cgs** (8)
Haftsachen	**A** (2)		SW-B (3)		**R**
Na-	**Ub**	**Strafverf.**	**A**(6)		R-E
charb./Straf	einige **Nc**	(3)	A/Rpfl		R-AußStr
(8)	(10)		**Ub** (9)		
Auslieferg.			einige **Nc**		
(3)	**Cg** (24)		**Hc**(2)		
	Cga (5)				
	R (10)		**Cga** (15)		
Rechtsmittel			**Cgs** (14)		
(2)			**R** (2)		
			R-C		

Es bestätigte sich der bereits anhand der Umfrageergebnisse der zweiten Fragebogenrunde aufscheinende Trend. Die augenscheinlichsten Ergebnisse sollen im Folgenden einer näheren Untersuchung unterzogen werden.

Vorauszuschicken ist, dass sich aus den Antworten der dritten Fragebogenrunde zeigte, dass von den Teilnehmern durchwegs nur jene Geschäftsgattungen bewertet wurden, in denen sie selbst praktische Erfahrungen hatten. Dies zeigte sich sowohl aus den Antworten selbst als auch den diesbezüglich dazu gemachten Anmerkungen, wie den Folgenden:

Keine persönlichen Erfahrungen in den anderen, von mir nicht angegebenen Geschäftsgattungen. Von den Kollegen wird allerdings der zu kurze PAR-Zeitwert für Nachbearbeitung im HV-Bereich kritisiert.

Hinsichtlich der restlichen Gattungen keine eigenen Erfahrungen, aber etwa nach Erzählungen der Kollegen öfters zu hören, dass einige Nc (Enteignung, Notwege) einen zu

[155] Wurden Geschäftsgattungen von mehr als einem Teilnehmer angeführt, ist die Anzahl der Nennungen im Klammerausdruck nachgestellt.

kurzen, C-§§ 55a EheG einen richtigen und Ub und Cgs einen richtigen bis zu langen Zeitwert haben.

Hinsichtlich der weiteren Geschäftsgattungen traue ich mir keine Aussage zu, weil ich in diesen Bereichen nicht gearbeitet habe.

Diese Angaben beruhen auf der eigenen Erfahrung in diesen Geschäftsgattungen (mit Ausnahme Rechtsmittel); weitere Zuordnungen wären spekulativ.

Zu dem Vorteil, dass die Teilnehmer im Regelfall nur jene Geschäftsgattungen bewerteten, in denen sie auch praktische Erfahrung hatten, trat jedoch auch die Gefahr hinzu, dass die Nennungen nur von jenen Kollegen abgegeben wurden, die auch aktuell in diesen Bereichen tätig sind. Auf die Gefahr, dass jeder sein persönliches „Arbeitsleid" als besonders drückend und somit den für ihn geltenden Zeitwert als besonders ungerecht und damit zu nieder empfindet, muss in diesem Zusammenhang auch hingewiesen werden.

Um bei den **Strafverfahren** zu beginnen, zeigte sich, dass der Zeitwert für **Ur-Verfahren** in allen drei Kategorien vertreten war. Aus der Verteilung der Nennungen wird jedoch deutlich, dass der Zeitwert als eher zu kurz (12 Nennungen) bzw. als richtig (13 Nennungen) eingeschätzt wurde. Ein Teilnehmer differenzierte dabei innerhalb des Vorverfahrens. Er meinte, der Zeitwert in Bezug auf Sittlichkeits- und Suchtgiftverfahren sei zu kurz, hinsichtlich der Jugend- und allgemeinen Ur-Verfahren hingegen richtig. Dazu ist anzuführen, dass der PAR-Zeitwert für Ur (bislang) keine so feine Unterscheidung aufweist. Hier gibt es – obwohl in der Erhebung weiter unterteilt worden war – lediglich einen (eigenen) Zeitwert für Jugendstrafsachen und, daneben, einen einheitlichen für alle übrigen Ur-Verfahren.

Von einem Teilnehmer wurde auch begründet, warum der Ur-Zeitwert nicht, wie seiner Auffassung nach die allgemeine Meinung darüber sei, zu lang ist.

Der immer wieder geäußerte Vorwurf bzw. die Behauptung der PAR-Zeitwert für die Ur-Abteilungen wäre zu lang ist in meinen Augen nicht allgemein gültig richtig. Hier einige Überlegungen zu Ursachen und Wirkung: Mir scheint, dass die Justizverwaltung oft ein viel zu geringes bzw. gar kein Interesse an der Qualität der geleisteten Arbeit zeigt und auch nicht in der Lage ist, ihre Mitarbeiter zu einer guten Arbeitsleistung zu motivieren. So spielt es scheinbar für einen angestrebten Wechsel auf eine bessere oder interessantere Abteilung überhaupt keine Rolle, ob die Arbeit auf der früheren Gerichtsabteilung von Engagement getragen war oder nicht. Um dem Vorwurf einer Ungleichbehandlung

Einschätzung der PAR-Zeitwerte Strafverfahren[156]

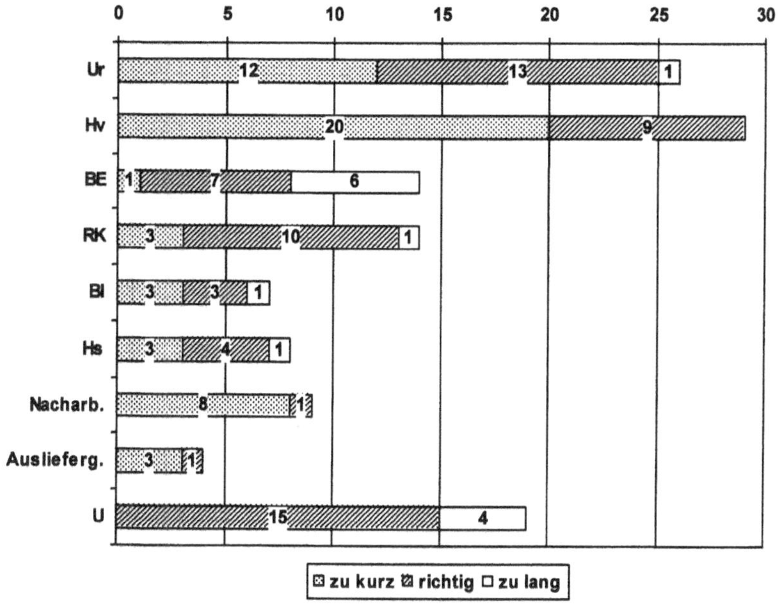

zu entgehen, versteckt sich die Justizverwaltung allzu gerne hinter dem sog. „Hausrangprinzip", was dann natürlich zur Folge hat, dass leistungswillige Kollegen in ihrem Engagement gebremst werden und faule Kollegen sich in ihrer Arbeitseinstellung bestätigt sehen. Im Ergebnis führt dies gelegentlich dazu, dass Arbeit an Praktikanten delegiert wird, worunter die Qualität weiter leidet. Setzt man aber den Maßstab einer qualitätsvollen Arbeit voraus, dann sind meines Erachtens die durch die PAR erhobenen Zeitwerte in keinem mir bekannten Bereich zu lang.

Der Zeitwert der **Hv-Verfahren** wurde den Kategorien „zu kurz“ (20 mal) sowie „richtig“ (9 mal) zugeordnet. Bei diesen Nennungen wurden auch die weiter differenzierenden Ansichten berücksichtigt, die im Hv-Bereich zwischen EHv (Einzelrichterverfahren) und SHv (Schöffen- und Geschworenengerichtliche Verfahren) unterschieden. Ein Teilnehmer traf auch innerhalb der Hv-Verfahren die Unterscheidung nach Sittlichkeits- und Suchtgiftverfahren und vertrat dabei die Auffas-

[156] Folgende Nennungen, die zum überwiegenden Teil Untergruppen der einzelnen Verfahrensarten betrafen, die im PAR-System aber keinen eigenen Zeitwert haben, wurden für diese Darstellung zusammengefasst: Ur, Ur-Sittlichkeitsverfahren und Ur-Suchtgiftverfahren zu Ur; Hv, EHv, SHv, Hv-Sittlichkeitsverfahren und Hv-Suchtgiftverfahren zu Hv, Bl und Rechtsmittel zu Bl.

sung, gerade in diesen Hv-Verfahrensarten sei der Zeitwert zu kurz. Auch dafür gilt, gleich wie im Ur-Verfahren, dass es für diese Verfahrensarten keine eigenen Zeitwerte gibt.

Das **U-Verfahren**, also das bezirksgerichtliche Strafverfahren, weist Nennungen in der Kategorie „richtig" (15) sowie „zu lang" (4) auf. Dabei wurde von den Teilnehmern betont, dass bei den Antworten ausdrücklich auf den „neuen U-Wert", also den nach einer weitreichenden Änderung des Strafverfahrensrechts[157] neu erhobenen Zeitwert, Bezug genommen wurde. Dieser, anlässlich der aktuellsten Neuerhebung gestaltete Zeitwert wurde also zum überwiegenden Teil als richtig angesehen.

Ein relativ deutliches Ergebnis gab es noch im Bereich der **„Nacharbeiten"** in Strafverfahren. Mit 8 Nennungen in der Kategorie „zu kurz", einer Nennung in der Kategorie „richtig" war hier eine doch deutliche Stimmung in Richtung einer zu geringen Berücksichtigung des zeitlichen Aufwandes zur Erledigung solcher Nacharbeiten gegeben.

Im Bereich der **Zivilverfahren** zeigten die Bezirksgerichte folgendes Bild:

Das deutlichste Votum für einen zu kurzen Zeitwert zeigte dabei der **C-Wert,** der Zeitwert für die streitigen Zivilrechtssachen im bezirksgerichtlichen Verfahren. Für die Darstellung in obenstehender Tabelle wurden sämtliche Unterarten der C-Verfahren (C, C-Bestand, Räumungsklagen, C-Verkehrssachen und C-§55aEheG) zusammengefasst.[158] Mit 27 Nennungen und diesen ausschließlich in der Kategorie „zu kurzer PAR-Zeitwert" war unter den Befragungsteilnehmern für die reinen C-Verfahren (C-Allgemeine Streitsachen ohne die übrigen streitigen „Sonderverfahren") ein eindeutiges Bild erkennbar. Dadurch, dass der für das entsprechende bezirksgerichtliche Erkenntnisverfahren in Strafsachen geltende U-Zeitwert zwischenzeitig aus Anlass einer Neuerhebung deutlich erhöht worden war verstärkte

[157] Strafprozessnovelle 1999 BGBl. Nr. 55/1999, mit der vor allem die „Diversion" gem. §§ 90a ff StPO eingeführt wurde.

[158] Im Bereich der bezirksgerichtlichen C-Verfahren gibt es eine sehr feine Unterteilung in insgesamt 8 verschiedene gattungsspezifische PAR-Zeitwerte (C-Mahnsachen, C-Allg. Streitsachen, C-Verkehrssachen, C-Bestandsachen, C-prät. Räumungsvergleich, C-Kündigung ohne Einwendungen, C-Familienrechtssachen, C-§ 55a EheG). Bei den Antworten wurde vielfach nicht differenziert, da aber in Fällen, wenn „besondere" C-Verfahren genannt wurden, diese durch die entsprechenden Zusätze gekennzeichnet wurden (z.B. C-Bestand oder C-§ 55a EheG) ist davon auszugehen, dass die Angaben der Geschäftsgattung „C" sich auf die Art der Allgemeinen Streitsachen in C bezogen.

Einschätzung der PAR-Zeitwerte für die Zivilverfahren am Bezirksgericht[159]

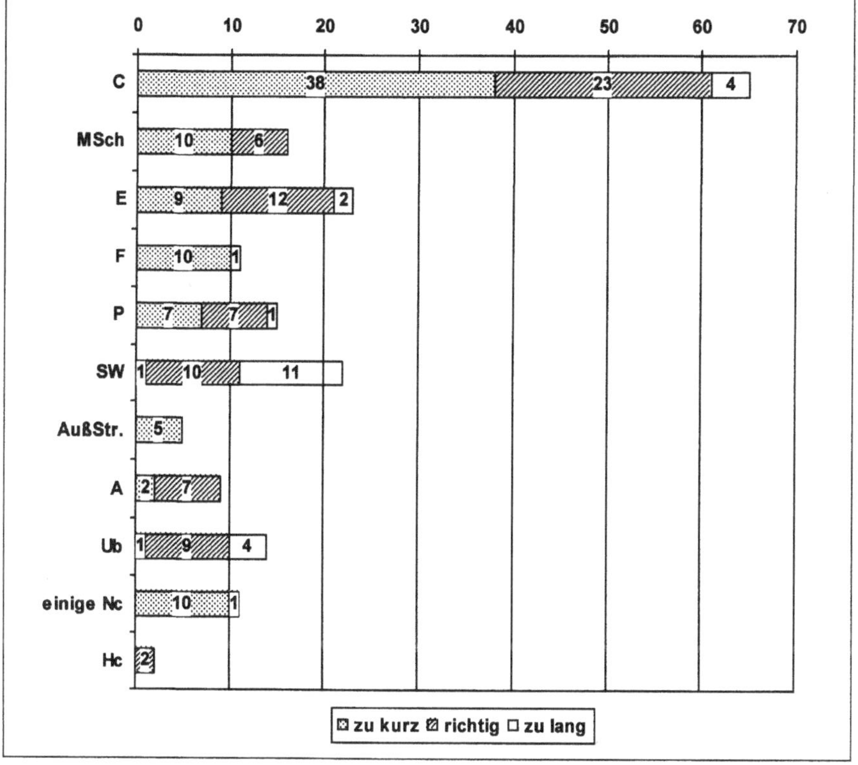

offenbar eine bereits vorhandene Unzufriedenheit mit diesem Zeitwert. Lediglich in einigen „Sonderverfahren“, wie den **Verkehrsunfällen** oder den **einvernehmlichen Scheidungen** (C-§ 55a Ehegesetz) gab es auch Nennungen für einen „richtigen“ bzw. einen eher „zu langen“ PAR-Zeitwert. Im Bereich der **C-Bestandverfahren** überwogen ebenfalls die Nennungen im Bereich des „zu kurzen“ PAR-Zeitwertes (11), eine geringere Anzahl (3) betrachtete diese Zeitwerte als „richtig“.

C-Allg. Streitsache	27/1/0
C-Verkehrs.	0/9/2
C-Bestand	11/4/0

[159] Folgende Nennungen, die zum überwiegenden Teil Untergruppen der einzelnen Verfahrensarten betrafen, die im PAR-System vielfach auch keinen eigenen Zeitwert haben, wurden für diese Darstellung zusammengefasst: C, C-Bestand, Räumungskl., C-Verkehrs. und C-§55aEheG zu C; E und Real-E zu E; F und F-§§81ffEheG zu F; AußStr und AußStr/Rpfl zu AußStr; A und A/Rpfl zu A; SW und SW(B) zu SW.

C-§ 55a EheG	0/6/0
Mahn/Rpfl	0/3/2

Ein ähnliches Bild ergab sich bei den außerstreitigen Bestandverfahren, den **MSch-Verfahren**. Hier verteilten sich die Nennungen nur in der ersten (10) sowie zweiten (6) Kategorie, die diesbezüglich sohin ebenfalls in die Richtung eines nach Auffassung der Teilnehmer tendenziell eher „zu kurzen" Zeitwertes wiesen.

Im Bereich des (allgemeinen) **Exekutionsverfahrens** erfolgten die meisten Zuordnungen in der Kategorie „richtiger PAR-Zeitwert" (12). Mit 9 weiteren Nennungen in der Kategorie „zu kurzer PAR-Zeitwert" lag auch bezüglich dieser Geschäftsgattung eine Tendenz in diese Richtung vor.[160] Dabei wurde von den Teilnehmern jedoch auch der Sonderfall des **Real-Exekutions-Verfahrens**, also der Exekutionen auf unbewegliches Vermögen, herausgegriffen. Diese besondere Verfahrensart, für die es keinen eigenen einheitlichen Zeitwert gibt, wurde in allen drei Zeitkategorien angeführt, wobei deren ausdrückliche Nennungen in der Kategorie „richtiger PAR-Zeitwert" die Ursache dafür waren, dass die E-Verfahren insgesamt in dieser Kategorie am häufigsten genannt wurden. Ohne diese Sonderform waren die E-Verfahren im Allgemeinen am häufigsten im Bereich „zu kurzer PAR-Zeitwert" (8) vertreten.

E	8/5/0
Real-E	1/7/2

Im Bereich der **Familiengerichtsbarkeit** auf bezirksgerichtlicher Ebene, also der Geschäftsgattung F- mit den Sonderverfahren F-§§ 81 ff EheG, den P-, SW- und Außerstreitverfahren zeigte sich ein differenziertes Bild.[161] Während die F-, P- und Außerstreitverfahren überwiegend als zu kurz angesehen wurden – für den Bereich der Außerstreitverfahren galt dies vor allem für die in die Zuständigkeit der Rechtspfleger fallenden Agenden – waren die SW-Verfahren tendenziell eher als zu lang bewertet worden.

F	5/0/0
F-§§ 81ff EheG	5/0/1

[160] Auch im Bereich der Exekutionsverfahren (E) gibt es keinen einheitlichen sondern insgesamt fünf PAR-Zeitwerte: E-Zwangsverst.(eigerung), E-Zwangsverw.(altung), E-sonst.(iger) ri.(chterlicher) E-Anfall, E-Räumungen, E-restlicher Gesamtanfall. Von den Umfrageteilnehmern wurden jedoch die E-Verfahren i.d.R. insgesamt, ohne nähere Differenzierung, bewertet. Die in einigen Fällen angesprochenen „Real-E"-Verfahren, also Exekutionsverfahren in unbewegliches Vermögen, „verstecken" sich in den oben angeführten Zeitwerten.

[161] Die Familiengerichtsbarkeit verteilt sich auf eine Vielzahl von PAR-Zeitwerten, beginnend mit den bereits im Bereich der C-Werte abgehandelten C-§ 55a EheG und C-Familienrechtssachen über die F-Zeitwerte F-§ 98 EheG, F-§§ 81ff EheG und F-übrige bis hin zu den P- und SW- (SW-B und SW) Verfahren. Die von den Teilnehmern angesprochenen „Außerstreitverfahren" verbergen sich ihrerseits in diesen Unterarten bzw. sind alle diese Unterarten – zum Unterschied von den familienrechtlichen C-Verfahren – Außerstreitverfahren.

P	7/7/1
SW	1/7/7
SWB	0/3/4
AußStr.	1/0/0
AußStr. Rpfl.	4/0/0

Zu dieser Einschätzung des Sachwalterschaftsverfahrens wurden von zwei Teilnehmern in Reaktion auf die Ergebnisse der zweiten Fragebogenrunde, wo sich die SW-Verfahren bereits in der Kategorie „zu langer PAR-Zeitwert" befanden, folgende Argumente vorgebracht:

Ich masse mir nicht an, Bereiche, in denen ich nie tätig gewesen bin, zu beurteilen und schon gar nicht, die dort geltenden Zeitwerte in etwa als zu hoch zu qualifizieren. Ich stimme aber mit den Befragungsergebnissen jedenfalls insoweit überein, als tatsächlich der C-und Cg-Bereich am meisten im Argen liegt, insbesondere die wesentliche Relation Straf - Zivil nicht mehr zu stimmen scheint. Vor Fehlbeurteilungen warne ich im SW-Bereich. Hier geht es derzeit gar nicht so sehr um die Zeitwerte, die meines Erachtens durchaus realitätsbezogen sind, sondern vielmehr um die Tatsache, dass zufolge des deutlichen Ansteigens der SWB- Sachen in Kombination mit der sogenannten „Hubner Formel" im Bereich der SW-Pflegschaft von rechnerischen Anfallszahlen ausgegangen wird, die der Realität nicht entsprechen und so der objektiv meines Erachtens unrichtige Eindruck vermittelt wird, diese Sparte sei zeitwertmäßig günstig dotiert.

Im Bereich der SW- und P-Verfahren ist das Problem vielmehr die angewendete Berechnungsformel.

Das **Verlassenschaftsverfahren** (A) wurde tendenziell als eher richtig, das **Unterbringungsverfahren** (Ub) als richtig mit einer Tendenz zu einem zu langen Zeitwert bewertet.

Der im Fragebogen II aufgezeigten Meinung, einige **„Sonderfälle" des Nc-Verfahrens** (Enteignungs- oder Notwegeverfahren) würden über einen zu geringen Zeitwert verfügen bzw. dazu führen, dass der Nc-Zeitwert insgesamt als zu gering bewertet wird, schlossen sich mit 10 Teilnehmern (bei gleichzeitig 2 Nennungen in der Kategorie „richtiger PAR-Zeitwert" und keiner Nennung in der dritten Kategorie) eine Mehrheit der Befragten an. Dazu wurde jedoch auch bemerkt, dass dieses „Phänomen" aufgrund eines mengenmäßig geringen Auftretens eher zu vernachlässigen sei und in Summe nicht ins Gewicht falle.

Schließlich gab es bei den **landesgerichtlichen Zivilverfahren** folgendes Ergebnis:

Einschätzung der PAR- Zeitwerte für die Zivilverfahren am Landesgericht[162]

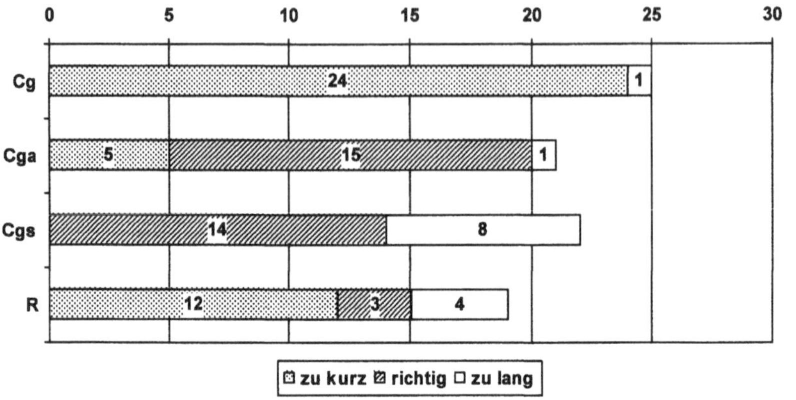

Das deutlichste Ergebnis gab es hier, ähnlich dem C-Wert auf bezirksgerichtlicher Ebene, bei dem artverwandten Zeitwert im **allgemeinen Zivilverfahren** auf landesgerichtlicher Ebene, dem Cg-Wert. Mit 24 Nennungen in der Kategorie „zu kurzer Zeitwert" bestätigte sich das bereits anhand der zweiten Fragebogenrunde deutlich abzeichnende Ergebnis.

Mit 15 Nennungen in der Kategorie „richtiger Zeitwert", bei gleichzeitig 5 Nennungen in der ersten und einer Nennung in der letzen Kategorie, scheint der Zeitwert für **arbeitsgerichtliche Verfahren** (Cga) mehrheitlich als richtig, allenfalls mit einer (leichten) Tendenz in Richtung eines zu kurzen Zeitwertes empfunden zu werden.

Das **sozialgerichtliche Verfahren** (Cgs) wurde ähnlich gesehen. Mit 14 Nennungen in der Kategorie „richtiger Zeitwert" und 8 Nennungen in der Kategorie „zu langer Zeitwert" hatten sie sogar eher eine Einschätzung in die andere Richtung, also in Richtung eines zu langen Zeitwertes.
Im Bereich der landesgerichtlichen **Rechtsmittelverfahren**[163] lag die überwiegende Auffassung ebenfalls in einem zu kurzen Zeitwert (12 Nennungen für „zu kurz", 3 für „richtig", 4 für „zu lang"). Von einigen Teilnehmern wurde dabei dieser Rechtsmittelzeitwert differenziert betrachtet. Diesbezüglich waren der

[162] Folgende Nennungen wurden für diese Darstellung zusammengefasst: R, R-C, R-E, R-AußStr und Rechtsmittel zu R.
[163] Im Bereich der Rechtsmittelverfahren in Zivilsachen gibt es eine Unterteilung in vier PAR-Zeitwerte: R-C, R-MSch u. PSch, R-Exekution und R-Außerstreit. Da in den Antworten zu einem überwiegenden Teil keine solche Differenzierung vorgenommen worden war, wurde auch für die obenstehende Darstellung eine Zusammenfassung verwendet.

Zeitwert für Rechtsmittelverfahren in C ein mal als „zu kurz“, ein mal als „richtig“, die Zeitwerte für Rechtsmittelverfahren in E und Außerstreit einmal als „zu lang“ bezeichnet worden.

Abschließend soll zu dieser Frage die allgemein gehaltene Antwort eines Teilnehmers wiedergegeben werden, in der sich die Problematik einer exakten, allgemein gültigen Zeitwerterhebung offenbarte.

Ohne exakte Kenntnis durch die laufende Arbeit kann ich seriös gar nichts darüber angeben, ob z.B. für Cg, E usw. die PAR-Werte zwischen "zu kurz" oder „zu lang" liegen. Ich kann es tatsächlich nur für meine eigene Tätigkeit einschätzen und weiß ich nunmehr, wie ich selbst die PAR-Messung im Kopf für mich persönlich vornehme und warum sie damit, wenn ich sie offiziell aufschreiben muss, falsch sein wird: a) Ich bin Frühaufsteher und beginne mein Tagwerk mit Aktenstudium und PC-Erfassung im Büro von jenen Daten, die ich am Abend neben dem TV gemütlich am LAP-TOP vorerfasst habe (z.B. diesen Text hier während eines Sturmspieles im Fernsehen). Die Büroleistung in einer Stunde ist eigentlich zusätzlich 2 Stunden Arbeit vom Abend, die aber wieder vermengt sind mit Jause und Fernsehen, also Freizeit). b) 8.30 Uhr ist Verhandlungsbeginnzeit bis zu Mittag. Die Jause mache ich neben dem Aktenstudium, die Telefonate während der Jause und richtigerweise während der Hv mache ich Rechtsmittelurteile, weil ich zwei Rechtspraktikant habe, einer davon den Schriftführer in Hv macht, der andere den Urteilsentwurf, den ich am Abend zu Hause durcharbeite und am Morgen im Büro ausdrucke. Von zwei Stunden Bl-PAR-Zeit hat eigentlich der Rechtspraktikanten zumindest 1 Stunde erbracht. Das geht aber nicht in Hv für die Verhandlung, dann aber wieder für das Urteil, denn das läuft wieder über den Rechtspraktikanten. Mit der Methode ist die Qualität noch immer ganz gut, allerdings der Zeitgewinn erheblich, womit ich 12 Geschäftsverteilungsänderungen machen kann, Revision und anderes mehr. Nach PAR-Messung komme ich auf 1,3 und mehr VZK, was nicht geht, worauf ich die Zeiten dort kürze, wo es nicht ins Gewicht fällt. Damit stimmt aber die Aufzeichnungsgrundlage nicht mehr. Andere, die zu wenige Aufgaben in ihrem Geschäftskreis haben, strecken munter Teilzeiten, was vor allem dann geht, wenn alle dasselbe Problem haben. Das Ergebnis ist dort sichtbar, wo der „U" mit ca. 180 Minuten dem Hv-Wert mit 318 Minuten gegenübersteht. c) so könnte ich beliebig fortsetze.

Angesprochen wurde die Problematik von „vermengten“ Zeiten, also zwischen Freizeit und Arbeitszeit nicht scharf zu unterscheidenden Perioden. Diesem Problem wird bei einer Erhebungsmethode wie der für PAR gewählten jedoch insofern begegnet, als Grundlage der erhobenen Zeitwerte keine Zeitmessungen waren, für die die angesprochene Problematik schwierig zu lösen wäre. In einer auf Zeitschätzungen aufbauenden Erhebungsmethode ist es Sache der Instruktion, bei der „Schätzanleitung“ darauf hinzuweisen, den Anteil der „reinen“ Arbeitszeit zu schätzen und so unvermischte Arbeitszeitwerte fiktiv zu ermitteln.

2.4.5. Einschätzung des Zeitwertempfindens (II. Runde)

Ergänzt wurde der Fragenbereich zur Richtigkeit der einzelnen PAR-Vorgabezeiten, indem eine allgemeine Einschätzung dieser Zeitwerte abgefragt wurde.

Fragebogen II Frage 6

➔ Wie viel Prozent der Richter empfinden Ihrer Meinung nach den für ihre Arbeit jeweils maßgeblichen PAR-Zeitwert als: (Verteilen Sie bitte 100% auf folgende Bereiche)

zu kurz	_____
im Großen und Ganzen richtig	_____
zu lang	_____
	100%

Erläutern Sie bitte auch kurz Ihre Angaben

4 Teilnehmer verweigerten bei dieser Fragestellung die Antwort, wobei ein Teilnehmer mit seiner Reaktion auf das im dritten Fragebogen dargestellte Ergebnis *„Was erwarten Sie sonst bei einer Erhebung dieser Art?"* offenbar zum Ausdruck brachte, mit einer solchen Frage unter Richtern keine wirklich objektiven, aussagekräftigen Ergebnisse erzielen zu können. Die übrigen Antworten ergaben folgende Einschätzung des Zeitwertempfindens:

Als Grundlage ihrer Einschätzung nannten zahlreiche Teilnehmer Wahrnehmungen vor allem aus Gesprächen mit Kollegen.

Meine Angaben beziehen sich auf die Einschätzung von Strafrichtern. Mit Zivilrichtern habe ich kaum Kontakt, jedoch lässt sich immer wieder heraushören, dass die Strafverfahren zu großzügig (zu hoher PAR-Wert), die Zivilverfahren zu eng (zu geringer PAR-Wert) bewertet werden.

Die meisten Kollegen meinen durch die PAR ungerecht behandelt zu werden.

Ich kenne kaum KollegInnen, die nicht jammern.

Zahlengerechtigkeit und Machbarkeit ist für den Durchschnitt okay. Die Qualitätsarbeit erfolgt am Wochenende.

Die große Mehrheit der in der Zivilgerichtsbarkeit tätigten Richter empfindet die Zeitwerte meines Erachtens als zu kurz; ein wesentlich geringerer Anteil ist zufrieden, sehr wenige, in speziellen Nischen tätige Kollegen (Ub) geben zu, dass die Werte zu hoch angesetzt sind.

Alle mir bekannten Richter in Allgemein-C-Sachen kommen mit der PAR-Zeit (BG-Ebene) nicht aus. Familien-, Bestand- und Exekutionsrichter beschweren sich weniger bzw. finden die PAR-Zeit großteils richtig.

Zeitwertempfinden[164]

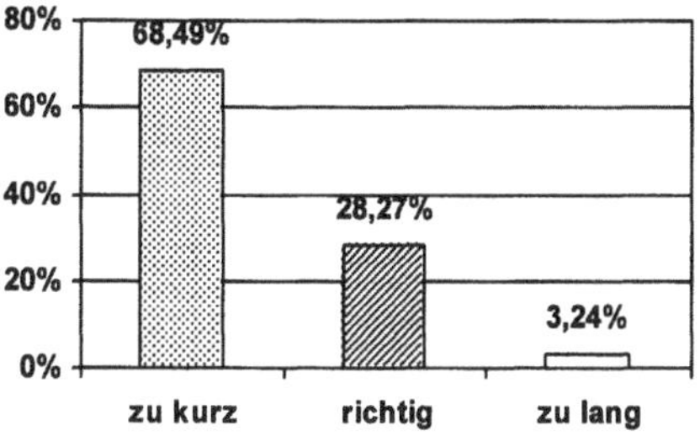

Erfahrungswert aus Gesprächen mit Kollegen.

Der überwiegende Teil klagt über (vor allem zeitliche) Überlastung; nur ein kleiner Teil fühlt sich nicht ausgelastet und geht diversen Nebentätigkeiten nach...

Die Cg- und C-Richter glauben zu recht, dass die Werte zu kurz sind. Einige die sich auskennen sehen, dass manche Werte zu lang sind (5%).

Ergibt sich aus den Äußerungen vieler Kollegen.

Meine Ansicht gründet sich auf Gespräche mit Kolleg/Innen; fast alle fühlen sich überlastet, obwohl manche nach PAR unter 100% liegen.

Die überwiegende Mehrzahl hält die Werte für zu kurz, ganz vereinzelt werden sie in manchen Bereichen als zu lang angesehen.

Der Großteil der Kollegenschaft stellt fest, dass Arbeitsintensität trotz gleichem oder gar geringerem Arbeitsanfall stark zunimmt (Gesetzesänderung, Zunahme an komplizierten Akten).Eigene Erfahrung und Gespräche mit Kollegen als Grundlage für diese Angaben.

Die meisten Klagen über zu geringe Zeitwerte kommen aus dem Bereich der bürgerlichen Rechtspflege; dass Zeitwerte für den eigenen Bereich zu lang wären, wird nur ein eher geringer Prozentsatz der entsprechenden Richter einsehen wollen.

Bei der Beantwortung dieser Frage machte eine Reihe von Teilnehmern aber auch auf die ihrer Meinung nach verzerrte Selbsteinschätzung in Richtung einer subjektiv tendenziell als überbelastet empfundenen Arbeitssituation aufmerksam.

Das subjektive Empfinden geht zwangsläufig in Richtung Überbelastung.

Angesichts der subjektiven Einschätzung der menschlichen Natur ist mein Ergebnis, dass derzeit jeder sagt „zu kurz", allerdings auch nach jeder noch so positiven Veränderung

[164] Anhang, Tabelle 92 bis 93.

immer nur dasselbe Ergebnis erzielt werden würde. Man kann zwar Arbeitszeitmessung mit den Mitarbeitern erarbeiten aber von diesen nicht wertend beurteilen lassen.

Die Arbeitszeit aus eigener Sicht wird meist als zu kurz empfunden werden.

Eigene Arbeit wird subjektiv meist als belastender empfunden.

Erfahrungsgemäß wird die eigene Belastung subjektiv immer als besonders stark empfunden.

2.4.6. Vorschläge zur PAR-Zeitwerterhebung (III. Runde)

Ausgehend von den überwiegend als unzutreffend eingeschätzten Zeitwerten wurde, wieder anhand einer offenen Frage, in der dritten Runde Vorschläge zu einem Zeitwerterhebungsverfahren eingeholt, das dieses Manko ausgleichen könnte.

Fragebogen III Frage 1.1: Vorschläge zur PAR- Zeitwerterhebung

➔ Wie könnten Ihrer Meinung nach von allen Betroffenen (sowohl Richter- und Rechtspflegerschaft als auch Justiz- und Finanzverwaltung) akzeptierte PAR- Werte erhoben werden, die auch dem tatsächlichen Zeitbedarf entsprechen?
(Gehen Sie dabei bitte auch auf die Frage ein, inwieweit Ihrer Ansicht nach das bisherige Erhebungssystem der Selbstaufschreibung – zumindest vom Ansatz her – beibehalten werden soll/kann.)

Es kam zu einer Fülle von Vorschlägen, wobei dabei jene Gruppe der Teilnehmer auffiel, die vehement für die **Beibehaltung der Selbstaufschreibung** eintrat, wohingegen eine andere Gruppe in dieser Methode keine Zukunft sah.

Eine komplette Neuerhebung der PAR-Werte erscheint mir nicht zielführend, da neue Werte, sollten sie zumindest in einigen Sparten deutlich höher sein, von der Finanzverwaltung nicht akzeptiert werden würden (allg. Einsparungen im Bundesdienst). Eine Anpassung der Werte wäre notwendig, v.a. im C-Bereich, wo durch die Streitwerterhöhungen auch schwierigere Rechtssachen anfallen, die Werte aber gleichgeblieben sind - eine andere Methode als Selbstaufschreibung kann ich mir schwer vorstellen.

Meines Erachtens ist Selbstaufschreibung die einzige Chance auf Akzeptanz in der Richterschaft. Die solcherart ermittelten Werte dürfen aber dann nicht von dritter Seite nachkorrigiert werden. Selbstaufschreibung ist gut, nur muss zumindest alle zwei Jahre Nachadjustierung erfolgen, da sich die Gegebenheiten immer wieder ändern.

Selbstaufschreibung wird wohl nicht umgangen werden können, jedoch sollten die Ergebnisse sowohl unter den in der gleichen Abteilung Tätigen als auch mit den Auswertenden besprochen werden. Nachträgliche einseitige PAR-Wertfestsetzungen, wie z.B. Nachbearbeitungszeiten im Strafverfahren, führen nur zur Unzufriedenheit und Unglaubwürdigkeit.

Selbstaufschreibung ist ein adäquater Weg. Sie kann allerdings nur Basisdaten liefern. Diese sind durch weitere Faktoren zu relativieren (z.B. kann kein Richter/Staatsanwalt 100% der Zeit entsprechend konzentriert arbeiten, also sind etwa notwendige Pausen verstärkt zu berücksichtigen.[165] *Nachjustierung der PAR-Zeitwerte (geänderte Aufgabengebiete haben zu anderen Zeitwerten geführt). Auch Selbstaufschreibung ist erwünscht; laufende Überprüfung und Nachjustierung.*

Unter den Vertretern, die in der Selbstaufschreibung eine grundsätzlich geeignete Methode sahen, die teilweise sogar einzig mögliche Variante, zeigte sich, dass zumeist ein zumindest begleitendes Verfahren externer Kontrolle diesbezüglich als zweckmäßig angesehen würde.

Selbstaufschreibung nicht im Rückblick, sondern „by doing"; zusätzlich stichprobenweise Nachprüfung durch einen außenstehenden Richter (Visitator?).

System der Selbstaufschreibung sollte beibehalten werden. Es wäre aber eine unabhängige Kontrolleinrichtung notwendig.

Die Wichtigkeit einer „korrekten" Selbstaufschreibung wurde dabei von vielen Teilnehmern betont, dabei insbesondere der **Aspekt eines „Wettbewerbsverhaltens"**, eines Strebens nach der kürzesten Erledigungszeit unter den Aufschreibenden im Zuge der ersten Erhebung diagnostiziert und dies als größte Gefahr für die Erhebung eines richtigen Zeitwertes gesehen.

Durchführung von korrekten Selbstaufschreibungen. Bei einer solchen Vorgangsweise würden die Ausreißer in die eine oder andere Richtung ausbleiben.

Zeitaufschreibung ja, allerdings ohne das Bestreben der/die „Schnellste" zu sein.

Selbstaufschreibung ist o.k., obwohl sie aufgrund der Subjektivität der Angaben problematisch ist (z.B. jemand ist stolz, besonders schnell zu sein, auch wenn die Qualität leidet, führt zu niederem Zeitwert; bewusstes „Schönen" führt hingegen zu langen Zeitwerten); eine „objektive" Beurteilung von dritter Seite scheint mir nicht praktikabel. Die zu gewinnende Bandbreite der Zeitwerte sollte es ermöglichen, von allen akzeptierte Durchschnittswerte zu ermitteln; es dürften bei der Auswertung aber nicht - wie es bei der Ersterfassung geschehen sein soll (z.B. Rechtsmittelbereich) - nur die höchsten Zeitwerte herausfallen, sondern wohl auch die niedrigsten.

Richtige (Zweitwerte) können grundsätzlich nur durch Selbstaufschreibungen erlangt werden. Vertrauen der Justizverwaltung in die Ehrlichkeit des Richters ist Voraussetzung. Warum die Jv den Richtern (bei der PAR) ein so grundsätzliches Misstrauen entgegen bringt, ist für mich ein psychologisches Problem, für dessen Beseitigung meines Erachtens auch nur psychologische Mittel eingesetzt werden können (Mediation?). Die Akzeptanz von Selbstaufschreibungen durch die Jv hängt daher nicht von Umständen ab, die

[165] Dieses Argument spricht die Gliederung der Zeitarten nach den arbeitswissenschaftlichen Verfahren zur Ermittlung von (Arbeits- bzw. Vorgabe-)Zeiten und Zeitanteilen in **Grundzeit**, **Erholungszeit** und **Verteilzeit** an: Wohinz/Russ, Arbeitswissenschaften, 3.11.

mit den Mitteln der PAR zu bewältigen sind. Die Finanzverwaltung kann die Ergebnisse der PAR derzeit deshalb überhaupt nicht akzeptieren" (dass heißt gutheißen und entsprechend reagieren), weil der sich aus der PAR ergebende zusätzliche Planstellenbedarf dem politischen Ziel von Einsparungen im öffentlichen Dienst widerspricht (Qualität der Arbeit und psychophysische Befindlichkeit der Richter bei ihrer Arbeit sind der Finanzverwaltung egal). Da die richterliche Standesvertretung bereits selbst erhobene Zeitwerte hat, besteht die Möglichkeit, diese unter Berücksichtigung der Gesetzes- und sonstige Änderungen prozentuell aufzuwerten (Einigung zwischen Jv und Richterschaft ohne Neuerhebung; auch dies würde aber jedenfalls zu einem offenkundigen Mehrbedarf an Planstellen führen!).

Andere Teilnehmer erachteten eine Verbesserung der Erhebungsmethode, welche aus ihrer Sicht ebenfalls auf Grundlage einer Selbstaufschreibung basieren sollte, durch **Verbreiterung der Datengrundlage** und durch Zugrundelegung eines umfangreicheren Datengerüstes. Dadurch erschien diesen Teilnehmern auch die Erreichung einer höheren Akzeptanz möglich.

Mehr Personen in die Beobachtung einbeziehen, Selbstaufschreibung sehr wichtig.

Nur durch neuerliche Selbstaufschreibung aller Betroffenen über einen längeren Zeitraum hindurch.

Durchforstung der Akten rückwirkend auf einen längeren Zeitraum (5 Jahre) gesehen; größere Anzahl von Akten; Berücksichtigung regionaler Unterschiede (z.B. höhere Vergleichsquote von Verkehrsunfällen in Kärnten); Berücksichtigung spartenspezifischer Belastungen (z.B. höhere Parteien- und Telefonfrequenz im familienrechtlichen Bereich).

Es sollte in allen Gerichten, nicht nur in ausgewählten, für einen Zeitraum von 1 bis 2 Jahren die für die jeweilige Aktenerledigung erforderliche Zeit aufgeschrieben werden, wobei das bisherige System der Selbstaufschreibung beibehalten werden könnte. Wenn auf der Basis dieser Werte die Planstellenbewirtschaftung erfolgt, trägt dies sicherlich zu einer höheren Akzeptanz der Erhobenen PAR-Werte bei.

Als ein Vorzug der Selbstaufschreibung wurde von einem Teilnehmer der **Wirtschaftlichkeitsaspekt** mit folgendem Argument mit ins Spiel gebracht:

Ich kann mir derzeit keine andere - wirtschaftlich vertretbare - Erhebungsmethode als die Selbstaufschreibung vorstellen, die allerdings - stichprobenartig - kontrolliert werden könnte, „Ausreißer" können ohnedies ausgeschieden werden. Die Auswertung durch Kommissionen, denen auch Standesvertreter angehören, erhöht die Transparenz und Akzeptanz. Allerdings wird auch dadurch der Moment nicht gänzlich auszumerzen sein, dass das BMJ Auftraggeber der Studie ist und daher auch auf die Ergebnisse Einfluss ausüben kann.

Dieses Argument griff auch ein anderer Teilnehmer auf, der grundsätzlich der Selbstaufschreibung jedoch keine große Zukunft vorhersagte.

Das bisherige System der Selbstaufschreibung kann nicht beibehalten werden, da der Dümmste verstanden hat, was man machen muss. Das System einer Fremdbeobachtung ist jedoch zu aufwendig.

Die weiteren Argumente gegen das Verfahren einer Selbstaufschreibung, die andere Methoden, vor allem **externe Beobachtungen**, als einzige Möglichkeit zukünftiger Zeiterhebungen sahen, waren folgende:

Das System der Selbstaufschreibung stößt an Kapazitätsgrenzen und ist vor dem Hintergrund ständig sich ändernder Vorschriften des formellen und materiellen Rechts und der dadurch bedingten Notwendigkeit der permanenten Überprüfung der PAR-Werte überfordert. Zu dem begegnet der Dienstgeber Neuaufzeichnungen auf Grund des von den Aufschreibenden erlangten „know hows" wohl mit zunehmender Skepsis. Man wird daher vermutlich dazu übergehen müssen, Expertengruppen, bestehend aus externen Beratern und Praktikern sowie Vertretern des Dienstgebers und der Standes- bzw. Personalvertretung zu konstituieren, die für eine Aktualisierung Sorge tragen. Eine Erheblichkeitsschwelle könnte jedoch unwirtschaftlichen Aufwand vermeiden helfen.

Das System der Selbstaufschreibung muss aufgegeben werden. Es ist zu befürchten, dass die Justizverwaltung die Selbstaufschreibung an Karrieristen überträgt und nicht einem durchschnittlichen Richter, um wiederum „zu kurze" Zeitwerte zu erhalten.

Vollständige Auslagerung an ein unabhängiges Unternehmen; Zeiterhebung in Drei-Jahres-Abständen; vollständige Offenlegung aller erhobenen Daten und der Ableitung der PAR-Werte; Selbstaufschreibung durch Beobachter des Unternehmensberaters ergänzen.

Wenn die Erhebungsergebnisse von allen Beteiligten akzeptiert werden sollen, kommt meines Erachtens nur mehr eine sachkundige externe Beobachtung bzw. Bewertung in Betracht. Bei der Ersterhebung war die Selbstaufschreibung ein möglicher Weg, jetzt geht er aber wohl nicht mehr, wobei es tatsächlich gar nicht darauf ankommt, ob wirklich geschummelt wird oder nicht. Der Verdacht wird bei jeder Zeitwerterhöhung im Raum stehen.

Resignativ war eine Reihe von Teilnehmern in Beziehung auf das **Erreichen allseits akzeptierter Zeitwerte**. Bei all den Abstrichen, die bei der Erreichung eines solch hehren Zieles nach Auffassung dieser Gruppe zu machen sind, erachteten doch die meisten von ihnen die Selbstaufschreibung als einen geeigneten Weg zur „Verbreiterung" der Akzeptanz.

Einen von allen akzeptierten Wert gibt es nicht. „Nebentätigkeiten" müssten ebenfalls genau erfasst werden (z.B. Verfahrenshilfe „streitig", Strafaufschub, Ratenzahlungen).

Von Richter- und Rechtspflegerschaft akzeptierte Zeitwerte sind wegen der „Jammerquote" unmöglich, die Selbstaufschreibung muss beibehalten werden, Aufschreibungen durch Außenstehende sind nicht möglich.

Gar nicht, und zwar im Hinblick auf die nunmehr bestehenden Kenntnisse über das Funktionieren der PAR auf Seiten der Richter- und Rechtspflegerschaft. Erhebungen würden meines Erachtens zu lange Zeitwerte in allen Sparten erbringen. Ein anderes Erhebungssystem als jenes der Selbstaufschreibung erscheint mit Rücksicht auf die unterschiedlichen Arbeitsgeschwindigkeiten und die Notwendigkeit der Bildung von Durchschnittszeitwerten nicht zweckmäßig.

Ist praktisch wohl nicht möglich. Das System der Selbstaufschreibung erscheint vom Ansatz her durchaus brauchbar und beibehaltenswert.

Von allen Betroffenen werden PAR-Werte - wie immer sie erhoben wurden - nie akzeptiert werden. Anzustreben ist eine möglichst breite Akzeptanz. Das geht nur bei Mitwirkung der Betroffenen, also (auch) durch Selbstaufschreibung mit allen damit verbundenen Unsicherheiten: z.B., dass es keinen „tatsächlichen" Zeitbedarf gibt, sondern nur einen Durchschnitt aus rund 1.800 tatsächlichen Zeitangaben. Statistiken haben es eben an sich, dass sie im Wesentlichen nur Tendenzen zu einem bestimmten Zeitpunkt anzeigen. Das Diagramm zu 1. oben zeigt an, dass die Zeitwerte tendenziell für zu kurz empfunden werden. Die Auffassung des Dienstgebers steht dem von der Interessenlage her gesehen konträr gegenüber. Das Problem wäre nur durch einen Kompromiss oder eine Nacherhebung lösbar. Gegen die Nacherhebung sprechen die Kosten und die (sicher zu erwartende) Weigerung des Dienstgebers, während ein Kompromiss auf Verhandlungsebene das an sich auf Wissenschaftlichkeit beruhende System aushebelt und nicht mehr als wissenschaftliche Erkenntnis argumentierbar macht.

Das wird vermutlich nie exakt möglich sein, so lange die Parameter nicht genau definiert sind: kann ich z.B. auch das Nachdenken über einen Fall (z.B. vor dem tatsächlichen Urteilsverfassen) als Zeitwert eintragen? Grundsätzlich ist die Selbstaufschreibung ein richtiger Ansatz.

Von allen akzeptierte Werte dürften wohl illusorisch bleiben. Höhere Akzeptanz wäre durch Veröffentlichung und Diskussion von in Aussicht genommenen Ansätzen mit Spartenvertretern erreichbar. Realistische Alternativen zur Selbstaufschreibung als Basis sehe ich nicht.

Die Selbstaufschreibung kann beibehalten werden. Im Rahmen vom Dienstgeber oder von der Standesvertretung durchzuführenden Informationsveranstaltungen müsste eine intensivere Aufklärung über Sinn, Zweck und Handhabung des Erhebungssystems erfolgen. Bei der Auswertung sollten, entsprechend den Regeln der Statistik, Werte, die eine Über- oder Unterbewertung erkennen lassen, großzügig aus der Verwertung genommen werden.

Die **Möglichkeit einer Akzeptanzsteigerung** wurde vor allem in einer „breiten Diskussion" vor der Festlegung der Zeitwerte sowie im Offenlegen sämtlicher Datengrundlagen für die Zeitwertbildung gesehen.

Durch regelmäßige Vorlage der PAR-Werte mit der Möglichkeit, Änderungen/Ergänzungen mitzuteilen; die Selbstaufschreibung ist vom Ansatz her richtig; die erhobenen Zeitwerte sollten zwar hinterfragt, jedoch nicht den Vorstellungen der planenden Stellen angepasst werden.

Breite Diskussion der einzelnen zu berücksichtigenden Arbeitsschritte; Konsensfindung; Erstellung eines für den „Aufschreiberichter" verbindlichen Tätigkeitskataloges; Auswahl der „Aufschreiberichter" nach dem Zufallsprinzip, wobei so viele Richter beizuziehen sind, dass eine allgemeine Repräsentation gegeben ist.

Schließlich gab es auch noch die Auffassung, dass die **Erfassung „richtiger" Zeitwerte** in dem Sinne, dass die gefundenen Zeitwerte dem tatsächlichen Zeitbedarf zur Erledigung der Arbeit entsprechen, nicht möglich wäre.

Der tatsächliche Zeitbedarf kann nicht erhoben werden, sondern nur eine Annäherung an denselben. Dies deshalb, weil dann in jedem Fall auch das unterschiedliche Arbeitstempo zu berücksichtigen wäre. Deshalb: PAR-Wert als bei „jedermann" nachvollziehbaren Sollwert.

Die Erkenntnis dazu ist mir eigentlich auch erst mit dieser dritten Antwortrunde gekommen, dass ich beim PAR offenbar dem Irrtum erlegen war, dass man mit wissenschaftlichen Messmethoden ausgehend von der Zeiterfassung über eine bestimmte Zeitdauer und dem Vergleich der stattgefundenen Erledigungen generalisierend geistige Leistungen messen könnte. Damit ist eigentlich auf keine Art und Weise eine Erhebung akzeptierbarer PAR-Werte zu erreichen. Daran kann auch eine Selbstaufschreibung nichts ändern. Es gibt ohne die vorangehende Antwort auf ein „Normergebnis" der Arbeit keine Antwort auf einen Zeitbedarf. Man kann also den Zeitbedarf für den Zusammenbau eines Autos erheben, Teile erfassen, Kontrolle, WC-Pause etc. Demgegenüber kann man nicht die Urteilsinhaltsnorm erfassen und damit noch weniger die Zeit, die man für ein bestimmtes Urteil braucht oder im Durchschnitt von Urteilen brauchen kann.

Grundsätzlich bin ich der Meinung, dass eine Evaluierung auch geistiger Arbeit möglich und auch sinnvoll ist. Ich glaube aber, dass man die Werte nicht auf 100% ausreizen darf, sonder, dass man einen „Spielraum" frei lassen müsste (für größere Verfahren, für Vertretungen etc.). Bei ständigem „Laufen auf 100%" (oder mehr - bis 120% kein Handlungsbedarf!) zeigen sich vorzeitig Verschleißerscheinungen, die zu Ausfällen führen, welche wiederum von anderen Kollegen mitgetragen werden müssen.

PAR-Werte sollen bloß Richtlinien sein und keine apodiktischen Vorgaben.

Gar nicht, da die Arbeitsweisen zu unterschiedlich sind, der tatsächlich benötigte Zeitaufwand je Akt von zahlreichen, vom Richter nicht beeinflussbaren Faktoren (Verhalten der Parteien, Sachverständige, Umfang des Beweisthemas, Ausstattung der Gerichte in technischer und personeller Hinsicht) abhängt, sodass aussagekräftige Durchschnittswerte wohl eines jahrelangen Beobachtungszeitraumes bedürften.

Aus folgenden zwei Argumenten, die an sich für eine Beibehaltung der Selbstaufschreibung plädierten, ließen sich Ansätze für eine **konkrete Weiterentwicklung**, allenfalls Verbesserung der gegenwärtigen Erhebungsmethode erzielen.

Das bisherige Erhebungssystem gemeinsam mit tatsächlich verbrauchten Verhandlungs- und Beisitzzeiten; ein Mischsystem der Selbstaufschreibung „alte" und „neue" Richter (große und geringe Routine bei diversen Erledigungen) möge ebenso Beachtung finden.

Umfangreichere Nacherhebungen bereits abgeführter Verfahren diverser Jahrgänge, die von den betreffenden Richtern gepflogen werden sollten, da nur sie Themen wie Aktenvorbereitungs- oder Urteilszeiten einigermaßen zuverlässig angeben können. Verhandlungszeiten können auch von Jv durch Aktenbeischaffung objektiv erhoben werden. Selbstaufschreibung sollte unbedingt zusätzlich beibehalten werden, wobei es natürlich schwierig ist, einen repräsentativen Richterquerschnitt hiefür zu gewinnen. Unbedingt größere Anzahl aus jedem Dienstalter, z.B. 5-, 10-, 20-Jahre.

In beiden Argumenten klingt an, im Rahmen der Selbstaufschreibung und Zeitwertschätzung der Richter diese nicht wie bisher als Schätzung des Gesamtaktes durchzuführen. Denkbar wäre eine Variante, diese Gesamtschätzung weiter zu unterteilen in Teilzeitschätzungen, aufgeteilt auf Vorbereitungszeit, Verhandlungszeit, Urteilsausfertigungszeit und Nacharbeitszeit.

Dieses Verfahren brächte eine Reihe von Vorteilen. Zum einen würde es das System der „Nachprüfung" erleichtern bzw. erweitern. Die bereits bisher stattfindende Plausibilitätsprüfung würde aufgrund gegliederter Ergebnisse erleichtert werden, da auch die Einzelzeitwerte, welche von den erhebenden Personen geschätzt werden, nachprüfbar sind. Hier bietet sich zusätzlich auch eine Form der objektiven Nachprüfbarkeit an, da die Verhandlungszeit eine zumindest theoretisch in jedem Verhandlungsakt feststehende, in den Akten festgeschriebene und somit nachprüfbare Größe darstellt.
Eine solche aufgeteilte Zeitschätzung käme zum anderen auch dem wissenschaftlich nachgewiesenen Effekt entgegen, dass Teilschätzungen bessere Ergebnisse liefern als Totalschätzungen.

2.4.7. Fehlerquellen der PAR-Zeitwerterhebung (III. Runde)

Im dritten Fragebogen wurden weiters mögliche Fehlerquellen bei der Zeitwerterhebung hinterfragt.

Bei der ersten diesbezüglichen Frage wurde die **Erhebungssituation**, also mögliche Gedanken und Motive der bei der Ersterfassung beteiligten Richter und Rechtspfleger, hinterfragt, die die Zeitwertbildung möglicherweise in eine Richtung eher zu kurzer PAR-Zeitwerte, welche im ersten Argument, oder in Richtung zu hoher Zeitwerte, welche im zweiten Argument zum Ausdruck kamen, hinterfragt. Anzukreuzen war jenes Argument, welchem der Befragte eher zustimmte.

Fragebogen III Frage 3.1	
Die an der Zeiterfassung Beteiligten befanden sich in einer Art „Prüfungssituation" und haben daher eher kürzere Bearbeitungszeiten genannt.	☐
Die an der Zeiterfassung Beteiligten „ahnten" bereits, dass die von ihnen mitgeteilten Bearbeitungszeiten Auswirkungen auf ihre künftige Arbeitsbelastung haben werden und gaben daher – um den Eindruck bereits bestehender hoher Arbeitsbelastung zu erwecken – tendenziell höhere Zeitwerte an.	☐

Mit 23 Nennungen (57,5% der Antworten) schloss sich die überwiegende Mehrheit der Teilnehmer dem ersten Argument an und lieferte damit eine mögliche Erklärung für tendenziell zu kurze Zeitwerte. Lediglich 6 Teilnehmer (15% der Antworten) vermeinten, dass unter den Erhebungsrichtern bereits eine Vorahnung bestand. Teilweise wurde zu dieser Antwort jedoch hinzugefügt, dass dies nur auf die Erhebung der PAR-LG-Zeitwerte zuträfe, im Bereich der PAR-BG-Erhebung, also der zeitlich früheren Erfassung, noch keine Rolle gespielt habe.

Mit 11 Teilnehmern, die hier keine eindeutige Zuordnung ihrer Meinung vornahmen, war bei gleichzeitig 3 Teilnehmern, die diese Frage nicht beantworteten, die Unsicherheit relativ hoch. Unter den sonstigen Angaben herrschte die Meinung vor, dass beide Argumente zutreffen würden:

Beide Antworten können zutreffen. Die Mehrzahl der Betroffenen hat aber sicher realistische Werte angegeben. Wären alle Werte in die PAR-Zahlen einbezogen worden, würde sich ein anderes Bild ergeben.

Als weitere mögliche „Fehlerquelle" wurde die Bildung österreichweit **einheitlicher Zeitwerte** auf Kosten regionaler Besonderheiten, auf die keine Rücksicht genommen wurde, hinterfragt. Hinweise auf eine solche tatsächlich bestehende regionale Besonderheit ergaben sich beispielsweise auch aus dem für den Bereich

Fehlerquellen der Zeitermittlung: Erhebungssituation[166]

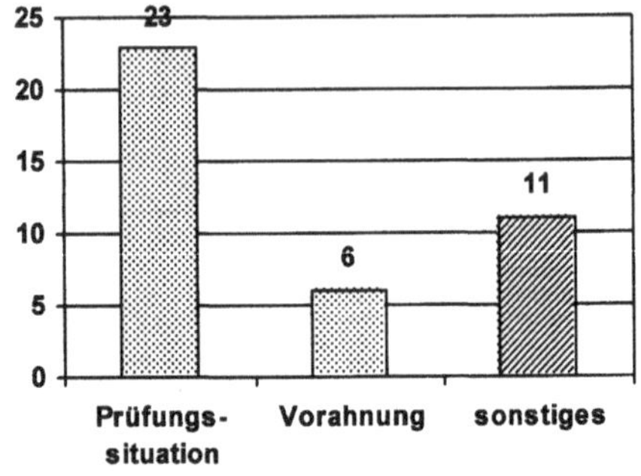

der Sanktionen- und Entscheidungspraxis festgestellten Ost-West-Gefälle, was den Ausgang einzelner Verfahren betrifft.

Fragebogen III Frage 3.2

Die PAR-Zeitwerte nehmen auf regionale Unterschiede zu wenig Rücksicht. So ist beispielsweise der Zeitaufwand für einen Verkehrsunfallsakt in der Großstadt Wien nicht mit einem solchen in ländlichen Bereichen vergleichbar, dennoch wird in beiden Fällen mit den gleichen Vorgabezeiten gerechnet. ☐

Da österreichweit dieselben Rechtsvorschriften anzuwenden sind, können regionale Abweichungen kein solches Ausmaß annehmen, dass es zu einer (relevanten) Verfälschung des Gesamtzeitwertes käme. ☐

Sollten regional unterschiedliche Zeitwerte zugunsten eines österreichweit einheitlichen PAR-Zeitwertes in Kauf genommen werden? ja ☐ nein ☐

Auch hier fiel das Ergebnis, wenn auch nicht so deutlich wie bei der zuvor angeführten Frage, zugunsten des ersten Argumentes aus, welches in Richtung Verzerrung der PAR-Zeitwerte durch Nichtberücksichtigung regionaler Besonderheiten ging.

[166] Anhang, Tabelle 112.

Fehlerquellen der Zeitermittlung: einheitliche Zeitwerte[167]

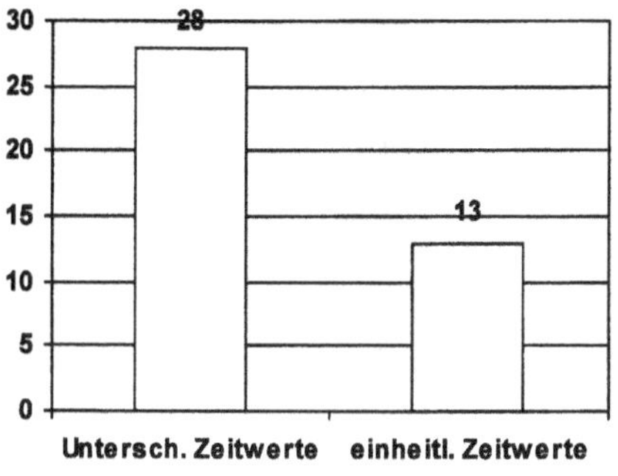

28 Teilnehmer (68,3% der Befragten) schlossen sich ersterem Argument an, 13 Teilnehmer (31,7%) plädierten dem gegenüber für österreichweit einheitliche Zeitwerte. Mit 2 Teilnehmern, die diese Frage nicht beantworteten, war in diesem Bereich auch die Unsicherheit deutlich geringer als bei der vorangeführten Frage zu diesem Themenkomplex. Zwei Anmerkungen zu dieser Frage sollen dargestellt werden, wobei die regionalen Unterschiede vornehmlich auf die Spruchpraxis der Rechtsmittelinstanzen zurückgeführt werden. Alle dargestellten Argumente stammen von Teilnehmern, die die Mehrheitsmeinung vertraten:

Gerade diese regionale Bezugnahme ist äußerst wichtig, da es ansonsten zu nicht vertretbaren und ungleichgewichtigen Postenverschiebungen kommt.

Regionale Abweichungen sollten kein solches Maß annehmen. Das Problem tritt aber doch durch unterschiedliche Judikatur der Rechtsmittelgerichte auf, z.B. bezüglich der Notwendigkeit eines Ortsaugenscheines.

Ergänzt wurde dieser Fragenkomplex durch die Zusatzfrage, ob regionale Unterschiede bewusst in Kauf genommen werden sollten, um dafür österreichweit einheitliche Vergleichswerte zur Verfügung zu haben. Hier erfolgte mit 21 Teilnehmern, die diese Frage mit „ja“ beantworteten und genau so vielen Teilnehmern, die diese Frage mit „nein“ beantworteten (1 Teilnehmer enthielt sich der Antwort) ein unentschiedenes Ergebnis.[168] In Anmerkungen wurde neben der Differenzierung aufgrund regionaler Abweichungen, die sich aus der geografischen Situierung des Gerichtes ergeben (beispielsweise Ballungsraum oder Gebirgsregion)

167 Anhang, Tabelle 113.
168 Anhang, Tabelle 114.

auch auf den Faktor der Spezialisierung in größeren Gerichtseinheiten hingewiesen, der ebenfalls auf den tatsächlichen Zeitbedarf zur Erledigung eines Geschäftsfalles Auswirkung hat. Von jenen Teilnehmern, die die Berücksichtigung solcher vom Typ des Gerichtes und seiner Lage abhängigen Zeitfaktoren forderten, wurde die Berücksichtigung in Form von Zu- und Abschlägen vorgeschlagen, sofern diese regionalen Abweichungen tatsächlich messbar und abstraktionsfähig sind.

In der dritten Frage dieser Fragenkategorie wurde eine Reihe von **Faktoren** aufgezählt, von denen die Befragungsteilnehmer ihre Meinung kundtun sollten, inwieweit diese ausreichend in den bisher vorliegenden PAR-Zeitwerten Berücksichtigung finden:

Fragebogen III Frage 3.3		
Finden folgende Gebiete in der PAR-Berechnung zu wenig oder keine Beachtung, obwohl diese großen Einfluss auf die Auslastungssituation haben und daher stärker einbezogen werden müssten oder ist der Ansatz dafür in den „infrastrukturellen Tätigkeiten" der PAR ausreichend bzw. wurden sie zu Recht aus den PAR-Zeitwerten ausgeklammert, weil für diese Fälle ohnehin gesonderte Arbeitskapazitäten (Sprengelrichter) zur Verfügung stehen?	ja	nein
Krankheit, Urlaub und sonstige Abwesenheitszeiten	☐	☐
Vertretungspflichten	☐	☐
Großverfahren	☐	☐
Zeitaufwand für Fort- und Weiterbildung	☐	☐

Bei den Einzelkategorien Krankheit, Urlaub, Abwesenheit, Vertretungspflichten und Fort- und Weiterbildung zeigten die Antworten ein nahezu identes Bild. Hier wurde überwiegend von rund 60% der Teilnehmer die mangelnde Berücksichtigung dieser Faktoren in den PAR-Zeitwerten vertreten, rund 40% (15 Personen) waren gegenteiliger Auffassung.[169]

Abweichend wurde die Frage nach der Berücksichtigung von Großverfahren beantwortet. Hier gab es eine deutlichere Mehrheit, die sich für eine mangelnde Berücksichtigung dieser Gattung von Verfahren aussprach (32 Teilnehmer oder 76,2% der Befragten). Das Gegenargument, welches ausdrücklich in die Fragenformulierung aufgenommen worden war, dass nämlich für diese „Sonderart" von Verfahren eigene Arbeitskapazitäten in Form von Sprengelrichtern vorgesehen seien, wurde nur von 10 Teilnehmern zustimmend aufgegriffen (15,9%). Im Rahmen dieser Frage wurde von einem Teilnehmer mit dem Parteienverkehr ein

[169] Die unterschiedlichen Prozentsätze erklären sich auch durch die unterschiedliche Anzahl der „Antwortverweigerungen", die von einem Teilnehmer bis zu drei Teilnehmern reichte, gesamt gesehen bei diesen Fragen gering war.

weiterer Faktor ins Spiel gebracht, der seiner Meinung nach im PAR-Zeitwert keine Berücksichtigung findet.

Berücksichtigung von Ausnahmesituationen[170]

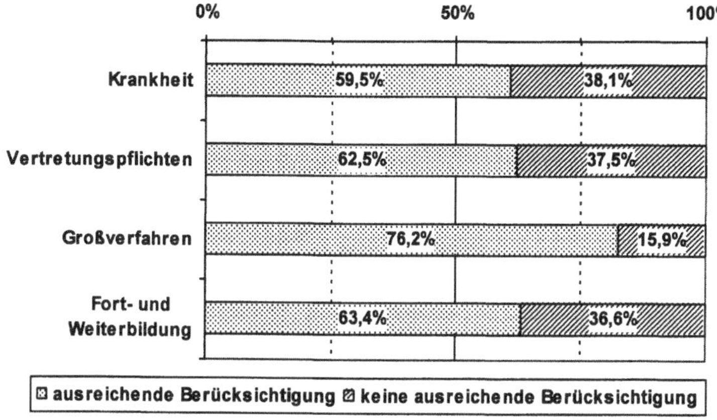

In der vierten Frage des dritten Fragebogens wurde schließlich die **Unterteilung, die „Feingliederung" der PAR-Zeitwerte**, hinterfragt:

Fragebogen III Frage 4

➔ Inwieweit treffen folgende Aussagen/trifft Folgendes aus Ihrer Sicht zu (differenzieren Sie dabei, wenn erforderlich, auch nach einzelnen Geschäftsgattungen):

	Stimme zu	Stimme nicht zu
Durch eine weitere (feinere) Unterteilungen der Zeitwerte wären bessere Ergebnisse zu erreichen (z.B.: eigener Zeitwert für Suchtgiftstrafverfahren)!	☐	☐
Durch eine weitergehende/stärkere Zusammenfassung der zu sehr gesplitteten Geschäftsgattungen ließen sich sowohl bessere Ergebnisse erzielen als auch eine Reihe von Verwaltungsschwierigkeiten (Stichwort Abgrenzungs- und Zuordnungsprobleme) vermeiden (z.B.: einheitlicher Zeitwert für Kauf- und Werkvertrag im Cg-Verfahren)!	☐	☐

[170] Anhang, Tabelle 115 bis 118.

Die bestehende Unterteilung der Geschäftsgattungen laut PAR halte ich im Großen und Ganzen für zweckmäßig/ausreichend!	☐	☐

Auf diese Frage war kein einheitliches Ergebnis zu erzielen. Für jede der gebotenen Antwortmöglichkeiten, die einander an sich ausschlossen, sofern nicht eine nach Geschäftsgattungen differenzierte Sichtweise gewählt wurde, gab es eine überwiegende Zustimmung.
Geprägt waren diese Fragen auch von einer relativ hohen Unsicherheit. So schwankten die „Antwortverweigerungen" zwischen 3 und 6 Teilnehmern je Frage.

Unterteilung der PAR- Zeitwerte[171]

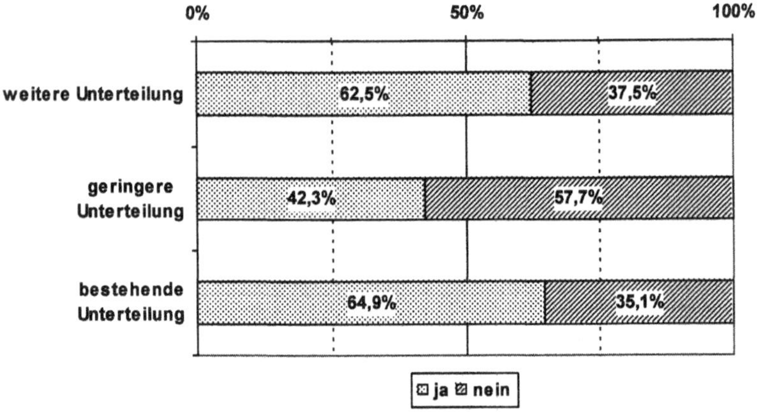

Eine solche differenzierende Sichtweise gaben jene Anmerkungen wieder, die vor allem für den Cg-Bereich eine ausreichende, tendenziell zu feine Unterteilung vermuteten.

Die Differenzierung im Cg-Bereich scheint ausreichend, allenfalls überhöht zu sein, während z.B. im C-Bereich nur für Verkehrsunfälle andere (bessere) Zeitwerte zur Verfügung stehen.

Im Cg-Bereich gibt es eher zu viele Geschäftsgattungen.

[171] Anhang, Tabelle 119 bis 121.

Die Befürworter eines Beibehaltens der bereits bestehenden Aufteilung sahen diese für eine „Grobschätzung" ausreichend. Von einer weiteren Unterteilung erwarteten sie keine verbesserten Aussagen für Detailbereiche wie beispielsweise die Geschäftsverteilung. Im Gegenteil, es wurden bei einer weitergehenden Differenzierung sogar vermehrt Fehlerquellen vermutet.

Als Basis für die Grobeinschätzung erscheint die bestehende Unterteilung ausreichend. Die individuelle Belastungssituation ist intern auszugleichen.

Eine weitere Unterteilung der Geschäftsgattungen, aber auch eine weitere Unterteilungen der Zeitwerte für Fallcodes (insbes. in Cg) brächte höhere Fehlerquellen mit sich.

Angesichts obiger Gedanken bringt auch die weitere Unterteilung nichts. Die jetzige Unterteilung ist letztlich aber auch nicht zweckmäßig, weil zu grob. Das ist das Dilemma, dass man im untauglichen System nur weitermachen kann und gegebenenfalls anpasst mit einer Gruppenselbsteinschätzung zur Feinabstimmung bei der Aufgabenverteilung.

Argumente für eine generell feinere, weitergehende Unterteilung der Geschäftsgattungen waren selten. Auch jene Teilnehmer, die grundsätzlich eine differenzierendere, weitergehendere Zeitwertbildung befürworteten, sahen die Notwendigkeit dafür nur in einigen wenigen speziellen Fällen als gegeben an.

Nur mit weiteren feineren Unterteilungen werden gerechtere Ergebnisse zu erreichen sein!

Verfeinerung nach Geschäftsgattungen würde realistischere PAR-Werte erbringen und damit die Arbeitszufriedenheit steigern.

Nur durch eine feinere Unterteilung auf sachlicher und regionaler Ebene können gerechte Ergebnisse erzielt werden!

Ich halte einen eigenen Zeitwert vor allem bei Wirtschaftsdelikten für zielführend.

Die variablen tatsächlichen Zeitaufwendungen müssten oder sollten in jedem Geschäftsgattungsbereich genauer erhoben werden.

Einige wenige Untereinteilungen wären notwendig (z.B. Sexualstrafrecht, Jugendstrafrecht). Abgrenzung Kauf-/Werkvertrag ist kein Problem, da es zu einer Zusammenrechnung kommt und der Schnitt herangezogen wird.

Erfassung von einstweiligen Verfügungen - meist sehr zeitaufwendig - wünschenswert; Zwischenstreitigkeiten (Zuständigkeit) bedenken.

Bei einer weitergehenden, feineren Untergliederung der Zeitwerte, welche sich zweckmäßigerweise an den ohnehin vorhandenen Fallcodes orientieren könnte, wurde von 2 Teilnehmern jedoch auch auf folgende Gefahren eines solchen Vorgehens hingewiesen:

Fallcodes werden häufig falsch gewählt.

Zu den Fallcodes sollte es eigentlich auch jeweils erhobene PAR-Werte geben (z.B. im C- und Cg-Bereich). Dies ist aber wegen des Aufwandes wahrscheinlich schwer zu realisieren.

2.4.8. Nachteilskategorie „Starr" (I. Runde)

In die Kategorie „Starr" wurden die Antworten aus der ersten Fragebogenrunde zusammengefasst, die als Nachteile in der PAR ihre mangelnde Aktualität bzw. die mangelnde Aktualität der Zeitwerte erkannten. Die Begründungen reichten dabei von der Ansicht, dass dies bereits in der Anlage des Messinstrumentariums gelegen sei, da Grundlage der PAR-Zeitwerte historische Zeitwerte darstellten und diese in sich über kein System einer „automatischen Aktualisierung" verfüge. Diese Begründungen erkannten die mangelnde Fähigkeit, auf äußere Veränderungen durch den Zeitablauf systemimmanent zu reagieren. Weiters wurde die nach Meinung der Teilnehmer nur unzureichende Funktionsfähigkeit des zur Aktuellhaltung der PAR implementierten Instrumentariums der Systempflege beklagt. Der Bogen der Argumente zur „Starrheit" reichte schließlich bis hin zu Beschwerden darüber, dass die Bereitstellung der jeweiligen Jahres-PAR-Zeitwerte in einem nicht mehr zeitnahen Moment erfolgte.

In Zahlen ausgedrückt wurden bei den Antworten, die sich unter dieser Nachteilskategorie zusammenfassen ließen, 13 mal ausdrücklich die unzureichende Systempflege und 3 mal die verspätete Erstellung bzw. zu lange Periodizität angeführt. Insgesamt langten 37 Argumente ein, die als Nachteil der PAR ihre „Starrheit" anführten.

Beispielhaft sollen nun aus den jeweiligen Gruppen einzelne Meinungen dargestellt werden:

Keine laufende Anpassung an geänderte Verhältnisse.

Keine Flexibilität bei Veränderung der Aufgabengebiete (Nachjustierung z.B. bei Diversion viel zu spät).

Zögerliche Anpassung der Spartenwerte an den tatsächlichen Zeitaufwand.

Änderungen sind sehr schwerfällig.

PAR-Zeitwerte sind festgemauert und offensichtlich unabänderbar. Obwohl seit Jahren feststeht, dass beispielsweise der Wert für das C-Verfahren zu gering ist, werden Änderungen von den zuständigen Stellen nicht vorgenommen. Dies führt dazu, dass man als Richter gut beraten ist, sein Arbeitsgebiet so zu wählen, dass man in einem Bereich tätig wird, wo der PAR-Zeitwert mit dem subjektiven Empfinden übereinstimmt! Dies führt auch zu grotesker geistiger Selbstverstümmelung, weil beispielsweise im BG für ZRS Graz „großes Interesse" an der Tätigkeit eines Unterbringungsrichters herrscht.

Das System ist derzeit wenig flexibel und berücksichtigt nicht die Veränderung der Voraussetzungen etwa durch legistische Maßnahmen (z.B. Wertgrenznovelle, Strafprozessreform).

Keine laufende Kontrolle der Parameter („die Verfahren werden immer komplizierter").

Keine (hinreichenden) Nachjustierung bei Zuständigkeitsänderungen. Hiedurch wird das Vertrauen untergraben, da bundesweit so immer Planstellen verschwinden.

PAR nimmt auf Gesetzesänderungen viel zu langsam Bedacht.

Nachjustierungen werden verzögert oder gar nicht durchgeführt.

Auf die sehr zahlreichen verfahrensrechtlichen Veränderungen wird nicht rasch genug reagiert. Im Zusammenwirken mit dem gelegentlich entstehenden Eindruck gewollter Reaktionsverzögerungen droht die Gefahr, dass ursprünglich einigermaßen gegebene Ausgewogenheiten verloren gehen.

Ohne laufende Aktualisierung der Zeitwerte - die von dem in Zeiten der Sparmaßnahmen meist fehlenden guten Willen des Dienstgebers abhängt – ist PAR bei strikter Anwendung nicht nützlich, sondern schädlich.

Mangelnde Flexibilität und Anpassungsfähigkeit. Die ursprünglich zugesicherten Adaptierungen werden verzögert und zum Teil verhindert, wodurch die Zeitwerte unrichtig werden.

BMJ versucht, Neubewertungen zu verhindern, wodurch mit „alten Zahlen" jahrelang gestiegenem Zeitaufwand pro Akt nicht Rechnung getragen wird.

Es besteht die Tendenz, die einmal ermittelten Zahlen für „ewig" anzusehen.

In den letzen Argumenten schwingt teilweise der Verdacht eines bewussten Verzögerns oder Nichtanpassens seitens des Dienstgebers oder der Finanzverwaltung mit. Es sind dies Bedenken, die teilweise auch noch deutlicher zum Ausdruck gebracht wurden und etwas später unter der Rubrik „Manipulationsanfälligkeit“ behandelt werden.

Die Wirksamkeit der PAR hängt von einer ständigen und ehrlichen Systempflege ab.

Die nur punktuell betriebene Systempflege verzerrt das Gesamtgefüge. Die Ermittlung geänderter Zeitwerte orientiert sich sowohl seitens der Zentralstelle als auch der Erfassenden zu sehr an der Erzielung „angestrebter Größen".

Mangelnde Systempflege.

Ohne ausreichende Systempflege bzw. Berücksichtigung der oftmals gesetzesbedingten Arbeitsvoraussetzungen sinkt die Aussagekraft.

Mangelnder Einfluss auf Korrektur der Werte, insbesondere bei den völlig unnachvollziehbaren Werten für die Aktennachbearbeitung im Strafbereich.

Die Systempflege ist vollkommen ungenügend.

Schleppende Systempflege.

Keine Überprüfung der ursprünglich festgelegten Werte, die zugegebenermaßen in einzelnen Spaten nicht stimmen.

Mangelnde Systempflege, daher keine aktuellen Werte.

Schlechte Systempflege (Anpassung an neue Verhältnisse wie Rechtslage etc. dauert „ewig").

Konkrete Schwachpunkte in der Systempflege wurden dabei von folgenden Argumenten angeführt:

Geringe Transparenz in Zusammenhang mit der sogenannten Systempflege.

Dass man sich vor einer Neuerfassung (aus Angst vor plötzlichem Mehrbedarf) scheut.

Mangelnde Einbeziehung der Betroffenen in den Prozess der Aktualisierung der PAR.

Schließlich beklagten die verspätete Bereitstellung des Rechenwerkes einige Teilnehmer mit folgenden Argumenten:

Verzögerte Erstellung (infolge langwieriger Überprüfungen der Anfallszahlen) von bloß Jahres-PAR statt laufender, zumindest vierteljährlicher PARen als Steuerungsinstrument. Das müsste bei 100%iger ADV-Registrierung leicht möglich sein, sobald alles auf Redesign umgestellt ist. Kleinere Registrierungsfehler - und mehr sind es nie - würden das Ergebnis nicht wesentlich verfälschen. So müssen wir seit Jahren den Entwurf des Stellenplanes dem BMJ ohne dessen offizielle PAR vorlegen (haben daher meist ab Anfang Februar schon eine „hauseigene" PAR - sie war heuer „lebenswichtig" für die Neusystemisierung bei den Aufnahmegerichten nach BG-Zusammenlegung zum 01.07.2002 - eine ministerielle PAR-BG 2001 haben wir bis heute (12.08.2002) nicht!

Das Erscheinen der PAR erfolgt zu einem Zeitpunkt (für 2001?), in dem die nachgeordnete Dienstbehörde die Planstellenaufteilung längst vorgenommen haben muss. Die Personalverwaltung des OLG muss daher auf interne Berechnungen zurückgreifen.

Als echtes Steuerungsinstrument wegen der zu großen Beobachtungszeiträume nicht so effizient wie gewünscht.

2.4.9. Nachteilkategorie „Starr“ (II. Runde)

Die Argumente, die der PAR Starrheit vorwarfen, wurden in der zweiten Fragebogenrunde weiter zur Diskussion gestellt. Dabei wurden, jeweils zur Verdeutlichung des Inhaltes, welchen das jeweilige Schlagwort bezeichnen sollte, beispielhaft einige Argumente der ersten Fragebogenrunde, die unter diesem Begriff zusammengefasst worden waren, angeführt.

Fragebogen II Frage 7.1

Bei jenen Antworten, die unter die Nachteilskategorie **„Starr“** zusammengefasst wurden, wurde 11 mal ausdrücklich die unzureichende Systempflege als Ursache dafür angeführt, 3 mal die verspätete Erstellung bzw. zu lange Periodizität.

➔ Nachteil der PAR **„Starr“**

Beispielhaft angeführte Argumente dazu aus der 1. Runde:

stimme zu ☐

stimme nicht zu ☐

„PAR verhindert Bildung von Personalreserven, weil Planstellen streng nach PAR-Werten vergeben werden. Änderungen werden nicht oder zu spät berücksichtigt.“

„Die PAR-Zeitwerte sind festgemauert und offensichtlich unabänderbar. Obwohl seit Jahren feststeht, dass beispielsweise der Wert für das C-Verfahren zu gering ist, werden Änderungen von den zuständigen Stellen nicht vorgenommen. Dies führt dazu, dass man als Richter gut beraten ist, sein Arbeitsgebiet so zu wählen, dass man in einem Bereich tätig wird, wo der PAR-Zeitwert mit dem subjektiven Empfinden übereinstimmt! Dies führt auch zu grotesker geistiger Selbstverstümmelung, weil beispielsweise im BG für ZRS Graz "großes Interesse" an der Tätigkeit eines Unterbringungsrichters herrscht.“

„Dass sie auf die sehr zahlreichen verfahrensrechtlichen Veränderungen nicht rasch genug reagieren kann. Im Zusammenwirken mit dem gelegentlich entstehenden Eindruck gewollter Reaktionsverzögerungen droht die Gefahr, dass ursprünglich einigermaßen gegebene Ausgewogenheiten verloren gehen.“

Eine überwältigende Mehrheit von 90,9% (40 Teilnehmer) schloss sich dieser Meinung an. Lediglich 2 Teilnehmer stimmten diesen Argumenten nicht zu. Zwei weitere Teilnehmer waren insofern unentschieden, als sie eine differenzierende Sichtweise bevorzugten. Ein Befragter machte zu dieser Frage schließlich keine Angaben.[172]

Keine oder eine zu späte Reaktion des Rechenwerkes auf Änderungen, die besonders deutlich bei Gesetzesänderungen offenkundig werden, sahen folgende Argumente. Sie kritisierten, dass in die PAR kein „Reaktionsinstrumentarium oder -automatismus“ eingebaut ist.

---

[172] Anhang, Tabelle 94.

PAR-BG und -LG kommen stets sehr spät im nächstfolgenden Jahr. Reaktion auf Gesetzesänderungen im Sinne einer Erhöhung von Zeitwerten ist mit Personalreduktion (Sparpakete) nicht vereinbar. Ausgewogenheit ist (etwa durch WGN 1997 und fehlende Reaktion darauf) in vielen Bereichen bereits verloren gegangen.

Mangelnde Anpassung der Werte bei Gesetzesänderungen und damit bedingten Änderungen der Zeitwerte; fehlende Flexibilität.

Es ist so; auf Änderungen welcher Art immer wird bei PAR kaum oder viel zu spät (hinhaltend) reagiert.

Dabei wurde jedoch von einigen Teilnehmern aber auch auf teilweise stattgefundene Änderungen hingewiesen.

PAR-Zeitwerte sind nicht festgemauert und unabänderbar - siehe Straf-PAR-neu! Zu Argument A: Mir fehlt der Einblick - Argument scheint berechtigt zu sein; zu C: stimme zu.

Uneingeschränkte Zustimmung mit zwei Ausnahmen: a) fehlende Konsequenz aus Veränderungen nicht zwangsläufig Folge der PAR; b) ich kann den Ub Zeitwert nicht beurteilen.

Zu geringe und laufende begleitende Kontrolle, allerdings Problematik der personellen und finanziellen Ressourcen.

Eine Reihe der Befragten sah die „Starrheit“, vermutete dahinter jedoch „politisches Kalkül“, welches auch auf die PAR durchschlägt, sie dafür teilweise sogar instrumentalisiert.
Politisches „Einsparungsdiktat“ führt zu keiner Systempflege; „Machtkampf“ Richter versus BMJ.

Seit Jahren wird der Wert für das C-Verfahren kritisiert - bislang ohne jedes Ergebnis.

Die Systempflege scheint nur „am Papier" als Idee zu existieren. Es herrscht hier ein großes Spannungsfeld zwischen politischen Interessen (Einsparungen etc.) und der richterlichen Selbstverwaltung. Aus meiner Sicht wären kürzere Erstellungsperioden erwünscht.

Am LG Klagenfurt, LG f. Strafsachen Graz und wahrscheinlich auch an zahlreichen anderen Gerichten gibt es verglichen mit den PAR-Zahlen deutlich zu wenig Richterplanstellen. Dieser Zustand besteht teilweise schon seit längerer Zeit. Es ist nicht ersichtlich, dass von Seiten der verantwortlichen Stellen Bemühungen unternommen werden, die tatsächliche Zahl der Planstellen den PAR-Zahlen anzupassen. Wer vertritt eigentlich die Interessen der Richter?

Stimme zu, weil ich auch der Meinung bin, dass, und wenn, dann nur verspätet auf Veränderungen zum Schlechteren (= höhere Belastung) reagiert wird.

Entspricht meiner eigenen Einschätzung, dass die PAR im Sinne einer rigiden Planstellenbewirtschaftung (wir müssen bei den Beamten sparen!) missbraucht wird.

Für heftige Reaktionen sorgte das beispielhaft angeführte zweite Argument, das Arbeitsgebiet werde nicht nach persönlichen Interessen oder Begabungen sondern nach „guten“ Zeitwerten ausgewählt.

Wahl des Arbeitsgebietes wird wohl eher vom Interesse an einer bestimmten Abteilung beeinflusst werden.

Die Tätigkeit des Ub-Richters ist sehr verantwortungsvoll und führt keineswegs zu einer grotesken geistigen Selbstverstümmelung, da ich dann schon verblödet wäre. Wenn der Ub-Richter die Tätigkeit ernst nimmt, ist diese rechtlich interessant und persönlich bereichernd. Dieser Aussage trete ich daher entschieden entgegen. Ich habe selbst an der Zeitwerterhebung in Ub Sachen mitgewirkt und weiß, dass der PAR-Wert nicht stimmt.

Auch zum ersten Argument, welches mangelnde Schaffung von Personalreserven durch das System der PAR beklagte, wies ein Teilnehmer darauf hin, dass seiner Meinung nach dies auch ohne PAR nicht realistisch oder möglich wäre.

Es wäre eine Illusion anzunehmen, ohne PAR wäre eine Anlegung von Personalreserven möglich; dass persönliche Veränderungswünsche von PAR-Werten beeinflusst würden, kann ich mir nicht vorstellen.

Eine Stimme sah in der Starrheit keinen Nachteile, denn: *„Wie jeder Maßstab muss PAR schon begrifflich „starr" sein“.* Dieses Argument wurde von einem Anderen in einer Anmerkung zu einer Frage der dritten Fragebogenrunde ebenfalls angesprochen. Darin beklagte dieser die mangelnde Berücksichtigung der PAR-Zeitwerte bei der Geschäftsverteilung in dem Sinn, dass sie kein „verbindlicher“ und damit für alle Betroffenen gleich geltender Maßstab der Arbeitsverteilung sind. Er erwartete sich aus einer „Starrheit“ in diesem Sinn, dass sie eine feste, nicht „verhandelbare“ oder „argumentierbare“ Richtgröße wären, offenbar größere Verteilungs- und Auslastungsgerechtigkeit:

Obwohl ich bereits seit einigen Jahren Richter bin, habe ich die alljährlich erstellten PAR-Berechnungen noch nie zu Gesicht bekommen. Subjektiv überwiegt der Eindruck, dass diese jährlichen PAR-Auswertungen bewusst von der Justizverwaltung nicht an alle Richter verteilt werden, frei nach dem Grundsatz: „Viel wissen macht Kopfweh". Der für meinen Wirkungsbereich verantwortliche Personalsenat hält sich jedenfalls bei der Erstellung der Geschäftsverteilung nicht an die Vorgaben der PAR, sondern praktiziert stattdessen das Prinzip der „pseudosozialen Schatzerlwirtschaft". Diejenigen Kollegen, die sich der Gunst des Personalsenates erfreuen (Kategorie „Schatzerl“) werden unter dem Vorwand, die PAR-Zahlen wären veraltet bzw. nicht repräsentativ, bevorzugt behandelt. Deren Wünsche auf Änderung der bestehenden Geschäftsverteilung werden nach Herzenslust erfüllt - vielfach auch während des laufenden Geschäftsverteilungsjahres - unter Außerachtlassung der gesetzlichen Vorgaben. Der Personalsenat hat beispielsweise im Jahr 2002 die Geschäftsverteilung bislang neun mal geändert und fallweise auch unter Missachtung der Verfahrensvorschriften immer wieder einzelne Gerichtsabteilungen entlastet bzw. belastet. Diejenigen Kollegen, die hingegen nicht so hoch in der Gunst des

Personalsenates stehen, bekommen Arbeit zugeteilt. Ungleichbehandlungen bei der Verteilung der Arbeit sind evident. Ob die Geschäftsverteilung den Vorgaben der PAR entspricht, darf ernstlich bezweifelt werden. Erst wenn einzelne Kollegen wirklich in der Arbeit unterzugehen drohen, besinnt sich der Personalsenat seines pseudosozialen Gewissens und nimmt Entlastungen vor - dies allerdings wieder nicht nach den Vorgaben der PAR oder zum Nachteil der sog. „Schatzerln", sondern stets zum Nachteil der leistungsfähigen „Nichtschatzerln". Unter diesem Gesichtspunkt würde eine detaillierte Information der Richterschaft über die jährlichen PAR-Berechnungen nur das bestehende System stören oder gar gefährden, weshalb es die Justizverwaltung vorzuziehen scheint, die Richterschaft lieber dumm sterben zu lassen. Auffällig erscheint, dass auch die Kontrollmechanismen des OLG Graz (Leitender Visitator) versagen, offenbar ist auch die Distanz zum OLG zu groß. Die Kontakte der Richterschaft zum OLG beschränken sich leider nur auf einen Kurzbesuch des Herrn Präsidenten bei der jährlichen Weihnachtsfeier.

Fragebogen II Frage 7.2

➔ Nachteil der PAR **„Starr/Systempflege"**

Beispielhaft angeführte Argumente dazu aus der 1. Runde:

stimme zu ☐	*„Die Wirksamkeit der PAR hängt von einer ständigen und ehrlichen Systempflege ab."*
	„Die nur punktuell betriebene Systempflege verzerrt das Gesamtgefüge. Die Ermittlung geänderter Zeitwerte orientiert sich sowohl seitens der Zentralstelle als auch der Erfassenden zu sehr an der Erzielung "angestrebter Größen"."
stimme nicht zu ☐	*„Geringe Transparenz in Zusammenhang mit der sogenannten Systempflege."*

Eine noch deutlichere Zustimmung erfuhr die Auffassung, die Starrheit der PAR beruhe auf der mangelnden oder mangelhaften Systempflege. Diesem Argument stimmten sämtliche Befragten zu, lediglich im Fall eines Teilnehmers mit Vorbehalten zum dritten Argument.[173] Gründe dafür wurden in den Anmerkungen zu dieser Frage vielfältige angegeben.

Schwerfälliges Ermittlungsverfahren, Kompromisswünsche des Dienstgebers.

In der derzeitigen „Systempflegekommission" ist die Richterschaft nur durch einen Richter vertreten; die übrigen Mitglieder (ca. 10) aus der Justizverwaltung lassen nur ein Interesse an geringen Zeitwerten erkennen (warum ???).

Keine Transparenz, die Richter erfahren nicht, worüber bei der Systempflege im Detail diskutiert wird; auch die Richtervereinigung informiert unzureichend.

[173] Anhang, Tabelle 95.

Änderungen der Rechtsgrundlagen (etwa WGN 1997) erfordern neue Erhebungen der Durchschnittszeitwerte. Solche Erhebungen werden von der Zentralstelle aus Kostengründen und im Hinblick auf Einsparungsvorgaben abgelehnt.

Die „dynamische" (teilweise vielleicht schon unsinnige) Gesetzgebung zwingt zu rascher Systempflege, die aber nicht geleistet wird (leistbar ist?).

Fragebogen II Frage 7.3

➔ Nachteil der PAR **„Starr/ Verspätete Bereitstellung der aktuellen Werte"**

Beispielhaft angeführte Argumente dazu aus der 1. Runde:

stimme zu ☐ stimme nicht zu ☐	*Verzögerte Erstellung (infolge langwieriger Überprüfungen der Anfallszahlen) von bloß Jahres- PAR statt laufender, zumindest vierteljährlicher PARen als Steuerungsinstrument. Das müsste bei 100%iger ADV-Registrierung leicht möglich sein, sobald alles auf Redesign umgestellt ist. Kleinere Registrierungsfehler - und mehr sind es nie - würden das Ergebnis nicht wesentlich verfälschen. So müssen wir seit Jahren den Entwurf des Stellenplanes dem BMJ ohne dessen offizielle PAR vorlegen (haben daher meist ab Anfang Februar schon eine „hauseigene" PAR - sie war heuer „lebenswichtig" für die Neusystemisierung bei den Aufnahmegerichten nach BG-Zusammenlegung zum 01.07.2002 - eine ministerielle PAR-BG 2001 haben wir bis heute (12.08.2002) nicht!* *Das Erscheinen der PAR erfolgt zu einem Zeitpunkt (für 2001?), in dem die nachgeordnete Dienstbehörde die Planstellenaufteilung längst vorgenommen haben muss. Die Personalverwaltung des OLG muss daher auf interne Berechnungen zurückgreifen.* *Als echtes Steuerungsinstrument wegen der zu großen Beobachtungszeiträume nicht so effizient wie gewünscht.*

Ebenfalls verbreitete Zustimmung fand die Meinung, ein Nachteil der PAR liege im verspäteten Bereitstellen der Zeitwerte. 40 Teilnehmer (90,9%) sahen darin einen Nachteil, 3 (6,8%) brachten Gegenargumente.[174] Ein Befragter plädierte für eine differenzierende Sichtweise (dieser stimmte nur dem ersten Argument zu), ein Teilnehmer beantwortete diese Frage nicht. Folgende Argumente wurden dabei gegen diese Sichtweise vorgebracht:

Grundsätzlich halte ich das „Nachhinken" von PAR für systemimmanent und sehe es nicht als das größte Problem an.

Zahlreiche Teilnehmer sprachen sich mit unterschiedlichen Begründungen gegen „verkürzte Berichtszeiträume" aus:

Ein Jahr ist nicht zu groß, denn „Ausreißersituationen" (Monate, Quartale) sind nie ausschließbar, erfordern aber auch keine sofortige Reaktion.

Das Geschäftsverteilungsjahr hat Vorrang, es steht auf Gesetzesstufe.

[174] Anhang, Tabelle 96.

Der Beobachtungszeitraum muss ausreichend lang sein, die aktuellen Werte aber müssen möglichst rasch verfügbar sein; ohne ausreichende Systempflege ist die Vergleichbarkeit eher immer mangelhaft.

Quartalsauswertung muss nicht sein, jedoch Jahresauswertung schon im Jänner bzw. Zahlen für drei Quartale im Oktober.

Vierteljährliche PAR-Ausgaben erschienen mir allerdings übertrieben.

Aber auch zu dieser Frage fielen wiederum Argumente, die in der späten Bereitstellung der Jahres-PAR-Ergebnisse das Ausnutzen eines Informationsvorsprunges seitens der Zentralstelle vermuteten:

Entspricht dem eigenen dunklen Ahnen, dass der ministerielle Informationsvorsprung dazu benützt wird, uns das „Fell über die Ohren" zu ziehen.

2.4.10. Vorteilskategorie „Vergleichbarkeit" (I. Runde)

In der Kategorie „Vergleichbarkeit" – hier handelt es sich um eine Zusammenfassung von Argumenten, die als Vorteile der PAR angeführt worden waren – wurden jene Nennungen der Teilnehmer dargestellt, die in ihr ein Instrument sahen, das tatsächlich – ganz der Intention ihrer Schöpfer entsprechend – Vergleichsgrößen und Vergleichskennzahlen für die Auslastungssituation an verschiedenen Gerichten bzw. zwischen verschiedenen Richtern und Rechtspflegern bereitstellt. Wurde die **Vergleichbarkeit** 19 mal als Vorteil sowie weitere 7 mal unter dieser Kategorie genannt, weil zumindest in einem begrenzten Umfang – etwa zwischen den selben Sparten – durch PAR Vergleichbarkeit geschaffen worden war, wurde gleichzeitig das Fehlen von Vergleichbarkeit 4 mal mit Argumenten wie „fehlende Treffsicherheit bei einem Auslastungsvergleich zwischen Gerichtsabteilungen" oder „scheinbare Vergleichbarkeit von Äpfeln und Birnen" als Nachteil angeführt.

Eine Reihe von Teilnehmern meinte dabei, dass die PAR eine neue Qualität der „Vergleichbarkeit" geschaffen hatte. Sie betrachteten in den PAR-Kennzahlen die Kreation eines Größenmaßstabes in dem Sinne, der angeben konnte, wie viel Arbeit von einem Richter abverlangt werden kann, im Gegensatz zu schlichten Vergleichsmaßstäben. Es lag nach dieser Ansicht nun eine absolute Skala im Verhältnis zu den zuvor angewandten Verfahren vor, die bloß einer relativen Skala entsprochen hatten.

Abkehr von der völlig unbefriedigenden Relativrechnung der „Planstellenidealverteilung" des BMJ, die unter der Fiktion einer bundesweit ausreichenden Zahl verfügbarer Planstellen die jeder Dienststelle zukommenden Planstellenanteile errechnet. Da jede noch so verringerte Bundeszahl die „Idealzahl" darstellt, spiegeln die für einzelne Gerichte ermittelten Verschiebungspotenziale zwar mathematisch exakt zu ermittelnde Grö-

ßen dar, ohne jedoch eine Antwort darauf zu geben, welche Mindestbesetzung einer funktionierenden Einheit zuzubilligen ist. Die PAR stellt dem gegenüber die unter Einbindung der betroffenen Berufsgruppen (Richter, Rechtspfleger) erste seriöse Erhebung des erforderlichen Zeitaufwandes je Arbeitsvorgang dar und löste somit den Personalbedarf von der Ausgangszahl tatsächlich systemisierter Planstellen.

Durch die PAR ergibt sich erstmals die Möglichkeit, zu erheben, welche Leistung von einem Richter verlangt werden kann, während bisherige Methoden lediglich Hinweise auf die Mehr- oder Minderbelastung einzelner Gerichte bzw. OLG-Sprengel lieferten, ohne absolute Werte anzugeben. Dies führte lediglich zu Planstellenverschiebungen auch wenn tatsächlich Aufstockungen erforderlich gewesen wären.

Erstmals nicht bloß Orientierung am Durchschnittsanfall pro Richterkopf ohne Rücksicht auf dessen Machbarkeit, sondern Objektivierung durch die Zeitkomponente (Jahresarbeitsstunden auf Basis 40-Stunden-Woche) weil nicht nur „relativiert" wird, sondern ein erhöhter bzw. geringerer Arbeitsaufwand erkannt wird und darauf reagiert werden könnte.

Früher, bei Vergleichsrechnung zwischen den Gerichten war das Arbeitsmaß nach oben hin unbegrenzt und es wurde nur auf die gleiche Verteilung geachtet (oder versucht zu achten).

Durch PAR ist auch Vergleichbarkeit nicht nur der einzelnen Gerichte, sondern auch der einzelnen Sparten untereinander gegeben.

Die folgenden Aspekte einer differenzierenden Betrachtung einer Vergleichbarkeit, die sich demnach grob unterscheiden lässt in Spartenvergleichbarkeit, Gerichtsvergleichbarkeit und Regionalvergleichbarkeit, führte schließlich auch zu einer solchen differenzierten Befragung in der zweiten Fragebogenrunde:

Für eine **Spartenvergleichbarkeit**, also Vergleichbarkeit der Arbeitsbelastung zwischen den unterschiedlichen Gerichtssparten (Zivilverfahren, Strafverfahren), sprachen sich folgende Nennungen aus:

(Zumindest theoretische) Möglichkeit, verschiedene Sparten bzw. verschiedene Gerichte zu vergleichen.

Vergleichbarkeit der verschiedenen Sparten.

Vergleichbarkeit der Belastungen unter den verschiedenen Sparten.

Unter **Gerichtsvergleichbarkeit** sprachen andere Teilnehmer jene durch PAR geschaffene Möglichkeit an, die Vergleiche zwischen den verschiedenen Organisationseinheiten, also Gerichten erlaubte:

Offenbar bessere Vergleichbarkeit der Auslastungsgrade der einzelnen Gerichte untereinander - Verschiebung von Planstellen zwischen den Organisationseinheiten zumindest in gewisser Weise objektiviert.

Die PAR ermöglicht einen Auslastungsvergleich zwischen den Organisationseinheiten und der Spartenauslastung innerhalb einer Organisationseinheit.

Gerade beim Grad der Vergleichbarkeit traten vermehrt aber auch gegenteilige Meinungen auf. Von einer Reihe von Teilnehmern der Umfrage wurde Vergleichbarkeit, die durch PAR ermöglicht wird, zwar als Vorteil angesehen. Dabei wurden aber Einschränkungen gemacht. Dies betraf die Möglichkeit, nur innerhalb derselben Sparte Vergleiche ziehen zu können, dass Vergleichbarkeit nur innerhalb desselben Gerichtes bzw. derselben Gerichtsgröße möglich sei oder nur regional begrenzte Vergleichbarkeit gegeben wäre.

Vergleichbarkeit nur innerhalb derselben Sparte. Hier besteht die Möglichkeit, vergleichbare Tätigkeiten zu messen und die Belastung auszugleichen (z.B. Strafrichter OLG Linz und Graz).

Vergleichbarkeit gleicher Arbeitsgattung (U in Innsbruck zu U in Graz; Vergleichbarkeit großer Einheiten (z.B. Gerichtshofsprengel).

Vor der PAR, an die ich höhere Erwartungen geknüpft habe, wurden vor allem BIS und PIS-Vergleiche ausgehend von Zeiteinsatz, Zeitverteilung und Erledigungsquoten gemacht. Das war auch nicht unbrauchbarer als die PAR, wenn es um die interne Verteilung der Arbeit geht, wobei intern „ähnliche" Tätigkeiten meint. Schwierigkeiten machte allerdings nur der Vergleich unterschiedlich strukturierter Tätigkeiten, hier konnte allerdings eine zuvor fiktiv angestellte „Monatsverlaufanalyse" helfen. Man nehme einen Richter: a) 40 Stunden Wochenarbeit, 1720 Stunden Jahresarbeitszeit, verteilen sich auf aa) fixe Zeiten: Beisitz, eigene Verhandlungen; bb) ortsvariable aber zeitgebundene Zeiten: Aktenstudium, Urteilsausfertigung; cc) ortsgebundene aber zeitvariable Zeiten: Rp-Ausbildung; dd) in jeder Weise variable Zeiten: z.B. Ausbildung; b) man nehme die Relation des Arbeitsanfalles zur Veränderung des Anhängigkeitsstandes unter Berücksichtigung der nachvollziehbaren Fixzeiten (mache also eine Zeitverlaufsanalyse) und sieht daraus mit einer gewissen Beurteilung des Leistungsvermögens des Einzelnen die leistbare und geleistete Arbeit, woraus sich Messgrößen vor allem im Mitarbeitervergleich ermitteln lassen, wenn man die Ergebnisse bei allen Mitarbeitern miteinander vergleicht. Hier ist die PAR einfach zu weit abgehoben, weil es von der durchschnittlichen VZK ausgeht. Letztlich wird es durch die Gruppe laufend so korrigiert, wie oben dargelegt wurde, bekommt zusätzlich eine soziale Komponente und führt sich selbst ad absurdum.

Spartenintern bringt PAR ein hohes Maß an Auslastungsgerechtigkeit, spartenübergreifend funktioniert dies nicht. Die erstmalige PAR-Erhebung brachte großes Ungleichgewicht in einzelnen Sparten. Eine Nachjustierung in vielen Bereichen wäre dringend geboten.

Vergleichbarkeit nur innerhalb einer Sparte (für Quervergleiche kaum brauchbar).

Einigermaßen objektives Instrument für den Vergleich gleicher Einheiten/Sparten.

Vergleichbarkeit nur innerhalb/ab einer bestimmten Gerichts(größe): Arbeit des Richters wird vergleichbar gemessen; das Arbeitsergebnis größerer Organisationseinheiten wird vergleichbar gut gemessen.

Vergleich mit gleich großen Organisationseinheiten ist jederzeit möglich.

Verteilung von Planstellen zwischen Gerichten gleicher Ordnung wird durch die PAR transparenter.

In das gleiche Horn stießen die Kollegen, die unter den Nachteilen der PAR folgende Argumente einer „mangelnden Vergleichbarkeit“ anführten. Dabei wurde ebenfalls die „spartenübergreifende“ Vergleichbarkeit der PAR in Frage gestellt.

Für Quervergleiche kaum brauchbare Ergebnisse.

Scheinbare Vergleichbarkeit von Äpfeln und Birnen.

Fehlende Treffsicherheit bei einem Auslastungsvergleich zwischen Gerichtsabteilungen.

Kein direkter Vergleich spartenübergreifend möglich.

Der letzte Aspekt der Vergleichbarkeit war schließlich der der **„regionalen Vergleichbarkeit“**. 4 Teilnehmer brachten in ihren Argumenten zum Ausdruck, dass für sie ein Vorteil der PAR darin lag, dass durch sie österreichweit geltende, einheitliche (Vergleichs)-Werte geschaffen wurden.

Durch Veröffentlichung österreichweite Transparenz.

Früher gab es faktisch in jedem OLG-Sprengel diverse und divergierende Belastungsverteilungsrechnungen.

Grundsätzlich österreichweite Vergleichsmöglichkeiten.

Österreichweite Einheitlichkeit.

Dem standen gleichzeitig ebenfalls 4 Argumente – aufgezeigt als Nachteile der PAR[175] – gegenüber, die aufzeigten, dass in den PAR-Zeitwerten regionale Unterschiede keine Beachtung fanden.

Keine Berücksichtigung regionaler Unterschiede in den Arbeitsbedingungen (z.B. ASG Klagenfurt: besonders viele Vergleiche möglich daher sind die PAR-Zahlen zu hoch).

Die PAR nimmt auch keinerlei Rücksicht auf regionale Besonderheiten. Beispielsweise werden in Teilen von Österreich Verkehrsunfälle im Zivilverfahren größtenteils verglichen. In anderen Teilen (beispielsweise Raum Graz) werden Verkehrsunfälle im C-Ver-

[175] Fragebogen I, Frage 8.

fahren zumeist urteilsmäßig erledigt. Der Unterschied im Zeitaufwand kann somit beträchtlich sein. Trotzdem gibt es österreichweit nur einen Zeitwert.

Verabsolutierung der PAR führt vielleicht dazu, dass regionale Besonderheiten nicht berücksichtigt werden (z.B. Zwangsversteigerungen im urbanen Bereich (Haus, Eigentumswohnung) tendenziell einfacher als „am Land", wo eher Grundstücke und ländliche Wirtschaften anfallen).

Keine Berücksichtigung „lokaler" Besonderheiten.

Nur regional begrenzte Vergleichbarkeit.

2.4.11. Vorteilskategorie „Vergleichbarkeit“ (II. Runde)

In der zweiten Fragebogenrunde wurde, entsprechend dieser zuvor aufgezeigten differenzierenden Sichtweise, der Aspekt der „Vergleichbarkeit“ neuerlich zur Diskussion gestellt und dabei die Art der Vergleichbarkeit, ob es sich also um eine „umfassende“ oder nur eine „partielle“ (Sparten-, Gerichts- oder Regionalvergleichbarkeit) handelte, hinterfragt.

Fragebogen II Frage 8

Wurde die **Vergleichbarkeit** 18 mal als Vorteil sowie weitere 7 mal unter dieser Kategorie genannt, weil zumindest in einem begrenzten Umfang – etwa zwischen den selben Sparten – durch PAR Vergleichbarkeit geschaffen wurde, wurde gleichzeitig das Fehlen der Vergleichbarkeit 4 mal mit Argumenten wie *„fehlende Treffsicherheit bei einem Auslastungsvergleich zwischen Gerichtsabteilungen“* oder *„scheinbare Vergleichbarkeit von Äpfeln und Birnen“* als Nachteil genannt.

➔ Kreuzen Sie bitte an, welche Art von „Vergleichbarkeit“ Ihrer Meinung nach durch PAR geschaffen wurde und begründen Sie kurz Ihre Angaben (Mehrfachantworten möglich):

Spartenübergreifende Vergleichbarkeit	☐	Vergleichbarkeit nur innerhalb derselben Sparte	☐
Vergleichbarkeit nur innerhalb desselben Gerichts	☐	Vergleichbarkeit nur zwischen Gerichten der gleichen Größe	☐
Vergleichbarkeit zwischen Gerichten unabhängig von deren Größen	☐		
Österreichweite Vergleichbarkeit	☐	Vergleichbarkeit nur innerhalb derselben Region	☐
Keine Vergleichbarkeit	☐		

Das gespaltenste Ergebnis lieferte die Frage nach der **Spartenvergleichbarkeit**, also ob die PAR spartenübergreifende Vergleichswerte schuf oder durch sie eine Vergleichbarkeit nur innerhalb derselben Geschäftssparte erreicht wurde.

Tabelle Vergleichbarkeit[176]

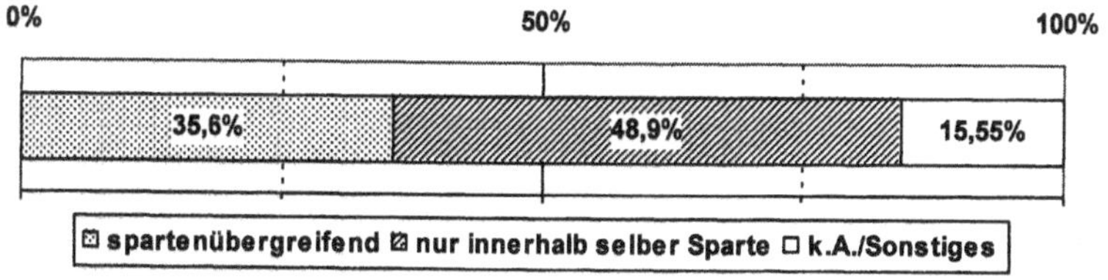

Folgende Argumente wurden zur Frage der Spartenvergleichbarkeit abgegeben:

Innerhalb derselben Sparte ist die Vergleichbarkeit realistisch. Spartenübergreifende Vergleichbarkeit ist nicht auszuschließen, scheitert leider aber in der Praxis daran, dass die eigene Sparte oft über- die andere unterbewertet wird, sodass es an der gegenseitigen Anerkennung fehlt.

Trotz der Fehlerhaftigkeit der PAR-Werte wurde erstmals eine Spartenvergleichbarkeit möglich, die zwar nicht immer stimmt, aber im Vergleich zu früher einen Vorteil darstellt.

Unterschiedlichen Sparten werden Zeitwerte zugeordnet, welche man vergleichen kann.

Spartenübergreifende Vergleichbarkeit zwar nur sehr eingeschränkt aber doch wertvoll. Innerhalb derselben Sparte österreichweite Vergleichbarkeit gegeben. Spartenübergreifende Vergleichbarkeit ist aufgrund der unterschiedlichen Arbeitsweisen nur eingeschränkt möglich, gute Vergleichbarkeit gibt es nur innerhalb derselben Sparte.

Für einen Teilnehmer waren sogar innerhalb derselben Sparte die Vergleichsmöglichkeiten zu wenig differenziert:

Im LG-Strafbereich ist hausintern die Vergleichbarkeit nur eingeschränkt gegeben. Die PAR unterscheidet nicht zwischen Normalabteilung, Sittlichkeitsabteilung oder Suchtgiftabteilung, obwohl hier sicherlich eine Differenzierung angebracht wäre.

Das Argument erachtete dabei sogar innerhalb derselben Sparte, beispielhaft wurde das Strafverfahren angeführt, die Vergleichbarkeit aufgrund zu geringer Differenzierung als nicht in ausreichendem Ausmaß gegeben.

Ähnlich differenziert waren die Meinungen zur Frage, inwieweit eine **Vergleichbarkeit zwischen unterschiedlichen Gerichten** möglich ist (Gerichtsvergleichbarkeit).

[176] Anhang, Tabelle 97.

Tabelle Vergleichbarkeit[177]

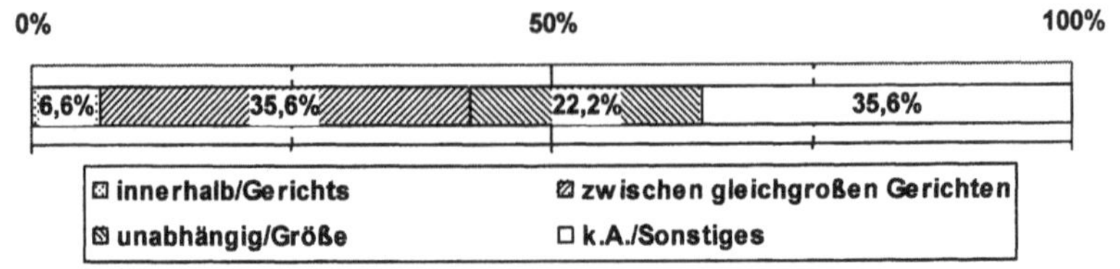

Diese Antworten waren einerseits von einer starken Unsicherheit geprägt. Gleich 11 Teilnehmer machten zu dieser Frage keine, weitere 5 Teilnehmer „sonstige“, also keine den vorgegebenen Antwortkategorien zuordenbare Angaben (35,6%).

Eine Minderheit (3 Teilnehmer; 6,6%) vertrat die Meinung, dass durch PAR nur eine Vergleichbarkeit innerhalb desselben Gerichtes möglich wäre. Die meisten Nennungen gab es für eine Vergleichbarkeit zwischen Gerichten gleicher Größe (16 Teilnehmer; 35,6%). 10 Teilnehmer (22,2%) waren der Meinung, durch die PAR-Zahlen wurden tatsächlich Vergleichswerte für Gerichte unabhängig von deren Größe geschaffen.

Zur Frage der **überregionalen Vergleichbarkeit** gab eine deutliche Mehrheit an, dass durch PAR eine österreichweite Vergleichbarkeit geschaffen wurde (27 Teilnehmer oder 60% der Befragten). Lediglich 5 Teilnehmer (11,1%) waren der Auffassung, dass aufgrund regionaler Unterschiede tatsächlich zutreffende Zeitwerte auch nur differenziert nach den jeweiligen Regionen gefunden werden können. Mit 12 „Antwortverweigerungen“ sowie einer „sonstigen“ Antwort war jedoch auch bei dieser Frage eine hohe Unsicherheit gegeben.

Tabelle Vergleichbarkeit[178]

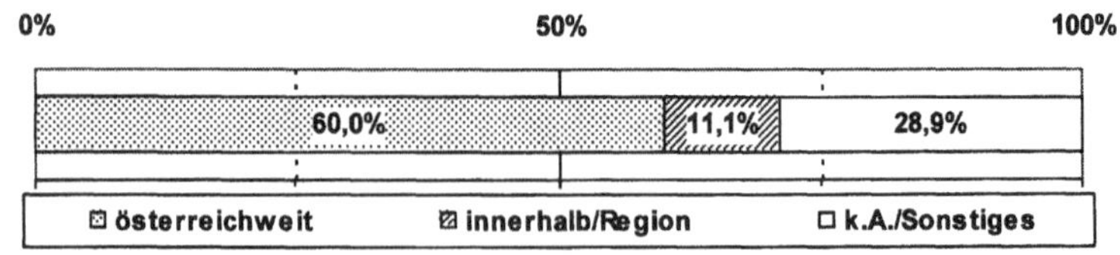

[177] Anhang, Tabelle 98.
[178] Anhang, Tabelle 99.

Die Fallstrukturen, etwa zwischen Ost und West, sind verschieden. Das Prozessverhalten ebenfalls.

Österreichweite Vergleichbarkeit gilt grundsätzlich! Regionale, besondere Unterschiede sind meines Erachtens bei der Geschäftsverteilung des betreffenden Gerichtes zu berücksichtigen: z.B. ASG-Klagenfurt: wegen der hier außerordentlich hohen Vergleichsrate sind die Zeiten für Sozialrechtssache etwas zu hoch; wird bei der Geschäftsverteilung angemessen und mit Zustimmung der ASG-Richter/Innen berücksichtigt.

Zur Vergleichbarkeit innerhalb derselben Region: es werden z.B. Verkehrsunfälle in Tirol, Kärnten, Oberösterreich oder der Steiermark komplett unterschiedlich (organisatorisch) abgehandelt. Außerdem gibt es laut Auskunft diverser Kollegen eklatant unterschiedliche Vergleichsquoten für die C-Sparte.

Die Richtigkeit der Ansätze vorausgesetzt, müsste PAR eine österreichweite Vergleichbarkeit liefern. Ausgenommen sind lediglich nicht erfasste Umstände, wie etwa lange Reisewege in einem großen, aber bevölkerungsarmen Sprengel.

Es gilt überall dieselbe Rechtsordnung.

Die Fragestellung ist zuwenig differenziert. Das prozessuale Verhalten der Parteien ist oft in benachbarten Gebieten sehr verschieden. Es müssten andere Beurteilungen (Streiturteile) einfließen. Großverfahren müssten gesondert berechnet werden.

Letztgenanntes Argument bringt eine Extremposition unter den Befragungsteilnehmern zum Ausdruck. Hier wird sogar auf den Bedarf einer differenzierten Zeitwerterhebung in benachbarten Gebieten hingewiesen. Das Argument deckt sich insofern auch mit anderen Meinungen, als es offenbar aufbauend auf bestehende Zeitwerte Zu- und Abschläge zur Berücksichtigung dieser Unterschiede fordert.

Bei Vergleichbarkeit ist die PAR sicherlich ganz allgemein förderlich. Natürlich wären diverse Unterschiede (Gerichtsgröße, Bevölkerungsdichte, Großstadt, ländlicher Raum etc.) durch angemessene Zu- und/oder Abschläge zu beachten.

Österreichweite Vergleichbarkeit bzw. Vergleichbarkeit zwischen Gerichten unabhängig von deren Größe ist bedingt gegeben. Differenzierungen sind aufgrund der PAR vorzunehmen, wie jetzt etwa unrichtige Zeitansätze nachträglich berücksichtigt werden.

Solche Forderungen wurden vor allem von Teilnehmern aufgestellt, die grundsätzlich eine „vollständige" Vergleichbarkeit in den PAR-Zeitwerten sahen.

PAR ist ein neutrales, überregionales und interdisziplinäres Bewertungssystem.

Nehme an, dass es ein Ziel des Projekts war, eine spartenübergreifende, standort- und gerichts-ortunabhängige Auslastungsvergleichbarkeit herbeizuführen und dieses Ziel im Wesentlichen erreicht werden kann.

Auch wenn die Systempflege mangelhaft und zu schwerfällig ist, wird doch eine bundesweite, spartenübergreifende Vergleichbarkeit sichergestellt. Würde die PAR nur innerhalb derselben Sparte einen Vergleich zulassen, so wäre sie wohl gänzlich entbehrlich.

Die Frage nach der Vergleichbarkeit kann derzeit nur mit den Unzulänglichkeiten der PAR „relativ" beantwortet werden. Man kann derzeit nur Grobvergleiche anstellen, die allerdings zu verblüffend guten Vergleichen führen und auch schlüssig sind (Hühner und Elefanten sind Tiere, die man mit Gras füttern kann, Elefanten und Klein-LKWs sind gleich schwer, ein Richter und ein Kaninchen haben zwei Ohren und tragen ein Fell usw.)

Begrenzte Vergleichbarkeit, da verschiedenste Randkomponenten eine Rolle spielen (Streitwert, Anwaltskonstellation etc.).

Unterschiedliche Parameter zwischen den Sparten und zwischen Stand/Land werden nicht berücksichtigt.

Trotz der beiden vorangestellten, der PAR nur eine begrenzte Vergleichsgröße zubilligenden Stellungnahmen war kein einziger der Teilnehmer der Meinung, dass durch PAR „keine Vergleichbarkeit" geschaffen wurde. Zahlreich hingegen wurde auch bei dieser Frage darauf hingewiesen, dass die Angaben zur Vergleichbarkeit vielfach auf theoretischen Idealvorstellungen fußten. In wie weit die derzeit verwendeten PAR-Zeitwerte tatsächlich diese Anforderung erfüllen, hängt von der „Richtigkeit" dieser Zeitwerte ab.

Die Vergleichbarkeit setzt die Richtigkeit der Werte voraus. Mit „falschen" Zahlen kann nur innerhalb der Sparte verglichen werden, also relativ.

Spartenübergreifende Vergleichbarkeit wäre nur bei realistischen und im Rahmen der Systempflege laufend angepassten Zeitwerten möglich. Bei realistischen Zeitwerten stellen diese einen österreichweiten Durchschnitt dar.

Verbesserung der PAR könnte auch verbesserte Vergleichbarkeit schaffen.

Unter der Voraussetzung, dass die Zeitwerte richtig dargestellt sind.

Unter der Voraussetzung, dass die Zeitwerte im Wesentlichen richtig sind; aber bitte nicht sklavisch an den Zahlen kleben. Es gibt immer wieder Unterschiede unterschiedlichster Art, die auch zu berücksichtigen sind.

Nur bei (derzeit fiktivem) Zutreffen der Zeitwerte.

2.4.12. Vor- und Nachteilskategorie „Maß für die richterliche Arbeit" (I. Runde)

In den Argumenten am Beginn der Kategorie „Vergleichbarkeit" wurde bereits angesprochen, ein Vorteil der PAR liege nach Ansicht einer Reihe von Teilnehmern darin, dass ein (Größen-)Maßstab für die von einem Richter zu erledigende Arbeit geschaffen wurde. Diese Ansicht wird auch durch folgende weitere Argumente bestätigt:

Schaffung eines „Messinstrumentariums"

Wenn die Richter- und Rechtspflegerschaft über die PAR besser informiert wäre und die einzelnen Vorgabezeiten berichtigt würden (Nachjustierung PAR C und Cg!) könnte die PAR ein Mittel darstellen, die Verteilung der Auslastung erstmals für den einzelnen genau nachvollziehen zu können. Eine laufende Nachjustierung wäre dazu erforderlich (wegen geänderter Aufgabengebiete).

Erstmals wurde ein Maß für die verlangte Arbeit aufgestellt.

Die Überbelastung eines Richters zeigt sich deutlich.

Gleichmäßigere Ermittlung der Einzelauslastung.

Theoretisch gerechte Arbeitsbewertung und -verteilung.

Offengelegte Belastung der einzelnen Planstelle.

Bei Ansatz realistischer Zeitwerte: Ermittlung der Auslastung - Auslastungsgerechtigkeit unter Berücksichtigung der Belastbarkeit.

„Formale Auslastungsgerechtigkeit"

Grundsätzlich Beachtung des zeitlichen Arbeitseinsatzes in Relation zur Qualität der erbrachten Leistung. Es wird zumindest versucht, Arbeitsprozesse und Belastungseinheiten zu erfassen und speziell bei der Arbeits- bzw. Geschäftsverteilung zu berücksichtigen. Einerseits sind „fixe Größen" eine Hilfestellung bei dieser Erfassung, andererseits aber wohl auch eines der größten Probleme, da gerade diese Größen problematisch sind.

Über- und Unterbelastung werden schnell erkannt.

Insgesamt 16 solcher Argumente wurden vorgebracht, die in der PAR ein Maß der richterlichen Arbeit sahen. Aber auch hier fiel – ähnlich wie bei der Einschätzung der Vergleichbarkeit – die Einschätzung unterschiedlich aus, inwieweit mit PAR ein Maß für die richterliche Arbeit geschaffen wurde. Den 16 Argumenten, die bei Frage 7 als Vorteil der PAR genannt wurden, standen jene Meinungen gegenüber, die 8 mal das mangelnde Maß für Qualität und 8 mal das mangelnde Maß für individuelle Arbeit als Nachteil anführten. 16 Vorteilsargumenten standen sohin 8

Nennungen gegenüber, die als Nachteil der PAR ihr mangelndes Sensorium für Qualität und weitere 8 Argumente, die ihre „Rücksichtslosigkeit" gegenüber individuellen Arbeitsstilen beklagten.

Kein Maß für Qualität:

Begrenzung der Arbeitsqualität auf jenes Maß, dass er einzelne bei der gegebenen „Fließbandgeschwindigkeit" der PAR eben noch erbringt.

Keine Qualitätskontrolle.

Richterliche Arbeit (insbes. Gedankenarbeit) wird zu sehr vereinheitlicht, nivelliert. Die PAR nimmt nicht ausreichend Rücksicht auf „Qualität" der Erledigungen und zwingt in manchen Bereichen - gemessen an den Zeitwerten - zum „Schleudern".

Überbetonung des Zeitfaktors für richterliche Arbeit. Arbeitsbelastung bestimmt sich nur über die Zeit, Qualität bleibt unberücksichtigt!!

Nur Quantitätsprüfung, keine Qualitätsprüfung.

Förderung des Prinzips „Expeditivität vor Qualität".

Der Richter wird im PAR zu einer „Akten- und Urteilsmaschine" degradiert; der Umgang mit Parteien oder das sonstige Arbeitsverhalten des Richters (z.B. Genauigkeit, Höflichkeit, Rechtsrichtigkeit usw.) spielt überhaupt keine Rolle; manche Richter flüchten deshalb in den „Weg des geringsten Widerstandes".

Kein Maß(stab) für individuelle Arbeitsleistung:

Fehlende Festlegung der Prozentobergrenze der Belastbarkeit unter Heranziehung arbeitspsychologischer und arbeitsmedizinischer Grundsätze.

Bei der Erfassung der Leistung kann nicht auf die individuelle Arbeitsgeschwindigkeit eingegangen werden.

Die PAR hat keinerlei soziale Komponente, d.h. es nimmt im Rahmen der Vollzeitkraft (VZK) auf Unzulänglichkeiten der Einzelperson (Krankheit, Alter etc.) und Leistungsschwankungen (z.B. Zeit nach sechs Stunden Verhandlungszeit ist noch immer als Vollleistungszeit erfasst) keine Rücksicht und setzt bei 1.720 Stunden eine absolute Leistungsgröße voraus, die bestenfalls von einer Maschine erbracht werden könnte.

Die PAR kennt auch keine Belastungsschwankungen und übersieht, dass es Erledigungsvorgaben z.B. bei Haftzeiten gibt, die in der Spitzenanfallsbelastung eingehalten werden müssen, aber vom einzelnen nicht erbracht werden können (z.B. zehn Haftzugänge an einem Tag; Freitag; Dauer der Vernehmung und Beschlussausfertigung überschreitet die Dienstzeit oder Maximalzeit des Gesetzes, die ist aber nicht verlängerbar; die dafür notwendigen Mitarbeitern der Spitzenbelastung sind aber auch nicht vorhanden, im Durch-

schnitt des Jahres geht es sich aber aus). PAR kennt keine Mindestbetriebsstruktur zur Systemerhaltung. Beispiel: PAR für Notfallsmedizin könnte heißen, dass man einen halben Arzt einstellt, der ein Viertel Rettungsfahrer und ein Viertel Träger mit einem Einsatzfahrzeug zur Verfügung hat und damit einen 24-Stunden-Dienst abdeckt. Die PAR errechnet den Arbeitszeitbedarf im konkreten Falle bei einer Arbeitsstruktur ohne Dienstzeit und mit unterschiedlichen Tätigkeiten (von Telefonieren bis Geschworenenverhandlung) und muss daher ohnehin fiktiv eine Dienstzeit annehmen, die letztlich idealisierend mit einer zu hohen gleich bewerteten Stundenanzahl angenommen worden ist. Von Vorteil ist es daher, sich möglichst jene Tätigkeiten zu nehmen, die weniger Lebenskraft erfordern (also mehr Einzelrichter- als Schöffenakten; mehr allgemeine Fälle als nervenaufreibende Sittlichkeitsakten; keine Tätigkeiten mit der Gefahr von Spitzenbelastungen, also nicht UR-Tätigkeit usw.).

Eine Durchschnittsberechnung geht prinzipiell zu Lasten der individuellen, persönlichen Gestaltung.

Keine Rücksicht auf individuelle Belastungen („Monsterprozess").

Zu schematisierte Betrachtung der Arbeit des Richters/Rechtspflegers.: z.B. die „menschlichen" Spielräume in der Arbeit sind viel zu gering bemessen; ein „Normrichter" wird abstrakt vorgegeben, die unterschiedlichen Arbeitsweisen der Richter sind zu wenig berücksichtigt.

Gewisse Faktoren, z.B. hohe Emotionalität von Familienrechtsverfahren und somit psychische Belastung des Richters, werden nicht beachtet.

Daraus ist ersichtlich, dass einige Teilnehmer sogar der Auffassung sind, dass durch PAR falsche Anreize in Richtung einer raschen Arbeitserledigung zu Lasten einer qualitativen, manchmal auch richtigen, sachgerechten oder menschlichen Erledigung gesetzt werden.

2.4.13. Vor- und Nachteilskategorie „Maß für richterliche Arbeit" (II. Runde)

In der zweiten Fragebogenrunde wurden nun beispielhaft Argumente aus allen dieser drei Kategorien (Vorteil: Maß für die richterliche Arbeit; Nachteil: kein Maß(stab) für individuelle Arbeit; Nachteil; kein Maß für Qualität) dargestellt und die Meinungen der gesamten Umfrageteilnehmer dazu eingeholt.

Fragebogen II Frage 9.1

➔ Vorteil der PAR: „**Maß für die richterliche Arbeit**“:

Beispielhaft angeführte Argumente dazu aus der 1. Runde:

stimme zu ☐	*Früher, bei Vergleichsrechnung zwischen den Gerichten, war das Arbeitsmaß nach oben hin unbegrenzt und es wurde nur auf die gleiche Verteilung geachtet (oder versucht zu achten). Durch PAR ist auch Vergleichbarkeit nicht nur der einzelnen Gerichte, sondern auch der einzelnen Sparten untereinander gegeben.*
stimme nicht zu ☐	*Abkehr von der völlig unbefriedigenden Relativrechnung der „Planstellenidealverteilung" des BMJ, die unter der Fiktion einer bundesweit ausreichenden Zahl verfügbarer Planstellen die jeder Dienststelle zukommenden Planstellenanteile errechnet. Da jede noch so verringerte Bundeszahl die „Idealzahl" darstellt, spiegeln die für einzelne Gerichte ermittelten Verschiebungspotenziale zwar mathematisch exakt zu ermittelnde Größen dar, ohne jedoch eine Antwort darauf zu geben, welche Mindestbesetzung einer funktionierenden Einheit zuzubilligen ist. Die PAR stellt dem gegenüber die unter Einbindung der betroffenen Berufsgruppen (Richter, Rechtspfleger) erste seriöse Erhebung des erforderlichen Zeitaufwandes je Arbeitsvorgang dar und löste somit den Personalbedarf von der Ausgangszahl tatsächlich systemisierter Planstellen.*
	Durch die PAR ergibt sich erstmals die Möglichkeit, zu erheben, welche Leistung von einem Richter verlangt werden kann, während bisherige Methoden lediglich Hinweise auf die Mehr- oder Minderbelastung einzelner Gerichte bzw. OLG-Sprengel lieferten, ohne absolute Werte anzugeben. Dies führte lediglich zu Planstellenverschiebungen auch wenn tatsächlich Aufstockungen erforderlich gewesen wären.

Dieser Ansicht, repräsentiert durch die vorangeführten Argumente, stimmte mit 81,4% der Teilnehmer (35 Nennungen) die überwiegende Mehrheit – bei zwei Stimmenthaltungen – zu. Lediglich 8 Teilnehmer konnten sich mit dieser Auffassung nicht anfreunden.[179]

Dass dieser Vorteil der PAR jedoch nicht undifferenziert gesehen wurde, zeigte sich einerseits aus den Anmerkungen, die zu dieser Frage gemacht wurden:

Vor PAR war der Anfall ein „Datum" im Sinne von 100% und musste bewältigt werden. Mit PAR kann also ein Mehrbedarf argumentiert werden.

Die Idee der Maßzahl für eine „Mindestbesetzung" ist als Idee gut, aber in der Umsetzung (Argument falsche Zeitwerte in Detailbereichen) nicht ausgewogen. Es stimmt nur in jenen Bereichen, wo auch die Zeitwerte einigermaßen richtig sind. Allerdings gibt es keinen absoluten Wert für die richterliche Arbeit; diese birgt immer Wertungen in sich (z.B. Quantität versus Qualität).
Ich stimme teilweise zu, dennoch überwiegen meines Erachtens die Nachteile der PAR (kein Maß für Qualität).

[179] Anhang, Tabelle 100.

Die Aussage: „Welche Leistung von einem Richter verlangt werden kann" ist verhängnisvoll erledigungsorientiert. Tatsächlich wurde durch die PAR wenigstens eine Grenze anschaulich gemacht.

Andererseits zeigte sich dies auch aus den deutlichen Ergebnissen, die auch die beiden anderen Fragen zur PAR als „Maßstab" für die richterliche Arbeit erfuhren.

Fragebogen II Frage 9.2

➔ Nachteil der PAR **„Kein Maß(stab) für individuelle Arbeit"**

Beispielhaft angeführte Argumente dazu aus der 1. Runde:

stimme zu ☐	*„Die PAR hat keinerlei soziale Komponente, d.h. sie nimmt im Rahmen der VZK auf Unzulänglichkeiten der Einzelperson (Krankheit, Alter etc) und Leistungsschwankungen (z.B. Zeit nach sechs Stunden Verhandlungszeit ist noch immer als Vollleistungszeit erfasst) keine Rücksicht und setzt bei 1760 Stunden eine absolute Leistungsgröße voraus, die bestenfalls von einer Maschine erbracht werden könnte."*
stimme nicht zu ☐	*„Eine Durchschnittsberechnung geht prinzipiell zu Lasten der individuellen, persönlichen Gestaltung."* *„Fehlende Festlegung der Prozentobergrenze der Belastbarkeit unter Heranziehung arbeitspsychologischer und arbeitsmedizinischer Grundsätze."*

Eine ebenso überwiegende Mehrheit von mehr als 80% sah den Nachteil in den PAR-Messwerten, dass diese individuelle Arbeit nicht darzustellen vermochten.[180] 95,6% (43 Teilnehmer) teilten die Auffassung, dass PAR keinen Maßstab für Qualität darstellte und sahen darin einen Nachteil im Erhebungsinstrumentarium.[181]

Fragebogen II Frage 9.3

➔ Nachteil der PAR **„Kein Maß für Qualität"**

Beispielhaft angeführte Argumente dazu aus der 1. Runde:

stimme zu ☐	*„Arbeitsbelastung bestimmt sich nur über die Zeit, Qualität bleibt unberücksichtigt!!"* *„Überbetonung des Zeitfaktors für richterliche Arbeit."* *„Begrenzung der Arbeitsqualität auf jenes Maß, dass der einzelne bei der gegebenen Fließbandgeschwindigkeit" der PAR eben noch erbringt."*
stimme nicht zu ☐	*„Förderung des Prinzips „Expeditivität vor Qualität"."*

[180] 36 Teilnehmer (80%) stimmten der Frage vorbehaltlos zu, 2 Teilnehmer (jeweils 2,2%) stimmten zumindest in Teilen der Frage zu.
[181] Anhang, Tabelle 102.

In den Anmerkungen zu diesen Fragen fielen im Bereich des fehlenden Maßstabes für die individuelle Arbeit besonders Nennungen auf, die die mangelnde soziale Komponente des Rechenwerks beklagten.

Denkarbeit ist nicht Handarbeit, das berücksichtigt PAR nicht.

PAR nimmt bei der Zeiterfassung auf soziale Komponenten keine Rücksicht - der Richter als „Urteilsmaschine". Die Traumvorstellung der Justizverwalter.

Stimme insbesondere dem ersten Argument (die PAR hat keinerlei soziale Komponente .....) zu; die naturgegebene Abnahme der Leistungsfähigkeit mit vorgerücktem Alter wird überhaupt nicht berücksichtigt; das Konzept der VZK setzt einen stets dynamischen, expeditiven, inhaltlich bewanderten und gut motivierten Mitarbeiter voraus.

Man braucht nur die Behandlung älterer Kollegen am LGZ Graz beobachten, um zu wissen, dass die soziale Komponente fehlt. Diese Kollegen können zum Teil die von ihnen verlangte Leistung nicht mehr erbringen.

PAR wäre darin zu ergänzen, wie viele Richter „erledigt" sind (Angst vor Urlaub, Krankheit, Nichtschaffen der Arbeit).

PAR-Werte gehen (fälschlich) von einer immer zu bewältigenden 100%-Belastung (und mehr) aus und sagen nichts über das durchschnittliche Leistungsvermögen (persönlich und fachlich), wie es etwa im RDG vorgesehen ist.

Dazu traten aber durchaus auch vehemente Gegenargumente, wie die folgenden auf:

Dass PAR keine soziale Komponente hat, stimmt. Die „absolute Leistungsgröße" setzt erstens bei 1720 Stunden an, zweitens werden bei der Erfassung doch wohl nicht nur „Fullpower"-Minuten gezählt worden sein. Dass eine Durchschnittsberechnung prinzipiell zu Lasten der individuellen persönlichen Gestaltung geht, mag sein, aber wo liegen die Alternativen?

PAR-Zeitwerte sind Durchschnittszeitwerte, in denen auch Leistungsschwankungen berücksichtigt sind. Realistische Zeitwerte erlauben Begrenzung der Belastung, die einem Richter zugemutet werden kann.

Behinderungen sind nicht existent. Rücksichtnahmen gehen zu Lasten anderer.

Eine vermittelnde Position nahmen hier jene Teilnehmer ein, die zwar auch das fehlende Sensorium der PAR für individuelle Belastungen erkannten, diesbezüglich eine Berücksichtigung sozialer Einzelfallumstände durch ergänzende, das PAR-Rechenwerk begleitende Maßnahmen teilweise einforderten, teilweise darstellten.

Jeder Durchschnittswert (Statistik) negiert persönliche Umstände, solche sind im Zweifelsfall zu berücksichtigen.

Krankheit, Alter etc. können im Rahmen einer sich nicht sklavisch an die PAR-Werte klammernden Geschäftsverteilung bzw. durch den Einsatz von Sprengelrichtern berücksichtigt werden.

Die Aussagen sind zwar isoliert gesehen richtig: Jedoch kein grundsätzlicher Einwand gegen die PAR. Auch die genannten individuellen Probleme müssten mit Durchschnittswerten objektiviert werden können. Auf derart objektiver Grundlage müsste dann im Einzelfall reagiert werden. Der Durchschnittswert darf nur die Basis für konkretere Maßnahmen sein, und nicht unverrückbare Norm.

Eine Personalanforderungsrechnung muss sich mit Durchschnittswerten begnügen. Außergewöhnliche Momente, wie Großverfahren oder individuelle Einschränkungen, müssen aber sehr wohl vom Personalsenat bzw. der Personalverwaltung berücksichtigt werden.

Weit verbreitet war generell die Auffassung, dass die Unmöglichkeit, solche individuellen Maßstäbe einzubeziehen schon in der Natur des Rechenwerkes gelegen ist.

Wollte man diese Argumente tatsächlich berücksichtigen, wäre eine Planstellenbewirtschaftung unmöglich. Überdies: „Persönliche Gestaltung" und dergleichen sind keine messbaren Größen. Alter ist unabhängig von der Leistungsfähigkeit (und auch Leistungswilligkeit).

Ein System wie die PAR kann nur von Durchschnittswerten ausgehen, individuelle Eigenheiten sind nicht erfassbar.

Meines Erachtens kein Widerspruch. Beide Argumentationsgruppen sind zu bejahen. Es ist dies ein natürliches Spannungsverhältnis zwischen objektiver Verteilungsgerechtigkeit und individuellen Komponenten, das unvermeidlich ist.

Die Antworten zur Frage des „Qualitätsmaßstabes" waren zum einen von einer Gruppe geprägt, die die Messung der Qualität auch nicht zu den Aufgaben der PAR zählten und sohin dem Argument, PAR habe keinen Maßstab für Qualität geschaffen, zwar zustimmten, dieses Fehlen jedoch auch nicht als Nachteil empfanden.

Ebenfalls kein Widerspruch, da Qualität richterlicher Arbeit zwar vielleicht beurteilbar aber nicht messbar ist.

Qualität war nie Gegenstand von Überlegungen im Zusammenhang mit der PAR.
Die PAR soll auch nur helfen, genügend Personal „anzufordern". Dafür ist eben das durchschnittliche zeitliche Moment ausschlaggebend. Das enthebt die Verantwortlichen aber nicht der Aufgabe, dafür zu sorgen, dass die (hoffentlich in ausreichender Zahl) vorhandenen Bediensteten bestmöglich ausgebildet sind und Bedingungen antreffen, die ihnen inhaltlich qualitätsorientierte Arbeit gestatten.

Die PAR ist auch kein Qualitätsmessinstrument.

Eine Reihe anderer Teilnehmer wies demgegenüber jedoch auf den Umstand hin, dass ihrer Meinung nach ein „Verzerrungseffekt“ in Richtung Quantität vor Qualität eingetreten sei.

Was Qualität ist, wird in der Richterschaft sowie der Jv immer strittig bleiben. Dies ändert sich mit der Zeit. Es bestehen auffallende Auffassungsunterschiede zwischen zum Teil „PAR-konditionierten" Jüngstrichtern und älteren Kollegen. Wer als Jungrichter z.B. beim Einstieg in den ersten Jahren Erledigungen in 8-PAR-Stunden im Schnitt nicht erreicht, wird unter Umständen demotiviert, ebenso bei sturer Orientierung am PAR-Wert. Das Richterbild (Qualität) wird verzerrt.

Scheint von oben gewünscht zu sein: „Nur der schnelle Richter ist ein guter Richter"; „eine Entscheidung ist besser als keine". Das ist meiner Meinung nicht die Realität, wie sie von den Menschen/Parteien gewünscht wird.

Den Argumenten kann nur vollinhaltlich zugestimmt werden. Durch die Überbetonung des Zeitfaktors wird auf Qualität kein Wert gelegt!

„Speed kills quality"! Man muss sich als Richter/In für die Anliegen der rechtsschutzsuchenden Bevölkerung Zeit nehmen (können); die Menschen erwarten das; PAR geht in Richtung „Fließbandarbeit" ohne individuelle Gestaltung(snotwendigkeit).

Förderung des Prinzips „Expeditivität vor Qualität": Hier liegt ein Grundproblem vor, das von PAR allerdings nur reflektiert wird. Auch ohne Rücksicht auf PAR geht die Justizverwaltung eher von diesem Grundsatz aus.

Zwei Teilnehmer nahmen in diesem Spannungsverhältnis auch ihre ganz persönliche Abwägung vor und brachten diese wie folgt zum Ausdruck:

Abwägung der Möglichkeit der Belastungsbegrenzung durch PAR gegenüber dem Nachteil „kein Maß für Qualität" ergibt meines Erachtens Ergebnis pro PAR.

Ein schneller Richter ist nicht (immer) ein guter Richter.

Beide Teilnehmer kamen aus dem Bereich der Justizverwaltung.

2.4.14. Gemischte Kategorien „Transparenz“, „Betroffene haben selbst mitgewirkt“, „Objektiv“ und „Manipulationsanfälligkeit“ (I. Runde)

Schließlich scheinen auch die Nennungen zu den Vorteilsgruppen „Transparenz“, „Betroffene selbst mitgewirkt“ und „Objektiv“ zu jenen Nennungen in gewissem Widerspruch zu stehen, die als Nachteil der PAR „Manipulationsanfälligkeit“ nannten.
Zum Schlagwort **„Transparenz“** erfolgten 7 Nennungen, wobei beispielsweise Argumente wie die folgenden angeführt wurden:

Durch Veröffentlichung österreichweite Transparenz.

Verteilung von Planstellen zwischen Gerichten gleicher Ordnung wird durch die PAR transparenter.

Für mich ist PAR transparenter.

Die PAR ist im Ergebnis realistisch und überprüfbar, unrichtige Angaben können im Rahmen der Erfassung erkannt und ausgeschieden werden.

Mehr Transparenz bei der Planstellenzuweisung.

Transparenz nach Innen (Justiz) und Außen (Bevölkerung).

Dabei soll jedoch auch nicht verschwiegen werden, dass zwei Teilnehmer ausdrücklich die zumindest teilweise mangelnde Transparenz der PAR als Nachteil nannten:

Zumindest teilweise mangelnde Transparenz.

Mangelnde Transparenz

Für die zweite Fragebogenrunde wurden schließlich einige der obenstehenden Argumente, die als Vorteil der PAR „Transparenz" anführten ebenso wie Beispiele aus den anderen Kategorien mit der Bitte um Stellungnahme zusammengefasst.

Fragebogen II Frage 10.1

➔ Vorteil der PAR **„Transparenz"**

Beispielhaft angeführte Argumente dazu aus der 1. Runde:

stimme zu ☐	*„Durch Veröffentlichung österreichweite Transparenz."* *„Verteilung von Planstellen zwischen Gerichten gleicher Ordnung wird durch die PAR transparenter."*
stimme nicht zu ☐	

Mit **„objektiv"** umschrieben 13 Teilnehmer nachstehende Vorteile, die sie in der PAR sahen:

Die „vorangegangenen Methoden" kann ich nicht beurteilen, da ich diese zu wenig kenne. Möglicherweise wurde aber durch PAR größere Objektivität geschaffen.

Offenbar bessere Vergleichbarkeit der Auslastungsgrade der einzelnen Gerichte untereinander - Verschiebung von Planstellen zwischen den Organisationseinheiten zumindest in gewisser Weise objektiviert.

PAR ist verhältnismäßig objektiv, dadurch bessere Akzeptanz.

Weg vom subjektiven Empfinden hin zum Versuch einer Objektivierung aufgrund vergleichbar ermittelten Basismaterials.

Einziger Anhaltspunkt für objektive Aussagen über Arbeitsbelastung.

PAR schafft objektive Vergleichsgrößen im Sinne vergleichbarer Größen.

Eine etwas weniger willkürliche Berechnung seitens des BMJ.

Nachvollziehbarkeit.

Objektive Basis für weiterführende Überlegungen betreffend Geschäftsverteilung und Personalbewirtschaftung.

Relativ objektive Parameter für die Erzielung einer Auslastungsgerechtigkeit.

Ohne selbst mit vorangegangenen Methoden der Belastungsverteilung vertraut zu sein, scheint mit der größte Vorteil der PAR darin zu liegen, dass mit einer auf breiter empirischer Basis angelegten Erhebung statistisch aussagekräftige Daten (Vorgabezeiten) gewonnen werden können und damit eine größtmögliche Objektivierung erzielt wird. Die Erhebungsdaten müssen jedoch - um zukünftige Aussagen darstellen zu können - in periodischen Abständen überprüft werden. Die Unterbindung der Systempflege führt zu krassen Verzerrungen und damit zu einer Entwertung der PAR.

Erster Schritt zu einer objektiven Belastungskontrolle.

Einigermaßen objektives Instrument für den Vergleich gleicher Einheiten/Sparten.

Auch aus den Argumenten zur „Objektivität" wurden nachstehende Argumente in den Fragebogen der zweiten Runde aufgenommen und diesbezüglich um Stellungnahme gebeten:

Fragebogen II Frage 10.3	
➔ Vorteil der PAR **„Objektiv"**	
	Beispielhaft angeführte Argumente dazu aus der 1. Runde:
stimme zu ☐	*„Einziger Anhaltspunkt für objektive Aussagen über Arbeitsbelastung."* *„Weg vom subjektiven Empfinden hin zum Versuch einer Objektivierung aufgrund vergleichbar ermittelten Basismaterials."* *„Ohne selbst mit vorangegangenen Methoden der Belastungsverteilung vertraut zu sein, scheint mit der größte Vorteil der PAR darin zu liegen, dass mit einer auf breiter empirischer Basis angelegten Erhebung statistisch aussagekräftige Daten (Vorgabezeiten) gewonnen werden können und damit eine größtmögliche Objektivierung erzielt wird. Die Erhebungsdaten müssen jedoch - um zukünftige Aussagen darstellen zu können - in periodischen Abständen überprüft werden. Die Unterbindung der Systempflege führt zu krassen Verzerrungen und damit zu einer Entwertung der PAR."*
stimme nicht zu ☐	

Ein wohl wesentlicher Aspekt für das Empfinden dieser Objektivität brachten jene drei Teilnehmer zum Ausdruck, die es als Vorteil sahen, dass die **„Betroffenen"**, also Richter und Rechtspfleger, **an der Erhebung der Zeitwerte mitwirkten.**

Der größte Vorteil ist, dass mit PAR eine - wenigstens theoretisch - brauchbare Messeinheit zur Verfügung steht, an der die Betroffenen selbst mitgearbeitet haben, auch wenn die ermittelten Ergebnisse in der Folge „von oben" gesteuert und „angepasst" wurden, damit das Dienstgeberziel erreicht werden konnte. Die Berufung auf PAR ist immerhin auch für die Betroffenen (Dienstnehmer)ein starkes Argument.

Das die Daten auf den Angaben von Kollegen über ihren Arbeitsaufwand beruhen, also auf Insiderinformationen.

Berücksichtigung von Zeitwerten, die die Richter/Innen selbst angegeben haben.

Folgende Argumente davon wurden ebenfalls in den 2. Fragebogen aufgenommen und standen für die Ansicht, ein Vorteil der PAR wäre, dass die Betroffenen hier selbst mitgewirkt haben.

Bei all diesen Vorzügen war aber in einer sehr großen Anzahl von Argumenten ein tiefes Misstrauen gegen die PAR (sowohl in Bezug auf die Grunderhebung als auch die Umsetzung der laufenden PAR-Ergebnisse) zu erkennen, die unter dem – in der Wortwohl für die folgenden Erhebungen durchaus etwas provokant gewählten – Schlagwort **„Manipulationsanfälligkeit"** zusammengefasst wurden.

Gleich 21 Argumente entfielen nach der ersten Runde auf diese Kategorie und stehen die Meinungen dazu wohl deshalb in gewissem Sinn in Wiederspruch zur Objektivität und Transparenz, da eigentlich zu erwarten wäre, dass eine Personalbewirtschaftung, die auf transparenten, allgemein zugänglichen, veröffentlichten

Zahlen fußt – so zumindest die Ansicht einiger Teilnehmer, die in den Argumenten der Kategorie „objektiv“ zum Ausdruck kommen – eben nicht in den Geruch von „Schiebung“, unnachvollziehbarer Steuerung und irrationaler Entscheidungen kommen sollte.

Fragebogen II Frage 10.2
➔ Vorteil der PAR **„Betroffene selbst mitgewirkt“**
Beispielhaft angeführte Argumente dazu aus der 1. Runde:

stimme zu ☐	*„Berücksichtigung von Zeitwerten, die die Richter/Innen selbst angegeben haben.“* *„Dass die Daten auf den Angaben von Kollegen über ihren Arbeitsaufwand beruhen, also auf Insiderinformationen.“*
stimme nicht zu ☐	

Die Argumente der Kategorie „Manipulationsanfälligkeit“ beruhten zunächst auf tatsächlichen oder nur subjektiv empfundenen Beobachtungen und Annahmen, dass tendenziell Zeitwerte nach unten, jedoch nur in Ausnahmefällen nach oben erhöht wurden.

Nachjustierungen nur in Ausnahmefällen nach oben (U) geschehen.

Die jetzigen Werte waren das Ergebnis massiver Nachkorrekturen, die ermittelten Werte entsprechen also wiederum nicht dem tatsächlichen Auslastungsgrad.

Korrektur der Werte nach unten.

Bewertungsergebnisse werden (meist nach unten) korrigiert.

Neuerfassungen würden seitens des Bundesministeriums für Justiz aus Angst vor personellem Mehrbedarf, obwohl dies aufgrund der seit der Ersterfassung geänderten Verhältnisse geboten erschiene, unterlassen. Die Anhänger dieser Meinung gehen dabei, teilweise unausgesprochen, teilweise auch ausdrücklich genannt, davon aus, dass sich im Laufe der Zeit, also seit der Erhebung der Zeitwerte, ein höherer Zeitbedarf je Arbeit ergeben hat. Es wurden diesbezüglich von der Standesvertretung auch immer wieder Argumente gesammelt und vorgebracht, die für diese Auffassung sprachen, wie zunehmende Komplexität der Verfahren oder eine höhere „Anwaltsdichte“, die in Verbindung mit der Zunahme von Rechtsschutzversicherungen die in den ursprünglichen Zeitwerten enthaltenen „Kurzerledigungen“ immer mehr zum Aussterben brachten.

Vor einer Neuerfassung scheut man sich aus Angst vor plötzlichem Mehrbedarf. Ohne laufende Aktualisierung der Zeitwerte - die von dem in Zeiten der Sparmaßnahmen meist fehlenden guten Willen des Dienstgebers abhängt – sind diese aber bei strikter Anwendung nicht nützlich, sondern schädlich.

BMJ versucht, Neubewertungen zu verhindern, wodurch mit den „alten Zahlen" dem jahrelang gestiegenen Zeitaufwand pro Akt nicht Rechnung getragen wird.

Kein Einfluss der von der PAR erfassten Rechtspflegeorgane auf die Systempflege. Ob eine „Nachjustierung" stattfindet oder nicht, scheint ausschließlich in der Ingerenz des BMJ, d.h. eines politischen Apparates zu liegen, für den andere Gesichtspunkte, insbesondere budgetäre Erwägungen, gelten.

Die Nachteile liegen nicht in der Methode sondern deren Anwendung bzw. der zu wenig flexiblen Umsetzung der Ergebnisse, die zu höherem Personaleinsatz führen müssten.

Damit eng verknüpft sind jene Argumente, die – auch der Justizverwaltung – unterstellen, sich nur an „genehme“ Ergebnisse zu halten, bei „unliebsamen“ – sprich personellen Mehrbedarf indizierenden Ergebnissen – auf andere, in das eigene Konzept passende Berechnungen zurückzugreifen. Als Indiz für diese Vermutung wurde einerseits vorgebracht, es wären bereits bei der Ersterhebung solche, für die Verwaltung „genehme“, ja sogar „gewünschte“ Ergebnisse herausgekommen, also PAR-Zeitwerte, die keinen, zumindest keinen exorbitant hohen Personal(mehr)bedarf bedeutet hatten.

Der größte Nachteil der PAR, der aber nicht in der PAR selbst zu suchen ist, ist der, dass sie von der Justizverwaltung zu oft nur bei Bedarf akzeptiert wird, sodass der Eindruck entsteht, dass die PAR-Ergebnisse nur dann herangezogen werden, wenn sie in das Konzept der Justizverwaltung passen.

Das BMJ hält sich nur an jene Ergebnisse, die genehm sind.

Bei hoher PAR-Auslastung reagiert die Dienstbehörde, wenn überhaupt erst sehr spät und verwendet dann teilweise wieder andere Berechnungsmodelle (Fellner - Brade - Rechnung), sodass hier auch die Vorbildwirkung wieder wegfällt.

Dass das seinerzeit vom BMJ gewollte Ergebnis (?!) erzielt wurde.

Die nur punktuell betriebene Systempflege verzerrt das Gesamtgefüge. Die Ermittlung geänderter Zeitwerte orientiert sich sowohl seitens der Zentralstelle als auch der Erfassenden zu sehr an der Erzielung „angestrebter Größen".

Andererseits wurde auch vermeint, beobachtet zu haben, PAR sei immer wieder Argumentationshilfe für Personaleinsparungen gewesen.

PAR ist Mittel zum Zweck, um Sparziele zu erreichen und nimmt auf besondere Einzelfälle keine Rücksicht.

PAR ist für den Dienstgeber (BMJ) die wesentliche, aber ungerechtfertigte Grundlage für rigorose Personaleinsparungen.

Als Lösung für dieses Dilemma wurde von einem Teilnehmer vorgeschlagen, die PAR-Zeitwerte als für alle Seiten verpflichtende Messgröße festzuschreiben.

Es sollte zur Diskussion gestellt werden, ob es nicht sinnvoll wäre, die PAR in gewissen Fällen zu einem verbindlichen Maßstab zu machen. Solange die PAR nur Richtschnur bleibt, wird auch das Misstrauen der Richterschaft bestehen bleiben.

Gegenwärtig wird die PAR von einigen Teilnehmern auch eher als „Herrschaftsinstrument" angesehen.

„Divide et impera" (Ausspielen der unteren Verwaltungseinheiten gegeneinander).

Möglichkeit der Verwaltung, die „Fließbandgeschwindigkeit" durch „Systempflege" den Budgetvorgaben anzupassen.

„Politische" Einflussnahme des Dienstgebers, der diktiert, wie viel Prozent Belastung über 100% nach PAR unberücksichtigt bleiben.

Zu guter letzt wurden aus der Fülle der Argumente zur Kategorie „Manipulationsanfällig" einige repräsentativ erscheinende Argumente ausgewählt und so die Auffassung, PAR sei manipulationsanfällig, im 2. Fragebogen neuerlich zur Diskussion gestellt.

Fragebogen II Frage 10.4

➔ Nachteil der PAR **„Manipulationsanfällig"**

Beispielhaft angeführte Argumente dazu aus der 1. Runde:

stimme zu ☐	*„Bei hoher PAR-Auslastung reagiert die Dienstbehörde, wenn überhaupt, erst sehr spät und verwendet dann teilweise wieder andere Berechnungsmodelle (Fellner - Brade - Rechnung), sodass hier auch die Vorbildwirkung wieder wegfällt."* *„Dass das seinerzeit vom BMJ gewollte Ergebnis (?!) erzielt wurde."*
stimme nicht zu ☐	*„Die nur punktuell betriebene Systempflege verzerrt das Gesamtgefüge. Die Ermittlung geänderter Zeitwerte orientiert sich sowohl seitens der Zentralstelle als auch der Erfassenden zu sehr an der Erzielung "angestrebter Größen"."*

2.4.15. Gemischte Kategorien „Transparenz“, „Betroffene haben selbst mitgewirkt“, „Objektiv“ und „Manipulationsanfälligkeit“ (II. Runde)

Auf die in dieser Gruppe gestellten Fragen zeigten die Antworten folgendes Bild:

Gemischte Kategorien[182]

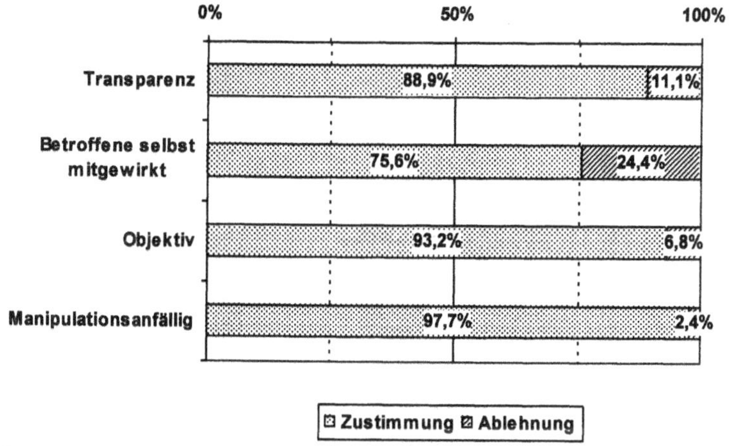

Dabei zeigt sich, dass sämtliche Argumente dieser Gruppe deutliche Zustimmungen erfuhren. Die deutlichste Zustimmung war dabei der Ansicht gegeben, PAR sei manipulationsanfällig. Hier stimmten 37 Befragte (88,1%) vorbehaltlos, 4 weitere Teilnehmer (9,6%) zumindest teilweise diesen Argumenten zu. Ein Teilnehmer war anderer Meinung, 3 enthielten sich der Stimme.

Am geringsten war in dieser Fragengruppe die Zustimmung beim Argument, ein Vorteil der PAR wäre es, dass die Betroffenen selbst mitwirkten. Hier konnten 11 Teilnehmer (24,4%) dieser Auffassung nicht folgen.

Die Anmerkungen zur **„Transparenz“** zeigten zum einen kritische Argumente, dass auch durch die vorhandene Transparenz sich an der „Auslastungsungerechtigkeit“ nichts geändert habe.

Transparenz ist zwar gegeben, hat aber keinen Aussagewert über die tatsächliche Belastung der Richter.

---

[182] Anhang, Tabelle 103 bis 106.

Die Verteilung wird transparenter, aber nicht zwingend gerechter (lokale Besonderheiten, hoher Spezialisierungsgrad der Richter bei Großgerichten etc.).

Die angebliche Transparenz sagt häufig nichts über tatsächliche Belastung aus.

Weitere Anmerkungen bezogen sich darauf, die Transparenz werde dadurch etwas eingeschränkt, dass die Ergebnisse der jährlichen PAR-Berechnungen einerseits in einem ungenügenden Ausmaß „veröffentlicht“ werden, andererseits die übrigen Steuerungsinstrumente überhaupt nicht einsehbar sind.

Die in der Zentralstelle vorhandenen Steuerungsmechanismen sind nicht kontrollier- und einsehbar; die unterschiedliche Behandlung von Geschäftsfällen in den verschiedenen OLG-Sprengeln führt zu Verzerrungen.

Zu wenig Veröffentlichung der jährlichen PAR-Berechnungen.

Veröffentlichung allerdings mangelhaft, Manipulationen treffen alle Gerichte.

Wenn ein Richter den jährlichen PAR-Auswertungen nicht aktiv nachläuft, bekommt er die Veröffentlichungen nie zu Gesicht.

Schließlich wurde von anderen Teilnehmern darauf hingewiesen, dass bei aller Kritik in punkto Transparenz durch PAR im Vergleich zu vorangegangenen Steuerungsinstrumenten nach Auffassung dieser Befragten dennoch Fortschritte erzielt worden sind.

Bei aller Vorsicht gibt es derzeit nichts Besseres; Transparenz doch zu begrüßen.

Ich stimme dem Argument mit der Maßgabe zu, dass das Wirken der Zentralstelle wenigstens anschaulicher wird.

Unbeschadet aller berechtigten Kritik ist es wohl wesentlich besser, die Grundlagen der Personalbewirtschaftung zu kennen als auf interne Behelfe der Justizverwaltung vertrauen zu müssen.

Besser als früher ohne PAR.

Transparent, weil für jeden Interessierten mehr oder weniger nachrechenbar.

Zum Argument, ein Vorteil der PAR wäre es, dass die **Betroffenen selbst mitwirkten**, merkten einige Teilnehmer an, dass dieses Argument keine aktuelle Gültigkeit mehr habe.

Argument richtig, zwischenzeitig aber teilweise bereits historisch.

Dieses Argument stimmt längst nicht mehr (Systempflege).

Dieses Pro-Argument geht durch mangelnde Systempflege verloren.

Trotz dieses ebenfalls als Vorteil angesehenen Mitwirkens blieb für andere Teilnehmer rätselhaft, wie trotz dieses Mitwirkens die erhobenen Zeitwerte letztlich zustande kamen.

Prinzipiell richtig, rätselhaft bleibt aber, wie es zu teils offensichtlich falschen Zeitansätzen gekommen ist.

Schön, aber wie wurden die Angaben ausgewertet?

Problem Selbsteinschätzung: warum wurden bei der Auswertung nur die hohen Zeitwerte ausgeschieden?

In die gleiche Richtung gingen jene Argumente, die in der Mitwirkung selbst keinen Vorteil erkennen konnten, da sie eine zu geringe bzw. unzureichende Information der an der Zeiterfassung beteiligten Kollegen vermuteten.

Pferdefuß: Ehrlichkeit nicht immer gegeben. Der Bewusstseinsbildungsprozess war bei der Erhebung der Zeitwerte für das BG noch eher naiv, beim LG schon zielgerichteter.

Sehe ich nicht als unbedingten Vorteil bezüglich des bekannten Zustandekommens der ausgefüllten Werte.

Zuwenig Information über Zweck der Zeiterfassung führte zu einem Wettbewerbsverhalten und damit verkürzten Zeitwerten.

Allerdings waren sich die mitwirkenden Kollegen unter Umständen nicht im Klaren, wozu die Datenerfassung diente.

In Unkenntnis der Konsequenzen wurde der Zeitaufwand - möglicherweise - falsch oder zu knapp angegeben, sodass dieser nicht immer repräsentativ war.

Zum Abschluss sollen auch nicht jene Argumente unerwähnt bleiben, die eindeutig für diese Mitwirkung plädierten und auch ihre Bestätigung darin fanden, dass bei der Frage nach Verbesserungsvorschlägen zur Zeitwerterhebung eine überwältigende Mehrheit sich für die Beibehaltung der Selbstaufschreibung aussprach:[183]

Ohne Mitwirkung wäre PAR nichts.

Durch die Mitwirkung der Betroffenen bei Ermittlung der Rohdaten ist die entsprechende sachliche Kompetenz sichergestellt, wodurch auch die Akzeptanz gegenüber einer bloßen Studie einer Beraterfirma steigt.

Zur Frage der **„Objektivität“**, die durch PAR geschaffen wurde, gab es neben einer Reihe zustimmender Meinungen, die diesbezüglich jedoch immer wieder

[183] Vgl. Vorschläge zur PAR-Zeitwerterhebung.

eine laufende Systempflege und Aktualisierung der Zeitwerte forderten, auch kritische Anmerkungen, die von einer Scheinobjektivität sprachen.

Den Argumenten kann nur zugestimmt werden. Jedoch müssten des Öfteren Überprüfungen der Richtigkeit der Daten stattfinden.

Dafür wäre eine ständige, ehrliche Systempflege Grundbedingung.

Problem der sogenannten Objektivität im Zusammenhang mit Erhebung der Zeitwerte zeigt sich auch in diesem Bereich.

Ich teile diese Meinungen zum Teil, dennoch bezweifle ich die Objektivität der PAR, da nach wie vor zu viele Ungereimtheiten im System vorliegen, die unter dem Deckmantel der Objektivität der PAR weggeredet werden.

Angesichts des PAR wäre der Ausdruck „Pseudoobjektiv" besser.

Objektiv nur in zeitlicher, nicht in qualitativer Hinsicht.

Zum Bereich der **„Manipulationsanfälligkeit“** wurden eine Reihe von teilweise sehr differenzierten Stellungnahmen abgegeben. Die meisten Anmerkungen spiegelten jene Meinungen wieder, die in der PAR primär ein Mittel der Personalverwaltung zum Abbau von Planstellen sahen.

Es ist allgemein bekannt, dass der Leiter der Zentralstelle die PAR nicht zur ausreichenden Dotierung der Gerichte, sondern zum „Glänzen" mit Einsparungen verwendet. Der von dieser Absicht erzeugte Druck führt zu Manipulationen durch die Unterlassung notwendiger Korrekturen (Systempflege).

Verweigerung der Anpassung von Werten schafft Manipulationsspielraum. Einzelüberbelastung wird in der Gesamtrechnung nicht berücksichtigt, man kann mit Zusammenzählen bestimmter (ausgewählter) Organisationseinheiten gewünschte Argumentationshilfen erhalten (z.B. keine Möglichkeit des Erhalts weiterer Planstellen bei Belastung eines Gerichts insgesamt knapp über 100% (109%), Einsparung dennoch, wenn ein Teilbereich unter 100%).

Der „Personalkuchen" darf nur verkleinert oder umverteilt werden. Mir ist kein Personalzuwachs aufgrund von PAR bekannt.

PAR ist wie jede Statistik „interpretierbar" und damit auch manipulationsanfällig. Es kommt auf den guten Willen der Anwender an.

Die Anwendung der PAR hängt vom Einzelfall und den Interessen des Dienstgebers ab.

Es ist so: PAR ist (in erster Linie) ein Instrument für Personaleinsparungen.

Dieser Auffassung trat ein Teilnehmer insofern entgegen, als er die PAR nicht als das alleinige und einzige Instrument zur Beantwortung der Frage darstellte, wie viele Planstellen im justiziellen Bereich vorhanden sein sollen.

Die PAR stellt etwa gegenüber dem BMöLS[184] *und BMF*[185] *nur eine Argumentationshilfe für den Planstellenbedarf dar. Solange die tatsächliche Planstellenzuweisung nicht mit den jeweiligen Zeitwerten Schritt hält, kann auch die Dienstbehörde nicht ausreichend reagieren.*

Neben der Darstellung der Manipulation der oder mit der PAR von Seiten der Justizverwaltung sah ein Teilnehmer eine Art Manipulierbarkeit auch von innen.

Die Anfälligkeit ergibt sich durch das System an sich. Wenn man mit Menschen zu tun hat und beispielsweise subjektive Elemente berücksichtigt, dann ist mir klar, dass es beispielsweise eintreten kann, dass sich jemand krank macht, um den Abschlag für Kranke zu bekommen. Dass jemand sich hohe Werte nimmt und die dafür gezählte Arbeit nicht erbringt, sich an Gesetze nicht hält etc. ist nicht mit der PAR sondern nur mit einer Arbeitskontrolle von außen zu lösen.

Von einigen Teilnehmern wurden die in der Gruppe „Manipulationsanfälligkeit" zusammengefassten Argumente durchaus auch als Eingehen sinnvoller Kompromisse gewertet. Nach dieser Auffassung wurden die „Verhandlungslösungen" bei einzelnen Zeitwerten nicht als gezielte und bewusste Manipulation, sondern eher als Verwirklichung des auch von anderen Teilnehmern an anderer Stelle bereits geforderten „nicht zu sehr an den Zahlen Klebens" gesehen.

Wie erwähnt sind Kompromisslösungen (nur) durch eine gewisse Steuerung zu erreichen. Sehe dies aber nicht nur „schwarz".

Abgehen von PAR-Werten muss erlaubt sein! Wie kann WBO-Richter[186] *die restlichen Akten erledigen?! Zusätzliche Transparenz bei „Manipulation" - die hoffentlich auch einmal zu Gunsten Richter bzw. Rechtspfleger ausgeht.*

2.4.16. Kategorie „Sonstige Vorteile und Nachteile" (I. Runde)

Aus jenen Nennungen zu Vor- und Nachteilen der PAR, die keiner der oben angeführten Kategorien zugeordnet werden konnten, sollen folgende Argumente zur Darstellung gebracht werden. Die erste Stellungnahme sprach einen engeren Kreis der Betroffenen an, nämlich jene Richter und Rechtspfleger, die an der Zeitwerterhebung mitwirkten und weist darauf hin, dass auch deren „Motivation" zu Mitarbeit an dieser als zentral zu bezeichnenden Stelle der PAR in Frage gestellt wird.

---

[184] Bundesministerium für Öffentliche Leistung und Sport: Im Zeitraum der Umfrage ressortierten hier die Verhandlungen über den Personalstand der Öffentlich-Bediensteten.

[185] Bundesministerium für Finanzen.

[186] Der Wohn-Bau-Ost Bauskandal war eines der „größten" Strafverfahren in Österreich nach dem Zweiten Weltkrieg.

Bei der Erfassung ist man auf den guten Willen der Befassten angewiesen. Der zeitliche Aufwand im Rahmen der Erfassung ist relativ hoch, weshalb mangels entsprechender Anerkennung die zur Mitarbeit Ersuchten oft ablehnen.

Die nächsten Argumente sprachen jenen Aspekt an, wonach sich das Rechenwerk der PAR zu einem verstärkten Einsatz als Argumentationsgrundlage nach außen, insbesondere beim „Kampf um Planstellen" eignen würde, wobei dabei jedoch auch die Grenzen dieses Einsatzes aufgezeigt werden.

Die PAR bietet für die externe Planstellenbewirtschaftung zwar eine gute Argumentationsgrundlage, im internen Bereich stehen angesichts unzureichender Rahmenbedingungen (z.B. Kürzung der Vollbeschäftigten-Äquivalente) jedoch ungenügende Mittel zur Senkung eines zu hohen Auslastungsgrades zur Verfügung. Beispiel: Rechtspflegernachwuchs kann nicht aufgenommen werden, weil noch ein Überstand an Reinigungskräften abzubauen ist...

Die durch die PAR ermittelten Zahlen liefern der Richtervereinigung zu Recht Argumente um bei der externen Planstellenbewirtschaftung (Zuweisung von Planstellen an die Justiz aber auch an einzelne Gerichte) einem weiteren Personalabbau entgegenzuwirken.

Zur Abrundung der Stärken-/Schwächenanalyse wurden im Fragebogen II zwei allgemeine Fragen zur Einschätzung der Funktionsweise der PAR gestellt. Die erste Frage zielte dabei auf die Bewertung jener Aufgabe der PAR, die nach Einschätzung der Richter ihre eigentliche Kernaufgabe wäre, ab.

2.4.17. Einschätzung der „Verteilungsgerechtigkeit" nach PAR (II. Runde)

Fragebogen II Frage 11

➔ Hat die PAR bisher für eine „gerechtere" Aufgabenverteilung/für größere „Auslastungsgerechtigkeit" gesorgt?

ja	nein	weiß nicht
☐	☐	☐

Auffällig dabei war die überwiegend positive Einschätzung in der Richterschaft. Mit 29 Teilnehmern (64,44%) war die überwiegende Anzahl der Befragungsteilnehmer der Auffassung, PAR habe für eine „gerechtere" Aufgabenverteilung gesorgt. 8 Teilnehmer teilten dem gegenüber diese Auffassung nicht, gleich viele (1 Teilnehmer beantwortete diese Frage nicht, 7 Teilnehmer entschieden sich für die Kategorie „weiß nicht") waren in dieser Frage unentschlossen, was einem Prozentsatz von jeweils 17,78% entspricht.

Gerechtere Aufgabenverteilung[187]

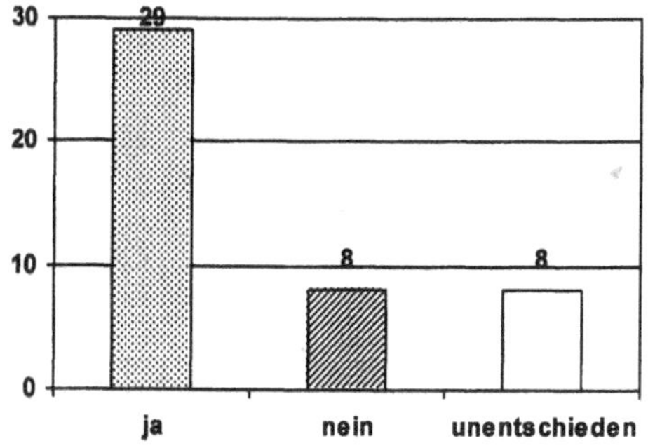

Auch die nach Funktionen getrennte Auswertung ergab in den einzelnen Funktionsgruppen keine signifikanten Abweichungen zu den Durchschnittsergebnissen. Die Residualen („Residuals"), also die Kennzahlen für ein Abweichen der Verteilung in einer Untergruppe von der allgemeinen Verteilung, lagen in allen Bereichen unter 1. Die Verteilung der Nennungen auf die Antwortmöglichkeiten („Count") verhielt sich also auch innerhalb der Funktionsgruppen im Wesentlichen so, wie es anhand der Gesamtverteilung und dem Anteil der Teilnehmer aus den einzelnen Funktionen am Gesamtteilnehmerfeld zu erwarten („Expected Count") war. Man kann also nicht sagen, dass die Einschätzung, ob PAR für eine gerechtere Aufgabenverteilung sorgte, von der Funktion der Umfrageteilnehmer abhing, sondern wurde die oben dargestellte Einschätzung unabhängig von der Zugehörigkeit zu einer bestimmten Funktionsgruppe getroffen.

[187] Anhang, Tabelle 107.

Gerechte Aufgabenverteilung Auswertung getrennt nach Funktionsgruppen (Kreuztabelle)[188]

Funtionsgruppen * Auslastungsgerechtigkeit Crosstabulation

			Auslastungsgerechtigkeit		
			ja	nein	Total
Funtionsgruppen	Jv	Count	9	2	11
		Expected Count	8,6	2,4	11,0
		Residual	,4	-,4	
	Int.vertr.	Count	3	0	3
		Expected Count	2,4	,6	3,0
		Residual	,6	-,6	
	Außensenat	Count	2	0	2
		Expected Count	1,6	,4	2,0
		Residual	,4	-,4	
	Pers.Sen.LG S	Count	3	2	5
		Expected Count	3,9	1,1	5,0
		Residual	-,9	,9	
	Pers.Sen.LG Z	Count	3	1	4
		Expected Count	3,1	,9	4,0
		Residual	-,1	,1	
	Pers.Sen.LG L	Count	3	0	3
		Expected Count	2,4	,6	3,0
		Residual	,6	-,6	
	Pers.Sen.LG K	Count	3	1	4
		Expected Count	3,1	,9	4,0
		Residual	-,1	,1	
	Andere	Count	3	2	5
		Expected Count	3,9	1,1	5,0
		Residual	-,9	,9	
Total		Count	29	8	37
		Expected Count	29,0	8,0	37,0

In einer Reihe von Anmerkungen zu dieser Frage spiegelte sich auch bei grundsätzlicher Zustimmung eine differenzierte Sichtweise wieder:

Auch wenn die PAR, so wie ich sage, pseudoobjektiv ist, ist es gerechter, weil die Vergleichselemente ja richtig sind: ZB. Hühner und Elefanten bekommen ihr Gras(nur das wie viel ist noch offen).

[188] Auszug aus Anhang, Tabelle 108.

Ursprünglich tendenziell ja. Im Sprengel Wien wurde durch PAR aufgezeigt, dass an vielen Gerichten eine objektive Überbelastung herrschte und Planstellen kamen dazu. Mittlerweile herrscht (wegen geänderter Verhältnisse und Einsparungen) keine „Auslastungsgerechtigkeit", weil tatsächlich mehr als 1.720 Std. gearbeitet wird!

2.4.18. Einschätzung des Auslastungsempfindens (II. Runde)

Abgeschlossen und ergänzt wurde dieser Fragenbereich durch die Einschätzung des Auslastungsempfindens und in wie weit PAR an diesem Auslastungsempfinden mitwirkte:

Fragebogen II Fragen 12 und 12.1

➔ Wie beurteilen Sie das „Auslastungsempfinden" der Richter, sowohl innerhalb der Dienststelle („Geschäftsverteilungsgerechtigkeit") als auch zwischen den Gerichten („Planstellengerechtigkeit")? Verteilen Sie bitte 100% auf folgende Bereiche:

Fühlen sich bzw. ihre Dienststelle überbelastet	____
Empfinden eine ziemlich ausgeglichene Arbeitsverteilung	____
Fühlen sich im Vergleich zu den Kollegen (sowohl innerhalb derselben Dienststelle als auch im Außenvergleich) zu niedrig belastet	____
	100%

Erläutern Sie bitte auch kurz Ihre Angaben und gehen Sie dabei bitte auch auf die Frage ein, wie hoch der „Verdienst" der PAR daran ist

In untenstehender Tabelle sind jeweils die Mittelwerte dargestellt. In der Kategorie „überbelastet" traten Nennungen zwischen 0 und 100% auf, der am häufigsten genannte Wert (Median) war mit 10 Nennungen 60%.

In der Kategorie „ausgeglichen" lag die Spannweite ebenfalls bei 0% bis 100%. Mit jeweils 6 Nennungen gab es bei dieser Kategorie bei 30% und 50% zwei Modalwerte[189].

In der letzten Kategorie („unterbelastet") lag die Spannweite bei 0% bis 30%, mit 31 Nennungen war hier besonders deutlich der Modalwert bei 0% gegeben. Von 3 Teilnehmern wurde diese Frage nicht beantwortet.

Wie aus den Antworten auf die Frage nach dem „Verdienst" der PAR an dieser Auslastungseinschätzung zu sehen ist, wurde bei den Antworten auf diese Frage sehr stark differenziert.

[189] Modalwerte sind jene Werte, auf die die häufigsten Nennungen entfallen.

Auslastungsempfinden[190]

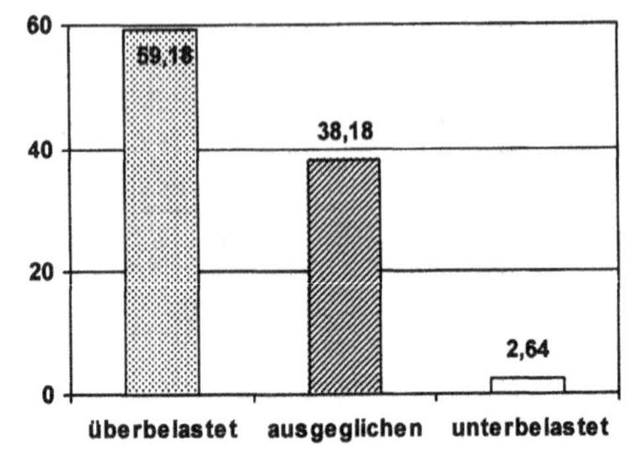

Für eine Reihe von Teilnehmern – die zum überwiegenden Teil nicht aus der Funktionsgruppe „Justizverwaltung“ kamen – kann die PAR für das latent vorhandene subjektive Gefühl der Überlastung, welches offenbar als generelles Phänomen unter Arbeitnehmern angesehen wird, nichts.

Meiner Meinung nach beruht die Einschätzung der Überlastung auf subjektivem Empfinden und hat daher nichts mit PAR-Werten zu tun.

Persönliche Einschätzung des subjektiven Empfindens der Richter; PAR ist dafür nur unwesentlich von Einfluss.

Junge und ältere Richter fühlen sich überlastet, eine einheitliche Antwort ist aber nicht möglich. Ursachen sind aber meist von PAR unabhängig, wesentlich ist hiebei auch der Freizeitstress.

Überbelastung hängt manchmal auch vom unterschiedlichen Arbeitsverhalten (z.B. Genauigkeitsstreben) und nicht nur von falschen PAR-Werten ab. Eine ausgeglichene Arbeitsverteilung wird oft nur in Nebenbereichen empfunden.

Ähnlich jene Argumente, die in der PAR den „Sündenbock“ für ein subjektiv bedingtes Überlastungsgefühl erkannten.

Die wirklichen „Gefühle“ kenne ich nicht; nach außen wird von der überwiegenden Mehrheit jedoch Überlastung behauptet. Man findet immer Kriterien, um das zu rechtfertigen (PAR, steigender Anfall, kompliziertere Verfahren, ...).

Immer „fühlen" sich alle überbelastet. Jetzt ist die PAR schuld, dann wieder etwas anderes. Wer gibt gern zu, nicht voll ausgelastet zu sein? Die PAR „dient" für beide Argu-

---

190 Anhang, Tabelle 109 bis 110.

mentationen (wenn über 100% Hinweis auf sie, wenn unter diesem Wert sind die Zeitwerte nicht ganz richtig!)

Die eigene Belastung wird subjektiv als besonderes drückend empfunden. Soweit die PAR entgegengesetzte objektive Werte liefert, werden diese oft als unrichtig oder manipuliert betrachtet.

Gefühl der Überlastung hauptsächlich im Cg-Bereich, in dem die Akzeptanz der PAR-Zeitwerte am geringsten ist. Einsicht in zu geringe Belastung ist so gut wie nie festzustellen.

Dem standen jene Argumente gegenüber, die in der PAR, hier vor allem in den unrichtigen Zeitwerten, die Ursache für eine tatsächlich gegebene Überlastung sahen. Weil die PAR-Zeitwerte als unrichtig angesehen wurden, ergab sich „am Papier“ zwar eine ausgeglichene Belastung, die sich in der Realität jedoch als Überbelastung darstellte.

Das BG für ZRS Graz ist - mit umliegenden Landesgerichten verglichen - eine überbelastete Einheit; intern ist die Auslastungsgerechtigkeit in etwa gegeben, wobei aber ständig „Systempflege" durch Geschäftsverteilungsänderungen betrieben wird. Die PAR hat an der Überbelastung des BGZ erheblichen Anteil, da im Haus der C-Richter „dominiert" und die wesentlich besseren U-Zeitwerte mangels Vollgerichtsbarkeit dem BGZ nicht zu Gute kommen; weiters berücksichtigt die PAR die urbane Situation - hohe Anwaltsdichte, geringere Autoritätsgläubigkeit der Bevölkerung - nicht.

In den Bereichen C, Cg, R (bislang auch U und Hv) führte PAR zu einer starken Überbelastung der Richter.

Die Arbeitsbelastung steigt in allen Sparten. Der wachsende Druck schlägt sich in den bereits veralteten PAR-Werten nicht nieder.

Der Anteil der PAR an einem Überlastungsempfinden ist relativ hoch, wird doch mit ihr gezeigt, dass kaum Überbelastung gegeben ist.

Das Gefühl der „Geschäftsverteilungsgerechtigkeit" ist meines Erachtens wegen der Unrichtigkeit der Zeitwerte so negativ; die Kolleg/Innen fühlen sich in der Bewertung ihrer Arbeit auch insofern ungerecht behandelt, als Einsparungen im Planstellenbereich nur aufgrund finanzieller Erwägungen vorgenommen werden.

PAR als Mittel zur Personaleinsparung hat Überbelastungen geschaffen, die größtenteils von der Kollegenschaft so empfunden wird.

Seit Jahren wird eine Adaptierung des PAR-Wertes im C-Verfahren verweigert. Daraus ergibt sich jahrelange Ungerechtigkeit zu ungunsten dieser Kollegen (vgl. ACTIO 2/02)[191].

[191] In diesem Argument wurde auf Artikel zur PAR in der Zeitschrift „ACTIO“ – dabei handelt es sich um ein Informationsmedium („Diskussionsorgan für Richter und Staatsanwälte“) der „Vereinigung der Österreichischen Richter in Gemeinschaft mit der Vereinigung Österreichischer Staatsanwälte und der Bundessektion

In der Minderheit blieben jene Argumente, wonach auch aus der PAR selbst eine Überbelastung der Richterschaft ablesbar sei.

Der Verdienst der PAR ist groß, da es trotz steigenden Arbeitsanfall nicht zu entsprechenden Personalaufstockungen kam und die höhere Auslastung auch aus dem PAR-Ergebnis ablesbar ist.

Deutlich mehr Teilnehmer sahen die (Mit-)Ursache einer tatsächlich bestehenden Überlastung eher in anderen Kriterien, etwa in der Persönlichkeit oder dem Arbeitsstil des jeweils Betroffenen gelegen.

Kaum jemand wird öffentlich eingestehen, dass er/sie zu wenig ausgelastet ist. Schlagwort „ein bisserl raunzen schadet nie".

Mit 80% schätze ich den Anteil der PAR an einer Überlastung ein. Der Rest dürfte auf Arbeitsverhalten der Richter zurückzuführen sein (betreffend Überlastungsgefühl).

Zum Abschluss gab es auch noch Argumente, die in der PAR zumindest ein Instrument sahen, das das latent vorhandene subjektive Gefühl des einzelnen, im Vergleich zu seinen Kollegen mit ungerechtfertigt viel Arbeit eingedeckt zu sein, zumindest gemildert hat.

PAR verhindert zumindest das Paradoxon, dass sich alle relativ überbelastet fühlen.

Diejenigen, die sich nicht ausgelastet fühlen, meinen, dass andere auch nicht mehr (eher weniger) tun müssen. Die Mehrheit fühlt sich deswegen überbelastet, weil sie (absolut, nicht relativ) überbelastet sind und Kollegen verschiedener Sparten meinen, die andere Sparte sei bevorzugt. Die PAR hat dies etwas gemildert, andererseits aber den Arbeitsdruck (mangelnde Systempflege) erhöht.

Richter neigen ganz offensichtlich zum Gefühl der Überlastung. Dies wäre ohne PAR wohl noch krasser.

PAR sichert dank der Überprüfbarkeit größere Akzeptanz. Dort wo das subjektive Empfinden sich mit dem errechenbaren Auslastungsgrad nicht deckt, wird der jeweilige Zeitwert schon aus der Natur der Sache bezweifelt werden.

Sehr großer Verdienst der PAR: „Der Vergleich in Zahlen! - macht sie sicher"; „wenn es meinem Zimmernachbarn (auch) schlecht geht, geht es mir gleich besser".

Aus dieser differenzierenden Sicht bei der Beantwortung der Frage ergibt sich auch ein Erklärungsansatz für die etwas unterschiedliche Beantwortung dieser Frage im Vergleich zu den Antworten auf das Unrichtigkeitsempfinden der Zeitwerte in Frage 6 des Fragebogens II.

Richter und Staatsanwälte in der Gewerkschaft Öffentlicher Dienst" – Bezug genommen, welche im Anhang unter „Abbildung " abgedruckt wurden.

Gegenüberstellung der Einschätzung der „Richtigkeit der Zeitwerte“ und der „Auslastung“

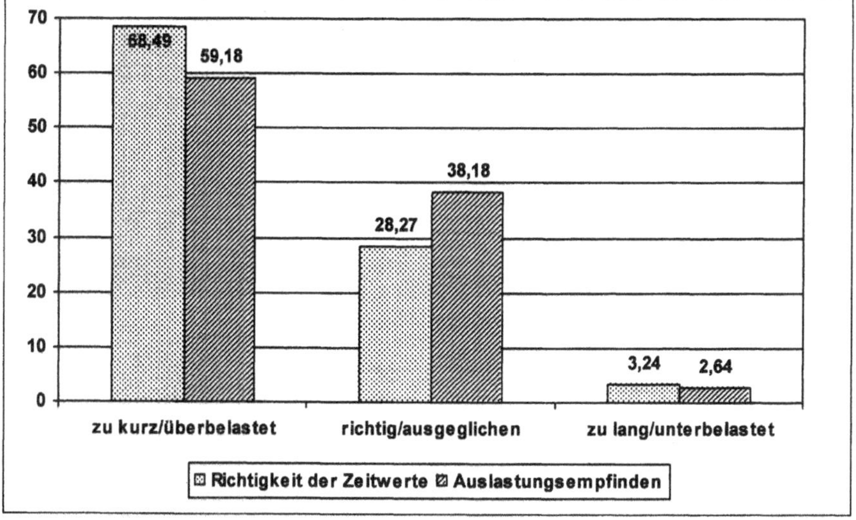

Dass das Ergebnis beider Fragen ein ähnliches Bild zeigt, ist wohl darauf zurückzuführen, dass ein Zusammenhang zwischen Überlastungsempfinden und gleichzeitig als zu kurz angesehenen PAR-Zeitwerten zwar besteht. Das Auslastungsempfinden wird jedoch auch als von einer Reihe anderer Faktoren determiniert angesehen, die ihrerseits mit PAR nur am Rande oder überhaupt nichts zu tun haben.

Das Ergebnis auf die Frage 6 des II. Fragebogens wurde in der dritten Runde dargestellt und konnten die Teilnehmer dazu auch Anmerkungen abgeben. Neben einer Reihe dem Ergebnis zustimmender Antworten veranlasste es 2 Teilnehmer, dieses als eher subjektive Überbewertung bzw. überbewertete Darstellung des eigenen Arbeitsleides zu interpretieren.

Die „Angst" vor dem „Arbeitgeber", zu kurz zu arbeiten, führt vielleicht tatsächlich in die Tendenz, eigene Arbeit höher und vor allem auch länger (vom Zeitaufwand) zu bewerten.

Erfahrungsgemäß wird die eigene Arbeitsbelastung subjektiv immer als besonders drückend empfunden.

Eine Reihe anderer Teilnehmer sah darin in gewissem Umfang ein Anzeichen für berechtigte Kritik an der PAR.

Zeigt anschaulich den von einzelnen wahrgenommenen persönlichen Leistungsdruck.

Die Einschätzung der PAR-Werte durch die Richterschaft spiegelt das allgemeine Unbehagen gegenüber dem „mysteriösen Ungeheuer PAR" wider.

In der dritten Fragebogenrunde wurde die Stärken- Schwächenanalyse schließlich ergänzt und abgeschlossen mit Fragen zum Aufwand, zu einer Kosten-Nutzen-Abwägung der Installierung des Instrumentariums und mit einer Konfrontation mit den Erwartungen an die PAR, welche am Beginn, bei der Einführung des Rechenwerkes an dieses gestellt worden waren.

2.4.19. Pro und Contra externes Beratungsunternehmen (III. Runde)

Als erstes wurden mit der Frage 5 des Fragebogens III die Vor- und Nachteile erhoben, die die Entwicklung des Instrumentariums durch ein externes Beratungsunternehmens aus Sicht der Befragten mit sich brachten:

Fragebogen III Frage 5

➔ Was spricht Ihrer Meinung nach im „Nachhinein" betrachtet dafür, was dagegen, dass mit der Erhebung ein externes Beratungsunternehmen beauftragt wurde?

Von den 38 Antworten – 5 Teilnehmer enthielten sich bei dieser Frage der Antwort – wurden 8 mal Argumente genannt, die für die Einschaltung eines externen Beratungsunternehmens sprachen, 3 Teilnehmer brachten Argumente, die gegen die Einschaltung eines solchen sprachen. Die überwiegende Anzahl der Teilnehmer, 21, nannten Gründe sowohl dafür als auch dagegen, 6 Teilnehmer brachten sonstige Argumente ins Spiel.

Beispielhaft seien folgende Wortmeldungen angeführt:

Dafür spricht, dass die Erhebungsgrundlagen unvoreingenommen geschaffen wurden. Dagegen spricht, dass die Verantwortlichen des Beratungsunternehmens ausschließlich auf Fremdinformation angewiesen waren („keine Insiderinformationen").

Halte ich für prinzipiell gut, weil Objektivität größer (allerdings war BMJ Auftraggeber und Zahler von ROI!) und Know how garantiert waren! Hohe Kosten sind nachteilig, aber meines Erachtens in Kauf zu nehmen.

Dafür: Objektive Auswertung und Beurteilung und dadurch Vermeidung gegenseitiger (Arbeitgeber/nehmer-)Verdächtigungen; Erfahrung des Unternehmens; das Vorhandensein der notwendigen Personen und technischen Einrichtungen. Dagegen: die relativ hohen Kosten, die allerdings durch das Ergebnis zu rechtfertigen sind.

Eine Beobachtung von außen ist unverzichtbar. Die Frage ist nur, wie weit auch im Endergebnis laienhafte Beurteilungen in die Entscheidung einfließen. Qualität ist in der Wirtschaft relativ leicht zu messen, in der Rechtssprechung schwierig und oft eine Frage der Wertung.

Pro und Contra „externes Beratungsunternehmen“[192]

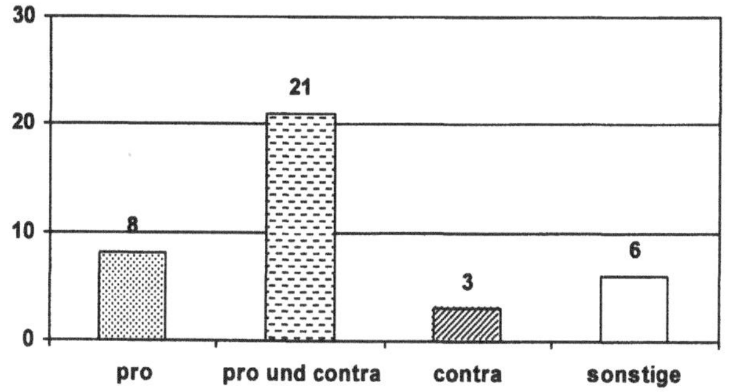

Externe verstehen i.d.R. zuwenig von den staatlichen Aufgaben, den Behördenstrukturen, den gesetzlich vorgegebenen und daher nicht beeinflussbaren Besonderheiten; Anwendung betriebswirtschaftlichen Denkens stößt daher auf Hindernisse und kann nicht jene Ergebnisse erzielen, die in der Privatwirtschaft möglich wären.

Externe Sichtweise führt zu verstärktem Nachdenken über angeblich Selbstverständliches und garantiert grundsätzlich eine gewisse Neutralität.

Dafür: Objektiv, kein Interesse an bestimmten Ergebnissen.
Dagegen: Interesse an weiterer Zusammenarbeit wegen weiterer Einnahmen, dies könnte zu sinnlosen weiteren Maßnahmen führen; wer bezahlt, bestimmt.

In den Argumenten, die für den Einsatz eines externen Beratungsunternehmens sprachen, fanden sich vor allem solche, die durchaus auch in der betriebswirtschaftlichen Literatur als Vorteile eines Beraters von Außen gesehen werden, wie Objektivität; neutrale, unabhängige Sicht, die zu einer höheren Autorität und Glaubwürdigkeit der Ergebnisse führt; keine Betriebsblindheit oder Unabhängigkeit. Eingeschränkt wurde das Argument der Objektivität insofern, als einige Teilnehmer vermeinten, es wurde trotz Einschaltung eines externen Unternehmens letztlich das Ergebnis erzielt, welches der Auftraggeber, das Bundesministerium für Justiz, erwartete.

Pro: Ein größerer Anschein von Objektivität, wenngleich der Auftraggeber nach wie vor das BMJ ist („wess' Brot ich ess ...);

[192] Anhang, Tabelle 122.

Dafür spricht der Versuch einer Objektivierung. Dagegen sprechen die höheren Kosten. Ohne die „Mediation" eines Dritten wäre kein beiderseits einigermaßen akzeptiertes System herausgekommen. Letzten Endes war der Weg mit allen „Wenns und Abers" meines Erachtens doch der richtige.

Ein nicht in die hierarchischen Ebenen eingebautes externes Unternehmen fördert, soweit interne Korrektive bestehen, die Akzeptanz.

Es spricht nichts wirklich wesentlich dagegen, zumal die relevanten Mitarbeiter der ROI im Laufe der Zeit in erheblichem Maße zu „Insidern" geworden sind. Für die Urfassung war die gewählte Kombination Selbstaufschreibung und externe Auswertung durchaus tauglich.

Ähnlich verhält es sich mit den Argumenten gegen die Einschaltung eines externen Beratungsunternehmens. Hier wurden vor allem die vermuteten höheren Kosten („*Ich weiß nichts über die Kosten; zu fragen ist, ob man das justizintern nicht hätte billiger machen können?*"), das nicht vorhandene Verständnis oder die nicht vorhandene Information über die internen Abläufe und die möglicherweise zu sehr (rein) betriebswirtschaftliche Sicht der Dinge angeführt.

Pro: Unabhängigkeit.
Contra: Möglicherweise zu sehr (rein) betriebswirtschaftlich orientiert; evtl. zu wenig Kenntnis von „internen Abläufen" vor Erarbeitung der statistischen Parameter (ob und wie weit darüber zuvor seitens der Justiz aufgeklärt wurde, entzieht sich meiner Kenntnis); Kosten (nicht bekannt); Abhängigkeit von „unbekannten Zielvorgaben".

Dafür: Anschein der Objektivität.
Dagegen: keine Ahnung vom Justizbetrieb; Justiz ist kein Dienstleistungsunternehmen; Tätigkeit der Richter ist grundsätzlich keine zeitlich genau erfassbare Einheit.

Pro: Objektive Betrachtungsweise; keine Betriebsblindheit.
Contra: Beeinflussbarkeit durch Jv (Erreichen „erwünschter" Werte), ohne Erfahrung im „System" kein Entdecken von Fehlerquellen und nicht in Aufzeichnungen enthaltenem Zeitaufwand.

Beraterfirmen folgen den Wunscherwartungen des Auftraggebers. Das System wird in dieser Weise gestaltet, dass das erwartete Ergebnis herauskommt.

Ich bin seit mehr als 5 Jahren Richter, wurde jedoch bei der Evaluierung der PAR-Werte noch nie beigezogen. Gegen die Erhebung durch ein externes Beratungsunternehmen spricht der Umstand, dass dieses offenbar nur mit wenigen ausgewählten (von der Justizverwaltung oder der Standesvertretung entsendeten?) Kollegen Kontakt aufnimmt, während die breite Masse keine Gelegenheit hat, ihre Anliegen zu artikulieren.

Darüber hinaus beleuchteten folgende Argumente diese Frage noch aus einer ergänzenden, anderen Sicht:

Im Hinblick auf das Selbstaufschreibungsverfahren ok; allerdings nicht immer nachvollziehbare Auswertungskriterien, die letztlich z.T. zu „faulen" Kompromissen führ(t)en.

Die Sache mit dem externen Beratungsunternehmen ist sicherlich notwendig gewesen, weil der Justiz die entsprechende Erfahrung fehlte, so etwas zu machen und in vertretbarer Zeit zu einem Ergebnis zu kommen.

2.4.20. Einschätzung des Verwaltungsaufwandes (III. Runde)

Schließlich wurden die Teilnehmer um ihre Einschätzung der Höhe des Verwaltungsaufwandes ersucht und die Meinung dazu eingeholt, in wie weit aus ihrer Sicht die „Ergebnisse" der PAR den damit zusammenhängenden Aufwand rechtfertigen, allenfalls sogar höherer Aufwand zur Erzielung besserer Werte in Kauf genommen werden sollte.

Fragebogen III Frage 6

➔ Wie hoch ist Ihrer Einschätzung nach der Verwaltungsaufwand, um alljährlich die PAR-Berechnungen zu erstellen (laufender Verwaltungsaufwand)?

hoch ☐☐☐☐ nieder

Rechtfertigen die Ergebnisse den:	ja	nein
Erstellungsaufwand?	☐	☐
Laufenden Aufwand?	☐	☐
Sollte größerer Aufwand getrieben werden, um bessere Ergebnisse zu erzielen?	☐	☐

Bei der Einschätzung des Verwaltungsaufwandes zeigte sich in der Gesamtauswertung eine völlig indifferenziertes Bild. Die Nennungen verteilten sich über die vierteilige Werteskala beinahe entsprechend einer idealen Normalverteilung.

Einschätzung des Verwaltungsaufwandes[193]

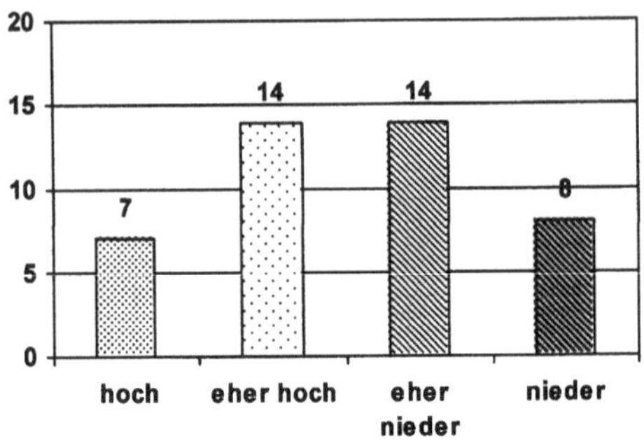

Jene Teilnehmer, die den Aufwand als eher nieder oder nieder bewerteten, nannten als Begründung für ihre Ansicht oft den Einsatz der elektronischen Datenverarbeitung. Unter Hinweis auf die ADV-mäßige Registererfassung vermuteten sie dabei eine auch für die PAR nutzbare Auswertungsmöglichkeit.

Es ist nicht nachvollziehbar, weshalb das BRZ (Bundesrechenzentrum) nicht praktisch täglich eine Auswertung vornehmen kann.

Nieder, wenn die entsprechenden Programme erstellt werden bzw. sind.

Da nach meiner Einschätzung die Daten bereits EDV-mäßig im BIS erfasst sind und auch die Auswertung mittels EDV erfolgen wird (habe keine genaue Kenntnis über Automatisierungsgrad) geringer Verwaltungsaufwand. Mit Redesign werden ja vielleicht weitere „Auswertungschancen" genutzt worden sein. Ich kann den Verwaltungsaufwand nicht abschätzen, dies wäre eine spekulative Vermutung.

Nieder unter Verwendung ohnehin vorhandener Computerdaten (Fallcodes).

Demgegenüber sahen jene Teilnehmer, die den Verwaltungsaufwand als eher hoch ansetzten, dies vor allem im Bereich der externen Beratungsleistung, welche eine wissenschaftliche Aufbereitung des Datenmaterials sicherstellte.

Generell soll auf allen Gebieten gespart werden, die bisherigen Kosten für alle Erstellungen sind im Hinblick auf Gesamtergebnis zu hoch. Es wäre eine detailliertere Auseinandersetzung mit den Praktikern vor Ort erforderlich.

Ein hoher Verwaltungsaufwand wurde auch aus dem Bedarf einer regelmäßigen und intensiven Systempflege gesehen.

[193] Anhang, Tabelle 123.

Ein hoher Verwaltungsaufwand ergäbe sich aus der notwendigen regelmäßigeren Überprüfung der erhobenen Werte.

Laufende Nachjustierungen wären unbedingt notwendig.

Meiner Befürchtung nach fehlt nicht das Geld, sondern der Wille zu einem angemessenen Systempflegeprozess.

Hoher Aufwand ergäbe sich bei einer von mir als sinnvoll eingeschätzten vollständigen Ausgliederung der PAR-Erhebungen.

PAR ist grundsätzlich starr. Ändern sich die Voraussetzungen und Umstände (Wertgrenzen, Verfahrensgesetze, etc,) dann müsste nachjustiert werden (wie z.B. bei den U-Werten). Dass geht wissenschaftlich nur durch (teure und aufwendige) Nacherhebungen.

Die Frage, in wie weit die Ergebnisse den bisherigen Aufwand rechtfertigen, allenfalls sogar größerer Aufwand betrieben werden sollte, um die Ergebnisse zu verbessern, beantworteten die Befragungsteilnehmer mehrheitlich deutlich mit „ja“. Das deutlichste Ergebnis gab es dabei auf die Frage, in wie weit der Erstellungsaufwand der PAR aus ihrer Sicht gerechtfertigt ist. Diese Frage beantworteten 32 Teilnehmer (81,25% der abgegebenen Stimmen) mit „ja“, lediglich 7 Teilnehmer (18,75%) beantworteten diese Frage mit „nein“. Vier Teilnehmer enthielten sich bei dieser Frage der Antwort.

Geringer, aber dennoch deutlich, war die Zustimmung bei der Frage, in wie weit die Ergebnisse den laufenden Aufwand rechtfertigen. 29 Antworten (73,75%) waren hier „ja“, 10 Antworten (26,25%) „nein“. Immerhin noch 2/3 waren der Auffassung, es sollte, um noch bessere Ergebnisse zu erzielen, auch ein größerer Aufwand getrieben werden. (26 Antworten „ja“, 13 Antworten „nein“) Auch bei den beiden letztangeführten Fragen gab es von vier Teilnehmern dazu keine Antwort.

Beispielhaft für die unterschiedlichen Auffassungen, in wie weit der laufende Aufwand durch die Ergebnisse gerechtfertigt wird, standen folgende Argumente:

Den jetzigen, laufenden Aufwand halte ich jetzt eigentlich nicht mehr für gerechtfertigt, weil die zugrunde gelegten Zeitwerte nicht mehr stimmen und das Ergebnis des Aufwandes daher zweifelhaft ist.

Ja, weil überhaupt vergleichbare Werte geschaffen wurden; nein, weil die Justizverwaltung sie nicht entsprechend berücksichtigt.

Die PAR ist für Auslastungsvergleiche größerer Einheiten und innerhalb einer Sparte ein immer noch nützliches Instrument.

Für jene Teilnehmer, die grundsätzlich auch höheren Aufwand zur Erzielung besserer Ergebnisse in Kauf zu nehmen bereit waren, würde dieser größere Aufwand

Rechtfertigung des Aufwandes[194]

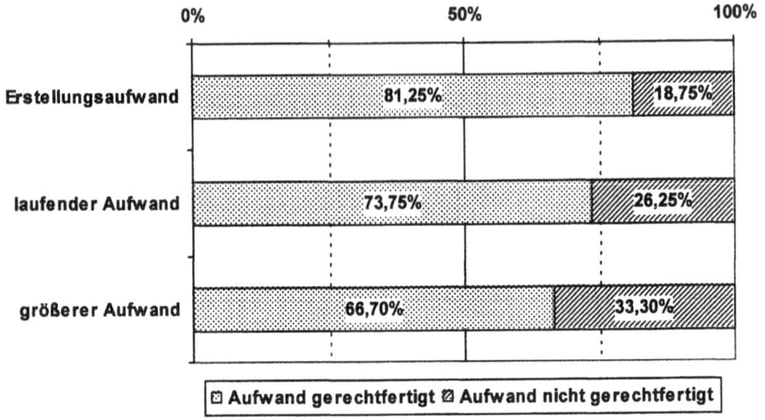

durch die ihrer Meinung nach verstärkt zu betreibende Systempflege, den Aufwand für das aktuell Halten des Systems bedingt.

Anpassung durch wiederholte Werterhebung ist notwendig und sollte auch honoriert werden.

Gesetzesänderungen (Diversion, Entfall der Strafverfügung u.A.) müssen rasch berücksichtigt werden.

Laufende Anpassung wäre sehr sinnvoll.

Es sollte im Sinne von Neuerhebungen oder sonstiger Anpassung der Zeitwerte an die tatsächlichen Verhältnisse (dem tatsächlichen Zeitaufwand) ein größerer Aufwand getrieben werden.

194 Anhang, Tabelle 124 bis 126.

2.4.21. Eintreffen der Erwartungen (III. Runde)

Zur Abrundung der Stärken/Schwächen-Analyse der PAR wurden den Befragungsteilnehmern mit der Frage 7 der dritten Fragebogenrunde Stellungnahmen vorgelegt, die als Erwartungen an die PAR von verschiedenen Funktionsträgern aus dem Bereich der Justizverwaltung und Interessensvertretung am Beginn seiner Erstellung, bei seiner Einführung, in das Rechenwerk gesetzt wurden. Die Befragten sollten anhand einer vierteiligen Skala aus derzeitiger Sicht beurteilen, ob diese Erwartungen oder Befürchtungen ihrer Ansicht nach eingetreten sind.

Fragebogen III Frage 7.1

„Rechtsprechende Arbeit als geistige und schöpferische Tätigkeit, bei der jeder Einzelfall anders gelagert ist, ist nicht messbar. Durchschnittszeitwerte können daher niemals ein tatsächliches Abbild der Auslastung sein.“

trifft zu ☐ ☐ ☐ ☐ trifft nicht

Die Einschätzung zu dieser Frage ergab ein inhomogenes Bild. Teilte mit insgesamt 73,5% der Nennungen im Bereich der ersten beiden Kategorien (12 Nennungen in der Kategorie „trifft zu“, 11 Nennungen in der Kategorie „trifft eher zu“) eine Mehrheit diese Meinung, waren mit 18 Nennungen (41,9%) die meisten Nennungen in der Kategorie „trifft eher nicht zu“ vorhanden (Modalwert).

Argument „Geistig schöpferische Arbeit“[195]

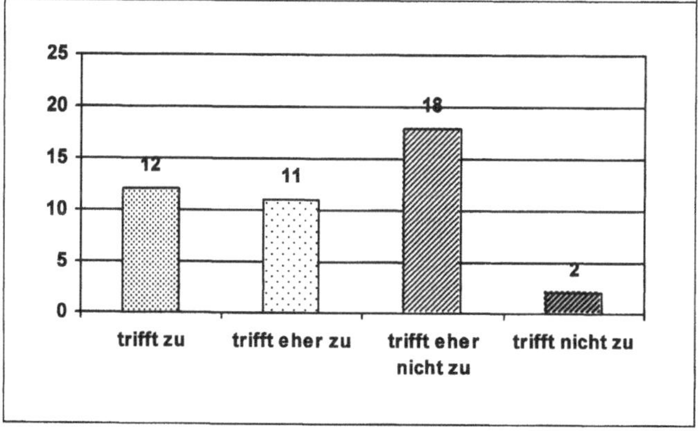

[195] Anhang, Tabelle 128.

Diese Verteilung entspricht sohin nicht einer Normalverteilung und mag als Hinweis für die Gespaltenheit der Teilnehmer in dieser Frage gelten. Die Polarisierung der Befragten kann auch aus den Anmerkungen zu dieser Frage herausgelesen werden:

Dass ändert nichts daran, dass PAR grundsätzlich eine gute Handhabe für relativ objektivierte Zeitwerte darstellt.

Rechtsprechende Arbeit ist naturgemäß nicht immer gleich aufwendig, Routine und Diensterfahrung spielen eine wichtige Rolle. So gesehen haben Durchschnittszeitwerte gewisse Berechtigung, da man ja auch von einem durchschnittlichen Wissensstand aller Richter ausgehen kann.

Jede Arbeit kann mit einem Durchschnittszeitwert erhoben werden.

Dieses Argument trifft in dem Sinne zu, dass zwar ein tatsächliches Abbild nicht, eine ungefähre Annäherung an den Bedarf jedoch sehr wohl zu erreichen ist.

Dieses Argument ist des Pudels Kern!

Fragebogen III Frage 7.2

„Durch die PAR werden objektivierte Auslastungswerte für die richterliche/rechtspflegerische Tätigkeit ermittelt. Diese stellen nicht die subjektive Einschätzung einer Berufsgruppe oder den Kompromiss einer Dienstgeber-Dienstnehmer-Verhandlung dar, sondern sind objektiv und damit nicht anzweifelbar.“[196]

trifft zu ☐☐☐☐ trifft nicht zu

Auf diese Frage gab es mit 58,1% eine mehrheitlich ablehnende Einschätzung: Für 11 Teilnehmer (25,6%) traf diese Aussage eher nicht, für weitere 14 Teilnehmer (32,6%) traf diese Aussage nicht zu. Dem gegenüber standen insgesamt 18 Teilnehmer, die diese Aussage positiv beurteilten (2 Nennungen, somit 4,7% in der Kategorie „trifft zu“, 16 Nennungen, somit 37,2%, in der Kategorie „trifft eher zu“).

Ist zu absolut formuliert, außerdem sind ja in die „Grunderhebungen" subjektive Einschätzungen bei der Selbstaufschreibung sicherlich eingeflossen.

Das beste Instrument nützt nichts, wenn man nicht richtig damit umgeht!

Die derzeitigen Auslastungswerte sind hochgradig anzuzweifeln.

Für die Mehrzahl der ursprünglichen Erhebungsergebnisse trifft dieses Argument zu.

Mit der Maßgabe, dass dies so sein sollte.

---

[196] Dieses Zitat stammt von Josef Klingler – bei der Einführung der PAR Präsident der Vereinigung der Österreichischen Richter – in: ROI, Schlussbericht LG, Geleitwort.

Argument „objektive Werte" [197]

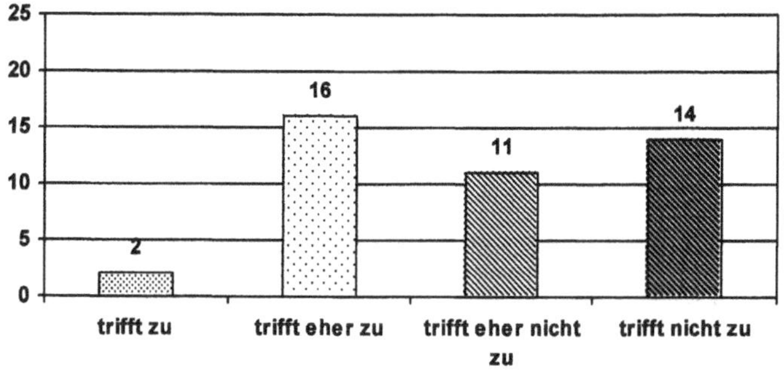

Trifft nicht zu, da die Ingredienzien des „Zeitwert-Cocktails" von Dienstgeberseite bestimmt werden.

Fragebogen III Frage 7.3

„Belastungsgerechtigkeit ist nur dann erreichbar, wenn die für den Personaleinsatz zugrunde liegenden Daten nachvollziehbar und nach streng wissenschaftlichen Methoden zustande gekommen sind. Die PAR als wissenschaftlich abgestützte zeitwirtschaftliche Analyse liefert solche Daten."[198]

trifft zu ☐☐☐☐ trifft nicht zu

Dem Bild einer Normalverteilung entsprachen die Antworten zu letztem Zitat.

Dieses Argument erfuhr mit insgesamt 65,1% (Summe aus den beiden ersten Antwortkategorien) die deutlichste Zustimmung: 6 Teilnehmer (14,0%) stimmten dieser Aussage vollinhaltlich, 22 Teilnehmer (51,1%) stimmten hier eher zu. Lediglich 11 Teilnehmer (25,6%) beantworteten die Frage durch Ankreuzen der Kategorie „trifft eher nicht zu", weitere 4 Teilnehmer (9,3%) durch Ankreuzen der Kategorie „trifft nicht zu".

Mit der Maßgabe, dass die PAR solche Werte liefern könnte.

[197] Anhang, Tabelle 129.

[198] Walter Hebauer – während der Einführung der PAR Vorsitzender des Zentralausschusses beim Bundesministerium für Justiz für die Beamten des Allgemeinen Verwaltungsdienstes und die Vertragsbediensteten der Planstellenbereiche Justizbehörden in den Ländern und Zentralleitung – in: ROI, Schlussbericht LG, Geleitwort; i.d.S. auch Otto Oberhammer – damaliger Leiter der Präsidialsektion im BMJ und Vorsitzender des Bundessteuerungsausschusses – in: ROI, Schlussbericht LG, Geleitwort.

Verteilungsgerechtigkeit, da Belastungsgerechtigkeit unerreichbar ist.

Argument „wissenschaftlich“ [199]

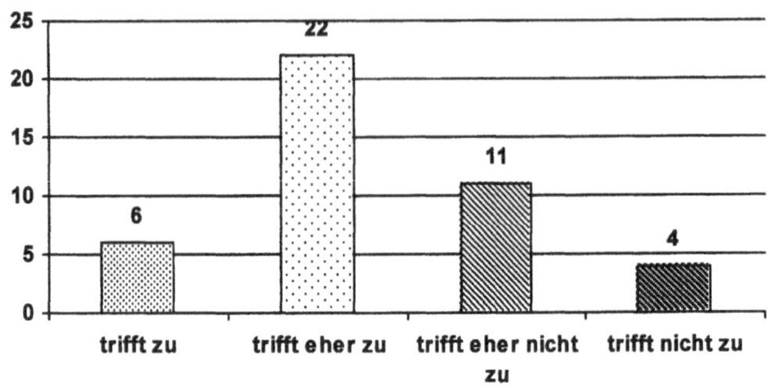

2.5. Fragengruppe Zukunft

Die letzen 6 Fragen der dritten Fragebogenrunde wurden unter dem Sammelbegriff „Fragengruppe Zukunft“ zusammengefasst. Hier galt es Einschätzungen über die weitere Entwicklung der PAR und mögliche weitere Einsatzgebiete (Fragen 8 und 9), Methoden der „Aktuellhaltung“ der PAR-Zeitwerte, also Fragen zur Systempflege (Fragen 10, 11 und 12) sowie schließlich eine allgemeine Einschätzung über das Fortbestehen des Rechenwerkes (Frage 13) abzugeben.

Die ersten beiden Fragen aus dieser Gruppe beschäftigten sich mit zwei möglichen – bisher noch nicht Anwendung findenden – Einsatzgebieten der PAR, wobei die erste Frage die Weiterentwicklung des Instrumentariums in Richtung eines „Personalcontrolling-Instruments“, die zweite Frage die in Richtung einer „Personalkostenrechnung“ hinterfragen sollte.

[199] Anhang, Tabelle 139.

2.5.1. PAR als Instrument des Personalcontrollings (III. Runde)

Fragebogen III Frage 8

➔ Die Zeitwerte der PAR geben keine Auskunft darüber, wie ein Verfahren gestaltet werden soll, damit es effizient und ökonomisch abläuft.
Kann und soll die PAR auch in diese Richtung weiterentwickelt werden (Stichwort Personalcontrolling)?

Personalcontrolling[200]

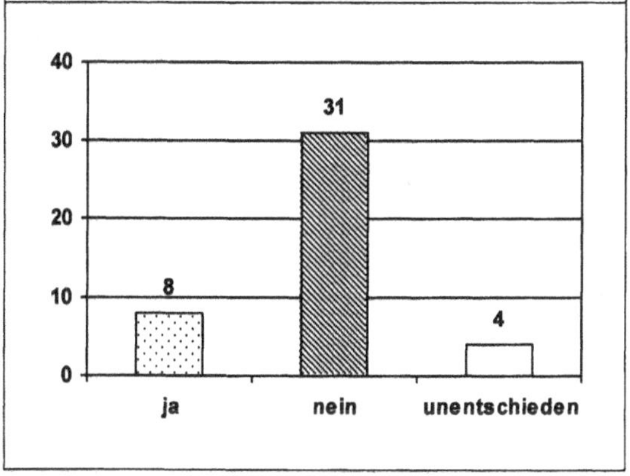

Hier war mit 72,1% (31 Nennungen) eine deutliche Ablehnung dieses Vorschlages gegeben. Es überwogen dabei die Bedenken, dass solche Maßnahmen die Unabhängigkeit der Richter und der Rechtsprechung gefährden würden.

Eher nein - Gefahr von Eingriffen in die unabhängige Rechtsprechung.

Nein, die Frage des „Wie" ist auch (nicht immer) eine Frage der Qualität des Ergebnisses (Stichwort „Drüberfahrer").

Wenig sinnvoll.

Nein, die Richter sind keine „Urteilsautomaten"!

Nein! Effiziente und ökonomische Verfahrensgestaltung wird in Ausbildungsseminaren gelehrt; es muss für persönliche Gestaltung auf Grund eigener Vorlieben Platz sein. Controlling durch die Jv wäre ein Eingriff in richterliche Unabhängigkeit. „Controlling" erfolgt jetzt ohnehin letzten Endes durch die Rechtsmittelinstanzen.

Nein, weil die Verfahrensabläufe nicht vereinheitlicht werden können.

---

[200] Anhang, Tabelle 131.

Zusätzliche Kontrolle und Beeinflussung der individuellen richterlichen Arbeit sind abzulehnen.

Nein! Eingriff in die Rechtsprechung.

Nicht durch PAR, sondern durch die Richteraus- und -fortbildung.

Nein, Dienstaufsicht reicht aus!

Nein, hiefür nicht geeignet.

Nein: wäre Eingriff in die Rechtsprechung.

Nein, Eingriff in Rechtsprechung im Einzelfall ist abzulehnen. Ich halte es auch für bedenklich, anhand der PAR und von Rückständen automatisch auf schuldhaftes Nichtstun zu schließen.

Auch bei jenen 8 Teilnehmern, die einem solchen Ansatz durchaus Positives abgewinnen konnten, war auch die Sorge um die Unabhängigkeit der Rechtsprechung gegeben.

Ja, wäre verfolgenswert, aber die Unabhängigkeit der Richter ist dabei unbedingt zu beachten! Gefahr des „Richterklones", der Vereinheitlichung und des Verlustes der wichtigen Individualität.

Ja, die Erkenntnisse sollen in die Gesetzgebung einfließen.

Wäre absolut wünschenswert. Die identen Probleme sind aber gleichsam schon vorprogrammiert, weil die unterschiedlichen, subjektiv richtigen Arbeitsmethoden de facto nicht verändert werden können.

Man sollte nicht von vorn herein nein sagen.

Bei einer Reihe von Teilnehmern bestand auch die Auffassung, dass eine „Ökonomisierung“ von Gerichtsverfahren nicht oder nur schwer möglich sei und externe Einflüsse darauf überhaupt schwer vorstellbar seien.

Nicht jedes Verfahren kann effizient und ökonomisch abgeführt werden, insbes. im Familien- und Außerstreitrecht. Es ist die Zukunft - außerhalb des Verfahrens - mit einzubeziehen.

Ich wüsste nicht, wie das gehen soll. Für den ökonomischen und effizienten Ablauf einzelner Verfahren ist jeder Richter selbst verantwortlich.

Diese Frage ist für einen Laien zu schwierig. Was ist möglich?

2.5.2. PAR als Instrument einer (Personal-)Kostenrechnung (III. Runde)

Fragebogen III Frage 9
➔ „Verknüpft mit Kostensätzen können Budgetabgleiche, vorausschauende Kostenplanung und Prognoserechnungen erstellt werden.“ Sollte dieser Ansatz weiterverfolgt und somit die PAR auch zum Instrument der Budgetierung ausgebaut werden (Stichwort Kostenrechnung)?

Kostenrechnung[201]

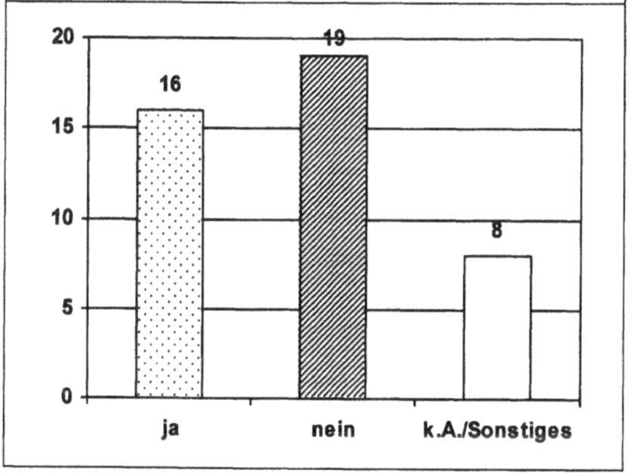

Auch hier überwog die Ablehnung dieses Gedanken, wobei diese bei weitem nicht mehr so deutlich ausfiel wie im ersten Fall, der Frage nach dem Personalcontrolling. Auffällig bei dieser Frage war die große Unsicherheit. 8 Teilnehmer konnten oder wollten diese Frage nicht beantworten.

Unter den „Befürwortern“ gab es eine Reihe von Teilnehmern, die der Auffassung war, dass die PAR bereits derzeit „kostenwirksam“ sei.

Meiner Meinung ist das bereits der Fall; Kostenplanung ist natürlich auch ein Ziel der PAR.

Eine vorausschauende Personalplanung ist ohnehin über den Stellenplan zwangsläufig kostenwirksam.

Ich gehe davon aus, dass die Budgetierung der Kosten für den Richter- und Rechtspflegereinsatz sich ohnedies daran orientiert.

[201] Anhang, Tabelle 132.

Wenn richtige Zeitwerte der PAR zugrunde liegen und die Finanzverwaltung alle auf Grund einer solchen PAR notwendigen Planstellen zur Verfügung stellt, ist dagegen nichts einzuwenden.

Nur im Zusammenhalt mit: 1.) vor allem einer Effizienzanalyse des Justizbereiches i.w.S. (Bewährungshilfe, Strafvollzug, Bundesministerium für Justiz) 2.) entsprechenden Prognosen in anderen Bereichen (Bildung, Bundesministerium für Justiz, Finanzen).

Wäre grundsätzlich ebenfalls wünschenswert.

Wenn die Kostens ans PAR angepasst werden und nicht umgekehrt: Ja.

Unter den eher ablehnenden Antworten überwog die Meinung, PAR wäre dafür nicht geeignet.

Nein, meines Erachtens ungeeignet.

Nein, PAR wäre überfordert.

Nein, zu befürchten wäre eine Aufzäumung von hinten, nämlich ausgehend von einem vorgegebenen und relativ unverrückbaren Budget.

Verstehe Frage nicht richtig, wofür „Kosten" errechnen, welche Kostenstellen? Für Prognoserechnungen halte ich PAR nicht passend, da ja Inhalt und Qualität des zukünftigen Akteninhaltes (Zeitaufwandes) unmessbaren Schwankungen unterliegen wird.

Die Fragen 10 bis 12 der dritten Fragebogenrunde befassten sich mit den „Zukunftsaspekten", die der Aktuellhaltung der PAR, der Systempflege, gewidmet war.

Frage 10 zielte dabei auf die grundsätzliche Organisation dieser Systempflege ab:

2.5.3. Aktualisierung der PAR-Zeitwerte (III. Runde)

Fragebogen III Frage 10

➔ Wie könnte aus Ihrer Sicht die Daten-Grundlage der PAR, ihr „Zeitgerüst" (also die PAR-Zeitwerte) „aktuell" gehalten werden? (Kreuzen Sie bitte das jeweils Zutreffende an.)

Durch periodisch durchgeführte „Vollerhebungen" (also in regelmäßigen Abständen durchgeführte Zeitermittlungen entsprechend der Ersterhebung). ☐

Durch anlassbezogene „Teilerhebungen" (also Adaptierung einzelner Zeitwerte, wenn bei diesen, allenfalls nach Durchführung einer „Plausibilitäts- und Erforderlichkeitsprüfung" (etwa nach Gesetzesänderungen bei einzelnen Verfahren), Änderungen wahrscheinlich sind. ☐

Aktualisierung der PAR-Zeitwerte[202]

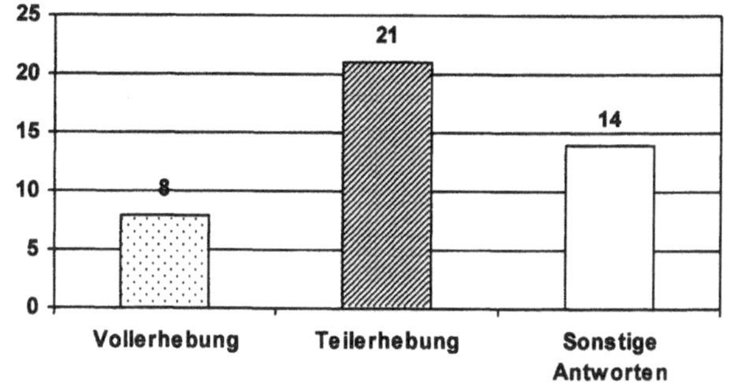

Mit 48,8% (21 Teilnehmer) votierte hier beinahe die Hälfte der Befragten für **anlassbezogene Teilerhebungen**, lediglich 8 Personen (18,6%) hielten **periodisch durchgeführte „Vollerhebungen"** als die geeignete Methode, das Rechenwerk aktuell zu halten. 14 Teilnehmer gaben keine Stellungnahme dazu ab oder differenzierten in ihren Antworten (32,5%).

Unter diesen „sonstigen Antworten" überwog die Auffassung, eine Kombination aus beiden Arten von Erhebungen wäre die zweckmäßigste. Eine in großen zeitlichen Abständen durchgeführte Vollerhebung sollte dazwischen von anfalls- bzw. anlassbezogenen Teilerhebungen begleitet werden.

Die erste vorgeschlagene Maßnahme in großen Abständen und laufend anlassbezogene Teilerhebungen.

Für Vollerhebungen können durchaus längere Zeiträume (etwa 10 Jahre) herangezogen werden. Teilerhebungen müssten möglichst bald nach dem Anlass durchgeführt werden.

Vollerhebungen in größeren und Teilerhebung in kürzeren Abständen.

Beides.

Ich hielte Vollerhebungen etwa nach Legislaturperioden oder Gesetzesänderungen für zweckmäßig, dazwischen sollte es Teilerhebungen geben. Dabei wird abzuklären sein, wer diese Nach- bzw. Neuerhebungen wie durchführt. Dabei ist ein repräsentativer Richterquerschnitt wichtig.

Verknüpfung beider Methoden wünschenswert.

---

[202] Anhang, Tabelle 133.

Bei jenen Teilnehmern, die sich für Vollerhebungen entschieden, klang in den Argumenten teilweise an, dass sie dies zwar für wünschenswert und den Idealfall ansehen würden, aus Kostengründen und sozusagen als Kompromissvorschlag für sie aber auch Teilerhebungen denkbar wären.

Den sich geänderten Umständen wären Vollerhebungen alle 10 bis 20 Jahre am zuträglichsten. Dürfte an der Kostenfrage scheitern. Man kann aber auch mit Teilerhebungen leben, wenngleich in ihnen der Keim der Sprengung des Systems liegt (siehe U-Nacherhebung).

Mir erscheint eine Vollerhebung in Drei-Jahres-Abständen zielführend. Zu den Teilerhebungen: Wer setzt die Maßstäbe für die Plausibilitäts- und Erforderlichkeitsprüfung?

Nur Vollerhebungen gehen von der wirklich betroffenen Basis aus und garantieren die Zustimmung der Kollegen.

Da aber die erste Erhebung schon mehr als fünf Jahre her ist, bedarf es einer neuen Erhebung in wohl allen Teilbereichen.

Auch bei den Teilnehmern, die sich für Teilerhebungen entschieden, überwog offensichtlich der „Realitätssinn", der wiederkehrende Vollerhebungen als äußerst unwahrscheinlich weil zu aufwendig erachtete.

Vielleicht hin und wieder Teilerhebungen. Meines Erachtens wäre eine „Aktuellhaltung" auch rechnerisch, durch tatsächliche objektive Insider oder Experten im Verhandlungsweg möglich.

Noch am ehesten durch „Teilerhebungen".

Wenn man weiterhin mit dem PAR leben muss, dann nur auf Sparflamme mit geringem Anpassungsaufwand. Konsequenz meiner Erkenntnis, dass das derzeitige PAR-System abzulehnen ist, ist die kurze Antwort bei den folgenden Fragen.

2.5.4. Einbeziehung der Richterschaft (III. Runde)

Diese Frage zielte auf eine stärkere Einbeziehung der Richterschaft, also der Betroffenen selbst, in den Systempflegeprozess ab. Dabei wurde jedoch auch auf den erhöhten Aufwand, der dadurch für die Richterschaft entstehen würde, hingewiesen.

Fragebogen III Frage 11

➔ Sollte Ihrer Ansicht nach die Richter- und Rechtspflegerschaft stärker in den Prozess der Systempflege einbezogen werden – dies auch unter Berücksichtigung, dass dadurch zusätzliche, an sich „berufsfremde" Aufgaben und damit erhöhte Arbeitsbelastungen auf diese zukommen? (Nehmen Sie gegebenenfalls bitte auch zur Art der stärkeren Einbindung Stellung).

Einbeziehung der Richterschaft[203]

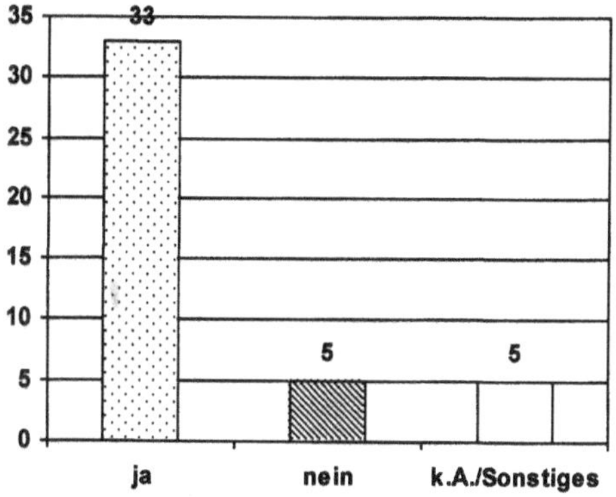

Mit 76,7% plädierten mehr als drei Viertel der Befragten (33 Nennungen) für eine Einbeziehung der Betroffenen in den Systempflegeprozess. Lediglich 5 Teilnehmer verneinten diese Frage, 5 weitere Teilnehmer (jeweils 11,6%) gaben zu dieser Frage keine oder eine sonstige, also weder zustimmende noch ablehnende Stellungnahme ab. Dabei wurde von einer Reihe von Teilnehmern die Einbindung, also die Mitarbeit in der Systempflege, als keine „berufsfremde" Tätigkeit gesehen.

Ja, Mehraufwand muss zu Gunsten der „fairen" Zeitberechnung in Kauf genommen werden.

Eine verstärkte Mitwirkung der Rechtsanwender bei der Systempflege ist sicher geboten. Ich halte das für keine "berufsfremde" Aufgabe.

Ja, denn die zusätzliche Arbeit für die Systempflege muss sich dann auf die gesamte Arbeitssituation auswirken; Verringerung der Arbeitsbelastung rechtfertigt gelegentliche Befassung mit PAR; ein Gutteil der laufenden Befassung wird durch die Standesvertretung besorgt!

Ja, diese zusätzlichen Aufgaben würden meines Erachtens in Kauf genommen werden, wenn die Verwertung der Ergebnisse gewährleistet wäre.

Eine Reihe anderer Teilnehmer, die die stärkere Einbeziehung befürwortete, forderte diesbezüglich für die verstärkte Tätigkeit in diesem Aufgabenbereich auch eine entsprechende Berücksichtigung bei der Arbeitsbelastung.

Das Ausmaß der Einbeziehung müsste wohl bei der Arbeitsbelastung berücksichtigt wer-

203 Anhang, Tabelle 134.

den. In Frage käme vor allem zunächst eine regelmäßige Nachfrage, ob die Werte noch als aktuell anzusehen sind.

Ja, unbedingt, aber auf Basis Freiwilligkeit. Für die Mitarbeit soll es einen eigenen PAR-Wert geben (etwa im infrastrukturellen Bereich); Fragebögen (als Test) einmal an gesamte Richterschaft, RiAAs und Jungrichter zur Auswertung verschicken.

Freiwillige ja!

Prinzipiell ja, aber Arbeitsentlastung; allenfalls durch Fachgruppen der Richtervereinigung.

Grundsätzlich ja, aber Zeitfaktor kritisch. Mitarbeit wünschenswert, führt aber zu Verlust an definitiver Arbeitszeit (wie z.B. Seminarteilnahme: „verlorene" Zeit muss „aufgeholt" werden).

An konkreten Vorschlägen, wie diese stärkere Einbindung von statten gehen sollte, wurden folgende Anregungen getätigt:

Die Richter der betroffenen Sparten sollten gehört und bei Nachjustierungen mitstimmen können.

Einbindung könnte etwa durch (allenfalls EDV-unterstützte) Befragung erfolgen.

Ja, weil dadurch objektivere und allgemein gültigere Werte erreicht würden; Einbindung durch Überprüfung der ermittelten Werte durch Aufzeichnungen aus anderen Gerichten.

Ja, um das Verständnis und die Akzeptanz zu fördern; regelmäßige Informationen durch Gerichtsvorsteher.

Ja, allenfalls auch Erhebungen der reinen Verhandlungszeit und dergleichen.

Ja, durch Führung von Erhebungsbögen z.B. Anzahl von Zeugen, Sachverständigen, Gegenforderungen usw.

Die derzeitige Systempflege ist zu schwerfällig und zahnlos. Daher sollten Expertengruppen nicht nur über die Notwendigkeit neuer Aufzeichnungen beraten, sondern selbst operativ vorgehen.

Kritische bzw. differenzierende Anmerkungen gab es zu dieser Frage in jener Hinsicht, dass nach Auffassung zweier Teilnehmer zwar eine Einbindung der Richterschaft geboten ist, eine stärkere, wie es in der Frage formuliert worden war, diesbezüglich jedoch nicht als notwendig empfunden wurde.

Einbinden ja, stärker als bisher eher nein.

Quantität der Personen reicht aus, Durchsetzungsvermögen ist gefragt!

2.5.5. Zukunft der Systempflege (III. Runde)

Zur Frage der Systempflege gehörend wurde, teilweise in Reaktion auf die Ergebnisse zu den vorangegangenen Fragebogenrunden, die Ergänzungsfrage 12 aufgenommen:

> **Fragebogen III Frage 12**
>
> ➔ Wie könnte dem Misstrauen gegenüber Neuerfassungen der Zeitwerte – welches in Argumenten wie dem folgenden zum Ausdruck kommt – begegnet werden: „Da nunmehr alle Betroffenen wissen, wozu PAR-Zeitwert-Erhebungen dienen, werden in neu durchgeführten Selbstaufschreibungen tendenziell jeweils höhere Zeitklassen als die tatsächlich zutreffenden angegeben und so die Erhebung in Richtung zu hoher Zeitwerte verfälscht werden!"

Neben einigen Teilnehmern, die dieses Problem als nicht lösbar erachteten *(meines Erachtens gar nicht)* – eine sehr pessimistische Auffassung, die nebenbei gesagt von Vertretern der Justizverwaltung abgegeben wurde – betonten andere Teilnehmer, dass diese „Ahnung" bereits bei der Ersterhebung vorhanden war. Für einige war wiederum in diesem Argument eine geradezu ungeheure Unterstellung von Unehrlichkeit den Arbeitnehmern gegenüber enthalten.

Die Richter wussten auch schon bei der ersten Erhebung grundsätzlich, wofür PAR verwendet wird!! - Wichtig jetzt: „Vertrauensbildende Maßnahmen" zwischen Jv und Richterschaft; gute Information der Richter vor Neuerhebungen; wahre Zeitangaben müssen vereinbart werden; Zusage des BMJ, dass Auslassungsgrad von 100% das absolute Maximum darstellt!

Zweck war auch bei Ersterfassung bekannt. Rundungen sind eher so erklärbar, dass damit kürzere, im Laufe des Verfahrens angefallene Erledigungen (z.B. Telefonate, SV-Auswahl, etc.) zeitlich Deckung finden.

Wozu die Zeitwerte dienen, wussten wir von Anfang an schon.

Zweck der PAR-Zeitwerterhebungen war von vornherein klar.

Das Wissen hatten sie schon von Beginn an; die Werte wurden von der Jv ohnehin immer nach unten korrigiert; unrealistische Angaben fallen als „Ausreißer" sofort auf.

Die Grundidee der PAR war von Anfang an bekannt, daran hat sich nichts geändert.

Diesen Satz halte ich für eine unzulässige Unterstellung von Unehrlichkeit, die sich Richter und Rechtspfleger nicht verdient haben!

Utopische Werte sind nicht zu erwarten, würden sie doch schon an der Plausibilitätsprüfung scheitern; wir wollen ja PAR grundsätzlich, sodass wir auch realistische Daten liefern.

Dieses Misstrauen bestand schon bei der erstmaligen Neuerfassung der Zeitwerte. Es war unbegründet. Zudem widerspricht es dem Berufsbild des Richters, durch Falschangaben Vorteile zu lukrieren.

Wir sind Arbeitnehmer und lieben den Beruf und daher keine Gauner und Zeitschinder. Ich zweifle nicht an der korrekten Selbstaufschreibung.

Als Lösungsansatz wurde, neben den bereits angesprochenen vertrauensbildenden Maßnahmen, eine mögliche Problemlösung in der Verlagerung der Zeitwerterhebung, allenfalls des gesamten Steuerungsinstrumentariums, nach außen gesehen.

Durch Offenheit der Kontrahenten - Ministerium - Justizverwaltung - Richter - Rechtspfleger; wenn sich die Betroffenen ernst genommen wissen.

Misstrauen kann objektiv nicht begegnet werden. Es kommt natürlich nur auf das Vertrauen in die Seriosität, Ehrlichkeit der Betroffenen an. Vertrauen ist gut, Kontrolle aber auch in irgendeiner Form notwendig: vielleicht durch Einbeziehung einer möglichst hohen, repräsentativen Anzahl der Betroffenen (Versuch des Abfragens unter gesamter Richterschaft, ob sie an Erhebung teilnehmen wollen).

Beauftragung eines externen Beratungsunternehmens.

In dem man vom System der Selbstaufschreibung weggeht und durch die Beraterfirma viele Akten hinsichtlich des aufgewendeten Zeitwertes erheben lässt.

Installierung von Expertengruppen, an die die Aufgabe der Systempflege übertragen wird.

Dass bei stark abweichenden Zeitwerten eine externe Beobachtung vorgenommen wird.

Die bei PAR-U-Neu vorliegenden Erhebungsergebnisse zeigen nach Ausscheidung von Über- und Unterbewertungen „richtige Werte". Die Männer von ROI behaupten, Falschangaben aufzeigen zu können. Diesbezügliche Information.

Professionelle Beobachter (Unternehmensberater)

Hier wurden Beispiele genannt, die eine vollständige Auslagerung der Zeitwertbildungen an ein externes Unternehmen vorschlugen. Andere Teilnehmer setzten ihre Hoffnung in das „Korrektiv“ der auf Selbstaufschreibung beruhenden Rohdaten durch externe, objektive Erhebungsmechanismen.

Andere sahen Lösungsmöglichkeiten durch das Einziehen von Kennzahlen, die etwa der Plausibilitätsprüfung dienen könnten, oder der Verbreiterung des zugrunde gelegten Datenmaterials.

Kontrolleinrichtung - Kommission.

Plausibilitätskontrollen, Vergleiche, etc.

Das Argument des Dienstgebers ist sicher nicht von der Hand zu weisen. Das System selbst kann durch eingebaute Sicherheitsmechanismen dieses Problem aber weitgehend lösen. Außerdem war das Ziel der Ersterhebung doch einer großen Anzahl von „Selbstaufschreibern“ klar.

Einziehen von „Zuwachsobergrenzen", die innerhalb bestimmter Perioden nicht überschritten werden können (entsprechend lange Beobachtungszeiträume); Vergleich mit ähnlichen staatlichen Bereichen bzw. Verknüpfung mit anderen „Leistungserfassungssystemen".

Durch Information über das Zustandekommen der bisherigen Zeitwerte (und nicht bloß Vorgabe derselben).

Durch Hinweis auf Überprüfbarkeit der Angaben hinsichtlich deren Plausibilität.

Könnte mir Plausibilitätskontrolle (etwa) mit Rechtsanwälten vorstellen.

Prüfung auf Plausibilität und Besprechung der Ergebnisse.

Stichprobenartige Kontrolle durch Revisor

Allenfalls durch Erhebung von Mittelwerten (frühere Bewertungen mit neuen Bewertungen; ältere Richter/jüngere Richter) und dergleichen.

Mehr Aufschreibungen (Aufschreibende) und Ermittlung des Durchschnittswertes.

Weitere Gedanken zu dieser Frage waren folgende:

Verwaltungsorgane sollten sich mit der Arbeit der „Basis" unmittelbar auseinander setzen.

Es kommt letztlich auf die Qualität und nicht auf die Quantität an. Gute richterliche oder nichtrichterliche Arbeit benötigt Zeit. Das Denken der Justizverwaltung setzt anderes voraus: Rasche Erledigung, keine Rückstände. Das Qualitätsdenken und damit auch eine erhöhte Zeitklasse sind zu koppeln.

Gegenargument: da offenkundig am Beginn der Zeiterhebung die Betroffenen nicht wussten, wozu die PAR-Erhebung dient, wurden in einer Art Prüfungssituation eher kürzere Bearbeitungszeiten eingetragen; bei der Bewertung des externen Beratungsunternehmens wurde das Phänomen, wie es im genannten Argument angeführt wird, schon berücksichtigt.

2.5.6. Zukunftsperspektiven (III. Runde)

Abschließend wurde eine Grobeinschätzung der Teilnehmer abgefragt, wie die Zukunft der PAR ihrer Auffassung nach aussehen wird:

Fragebogen III Frage 13

➔ Wird PAR auch in Zukunft bestehen bleiben oder wird ein völlig anderer Ansatz zur „Berechnung" des erforderlichen Personalbedarfes und der gleichmäßigen Arbeitsverteilung entwickelt werden?

Die überwiegende Anzahl der Teilnehmer (28, das sind 65,1%) war der Auffassung, PAR werde als Instrument weiter bestehen. Lediglich 3 Teilnehmer (rund 7,0%) waren der Auffassung, PAR werde, da insbesondere im Bereich der Systempflege unüberwindliche Probleme auftreten werden, nicht weiter bestehen können. 12 Teilnehmer (27,9%) konnten diese Frage nicht eindeutig beantworten oder beantworteten sie nicht.

Zukunft der PAR[204]

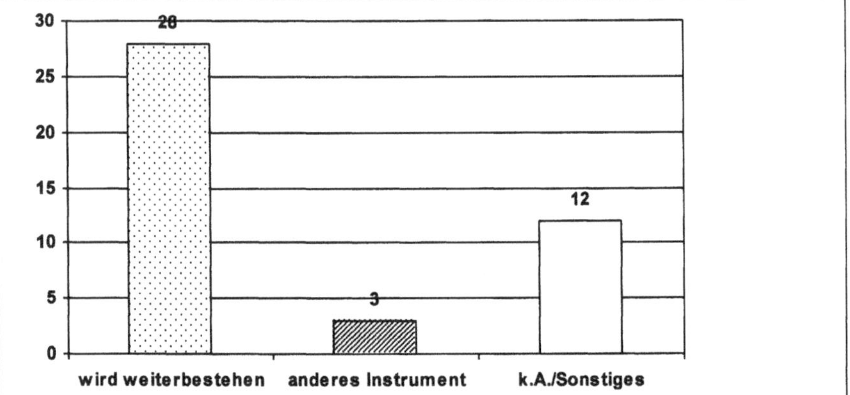

Die Ansichten, PAR werde als Instrumentarium bestehen bleiben, spiegelten dabei einerseits die eigene Überzeugung wieder, dass es sich dabei auch um ein gutes, beibehaltenswertes Instrument handelt.

Mir fällt nichts Besseres ein als die Grundlagen durch Erhebung bei den Betroffenen zu erfassen.

Ein anderer Ansatz ist kaum denkbar.

---

[204] Anhang, Tabelle 135.

Sollte als ein wesentlicher Ansatz bestehen bleiben.

Es wird bestehen bleiben, weil derzeit keine besseren Ansätze erkennbar sind.

Meines Erachtens funktioniert es aus der Sicht der Verwaltung und wird daher bestehen bleiben.

PAR bleibt bestehen, weil es letztlich durchschaubarer ist.

PAR wird auch für die Zukunft notwendig sein, um ein Maß für die Aufgabenverteilung zu sein.

Ich weiß derzeit nichts Tauglicheres.

Die PAR wird bleiben, weil sich keine andere, bessere Alternative abzeichnet. Die PAR als Idee ist sicher gut, jedoch sollte man sich an höherer Stelle auch mit dem unter der Richterschaft weit verbreiteten Misstrauen gegen die PAR befassen. Vielleicht wacht auch einmal die Standesvertretung aus ihrem Dornröschenschlaf auf und nimmt sich ein Herz, die hinter vorgehaltener Hand artikulierten Bedenken der Richterschaft weiterzutragen und an Verbesserungen auch tatkräftig mitzuwirken.

PAR wird bestehen bleiben, sie liefert in der derzeit geübten Praxis eine brauchbare und argumentierbare Grundlage zur Planstellenbewirtschaftung.

Andere Argumente stellten völlig wertneutral die Einschätzung dar, dass es als Instrument bestehen bleiben wird. Auch dazu einige Argumentationsbeispiele:

PAR wird auch in Zukunft bestehen bleiben.

Wird wohl eine Zeit noch bestehen bleiben. Im Hinblick auf BIS und PIS kaum anderes denkbar.

Eigentlich gibt es keine Alternative.

Neuer Ansatz ist nicht sichtbar.

Keine Ahnung, wie sich die neuesten BWL-Methoden darstellen/entwickeln. Ich glaube aber, dass die PAR derzeit einzementiert ist, wie auch immer die „Vollbeschäftigtenäquivalente" interpretiert werden.

Ich sehe keine Alternative.

Ein Teilnehmer griff hier jenes Argument auf, welches auch aus Stellungnahmen anderer Teilnehmer zu bereits vorangegangenen Fragen sichtbar wurde. Als „Knackpunkt“ bzw. Schlüssel für ein erfolgreiches Weiterbestehen des Steuerungsinstrumentariums wird das Funktionieren der Systempflege angesehen.

Ja, wenn die weitere Systempflege möglich ist. Auch ein neues System sollte grundsätzlich auf eine Arbeitszeitmessung aufbauen. Lediglich vergleichende Messungen sind nicht zielführend.

Von jenen Stimmen, die eher der Meinung waren, PAR werde zumindest in der derzeit bestehenden Form keine Zukunft haben sowie in einer Reihe sonstiger Anmerkungen, wurden auch Gedanken zu einem möglichen anderen Messsystem entwickelt:

Meines Erachtens wird ein völlig anderer Ansatz entwickelt werden. Nach Stimmen aus dem BMöLS und BMF würde PAR abzuschaffen sein, wenn sich aus dieser Berechnung ein höherer Personalbedarf ergebe, was - bei seriöser Systempflege - aller Voraussicht nach der Fall wäre.

Auf der Suche nach einem neuen Arbeitszeiterfassungssystem für juristische Denker komme ich zu mehreren Ansätzen:
a) Steuerungselemente: Der Staat will kurze, effiziente Verfahren. Er überlegt sich, was die Verfahren verlängert und schafft auf gesetzlicher Ebene verbesserte Rahmenbedingungen: z.B.: Bestimmungen über die Verlesbarkeit von Aussagen, Anwaltskosten mit fixen Ansätzen für Verfahrensabschnitte; Vorgabe für moderne Entscheidungsausfertigungen: Verwendung von Formularen, stichwortartigen Begründungen etc.
b) Bewertung des Personaleinsatzes: Warum muss ein Richter das Hv-Protokoll einem Rechtspraktikanten ansagen oder mit Tonband selbst verfassen, korrigieren, in den Akten herumwühlen, Entscheidungen konzipieren, diktieren, korrigieren - das könnte man auslagern auf echte Schriftführer, Konzeptsbeamte etc. Gilt aber auch für den StA, der mit einem Konzeptsbeamten etwas anfangen könnte. Die Scheinheiligkeit des Rp-Systems in Österreich müsste man beenden, dass man nicht klar zwischen Verwendung für Arbeit, Ausbildungsaufwand etc. teilt.
c) Für die verbleibende hochgeistige Arbeit könnte man eine laufende tagebuchartige Aufzeichnung der Erledigungen dafür verwenden, die künftige Tätigkeit voraus zu planen, wobei mit Personalreserven Großverfahren, Krankheiten usw. abgefangen werden müssten.

Weitere Lösungsvorschläge wären interessant. PAR-Werte stellen aber doch zumindest den ersten Ansatz für die Erfassung nicht erfassbarer Arbeitsvorgänge dar. Als völlig neuer Ansatz wäre eine „Kuchenaufteilungseinteilung" denkbar. Der Gesamtumfang der Arbeit beträgt x, die Arbeitenden y erhalten den Anteil am Kuchen unter Berücksichtigung von Aktenumfang nach speziellen Kriterien (z.B. Anzahl der Täter, der Zeugen, der Forderungshöhe oder sonstiger Komplexität unter Berücksichtigung von Spezialgebieten).

Die Zukunft von PAR scheint ungewiss. Die Adaptierung der U-Werte hat ein Fenster geöffnet, dass der Dienstgeber im großen Zivilbereich nicht akzeptieren wird können. Damit bleibt PAR aber ein Torso. Ich gehe eher davon aus, dass PAR sterben wird, denn die politischen (personalpolitischen) Zielsetzungen des Dienstgebers sind mit nach oben revidierten PAR-Werten nicht vereinbar.

Es werden vermutlich aus Kostengründen neue Verfahren eingeführt werden (vermutlich Berechnungen aus ADV-Register).

2.6. Zusammenfassung

2.6.1. Teilnehmerfeld

Teilnehmer an den Umfragerunden (Werte in % des gesamten Teilnehmerfeldes)[205]

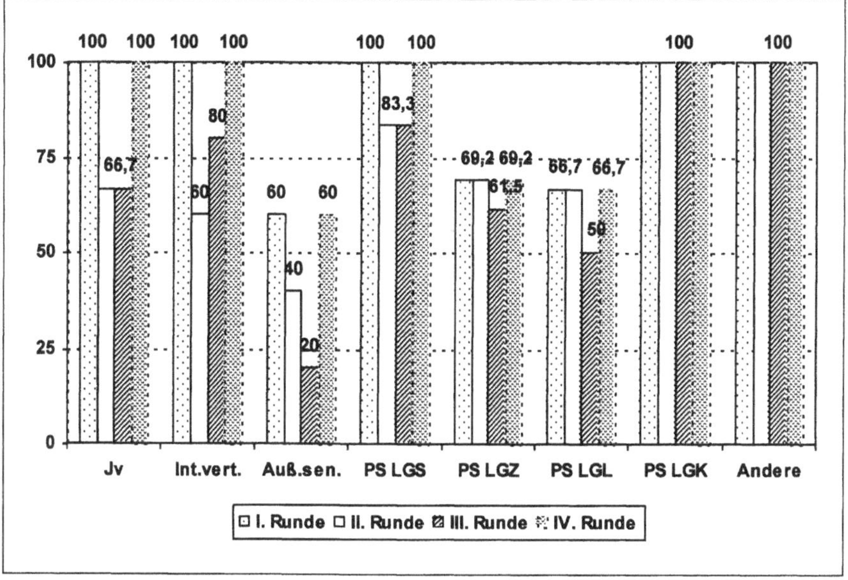

An den vier Fragebogenrunden des Projektes „PAR-Delphi" von Mai 2002 bis Mai 2003 nahmen von den ursprünglich 63 in das Umfragefeld aufgenommenen Justizangehörigen des Oberlandesgerichtssprengels Graz, die sich aus Mitgliedern der Personalsenate der Gerichtshöfe („PS" der Landes-Gerichte Graz für Straf- und Zivilrechtssachen, Klagenfurt und Leoben), des Außensenates („Auß.sen."), der Justizverwaltung („Jv"), Standes- und Interessensvertretung („Int.vert.") aber auch aus „einfachen" Richtern („Andere") zusammensetzten, im Durchschnitt 82,4% der Befragten teil, wobei ab der zweiten Runde nur noch jene 55 Personen angeschrieben worden waren, die auf den ersten Fragebogen antworteten.

[205] Da die vierte Runde primär der Rückkoppelung der Umfrageergebnisse diente, stellen die Werte dieses Durchganges die Anzahl der Teilnehmer dar, die einen Fragebogen zugesandt erhielten.

2.6.2. Informationsstand und Akzeptanz

Zur Verbesserung des mehrheitlich (von insgesamt 77,3% der Teilnehmer) als „eher nieder“ oder „nieder“ eingeschätzten **Informationsstandes der Richter- und Rechtspflegerschaft** über die PAR wurde von den befragten Experten vor allem vermehrte Kommunikation der aktuellen Entwicklungen und Zeitwerte gefordert. Aus einer, von der Justizverwaltung erwarteten, „aktiven“ Informationspolitik zum Systempflegeprozess erhofften sich 56,8% der Befragungsteilnehmer eine Steigerung der bislang als gering (77,7% der Teilnehmer ordneten der Frage nach der Höhe der Akzeptanz die Werte „eher nieder“ oder „nieder“ zu) bewerteten Akzeptanz. Bei dieser Frage wurde aber auch betont, dass diese nicht nur vom Wissensstand über das Rechenwerk, sondern primär von als „richtig“ empfundenen Zeitwerten abhängt. Zur Verbesserung des allgemeinen Informationsstandes wurden, neben dem Ruf nach Seminaren, Rundschreiben oder der Veröffentlichung der aktuellen PAR-Kennzahlen im Intranet, auch unkonventionelle Vorschläge gemacht:

Schon laufende Information auf niederem Niveau würde genügen, gegebenenfalls könnte man aber auch strukturiert Personen als Informationsträger einsetzen, sozusagen, PAR-Gerichts-, Sprengel- und OLG-Sprengel- „Delegierte", die mit Informationsveranstaltungen das Wissen nach unten weitergeben und umgekehrt nach oben die Veränderungen zwecks Anpassung artikulieren.

2.6.3. Einsatzbereiche der PAR

Neben der internen Planstellenbewirtschaftung – also der Verteilung der im Stellenplan vorgegebenen Richter- und Rechtspflegerplanstellen auf die einzelnen Gerichte – und der Geschäftsverteilung, welche (nahezu) alle Befragungsteilnehmer als **Einsatzgebiet der PAR** erachteten, teilte diese Auffassung in Bezug auf die externe Planstellenbewirtschaftung (Zuweisung von Planstellen an die Justiz) eine deutliche Mehrheit von mehr als 90%.

Am umstrittensten war diese Frage für die Personalbeurteilung. Einer (knappen) Mehrheit von 22 Teilnehmern stand die von 17 Befragten vertretene Meinung gegenüber, ein vor allem indirekter Einfluss könne sich daraus ergeben, dass die Beurteilung (der Qualität) eines Richters auch vor dem Hintergrund seiner Aus lastungssituation zu erfolgen hat. Die Ergebnisse des PAR-Einsatzes wurden dabei – auch was jene weiteren künftigen oder möglichen, von den Teilnehmern selbst genannten Einsatzgebiete anbelangte – überwiegend als positiv (PAR liefert in betreffendem Gebiet „gutes“ oder „eher gutes“ Ergebnis) bewertet.

Bewertung der PAR in den einzelnen Einsatzgebieten

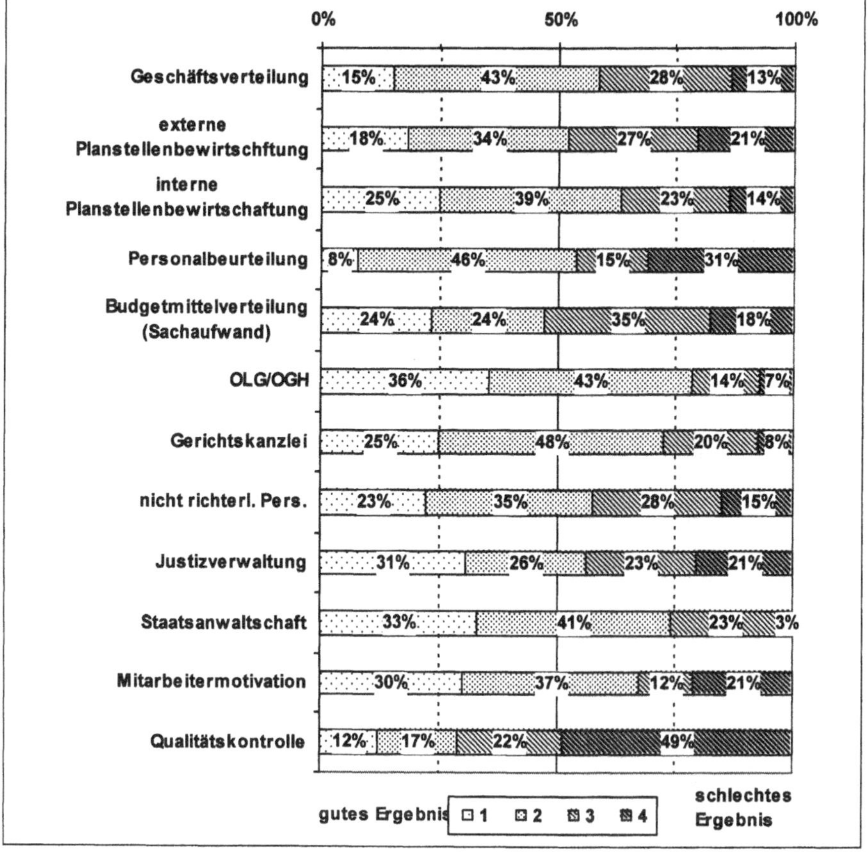

Gegenwärtige Einsatzbereiche der PAR 1. Teil (Ergebnisse der II. Runde)

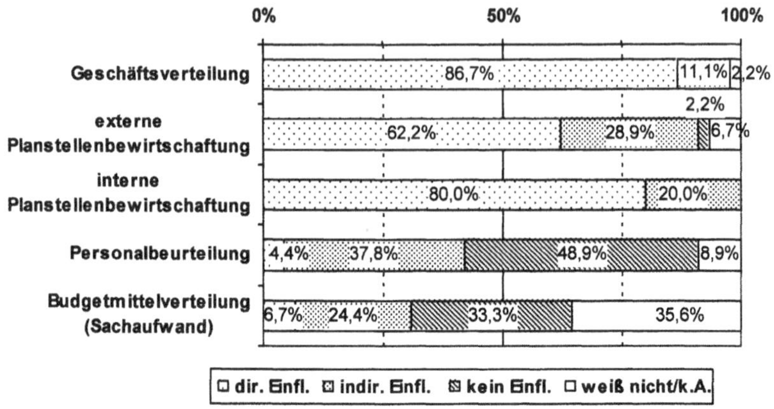

2.6.4. Stärken und Schwächen der PAR

Die offenen Fragen nach den **Vor- und Nachteilen der PAR** am Beginn der Erhebung brachten eine ganze Fülle von Argumenten, die im Wesentlichen den folgenden Hauptkategorien zugeordnet werden konnten:

Vorteile	**Nachteile**
Vergleichbarkeit	Falsche Vorgabezeitwerte
Maß(stab) für die richterliche Arbeit	Starres System
Objektivität	Manipulationsanfälliges Instrumentarium
Transparenz	
Betroffene haben an der Erfassung der Zeitwerte selbst mitgewirkt	

Als größter Fortschritt, der durch PAR gebracht worden war, wurde die Schaffung einer neuen Qualität von **Vergleichbarkeit** sowie der eines **Maßstabes für richterliche Arbeit** gesehen.

Abkehr von der völlig unbefriedigenden Relativrechnung der „Planstellenidealverteilung" des BMJ, die unter der Fiktion einer bundesweit ausreichenden Zahl verfügbarer Planstellen die jeder Dienststelle zukommenden Planstellenanteile errechnet. Da jede noch so verringerte Bundeszahl die „Idealzahl" darstellt, spiegeln die für einzelne Gerichte ermittelten Verschiebungspotenziale zwar mathematisch exakt zu ermittelnde Größen wieder, ohne jedoch eine Antwort darauf zu geben, welche Mindestbesetzung einer funktionierenden Einheit zuzubilligen ist. Die PAR stellt demgegenüber die unter Einbin-

dung der betroffenen Berufsgruppen (Richter, Rechtspfleger) erste seriöse Erhebung des erforderlichen Zeitaufwandes je Arbeitsvorgang dar und löste somit den Personalbedarf von der Ausgangszahl tatsächlich systemisierter Planstellen.

Durch die PAR ergibt sich erstmals die Möglichkeit zu erheben, welche Leistung von einem Richter verlangt werden kann, während bisherige Methoden lediglich Hinweise auf die Mehr- oder Minderbelastung einzelner Gerichte bzw. OLG-Sprengel lieferten, ohne absolute Werte anzugeben. Dies führte lediglich zu Planstellenverschiebungen auch wenn tatsächlich Aufstockungen erforderlich gewesen wären.

Erstmals nicht bloß Orientierung am Durchschnittsanfall pro Richterkopf ohne Rücksicht auf dessen Machbarkeit, sondern Objektivierung durch die Zeitkomponente (Jahresarbeitsstunden auf Basis 40-Stunden-Woche) weil nicht nur „relativiert" wird, sondern ein erhöhter bzw. geringerer Arbeitsaufwand erkannt wird und darauf reagiert werden könnte.

Geteilt waren die Auffassungen darüber, ob (Auslastungs)Vergleiche spartenübergreifend, unabhängig von der Gerichtsgröße oder zwischen den Regionen Österreichs vorgenommen werden können.

Dass mit den PAR-Kennzahlen kein Maß für Qualität oder individuelle Arbeit geschaffen worden war, wurde aufgezeigt, aus der Natur und auch der Zielsetzung der PAR aber auch als geradezu systemimmanent erkannt.

Kritisiert in diesem Zusammenhang wurde jedoch der Umstand, dass seit Einführung der PAR eine „Signalwirkung“ in Richtung „Quantität vor Qualität“ ausgegangen sei.

Richterliche Arbeit (insbesondere Gedankenarbeit) wird zu sehr vereinheitlicht, nivelliert. Die PAR nimmt nicht ausreichend Rücksicht auf „Qualität" der Erledigungen und zwingt in manchen Bereichen - gemessen an den Zeitwerten - zum „Schleudern".

Der Richter wird im PAR zu einer „Akten- und Urteilsmaschine" degradiert; der Umgang mit Parteien oder das sonstige Arbeitsverhalten des Richters (z.B. Genauigkeit, Höflichkeit, Rechtsrichtigkeit usw.) spielt überhaupt keine Rolle; manche Richter flüchten deshalb in den „Weg des geringsten Widerstandes".

Eine Personalanforderungsrechnung muss sich mit Durchschnittswerten begnügen. Außergewöhnliche Momente, wie Großverfahren oder individuelle Einschränkungen, müssen aber sehr wohl vom Personalsenat bzw. der Personalverwaltung berücksichtigt werden.

Die PAR soll auch nur helfen, genügend Personal „anzufordern". Dafür ist eben das durchschnittliche zeitliche Moment ausschlaggebend. Das enthebt die Verantwortlichen aber nicht der Aufgabe dafür zu sorgen, dass die (hoffentlich in ausreichender Zahl) vorhandenen Bediensteten bestmöglich ausgebildet sind und Bedingungen antreffen, die ihnen inhaltlich qualitätsorientierte Arbeit gestatten.

Als **Nachteil „Falsch“** wurden jene Nennungen bezeichnet, die zum Ausdruck brachten, die PAR-Zeitwerte würden nicht den tatsächlichen Zeitbedarf rechtsprechender Arbeit abbilden.

Neben grundsätzlichen Bedenken gegen die Machbarkeit eines solchen Unterfangens –

Zu schematisierte Betrachtung der Arbeit des Richters/Rechtspflegers: z.B. die „menschlichen" Spielräume in der Arbeit sind viel zu gering bemessen; ein „Normrichter" wird abstrakt vorgegeben, die unterschiedlichen Arbeitsweisen der Richter sind zu wenig berücksichtigt. Die PAR hat Arbeitszeiten für Maschinen errechnet und nicht für Menschen.

– oder Kritik an der Umsetzung der Erkenntnisse –

Einzelne Sparten sind im Vergleich zu anderen unrichtig bewertet; dennoch z.T. Festklammern an den Spartenwerten in der Geschäftsverteilung, obwohl die PAR hiefür nicht vorgesehen war und auch nicht wirklich geeignet ist („wir haben eben nichts besseres!") PAR ist nur eine operative Rechengröße und sollte bei kleineren Einheiten nicht mit der Apothekerwaage angewendet werden.

– überwog die Auffassung, dass einzelne Zeitwerte unrichtig erhoben oder aufgrund „externer“ Einflüsse, wie politischem Spardiktat oder geänderten Verfahrensprämissen unrichtig „geworden“ sind –

Die Festsetzung der Zeitwerte war schon im ersten Ansatz teilweise ungenau und unrichtig. Werte (etwa für „normalen" C-Akt - ausgenommen Versäumungsurteil) wurden nicht richtig erfasst und Anpassungen der Werte erfolgen nicht regelmäßig.

Bei den Strafverfahren wurden am deutlichsten die Hv-Akten (20 Nennungen „zu kurz“/9 Nennungen „richtig/keine Nennung „zu lang“) sowie die Nacharbeiten in Strafverfahren (8/1/0) als zu kurz bewertet angesehen. Die Einschätzung des Zeitwertes für das Ur-Verfahren hielt sich „die Waage“ mit 12 Nennungen für einen zu kurzen und 13 Nennungen für einen richtigen Zeitwert (12/13/1). Die Geschäftsgattungen BE (1/7/6), RK (3/10/1) und U (0/15/4) wurden überwiegend als richtig angesehen.

Im Bereich der Zivilverfahren fielen die Bewertungen der Zeitwerte für C-Allg. Streitsachen (27/1/0) und Cg (24/1/0) besonders durch ihre hohen Nennungen als „zu kurze“ Zeitwerte auf.

Auf bezirksgerichtlicher Ebene wurden im Bereich der streitigen Zeitwerte (C) neben dem Zeitwert für Allg. Streitsachen v.a. auch der für Bestandsachen (11/4/0) als zu kurz, der Zeitwert für Verkehrunfälle als richtig, mit (leichter)

Einschätzung der PAR-Zeitwerte Strafverfahren[206]

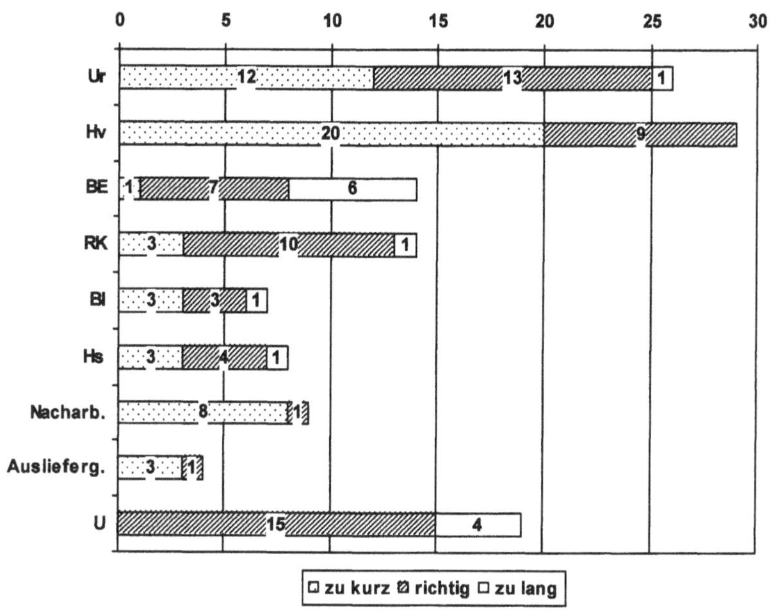

Tendenz zu einem zu hohen Zeitwert, beurteilt (0/9/2).

C-Allg. Streitsache	27/1/0
C-Verkehrs.	0/9/2
C-Bestand	11/4/0
C-§ 55a EheG	0/6/0
Mahn/Rpfl	0/3/2
E	8/5/0
Real-E	1/7/2

Die Zeitwerte für außerstreitige Verfahren wurden ganz allgemein (also ohne nähere Differenzierung – 5/0/0) und besonders im Bereich F (10/0/1) als zu kurz angesehen. Im Pflegschaftsbereich (P) waren die Nennungen für „zu kurz" und „richtig" ausgeglichen (7/7/1), die SW (1/10/11) und Ub-Verfahren (1/9/4) waren mehrheitlich als „richtig" bzw. „zu lang" bewertet angesehen.

[206] Folgende Nennungen, die zum überwiegenden Teil Untergruppen der einzelnen Verfahrensarten betrafen, die im PAR-System aber keinen eigenen Zeitwert haben, wurden für diese Darstellung zusammengefasst: Ur, Ur-Sittlichkeitsverfahren und Ur-Suchtgiftverfahren zu Ur; Hv, EHv, SHv, Hv-Sittlichkeitsverfahren und Hv-Suchtgiftverfahren zu Hv, Bl und Rechtsmittel zu Bl.

F	5/0/0
F-§§ 81ff EheG	5/0/1
P	7/7/1
SW	1/7/7
SWB	0/3/4
AußStr.	1/0/0
AußStr. Rpfl.	4/0/0

Zusammenfassend kann man für alle Geschäftsgattungen sagen, dass überwiegend die jeweiligen Grundverfahren, sei es das Hv-Verfahren in Strafsachen oder die C- und Cg-Verfahren in Zivilverfahren, als auffällig unterbewertet angesehen wurden. Dass dabei das strafrechtliche Erkenntnisverfahren auf bezirksgerichtlicher Ebene, das U-Verfahren, erst jüngst einen aktuell erhobenen, im Vergleich zum „alten" deutlich höheren Zeitwert erhalten hat, erklärt sein „Ausscheren" in der allgemeinen Bewertung.

Einschätzung der PAR-Zeitwerte für die Zivilverfahren am Landesgericht[207]

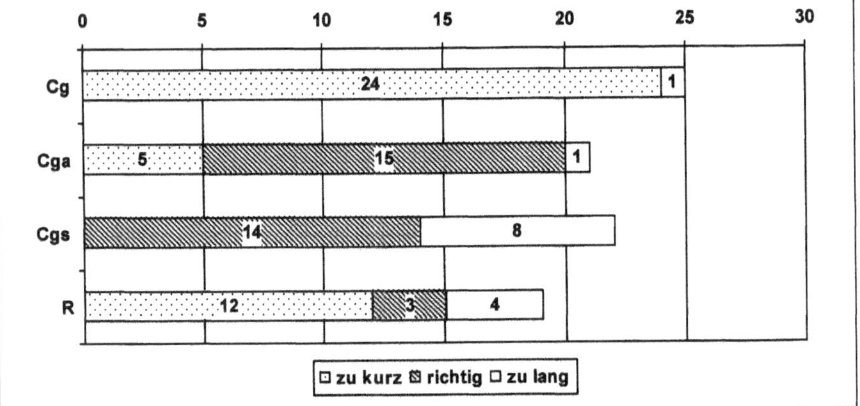

Bei der Frage nach **Verbesserungsvorschlägen bei der PAR-Zeitwerterhebung** zerfielen die Befragungsteilnehmer in eine Gruppe von Befürwortern und eine von Gegnern der Selbstaufschreibung durch die Mitarbeiter.

Selbstaufschreibung ist ein adäquater Weg. Sie kann allerdings nur Basisdaten liefern. Diese sind durch weitere Faktoren zu relativieren (z.B. kann kein Richter/Staatsanwalt 100% der Zeit entsprechend konzentriert arbeiten, also sind etwa notwendige Pausen verstärkt zu berücksichtigen.

---

[207] Folgende Nennungen wurden für diese Darstellung zusammengefasst: R, R-C, R-E, R-AußStr und Rechtsmittel zu R.

Das System der Selbstaufschreibung stößt an Kapazitätsgrenzen und ist vor dem Hintergrund ständig sich ändernder Vorschriften des formellen und materiellen Rechts und der dadurch bedingten Notwendigkeit der permanenten Überprüfung der PAR-Werte überfordert. Zudem begegnet der Dienstgeber Neuaufzeichnungen auf Grund des von den Aufschreibenden erlangten „Know hows" wohl mit zunehmender Skepsis. Man wird daher vermutlich dazu übergehen müssen, Expertengruppen, bestehend aus externen Beratern und Praktikern sowie Vertretern des Dienstgebers und der Standes- bzw. Personalvertretung zu konstituieren, die für eine Aktualisierung Sorge tragen. Eine Erheblichkeitsschwelle könnte jedoch unwirtschaftlichen Aufwand vermeiden helfen.

Vollständige Auslagerung an ein unabhängiges Unternehmen; Zeiterhebung in Drei-Jahres-Abständen; vollständige Offenlegung aller erhobenen Daten und der Ableitung der PAR-Werte; Selbstaufschreibung durch Beobachter des Unternehmensberaters ergänzen.

Als Argument für das bisher angewendete Verfahren der Selbstaufschreibung wurde neben dem Wirtschaftlichkeitsaspekt vor allem die Bedeutung für die Akzeptanz innerhalb der Richterschaft betont. Wenn auch eine vollständige Zufriedenheit mit den Zeitwerten als unerreichbares Ideal angesehen wurde, wurde in der Selbstaufschreibung doch zumindest eine Möglichkeit gesehen, die Akzeptanz zu verbreitern.

Ich kann mir derzeit keine andere - wirtschaftlich vertretbare - Erhebungsmethode als die Selbstaufschreibung vorstellen, die allerdings - stichprobenartig - kontrolliert werden könnte, „Ausreißer" können ohnedies ausgeschieden werden. Die Auswertung durch Kommissionen, denen auch Standesvertreter angehören, erhöht die Transparenz und Akzeptanz. Allerdings wird auch dadurch der Moment nicht gänzlich auszumerzen sein, dass das BMJ Auftraggeber der Studie ist und daher auch auf die Ergebnisse Einfluss ausüben kann.

Von allen Betroffenen werden PAR-Werte - wie immer sie erhoben wurden - nie akzeptiert werden. Anzustreben ist eine möglichst breite Akzeptanz. Das geht nur bei Mitwirkung der Betroffenen, also (auch) durch Selbstaufschreibung mit allen damit verbundenen Unsicherheiten: z.B., dass es keinen „tatsächlichen" Zeitbedarf gibt, sondern nur einen Durchschnitt aus rund 1.800 tatsächlichen Zeitangaben. Statistiken haben es eben an sich, dass sie im Wesentlichen nur Tendenzen zu einem bestimmten Zeitpunkt anzeigen. Das Diagramm zu 1. oben zeigt an, dass die Zeitwerte tendenziell für zu kurz empfunden werden. Die Auffassung des Dienstgebers steht dem von der Interessenlage her gesehen konträr gegenüber. Das Problem wäre nur durch einen Kompromiss oder eine Nacherhebung lösbar. Gegen die Nacherhebung sprechen die Kosten und die (sicher zu erwartende) Weigerung des Dienstgebers, während ein Kompromiss auf Verhandlungsebene das an sich auf Wissenschaftlichkeit beruhende System aushebelt und nicht mehr als wissenschaftliche Erkenntnis argumentierbar macht.

Bei gleichzeitig vorhandenen Zweifeln an der Errechenbarkeit „richtiger" Vorgabezeitwerte ergaben sich doch ganz konkrete Vorschläge einer möglichen Verbesserung des bisherigen Erhebungsverfahrens.

Sowohl dem Misstrauen von Seiten der Justizverwaltung gegen Manipulationen durch die „Aufschreiber" –

Das bisherige System der Selbstaufschreibung kann nicht beibehalten werden, da der Dümmste verstanden hat, was man machen muss. Das System einer Fremdbeobachtung ist jedoch zu aufwendig.

– als auch der Forderung nach akzeptierten, aus der Bewertung der Betroffenen selbst erhobenen Zeitwerten, könnte dadurch Rechnung getragen werden, dass Grundlage der Zeitwerterhebung zunächst eine aus allen Akten einer Geschäftsgattung im gesamten Bundesgebiet gezogene (repräsentative) Stichprobe bildet. Diese eine Stichprobe wird anschließend in mehreren Runden von verschiedenen „Experten" einer Zeitwertschätzung unterzogen. Die Zeitwerte selbst sollten dabei nicht als „Gesamtschätzung" für einen Akt, also von dessen „Anfall" bis zu dessen „Erledigung" (Abstreichen), sondern „aufgeteilt" nach Vorbereitungszeit – Verhandlungszeit – Urteilsausfertigungszeit – Nachbearbeitungszeit erfolgen.

Durch die unabhängige Bewertung desselben Datenmaterials von mehreren Personen könnten „Ausreißer" in der Bewertung, die allenfalls manipulativ wären, eliminiert werden. Durch die Teilschätzungen ist einerseits das Schätzergebnis zu verbessern, andererseits leichter nachprüfbar.

„Starrheit" warfen der PAR jene Argumente vor, die ihr Fußen auf „historischen" in einer Erhebung aus 1994 bzw. 1996 ermittelten Zeitwerten aufzeigten, die in Verbindung mit einer als unzureichend empfundenen Systempflege zu einem „Erstarren" des Rechenwerkes in einer sich ständig ändernden Umwelt (Gesetzesnovellen, Änderung der Streitkultur etc.) führte. Verstärkt wird dieser Effekt durch das „Nachhinken" der jährlichen Auswertungen. Die bisher geübte Bereitstellung der Ergebnisse an die Personal(planungs)verantwortlichen auf ober- und landesgerichtlicher Ebene erst Mitte nachfolgenden Jahres führte auf dieser Ebene sogar dazu, dass es als Planungs- und Steuerungsinstrument überhaupt nicht mehr verwendbar war.

Auf die sehr zahlreichen verfahrensrechtlichen Veränderungen wird nicht rasch genug reagiert. Im Zusammenwirken mit dem gelegentlich entstehenden Eindruck gewollter Reaktionsverzögerungen droht die Gefahr, dass ursprünglich einigermaßen gegebene Ausgewogenheiten verloren gehen.

Die nur punktuell betriebene Systempflege verzerrt das Gesamtgefüge. Die Ermittlung geänderter Zeitwerte orientiert sich sowohl seitens der Zentralstelle als auch der Erfassenden zu sehr an der Erzielung „angestrebter Größen".

Verzögerte Erstellung (infolge langwieriger Überprüfungen der Anfallszahlen) von bloß Jahres-PAR statt laufender, zumindest vierteljährlicher PARen als Steuerungsinstrument. Das müsste bei 100%iger ADV-Registrierung leicht möglich sein, sobald alles auf Rede-

sign umgestellt ist. Kleinere Registrierungsfehler - und mehr sind es nie - würden das Ergebnis nicht wesentlich verfälschen. So müssen wir seit Jahren den Entwurf des Stellenplanes dem BMJ ohne dessen offizielle PAR vorlegen (haben daher meist ab Anfang Februar schon eine „hauseigene" PAR - sie war heuer „lebenswichtig" für die Neusystemisierung bei den Aufnahmegerichten nach BG-Zusammenlegung zum 01.07.2002 - eine ministerielle PAR-BG 2001 haben wir bis heute (12.08.2002) nicht!

Das Erscheinen der PAR erfolgt zu einem Zeitpunkt (für 2001?), in dem die nachgeordnete Dienstbehörde die Planstellenaufteilung längst vorgenommen haben muss. Die Personalverwaltung des OLG muss daher auf interne Berechnungen zurückgreifen.

Großes Misstrauen, sowohl dem Instrumentarium, vermehrt aber seiner Umsetzung bzw. Anwendung gegenüber, brachten jene Stellungnahmen zum Ausdruck, die sich unter dem Schlagwort **„Manipulationsanfälligkeit“** zusammenfassen ließen. Im Vordergrund standen dabei tatsächliche oder subjektiv empfundene Beobachtungen und Annahmen, dass PAR-Zeitwerte – abgesehen von Ausnahmen – tendenziell nur nach unten korrigiert wurden oder seit, mit oder durch PAR es zu einem laufenden Abbau richterlicher Planstellen gekommen sei.

Kein Einfluss der von der PAR erfassten Rechtspflegeorgane auf die Systempflege. Ob eine „Nachjustierung" stattfindet oder nicht, scheint ausschließlich in der Ingerenz des BMJ, d.h. eines politischen Apparates zu liegen, für den andere Gesichtspunkte, insbesondere budgetäre Erwägungen, gelten.

Der größte Nachteil der PAR, der aber nicht in der PAR selbst zu suchen ist, ist der, dass sie von der Justizverwaltung zu oft nur bei Bedarf akzeptiert wird, sodass der Eindruck entsteht, dass die PAR-Ergebnisse nur dann herangezogen werden, wenn sie in das Konzept der Justizverwaltung passen.

Verweigerung der Anpassung von Werten schafft Manipulationsspielraum. Einzelüberbelastung wird in der Gesamtrechnung nicht berücksichtigt, man kann mit Zusammenzählen bestimmter (ausgewählter) Organisationseinheiten gewünschte Argumentationshilfen erhalten (z.B. keine Möglichkeit des Erhalts weiterer Planstellen bei Belastung eines Gerichts insgesamt knapp über 100% (109%), Einsparung dennoch, wenn ein Teilbereich unter 100%).

Relativiert wurde diese Aussage durch Hinweise darauf, dass PAR lediglich ein Hilfsinstrument darstellt und Manipulationsversuche auch nicht einseitig, also von Seiten der Verwaltung unternommen würden.

Die PAR stellt etwa gegenüber dem BMöLS und BMF nur eine Argumentationshilfe für den Planstellenbedarf dar. Solange die tatsächliche Planstellenzuweisung nicht mit den jeweiligen Zeitwerten Schritt hält, kann auch die Dienstbehörde nicht ausreichend reagieren.

Die Anfälligkeit ergibt sich durch das System an sich. Wenn man mit Menschen zu tun hat und beispielsweise subjektive Elemente berücksichtigt, dann ist mir klar, dass es bei-

spielsweise eintreten kann, dass sich jemand krank macht, um den Abschlag für Kranke zu bekommen. Dass jemand sich hohe Werte nimmt und die dafür gezählte Arbeit nicht erbringt, sich an Gesetze nicht hält etc., ist nicht mit der PAR sondern nur mit einer Arbeitskontrolle von außen zu lösen.

Darüber hinaus sollte nicht in jeder „Verhandlungslösung" zu besonders umstrittenen Zeitwerten gleich Manipulation zum Nachteil der „Gemessenen" vermutet werden. Es könnte sich dahinter durchaus die Verwirklichung der vielseits geforderten „relativen" Betrachtung der Vorgabezeiten, des „nicht an den Zahlen mit Punkt und Komma Klebens" stecken.

Wie erwähnt sind Kompromisslösungen (nur) durch eine gewisse Steuerung zu erreichen. Sehe dies aber nicht nur „schwarz".

Bei all den aufgezeigten Nachteilen, den angesprochenen Kritikpunkten überwog unter den Befragten dennoch eine grundsätzlich positive Einschätzung des Instrumentariums im Hinblick darauf, dass eine deutliche Mehrheit der Auffassung war, PAR habe für eine **„gerechtere" Aufgabenverteilung** gesorgt.

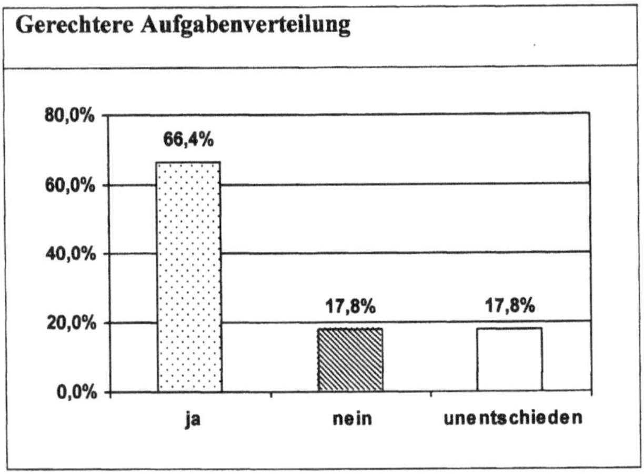

Diese Auffassung wurde unabhängig von der Zugehörigkeit zu einer Funktionsgruppe vertreten. Sowohl Teilnehmer aus dem Kreis der Justizverwaltung als auch Interessensvertreter, Personalsenatsmitglieder oder „einfache" Richter zeigten hier eine gleichartige Einschätzung.

2.6.5. Zukunft der PAR

Die letzte Fragengruppe, die sich mit **zukünftigen Entwicklungen** im Bereich der PAR beschäftigte, brachte differenzierte Ergebnisse zur Systempflege. Eine Mehrheit von 21 Teilnehmern erachtete anlassbezogene Teilerhebungen, lediglich

8 Befragte periodisch durchgeführte Vollerhebungen als geeignete Methode zur Aktualisierung der Zeitwerte, wobei dieses Ergebnis unter dem Gesichtspunkt von Wirtschaftlichkeits- und Machbarkeitsüberlegungen stand.

Den sich geänderten Umständen wären Vollerhebungen alle 10 bis 20 Jahre am zuträglichsten. Dürfte an der Kostenfrage scheitern. Man kann aber auch mit Teilerhebungen leben, wenngleich in ihnen der Keim der Sprengung des Systems liegt (siehe U-Nacherhebung).

Die Überwindung des Misstrauens zwischen Justizverwaltung auf der einen und Richterschaft auf der anderen Seite, die bei Beibehaltung der Selbstaufschreibung die „Basisdaten" für aktualisierte Zeitwerte liefern müsste, sahen manche – vor allem aus der Justizverwaltung kommende Befragungsteilnehmer – als nicht realisierbar, andere durch den Einsatz „vertrauensbildender Maßnahmen" (namentlich Mediation) möglich. Das Vertrauen in die Ehrlichkeit der Mitarbeiter sollte durch Verbesserung der „Plausibilitätsprüfungsverfahren" (Einrichtung von Kommissionen oder Expertengruppen, externe Kontrolle der Zeitwerte durch Rechtsanwälte), die zu einem Erkennen und Ausscheiden „manipulierter" oder „geschundener" Zeitwerte befähigen, begleitet werden. Vereinzelt kamen auch Vorschläge zur vollständigen Ausgliederung des gesamten Steuerungsinstrumentariums an externe Berater.

Abschließend vertrat eine Mehrheit der Umfrageteilnehmer (rund 65%) die Auffassung, PAR werde auch in **Zukunft als Instrument zur Steuerung des Personalbedarfes** bestehen bleiben, wobei sich hier die Ansichten, es handle sich um ein gutes, beibehaltenswertes Instrument, mit jenen, PAR werde nur deshalb weiter bestehen, weil es keine (bessere) Alternative dazu gäbe, trafen.

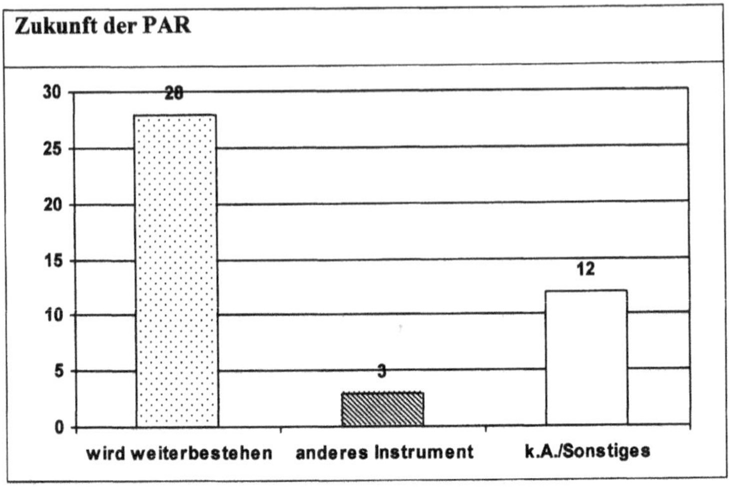

Die PAR wird bleiben, weil sich keine andere, bessere Alternative abzeichnet. Die PAR als Idee ist sicher gut, jedoch sollte man sich an höherer Stelle auch mit dem unter der Richterschaft weit verbreiteten Misstrauen gegen die PAR befassen. Vielleicht wacht auch einmal die Standesvertretung aus ihrem Dornröschenschlaf auf und nimmt sich ein Herz, die hinter vorgehaltener Hand artikulierten Bedenken der Richterschaft weiterzutragen und an Verbesserungen auch tatkräftig mitzuwirken.

Die justizielle Personalanforderungsrechnung – ein Instrument des modernen Personalmanagements im öffentlichen Dienst?

II. Teil – Die PAR-Projekte im Einzelnen

3. PAR-BG

3.1. Projektorganisation

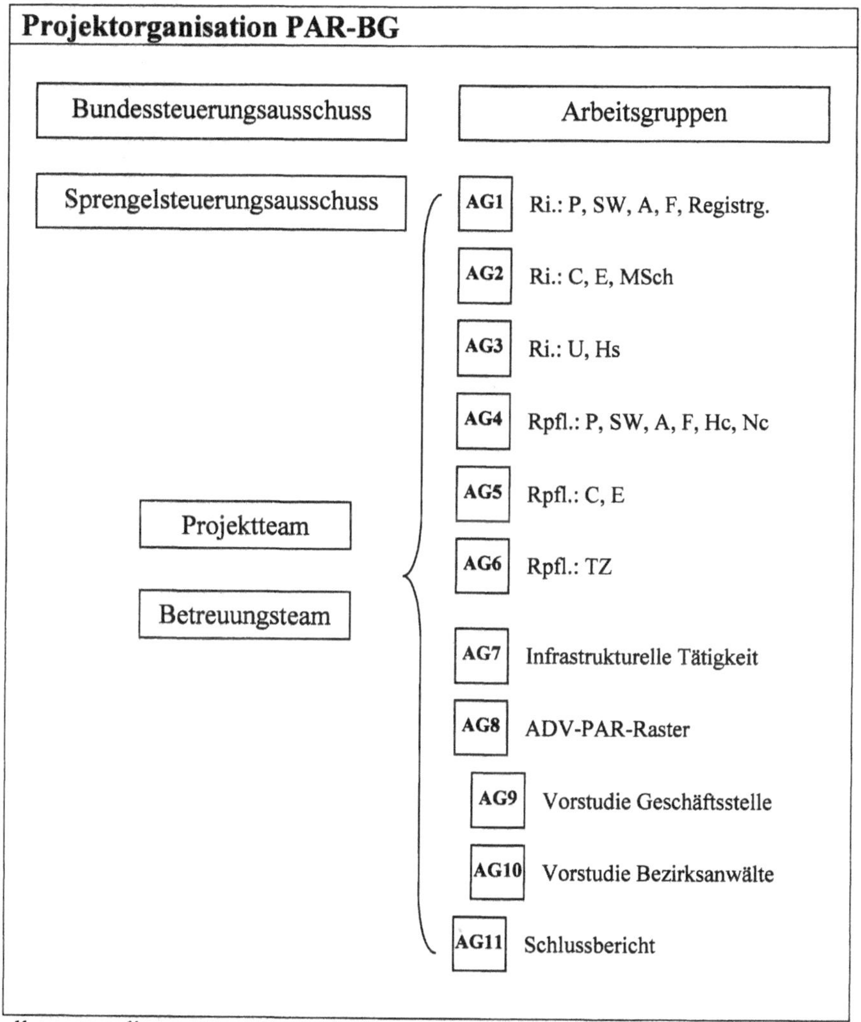

Um dem Problem mangelnder Kenntnis der betriebsinternen Besonderheiten, vor allem was die „Arten“ der im Justizbetrieb zu erledigenden Arbeiten betraf, zu begegnen, wurden insgesamt **11 Arbeitsgruppen (AG)** gebildet, welche zwar

auch mit Vertretern des Beratungsunternehmens und der Justizverwaltung (Bundesministerium für Justiz), vornehmlich aber mit in der Rechtsprechung tätigen Richtern und Rechtspflegern besetzt waren.
Die Gruppen 1 bis 6 hatten die variablen Zeiten zu erarbeiten, wobei die ersten drei Arbeitsgruppen die richterlichen, die Arbeitsgruppen 4 bis 6 die Aufgaben der Rechtspfleger über hatten. Mit den infrastrukturellen Tätigkeiten war die Arbeitsgruppe 7 betraut.

Für die Belange der organisatorischen Umsetzung bzw. Aufbereitung der Ergebnisse des Projektes wurden ebenfalls 2 Arbeitsgruppen eingerichtet. Die Arbeitsgruppe 8 entwickelte dabei den ADV-PAR-Raster, also die tabellarische Darstellung der (jährlichen) PAR-Auswertungsergebnisse. Die Arbeitsgruppe 11 verfasste den Schlussbericht.
Zwei weitere Gruppen (AG 9 und 10) waren mit PAR-BG selbst nicht befasst, ihre Aufgabe war es, begleitend zur Erhebung der richterlichen und rechtspflegerischen Zeitwerte, Vorstudien für die Geschäftsstellen sowie die Bezirksanwälte anzustellen.
Die mit durchschnittlich 8 bzw. 9 Personen besetzten Arbeitsgruppen – lediglich die Arbeitsgruppen 6, 10 und 11 waren „nur“ mit 6 Mitarbeitern besetzt[208] – fanden sich im Zeitraum 15.02.1994 bis 22.12.1994 zu insgesamt 29 Arbeitsgruppensitzungen zusammen, wobei je Arbeitsgruppe im Durchschnitt 2 Sitzungen, bei einzelnen Gremien auch bis zu 4 Sitzungen abgehalten worden waren.

Gesteuert wurde das Projekt PAR-BG vom **Bundes-** und dem **Sprengelsteuerungsausschuss.** [209] Beide Gremien waren mit Personen aus dem Beratungsunternehmen, Vertretern des Bundesministeriums für Justiz, Repräsentanten der Justiz-

[208] ROI, Schlussbericht BG, Anlage XII.
[209] Zusammensetzung der Gremien: (ROI, Schlussbericht BG, Anlage X bis XII)

Bundessteuerungsausschuss				
	14 Mitglieder	2 ROI	2 OLG Wien	
		4 BMJ	2 OLG Graz	
		2 StV/PV	1 OLG Linz	
			1 OLG Innsbruck	
Sprengelsteuerungsausschuss				
	32 Mitglieder	2 ROI	2 OLG Wien	2 StV/PV Wien
		3 BMJ	5 OLG Graz	2 StV/PV Graz
		3 StV/PV Bd	5 OLG Linz	2 StV/PV Linz
			4 OLG Innsbr	2 StV/PV Innsbr

Arbeitsgruppen					
AG 1	9 Mitglieder	AG 5	8 Mitglieder	AG 9	8 Mitglieder
AG 2	9 Mitglieder	AG 6	6 Mitglieder	AG 10	6 Mitglieder
AG 3	8 Mitglieder	AG 7	8 Mitglieder	AG 11	6 Mitglieder
AG 4	8 Mitglieder	AG 8	8 Mitglieder		

verwaltung aus den 4 Oberlandesgerichten und Funktionsträgern aus der Standes- und Personalvertretung besetzt. Zur Durchführung und Unterstützung der eigentlichen Datenerhebung, welche zum überwiegenden Teil die Arbeit der Arbeitsgruppen 1 bis 6, also die Zeitwerterfassung der variablen Tätigkeiten betraf, waren weiters ein **Projekt-** und ein **Betreuungsteam** eingerichtet, durch welche in 8 Instruktionsveranstaltungen die Vorgehensweise der Erhebung vorgestellt und die Unterlagen der Datenerhebung erläutert wurden.

3.2. Projektdurchführung

In einem ersten Schritt wählte das Beratungsunternehmen ROI aus den 192 Bezirkgerichten, die zu diesem Zeitpunkt (Stand 1994) in Österreich eingerichtet waren, 33 Gerichte für die Durchführung der Erhebung aus. Es war nach Darstellung der Projektverantwortlichen dabei auf die Repräsentativität dieser Auswahl besonderes Augenmerk gelegt worden, war doch Ziel des Projektes ein „für alle Gerichte im Bundesgebiet gültiges Meßsystem"[210] zu finden. Bei der Stichprobenbildung traf das Beratungsunternehmen daher eine Auswahl sowohl nach Größe und Standort als auch nach Bevölkerungsstruktur.[211]

OLG-Sprengel	**Kategorie 1 (bis 2,9 Richterplanstellen)**		**Kategorie 2 (3 bis 9,9 Richterplanstellen)**		**Kategorie 3 (ab 10 Richterplanstellen)**	
Wien	Großenzersdorf	1	Neusiedl	3	Döbling	10
	Langenlois	1	Liesing	5,6	Floridsdorf	15
	Lilienfeld	1	Baden	6,4	Hernals	13
	Stockerau	2	Wiener Neustadt	7	Innere Stadt Wien	46
					Handelssachen	15
Graz	Radkersburg	0,8	Wolfsberg	3,2	Klagenfurt	18
	Schladming	1,4	Leibnitz	4,5		
	Liezen	2,6	Spittal	6		
	Irdning	1				
Linz	Thalgau	0,8	Ried	3	Salzburg	22,5
	Mondsee	1	Steyr	5		
	Kremsmünster	1,2	Linz-Land	6,5		
	Raab	1,4				
	Saalfelden	2				

[210] Fellner, Leitfaden, 7.
[211] Fellner, Leitfaden, Beilage 1.

Inns-bruck	Imst	2	Feldkirch	8
			Hall	4,7

Bei diesen für das Projekt ausgewählten 33 Bezirksgerichten waren zur Zeit der Erhebung insgesamt 215 Richter und 135 Rechtspfleger beschäftigt. Dies entsprach einem Anteil von 32,3% aller auf der Organisationsebene der Bezirksgerichte tätigen Richter und 27,6% aller auf dieser Ebene tätigen Rechtspfleger.

Die Erhebung der PAR-BG Zeitwerte erfolgte im Zeitraum 24.04.1994 bis 17.06.1994, wobei für die meisten Verfahren der „Abgabetermin" für die Erhebungsunterlagen bereits mit 03.06.1994 festgelegt worden war.[212] Lediglich in einigen wenigen Verfahren (z.B. P, SW, teilweise E) waren kürzere Erhebungen vorgesehen.

Erhebungszeiträume („Durchführung der Ist-Aufnahme")	
C	25.04.1994 bis 17.06.1994
C-Räumungsexekution	25.04.1994 bis 03.06.1994
C-Mahn. Ri./Rpfl.	24.04.1994 bis 03.06.1994
C-Mahn. Rpfl.	24.04.1994 bis 03.06.1994
MSch	25.04.1994 bis 17.06.1994
A	25.04.1994 bis 03.06.1994
P	02.05.1994 bis 27.05.1994
SW-B	25.04.1994 bis 03.06.1994
SW Ri.	30.05.1994 bis 24.06.1994
SW Ri./Rpfl.	02.05.1994 bis 27.05.1994
SW Rpfl.	02.05.1994 bis 27.05.1994
F	25.04.1994 bis 03.06.1994
E-Zwangsverwaltung	25.04.1994 bis 17.06.1994
E-Zwangsversteigerung	25.04.1994 bis 17.06.1994
Sonstiger ri. E-Anfall	25.04.1994 bis 17.06.1994
Ri./Rpfl.	06.06.1994 bis 17.06.1994
Rpfl.	06.06.1994 bis 17.06.1994
Nc	25.04.1994 bis 03.06.1994
Hc	25.04.1994 bis 03.06.1994
TZ	16.05.1994 bis 10.06.1994
U	25.04.1994 bis 03.06.1994
Hs	25.04.1994 bis 03.06.1994

212 Diese Zeiträume ergeben sich aus den im Schlussbericht BG, Anlage XX angeführten „Beginn der Aufschreibung" und „Abgabetermin".

Von diesen „Erhebungszeiträumen“ zu unterscheiden sind die **Erfassungszeiträume** als jene Perioden, deren Geschäfts-(Akten-)anfall der Zeitwerterhebung zugrunde gelegt wurde. Gegenstand der Erhebungen waren jene in diesen Zeiträumen erledigten Akten. Die einzelnen Erfassungszeiträume waren dabei sehr unterschiedlich, differierten von Geschäftsgattung zu Geschäftsgattung, sowohl was die Dauer als auch den Zeitraum selbst (wann?) anbelangte.

<table>
<tr><th colspan="5">Erfassungszeiträume und Verfahrensarten[213]</th></tr>
<tr><th>Anzahl der Erfassungs-blätter</th><th colspan="2">Verfahrensart</th><th>Erfassungszeiträume</th><th>Maßstab für „Geschäftsfallerledigung“ (Anknüpfungspunkt der PAR-Erhebung)</th></tr>
<tr><th colspan="5">Geschäftsgattung A</th></tr>
<tr><td>1</td><td rowspan="3">A-Akten, die im Zeitraum 01.01.1992 bis 31.03.1992 angefallen sind, bearbeitet wurden von</td><td>Richtern</td><td rowspan="3">und die bis 25.04.1994</td><td rowspan="3">rechtskräftig erledigt sind bzw. die im Register abgestrichen werden konnten, sofern eine rechtskräftige Erledigung nicht in Frage kommt[214].</td></tr>
<tr><td>2</td><td>Ri./Rpfl.,</td></tr>
<tr><td>3</td><td>Rpfl.</td></tr>
</table>

[213] Die jeweils angeführte Verfahrensart bezieht sich auf die zum Einsatz gekommenen „Äquivalenzwertbildungs-Erfassungsblätter“.

[214] Abtretung § 44 JN; § 72 Abs. 1 AußStrG.

<table>
<tr><th colspan="5">Erfassungszeiträume und Verfahrensarten[215]</th></tr>
<tr><th>Anzahl der Erfassungs-blätter</th><th colspan="2">Verfahrensart</th><th>Erfassungszeiträume</th><th>Maßstab für „Geschäftsfallerledigung“ (Anknüpfungspunkt der PAR-Erhebung)</th></tr>
<tr><td colspan="5">Geschäftsgattung C</td></tr>
<tr><td>1</td><td colspan="2">Alle C-Verfahren (auch nichtstreitige Verfahren) lt. C-Register – außer Mahnverfahren – die im</td><td>Zeitraum 25.04.1994 bis 17.06.1994</td><td>im C-Register abgestrichen wurden.[216]</td></tr>
<tr><td>2</td><td colspan="2">Räumungsexekution durch C-Richter[217], die im</td><td>Zeitraum 01.03.1993 bis 30.06.1993</td><td>abgestrichen wurden.</td></tr>
<tr><td>3</td><td rowspan="2">Alle Mahnverfahren (C-Anfall §16 RpflG), die bearbeitet wurden von</td><td>Richtern als Rechtspflegern,</td><td rowspan="2">aus dem Erfassungszeitraum 01.03.1993 bis 31.03.1993</td><td rowspan="2">vom Anfall bis zum i.) Übergang der Zuständigkeit auf den Richter (§16 RpflG) bzw. ii.) bis zu jener Erledigung, aufgrund der der Akt abgestrichen werden kann.</td></tr>
<tr><td>4</td><td>Rpfl.</td></tr>
<tr><td colspan="5">Geschäftsgattung MSch</td></tr>
<tr><td>1</td><td colspan="2">In I. Instanz erledigte MSch-Verfahren[218], die im</td><td>Erfassungszeitraum 15.02. bis 17.06.1994</td><td>abgestrichen werden können.</td></tr>
</table>

[215] Die jeweils angeführte Verfahrensart bezieht sich auf die zum Einsatz gekommenen „Äquivalenzwertbildungs-Erfassungsblätter“.

[216] ROI, Schlussbericht BG, Anlage V, Richter C: „Bis zu jenen Erledigungen, aufgrund der der Akt abgestrichen werden kann“.

[217] Fallcode 42.

[218] Im Erfassungsblatt waren auch alle Anträge, selbst wenn sie in das Nc-Register eingetragen worden waren, zu erfassen.

Geschäftsgattung P				
1	Die beiden letzten Anträge[219] aus P- Akten, die im Zeitraum 01.01.1990 bis 31.12.1990 angefallen sind, bearbeitet wurden von	Richtern,	die sich im Ist-Aufnahmezeitraum 02.05. bis 29.05.1994	am Gericht befinden.
2		Ri./Rpfl		
3		Rpfl.,		
Geschäftsgattungen SW und SW-B				
1	Die beiden letzten abgeschlossenen Vorgänge[220] aus SW-Akten, die im Zeitraum 01.01.1989 bis 31.12.1989 angefallen sind und bearbeitet wurden von einem	Richter,	und die sich Zeitraum 02.05. bis 27.05.1994 (30.05. bis 24.06.1994)[221]	am Gericht befinden.
2		Ri./Rpfl		
3		Rpfl.		
4	Neuanfall in SW-Verfahren (SW-B)[222] des Zeitraumes 01.01.1992 bis 31.12.1992, der		bis zum 24.04.1994	rechtskräftig[223] mit Einstellung oder §273 ABGB-SW beendet ist.
Geschäftsgattung F				
1	F-Akten, die im Zeitraum 01.01.1991 bis 31.12.1991 angefallen sind und die		bis zum 24.04.1994	rechtskräftig erledigt[224] wurden.
Geschäftsgattung E				
1	Zwangsverwaltung: §§ 97ff EO: Letzte grundbücherliche Durchführung der Beendigung des E-Zwangsverwaltungsverfahrens, die im		Erfassungszeitraum 25.04. bis 17.06.1994	angeordnet wurden.

[219] Die beiden letzten rechtskräftig erledigten Anträge/von Amts wegen eingeleiteten Verfahren/sonstigen abgeschlossenen Vorgänge.

[220] Rechtskräftige Antragserledigung/rechtskräftige Erledigung von Amts wegen eingeleiteter Verfahren/ sonstige abgeschlossene Vorgänge, die nach rechtskräftiger §273 ABGB-SW-Bestellung liegen.

[221] Für die Richter lag der Zeitraum der Ist-Aufnahme, anders als bei der Erhebung der Zeitwerte für Rechtspflegertätigkeit der Richter und die der Rechtspfleger, von 30.05.1994 bis 24.06.1994.

[222] Sachwalter-Bestellungsverfahren.

[223] Als rechtskräftig gelten auch jene Entscheidungen, bei denen eine wirksame Zustellung nicht möglich ist, sobald die Rechtsmittelfrist abgelaufen ist. Hier wurde das Problem der Zustellung an Personen angesprochen, die den Zustellvorgang nicht erfassen können.

[224] Bzw. im Register abgestrichen werden konnten, sofern eine rechtskräftige Erledigung nicht in Frage kommt (z B. Abtretung § 44 JN).

2	Zwangsversteigerungen und Verfahren nach § 352 EO: Grundbücherliche Durchführung des Ergebnisses bzw. der Beendigung des E-Zwangsversteigerungsverfahrens oder aus Verfahren nach § 352 EO, die im		Erfassungszeitraum 25.04. bis 17.06.1994	angeordnet wurde.
3	Sonstiger richterlicher E-Anfall, der im		Erfassungszeitraum 25.04. bis 17.06.1994	beendet/im Register abgestrichen werden kann.
4	In die Zuständigkeit eines Rpfl. fallende E-Akten, bearbeitet von einem	Ri./Rpfl.,	die während des Erfassungszeitraumes 06.06. bis 17.06.1994	bearbeitet werden („alle auf den Tisch kommenden Akten“)[225].
5		Rpfl.,		

Geschäftsgattung Nc				
1	Nc-Akten[226] aus dem Erfassungszeitraum 01.01.1992 bis 31.03.1992,		die bis 24.04.1994	rechtskräftig erledigt (im Register abgestrichen) wurden.
2	Grundbuchsakten und Erlag (§1425 ABGB) aus dem Erfassungszeitraum 01.01.1992 bis 31.03.1992, bearbeitet von	Ri./Rpfl	die bis 24.04.1994	rechtskräftig erledigt wurden[227].
3		Rpfl.,		

[225] Unter der Schätzanweisung ist vermerkt: „Die Zeitschätzung hat sich auf den gesamten vorliegenden Akt bzw. Erstanfall bis inklusive des nunmehr anstehenden Schrittes zu beziehen. Doppelzählungen sind unzulässig“.

[226] WEG und WGG waren in MSch zu erfassen.

[227] Bei den Erlagen war die Gesamtzeit pro Akt vom Erstanfall bis zum 24.04.1994 zu schätzen.

<table>
<tr><td colspan="5">Hc</td></tr>
<tr><td>1</td><td rowspan="3">Hc-Akten, bearbeitet von</td><td>Richtern,</td><td rowspan="3">die im Erfassungszeitraum 25.04. bis 03.06.1994</td><td rowspan="3">abgeschlossen (= zurückgesendet) worden waren.</td></tr>
<tr><td>2</td><td>Ri./Rpfl</td></tr>
<tr><td>3</td><td>Rpfl.,</td></tr>
<tr><td colspan="5">TZ</td></tr>
<tr><td colspan="3">Alle TZ-Akten mit Beendigung des Vollzuges[228] oder durch andere Erledigungen mit TZ-Aktenzahl (z.B. Postfehlbericht),</td><td>die im Erfassungszeitraum 16.05.1994 bis 10.06.1994</td><td>erledigt wurden.</td></tr>
<tr><td colspan="5">U</td></tr>
<tr><td colspan="3">Alle U-Akten[229],</td><td>die im Erfassungszeitraum 25.04.1994 bis 03.06.1994</td><td>erledigt (= im Register abgestrichen) worden waren.</td></tr>
<tr><td colspan="5">Hs</td></tr>
<tr><td colspan="3">Alle Hs-Akten,</td><td>die im Erfassungszeitraum 25.04.1994 bis 03.06.1994</td><td>erledigt (= im Register abgestrichen) worden waren.</td></tr>
</table>

3.3. Variable Tätigkeiten beim BG

Bei der Untersuchung, welche Arten von Arbeiten bei einem Bezirksgericht anfielen, orientierte sich das Projekt an jener Unterteilung der Akten, die sich aus den gemäß Geschäftsordnung (Geo) bei den Bezirksgerichten zu führenden Registern ergab.

Dies führte zu folgender Liste von „PAR-Geschäftsgattungen“, die im Projekt „PAR-BG“ erarbeitet und für welche auch die ersten Zeiterhebungen durchgeführt wurden. Das heißt, dass diese Unterteilung der bei den Bezirksgerichten anfallenden Arbeit der Zeitwerterhebung zugrunde gelegt und für jede dieser Geschäftsgattungen (eigene) Zeitwerte erhoben worden waren.

In den folgenden Jahren kam es hier immer wieder zu Modifikationen – so wurden einzelne Geschäftsgattungen umbenannt, andere weiter unterteilt, wieder andere zusammengefasst. Zu diesen Entwicklungen siehe später, vorerst soll das

[228] Abstrich im Tagebuch.
[229] Inklusive Strafvollzug.

Ergebnis des Projektes PAR-BG zu den Arbeitsarten so dargestellt werden, wie es im Jahr 1994 im Schlussbericht geschah.

Geschäftsgattungen PAR-BG[230]		
streitige Zivilverfahren[231]	Allgemeine Streitsachen	C-Mahnsachen
		C-Allg. Streitsachen
		C-Verkehrssachen
	Bestandsachen	C-Bestandsachen
		C-prätorischer Räumungsvergleich
		Räumungen
	Familiensachen	C-Familienrechtssachen
		C-§ 55a EheG
		Hc[232]
außerstreitige Zivilverfahren	Bestandsachen	MSch
		PSch
	Familiensachen	P
		SW-B
		SW
		F
		A
		Ub
		TZ
Strafverfahren		U
		Hs
Exekutionsverfahren		E
Insolvenzverfahren		I (Privatkonkurs)
sonstige Verfahren		Nc

230 Die Darstellung im PAR-Auswertungsblatt (BG-PAR-ADV-Raster) weicht von der Folgenden etwas ab. Bei nachfolgender Aufstellung wurden die sachlich zusammengehörigen Verfahrensarten zusammengefasst dargestellt. Im Auswertungsblatt wurden PSch, Ub und I am Ende des Blattes aufgenommen, da im Zeitpunkt des Projektabschlusses 1994 für diese noch keine Zeitwerte vorlagen.
Die obige Darstellung zeigt den Stand des Ergebnisses der Erhebung und somit den Stand der ersten PAR-BG 1994. Die Bezeichnung der Geschäftsgattungen und ihre Unterteilung bezieht sich auf den Schlussbericht zum PAR-BG. Bei der Unterteilung der Geschäftsgattungen traten, beginnend bereits mit der PAR-BG 1995, Änderungen ein. So wurde die Geschäftsgattung E in 5 Unterarten unterteilt, die Privatkonkurse, im Projekt als Geschäftsgattung „I" bezeichnet, im Folgenden als „Se, S, Sa" ausgewiesen. Im Einzelnen zu den im Laufe der Jahre eingetretenen Veränderungen siehe im Folgenden.

231 Es ist dies die Zuweisung zu den jeweiligen „streitigen" und „außerstreitigen" Registern, wie sie die Geo vornimmt. Es kommt dabei in einzelnen Verfahren zu Abweichungen zur tatsächlichen Verfahrensart. So ist z.B. die einvernehmliche Scheidung (§ 55a EheG) in das „streitige Register" einzutragen, tatsächlich handelt es sich dabei jedoch um ein Verfahren, das nach den Regeln des Außerstreitgesetzes abzuführen ist. (§ 55a EheG; §§ 220 ff AußStrG; Ballon, Einführung in das österreichische Zivilprozessrecht, 284).

232 Danzl weist in seinem „Geo-Leitfaden" diese Verfahrensart den „streitigen Verfahren" zu, der Geo selbst kann keine solche eindeutige Zuordnung entnommen werden. Sie bilden im V. Hauptstück mit dem 5. Kapitel eine eigene Verfahrenskategorie. Zur übersichtlicheren Darstellung wird in vorliegender Arbeit der Einteilung Danzls gefolgt. Danzl, Geo-Leitfaden, 127.

Auf bezirksgerichtlicher Ebene nehmen die Aufgaben der Rechtsprechung nicht nur Richter wahr. Ein sehr großer Teil fällt auch in die Zuständigkeit von Rechtspflegern. Folgende Tabelle zeigt, wo (in welchen Geschäftsgattungen) Richter und/oder Rechtspfleger tätig werden.

Zuständigkeiten in den einzelnen Geschäftsgattungen				
		Richter	Rechtspfleger	Richter als Rechtspfleger
Streitige Zivilverfahren	C-Mahnsachen		☒	☒
	C-Allg. Streitsachen	☒		
	C-Verkehrssachen	☒		
	C-Bestandsachen	☒		
	C-prätorischer Räumungsvergleich	☒		
	Räumungen	☒		
	C-Familienrechtssachen	☒		
	C-§ 55a EheG	☒		
	Hc	☒	☒	☒
Außerstreitige Zivilverfahren	MSch	☒		
	PSch	☒		
	P	☒	☒	☒
	SW-B	☒		
	SW	☒	☒	☒
	F	☒		
	A	☒	☒	☒
	Ub	☒		
	TZ		☒	
Straf	U	☒		
	Hs	☒		
	E	☒	☒	☒
	I (Privatkonkurs)	☒	☒	☒
	Nc	☒	☒	☒

Wie oben stehende Übersicht zeigt, fallen manche Geschäftsgattungen ausschließlich in die Rechtspfleger-Zuständigkeit, in manchen sind nur Richter tätig. In einigen wiederum ist der Aktenanfall der Geschäftsgattung aufgeteilt zwischen richterlicher und rechtspflegerischer Zuständigkeit. Beinahe überall, wo Zuständigkeiten von Rechtspflegern gegeben sind, werden im Auswertungsblatt („PAR-BG-ADV-Raster“)[233] auch Zeitwerte für Richter angegeben. Dies hat seinen Grund darin, dass zum einen jede Tätigkeit eines Rechtspflegers auch von einem

[233] ROI, Schlussbericht BG, 4.

Richter ausgeübt werden kann, der fachvorgesetzte Richter sogar den Akt des seiner Fachaufsicht unterstehenden Rechtspflegers an sich ziehen kann.

Auf bezirksgerichtlicher Ebene tritt jedoch häufig der Fall ein, dass, vornehmlich bei kleineren Gerichten, wie sie im Zeitpunkt der Erhebung noch sehr zahlreich bestanden, oft nicht für alle Bereiche Rechtspfleger vorhanden waren. Der an einem solchen Gericht tätige Richter hatte daher auch die Aufgaben eines Rechtspflegers wahrzunehmen. In diesen Fällen, für die Tätigkeit des „Richters als Rechtspfleger", wurden vielfach eigene Zeitwerte erhoben und ebenfalls in das PAR-Zeitgerüst aufgenommen. Die Spalte „Richter als Rechtspfleger" gibt an, in welchen Geschäftsgattungen dieser „Sonderfall" Richter als Rechtspfleger bei den Bezirksgerichten mit einem eigenen PAR-Zeitwert bedacht wurde.

Im Bereich Ub (Unterbringungssachen), PSch (Landpachtsachen) sowie I (Insolvenzverfahren vor dem Bezirksgericht) wurden im Projekt keine Zeitwerte erhobenen, sondern dies einem späteren Zeitpunkt vorbehalten. Dennoch wird im Auswertungsblatt für diese Geschäftskategorien bereits deutlich, dass für Ub und PSch lediglich richterliche Zeitwerte vorgesehen sind, wohingegen für die Geschäftsgattung der Insolvenzen (Privatkonkurse) sowohl richterliche als auch rechtspflegerische Zeitwerte und der Sonderfall „Richter als Rechtspfleger" zur Anwendung kommen.

Einschub: Landesgericht

Im Bereich der Landesgerichte spielen die Rechtspfleger eine viel geringere Rolle als bei den Bezirksgerichten. Es gibt nur wenige Bereiche, wo auch auf landesgerichtlicher Ebene Rechtspfleger eingesetzt werden. Dies erfolgt lediglich im Bereich des arbeits- und sozialgerichtlichen Verfahrens (Cga und Cgs) sowie im Bereich des Firmenbuches (Fr).

Bei der PAR-LG wurde lediglich in einem einzigen Fall, also für eine Geschäftsgattung, die an sich in die Zuständigkeit der Rechtspfleger fällt, und zwar bei den Cga-Mahnsachen, zusätzlich auch ein richterlicher Zeitwert ausgewiesen. Dies zeigt, dass – im Unterschied zu den Bezirksgerichten – jene Fälle praktisch zu vernachlässigen sind, wo Richter auf landesgerichtlicher Ebene als Rechtspfleger tätig werden.

Im Bereich des Firmenbuches, wo ebenfalls Richter- und Rechtspflegerzuständigkeit innerhalb derselben Geschäftsgattung gegeben ist, fehlt zum Unterschied dazu ein solcher Richterzeitwert für Firmenbuchsachen, die in die Zuständigkeit von Rechtspflegern fallen. Gleiches gilt bei Nc für Fr und T/Wertpapiere.

Zuständigkeiten in den einzelnen Geschäftsgattungen				
		Richter	Rechtspfleger	Richter als Rechtspfleger
	Cg-Verkehrssachen	☒		
	Cg-Insolvenzrechtliche Sachen	☒		
	Cg-Amtshaftung	☒		
	Cg-Gewerblicher Rechtsschutz	☒		
	Cg-Wechsel/Scheck	☒		
	Cg-Darlehen/Kredit/ Bürgschaft	☒		
	Cg-Lieferung/Kaufpreis	☒		
	Cg-Werklohn/Honorar	☒		
	Cg-übrige	☒		
	Cga-Mahnsachen		☒	☒
	Cga-ohne Mahnsachen	☒		
	Cgs-gesamt	☒		
	Nc-Verfahrenshilfe	☒		
	Nc-ohne Verfahrenshilfe	☒		
	R-C	☒		
	R-MSch und PSch	☒		
	R-Exekution	☒		
	R-Außerstreit	☒		
	Nc-Senat	☒		
In-solv.	S	☒		
	Sa, Svv	☒		
	Se	☒		
	Firmenbuch (Fr) Richter	☒		
	Firmenbuch (Fr) Rechts-pfleger		☒	
	Nc für Fr		☒	
	T-Todeserklärungen	☒		
	T-Wertpapiere		☒	
Straf	Ur-Jugendstrafsachen	☒		
	Ur-ohne Jugendstrafsa-chen	☒		
	EHv-Einzelrichter	☒		
	SHv-Schöffensenat	☒		
	SHv(G)-Geschworenen-gericht	☒		
	BE-Senat/ Maßnahmenvollzug	☒		

	BE-Senat/ohne Maßnahmenvollzug	☒		
	BE-Amnestie	☒		
	BE-Übrige	☒		
	RK-Ratskammer	☒		
	Bl	☒		
	Hs	☒		
	Ns	☒		

3.3.1. Geschäftsgattung C[234]

Im Bereich der Geschäftsgattung C kamen 4 unterschiedliche Äquivalenzwertbildungs-Erfassungsblätter zur Anwendung. Zwei dienten der Erfassung der Arbeit der Richter, wobei das erste zur Erhebung der „Vielzahl der inhomogenen Arbeitsinhalte richterlicher Arbeit in C“[235], nämlich der 7 Geschäftsgattungen „**§ 55a EheG, familienrechtliche C-Sache, bestandrechtliche C-Sache, Verkehrssache, exekutionsrechtliche C-Sache, allgemeine C-Sache und sonstige Arten**“ herangezogen worden war. Im zweiten wurde – getrennt davon – die Geschäftsgattung „**C-Räumung**“ erhoben.

Zwei weitere Erhebungsblätter dienten der Erfassung der **Mahnverfahren**. Diese, an sich in die Zuständigkeit von Rechtspflegern fallenden Arbeiten, wurden gesondert in ihrem Zeitbedarf erhoben, wenn sie von Richtern erledigt worden waren, da vielfach – vor allem an kleineren Gerichten, wo keine Rechtspfleger-Planstelle eingerichtet oder diese nicht besetzt war – die dort ernannten Richter auch diese Arbeiten mit zu erledigen hatten.

Im „Haupt“-Erfassungsblatt (Erhebungsblatt 1 laut obiger Terminologie) für die richterlichen C-Verfahren waren – neben den Verfahrensarten, die die unterschiedlichen Geschäftsgattungen bezeichneten – auch folgende insgesamt 11 Pa rameter vorgegeben. In den übrigen Erhebungsblättern waren es ebenso viele, wobei in diesen die jeweils gleichen Parameter vorgegeben waren.

[234] ROI, Schlussbericht BG, 9ff.
[235] ROI, Schlussbericht BG, 9.

Erhebungsblätter für die Geschäftsgattung C im BG-Verfahren				
	Erhebungsblatt 1	**Erhebungsblatt 2**	**Erhebungsblatt 3**	**Erhebungsblatt 4**
Organ	Richter	Richter	Rechtspfleger	Richter/Rechtspfleger
Verfahrensart	P12[236]: § 55a EheG P13: familienrechtliche C-Sache P14: bestandrechtliche C-Sache P15: Verkehrssache P16: exekutionsrechtliche C-Sache P17: allgemeine C-Sache P 18: sonstige Arten (in C)	C-Räumung	Mahnverfahren	Mahnverfahren

Parameter im Erhebungsblatt 1

1. Streiturteile
2. Streitige Erledigung(en)
3. Komplizierter Sachverhalt/Rechtsfrage
4. Sachverständige(r), Lokalaugenschein
5. Auslandsbezug (Rechtshilfe, Dolmetsch)
6. Einvernahme von drei oder mehr Zeugen
7. Einstweilige Verfügung(en)
8. Richterwechsel
9. Drei oder mehr mündliche Verhandlungen
10. Prätorischer Räumungsvergleich
11. Teilurteil/Zwischenurteil

Parameter in den Erhebungsblättern 2 - 4

1. Räumungsexekution
2. Aufschiebung
3. Räumungsvollzug
4. Kostenbestimmung
5. Kauf
6. Mahnverfahren (Richter und Rechtspfleger)
7. Zustellprobleme
8. Zurück- und/oder Überweisen
9. Wiedereinsetzung
10. Aufhebung(en)
11. Parteienverkehr zum konkreten Akt

Im Bereich der mit dem ersten Äquivalenzwert-Erfassungsblatt erhobenen **richterlichen Verfahren** in C wurde ein gesamter Durchschnittszeitwert von 182 Mi-

[236] „P“ mit der nachgestellten Nummer bezeichnete die Verfahrensarten im Erfassungsblatt. Diese Abkürzung wird in obenstehender Tabelle dargestellt, weil sie im Zusammenhang mit der Auswertung noch Bedeutung erlangen sollte.

nuten ausgewiesen. Hier orteten die Projektbeteiligten jedoch inhomogene Arbeitsinhalte, sodass es schließlich – entsprechend der im Erfassungsblatt zusätzlich erhobenen Unter-Verfahrensarten – zu einer Aufteilung in PAR-Zeitwerte für die Verfahren C-Verkehrssachen, C-Bestandsachen, C-Familiensachen, C-§55a EheG und C-Allgemeine Streitsachen kam.

Bei dieser Aufteilung war im Wesentlichen der Gliederung nach Unterarten gefolgt worden, wie sie im Erhebungsblatt vorgegeben war.

Lediglich zur Bildung des Zeitwertes C-Allgemeine Streitsachen wurden die Arten Exekutionsrechtliche C-Sachen (P16), Allgemeine C-Sachen (P17) und Sonstige Arten (P18) der Äquivalenzwertbildungs-Erfassungsblätter zusammengefasst. Hier gab es – wie die unterschiedlichen Ergebnisse, ausgewiesen in Anlage V des Schlussberichtes beweisen – offenbar auch Abgrenzungsschwierigkeiten zwischen diesen „Parametern" (Verfahrensarten). Aus den Auswertungen ist jedoch auch ersichtlich, dass hier Verfahrenskategorien mit offenbar sehr unterschiedlichen Einzel(durchschnitts)zeitwerten zu einer einheitlichen „PAR-Zeitwertkategorie" zusammengefasst worden waren. So ergab die Kategorie P16 plus P17 einen Durchschnittszeitwert von 187 Minuten, P18 allein einen solchen von 120 Minuten. P16, P17 und P18 zusammengefasst ergaben schließlich den für die Verfahrensart „C-Allgemeine Streitsache" herangezogenen PAR-Zeitwert von 166 Minuten.

Auswertungsergebnisse zum PAR-Zeitwert C-Allgemeine Streitsache[237] (in Min. lt. SB BG)

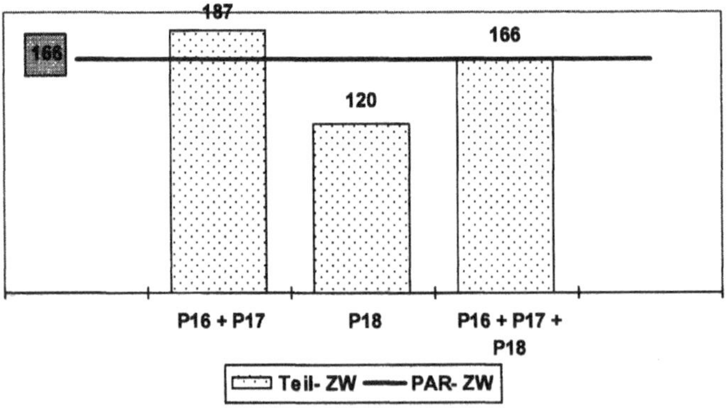

P16: Exekutionsrechtliche C-Sache P17: Allgemeine C-Sache P18: Sonstige Arten (in C)

[237] ROI, Schlussbericht BG, Anlage V.

Außer dieser, sich aus der Unterteilung des Erhebungsblattes in „Unterverfahrensarten" ergebenden Aufteilung wurden für den Bereich des streitigen C-Verfahrens noch zwei weitere PAR-Zeitwerte gebildet.

Die ohne eigenen Zeitwert und ohne Mengenangaben im Schlussbericht zur PAR-BG ausgewiesene Verfahrenskategorie „C-prätorischer Räumungsvergleich" gehörte weder zu einer der Verfahrensunterarten, wie sie im Erhebungsblatt vorgegeben waren, noch war sie mit einem eigenen Erfassungsblatt erhoben worden. Ihr Anteil an der Erhebung und der auf sie entfallenen Zeitschätzungen ließ sich aus den Ankreuzungen des Parameters im ersten Erhebungsblatt ableiten. Laut Darstellung im Leitfaden zur PAR[238] entbrannte um die Bewertung dieser Verfahrensart eine „lange Diskussion", die dazu führte, dass für die prätorischen Räumungsvergleiche ein eigener PAR-Zeitwert von 10 Minuten angesetzt wurde. Dieser Wert war also kein unmittelbares Ergebnis einer (eigenständigen) Zeitschätzung nach den Vorgaben der Äquivalenzwertmethode sondern stellte ein Beispiel für die später auch noch bei anderen Zeitwerten gefundenen „Verhandlungslösungen" dar.

Nach dem gleichen Prinzip war offenbar auch beim Zeitwert für die Verfahrenskategorie „Kündigungen, (die) ohne Einwendungen (rechtswirksam werden)" vorgegangen worden. Auch hier wurde ein einheitlicher Zeitwert von 10 Minuten angesetzt.[239]

In der Zeitwerterhebung waren diese Verfahrensarten zunächst noch unter der Kategorie „C-Bestandrechtliche Verfahren" enthalten. Unter Einbeziehung der prätorischen Räumungsvergleiche und Kündigungen ohne Einwendungen wurde für die C-Bestandverfahren ein Durchschnittszeitwert von 148 Minuten ermittelt, welcher auch der PAR-BG 1994 zugrundegelegt worden war.[240] Nach „Herausrechnung" dieser Verfahrensarten wurde für das „Restverfahren" der bestandrechtlichen C-Verfahren ein neuer Zeitwert gebildet. Dass dieser ab PAR-BG 1995 verwendete Zeitwert mit 217 Minuten deutlich höher war, zeigte, dass die Verfahren, die in einem prätorischen Räumungsvergleich oder einer Kündigung ohne Einwendungen endeten im Bereich der bestandrechtlichen C-Verfahren die kürzesten Verfahrenserledigungen aufwiesen und so gesehen die „übriggebliebenen" Bestandverfahren einen deutlich höheren Zeitaufwand mit sich brachten.

Als Verfahrensart mit besonders hohen Einzelzeitwerten stachen besonders die Verkehrssachen mit 458 Minuten hervor. Bei der nachfolgenden Überprüfung und

[238] Fellner, Leitfaden, 11.
[239] Fellner, Leitfaden, 12.
[240] PAR BG 2002, 225.

Analyse der PAR-Erhebungsergebnisse war festgestellt worden, dass bei den im Projekt erfassten C-Sachen der Anteil der Verkehrssachen dabei sogar unter dem bundesweiten Durchschnitt lag. Um dem wenigstens zum Teil Rechnung zu tragen, dass gerade die offenbar zeitintensivste Verfahrensart in der Untersuchung „unterrepräsentiert“ war und um nicht jene Bezirksgerichte, die überproportional viel Anfall in Verkehrssachen hatten, durch einen für alle richterlichen C-Verfahren[241] einheitlichen Zeitwert, wie er ursprünglich offenbar zumindest angedacht gewesen sein dürfte, zu benachteiligen, entschieden sich die Projektverantwortlichen im Einvernehmen mit der Standesvertretung für eine stärkere Aufteilung des PAR-C-Zeitwertes.

Die Zeitwerte für die **Mahnsachen** wurden mit den eigens dafür konzipierten Äquivalenzwert-Erfassungsblättern 3 und 4 erhoben.

In diesem Bereich kam eine besondere Erhebungsmethode zur Anwendung. Mit dem an sich zur Zeiterfassung verwendeten Verfahren der Äquivalenzwertmethode wurden nur jene Geschäftsfälle in Mahnsachen erhoben, die einen (geschätzten) Zeitaufwand von mehr als 8 Minuten hatten. War von den an der Erhebung beteiligten Rechtsprechungsorganen ein Mahnakt in seinem Zeitaufwand als darunter liegend bewertet worden, ging dieser nicht in das Äquivalenzwert-Erfassungsblatt ein, sondern wurde nur mengenmäßig (Strichliste) festgehalten. Der Zeitwert für diese „unter-8-minütigen“ Mahnverfahren – dies entsprach im Übrigen den ersten beiden Zeitklassen der Äquivalenzwertbildungs-Erfassungsblätter – wurde nach der ROI-Operationsfolgemethode (ROM) ermittelt.

Dazu war eine Klage im Mahnverfahren am BG Schladming beispielhaft in 37 einzelne Teilschritte, die bei der Bearbeitung eines solchen Geschäftsfalles regelmäßig anfallen (Schritt 1: Akten aus Kanzlei holen und zurückbringen; Schritt 2: drei Stempel aus Lade auf Tisch, Datum kontrollieren, Stempelkissen öffnen, Normalkostentarif aus Regal, Aktenmappe öffnen; etc.), zerlegt worden. Jedem dieser Teilschritte wurde eine „Idealzeit“ (IZ) zugeordnet.[242]

Anhand dieses „Musteraktes“ wurde für die einfachsten Fälle des Mahnverfahrens – unter Hinzurechnung einer 6%igen persönlichen und 3%igen sachlichen Verteilzeit – ein durchschnittlicher Zeitbedarf von 5 Minuten ermittelt. Laut Schlussbericht lag der „Großteil“ der Mahnverfahren – für die von Rechtspflegern bear-

[241] Die im ersten Erhebungsblatt zusammengefassten Verfahrensarten werden auch als „richterlicher Sonderanfall in C“ bezeichnet; näheres dazu vgl. auch Fellner, Leitfaden, 11; Fellner Wolfgang, Personalbewirtschaftung in der Justiz und die Steuerungsinstrumente des betrieblichen Informationssystems, in: BMJ (Hrsg.), Die Verwaltung der Gerichte – Wege zu einem neuen Justizmanagement (1991), 105ff; Brade Horst, Die innere Revision und die Aufgabe der Visitatoren als Stütze des Justizmanagements, in: BMJ (Hrsg.), Die Verwaltung der Gerichte – Wege zu einem neuen Justizmanagement (1991), 83ff.
[242] Näheres dazu siehe ROI, Schlussbericht BG, Anlage I.

beiteten Akten wurde ein Wert von 89% angegeben – in den Zeitklassen 1 und 2, somit also im Bereich des arbeitswissenschaftlich (ROM) errechneten Zeitwertes.

Die Ergebnisse der anderen Verfahren, deren Zeitdauer mit der Äquivalenzwert-Methode in den 7 übrigen Zeitklassen erhoben worden waren, führten zu einer Erhöhung des Gesamtzeitwertes für Mahnverfahren, die von Richtern erledigt wurden, auf 5,8 Minuten und für jene von Rechtspflegern erledigten gar auf 6,5 Minuten. Als mögliche Ursachen für den diesbezüglich unterschiedlichen Zeitwert bei den an sich inhaltlich identen Tätigkeiten wurden die Ausbildungsunterschiede zwischen Richtern und Rechtspflegern, eine bessere Aufbereitung und Vorerledigung der Akten durch die Geschäftsstellen für Richter sowie eine stärkere Belastung durch Parteienverkehr der Rechtspfleger während der Aktenerledigung gesehen.[243]

Der Zeitwert für die **„Räumungen"** wurde mit dem dafür konzipierten Blatt Nummer 2 erhoben. Im Kontext der streitigen C-Verfahren war diese Verfahrensart auch noch im ersten PAR-BG Auswertungsblatt 1994 ausgewiesen worden. Ab dem Folgejahr (PAR-BG 1995) fand sich diese Geschäftsgattung jedoch unter den Exekutionsverfahren als „E-Räumung". Der ursprünglich ausgemittelte Zeitwert von 87 Minuten wurde beibehalten. Damit entsprach die Zuordnung auch wieder den Registerführungsvorschriften, wo diese Art im ADV-E-Register (Fallcode 42) geführt wird.[244]

Nachstehende Tabelle zeigt die Anzahl der Geschäftsfälle (i.d.R. Akten), die der Zeitwertermittlung in den einzelnen Geschäftsgattungen zugrunde lagen sowie die einzelnen PAR-Zeitwerte wie sie als Ergebnis des Projektes im Schlussbericht ausgewiesen worden waren.

<table>
<tr><th colspan="4">Anzahl der Geschäftsfälle und PAR-Zeitwerte in der Geschäftsgattung C lt. SB BG[245]</th></tr>
<tr><td></td><td></td><td>Geschäftsfälle</td><td>PAR-Zeitwerte (in Min.)</td></tr>
<tr><td rowspan="2">C-Mahnsachen</td><td>Richter</td><td>10.780</td><td>5,8</td></tr>
<tr><td>Rechtspfleger</td><td>8.419</td><td>6,5</td></tr>
<tr><td rowspan="3">C-Allgemeine Streitsachen</td><td>Exekutionsrechtliche C-Sache</td><td rowspan="3">4.560</td><td rowspan="3">166*</td></tr>
<tr><td>Allgemeine C-Sache</td></tr>
<tr><td>Sonstige Arten</td></tr>
<tr><td colspan="2">C-Verkehrssachen</td><td>749</td><td>458*</td></tr>
</table>

[243] ROI, Schlussbericht BG, 10.
[244] Fellner, Leitfaden, 12.
[245] ROI, Schlussbericht BG, Anlage V.

C-Bestandsachen	2.200	**148***
C-prätorischer Räumungsvergleich		
Räumungen	431	**87**
C-Familienrechtssachen	983	**269***
C-§55a EheG	766	**88***
* Im Schlussbericht wurde auch ein über alle mit Stern gekennzeichneten Geschäftsgattungen ein Gesamt-Durchschnittszeitwert gebildet, welcher 182 Minuten betrug.		

Bei der Analyse der erhobenen C-Zeitwerte traten Zweifel an der Repräsentativität des gewählten Erfassungszeitraumes (25.04.1994 bis 17.06.1994) auf. Es wurde argumentiert, dass C-Akten, die in diesem Zeitraum erledigt („abgestrichen") werden, tendenziell „einfachere" Akten wären, da die Bearbeitung (vor allem Urteilsausfertigungen, die zu einem Abstreichen im Register führten) komplizierterer Fälle tendenziell in die Zeit der Gerichtsferien (15.07 bis 25.08 und 24.12 bis 06.01[246]) verlagert werden würde. Diesem Einwand wurde jedoch insofern nicht weiter nähergetreten, als eine Registerauswertung für den Erfassungszeitraum einen aliquoten Anteil an der Zahl der Urteilsausfertigungen des Gesamtjahres zeigte. Eine weitere Überprüfung, ob die in die Erhebung einbezogenen Akten tatsächlich tendenziell eher in den unteren Zeitkategorien vertreten waren und die höchste Zeitkategorie im Vergleich zum Gesamtjahresanfall „unterrepräsentiert", war durch Bebachtung der Verteilung der Akten in den jeweiligen Zeitkategorien in einem größeren (4monatigen) Erfassungszeitraum im Schlussbericht „nicht ausgeschlossen" worden. Für die PAR-Auswertungen wurde aber zunächst – zumindest für die bis heute vorliegenden PAR-BG-Berechnungen – von den erhobenen Werten ausgegangen.[247]

Bei der Korrelationsanalyse, in wie weit das Auftreten eines Aktes in einer bestimmten Zeitkategorie mit einem der vorgegebenen Parameter zusammenhängt, wurden für die Geschäftsgattungen § 55a EheG, familienrechtliche C-Sache, bestandrechtliche C-Sache, Verkehrsache, exekutionsrechtliche C-Sache, allgemeine C-Sache und sonstige Arbeiten die Parameter „Streiturteil", „Einvernahme von drei oder mehr Zeugen" und „mündliche Verhandlungen" als besonders markant für hohe Zeitklassen (Dauer der Geschäftsfallerledigung mehr als 7,5 Stunden) erkannt. Für die anderen Geschäftsgattungen (Mahnsachen, Räumungsexekution) fielen keine solchen zeitmarkanten Parameter auf.

[246] §§ 222ff ZPO.
[247] ROI, Schlussbericht BG, 10.

3.3.2. Geschäftsgattungen MSch[248] und PSch

Für die MSch-Zeitwerte wurde ein Erhebungsblatt entwickelt, in dem auch 10 Parameter vorgegeben waren.

Parameter MSch-Verfahren

1. Schlichtungsstelle war vorgeschaltet
2. § 3 WEG-Verfahren
3. § 3 WEG-Verbesserungsauftrag
4. Komplizierter Sachverhalt und/oder komplizierte Rechtsfrage
5. Tagsatzung durchgeführt
6. Vernehmung(en)
7. Sachverständige(r), Lokalaugenschein
8. Sachbeschluss
9. verbundene(r) Akt(en)
10. Richterwechsel

Zwei Parameter betrafen dabei eine besondere Verfahrensart (§ 3 WEG-Verfahren; § 3 WEG-Verbesserunggsauftrag), die Übrigen gaben zeitmarkante Elemente aller MSch-Verfahren an.
Auch in dieser Geschäftsgattung würden sich – so die Darstellung im Schlussbericht – inhomogene Arbeitsinhalte und Arbeitsroutinen wiederspiegeln. Als gesonderter (Teil)-Zeitwert war der für § 3 WEG-Verfahren getrennt vom „Rest"-Zeitwert (übrige Verfahren ohne § 3 WEG-Verfahren) ausgewiesen worden. Der PAR wurde schließlich aber – zunächst als bis zum Vorliegen (weiterer) Auswertungen aus dem ADV-Register als vorläufig dargestellt[249] – ein einheitlicher Durchschnittszeitwert von 302 Minuten allen MSch-Verfahren zugrundegelegt.

In die Zeitwerterhebung für MSch flossen insgesamt 632 Geschäftsfälle ein, 168 davon (26,6%) waren Verfahren nach § 3 WEG, die einen deutlich geringeren Zeitbedarf (hauptsächlich in der Zeitbandbreite von 9 Minuten bis 6,5 Stunden) aufwiesen. Als zeitmarkant wurden in den MSch-Verfahren neben der Kompliziertheit des Sachverhaltes die Faktoren (Parameter), ob eine Tagsatzung durchge führt wurde, wie viele Vernehmungen vorzunehmen waren oder ob allenfalls auch ein Richterwechsel stattfand, erkannt.

Im Gefolge einer Gesetzesänderung[250] kam es 1997 zu einem weitgehenden Wegfall der Verfahren nach § 3 WEG, sodass ab PAR-BG 1997 als Zeitwert für die MSch-Verfahren der ursprünglich ausgemittelte Teilzeitwert von 375 Minuten herangezogen wurde.[251]

---

[248] ROI, Schlussbericht BG, 11.
[249] Fellner, Leitfaden, 12.
[250] Novellierung des Wohnungseigentumsgesetzes (WEG) 1975, BGBl I 7/1997.
[251] PAR-BG 2002, 225.

Waren im Projekt PAR-BG für die Geschäftsgattung PSch noch keine Zeitwerte ermittelt und dies für eine nachfolgende Erhebung vorbehalten worden,[252] wurde,

Auswertungsergebnisse zum PAR-Zeitwert MSch (in Min. lt. SB BG)

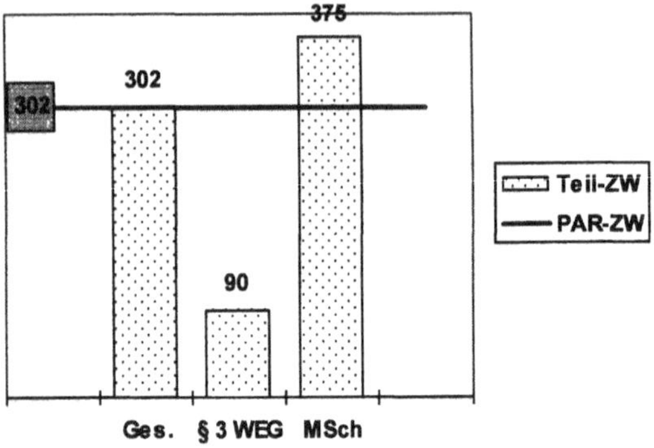

Ges.: Gesamtdurchschnittszeitwert
§ 3 WEG: § 3 WEG-Verfahren
MSch: MSch-Verfahren ohne § 3 WEG-Verfahren

ebenfalls ab PAR-BG 1997, für diese der anfänglich als MSch-Zeitwert angesetzte Durchschnittswert von 302 Minuten übernommen. Ob dieser Vorgangsweise weitergehende Erhebungen vorangingen, ist den Jahres-PAR-Berichten nicht zu entnehmen, darf aber ob der geringen Anfallszahlen in PSch bezweifelt werden.

3.3.3. Geschäftsgattung A[253]

Für die Geschäftsgattung A wurden drei Erhebungsblätter entwickelt – eines für Richter, eines für Rechtspfleger und das dritte schließlich für Richter, wenn sie Rechtspflegertätigkeiten durchführten. Inhaltlich unterschieden sich diese nur dadurch, dass unter den Parametern des Erfassungsblattes für richterliche Arbeit zusätzlich „Vernehmung(en)" aufgenommen war. Die übrigen 9 Parameter waren in allen drei Erhebungsblättern ident.

Für die richterliche Arbeit wurden im Schnitt 84 Minuten erhoben. Bei der Auswertung der Erhebungsergebnisse waren – abweichend zu den Vorgaben im Erfassungsblatt – die Zeitkategorien abgeändert worden. Wurde die erste Zeitkategorie als Zusammenfassung der Zeitklassen 1 bis 3 unverändert belassen, wurden

[252] Die Menge der PSch-Verfahren wurde 1994 als bundesweit mit weniger als 50 jährlich bewertet, weshalb sich hier kein allzu großer Bedarf an richterlicher Arbeitskapazität abzeichnete.
[253] ROI, Schlussbericht BG, 11f.

in der zweiten Zeitkategorie (mittlere Fälle) lediglich die Zeitklassen 4 und 5, also Geschäftsfallerledigungen von 31 Minuten bis 1,5 Stunden zusammengefasst und

Parameter A-Verfahren

1. § 73 AußStrG
2. Substitution
3. Nachtragsabhandlung(en)
4. Heimfall
5. Verbücherung
6. Beteiligung von Pflegebefohlenen[254]
7. Jegliche Auslandsbeteiligung[255]
8. Mehrere Beteiligte, mehrere Parteien
9. Zwischenerledigung
10. Vernehmung(en)

bereits ab einer Dauer von 1,5 Stunden für die Aktenbearbeitung die dritte Zeitkategorie (komplexe Geschäftsfälle) angesetzt.

Als zeitmarkante Parameter im Bereich der richterlichen Arbeit wurde angesetzt, wenn im Geschäftsfall eine Verbücherung vorzunehmen war, Zwischenerledigungen auftraten oder mehrere Beteiligte oder Parteien auftraten.

PAR-Zeitwerte A-Verfahren (Zeitwerte lt. SB BG in Min.)

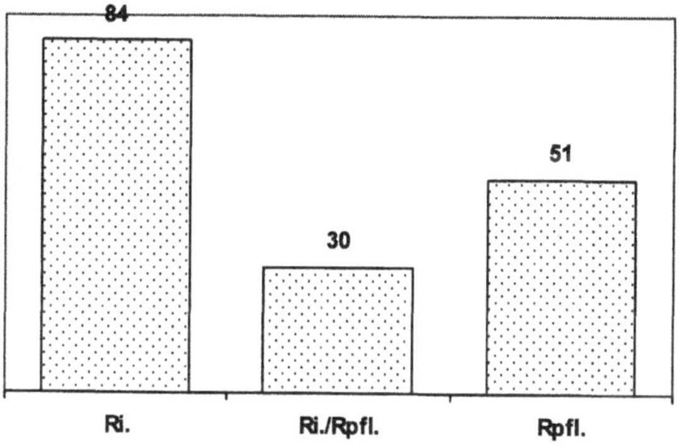

Ri.: Richterliche Tätigkeiten
Ri./Rpfl.: Richter übt Tätigkeiten eines Rechtspflegers aus
Rpfl.: Rechtspflegerische Tätikeiten

Im Bereich der Rechtspflegerarbeit kam es zu erheblich unterschiedlichen Zeitwerten, je nach dem, ob die an sich inhaltlich gleiche Arbeit von einem Richter oder Rechtspfleger ausgeübt wurde. Zur Begründung der Abweichung von 21 Minuten (30 Minuten ergaben die Berechnungen als Durchschnittsbearbeitungszeit für einen Richter, 51 Minuten für einen Rechtspfleger) waren ebenfalls jene

254 Zu Pflegebefohlenen zählen vor allem Minderjährige, Unbekannte sowie Legatare gem. §§ 159 und 160 ABGB.

255 Dabei war jeder Auslandsbezug zu erfassen, wie zum Beispiel die Zustellung eines Schriftstückes in das Ausland, Rechtshilfeersuchen oder auch die Anwendung ausländischen Rechts.

Gründe ins Treffen geführt worden, die bereits als Erklärung für das Abweichen der Zeitwerte im Bereich des C-Verfahrens angesehen worden waren. Unterstützung fanden diese Annahmen durch eine diesbezüglich durchgeführte Parameteranalyse, wobei die deutlichsten Zeitunterschiede vor allem im Bereich der Zwischenerledigungen und der Verbesserungsaufträge auftraten. Verbesserungsaufträge erledigt durch Rechtspfleger schienen dabei besonders zeitintensiv gewesen zu sein.

Auffällig auch im Bereich der Bildung der Zeitwerte für Rechtspflegertätigkeit war die zum Erfassungsblatt abweichende Kategorisierung der Zeitklassen. Im Bereich der Rechtspflegertätigkeit der Richter wurde für die Auswertung überhaupt nur mehr eine Zeitkategorie gebildet, im Bereich der Rechtspflegererledigung zwei, wobei die Bandbreite der ersten Zeitkategorie bis zu einer Stunde (Zusammenfassung der im Erhebungsblatt vorgegebenen Zeitklassen 1 bis 4) reichte. Die Zeitkategorie II umfasste alle übrigen Zeitklassen, sohin Arbeiten mit einem Zeitbedarf von über einer Stunde.

Die Tätigkeiten der Rechtspfleger im Bereich der A-Verfahren wurden als homogene Arbeitsinhalte bezeichnet, als zeitmarkant in diesem Bereich war ebenfalls die Verbücherung, die Erfordernis von Zwischenerledigungen sowie die Beteiligung mehrerer Parteien am Verfahren erkannt worden.

In die Zeiterhebung in A flossen 1.014 Geschäftsfälle ein, die von Richtern erledigt wurden, 613 Geschäftsfälle, in denen Richter rechtspflegerische Agenden wahrnahmen und schließlich 5.166 Akten, welche rechtspflegerische Erledigungen zum Inhalt hatten.

In dieser Geschäftsgattung war mit dem zusätzlichen Problem zu kämpfen, dass während der Laufzeit des PAR-BG-Projektes 1993 und 1994 in A noch kein ADV-Register zur Verfügung stand, weshalb auch die Verteilung des Gesamtanfalles in A auf Verfahren mit richterlicher Zuständigkeit und solche mit rechtspflegerischer nicht bekannt war. Der Gesamtanfall, welcher sich aus den jährlichen BIS-Auswertungen ergab, wurde in der Folge für PAR entsprechend der Verteilung in der Stichprobe zu 15% den Richtern und zu 89% den Rechtspflegern zugeordnet. Die „Überlappung“ von 4% sollte dabei dem Umstand Rechnung tragen, dass in A-Akten teilweise nebeneinander sowohl Richter- als auch Rechtspflegerzuständigkeiten gleichzeitig vorkommen können. Darüber hinaus sollte dadurch auch der zeitliche Aufwand abgedeckt werden, der Rechtspflegern durch die Vorbereitung richterlicher Erledigungen, also Tätigkeiten in Bereichen, wo an sich richterliche Zuständigkeit besteht, in der Praxis Teile der Arbeit von den Richtern aber an Rechtspfleger „delegiert“ werden, erwächst.

Die Erwartung – wie sie noch im Leitfaden[256] formuliert wurde – ab dem Geschäftsjahr 1995 werde der auf Richter und Rechtspfleger entfallende Anfall aus dem ADV-A-Register ersichtlich sein, erfüllte sich bis zur jüngsten PAR-BG 2002 nicht, sodass bis zuletzt auf die herkömmliche Ermittlung der Mengenanknüpfung zurückgegriffen werden musste.[257]

3.3.4. Geschäftsgattung P[258]

Im Bereich der Pflegschaftsverfahren wurden drei eigene Äquivalenzwert-Erfassungsblätter entwickelt – wiederum eines für richterliche Arbeit, ein weiteres für die Arbeit der Rechtspfleger und schließlich das dritte für den Fall, dass Rechtspflegertätigkeit durch Richter ausgeübt worden war. Inhaltlich waren diese identisch.

In den Erhebungsblättern wurde zum einen unterschieden in 5 Unterverfahrensarten, zum anderen waren 10 Parameter vorgegeben.

Arten der P-Verfahren

Personensorge[259]
Personenstandssachen[260]
Einkommens- und Vermögensverwaltung[261]
Unterhalt
UVG
andere Arten[262]

Parameter in den P-Verfahren

1. Einstweilige Verfügung, Exekution
2. Lokalaugenschein(e)
3. Sachverständige(r)
4. Zeugen, Auskunftspersonen
5. Dolmetsch
6. Jeglicher Auslandsbezug
7. Ausführlicher Beschluss[263]
8. Parteien mit widerstreitenden Interessen
9. Rückwirkender Unterhalt
10. Richter/Rechtspflegerwechsel

Im Bereich des Pflegschaftsverfahrens (P-Verfahren) trat das zusätzliche Problem auf, dass nicht wie in den übrigen Verfahrensarten, der Geschäftsfall (Akt) mit

[256] Fellner, Leitfaden, 12.
[257] PAR-BG 2002, 225.
[258] ROI, Schlussbericht BG, 12f.
[259] Darunter fielen die Bereiche der Obsorge, Vormundschaft, Jugendwohlfahrtsträger, Kurator, Pflege und Erziehung sowie Fragen des Besuchsrechtes.
[260] Dazu zählen die Bereiche der Adoption, Verlängerung bzw. Verkürzung der Minderjährigkeit, Verfahren zur Feststellung bzw. Klärung der Vaterschaft und Namensgebung.
[261] Dazu zählen Bereiche der Rechnungslegung, die Sperre bzw. Anlage von Vermögen, die Genehmigung von Vertretungshandlungen (§ 154 AGBG) sowie die Endfertigung.
[262] Beispielhaft sind hier die Verfahren nach § 111 Außerstreitgesetz zu nennen.
[263] Dieser Parameter war anzukreuzen, wenn die Erledigung nicht in der bloßen Verwendung des Formblattes oder der Angabe einer Standartbegründung gelegen war.

einem verfahrenseröffnenden Schritt, wie zum Beispiel dem Einbringen einer Klage, begann und mit der (rechtskräftigen) Entscheidung über diesen Anspruch endete. Man konnte also den Zeitbedarf der richterlichen Arbeit an der "Lebensdauer" eines Aktes nicht ablesen. Hier – ebenso wie in den nachfolgend dargestellten SW-Verfahren – waren in einem Akt regelmäßig mehrere Anträge zu erledigen. Als Geschäftsfall in P wurde daher nicht wie sonst der registermäßig erfasste Akt definiert, sondern auf die Erledigung eines Antrages innerhalb eines Aktes abgestellt.[264] Das Problem dabei war jedoch, dass die Anzahl der bei österreichischen Gerichten gestellten Anträge in P zahlenmäßig nicht erfasst und sohin auch nicht bekannt war.

Anhand von Strichlisten wurde nun bei der Zeitwerterhebung zusätzlich in den in die Erhebung einbezogenen Akten die Anzahl der Anträge – getrennt nach den in den Erfassungsblättern vorgegebenen Verfahrensarten (Personensorge, Personenstandssachen, etc.) – gezählt und in einem Beiblatt zum Erfassungsblatt angeführt.

Gegenstand der Zeitwertschätzung selbst waren die beiden in den vorgelegten Akten zuletzt erledigten Anträge. Das heißt, in der Zeitwerterhebung in P mussten je Akt nicht nur ein Geschäftsfall oder der betreffende Akt bewertet werden, sondern zwei Geschäftsfälle, und zwar die zeitlich jüngst erledigten Anträge in den ausgewählten Akten.

Da, wie bereits oben dargestellt, die Anzahl der jährlich in P-Verfahren gestellten Anträge nicht bekannt war, griff man diesbezüglich auf eine im Schlussbericht als Übergangslösung dargestellte Hochrechnung der Anfallszahlen zurück. Diese in Justizkreisen als "Hubner-Formel" bekannt gewordene Berechnungsmethode gibt nach wie vor die Grundlage der Mengenanknüpfung in P- und SW-Verfahren ab, sodass die Aussage im Schlussbericht, die Anzahl der Anträge werde künftig dem ADV-P-Register entnommen werden, im Nachhinein als etwas überschießend zu bezeichnen ist.

Ausgehend von den Erhebungsdaten aus den Strichlisten verbunden mit Erkenntnissen aus der Visitation (Innenrevision) im Bereich des Oberlandesgerichtes Linz war die Prämisse formuliert worden, dass die Anzahl der Anträge pro Jahr in Pflegschaftsangelegenheiten dem dreieinhalbfachen der in diesem Jahr neu vergebenen P-(Akten)Zahlen entspräche. Letztere war aus den Registern ersichtlich, sodass durch diesen Ansatz eine Mengenanknüpfung für die PAR-Berechnung gefunden werden konnte.

---

[264] Fellner, Leitfaden, 13.

Zur Überprüfung dieser Annahme wurde im Schlussbericht eine Begleiterfassung an den in die PAR-Erhebung einbezogenen Bezirksgerichten für den Zeitraum 01.12.1994 bis 28.02.
1995 in Aussicht gestellt.[265] Erhoben sollte dabei die Anzahl der Anträge des sogenannten "P-Erstanfalles" sowie die Menge der Folgeanträge werden. Laut Darstellung im Leitfaden[266] erbrachte diese eine Bestätigung der Annahmen zur Mengenanknüpfung.

Die hochgerechnete Anzahl der Arbeitsmenge in P (Anträge) wurde im Verhältnis 28% zu 72% zwischen Richtern und Rechtspflegern aufgeteilt, ein Schlüssel, der ebenfalls auf Ergebnissen der Strichlistenerhebungen im PAR-Verfahren fußte. Die sowohl im Schlussbericht als auch im Leitfaden in Aussicht gestellte direkte Ableitung der Anfallsmengen, sowohl in richterlicher als auch rechtspflegerischer Zuständigkeit nach Umstellung der Registerführung in P auf ADV, wurde zwischenzeitig auf den Zeitpunkt des Inkrafttretens der bereits seit einigen Jahren diskutierten Außerstreitreform verschoben.[267] Das bedeutet, dass nach wie vor Anknüpfungspunkt für PAR-Mengen die Multiplikation des P-Neuanfalles mit dem „Hochrechnungsfaktor" 3,5 sowie die anschließende Aufteilung im Verhältnis 28 zu 72 ist.[268]

Für den Bereich des **richterlichen P-Verfahrens** wurden "inhomogene" Arbeitsinhalte geortet, dementsprechend waren auch für die einzelnen Verfahrensarten, welche in den Erhebungsbögen vorgegeben waren (Personensorge, Personenstandssachen, etc.), eigene Teil-Zeitwerte gebildet worden. Dennoch kam es schließlich auch in diesem Bereich zu einem einheitlichen PAR-Zeitwert, dem über die einzelnen Arten gebildeten Durchschnittszeitwert von 113 Minuten je Geschäftsfall.

Als zeitmarkante Parameter, die eine besonders hohe Zeitrelation aufwiesen, wurden die „Bestellung eines Sachverständigen", „die Einvernahme von Zeugen- oder Auskunftspersonen", das „Verfassen eines ausführlichen Beschlusses" sowie „widerstreitende Interessen" erhoben.

---

[265] ROI, Schlussbericht BG, 13.
[266] Fellner, Leitfaden, 13.
[267] PAR-BG 2002, 225.
[268] Besonderes galt für den JGH Wien, der auch als Bezirksgericht in Pflegschaftssachen für Jugendliche tätig wurde. Bei diesem zog man ein Aufteilungsverhältnis 65 zu 35 zwischen Richtern und Rechtspflegern in den PAR-BGs 1999 bis 2002 heran; PAR-BG 2002, 226.

PAR-Zeitwerte und Teilzeitwerte P-Verfahren (in Min. lt. SB BG)

Richterliche Tätigkeit

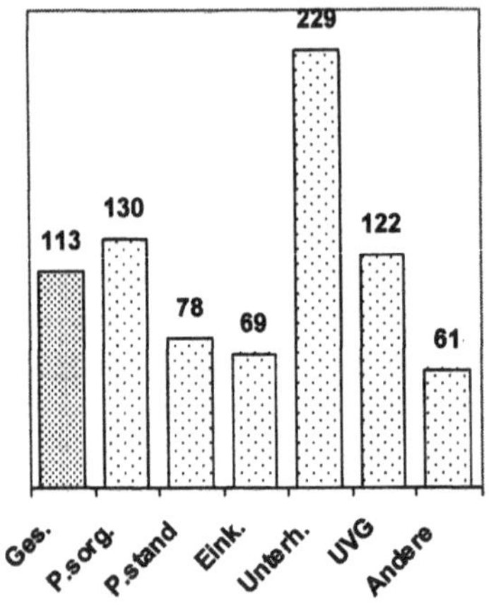

Rechtspflegerische Tätigkeit

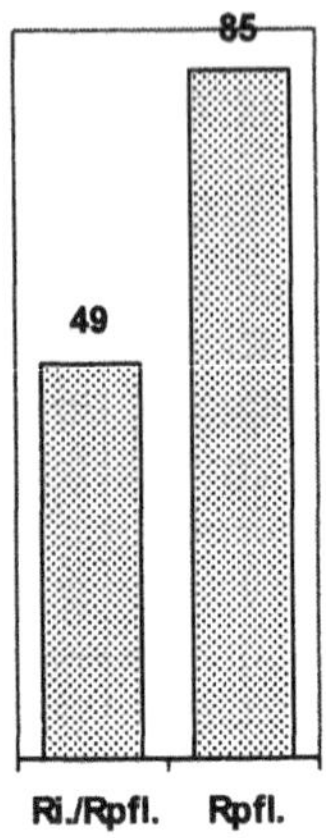

Ges.: Gesamt
P.sorg.: Personensorge
P.stand: Personenstand
Eink.: Einkommens- und Vermögensverwaltung
Unterh.: Unterhalt
UVG: Unterhaltsvorschuß
Andere: Alle anderen richterlichen P-Verfahren
Ri./Rpfl.: Richter als Rechtspfleger

Die in obenstehender Tabelle dunkel hinterlegten Flächen stellen jene Werte dar, die schließlich in die PAR als eigenständige Zeitwerte Eingang fanden.

Im Bereich der Zeitwerterhebung für **rechtspflegerische Arbeit** kam es wiederum zur Veränderung der Zeitkategorien bei der Auswertung. Für die von einem Richter ausgeübte Tätigkeit eines Rechtspflegers wurden sämtliche im Erhebungsblatt vorgegebenen Zeitklassen zu einer einzigen Zeitkategorie zusammengefasst. Dadurch ergab sich eine Durchschnittsbearbeitungszeit von 49 Minuten je Geschäftsfall. Auch hier lag wiederum der Zeitbedarf, den ein Richter für die Erledigung dieser Arbeit aufwenden musste, erheblich, nämlich um 36 Minuten, unter dem Zeitbedarf eines Rechtspflegers. Als Begründung dafür wurden die bereits oben dargestellten Argumente auch für das P-Verfahren als gültig erachtet.

Bei der Auswertung der Ergebnisse der Erhebung bei den Rechtspflegern wurden die vorgegebenen Zeitklassen 1 und 2 der Zeitkategorie I (einfache Fälle) zugeschlagen. Im Ergebnis wurden sohin Erledigungen bis 29 Minuten als einfache Fälle angesehen. Die Kategorie der "mittleren Fälle" (Zeitkategorie II) bildeten die Zeitklassen 3 und 4, also Antragserledigungen im Zeitrahmen von 30 Minuten bis 3 Stunden. Als Zeitkategorie III (komplexe Fälle) wurden alle Antragserledigungen ab 3 Stunden betrachtet.
Als besonders zeitmarkante Parameter im Bereich der rechtspflegerischen Tätigkeit werteten die Projektanten das Erfordernis des „Verfassens eines ausführlichen Beschlusses“ sowie die „Erlassung eines rückwirkenden Unterhaltsbeschlusses“.

3.3.5. Geschäftsgattung SW[269]

Das Sachwalterschaftsverfahren ist stark verwandt mit dem Pflegschaftsverfahren (P) und auch hier traten, insbesondere was die Mengenanknüpfung betraf, die gleichen Probleme auf. Generell kann man sagen, dass nach Abschluss des Sachwalter-Bestellungsverfahrens, also ab dem Zeitpunkt, ab dem ein endgültiger Sachwalter bestellt worden ist, das SW-Verfahren technisch einem P-Verfahren entspricht.

Für die Zeitwerterhebung wurde daher mit einem eigens entwickelten Erhebungsblatt zunächst der Zeitbedarf für das SW-Bestellungsverfahren (SW-B) erhoben. Drei weitere Erfassungsblätter, die inhaltlich identisch waren, fanden Einsatz zur Erhebung des laufenden SW-Verfahrens (SW). Der Unterschied dieser Erfassungsblätter lag lediglich darin, dass sie zum einen die richterliche Arbeit, zum anderen die Tätigkeit der Rechtspfleger, dabei wiederum auch den „Sonderfall", dass ein Richter die rechtspflegerische Arbeit erledigte, erhoben.

Begleitend zu der Zeitwerterfassung im laufenden SW-Verfahren wurden, wie bereits in der Geschäftsgattung P, in Form einer Stichlisten-Erhebung die Anzahl der Anträge in den in die Erhebung einbezogenen SW-Akten ermittelt. Im Bereich der laufenden SW-Verfahren erfolgte auch eine Differenzierung nach den Verfahrensarten „Einkommens- und Vermögensverwaltung"[270] sowie „Personensorge"[271].

Anknüpfend daran, dass Grundlage der Zeitwerterhebung nicht der einzelne SW-Akt sondern die in den jeweiligen Akten zu behandelnden Anträge waren, wurden auch hier als Erhebungsgegenstand die beiden zuletzt abgeschlossenen Vorgänge, also im Wesentlichen die zuletzt rechtskräftig gewordenen Antragserledigungen oder die Erledigungen der von Amts wegen eingeleiteten Verfahren definiert. In den Erhebungsbögen der laufenden SW-Verfahren waren daher in den vorgelegten Akten nicht die gesamten Akten sondern jeweils zwei den Akten gegenständliche Antragserledigungen zu bewerten.

Parameter im Verfahren „SW-Bestellung"

1. Hausbesuch
2. Auskunftsperson(en)

Parameter im Verfahren „laufende SW"

1. Rechnungslegung
2. Hausbesuch

---

[269] ROI, Schlussbericht BG, 13f.

[270] Dazu gehören Rechnungslegung, die Errichtung eines Inventars, Genehmigungen, Belohnungen und anderes.

[271] Dazu zählen Genehmigungen im Bereiche der Personensorge, Änderungen des SW-Umfanges, Umbestellungen; § 283 Abs. 3 AußStG.

3. § 238 Abs. 2 AußStrG[272]
4. Jeglicher Auslandsbezug[273]
5. Dolmetsch

3. Sachverständige(r)
4. Kein professioneller Sachwalter
5. Jeglicher Auslandsbezug
6. Kollissionskurator
7. Vermögenstransaktion

Auch in diesem Bereich kam es bei der Bildung der Zeitwerte zu einer von der Vorgabe der Erhebungsblätter abweichenden Einteilung der Zeitklassen. Bei den **SW-Bestellungs-Verfahren** (SW-B) wurden die vorgegebenen Zeitklassen 1 bis 4, also Geschäftsfallerledigungen bis zu einer Dauer von 1 ¾ Stunden, zur ersten Zeitklasse, der Zeitklasse der einfachen Fälle, zusammengefasst. Die Zeitklassen 5 und 6, also das Zeitband von 1 ¾ Stunden bis 6 Stunden, bildeten die Zeitkategorie II (mittlere Fälle). Ab einem Zeitbedarf von 6 Stunden (Zeitklassen 7 bis 9) lag die Zeitkategorie III, also die der komplexen Geschäftsfälle vor. Aus den Durchschnittswerten dieser neugebildeten Zeitklassen ergab sich schließlich ein Gesamtdurchschnittszeitwert für SW-B von 294 Minuten. Besonders zeitmarkante Parameter wurden in dieser Verfahrensart nicht erkannt.

Obwohl im Bereich der **SW-laufende Verfahren/Richter** (SW-Ges.) auch für die Unterverfahrensarten Einkommens- und Vermögensverwaltung bzw. Personensorge eigene Zeitwerte erhoben worden waren, wurde letztlich auf einen einheitlichen PAR-Zeitwert für diese Geschäftsgattung von 107 Minuten abgestellt. Zur Bildung dieses Zeitwertes kam es zu der bereits oben im Bereich des SW-B-Verfahrens dargestellten „Neu-Gliederung“ der Zeitkategorien.

Auch wurden hier keine eindeutig vorherrschenden Parameter ausgemittelt. Auffällig war lediglich das Auftreten des Parameters “Hausbesuch”, da dieser erst bei Geschäftsfallerledigungen ab einer halben Stunde auftrat und für Geschäftsfälle ab dreieinhalb Stunden Zeitsignifikanz zeigte.

Für die **rechtspflegerische Tätigkeit in den laufenden SW-Verfahren** wurden die in den Äquivalenzwert-Erfassungsblättern vorgegebenen Zeitklassen jeweils zu einer einzigen Zeitkategorie zusammengefasst. Der Zeitbedarf für diese Tätigkeit, wird sie von einem Richter ausgeübt (Ri./Rpfl.), ergab mit 59,5 Minuten wiederum einen deutlich (um 15,1 Minuten) geringeren Zeitwert, verglichen zur Ausübung der Tätigkeit durch einen Rechtspfleger (Rpfl.) mit 74,6 Minuten. Auch hier wurde im Wesentlichen die bereits mehrfach angesprochene Begründung für diese Abweichung als zutreffend erachtet, wobei gerade in SW-Verfahren der „Störfaktor” des Parteienverkehrs bei Rechtspflegern in einem unverhältnismäßig höheren Ausmaß auftrat als etwa bei Richtern. Auch beim Parameter

[272] Hier wurde auch die laufende Personensorge mit Einkommens- und Vermögensverwaltung erfasst.
[273] Dabei war jeder Auslandsbezug zu erfassen, also auch Zustellungen in das Ausland, Rechtshilfeersuchen oder die Anwendung ausländischen Rechts.

„Rechnungslegung“ war der Zeitbedarf bei Richtern wesentlich geringer als bei Rechtspflegern. Die Arbeitsinhalte der rechtpflegerischen Tätigkeit wurden insgesamt als eher homogen eingeschätzt.

Folgende Tabelle stellt die einzelnen PAR-Zeitwerte des SW-Verfahrens mit der Anzahl jener Geschäftsfälle dar, die Grundlage für diese Vorgabezeiten waren. Weiters sind auch jene Teilzeitwerte angegeben, die schließlich zum Durchschnittszeitwert für richterliche Verfahren (SW-Ges.) verdichtete worden waren.

PAR-Zeitwerte und Teilzeitwerte SW-Verfahren (in Min. lt. SB BG)

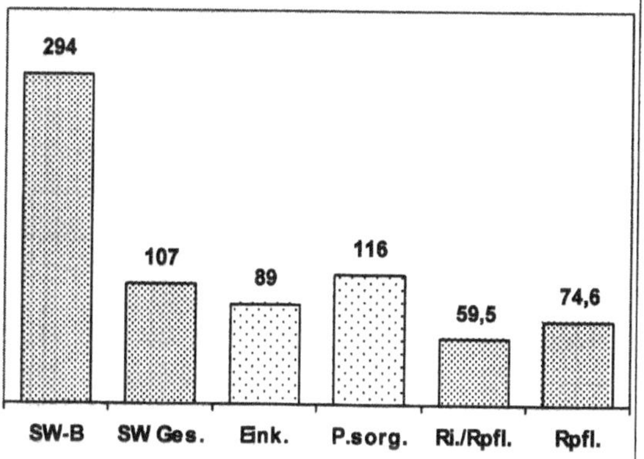

SW-B: Sachwalterschafts-Bestellungsverfahren (Richter)
SW Ges.: laufende SW-Verfahren (Richter)
Eink.: Einkommens- und Vermögensverwaltung (Richter)
P.sorg.: Personensorge (Richter)
Ri./Rpfl.: Richter als Rechtspfleger
Rpfl.: Rechtspfleger

609	**1230**	**531**	**556**	**85**	**470**	**Anzahl der Geschäftsfälle**

Im Bereich der laufenden SW-Verfahren war das bereits in P-Verfahren dargestellte Problem gegeben, dass Grundlage der Mengenanknüpfung die Anzahl der Anträge in SW-Verfahren aus den Registern nicht ableitbar war.

Zur Lösung dieses Dilemmas wurde in SW, aufbauend auf die Ergebnisse der Strichlistenerhebung im Rahmen des PAR-BG-Projektes in Verbindung mit Erhebungswerten aus der Visitation im Bereich des Oberlandesgerichtes Linz, die Annahme formuliert, dass die Anzahl der jährlichen Anträge in SW-Akten dem siebenfachen der in einem Jahr neu vergebenen SW-(Akten)Zahlen – letztere ist aus den Registern erkennbar – entspricht („Hubner-Formel“). Auch für diese Prämisse wurde im Schlussbericht zum PAR-Projekt eine Begleiterfassung an den in die PAR-Erhebung einbezogenen Bezirksgerichten für den Zeitraum 01.12.1994 bis 28.02.1995 in Aussicht gestellt, welche die Anzahl der Anträge des SW-Erstanfalles sowie die der Folgeanträge erheben sollte. Diese Erhebung – so der Leitfaden[274] – brachte eine Bestätigung der Annahme zur Anfallsmenge.

[274] Fellner, Leitfaden, 14.

Die Anfallsmenge wurde weiters in einem Verhältnis 58% zu 42% auf Verfahren mit richterlicher und rechtspflegerischer Zuständigkeit verteilt. Auch hier hat sich die in Schlussbericht und Leitfaden[275] ausgedrückte Hoffnung, nach Umstellung des SW-Registers auf ADV werden auch diese Anfallszahlen unmittelbar ausgewiesen werden können, bislang nicht bewahrheitet. So wurden die laufenden SW-Verfahren – während die Mengenanknüpfung der SW-B-Verfahren sich unmittelbar aus dem SW-Neuanfall ergab – auch bis zum PAR-BG 2002 durch eine Hochrechnung (siebenfaches des SW-Neuanfalles) ermittelt.[276]

3.3.6. Geschäftsgattung F[277]

Im Bereich der F-Verfahren fand ein einziges Erhebungsblatt Anwendung, wobei dieses zwischen 4 Verfahrensarten unterschied und 6 Parameter vorgab.

Auf Grund unterschiedlicher regionaler Anfallsstrukturen und stark divergierender Zeitwerte in den Verfahrensarten wurden zunächst nach diesen Arten unterschiedene Zeitwerte gebildet. Trotz dieser teilweise doch stark variierenden Teilergebnisse war für die PAR schlussendlich dennoch ein Gesamt-Durchschnittszeitwert von 284 Minuten vorgegeben worden. Es handelt sich dabei um den in untenstehender Tabelle dunkel hinterlegten Wert.

Im Leitfaden[278] wurde dazu ausgeführt, dass, so lange aus dem Register die auf die Unterarten entfallenden Mengen nicht direkt erkennbar sind, vom Gesamtdurchschnittszeitwert ausgegangen wird. Dies war offenbar bis 1997 der Fall, da bis einschließlich PAR-BG 1996 ein einheitlicher Zeitwert für das F-Verfahren ausgewiesen worden war. Seit PAR-BG 1997 wurden die im Projekt erhobenen Teilzeitwerte der PAR-Auswertung zugrunde gelegt.

Verfahrensarten in der Geschäftsgattung F	**Parameter in der Geschäftsgattung F**
Nur § 98 EheG	1. Zeugen
§ 92 ABGB	2. Sachverständige(r)
§§ 81 ff EheG	3. Dolmetsch
§ 98 ABGB	4. Lokalaugenschein
	5. Jegliche Auslandsbeteiligung
	6. Beendigung durch Beschluss

[275] Fellner, Leitfaden, 14.
[276] PAR-BG 2002, 226.
[277] ROI, Schlussbericht BG, 14.
[278] Fellner, Leitfaden, 14.

PAR-Zeitwerte und Teilzeitwerte F-Verfahren (in Min. lt. SB BG)	
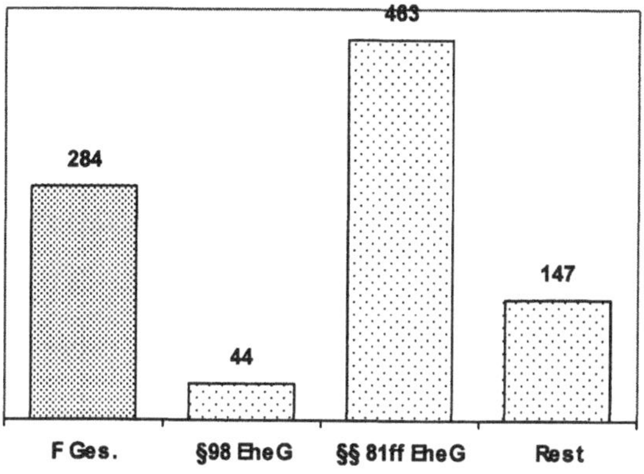	**F Ges.: Familienverfahren Gesamt** **§98 EheG: Verfahren nach §98 EheG** **§§81ff EheG: Verfahren nach §§81 EheG** **Rest: alle F-Verfahren außer §98 EheG und §§81ff EheG**
125 245 100	**Anzahl der Geschäftsfälle**

3.3.7. Geschäftsgattung E[279]

Bei der Erhebung der Zeitwerte im Exekutionsverfahren wurde wiederum auf die im bezirksgerichtlichen Bereich sehr häufig anzutreffende Dreiteilung der Erhebungsinhalte – Zeitwerte für richterliche Arbeit, für die Tätigkeit des Richters als Rechtspfleger und für rechtspflegerische Zuständigkeit – abgestellt.

Dabei kamen im Bereich der **richterlichen Arbeit** getrennt nach den Verfahrensarten „Zwangsverwaltung", „Zwangsversteigerung und Verfahren nach § 352 EO" sowie „Sonstiger richterlicher E-Anfall" jeweils eigene Erhebungsblätter zur Anwendung. Im Erfassungsblatt für den sonstigen richterlichen E-Anfall wurden zusätzlich auch 6 Unterverfahrensarten vorgegeben. Es waren dies die Arten „Herausgabe, Räumung, § 350 EO, Vertretbare Leistung(en), Unvertretbare Leistung(en), Unterlassung und Duldung, Exekutions-Sicherstellung und Sonstige Arten[280]."

Weiters gaben die drei Erhebungsblätter, jeweils abgestimmt auf die jeweiligen Verfahrensarten, folgende Parameter vor:

[279] ROI, Schlussbericht BG, 15ff.

[280] Sonstiger richterlicher Anfall in E-Sachen: Herausgabeexekution (Fallcode 41); Exekution zur Erwirkung von vertretbaren (Fallcode 51) und unvertretbaren (Fallcode 52) Handlungen; Unterlassungs- und Duldungsexekution (Fallcode 60); Versteigerung gemeinsamer Liegenschaften (Fallcode 74); Fellner, Leitfaden, 14.

Parameter in den richterlichen E-Verfahren

E-Zwangsverwaltung

1. Anzahl Rechnungslegungstagsatzungen[281]
2. Beitrittsakt vorhanden[282]
3. Einstellung wegen Ertraglosigkeit
4. Abweisung
5. Kombinierte Anträge[283]
6. Rechtsmittel wurde erhoben/ja

E-Zwangsversteigerungen und Verfahren nach § 352 EO

1. Führender Akt oder nunmehr führender Akt
2. Beitrittsakt
3. Außergewöhnlicher Grundbuchstand
4. Abweisung
5. Versteigerung durchgeführt
6. Wiederversteigerung
7. Räumungsexekutionsantrag
8. Rechtsmittel wurde erhoben/ja
9. Kombinierter Antrag[284]

Sonstiger richterlicher E-Anfall

1. Exekution aufgrund ausländischen Titels
2. Kombinierte Anträge
3. Aufschiebende Anträge
4. Rechtsmittel erhoben

Für den Bereich der **rechtspflegerischen Zuständigkeit** fanden sowohl für den Fall, dass diese Akten von Richtern, als auch für den Fall, dass sie von Rechtspflegern erledigt wurden, die gleichen Erhebungsblätter Anwendung. In diesen waren folgende Parameter vorgegeben:

Bei der Auswertung der **richterlichen Zeitwerte** wurde im Schlussbericht angemerkt, dass aufgrund der inhaltlich stark unterschiedlichen Verfahrensarten eine Gesamtauswertung der richterlichen Exekutionsverfahren nicht aussagekräftig

Parameter in den rechtspflegerischen E-Verfahren

1. Mehrere Titel
2. Mehrere Exekutionsmittel
3. Mehrere Parteien
4. Exekution auf Rechte
5. Abweisung(en)
6. Neuerlicher Antrag
7. Verwertungsverfahren
8. § 290ff EO
9. Tagsatzung(en)

---

[281] Einzutragen ist die aktenbezogene Anzahl der Rechnungslegungstagsatzungen.
[282] Anzukreuzen war dieser Parameter dann, wenn eine oder mehrere Parteien beigetreten waren.
[283] Dieser Parameter war dann anzugeben, wenn mehrere Exekutionsmittel beantragt worden waren.
[284] Waren im Erfassungszeitraum Räumungen im Zuge eines Zwangsversteigerungsverfahrens anhängig, so waren diese Akten bei Beendigung im Erfassungszeitraum zu berücksichtigen. Zwei- oder mehrmalige Zählung eines Aktes war nicht zulässig.

war. Weiters wurde vermerkt, dass die Arbeitsmengen in diesen Verfahren eher gering waren und „aus statistischer Sicht eher an der unteren Grenze für Auswertungen lagen“.[285]

Auf Grundlage der Äquivalenzwerterhebung wurden dennoch die drei nachstehenden Zeitwerte für die richterlichen E-Verfahren ermittelt. Es kam dabei auch in diesen Fällen bei der Auswertung zu Veränderungen der an sich in den Erhebungsblättern vorgegebenen Zeitklassen. So war für den Zeitwert der E-Zwangsverwaltungsverfahren eine einzige Zeitkategorie gebildet worden. Für den Zeitwert der E-Zwangsversteigerungsverfahrens und der Verfahren nach § 352 EO wurden Veränderungen in der zweiten Zeitkategorie (mittlere Verfahren) derart vorgenommen, dass diese nur die Zeitklassen 4 und 5 (Geschäftsfallerledigung von einer Stunde bis sechseinhalb Stunden) und die Zeitkategorien III (komplexe Geschäftsfälle) die übrigen Zeitklassen (6 bis 9) umfasste. Für die dritte richterliche Verfahrensart (sonstiger richterlicher E-Anfall) wurden schließlich lediglich zwei Zeitkategorien gebildet. Die erste Zeitkategorie beinhaltete die Geschäftsfallerledigungen bis 72 Minuten (Zeitklassen 1 bis 4), die zweite Zeitkategorie alle Geschäftsfälle darüber (die im Erhebungsblatt vorgegebenen Zeitklassen 5 bis 9).

Wie aus untenstehender Darstellung ersichtlich ist, lagen diesen Erhebungsergebnissen stark unterschiedliche Anfallsmengen zugrunde, wobei vor allem die Menge von 21 Akten aus dem Bereich des E-Zwangsverwaltungsverfahrens als besonders gering zu bezeichnen ist.

Für den Bereich der **Rechtspfleger-Zeitwerte** kam ein kombiniertes Zeiterhebungssystem, entsprechend der Zeiterfassung bei den C-Mahnverfahren, zur Anwendung. Für die Geschäftsfälle der ersten Zeitklasse[286] wurden die Zeitwerte mit Hilfe der ROI-Operationsfolgemethode (ROM) gebildet. Hier war den Äquiva

[285] ROI, Schlussbericht BG, 15.

[286] In den Erhebungsblättern war dafür eine Geschäftsfallerledigung von bis zu 7 Minuten vorgesehen. Diese Zeitklasse wurde jedoch im Zuge der Auswertung, bei der sich zeigte, dass diese Zeitklasse als zu eng gesetzt worden war, da als Durchschnittszeitwert für diese einfachsten Fälle sich 6,6 Minuten ergaben, schließlich auf 10 Minuten ausgedehnt und damit auch die zweite Zeitklasse insofern geändert, als diese für die weitere Auswertung 10 bis 15 Minuten, entgegen ihrer ursprünglichen Breite von 7 bis 15 Minuten, betrug; ROI, Schlussbericht BG, 15.

PAR-Zeitwerte E-Verfahren Richter (Zeitwerte lt. SB BG in Min.)

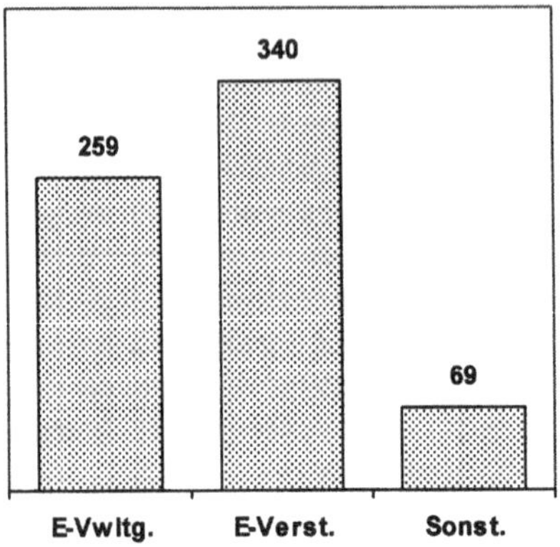

E-Vwltg.: E-Zwangsverwaltungsverfahren
E-Verst.: E-Zwangsversteigerungsverfahren
Sonst.: Sonstiger richterlicher E-Anfall

E-Vwltg.	E-Verst.	Sonst.	
21	**297**	**253**	**Anzahl der Geschäftsfälle**

lenzwertbildungs-Erfassungsblättern auch ein Beiblatt angefügt, auf welchem die Akten, deren Zeitaufwand mit unter 7 Minuten geschätzt wurde, in Form einer Strichliste mengenmäßig zu erfassen waren.

Die eigentliche ROM-Analyse erfolgte anhand der Auswertung von 4 typischen Kurzverfahren in E, die in die Zuständigkeit von Rechtspflegern fielen.[287] Dabei wurden diese Geschäftsfälle, entsprechend dem Ansatz des arbeitswissenschaftlichen Zeiterfassungssystems, in Einzelteile zerlegt, diese Teile mit Zeiteinheiten versehen und so Vorgabezeiten für diese Verfahren zusammengesetzt. Es flossen in diese Gesamtzeiten auch Anteile für persönliche und sachliche Verteilzeiten von je 6% ein.[288] Für Geschäftsfälle, die in ihrem Zeitbedarf als über 7 Minuten eingeschätzt wurden, erfolgte die Zeitschätzung entsprechend den Vorgaben der Äquivalenzwertbildungs-Erhebung, also in Form einer Zuordnung zu den verbliebenen Zeitklassen 2 bis 9.

Auch im Bereich der Exekutionsverfahren trat für die Mengenanknüpfung das Problem auf, dass aus dem Register selbst nicht der Gesamtarbeitsanfall für einen Exekutionsrichter bzw. Rechtspfleger abzuleiten war. Der Grund dafür lag in der

[287] Im Schlussbericht BG wurden die ROM-Analysen für drei solcher Verfahren zur Darstellung gebracht. Es handelt sich dabei um einen Antrag auf Fahrnisexekution durch einen Sozialversicherungsträger (Anlage II), einen Antrag auf Pfändung von Fahrnissen und Dienstbezügen gem. § 294 a EO (Anlage III) sowie eine Pfändung von Fahrnissen und Dienstbezügen gem. § 294 EO (Anlage IV). In die Auswertung und Darstellung wie aus den mittels der ROM-Analyse ermittelten Zeitwerten der gewichtete PAR-Zeitwert von 6,6 Minuten abgeleitet worden war (Anlage XVIII bis XIX) fanden jedoch nur die beiden erstgenannten Verfahren Eingang; ROI, Schlussbericht BG, Anlagen II bis IV.

[288] Im Einzelnen siehe dazu: ROI, Schlussbericht BG, Anlage I – IV; ROM-Analysen.

1994 eingeführten Änderung in der Registerzählung, der zufolge ein fortgesetzter Exekutionsakt nicht neuerlich (d. h. mit einer neuen Geschäftszahl) ins Register eingetragen wurde. Seither behalten „überjährige Akten“ ihre „alte“ Aktenzahl. Es trat somit im Bereich der Erhebung das Problem auf, dass im ADV-E-Register des Erhebungszeitraumes (Jänner bis September 1994) zum einen „echter Neuanfall“, daneben aber auch neu vergebene E-Registerzahlen für (erstmals) ins E-Register eingetragenen E-Altbestand vorhanden waren. Der gesamte Altbestand an E-Akten war nicht bekannt. Ein Vergleich der Anfallszahlen aus 1991, also einem Zeitraum, zu dem noch die „alte“ Registerführungsvorschrift in Geltung stand, mit jenen Anfallszahlen von Jänner bis September 1994, wo bereits die neue Registrierungspraxis vorherrschte, zeigte, dass durch die Änderung der Registrierungsvorschriften eine Reduzierung der Anfallszahlen um 30% zu erwarten war. Dies bedeutete jedoch auch, dass die Anzahl der E-Akten, die im Laufe des Jahres zu bearbeiten waren, sich nicht direkt aus dem Neuanfall im Register des Erhebungszeitraumes ersehen ließen, da zu dieser Menge auch Altbestand in nicht bekannter Größe dazukam, der ebenfalls zu bearbeiten war. Es wurde schließlich, aufbauend auf die Ergebnisse der Strichlistenerhebung bei den Rechtspflegerzeitwerten nach dem ROM-Verfahren, eine Verteilung der Mengen mit 20% auf Neuanfall, 15% auf Folgebearbeitung von Bewilligungen in E-Akten der Periode 2 bis 4 Wochen vor der Aufnahmeperiode sowie 65% auf umlaufende Akten vorgenommen.

Diese Verteilung fand in gewisser Hinsicht auch durch Stichproben zur Arbeitsmengenverteilung am BG Steyr und BG Innsbruck Unterstützung. Bei diesen Bezirksgerichten waren die E-Register bereits 1992 auf ADV-E umgestellt worden und zeigte sich, dass Neubewilligungen rund 17% der Arbeitsinhalte von E-Rechtspflegern darstellten. Auch eine österreichweite Registerauswertung für den Zeitraum von Jänner bis September 1994 ergab einen Prozentsatz von 17% Neuanfalls-Bearbeitung. Für die weitere Mengenanknüpfung im Bereich des E-Rechtspflegeranteiles wurden daher die im Zuge der PAR-Erhebung gefundenen Verteilungssätze (20%/15%/65%) gewählt.

Ausgehend von den Ergebnissen der Zeiterhebung zeigte sich, dass der mit 20% bewertete Neuanfall ebenso wie die mit 15% mengenmäßig angesetzten Folgebearbeitungen der Zeitklasse 1 zuzuordnen waren. Die umlaufenden Akten verteilten sich sowohl auf die Zeitklasse 2 als auch die Zeitklassen 3 bis 9. Verknüpft mit den jeweils zugehörigen Mengen laut Erhebung ergaben sich schließlich die im Folgenden dargestellten Teilzeitwerte und, daraus abgeleitet, der gesamte Zeitwert für Rechtspflegertätigkeit in E mit 16,37 Minuten, welcher schließlich dem PAR-Zeitwert zugrunde gelegt wurde.[289]

[289] Näheres siehe ROI, Schlussbericht BG, Anlage IXX.

PAR-Zeitwerte und Teilzeitwerte E-Verfahren Rechtspfleger (in Min. lt. SB BG)

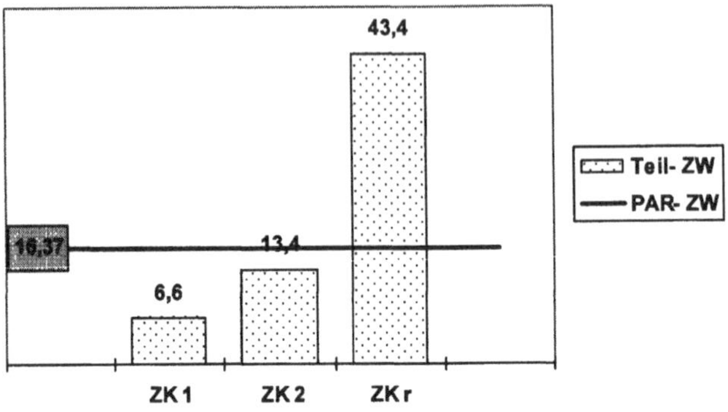

ZK 1: Zeitklasse 1: 0-10 Min.
ZK 2: Zeitklasse 2: 11-15 Min.[290]
ZK r: Zeitklassen 3-9: >15Min

22.914	30.830	11.729	Anzahl der Geschäftsfälle

Für den Fall, dass **Rechtspflegertätigkeit durch Richter** ausgeübt wurde, ergab die Erhebung einen Gesamtdurchschnittswert von 9 Minuten für eine Geschäftsfallerledigung. Dieses Unterschreiten der durchschnittlichen Zeitwerte der Rechtspfleger wurde im Wesentlichen mit jenen Argumenten begründet, die dieses Abweichen bereits im Bereich der C-Mahnverfahren gerechtfertigt hatten.[291] Im Bereich der rechtspflegerischen Aufgaben im E-Verfahren zeichnete sich bereits zur Zeit der Erstellung des Leitfadens ab, dass es durch bevorstehende Gesetzesänderungen auch zu Modifikationen im Bereich der PAR kommen könnte. Die Einführung vereinfachter Bewilligungsverfahren sowie die Einräumung größerer Selbständigkeit für die Gerichtsvollzieher mit der EO-Novelle 1995 führten zu einer Überprüfung sowohl des Rechtspfleger- als auch des „Richter als Rechtspfleger"-Zeitwertes. Diese Erhebungen führten schließlich zu einer Reduktion der PAR-Zeitwerte ab PAR-BG 1996 auf 14,5 Minuten bzw. 8 Minuten.[292] Die im Leitfaden ebenfalls angekündigte Schaffung eines eigenen Zeitwertes für die Erteilung von Exekutionsbewilligungen aufgrund eines ausländischen Exekutionstitels[293] erfolgte hingegen nicht.

[290] Durch die nachträgliche Änderung der Bandbreite dieser Zeitklasse wurden Teile davon im Äquivalenzwerterhebung erfasst, Teile gingen in die ROM-Analyse ein.
[291] ROI, Schlussbericht BG, 15.
[292] PAR-BG 2002, 226.
[293] Fellner, Leitfaden, 15.

3.3.8. Geschäftsgattung Nc[294]

Auch im Bereich der Nc-Verfahren wurde eine für Richter, Richter als Rechtspfleger und Rechtspfleger mit jeweils eigenen Erhebungsblättern getrennte Erfassung durchgeführt. Die Erhebungsblätter unterschieden sich dabei inhaltlich nur insofern, als bei jenen für Richter als Rechtspfleger und Rechtspfleger nur nach den beiden Verfahrensarten „Grundbuch" und „Erlag (§ 1425 ABGB)" unterschieden wurde. Im Erhebungsblatt für Richter schienen darüber hinaus noch die Verfahrensarten „Beweissicherung, Heiratsgut, Adoptionen, internationale Abkommen, Grenzverfahren, Miteigentum und Entschädigungen" auf. Parameter waren in den Erhebungsblättern keine vorgegeben.

Die Erhebung der Zeitwerte im Nc-Verfahren unterschied sich von den anderen Zeitwerterfassungen insofern, dass eine Äquivalenzwerterhebung nur für die Geschäftsfälle derjenigen Verfahrensarten durchgeführt wurde, die im Hinblick auf den Zeitaufwand von der Projektgruppe als relevant beurteilt worden waren. Welche Verfahrensarten dies waren, ergab sich aus den Vorgaben in den Erhebungsblättern. Nur für diese in den Erhebungsblättern aufscheinenden Gattungen war eine Zeitschätzung vorzunehmen. Für alle anderen Verfahrensarten, welche nicht im Erhebungsblatt angeführt worden waren, war lediglich die Menge in Form einer Strichliste bei den den Erhebungsblättern angeschlossenen Beiblättern anzuführen. Diesbezüglich erfolgte lediglich eine mengenmäßige Erfassung, um so die Relation zwischen „zeitrelevanten Geschäftsfällen" zu „restlichem Anfall" in Nc beurteilen zu können. Die Auswertung der Erhebung ergab, dass 15% des Nc-Registeranfalls zeitrelevante, also in den Erhebungsblättern vorgegebene Verfahrensarten betrafen.

Zeitrelevante Verfahrensarten in Nc		
Richter	**Richter als Rechtspfleger**	**Rechtspfleger**
Grundbuch	Grundbuch	Grundbuch
Erlag (§ 1425 ABGB)	Erlag (§1425 ABGB)	Erlag (§1425 ABGB)
Beweissicherung		
Heiratsgut		
Adoptionen		
Internationale Abkommen		
Grenzverfahren		
Miteigentum		
Entschädigungen		

[294] ROI, Schlussbericht BG, 17.

Für die als zeitrelevant erachteten Geschäftsfälle wurde im **Bereich der Richter** (Ri.) ein Durchschnittszeitwert von 99 Minuten errechnet. Laut Darstellung im Schlussbericht waren die Arbeitsinhalte dabei als äußerst inhomogen zu betrachten.

Für die Auswertung waren wiederum von den in den Erhebungsblättern vorgegebenen Zeitklassen abweichende Einteilungen vorgenommen worden. So wurde im Bereich des Richterzeitwertes die Zeitklassen 1 und 2 zur Zeitkategorie I (einfache Fälle: Geschäftsfallerledigung bis 28 Minuten) und in der Zeitkategorie II (mittlere Geschäftsfälle) die Zeitklassen 3 bis 5, also Geschäftsfallerledigungen von 29 Minuten bis 6 Stunden zusammengefasst. Schwierigere Geschäftsfälle in Nc waren sohin Geschäftsfälle mit einer Erledigungsdauer von mehr als 6 Stunden, umfassten also die ursprünglich vorgegebenen Zeitklassen 6 bis 9.

Für die **Rechtspflegertätigkeit durch Richter** (Ri./Rpfl.) wurde ein Zeitwert von 58 Minuten im Durchschnitt ermittelt, wobei lediglich eine einzige Zeitkategorie gebildet worden war. Zur Abweichung dieses Zeitwertes zu jenem der Rechtspfleger (14 Minuten über dem Rechtspflegerzeitwert) wurde darauf verwiesen, dass sich die Inhalte der Tätigkeiten in Nc nur teilweise decken würden, zumal Richter, wenn sie schon als Rechtspfleger tätig werden, in diesem Bereich jedenfalls nur einzelne in die „fremde" Zuständigkeit fallende Geschäftsfälle erledigen würden.

Zur Errechnung des im **Bereich der Rechtspflegerarbeit** (Rpfl.) ermittelten Durchschnittszeitwertes von 44 Minuten je Geschäftsfall waren zwei Zeitkategorien gebildet worden. Für die Zeitkategorie I wurden die Zeitklassen 1 und 2, also Geschäftsfallerledigungen bis 28 Minuten zusammengefasst, die II. Zeitkategorie umfasste alle Geschäftsfälle, die länger als 28 Minuten in Anspruch nahmen.[295]

Für die nur anhand der Strichlisten erhobenen „weiteren Geschäftsfälle in Nc" sollte laut Schlussbericht allenfalls eine Stichprobe – vorgeschlagen wurde ein diesbezüglicher Umfang von 10% des Jahresanfalles – gezogen werden, um auch diese Fälle dahingehend zu untersuchen, in wie weit darin zeitrelevante Geschäfts fälle verborgen waren. Weitergehende Erhebungen in diese Richtung wurden jedoch bislang nicht vorgenommen.

---

[295] Angemerkt wurde hier der mit 59% relativ hohe Anteil von Grundbuchsachen bei den zeitrelevanten Geschäftsfällen.

PAR-Zeitwerte Nc-Verfahren (in Min. lt. SB BG)

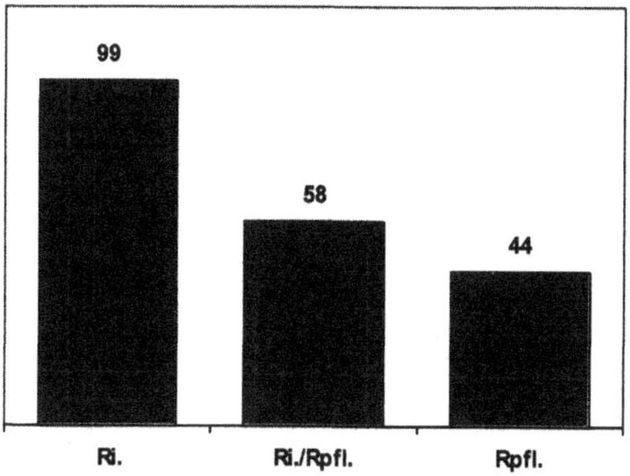

Ri.: Richter
Ri./Rpfl.: Richter als Rechtspfleger
Rpfl.: Rechtspfleger

500	**8**	**772**	**Anzahl der Geschäftsfälle**

3.3.9. Geschäftsgattung Hc[296]

Auch im Bereich der Rechtshilfe in Zivil erfolgte die Zeiterhebung entsprechend der häufig zur Anwendung gekommenen Dreiteilung nach Zeitwerten für richterliche Tätigkeit, Arbeit des Richters als Rechtspfleger und Rechtspflegertätigkeit. Die jeweils dafür entwickelten Äquivalenzwertbildung-Erfassungsblätter waren dabei inhaltlich nahezu identisch, lediglich im Bereich des Erhebungsblattes für Richter gab es als zusätzlichen Parameter „Ausländische Rechtshilfe".

Parameter in der Geschäftsgattung Hc

1. Anzahl der zu Vernehmenden
2. Sachverständige(r)
3. Dolmetsch
4. Lokalaugenschein(e)
5. Ausländische Rechtshilfe*

* Nur am Erhebungsblatt für Richter

Als Durchschnittszeitwerte wurden die nachstehend angeführten erhoben. Für die Auswertung der **Richterzeitwerte** war, abweichend von den Vorgaben in den Erhebungsblättern, eine einzige Zeitkategorie gebildet worden. Der Parameter „Anzahl der zu Vernehmenden" trat bei Geschäftsfällen, die über eine Stunde

[296] ROI, Schlussbericht BG, 18.

Zeitaufwand erforderten – insbesondere in der Ausprägung einer Anzahl ab drei zu Vernehmenden – als zeitmarkant hervor.

PAR-Zeitwerte Hc-Verfahren (in Min. lt. SB BG)

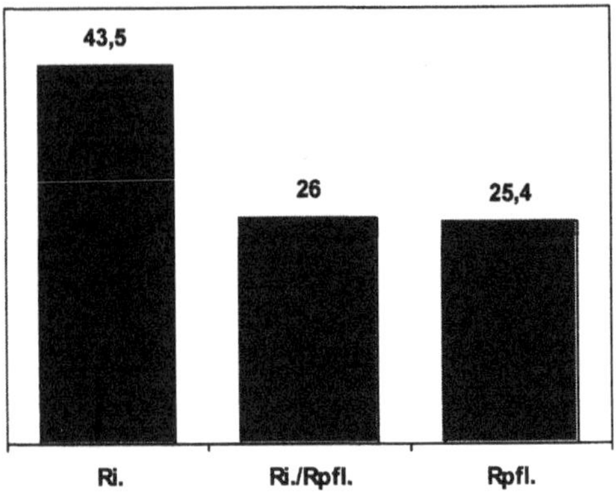

Ri.: Richter
Ri./Rpfl.: Richter als Rechtspfleger
Rpfl.: Rechtspfleger

Ri.	Ri./Rpfl.	Rpfl.	
574	**52**	**269**	**Anzahl der Geschäftsfälle**

Im Bereich der **Rechtspflegertätigkeit** war auffallend, dass hier erstmals die Zeitwerte sowohl für die Erledigung durch einen Rechtspfleger als auch durch einen Richter annähernd gleich hoch waren. Dazu stellte der Schlussbericht fest, dass die an sich inhomogenen Arbeitsinhalte dem Charakter einer „reaktiven Dienstleistung“ entsprachen, da sie sehr stark vom Inhalt und Umfang des einzelnen Ersuchens abhängig waren. Damit wurde auch der nahezu idente Zeitaufwand erklärt, da die Bearbeitungen im Wesentlichen unabhängig davon waren, ob sie durch einen höher Ausgebildeten durchgeführt wurden.[297]

Bei der Auswertung der Rechtspflegertätigkeit waren ebenfalls die Zeitklassen umgruppiert worden. So wurden in der Zeitkategorie I die im Erhebungsblatt vorgegebenen Zeitklassen 1 und 2, also Geschäftsfallerledigungen bis zu 15 Minuten, zusammengefasst. Die zweite Zeitkategorie (mittlere Fälle) umfasste die Zeitklassen 3 bis 6, also Geschäftsfallerledigung von 16 Minuten bis zu einer Stunde. Die Zeitkategorie für die schwierigen Geschäftsfälle beinhaltete die Zeitklassen 7 bis 9, betraf daher Geschäftsfallerledigung ab einer Stunde.

[297] ROI, Schlussbericht BG, 18.

3.3.10. Geschäftsgattung Ub

Diese Geschäftsgattung, für die zunächst im Projekt PAR-BG kein Zeitwert erhoben worden war, fand in den ersten Jahren der PAR-Berechnungen nur mengenmäßig in den Auswertungsblättern Berücksichtigung, wobei entsprechend dem mengenmäßigen Anfall – nur wenige Bezirksgerichte sind mit Fragen der Unterbringung befasst – die für Ub vorgesehenen Arbeitskapazitäten auf die jeweils betroffenen Bezirksgerichte aufgeteilt wurden.[298] Ab PAR-BG 1997 gab es schließlich auch den Ub-Zeitwert von 47 Minuten, welcher – ermittelt ebenfalls nach der Methode der Äquivalenzwertbildung – bundeseinheitlich unter Berücksichtigung der zur Erledigung der Ub-Verfahren erforderlichen Reisezeiten[299] erhoben worden war.[300]

3.3.11. Geschäftsgattung TZ[301]

Im Bereich der Grundbuchstätigkeit wurde in einem einzigen Erhebungsblatt die Tätigkeit der dafür zuständigen Rechtspfleger erhoben. Es gab dabei insgesamt 11 vorgegebene Parameter.

Parameter in TZ-Verfahren

1. Dingliche Rechte
2. Wohnungseigentum
3. Grundstücksteilung
4. Anmeldungsbogen
5. Amtsbericht
6. Andere Eintragungen
7. Protokollarantrag
8. Abweisung
9. Grundbuchstücke, die zu anderen Akten gehören
10. Besondere Verfahren (z. B. § 28 LTG)
11. Andere Erledigungen (z. B. Postfehlbericht)

Als Zeitbedarf wurden hier für den Durchschnitt der Geschäftsfälle 23 Minuten ermittelt. Die Arbeitsinhalte waren als generell homogen betrachtet worden. Auffällig war, dass in diesem Bereich erstmals keine eigene Erhebung für die Vornahme der Rechtspflegertätigkeit durch Richter vorgenommen wurde. Es ist daher davon auszugehen, dass, sollte an einem Bezirksgericht kein Grundbuchsrechtspfleger ernannt sein, sohin diese Agenden durch den an diesem Gericht tätigen

---

[298] Fellner, Leitfaden, 10.

[299] An- und Abreise zu und von den Sonderkrankenanstalten, in denen die Patienten üblicherweise untergebracht sind, da die Entscheidung, ob ein Betroffener untergebracht wird oder bleibt i.d.R. vor Ort, nach Durchführung eines Ortsaugenscheines unter Beiziehung eines psychiatrischen Sachverständigen, geschieht.

[300] PAR-BG 2002, 227.

[301] ROI, Schlussbericht BG, 18.

Richter wahrzunehmen sind, diesbezüglich einfach die Zeitwerte der Rechtspfleger herangezogen werden.

Bei der Auswertung selbst wurden wiederum die in den Erhebungsblättern vorgegebenen Zeitklassen, abweichend von der vorgegebenen Einteilung, zu zwei Zeitkategorien zusammengefasst. Die Zeitkategorie I umfasste dabei die Zeitklassen 1 bis 6, also Geschäftsfälle in einer Erledigungsdauer von bis zu 50 Minuten. Die Zeitkategorie II, Geschäftsfallerledigungen von mehr als 50 Minuten, bildeten die Zeitklassen 7 bis 9.

Als zeitmarkante Parameter wurden die „Grundstückteilung" für den Bereich ländlicher Bezirksgerichte sowie die „Bearbeitung von Wohnungseigentum" bei städtischen Gerichten erkannt. Für die Ermittlung des Zeitwertes in TZ flossen insgesamt 11.944 Geschäftsfälle in die Beurteilung ein, wobei auffällig war, dass sich der überwiegende Teil (94%) in der Zeitkategorie I befand.

Weiters wurde festgestellt, dass sich die Anfallszahlen in TZ bei einzelnen Bezirksgerichten sehr stark unterschieden. Der Leitfaden gab dazu eine Bandbreite an, die von einem 10%igen Anteil der TZ-Akten am Gesamtanfall bis zu einem solchen von 64% reichte.[302] Diese Beobachtung wurde durch eine isolierte Betrachtung derjenigen TZ-Verfahren verstärkt, die aufgrund amtswegigem Tätigwerdens (aTZ) anfielen. Bei einzelnen Gerichten wies die BIS-Auswertung diesbezüglich überhaupt keinen Anfall aus, bei anderen betrug dieser bis zu 38% der TZ-Akten. Diesen in der jeweils angewendeten Registerführungspraxis georteten Unterschieden wurde zunächst bereits in der PAR-BG 1995 dahingehend Rechnung getragen, als für die Geschäftsgattung zum einen ein Zeitwert für TZ von 25,40 Minuten und ein eigener für amtswegige Grundbuchverfahren (aTZ) von 9,33 Minuten gebildet wurde. Durch Ausscheiden der tendenziell kürzeren aTZ-Verfahren aus dem Gesamtdurchschnittszeitwert erhöhte sich der Zeitwert für die restlichen Verfahren von ursprünglich 23 Minuten auf 25,40 Minuten. Weiters fand aufgrund der festgestellten Unterschiede in den Registerführungspraktiken der Anfall in TZ nur bis zu einem Ausmaß von maximal 40% bzw. in aTZ bis zu 20% des Gesamtanfalles des Gerichtes in der PAR-Berechnung Berücksichtigung. In aTZ kamen bei jenen Gerichten, die laut BIS überhaupt keine oder nur ganz wenige amtswegigen Grundbuchverfahren hatten, diese Geschäftsgattung dafür mit einem Wert von zumindest 6% des Gesamtanfalles in der PAR zum Ansatz.[303]
Bei einer neuerlichen Überprüfung auf Grundlage der Ergebnisse einer Sonderrevision und der BIS 2000 wurden nach wie vor Abweichungen in der Registrierungspraxis vorgefunden. Im Gefolge dieser Nachschau erhöhte sich der Wert der

[302] Fellner, Leitfaden, 15.
[303] PAR-BG 1996, 254.

maximal berücksichtigten TZ-Verfahren auf 45% des Gesamtanfalles, gleichzeitig wurde die Untergrenze (Mindestansatz) des aTZ-Anfalles auf 3% abgesenkt.[304]

3.3.12. Geschäftsgattung U[305]

Für den Bereich des bezirksgerichtlichen Strafverfahrens genügte ebenfalls die Erhebung mittels eines einzigen Erhebungsblattes, da in diesem Bereich keine Rechtspflegerzuständigkeit eingerichtet ist. In diesem Erhebungsblatt waren 13 Parameter vorgegeben.

Parameter in der Geschäftsgattung U

1. Anzahl der Beschuldigten
2. Anzahl der Verhandlungen
3. Umfangreiches Beweismaterial
4. Komplizierter Sachverhalt, Faktenhäufung
5. Sachverständige(r)
6. Dolmetsch
7. Lokalaugenschein(e), Amtshandlungen außerhalb des Gerichtes
8. Einstellung/Abbrechen des Verfahrens/Abtretung
9. Strafverfügung
10. Urteilsausfertigung
11. Schwierigkeiten bei Vollzug
12. Drei oder mehr Zeugen einvernommen
13. Gekürzte Urteilsausfertigung

Ausgehend von 3.215 begutachteten Akten wurde ein Durchschnittszeitwert von 103 Minuten ermittelt. Auch hier erfolgte bei der Auswertung der Erhebungsergebnisse eine Umgliederung der Zeitklassen. So wurden die im Erhebungsblatt vorgegebenen Zeitklassen 1 und 2 zur neuen Zeitkategorie I (einfache Fälle) zusammengefasst. Die Zeitklassen 3 bis 4 (Geschäftsfallerledigungen von 29 Minuten bis 6 Stunden) bildeten die Zeitkategorie der mittleren Fälle. Ab einer Geschäftsfallerledigungsdauer von mehr als 6 Stunden (Zeitklassen 5 bis 9) wurde die Zeitkategorie III, also die Zeitkategorie für komplexe Fälle, angesetzt.

Die Arbeitsinhalte bzw. Arbeitsweisen wurden im U-Bereich als sehr inhomogen beurteilt. Parameter mit zeitmarkantem Inhalt zeigten sich vor allem in der Anzahl der Verhandlungen, dem Erfordernis einer Urteilsausfertigung sowie im Parameter „Drei oder mehr Zeugen."

Bei der Zeitschätzung waren Nachbearbeitungen in U, also Arbeiten in bezirksgerichtlichen Strafverfahren, die „nach dem Abstreichen" des Aktes im Register anfielen, nicht berücksichtigt worden. Diesbezüglich gab es jedoch Hinweise auf

---

[304] PAR-BG 2002, 227.
[305] ROI, Schlussbericht BG, 18f.

durchaus zeitaufwendige Nachbearbeitungen. So wurden im Schlussbericht ausdrücklich Arbeiten nach § 393a StPO (Beschlussfassung über den Beitritt zu den Verteidigungskosten) oder Tätigkeiten im Zusammenhang mit dem Strafvollzug (Vollzugsüberwachung aus Vorakten[306]) angeführt. Eine Reihe dieser Tätigkeiten – insbesondere die zuletzt angeführte Vollzugsüberwachung – war jedoch registermäßig im „Sammelregister" der „sonstigen Tätigkeiten", dem Ns-Register, erfasst. Für dieses war im Rahmen des Projektes PAR-BG, im Unterschied zum gleichartigen Nc-Register der Zivilverfahren, ebenso wenig eine Zeiterfassung durchgeführt worden wie für die sonstigen, also nicht im Ns-Register erfassten Nacharbeiten.[307]

Seitens der Projektgruppe waren für diese Bereiche lediglich Schätzungen abgegeben worden. So wurde der Zeitaufwand im Zusammenhang mit Tätigkeiten nach § 393a StPO durch die Arbeitsgruppe auf 10 Minuten angesetzt. Für den Bereich des Ns-Anfalles vermeinte man, dass in ca. 6% des U-Anfalles Vollzugsüberwachungen erforderlich sind. Hier wurde im Schlussbericht zum PAR-BG vorgeschlagen, den (tatsächlichen) Zeitaufwand durch eine eingeschränkte Stichprobe zu erfassen. Auf die Notwendigkeit solcher zusätzlicher Erhebungen war sowohl seitens der Standesvertretung als auch im Leitfaden hingewiesen worden.[308]

Bereits ab PAR-BG 1995 fanden die Ergebnisse dieser eingeforderten Erhebungen bezüglich der Nacharbeiten in U-Sachen dahingehend Berücksichtigung, dass der PAR-Zeitwert von ursprünglich erhobenen 103 Minuten um 5 Minuten auf 108 Minuten hinaufgesetzt wurde. Mit diesem Zuschlag von 5 Minuten bei jedem Akt sollte im Schnitt der Zeitbedarf für Nacharbeiten Abdeckung finden. Dabei ist anzuführen, dass nicht in allen Akten Nacharbeiten anfallen, bei der PAR-Berechnung aus Vereinfachungsgründen aber der Zschlagssatz so gewählt wurde, dass er allen Akten zugeschlagen werden konnte.[309]

Mit Beginn des Jahres 2000 kam es durch die Einführung der „Diversion" zu einer derart massiven Umgestaltung des bezirksgerichtlichen Strafverfahrens, dass im Rahmen der Systempflege beschlossen wurde, in einer eigens dafür eingerichteten Unterarbeitsgruppe den Zeitwert in U-Sachen neu zu definieren. Die Ergebnisse dieser, wieder auf Grundlage des Äquivalenzwertverfahrens durchgeführten Zeitwerterhebung führten nach „Erörterungen" im Rahmen der Arbeitsgruppe

---

[306] Diese Tätigkeiten waren jedoch bereits im Ns-Anfall enthalten.
[307] Diese waren in den an sich bereits abgestrichenen Akten zu erledigen, ohne dass es zu einer Neuvergabe eines Aktenzeichens kam.
[308] Fellner, Leitfaden, 17.
[309] PAR-BG 1996, 254.

PAR-BG-Systempflege zu einer Neufestlegung des PAR-Zeitwertes in U mit 172 Minuten ab der PAR-BG 2001.[310]

Diese Änderung des U-Zeitwertes ist insofern beachtenswert, als hier im Rahmen der Systempflege erstmals eine vollständige Neuerhebung für einen Zeitwert durchgeführt worden war. Dies betraf – was in der Folge auch zu den in der Delphi-Erhebung immer wieder angesprochenen Irritationen führte – ein „Massenverfahren", also eine Verfahrensart, die durch große Anfallsmengen gekennzeichnet ist, wo bereits relativ geringe Änderungen in den Vorgabezeiten gravierende Änderungen des Personalbedarfes nach sich ziehen. Die „Sensitivität" dieses Bereiches und der davon ausgehenden Beispielwirkung für die übrigen „Massenverfahren" (vor allem das C-Verfahren) war auch Anlass für die aus den Ergebnissen der Delphi-Erhebung herauszulesende gegenwärtige „Krise der Systempflege".

3.3.13. Geschäftsgattung Hs und Z[311]

Im Bereich der Rechtshilfe in Strafverfahren konnte sich die Erhebung auf die Arbeit von Richtern beschränkten, rechtspflegerische Tätigkeiten sind hier – ebenso wie im U-Verfahren – nicht vorgesehen. Das diesbezüglich entwickelte Erfassungsblatt wies insgesamt 7 Parameter auf.

Parameter in der Geschäftsgattung Hs

1. Anzahl der zu Vernehmenden
2. Komplizierter Sachverhalt
3. Sachverständige(r)
4. Dolmetsch
5. Lokalaugenschein(e)
6. Amtshandlungen außerhalb des Gerichtes
7. Ausländische Rechtshilfe

Der in diesem Bereich ermittelte Durchschnittszeitwert stützte sich auf 568 beurteilte Fälle. Die Arbeitsinhalte wurden dabei als inhomogen und, ähnlich der Einschätzung der Rechtshilfeersuchen in den Zivilverfahren (Hc), als durch die einzelnen Ersuchen determiniert angesehen.

Bei der Auswertung der Erhebungen kam es abermals zu einer von den Erhebungsblättern abweichenden Bildung von Zeitkategorien. Die Kategorie I umfasste dabei lediglich die Zeitklasse 1, also Geschäftsfallerledigungen bis zu 8 Minuten. Die Zeitkategorie der mittleren Fälle (Kategorie II) bildete sich aus den Zeitklassen 2 bis 4, also Geschäftsfallerledigungen von 9 bis 108 Minuten. Kom-

[310] PAR-BG 2002, 227.
[311] ROI, Schlussbericht BG, 19.

plexere Fälle wurden bei einer Geschäftsfallerledigungsdauer ab 108 Minuten, also in der Zusammenfassung der Zeitklassen 5 bis 9 gesehen.

Als zeitbestimmend stellten sich die Parameter „Anzahl der zu Vernehmenden (zwei und mehr)“ sowie „komplizierter Sachverhalt“ dar.

Ab PAR-BG 1995 wurde der „Z“-Anfall in die PAR dadurch einbezogen, dass dieser den Hs-Sachen gleichgestellt wurde und in der Folge mengenmäßig in dieser Kategorie Berücksichtigung fand.[312] Auf den Zeitwert selbst hatte dies keine Auswirkung, dieser blieb mit 43 Minuten je Geschäftsfall unverändert.

3.3.14. Geschäftsgattung I bzw. Se und S, Sa

Auch für die Privatinsolvenzen – eine Verfahrensart, welche erst mit Wirksamwerden 01.01.1995 bei den Bezirksgerichten eingerichtet worden war – war zunächst im Projekt PAR-BG noch kein Zeitwert erhoben worden. Ab PAR-BG 1997 änderte sich nicht nur die Bezeichnung im Auswertungsblatt (PAR-BG-ADV-Raster) von I in die beiden Unterarten Se und S, Sa, es wurden auch Zeitwerte festgelegt. Für Se betrug dieser einheitlich für Richter, Rechtspfleger und Richter als Rechtspfleger 72 Minuten. In den Verfahren S und Sa kam es zu einem Zeitwert von 552 Minuten bei richterlicher Zuständigkeit, der auch für Akten herangezogen wurde, die in rechtspflegerische Zuständigkeit fielen, aber von einem Richter bearbeitet worden waren. Ansonsten betrug der Zeitwert für rechtspflegerische Akten 616 Minuten.[313]

Auch hier waren aus dem ADV-Register die Mengen nicht erkennbar, die auf richterliche oder rechtspflegerische Zuständigkeiten entfielen. So bediente man sich eines Aufteilungsschlüssels, anhand dem der Gesamtanfall zwischen Richtern und Rechtspflegern aufgeteilt wurde. Er betrug bei Se 4,7 zu 95,3, bei S, Sa 5,1 zu 94,9.[314]

3.4. Infrastrukturelle Tätigkeiten beim BG

Wie bereits eingangs beim System der PAR dargestellt, schaffen die Aufgaben im infrastrukturellen Bereich die Grundlage für das Funktionieren der gerichtlichen Funktionseinheiten.[315] Sie gewährleisten, dass der Betrieb planmäßig und organi-

---

[312] PAR-BG 1995, 253.
[313] PAR-BG 1997, 253.
[314] PAR-BG 2002, 228.
[315] Sie stellen, um auf die Definition des Schlussberichtes zurückzugreifen, die „Grundlage für das Funktionieren einer Organisationseinheit“ dar; ROI, Schlussbericht BG, 20.

siert ablaufen kann. Ihr Umfang ist im Wesentlichen unabhängig von der Inanspruchnahme des Gerichtes durch Anträge oder Klagen.

Da laut ROI zur Erfassung des Zeitbedarfes der Arbeiten in diesem Bereich Messsysteme nur zum Teil Anwendung finden konnten, war es Aufgabe der diesbezüglich eingerichteten Arbeitsgruppe neben der Definition bzw. Benennung des Umfanges dieser Aufgaben auch die dazugehörigen Zeitwerte zu finden.

Von der Arbeitsgruppe wurde folgender Katalog infrastruktureller Tätigkeit für die Bezirksgerichte erstellt:

Führungsaufgaben	
	Wirtschaftsverwaltung Behördenkontakte Personalverwaltung Dienstaufsicht
Grundaufgaben	
	Amts- und Gerichtstage Weiterbildung, Sitzungen, Dienstbesprechungen Statistiken, Berichte
Aufgaben „ad personam“	
	Personalsenate Standesvertretung, Personalvertretung
Standortzuschläge	
	Getrennte Standorte Vorübergehende Verlegungen
Doppelplanstellen[316]	

[316] Ab PAR-BG 1998.

3.4.1. Führungsaufgaben[317]

Bei den Führungsaufgaben handelt es sich um Tätigkeiten, die im Wesentlichen den Vorstehern der jeweiligen Bezirksgerichte obliegen. Die zeitliche Beanspruchung der übrigen Richter, wie sie sich etwa durch die Fachaufsicht gegenüber den Rechtspflegern ergibt, wurde als nicht näher quantifizierbar eingeschätzt und blieb bei der Berechnung daher außer Betracht.

Unter Führungsaufgaben wurden im Einzelnen die Aufgaben der **Wirtschafts- und Personalverwaltung** am Bezirksgericht, der **Dienstaufsicht** vor allem über die Beamten der Organisationseinheit und **Kontakte** nach außen, primär mit den anderen auf dieser Verwaltungsebene eingerichteten Behörden zusammengefasst.

Bei der Ermittlung des Zeitbedarfes für diese infrastrukturellen Tätigkeiten fand die Arbeitsgruppe im Wesentlichen ein an die Größe des jeweiligen Gerichtes anknüpfendes System. Dies bedeutete, dass den Vorstehern der Bezirksgerichte in Abhängigkeit von der Anzahl der systemisierten Richterplanstellen verschieden große Zeitanteile zur Durchführung ihrer Führungsaufgaben zugebilligt wurden. Das konkrete Ausmaß repräsentierte ein Prozentschlüssel, welcher sich an der Größe des Gerichtes orientierte.

Als Maßstab für die Größe eines Gerichtes diente die Anzahl der an diesem Gericht systemisierten Richterplanstellen.

Zuschlagssätze für Führungsaufgaben am Bezirksgericht				
	Größenkategorie 1	Größenkategorie 2	Größenkategorie 3	Größenkategorie 4
an einem BG systemisierte Richterplanstellen	bis 2,9	3 bis 9,9	10 bis 19,9	ab 20
Zuschlagsätze für Führungsaufgaben des Vorstehers	**5%**	**4%**	**3%**	**2%**

Die oben dargestellten Prozentsätze waren kumulativ anzuwenden, addierten sich also mit der Anzahl der Richter am BG. Für die ersten 3 Richter erhält der Vor-

[317] ROI, Schlussbericht BG, 20.

steher einen „Zeitbonus“ in Höhe von 5% der Jahresarbeitszeit (1.720 Stunden) jeder Planstelle, für die weiteren 7 einen Zuschlag von je 4% und so weiter. Zur Verdeutlichung wird das im Schlussbericht dargestellte Beispiel eines Bezirksgerichtes mit 16 systemisierten Richterplanstellen übernommen:

Zahlenbeispiel laut SB BG[318]		
BG mit 16 systemisierten Richterplanstellen (Kategorie 3) und 16 Richtern im Einsatz:		
bis 2,9 Richtereinsatz:	5% von 1720 h x 2,9	249,4 h
3 bis 9,9 Richtereinsatz :	4% von 1720 h x 7	481,6 h
über 10 Richtereinsatz:	3% von 1720 h x 6,1	314,8 h
		1.045,8 h

An einem Bezirksgericht mit 16 Richterplanstellen erfordert allein die Wahrnehmung der Führungsaufgaben einen Arbeitszeiteinsatz von 1.045,8 Stunden, was 60,8% der Arbeitszeit des Vorstehers entspricht.

An besonders kleinen Bezirksgerichten, wo weniger als eine volle Richterplanstelle systemisiert ist,[319] wird bei der Berechnung des Zeitanteiles für Führungsaufgaben von zumindest einer vollen Richterplanstelle ausgegangen.

Ähnlich wie bei der Zeitfindung der Führungsaufgaben wurden auch die Zeitwerte für die übrigen Kategorien gebildet. Man bezog sich dabei teilweise auf Erfahrungswerte, die in der Privatwirtschaft gewonnen wurden, wie etwa der 3%ige Wert für Weiterbildung. Teilweise beruhten diese Zeitwerte auf Einschätzungen durch jene Mitglieder des Arbeitskreises, die im jeweiligen Geschäftsbereich tätig und mit solchen Aufgaben betraut waren.

---

318 Die erste Größenkategorie wird, sofern sie voll ausgeschöpft ist (also zumindest 3 Richter am Gericht ernannt sind), mit „2,9“ angesetzt und dadurch die Abgrenzung zur nächsten Größenkategorie gezogen. Das fehlende 1/10 auf eine volle Richterplanstelle wird in der letzten Kategorie „aufgeholt“, wie in obigen Beispiel in der Kategorie Planstellen 11 bis 16 zu sehen ist, Schlussbericht BG, 20.

319 Dies ist technisch durch sogenannte „Doppelplanstellen“ möglich, wo ein Richter gleichzeitig zu einem bestimmten Prozentsatz an zwei verschiedenen Gerichten tätig wird.

3.4.2. Grundaufgaben

Mit der Bezeichnung „Grundaufgaben“ wurden Tätigkeiten bezeichnet, die, wie die **Amts- und Gerichtstagstätigkeiten**, das ganzes Gericht oder, wie die **Fort- und Weiterbildungsaktivitäten, Teilnahme an Sitzungen und Dienstbesprechungen** sowie das **Erstellen von Statistiken und Berichten** regelmäßig alle Richter eines Bezirksgerichtes (wenn auch im Einzelfall in unterschiedlichem Ausmaß) betrafen.

Um den Zeitbedarf, den die Tätigkeit an **Amtstagen**[320] in Anspruch nahm zu erfassen, wurde im September 1994 eine Erhebung in Form einer Selbstaufschreibung mit eigens dafür entwickelten Erfassungsblättern durchgeführt. Dabei waren über den Zeitraum 12.09.1994 bis 23.09.1994 an den bereits in die Erhebung der variablen Zeitwerte einbezogenen 33 Bezirksgerichten die an den jeweiligen Amtstagen durchgeführten Verrichtungen zu vermerken. Neben dem Ziel, die entsprechenden Zeitanteile der Aufgaben an Amtstagen zu erfassen, war eine weitere Aufgabe dieser Erhebung das Ausmaß der Inanspruchnahme der Amtstage als “Serviceeinrichtung” der Gerichte festzustellen sowie die „praktizierte Handhabung” der Amtstagsabwicklung zu durchleuchten.[321]

Dem Schlussbericht war im Einzelnen nicht zu entnehmen, welchen Inhalt die erhobene “Amtstagstätigkeit” im Einzelnen darstellte. Aus den Erläuterungen zur Erhebung[322] ließ sich jedoch erkennen, dass darunter die Erteilung von Rechtsauskünften außerhalb eines anhängigen Verfahrens verstanden wurde. Bei der Erhebung trat zu Tage, dass “mehr als die Hälfte” der Tätigkeiten Erledigungen von Arbeitsinhalten darstellten, die bereits anhängige Verfahren betrafen. Diese Verrichtungen hatten jedoch nicht in den Zeitwert für die Amtstagstätigkeit einzufließen, da diese Zeitanteile bereits in den PAR-Werten für die variablen Tätigkeiten der einzelnen (anhängigen) Akten enthalten waren.

Eingang in die Zeitwerte für Amtstagstätigkeit im engeren Sinn fanden hingegen die “Wartezeiten”. Darunter wurde jener Zeitaufwand verstanden, in denen der amtstaghabende Richter oder Rechtspfleger “arbeitsbereit” auf Kunden wartete.

Bei den Amtstagstätigkeiten im engeren Sinn – also anhängige Verfahren und Wartezeiten – wurde weiters unterscheiden zwischen Amtstagstätigkeiten an Amtstagen und solchen außerhalb der Amtstage.
Von den durch die Erhebung insgesamt erfassten 11.555 Verrichtungen entfielen 40% auf Amtstagstätigkeiten an Amtstagen und 54% auf solche außerhalb. Die

[320] §54 Abs. 1 Geo.
[321] ROI, Schlussbericht BG, 21.
[322] ROI, Schlussbericht BG, 21f.

restlichen 6% der insgesamt bei der Selbstaufschreibung erhobenen Verrichtungen entfielen auf Tätigkeiten bei Gerichtstagen (siehe folgendes Kapitel), die in der gleichen Erhebung über den Zeitraum 01.09.1994 bis 30.09.1994 miterfasst wurden. Dies zeigt, in welch untergeordnetem Verhältnis diese Tätigkeit im Vergleich zur Amtstagstätigkeit steht.[323]

Verteilung der Verrichtungen der Amts- und Gerichtstagserhebungen

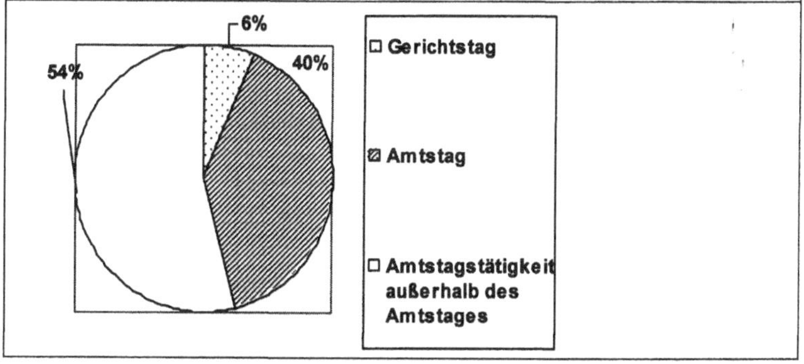

Obenstehendes Ergebnis verdeutlicht, dass rechtsberatende Tätigkeit von Richtern und Rechtspflegern sogar vermehrt außerhalb der Amtstage ausgeübt wurde. In diesen Daten waren jedoch auch noch solche Auskünfte enthalten, die im Zusammenhang mit anhängigen Verfahren standen. Es ist davon auszugehen, dass die Rechtsberatung bzw. Rechtsauskunft außerhalb des Amtstages vornehmlich bereits anhängige Verfahren betraf. Insofern flossen diese Tätigkeiten, wie bereits oben dargestellt, nicht in den Zeitwert für die Amtstage ein.

Fraglich bleibt jedoch, inwieweit die beratende Tätigkeit, also die Beantwortung von Anfragen im Zusammenhang mit anhängigen Verfahren, tatsächlich in den „variablen" Zeitwerten enthalten waren. Es besteht die Möglichkeit, dass diese Verrichtungen – da sie nicht im unmittelbaren Zusammenhang mit der Aktenerledigung standen – bei der PAR-Zeitwerterhebung einfach „vergessen" wurden. Dafür spricht insbesondere der Umstand, dass bereits erledigte Akten im Nachhinein, also nach Verstreichen einer geraumen Zeit, beurteilt wurden. Dabei wird das Ausmaß der Auskunftserteilung den Sachbearbeitern – sofern die Akten überhaupt von jenen Personen beurteilt wurden, die sie auch tatsächlich erledigt hatten – möglicherweise nicht mehr (genau) in Erinnerung gewesen sein.

Entschärft wurde dieses Problem jedoch sicherlich dadurch, dass die PAR-Wert-Erhebung keine „sekundengenaue Abrechnung" darstellte. Andererseits wird aber

[323] ROI, Schlussbericht BG, 21.

gerade die zeitliche Inanspruchnahme durch Auskunftserteilung (Ablenkung, Herausreißen aus gerade durchgeführter Tätigkeit) insbesondere bei einer Ex-post-Einschätzung tendenziell wohl eher mit zu geringen Zeitwerten angesetzt werden.

Ausgehend von der Erhebung zu den Amts- und Gerichtstagen wurde entsprechend der auch für den Zeitbedarf der Führungsaufgaben gewählten Vorgehensweise ein nach Größe der Bezirksgerichte gestaffeltes Zuschlagssystem für den Zeitbedarf der Amtstagstätigkeiten entwickelt. Als Maßzahl für die Größe des Gerichtes wurde auch hier auf die Anzahl der bei den Gerichten systemisierten Richterplanstellen abgestellt.

Zuschlagsätze für Amtstagstätigkeit am Bezirksgericht[324]			
	Anzahl der systemisierten Richter-Planstellen am BG	Zuschlagsätze für Richter in den jeweiligen Größenkategorien	Zuschlagsätze für Rechtspfleger in den jeweiligen Größenkategorien
Größenkategorie 1	bis 0,9	**8,5%**	**5,2%**
Größenkategorie 2	1 bis 1,9	**6,0%**	**6,2%**
Größenkategorie 3	2 bis 2,9	**6,9%**	**4,8%**
Größenkategorie 4	3 bis 9,9	**4,6%**	**4,1%**
Größenkategorie 5	ab 10	**1,9%**	**3,7%**

Die Zuschläge zählten je systemisierten bzw. tätigen Richter oder Rechtspfleger. Als Gesamtzeitwert wurden die Summen der oben ausgewiesenen Prozentsätze für jeden dort tätigen Richter und Rechtspfleger dem jeweiligen Gericht zu „seinen“ infrastrukturellen Tätigkeiten zugeschlagen.

Parallel zur Erhebung des Zeitbedarfes für die Amtstagstätigkeit wurde mit denselben Erhebungsblättern auch die Erfassung jener Zeitanteile durchgeführt, die die **Gerichtstagstätigkeit**[325] in Anspruch nimmt. Dabei wurde jedoch, im Unterschied zu der Amtstagserhebung, nicht nur bei jenen 33 für die PAR-Erhebung ausgewählten Bezirksgerichten der Zeitbedarf erhoben. Darüber hinaus war über den Zeitraum 01.09.1994 bis 30.09.1994 an (nahezu)[326] allen Bezirksgerichten, welche in diesem Geschäftsjahr (1994) Gerichtstagstätigkeiten durchzuführen hatten, solche Erhebungen durchgeführt worden.

Wie bereits bei den Amtstagstätigkeiten dargestellt, wurden auch hier nur solche rechtsberatenden Tätigkeiten, also im Wesentlichen Auskünfte, berücksichtigt, die

---

[324] Fellner, Leitfaden, 19.

[325] § 69 Geo.

[326] Einige, im Abschlussbericht nicht näher bezeichnete Ausnahmen bestanden hinsichtlich von Bezirksgerichten in Niederösterreich, die in die Erfassung nicht einbezogen worden waren.

noch kein anhängiges Verfahren betrafen. Einbezogen in den Zeitwert für Gerichtstage waren auch die Warte- und Reisezeiten.

Diese Erhebung stellte sohin – im Unterschied zu den ansonsten durchgeführten Stichproben – eine Vollerhebung dar. In das Ergebnis fanden die Erhebungsdaten von 97 Gerichtstagen, welche von 26 Bezirksgerichten abgehalten worden waren, Eingang.

Auffällig bei der Erhebung war der hohe Anteil der Reisezeit, welche im Schlussbericht mit einem Wert von 57 Minuten pro Gerichtstag angegeben wurde.

Da die Gerichtstagstätigkeit nur auf einzelne, ausgewählte Bezirksgerichte beschränkt war und dabei vor allem aufgrund regionaler Gegebenheiten (Entfernung des Gerichtstagsortes vom Gericht) und der Anzahl der Gerichtstage im Jahr die Unterschiede zwischen diesen Gerichten außergewöhnlich groß waren, wurde von der Festlegung eines einheitlichen Zeitwertes für sämtliche Bezirksgerichte Abstand genommen. Es wurde verfügt, den Zeitaufwand für Gerichtstage standortbezogen, für jedes einzelne Gericht nach dem individuell erhobenen Zeitaufwand zu berücksichtigen.[327]

Als weiteres Ergebnis der Erhebungen für die Amts- und Gerichtstage wurde auch dargestellt, wie sich die inhaltliche Tätigkeit auf einzelne Geschäftsgattungen verteilte. Das Ergebnis war, dass 70% der Tätigkeiten an Amts- und Gerichtstagen auf die Geschäftsgattungen P (19%), C (19%), E (17%) sowie TZ (15%) entfielen.[328]

Für den Bereich der **Fort- und Weiterbildung**, der ebenfalls der Kategorie „Grundaufgaben" zugerechnet wurde, war keine Erhebung durchgeführt worden. Den für diesen Zeitbedarf angenommen Prozentsatz ermittelte die Arbeitsgruppe und hatte, so zumindest die Darstellung im Schlussbericht, entsprechende Größen der Privatwirtschaft zum Maßstab. Mit einem Satz von 3% der Jahresarbeitszeit wurde zunächst eine Größenordnung für Richter und Rechtspfleger der Bezirksgerichte gewählt, die auch in internationalen Konzernen für Führungskräfte zu finden war. Als bestimmende Größe für die Dimensionierung wurde dabei insbesondere der Grad der Veränderung der Arbeitsinhalte am Arbeitsplatz, die sogenannte „Halbwertszeit" des Wissens, herangezogen.[329]

---

[327] Mit Reorganisation der Gerichtsstruktur im Jahr 2002, wodurch es vor allem in Niederösterreich und der Steiermark zur Zusammenlegung zahlreicher Bezirksgerichte kam, wurden mit 01.07.2002 auch neue Gerichtstage eingerichtet. Dabei wurden vor allem an Orten, wo der Standort eines Bezirksgerichtes aufgelassen worden war, als „Ersatz" dafür Gerichtstage eingerichtet. Die im zweiten Halbjahr 2002 bereits abgehaltenen Gerichtstage wurden für die Berechnung der PAR-BG 2002 jedoch noch nicht herangezogen. Näheres dazu PAR-BG 2002, 228.

[328] ROI, Schlussbericht BG, 20ff.

[329] ROI, Schlussbericht BG, 22.

Der sowohl für Richter als auch Rechtspfleger gleich hoch gewählte Prozentsatz verteilte sich dabei zu 1,6% auf die Teilnahme an Weiterbildungsveranstaltungen, wie sie von der Justizverwaltung in Form von Fort- und Weiterbildungsseminaren angebotenen wurden. In der Größenordnung von 1,4% stand Zeitkapazität für individuelle Bildungsmaßnahmen, wie dem Studium der Fachliteratur oder von Gesetzesnovellen, zur Verfügung.

Die Berücksichtigung dieses Zeitbedarfes erfolgte gerichtsbezogen, es wurde also dem Gericht je ernanntem Richter und Rechtspfleger 3% seiner Jahresarbeitskapazität (bei Vollbeschäftigten waren dies 1.720 Arbeitsstunden für einen Richter und 1.612,5 bei einem Rechtspfleger) zur Abdeckung des Zeitbedarfes für Fort- und Weiterbildung zugeschlagen.
Im Rahmen des Projektes PAR-LG mehrten sich die Stimmen vor allem aus der richterlichen Standesvertretung, die für ihren Berufsstand einen höheren Fortbildungsaufwand reklamierten. Nach „eingehenden Erörterungen“ wurde schließlich ab PAR-BG 1996 der Fortbildungsprozentsatz für Richter auf 4,5%, der für Rechtspfleger auf 3,6% erhöht, dabei aber betont, dass ein allenfalls erforderlicher „Mehrbedarf“ an Fort- und Weiterbildung durch den Bediensteten selbst ohne entsprechende Berücksichtigung in der PAR zu erbringen sei.[330]
Für den letzten Bereich der Grundaufgaben, der Zeiterfordernis für die **Teilnahme an Sitzungen und Dienstbesprechungen** sowie dem **Abfassen von Statistiken und Berichten** wurde ebenfalls keine gesonderte Erhebung durchgeführt. Diesen Zeitbedarf „erarbeitete” ebenfalls die Arbeitsgruppe. Es wurde dabei ein für Richter mit 1% der Vollzeitkapazität und mit 0,8% für Rechtspfleger unterschiedlicher Zeitansatz gewählt. Die Differenzierung war laut Erläuterungen im Schlussbericht damit begründet, dass Rechtspfleger Zusammenkünfte spartenbezogen abhielten und sohin sich diesbezüglich ein geringerer Zeitbedarf ergeben würde.[331]

Zuschlagsätze bezogen auf Jahresarbeitszeit einer Vollzeitkapazität (Richter 1.720 h/Jahr; Rpfl. 1.612,5 h/Jahr) je an einem Gericht ernannten Richter oder Rechtspfleger				
	Richter		**Rechtspfleger**	
Weiterbildung	**3%***	**4,5%****	**3%***	**3,6%****
Teilnahme an Sitzungen und Dienstbesprechungen	**1%**		**0,8%**	
Abfassen von Statistiken und Berichten				
	* PAR-BG 1994 bis 1995		** PAR-BG 1996 bis laufend (2002)	

[330] PAR-BG 1996, 254f.
[331] ROI, Schlussbericht BG, 22.

3.4.3. Aufgaben „ad personam“[332]

Zur Gruppe der „Aufgaben ad personam“ wurden jene Tätigkeiten zusammengefasst, die nicht automatisch jeden Richter betreffen, sondern, wie der Zeitbedarf für die **Mitwirkung in der Standes- oder Personalvertretung**, nur die diesbezüglichen Funktionäre aus der Richter- und Rechtspflegerschaft, der Zeitbedarf für die **Arbeit in einem Personalsenat** nur die jeweils in diese Funktion gewählten Richter und schließlich die **Arbeit in Projekten** nur die darin einbezogenen Personen.

Grundlage für die Ansätze bei den **Mitgliedern der richterlichen Standesvertretung** (Richtervereinigung) war eine Umfrage unter den bei Bezirksgerichten ernannten Standesvertretern der Richter. Aufgrund dieser Selbsteinschätzung wurde durch die Arbeitsgruppe eine Staffelung von Zeitwerten gewählt, die einerseits von der ausgeübten Funktion, andererseits auch vom Ausmaß des Reiseaufwandes abhängig war, der vor allem Standesvertreter aus den westlichen Bundesländern traf.

Standesvertretung			
Bundesvorsitzender	60%	Landesvorsitzender*	20%
Bundesvorsitzender Stv.	20%		
Mitglied der Bundessektion*	12%	Mitglied der Landessektion	7%
* Kommen Träger dieser Funktionen aus den Bundesländern Kärnten, Tirol oder Vorarlberg erhalten sie einen Zuschlag für den erhöhten Reiseaufwand von 3%.			

Ab PAR-BG 1997 wurde neben der Tätigkeit in der Richtervereinigung auch eine solche in der Gewerkschaft (GöD) als Tätigkeit in der Standesvertretung anerkannt und „in einem einvernehmlich mit dem Bundesministerium für Justiz festgelegten Ausmaß“ berücksichtigt.[333]
Das gleiche System galt für den Bereich der **Personalvertretung**, unter deren Mitgliedern ebenfalls eine Erhebung hinsichtlich des Zeitbedarfes durchgeführt worden war. Es kam diesbezüglich zu einem gemischten System von „Zeitaufwandssätzen“, wobei zunächst ein 10 %iger Zuschlag für „einfache” Mitglieder bzw. Vertreter von Ausschussvorsitzenden vorgesehen wurde. Für Ausschussvorsitzende selbst waren 4 Kategorien gestaffelter Zuschlagsätze, abhängig von der Anzahl der Bediensteten, welche vom Ausschuss zu betreuen waren, gebildet worden.

[332] ROI, Schlussbericht BG, 22.
[333] PAR-BG 1997, 253.

Die Zeitaufwandssätze von Ausschussmitgliedern wurden ab PAR-BG 1995 insoweit reduziert, als diese auf 5% bzw. 7% herabgesetzt worden waren, abhängig davon, ob das Ausschussmitglied durch eine räumliche Entfernung vom Tagungsort des Ausschusses einen (erhöhten) Reiseaufwand zu tragen hatte oder nicht. Bei den Ausschussvorsitzenden „mittelgroßer" Ausschüsse (51 bis 150 vertretene Bedienstete) kam es demgegenüber zu einer Erhöhung des Zeitaufwandssatzes von 33% auf 38%.[334]

Personalvertretung		
Ausschussvorsitzender	20-50 Bedienstete	25%
	51-150 Bedienstete	33%* / 38%**
	151-300 Bedienstete	50%
	>300 Bedienstete	66%
Stellvertretender Ausschussvorsitzender		10%
Ausschussmitglied/Dienstort am Sitz des Ausschusses		10%* / 5%**
Ausschussmitglied/Dienstort außerhalb des Sitzes des Ausschusses		10%* / 7%**
		* PAR-BG 1994 ** PAR-BG 1995 bis laufend (2002)

Sowohl im Bereich der Standes- als auch Personalvertretung galt, dass für Personen, die gleichzeitig in mehreren Funktionen tätig waren, es zu keiner Addition der vorgesehen Zeitwerte kam, sondern diesbezüglich der jeweils höchste Zeitwert anzusetzen war.

Für die zeitliche Beanspruchung der **Personalsenatsmitglieder** wurde ein primär nach dem Reiseaufwand des einzelnen Personalsenatsmitgliedes gestaffelter Zeitaufwandssatz veranschlagt. Grundsätzlich wurde von einem 5%igen Satz je Personalsenatsmitglied ausgegangen, unabhängig davon, um welche Art von Personalsenat es sich handelte (Personalsenat oder Außensenat; „großer" oder „kleiner" Personalsenat). Dazu kamen ursprünglich Zuschläge von 2 bzw. 5%. Ersterer galt für Personalsenatsmitglieder die außerhalb des Sitzes des betreffenden Gerichtshofes ernannt waren und Fahrzeiten (Hin- und Rückreise) von bis zu 2 Stunden zum Sitzungsort aufzuwenden hatten. Diesen Personen kam sohin ein Gesamtzeitaufwandssatz von 7% zugute. Lag die benötigte Fahrzeit über 2 Stunden war ein Zeitaufwandsatz von 10% vorgesehen. Im Zuge der Zeitbedarfsermittlungen beim Projekt PAR-LG einigten sich die Beteiligten darauf, diese Differenzierung aufzugeben und einheitlich für „auswärtige" Personalsenatsmitglieder einen Zeitauf-

[334] PAR-BG 1995, 254.

wandssatz von 7% zu veranschlagen. Diese Werte galten erstmals ab PAR-BG 1996.[335]

Für die Teilnahme an **Projekten** wurden keine Durchschnittszeitwerte vorgegeben, sondern sollte ein diesbezüglicher Arbeitsaufwand zeitlich nach Maßgabe des jeweiligen Projektauftrages für die Dauer des Projektes standortbezogen zugerechnet werden.

Für die Berücksichtigung der Zeitaufwandssätze für Standes- und Personalvertreter sowie Mitglieder der Personalsenate in der PAR-Berechnung galt ganz allgemein, dass diese derart erfolgte, dass sowohl aus den jährlichen PIS-Auswertungen als auch zusätzlichen Meldungen der Gerichte an das BMJ[336] bekannt wird, an welchen Gerichten wie viele Richter und Rechtspfleger in welchen Funktionen im Geschäftsjahr tätig wurden. Ausgehend von den auf diese entfallenden Jahres-Arbeitskapazitäten (bei Vollbeschäftigung entfällt auf eine richterliche Arbeitskraft 1.720 Arbeitsstunden, auf eine rechtspflegerische 1.612,5) werden die oben dargestellten Zeitaufwandssätze angewendet und den einzelnen Bezirksgerichten im Rahmen ihres Zeitansatzes für Infrastrukturelle Tätigkeiten zugeschlagen.

3.4.4. Standortzuschläge[337]

Schließlich wurde im infrastrukturellen Bereich auch berücksichtigt, wenn Gerichte in von einander getrennten Gebäuden untergebracht waren. Für jene Anzahl von Richtern und Rechtspflegern, die in beiden Gebäuden Verrichtungen vorzunehmen hatten, war für das Gericht diesbezüglich ein Zuschlag von 5% der das jeweilige Organ treffenden Jahresarbeitszeit vorgesehen. Dies galt auch für bloß vorübergehende Verlegungen, welche etwa im Zuge einer Generalsanierung erforderlich werden konnten.

3.4.5. Doppelplanstellen

Durch die PAR-Systempflege kam es zu einer Erweiterung des ursprünglich vorgesehenen Kataloges an infrastrukturellen Tätigkeiten. Ab PAR-BG 1998 erhielt jedes Gericht, bei dem richterliche Doppelplanstellen eingerichtet waren – es handelt sich dabei um den Fall, dass ein Richter mit einem Teil seiner Arbeitskapazität an einem, mit der restlichen an einem anderen Gericht ernannt ist, wobei die diesbezüglichen Prozentsätze im PIS ausgewiesen werden – einen Zuschlag von 2% jedes auf das Gericht entfallenden Doppelplanstellenanteiles.[338]

---

335 PAR-BG 1996, 255.
336 Von OLG übermittelt.
337 ROI, Schlussbericht BG, 23.
338 PAR-BG 1998, 254.

Anders ausgedrückt werden 2% einer richterlichen Vollzeitkraft, das sind 34,4 Arbeitsstunden eines Jahres, auf die Gerichte verteilt, die sich die Doppelplanstelle teilen. Der Verteilungsschlüssel entspricht dabei dem Ausmaß der Beschäftigung am einzelnen Gericht.

4. PAR-LG

4.1. Projektorganisation

Wie schon bei „PAR-BG" wurde auch hier dem bewährten System der Einbindung „unternehmensinterner" Experten vertraut. Den Kern bei der Ermittlung der Systemgrundlagen („Arten-Mengen-Zeiten") bildeten 7 **Arbeitsgruppen**. Entsprechend der Vielschichtigkeit und Komplexität in diesem Bereich waren diese Arbeitsgruppen vor allem mit Fachleuten aus den jeweiligen Geschäftsgattungen, also im Wesentlichen Richtern, die in der jeweiligen Geschäftsgattung tätig waren, bestückt. Die Arbeitsgruppen 1 bis 4 befassten sich mit den „variablen Tätigkeiten". Aufgabenbereich der Arbeitsgruppe 5 stellten die „infrastrukturellen Tätigkeiten" dar. Als „Zusatzaufgabe" im Vergleich zu jenen Einheiten, die im Bereich der variablen Tätigkeiten „lediglich" die Erhebung der Zeitwerte vorzubereiten und zu begleiten hatten, waren hier neben der Aufbereitung des Datenmaterials auch die Zeitwerte selbst für die infrastrukturellen Tätigkeiten zu finden, da in dieser Kategorie – wie bereits bei PAR-BG – keine Zeitwerteerhebung durchgeführt wurde.

Die restlichen Arbeitsgruppen waren nicht direkt mit der Zeitwertfindung befasst. In ihnen wurden Fragen der organisatorischen Umsetzung des Projektes geklärt bzw. aufbereitet. So war es Aufgabe der Arbeitsgruppe 6 im Wesentlichen eine Darstellungsform der PAR-Ergebnisse zu finden, mit der die unterschiedlichen Nutzer möglichst übersichtlich die für sie relevante Information gewinnen konnten (PAR-ADV-Raster).[339] Zusätzlich hatte sich diese Gruppe überhaupt mit der EDV-mäßigen Realisierung des Projektes zu beschäftigen.

Im Verantwortungsbereich der Arbeitsgruppe 7 lag schließlich die Abfassung des Schlussberichtes.

Die insgesamt in diesen Arbeitsgruppen tätigen 64 Mitglieder traten zu insgesamt 32 Arbeitsgruppensitzungen zusammen, in denen der gesamte Projektinhalt aufbereitet worden war.

Zur Durchführung der Zeiterhebungen in den variablen Tätigkeiten wurde ein **Projektteam** und **vier** – korrespondierend zu den Arbeitsgruppen 1 bis 4 – **Betreuungsteams** eingerichtet. Die Mitglieder dieser Organisationseinheiten hielten insgesamt neun „Instruktionsveranstaltungen" ab, bei denen die mit der ei-

[339] ROI, Schlussbericht LG, 20: Das (Layout des) PAR-Auswertungsblatt(es) ist Ergebnis dieser Bemühungen.

gentlichen Erfassung/Selbstaufschreibung betrauten Richter in den Ablauf der Datenerhebung unterwiesen wurden. Dabei waren insbesondere die Unterlagen der Datenerhebung vorgestellt und erläutert worden.

Zur Leitung des Gesamtprojektes war schließlich der **Bundessteuerungsausschuss** berufen. Dieser begleitete, „steuerte“ das Unternehmen in sieben Ausschusssitzungen.

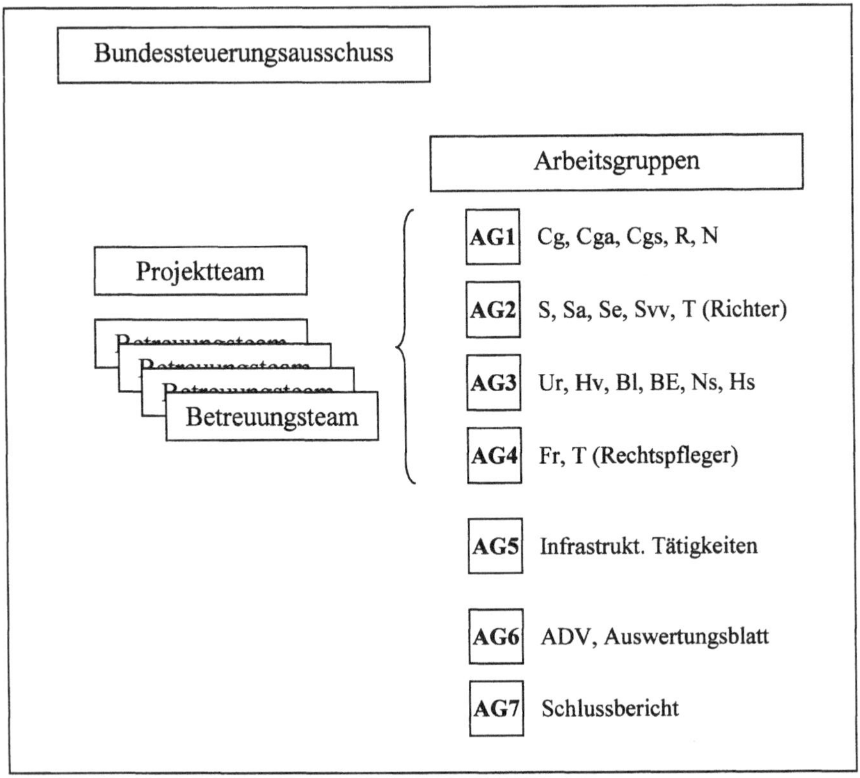

Die einzelnen Gremien waren jeweils mit Angehörigen des Beratungsunternehmens, des Bundesministeriums für Justiz und Vertretern aus der Richter- und Rechtspflegerschaft, die zum Teil von der Standes- bzw. Personalvertretung nominiert worden waren, zusammengesetzt.[340]

4.2. Projektdurchführung

Zur Erarbeitung des „Herzstückes“ des PAR-Projektes, der Erhebung der Zeitwerte für die variablen Tätigkeiten, wurde auch auf landesgerichtlicher Ebene keine Vollerhebung durchgeführt. Man begnügte sich mit der Erfassung an Hand einer Stichprobe. Da die Erhebung für alle Gerichte des Bundesgebietes repräsentatives Datenmaterial liefern sollte, erfolgte die Auswahl der an der Erhebung teilnehmenden Gerichte – wie bereits bei PAR-BG – nach den Kriterien **Größe**, **regionale Streuung** und **Gerichtstypus**.[341] Damit sollte eine der tatsächlichen Verteilung entsprechende Beteiligung von Groß- und Kleingerichten an der Erhebung ebenso gewährleistet werden, wie die Teilnahme von Vertretern aller Bundesländer, genauer gesagt aller Oberlandesgerichtssprengel. Beim Kriterium „Grichtstypus“ wurde auf eine entsprechende Repräsentanz von Vollgerichten neben Spezialgerichten geachtet. Bei ersterer Kategorie sind in derselben Organisationseinheit alle Arten von Geschäftsgattungen zu finden und fallen in ihren Zuständigkeitsbereich sämtliche Geschäftsfälle des Sprengels. Demgegenüber sind Spezialgerichte für Straf- und Zivilgerichtsbarkeit in Graz und Wien, in der Bundeshauptstadt darüber hinaus auch für Handels- und Arbeits-/Sozialrechtssachen eingerichtet.

---

[340] Zusammensetzung der Gremien:

Bundessteuerungsausschuss				
	32 Mitglieder:	2 ROI 4 BMJ 5 StV/PV	Präs/VPräs und 1Bea aus allen 4 OLGs	5 Ri/Wien 2 Ri/Graz 2 Ri/Linz
Arbeitsgruppen				
AG 1	12 Mitglieder:	2 ROI 3 BMJ	6 Ri	1 Bea
AG 2	10 Mitglieder:	2 ROI	1 BMJ	7 Ri
AG 3	10 Mitglieder:	2 ROI	8 Ri	
AG 4	09 Mitglieder:	2 ROI	1 Ri	6 Bea
AG 5	11 Mitglieder:	2 ROI 1 Bea	2 BMJ	6 Ri
AG 6	13 Mitglieder:	2 ROI 4 Bea	2 BMJ	5 Ri
AG 7	10 Mitlieder:	1 ROI 1 Bea	2 BMJ	6 Ri

[341] ROI, Schlussbericht LG, 5.

Stichprobe PAR LG[342]

OLG Wien	Ri.	OLG Graz	Ri.	OLG Linz	Ri.	OLG Innsbruck	Ri.
Eisenstadt	**13**	LGS Graz	21	Linz	34,5	Feldkirch	25
Korneuburg	15	LGZ Graz	39,5	**Ried**	**14**	**Innsbruck**	**63,5**
Krems	13,5	**Klagenfurt**	**43**	Salzburg	47		
St. Pölten	20,5	**Leoben**	**27**	Steyr	10,5		
ASG Wien	**29,5**			**Wels**	**29**		
HG Wien	**32**						
JGH Wien	**7,1**						
LGS Wien	**79,8**						
LGZ Wien	**78**						
Wiener Neustadt	**20**						

ASG = Arbeits- und Sozialgericht
HG = Handelsgericht
JGH = Jugendgerichtshof

LGS = Landesgericht für Strafsachen
LGZ = Landesgericht für Zivilrechtssachen

Ri. = Anzahl des Richtereinsatzes an den Gerichten lt. PIS Stand 01.01.1997
= Teil der Stichprobe

Obenstehende Tabelle stellt die Landesgerichte mit ihrem Personalstand an Richtern (Ri.) per 01.01.1997 gegliedert nach OLG-Sprengeln dar. Die dunkel hinterlegten Flächen kennzeichnen davon jene Gerichte, die für die Erhebung ausgewählt worden waren.[343]

Die Erhebung der PAR-LG Zeitwerte erfolgte im Zeitraum Mai bis Oktober 1996, wobei der „Abgabetermin" für die Erhebungsunterlagen zum überwiegenden Teil bereits mit Mitte oder Ende Juli 1996 festgelegt worden war.[344] Lediglich der Strafbereich und Teile der Insolvenzverfahren beanspruchten einen längeren Erhebungszeitraum.

Davon unterschieden sich die **Erfassungszeiträume,** also jene Zeiträume, deren Geschäfts-(Akten-)bestand der Zeitwerterhebung zugrunde gelegt worden war. Gegenstand der Erhebungen waren jene in den Erfassungszeiträumen „erledigten" Akten. Die einzelnen Zeiträume waren sehr unterschiedlich, differierten von Geschäftsgattung zu Geschäftsgattung, sowohl was die Dauer als auch den Zeitraum selbst (wann?) anbelangte.

[342] ROI, Schlussbericht LG, Anlage 9.
[343] Das Arbeits- und Sozialgericht Wien (ASG Wien), die Landesgerichte für Zivilrechtssachen (LGZ) und Strafrechtssache (LGS) Wien waren nur zu 30%, die übrigen Gerichte zur Gänze (100%) in die Stichprobe eingeflossen.
[344] Dieser Zeitraum ergibt sich aus dem in Schlussbericht LG, Anlage 12/3 angeführten „Beginn der Aufschreibung" und „Abgabetermin".

Erfassungszeiträume Zivilverfahren		
Geschäftsgattung	**Erfassungszeitraum**	**Anknüpfung für PAR-Erfassung**
Cg	Alle Cg-Akten, die im Cg-Register im Erfassungszeitraum 15.09.1996 bis 31.07.1996	abgestrichen wurden.
Nc/Cg	Alle Nc-Akten für Cg, die im Erfassungszeitraum 15.04.1996 bis 31.07.1996	abgestrichen wurden.
Cga	Alle Arbeitsrechtssachen, die im Erfassungszeitraum 15.04.1996 bis 31.07.1996	abgestrichen wurden.
Cgs	Alle Sozialrechtssachen, die im Erfassungszeitraum 15.04.1996 bis 31.07.1996	abgestrichen wurden.
Nc/Cga u. Cgs	Alle Nc-Akten, die im Erfassungszeitraum 15.04.1996 bis 31.07.1996	abgestrichen wurden.
R/C u. MSch	Alle R-Akten aus C und MSch unter derselben Aktenzahl, die im Erfassungszeitraum 15.04.1996 bis 31.07.1996	rückgesendet wurden, + erläuternde Anmerkungen für Verfahrensbesonderheiten/ besondere Verfahren.
R/andere[345]	Alle R-Akten außer C und MSch unter derselben Aktenzahl, die im Erfassungszeitraum 15.04.1996 bis 31.07.1996	rückgesendet wurden, + erläuternde Anmerkungen für Verfahrensbesonderheiten/ besondere Verfahren.
N-Senat	Senatsgerichtsbarkeit in N-Akten, die im Erfassungszeitraum 15.04.1996 bis 31.07.1996	abgestrichen wurden.

Erfassungszeiträume Insolvenzverfahren		
Geschäftsgattung	**Erfassungszeitraum**	**Anknüpfung für PAR-Erfassung**
S	Alle S mit Eigenantrag des Schuldners oder Konkurseröffnung aus Se, Sa, Svv,	
	die in den Zeiträumen 02.01.1992 bis 30.06.1992 und 01.07.1994 bis 31.12.1994	angefallen sind und
	die bis 31.07.1996	abgestrichen wurden. Ist der Konkurs noch nicht aufgehoben, so ist der Akt nicht zu erfassen.

[345] Es verbleiben Außerstreit- und E-Sachen.

S Absch.	Alle S-Abschöpfungsverfahren,	
	die im Zeitraum 01.01.1995 bis 31.08.1996	angefallen
	und bis 10.10.1996	abgestrichen wurden.
Sa, Svv	Alle Sa u. Svv,	
	die im Zeitraum 02.01.1994 bis 31.12.1994	angefallen
	und bis 31.07.1996	abgestrichen wurden.
Se	Alle Konkursanträge von Gläubigern (= Se),	
	die in den Zeiträumen 01.10.1995 bis 31.12.1995 und 02.01.1996 bis 31.03.1996	angefallen
	und bis 31.07.1996	abgeschlossen wurden. (Abweisung, Zurückziehung, Überweisung, Zurückweisung, Konkurseröffnung.)

Erfassungszeiträume Strafverfahren		
Geschäftsgattung	**Erfassungszeitraum**	**Anknüpfung für PAR-Erfassung**
Ur	Alle Akten, die im Ur-Register im Zeitraum 15.04.1996 bis 09.09.1996	abgestrichen wurden. (§§ 488 Abs. 3 sowie 26 und 485 Abs. 1 Geo.)
EHv	Alle EHv, die im Hv-Register	
	im Zeitraum 15.04.1996 bis 09.09.1996	abgestrichen (§ 490 Geo)
	oder bei sofortiger Eintragung in das Verzeichnis der unvollstreckten Strafen	abgestrichen werden könnten.
SHv	Alle SHv-Schöffengerichtsverfahren, die im Hv-Register	
	im Zeitraum 15.04.1996 bis 09.09.1996	abgestrichen (§ 490 Geo)
	oder bei sofortiger Eintragung in das Verzeichnis der unvollstreckten Strafen	abgestrichen werden könnten.
SHv(G)	Alle SHv-Geschworenengerichtsverfahren, die im Hv-Register	
	im Zeitraum 15.04.1996 bis 09.09.1996	abgestrichen (§ 490 Geo)

	oder bei sofortiger Eintragung in das Verzeichnis der unvollstreckten Strafen	abgestrichen werden könnten.
BE-Einzelrichter	Alle BE-Akten in Zuständigkeit des Einzelrichters, deren Verzeichnisse und Merkblätter im Zeitraum 15.04.1996 bis 09.09.1996	abgestrichen werden konnten. JABl 1983/81.
BE-Senat	Alle BE-Akten in Zuständigkeit des Senates, deren Verzeichnisse und Merkblätter im Zeitraum 15.04.1996 bis 09.09.1996	abgestrichen werden konnten. JABl 1983/81.
RK	Alle im Zeitraum 15.05.1996 bis 09.09.1996 Anträge und Beschwerden an die Ratskammer.	erledigten
Bl	Alle Bl-Akten, die im Erfassungszeitraum 15.04.1996 bis 09.09.1996	abgestrichen wurden.[346]
Hs	Alle Hs-Akten[347], die im Erfassungszeitraum 15.04.1996 bis 09.09.1996	abgestrichen wurden.
Ns	Ns-Akten[348], die im Erfassungszeitraum 15.04.1996 bis 09.09.1996	abgestrichen wurden.

[346] Beim Zeitpunkt des Abstreichens wurde auf den Zeitpunkt der Verfügung der Rücksendung der Akten an das Erstgericht nach Erledigung des Rechtsmittels abgestellt.

[347] Dabei waren jedoch folgende Tätigkeiten nicht zu erfassen: Verwahrsachen für Bezirksgerichte und Aktenübersendungen.

[348] Darin nicht einbezogen wurden jene Ns-Akten, die in der Folge eine andere Aktenzahl bekamen. Diese Akten bzw. deren Zeitaufwand wurde im Zuge der neugebildeten Akten „mitgeschätzt".

Erfassungszeiträume Registerverfahren		
Geschäftsgattung	**Erfassungszeitraum**	**Anknüpfung für PAR-Erfassung**
Fr-Ri.	Alle Fr-Akten[349], die im Zeitraum 20.05.1996 bis 12.07.1996	erstinstanzlich erledigt wurden.
Fr-Vorlage an Ri.	Alle Fr-Vorlagen an Richter (wenn es im Akt zu einer geteilten Bearbeitung Ri./Rpfl. gekommen ist), die im Zeitraum 20.05.1996 bis 12.07.1996	erledigt wurden.
Fr-Rpfl.	Alle Fr-Akten[350], die im Zeitraum 20.05.1996 bis 12.07.1996	erstinstanzlich erledigt wurden.
Nc/Fr-Ri.	Nc-Akten, die im Zeitraum 20.05.1996 bis 12.07.1996	abgestrichen wurden.
Nc/Fr-Rpfl.	Nc-Akten, die im Zeitraum 20.05.1996 bis 12.07.1996	abgestrichen wurden.
T	Todeserklärungen, die im Zeitraum 02.01.1994 bis 31.12.1995	angefallen sind
	und bis 31.07.1996	rechtskräftig geworden sind.
T-Ri.	T-Akten/Aufgebot von Wertpapieren (Kraftloserklärungen), die im Zeitraum 02.01.1995 – 01.12.1995	angefallen
	und bis 31.07.1996	rechtskräftig geworden sind.
T-Rpfl.	T-Akten/Aufgebot von Wertpapieren (Kraftloserklärungen), die im Zeitraum 02.01.1995 – 01.12.1995	angefallen
	und bis 31.07.1996	rechtskräftig geworden sind.

Zusammenfassend kann man sagen, dass sämtlichen **„Zivil-Zeitwerten“**[351] – dies betrifft sowohl die streitigen Verfahren I. Instanz als auch die Rechtsmittelverfahren – und den **„Strafzeitwerten“**[352] einheitliche Erfassungszeiträume zugrunde

[349] Darin war auch der gesamte Aufwand ab Erstanfall bis Erledigung, inklusive dem Zeitaufwand für Auskünfte zum Geschäftsfall enthalten; nicht enthalten war neben den Nachbearbeitungen der Zeitaufwand für Gewerberechtserteilungen, da diese ab Juli 1996 wegfielen.

[350] Darin war auch der gesamte Aufwand ab Erstabfall bis Erledigung, inklusive dem Vollzugsaufwand des Rechtspflegers und dem Zeitaufwand für Auskünfte zum Geschäftsfall enthalten; nicht enthalten war neben den Nachbearbeiten auch der Zeitaufwand für Gewerberechtserteilungen, da diese ab Juli 1996 wegfielen.

[351] Cg, Nc für Cg, Cga, Cgs, Nc für Cga und Cgs, R für C + MSch, R für AußStr. und E, R für N-Senat; es handelt sich dabei um den Erhebungsbereich der AG 1.

[352] Ur, EHv, SHv, SHv(G), BE-Einzelrichter, BE-Senat, RK, Bl, Hs, Ns; es handelt sich dabei um den Erhebungsbereich der AG 3.

lagen, die in beiden Fällen mit 15.04.1996 begannen, bei den Zivilverfahren bis 31.07.1996, bei den Strafverfahren, etwas länger, bis 09.09.1996 andauerten. Die **„Firmenbuch-Zeitwerte“** [353] wiesen mit 20.05.1996 bis 12.07.1996 den kürzesten Erfassungszeitraum auf, im Bereich der Zeitwerte für **„Insolvenzverfahren“**[354] und der **„Todes- und Kraftloserklärungen“**[355] gab es eigene Erfassungszeiträume für die einzelnen Unterarten.

Die „Vergangenheitsorientierung“ der PAR zeigte sich deutlich an dem Umstand, dass Ausgangspunkt der Erhebungen „erledigte“, also abgeschlossene Akten waren.[356] Dieser Anknüpfungspunkt zog sich durch das gesamte System, da auch Ansatz für die Mengenanknüpfung die Anzahl der erledigten und nicht die Zahl der angefallenen Akten eines Jahres darstellten.

Wie auch bereits in der oben dargestellten Übersicht über die einzelnen Erfassungszeiträume ersichtlich ist, gab es keinen einheitlichen, allgemein gültigen Schritt der Erledigung eines Aktes. Die einzelnen Anknüpfungspunkte für die PAR-Erhebung mussten in den Arbeitsgruppen für die einzelnen Geschäftsgattungen definiert werden und gab es dabei in bestimmten Fällen – wie die teils umfangreichen Anweisungen dazu in einzelnen Erfassungsblättern beweisen – durchaus Abgrenzungsschwierigkeiten.

Nach den jeweils festgelegten „Erledigungszeitpunkten“ war in vielen Fällen die Arbeit in Akten jedoch noch nicht zu Ende. Diese **„Nacharbeiten“** wurden in der Regel jeweils gesondert erhoben und bewertet, nur in Einzelfällen war auch der Zeitbedarf dafür beim „Hauptzeitwert“ mitzuschätzen. In zwei Fällen wurden im Rahmen des Projektes PAR-BG Nacharbeiten überhaupt nicht bewertet.

Nacharbeiten		
	Berücksichtigung der Nacharbeiten im PAR-Projekt	**Nacharbeiten spielen keine Rolle**
Cg	N	
Nc/Cg		X
Cga	N	
Cgs	N	
Nc/Cga u. Cgs		

[353] Fr Richter, Fr Vorlagen an Richter, Fr Rechtspfleger, Nc für Fr Richter, Nc für Fr Rechtspfleger; dabei handelt es sich um Teile des Erhebungsbereiches der AG 4.
[354] S, S Abschöpfung, Sa und Svv, Se; dies gehört zu dem Erhebungsbereich AG 2.
[355] T Todeserklärung, T Wertpapiere Richter, T Wertpapiere Rechtspfleger; es handelt sich dabei um den Erhebungsbereich AG 4, soweit Richterzuständigkeit, der AG 2.
[356] ROI, Schlussbericht LG, 6 unten.

R/C u. MSch	N	
R/andere[357]	N	
N-Senat		X
S	B (inkl. allfälliger Nacharbeiten)[358]	
S Absch.		X
Sa, Svv	B (inkl. allfälliger Nacharbeiten)	
Se		X
Ur	N	
EHv	N	
SHv	N	
SHv(G)	N	
BE-Einzelrichter	N[359]	
BE-Senat	N	
RK		X
Bl		X
Hs		X
Ns		X
Fr-Ri.	A (ohne Nacharbeiten)	
Fr-Vorlage an Ri.		X
Fr-Rpfl.	A (ohne Nacharbeiten)	
Nc/Fr-Ri.		X
Nc/Fr-Rpfl.		X
T	A (ohne Nacharbeiten)	
T-Ri.		X
T-Rpfl.		X

„N" bezeichnet in obenstehender Tabelle jene Fälle, in denen im Rahmen der Zeitwerterhebung Nacharbeiten nicht zu berücksichtigen waren, wo es – im Unterschied zu den „X"-Fällen – jedoch zu einer eigenen, gesonderten Erhebung zu deren Arbeitsaufwand kam und letztendlich die PAR-Zeitwerte einen diesbezüglichen Zuschlag erhielten. [360]

In den Geschäftsgattungen Fr und T (A) wurden Nacharbeiten nicht berücksichtigt, da die Meinung vorherrschte, dass der „Nacharbeitsaufwand" in diesen Geschäftsgattungen so gering war, dass er ohnehin mit der Zeitklassenbreite abgedeckt war. Der Zeitbedarf für Arbeiten nach „Abstreichen" des Aktes galt als in

[357] Es verbleiben Außerstreit- und E-Sachen.
[358] Nachverfahren in diesem Bereich sind z.B. Sachwalterzwangsausgleich, Abschöpfungsverfahren, Nachtragsverteilung.
[359] Nacharbeiten wären hier z.B. Widerruf, Absehen vom Widerruf, förmliche Mahnung, Verlängerung der Probezeit, nachträgliche Bestellung bzw. Aufhebung der Bewährungshilfe, nachträgliche Erteilung/Abänderung/Aufhebung von Weisungen, vorläufiges Verwahren, vorläufige Entlassung.
[360] Vgl. dazu: ROI, Schlussbericht LG, Anlage 6.

der jeweiligen Zeitklassenbreite der Bearbeitungszeit mitabgegolten, ohne in der Zeitklassenschätzung der Bearbeitungszeit jedoch mitberücksichtigt worden zu sein. Das heißt, dass bei der Zeitschätzung der Hauptarbeitszeit mögliche Nacharbeiten in die Beurteilung des Zeitbedarfes nicht explizit einzufließen hatten.

Bei den Fällen (B), wo der Zeitaufwand für Nacharbeiten in die Schätzung der Bearbeitungszeiten selbst einzubeziehen war (S und Sa, Svv), waren auch diese Fälle zu berücksichtigen, in denen „Nachverfahren" im Zeitpunkt der Bewertung noch nicht abgeschlossen waren. In einer eigenen Spalte des Erfassungsblattes hatten die Erhebungsteilnehmer anzugeben, wie hoch sie diesen Zeitaufwand schätzten („erwarteter zusätzlicher Aufwand wurde in h berücksichtigt"). Darüber hinausgehende, „noch nicht absehbare Nacharbeiten", Fälle also, wo noch nicht gewiss war, ob es in dem zu bewertenden Verfahren überhaupt zu Nacharbeiten kommen wird, hatten auch bei dieser Zeitschätzung keine Berücksichtigung zu finden. Für diese Fälle galt die gleiche Argumentation wie bei „Fall A". Sollte in einem der Bewertung unterliegenden Akt im Nachhinein tatsächlich Nacharbeit angefallen sein, welche sich im Zeitpunkt der Bewertung noch nicht abgezeichnet hatte, wurde die Nichtberücksichtigung dieses Zeitaufwandes vom Umfang der Zeitklassen aufgefangen.

Wie oben dargestellt, gab es im Wesentlichen 7 unterschiedliche Erfassungszeiträume, die im Schlussbericht auch als Prozentwerte (wie viel % der jeweilige Erfassungszeitraum bezogen auf das Geschäftsjahr betrug) dargestellt wurden. Aus dieser prozentuellen Darstellung ergab sich aus dem ebenfalls ausgewiesenen Gesamtanfall bei den beteiligten Gerichten[361] im ganzen Geschäftsjahr 1996 die **Anzahl der erwarteten Geschäftsfälle** im Erfassungszeitraum, wie viele Akten also bei Umlegung dieses Prozentsatzes in die Erfassung – ein gleichmäßiger Anfall über das Geschäftsjahr vorausgesetzt – einfließen hätten müssen. Dieser hypothetischen, rein rechnerischen Größe wurde nun die Anzahl der tatsächlich bewerteten Fälle gegenübergestellt und daraus der **Erfassungsgrad**[362] errechnet.

Ein Grund für derart stark variierende Erfassungszeiträume ist aus den Erhebungsunterlagen nicht erkennbar. Es läge auf der Hand, in jenen Geschäftsgattungen, wo besonders wenig Anfall zu verzeichnen war, den Erfassungszeitraum länger zu wählen, um auf die entsprechende Anzahl von Geschäftsfällen für eine repräsentative Aussage zu kommen. Dieser Umstand allein vermochte jedoch keine Erklärung dafür zu liefern, warum man sich für derart unterschiedliche Erfas-

---

[361] Es handelt sich dabei offenbar bereits um „bereinigte" Anfallszahlen, da insbesondere die ebenfalls Ausgewiesene Anfallszahl für das gesamte Bundesgebiet nicht mit der in Anlage 9 ausgewiesenen „Summe Geschäftsfälle lt. BIS 1996" übereinstimmt. Die in Anlage 10 zur Darstellung gelangten Zahlen, die im Übrigen der weiteren Darstellung des Projektes zugrundegelegt wurden, sind daher – völlig zu recht – offenbar bereits auf die jeweils zur Erfassung gelangten Geschäftsfälle abgestimmt.
[362] ROI, Schlussbericht LG, Anlage 10.

sungszeiträume entschied. In 3 Fällen wählte man sogar „maßgeschneiderte“ Erfassungszeiträume, also solche, die bei keiner anderen Geschäftsgattung Anwendung fanden.

Auch bei vergleichbaren Anfallszahlen je Zeitperiode kamen unterschiedliche Erfassungszeiträume zur Anwendung. Bei einem Anfall von um die 10.000 Geschäftsfälle wurde einmal (in den Cga- und Cgs-Verfahren) ein 30%iger Erfassungszeitraum gewählt, wohingegen bei vergleichbarer Anfallstruktur in Ur und

Erfassungsgrad

*Jahresanfall (Geschäftsfälle) * Erfassungszeitraum(%) =*
Anzahl erwarteter Geschäftsfäll

Anzahl erwarteter Geschäftsfälle.........100%
Anzahl bewerteter Geschäftsfälle............x%

$$Erfassunsgrad(\%) = \frac{Anzahl\ bewerteter\ Geschäftsfälle}{Anzahl\ erwarteter\ Geschäftsfälle}$$

Erfassungszeiträume

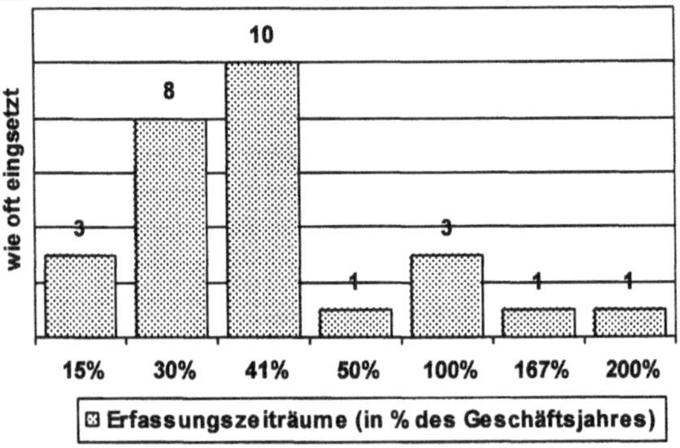

15%......1,8 Monate
30%......~3½ Monate
41%......~5 Monate
50%......½ Jahr
100%.....1 Jahr
167%.....1 Jahr 9 Monate
200%.....2 Jahre

EHv als Erfassungszeitraum etwa 5 Monate (41% eines Jahres) gewählt worden waren. Hier stand offenbar der Wunsch im Vordergrund, für die fachlich zusammengehörenden Geschäftsgattungen des Zivil- bzw. Strafverfahrens einheitliche Erfassungszeiträume zu finden.
Zur Aussagekraft des Erfassungsgrades ist vorauszuschicken, dass die ausgewiesenen „erwarteten Geschäftsfälle“ von der Annahme eines zeitlich gleichmäßigen

Anfalles ausgingen. Demnach hätten im Erfassungszeitraum, der ja x-% des gesamten Geschäftsjahres beträgt, auch x-% der Geschäftsfälle des Geschäftsjahres anfallen müssen. Der Erfassungsgrad gab nun die Abweichung (in Prozent) der im Erfassungszeitraum tatsächlich „angefallen" und in die Stichprobe aufgenommenen und bewerteten Geschäftsfälle von diesen „erwarteten Geschäftsfällen" wieder. Dass die bewerteten Geschäftsfälle nicht den erwarteten entsprachen, war durchaus nicht außergewöhnlich, da erfahrungsgemäß von keinem über die Zeit (das Jahr) gleichmäßigen Anfall auszugehen sein wird.

Der Erfassungsgrad ist somit aber (auch) ein Indikator für die Repräsentativität des gewählten Erfassungszeitraumes und somit letztlich auch für die Verallgemeinerungsfähigkeit der durch die Erfassung erhaltenen Zeitwerte. Er trifft Aussagen darüber, ob im Erfassungszeitraum bzw. in der Erfassung überdurchschnittlich viele (wenn der Erfassungsgrad > 100%) oder unterdurchschnittlich wenige (wenn Erwartungsgrad < 100%) Geschäftsfälle enthalten waren.

Von den 27 erhobenen Geschäftsgattungen lag der Erfassungsgrad in 6 Fällen über 100%. Dies bedeutete, dass in den für diese Geschäftsgattungen gewählten Erfassungszeiträumen überdurchschnittlich viele Geschäftsfälle bei den beobachteten Gerichten anfielen. In allen übrigen Fällen war es umgekehrt. Hier fielen überdurchschnittlich wenige Geschäftsfälle in den jeweiligen Erhebungszeiträumen an.

Das Problem in der endgültigen Bewertung der Aussagekraft des Erfassungsgrades lag darin, dass in diesem auch die Abweichung durch die Rücklaufquote enthalten war, dieses Ausmaß jedoch nicht gesondert ausgewiesen wurde.[363] Den Unterlagen ist nicht zu entnehmen, inwieweit die Abweichung der „Anzahl erwarteter Geschäftsfälle" von der „Anzahl bewerteter Geschäftsfälle" im Einzelfall darauf zurückzuführen war, dass der erwartete Anfall vom im Erfassungszeitraum tatsächlich gegebenen Anfall abwich oder der tatsächliche Anfall nicht im gesamten Ausmaß der Erhebung zugrundegelegt wurde, weil die entsprechenden Zeitschätzungen nicht durchgeführt oder zumindest nicht an die Auswerter übermittelt wurden. Die im Schlussbericht zur Rücklaufquote getroffenen Aussagen[364], sie habe im Durchschnitt 90% betragen, wird vor dem Hintergrund der in Anlage 10 ausgewiesenen Erfassungsgrade nur den Schluss zulassen, dass der tatsächliche Rücklauf relativ konstant, also unabhängig von den Geschäftsgattungen bzw. den jeweiligen Erfassungszeiträumen der Geschäftsgattungen war.[365] Dies erscheint auch plausibel und war bei der gewählten Art der Durchführung, insbesondere der starken organisatorischen Einbindung der Hierarchien und

---

363 Vgl. ROI, Schlussbericht LG, 7.

364 ROI, Schlussbericht LG, 7.

365 Aus den in Anlage 10 des Schlussberichtes LG ausgewiesenen Erfassungsgraden wäre eine durchschnittliche Rücklaufquote, wie auf Seite 7 des Schlussberichtes dargestellt, nicht abzuleiten.

Strukturen der Gerichte, ein auch nur in Teilbereichen niedriger Rücklauf nicht zu erwarten. Dass der ausgewiesene Erfassungsgrad dennoch so starke Schwankungen zwischen den einzelnen Geschäftsgattungen aufzeigte, musste daher zwangsläufig auf die je nach Geschäftsgattung unterschiedlichen Erfassungszeiträume zurückzuführen sein.

4.3. Variable Tätigkeiten beim LG

Zur Erhebung der Zeitwerte in diesem Bereich fand die Äquivalenzwertmethode Anwendung. Dazu wurden in den Arbeitsgruppen 1 bis 4 auf die Bedürfnisse und Besonderheiten der einzelnen Geschäftsgattungen[366] abgestimmte **Erfassungsblätter** entwickelt. In einzelnen Fällen war es auch erforderlich, Geschäftsgattungen weiter zu unterteilen und diese Untergruppen in die „Äquivalenzwert-Erfassungsblätter" aufzunehmen. Dieses Erfordernis zeigte sich vor allem bei den sogenannten „Massenverfahren", also jenen Geschäftsgattungen, die sehr große Anfallszahlen aufwiesen und die für einen Gerichtstypus charakteristische Verfahrensart darstellen, wie zum Beispiel für die Zivilgerichtsbarkeit die Geschäftsgattungen C und Cg. Diese Arbeiten erfolgten, entsprechend der Aufgabenverteilung unter den Arbeitsgruppen, getrennt für Zivil-, Straf-, Insolvenz- und Firmenbuch/Todeserklärung /Kraftloserklärungsverfahren.

Bei der Entwicklung der Erfassungsblätter war in den Arbeitsgruppen auch festzulegen, was als zu bewertender **„Geschäftsfall"** in der einzelnen Geschäftsgattung angesehen wurde. Dabei konnte nicht in allen Verfahrensarten auf den Akt als zu bewertende Einheit abgestellt werden. Die Arbeitsgruppen hatten zu entscheiden, ob in einzelnen Geschäftsgattungen beispielsweise auf Anträge als Bewertungseinheit zurückgegriffen wurde.

Über die Festlegung der Bewertungseinheiten hinaus waren auch die jeweiligen **Anfangs-** und **Endpunkte** der Geschäftsfälle genau zu definieren. Diesen Arbeiten kam deshalb besondere Wichtigkeit zu, beschrieben sie doch das eigentliche Erhebungsobjekt, legten also fest, welche Zeitspanne zu schätzen war. Dabei wurde vor allem auf Vorschriften der Registerführung zurückgegriffen. So wurde als Anfangspunkt der „Anfall" im jeweiligen Register gewählt, also der Zeitpunkt der erstmaligen Erfassung des Geschäftsfalles im dazugehörigen Register (z. B. Einbringen der Klage bei Gericht). Ebenso wurde als Endpunkt jenes Ereignis gesucht, mit dem ein Geschäftfall registermäßig als „erledigt" gilt. Dabei konnte in den meisten Fällen auf das sogenannte „Abstreichen" im Register zurückgegrif-

---

[366] ROI, Schlussbericht LG, 7.

fen werden. Diese für jede Geschäftsgattung gesondert festgelegte Erledigungsstufe markiert jenen Punkt, ab dessen Erreichen der Akt nicht mehr unter den „offenen", also noch unerledigten Geschäftsfällen in den Geschäftsbehelfen ausgewiesen wird. Es war jedoch nicht in allen Fällen möglich, auf dieses Kriterium zurückzugreifen. Aufgabe der Arbeitsgruppen war es daher, auch in diesen Fällen einen geeigneten Endpunkt zu finden und zu definieren.

Mit den einzelnen Endpunkten war in vielen Fällen die Bearbeitung eines Aktes jedoch noch nicht abgeschlossen. Von Wiederaufnahmeanträgen bis zu nach Rechtskraft eines Verfahrens zu treffenden Verfügungen (Vollzugsanordnungen, Vollstreckbarkeitsbestätigungen, etc.) reichte die Palette dieser, in vielen, aber nicht in allen Akten und auch nicht in allen Akten mit gleichem Aufwand verbundenen **„Nacharbeiten"**. Diese mussten die Arbeitsgruppen ebenfalls definieren und im Einzelfall entscheiden, ob sie in der Zeitschätzung des „Hauptbearbeitungszeitwertes" einbezogen wurden, diesbezüglich eine gesonderte Erhebung erforderlich war oder dieser Zeitaufwand, gemessen am Zeitwert des Hauptverfahrens oder Häufigkeit des Anfalls, eine vernachlässigbare Größe darstellten.

Nächste Aufgabe nach der Festlegung dieses Grundgerüstes war es schließlich, die **„Bandbreite der Verfahrenskategorien"** für jede Geschäftsgattung – bei weiterer Unterteilung einer Geschäftsgattung in Unterkategorien auch für jede dieser Unterkategorien – festzulegen.

In den Arbeitsgruppen erfolgte dazu zunächst die Zuordnung von Zeitklassen nach Verfahrenskategorien „einfacher Geschäftsfall" – „mittlerer Geschäftsfall" – „komplexer Geschäftsfall". In diesem Schritt wurde also in Beratungen innerhalb der Arbeitsgruppen festgelegt, wie lange in den einzelnen Geschäftsgattungen einfache, durchschnittliche („mittlere") oder aufwändigere („komplexe") Akten dauern oder anders ausgedrückt, welcher Zeitaufwand ein Verfahren zu einem einfachen, mittleren oder komplexen Verfahren macht. Dabei waren – entsprechend der gewählten Erhebungsmethode des Äquivalenzwertverfahrens – keine Zeitpunkte sondern Zeitrahmen festgelegt worden.

Bei manchen Verfahren wurde die letzte Kategorie als nach oben hin offen ausgestaltet, bei manchen war zusätzlich eine Kategorie für „Großverfahren" im Erfassungsblatt vorgesehen, wobei im Fall des Auftretens eines solchen „Großverfahrens" in der Erhebung eine konkrete Schätzung der Dauer dieses Verfahrens abzugeben war.[367]

---

[367] Bei der Bildung der Zeitwerte wurden schließlich diese Großverfahren aus der Durchschnittszeitbildung herausgenommen.

Die in den Arbeitsgruppen gefundenen Zeitkategorien wurden schließlich nach einem in den Unterlagen nicht näher dargestellten „Verfahren der Zeitklassenbildung aus der ROI-Operationsfolgemethode“ in drei weitere Zeitklassen unterteilt. Diese Unterteilung in Zeitkategorien und Zeitklassen verfolgte laut Darstellung im Schlussbericht die Ziele, einerseits die Zeitschätzung zu erleichtern. Andererseits wurde dadurch gesichert, dass die Mittelwerte in den Zeitklassen bei allen Geschäftsgattungen auf die gleiche Weise gebildet wurden.[368]

Schließlich galt es noch für die einzelnen Geschäftsfalltypen „zeitcharakteristische“ **Parameter** zu finden. Dabei handelte es sich um solche Umstände, die markante „Sprünge“ verursachten[369]. Trat ein solcher Umstand in einem Verfahren auf, war zu erwarten, dass dieser Geschäftsfall dadurch einen deutlich höheren Zeitaufwand hatte. Man versuchte somit solche Umstände zu finden, die durch ihr Auftreten einen deutlich höheren Zeitaufwand bewirkten.

Die in den Arbeitsgruppen von den Fachleuten aus den einzelnen Geschäftsgattungen gefundenen Parameter wurden in die jeweiligen Erfassungsblätter aufgenommen. Bei der Zeitwert-Erfassung war neben der Bewertung des Zeitaufwandes des einzelnen Falles auch das Auftreten von Parametern auszuweisen. Damit sollten diese aber auch die Zeitschätzung selbst unterstützen, da bei Unsicherheit, welcher Zeitklasse oder -kategorie der einzelne Geschäftsfall zuzuordnen war, das Vorhandensein oder Nichtvorhandensein einzelner Parameter die Zuordnung erleichtern oder überhaupt erst ermöglichen konnte.[370] Dies war aber lediglich die „Sekundärfunktion“ der Parameter. Primär wurden sie für die „Parameteranalyse“ der Erhebungsergebnisse verwendet. Anhand der als zeitmarkant erkannten Parameter war es möglich, eine Plausibilitätsanalyse der erhobenen Zeitwerte durchzuführen. Dieses Vorgehen setzte freilich voraus, dass die in der Arbeitsgruppe erkannten Parameter tatsächlich die ihnen unterstellte „Zeitmarkanz“ aufwiesen. Anhand der Parameteranalyse als unplausibel bewertete Erhebungsergebnisse konnten tatsächlich das Resultat falscher Zeitschätzungen sein. Genauso gut bestand aber auch die Möglichkeit, dass der zur Prüfung herangezogene Parameter „falsch“, also ohne den unterstellten Einfluss auf die Verfahrensdauer war. Darüber hinaus sollten die Parameter als Drittes auch einen Ansatzpunkt für Zeitbedarfsermittlungen hinsichtlich unerledigt gebliebener Geschäftsfälle[371] oder eines allenfalls vorhandenen „Arbeitsvorrates“[372] bilden.

---

[368] ROI, Schlussbericht LG, 7, Anlage 12/2 (Informationsblatt zur Erhebung).
[369] ROI, Schlussbericht LG, 7.
[370] ROI, Schlussbericht LG, Anlage 12/2 (Informationsblatt zur Erhebung).
[371] Dabei handelt es sich um die innerhalb eines Geschäftsjahres „anhängig“, also unerledigt gebliebenen Geschäftsfälle.
[372] Dies ist der Fall des „Überplan“-Arbeitens, wo also mehr Akten in einem Geschäftsjahr erledigt werden, als laut Plansoll erledigt werden müssten. Dies kann sich in der Situation des Aufarbeitens eines Aktenrückstandes aus Vorjahren ergeben.

Schließlich musste noch neben dem Erhebungszeitraum, also der Zeitspanne zwischen Beginn und Ende der Erhebung, der „Erfassungszeitraum“, also jener Zeitraum ausgewählt werden, aus welchem die in die Zeitschätzung einbezogenen Geschäftsfälle entnommen wurden. Auch dabei war die Fachkenntnis der in den einzelnen Geschäftsgattungen erfahrenen Richter und Rechtspfleger der Arbeitsgruppen erforderlich, da es galt, für sowohl inhaltlich als auch ihrer Anfallstruktur nach völlig unterschiedliche Geschäftsfälle repräsentative Zeiträume zu finden.

Zur Durchführung der Erhebung wurde ein Projektteam mit Mitgliedern aus allen Oberlandesgerichtssprengeln, Bediensteten der Zentralstelle sowie 4 Betreuungsteams zur „Mitarbeit und Begleitung an den Ist-Datenerhebungen und der Konzeptarbeit“[373] eingerichtet. In Umsetzung dieser Hauptaufgabe wurden in 9 Instruktionsveranstaltungen vor Durchführung der Erhebungen vornehmlich jene Richter und Rechtspfleger der Gerichte, die für die Zeiterhebung ausgewählte worden waren und die die Zeitschätzungen anhand der Äquivalenzwert-Erfassungsblätter durchzuführen hatten, in die Erhebung eingeführt. Der Schlussbericht zum PAR-LG weist dazu insgesamt 280 Justizbedienstete aus, denen so die Vorgehensweise erläutert und die Erfassungsblätter nähergebracht wurden.[374]

Bei der Erhebung fanden 30 verschiedene Äquivalenzwert-Erfassungsblätter Anwendung. Dies korrespondiert mit der Anzahl der erhobenen Geschäftsgattungen, die ebenfalls 30 betrug. Die Erhebung erfolgte also „gattungsspezifisch“, pro erhobener Geschäftsgattung wurde ein eigenes Erfassungsblatt verwendet. Die Geschäftsgattungen selbst wurden teilweise weiter in einzelne Unterarten zergliedert, in diesen Fällen kamen jedoch keine eigens entwickelten Erfassungsblätter zur Anwendung. Die Unterkategorien waren in eigenen Spalten der jeweiligen „Gattungsblätter“ durch Ankreuzen des entsprechenden Feldes zu vermerken.

Zu schätzen war die Gesamtbearbeitungszeit, also inklusive aller „Nebenzeiten“ wie sachlicher und persönlicher Verteilzeiten.[375]
Zusätzlich zu den Zeitwerten der „Hauptarbeiten“ wurden mit fünf eigenen Äquivalenzwert-Erfassungsblättern in elf Geschäftsgattungen die Nacharbeiten erhoben. Es fand dabei das gleiche Verfahren, nämlich die Äquivalenzwertmethode, Anwendung wie bei der Erhebung der „Hauptarbeitszeiten.“

---

[373] ROI, Schlussbericht LG, 5.
[374] In der Anlage 12/1f zum Schlussbericht LG ist ein bei den Instruktionsveranstaltungen zum Einsatz gekommenes Blatt zu allgemeinen „Information“ über das Projekt PAR enthalten, im Anhang das eigentliche Informationsblatt zur „Beschreibung der Elemente der Erfassungsblätter“ als eine Art Ausfüllhilfe dargestellt. Konkrete Anleitungen und Anweisungen, teilweise auch zur Schätzung selbst, waren auch noch auf den einzelnen Erfassungsblättern angeführt.
[375] ROI, Schlussbericht LG, 7, Anlage 12/2 (Informationsblatt zur Erhebung).

Dabei entwickelte man aber nicht mehr für alle Geschäftsgattungen eigene „Nacharbeits-Erhebungsblätter“, sondern fasste einzelne Geschäftsgattungen zusammen.

Die bei den beteiligten Gerichten von den Richtern und Rechtspflegern auszufüllenden Erhebungsblätter flossen bei den Geschäftsstellen der jeweiligen Landesgerichte zusammen, wo sie EDV-mäßig erfasst worden sind.[376] Diese Daten wurden schließlich bundesweit verdichtet und vom Beratungsunternehmen „ROI“ anhand des Statistikprogramms „SPSS“ unter Einsatz „diverser Analyseverfahren“ – der Schlussbericht nennt dazu Varianzanalyse, Regressionsrechnung, Korrelationsanalyse sowie, ganz allgemein, „Verifizierungsverfahren“, worunter offenbar die bereits angesprochene Plausibilitätsprüfung anhand der Parameteranalyse gemeint war[377] – ausgewertet und die ersten „Rohzeitwerte“ gebildet.

Auch diese Zeitwerte unterzog das Beratungsunternehmen einer Analyse, wobei einerseits die Repräsentativität der in einer Stichprobe erhobenen Daten (Analyse der Standardabweichungen), andererseits die Plausibilität der Rohzeitwerte anhand der Analyse von Zeitrelevanzen und Parameterkorrelationen überprüft wurden.
Die so aufbereiteten Daten kamen schließlich zu den Arbeitsgruppen. Hier wurde zunächst das Primärdatenmaterial auf Vollständigkeit der Angaben in den Erfassungsblättern, vor allem hinsichtlich der Zeitklassen, geprüft. Anschließend erfolgte in den Arbeitsgruppen, also unter Beteiligung „unternehmensinterner“ Experten, ebenfalls eine Plausibilitätsprüfung der Rohzeitwerte. Diese „Diskussion“ in den Arbeitsgruppen führte schließlich, wenn auch nur in „wenigen Einzelfällen“[378], zu Bereinigungen, bei denen z.B. statistisch indizierte Extremwerte gestrichen wurden. Der Schlussbericht spricht in diesem Zusammenhang von „korrektiven Maßnahmen außerhalb des Auswertungssystems“, die nur in Ausnahmefällen notwendig waren.

In einzelnen Geschäftsgattungen, wie den Insolvenz- und Amtshaftungssachen, kam es in den Arbeitsgruppen sogar zur Festlegung vorläufiger Zeitwerte. Dies hatte seine Ursache entweder darin, dass die Erhebung kein brauchbares Datenmaterial lieferte oder keine (eigenständige) Erhebung durchgeführt worden war.
Die Wendung „bei Unklarheiten wurde von Arbeitsgruppenmitgliedern auch in die Urbelege Einschau gehalten, wie z.B. bei der Diskussion über den Zeitwert für Cga-Mahn-sachen“[379] im Schlussbericht zum PAR-LG zeigte, dass bereits unmittelbar nach der Ersterhebung Zweifel an einzelnen Zeitwerten bestanden. Zur Entkräftung genereller Kritik an der Methode und Untermauerung der streng wissen-

[376] ROI, Schlussbericht LG, 7f; Anlage 12/1.
[377] ROI, Schlussbericht LG, Anlage 12/2.
[378] ROI, Schlussbericht LG, 8.
[379] ROI, Schlussbericht LG, 8.

schaftlichen Durchführung des Verfahrens stellte der Schlussbericht klar, dass am Datenmaterial selbst keine Änderungen vorgenommen und Berichtigungen der Rohzeitwerte ausschließlich anhand von Belegen vorgenommen worden waren.[380]

4.2.1. Die Zeitkategorien in den einzelnen Geschäftsgattungen

Die Darstellung folgt der Einteilung der Arbeitsgruppen und bringt die jeweils als Zeitschätz-Grundlage verwendeten Zeitkategorien, zusammengefasst für Zivil-, Insolvenz-, Straf- und Registerverfahren, zur Darstellung.

Zivilverfahren

	Kategorie (K)1 einfache Geschäftsfälle			**Kategorie (K)2 mittlere Geschäftsfälle**			**Kategorie (K)3 komplexe Geschäftsfälle**			**Großverfahren**
Cg	0-1 h			>1-25 h			>25-100 h			>100 h
	0-26′	>26′-40′	>40′-1 h	1h-5h20′	>5h20′-11h	>11h-25k	>25h-43h	>43h-70h	>70h-100h	
Nc/Cg	0-15′			15′-1h			>1h			
	0-3′	>3-8′	>8-15′	>15-25′	>25′-40′	>40′-1h	>1h-1,5h	>1,5h-2h20′	>2h20′	
Cga	0-1h			>1h-25h			>25h-100h			>100h
	0-26′	>26′-40′	>40′-1h	>1h-5h20′	>5h20′-11h	>11h-25h	>25h-43h	>43h-70h	>70h-100h	
Cgs	0-2h			>2h-10h			>10h-25h			>25h
	0-40′	>40′-1h15′	>1h15′-2h	>2h-3h20′	>3h20′-6h20′	>6h20′-10h	>10h-13,5h	13,5h-18h45′	>18h45-25h	
Nc/Cga .Cgs	0-15′			>15′-1h			>1h			
	0-3′	>3′-8′	>8′-15′	>15′-25′	>25′-40′	>40′-1h	>1h-1,5h	>1,5h-2h20′	>2h20′	
R/C,MSch	0-2h			>2h-15h			>15h-35h			>35h
	0-40′	>40′-1h15′	>1h15′-2h	>2h-4h	>4h-8h	>8h-15h	>15h-21h	>21h-28h	>28h-35h	
R/Außstr,E	0-2h			>2h-10h			>10h-25h			>25h
	0-40′	>40′-1h15′	>1h15′-2h	>2h-3h20′	>3h20′-6h20′	>6h20′-10h	>10h-13,5h	>13,5-18h45′	18h45′-25h	
N/Senat	0-1h			>1h-3h			>3h			
	0-26′	>26′-40′	>40′-1h	>1h-1h26′	>1h26′-2h	>2h-3h	>3h-4,5h	>4,5h-7h	>7h	

[380] ROI, Schlussbericht LG, 8.

Insolvenzverfahren

	Kategorie (K)1 einfache Geschäftsfälle			Kategorie (K)2 mittlere Geschäftsfälle			Kategorie (K)3 komplexe Geschäftsfälle			Großverfahren
S	0-2 h			>2-25 h			>25-100 h			>100 h
	0-40′	>40′-1h15′	>1h15′-2h	>2h-6h30′	>6h30′-13h	>13h-25h	>25h-42h	>42h-69h	>69h-100h	
S Absch.	0-2 h			>2-25 h			>25-100 h			>100 h
	0-40′	>40′-1h15′	>1h15′-2h	>2h-6h30′	>6h30′-13h	>13h-25h	>25h-42h	>42h-69h	>69h-100h	
Sa, Svv	0-2 h			>2-20 h			>20-50 h			>50 h
	0-40′	>40′-1h15′	>1h15′-2h	>2h-5h20′	>5h20′-10h30′	>10h30′-20h	>20h-30h	>30h-39h	>39h-50h	
Se	0-1h			>1h-3h			>3h			
	0-26′	26′-40′	>40′-1h	>1h-1h26′	>1h26′-2h	>2h-3h	>3h-4h30′	>4h30′-7h	>7h	

Strafverfahren

	Kategorie (K)1 einfache Geschäftsfälle			Kategorie (K)2 mittlere Geschäftsfälle			Kategorie (K)3 komplexe Geschäftsfälle			Großverfahren
Ur	0-1h30′			>1h30′-10h			>10-40h			>40h
	0-26′	>26′-50′	>50′-1h30′	>1h30′-2h50′	>2h50′-6h	>6h-10h	>10h-17h	>17h-27h	>27h-40h	
EHv	0-1h30′			>1h30′-10h			>10-40h			>40h
	0-26′	>26′-50′	>50′-1h30′	>1h30′-2h50′	>2h50′-6h	>6h-10h	>10h-17h	>17h-27h	>27h-40h	
SHv	0-5h			>5h-24h			>24h-100h			>100h
	0-1h	>1h-2h30′	>2h30′-5h	>5h-8h	>8h-13h	>13h-24h	>24h-40h	>40h-58h	>58h-100h	
SHv(G)	0-25h			>25h-100h			>100h-300h			>300h
	0-7h	>7h-13h	>13h-25h	>25h-40h	>40h-65h	>65h-100h	>100h-150h	>150h-200h	>200h-300h	
BE-ER	0-30′			>30′-3h			>3h			
	0-6′	>6′-15′	>15′-30′	>30′-1h	>1h-1h45′	>1h45′-3h	>3h-4h30′	>4h30′-7h	>7h	
BE-Sen.	0-1h			>1h-5h			>5h			
	0-26′	>26′-40′	>40′-1h	>1h-1h45′	>1h45′-3h	>3h-5h	>5h-9h	>9h-15h	>15h	
RK	0-1h			>1h-7h			>7h			

	Kategorie (K)1 einfache Geschäftsfälle			Kategorie (K)2 mittlere Geschäftsfälle			Kategorie (K)3 komplexe Geschäftsfälle			Großverfahren
	0-26′	>26′-40′	>40′-1h	>1h-2h	>2h-4h	>4h-7h	>7h-13h	>13-25h	>25h	
Bl	0-1h			>1h-7h			>7h			
	0-26′	>26′-40′	>40′-1h	>1h-2h	>2h-4h	>4h-7h	>7h-13h	>13h-25h	>25h	
Hs	0-1h30′			>1h30′-5h			>5h			
	0-26′	>26′-50′	>50′-1h30′	>1h30′-2h30′	>2h30′-3h30′	>3h30′-5h	>5h-9h	>9h-15h	>15h	
Ns	0-30′			>30′-1h30′			>1h30′			
	0-6′	>6′-15′	>15′-30′	>30′-40′	>40′-1h	>1h-1h30′	>1h30′-3h	>3h-5h	>5h	

Registerverfahren

	Kategorie (K)1 einfache Geschäftsfälle			Kategorie (K)2 mittlere Geschäftsfälle			Kategorie (K)3 komplexe Geschäftsfälle			Großverfahren
Fr Ri.	0-2h			>2-10h			>10h			
	0-40′	>40′-1h15′	>1h15′-2h	>2h-3h20′	>3h20′-6h20′	>6h20′-10h	>10h-17h	>17h-32h	>32h	
Fr Vorlage	0-30′			30′-1h30′			>1h30′			
	0-6′	>6′-15′	>15′-30′	>30′-45′	>45′-1h	>1h-1h30′	>1h30′-3h	>3h-5h	>5h	
Fr Rpfl.	0-2h			>2-10h			>10h			
	0-40′	>40′-1h15′	>1h15′-2h	>2h-3h20′	>3h20′-6h20′	>6h20′-10h	>10h-17h	>17h-32h	>32h	
Nc Fr/Ri	0-2h			>2h-6h			>6			
	0-40′	>40′-1h15′	>1h15′-2h	>2h-2h50′	>2h50′-4h	>4h-6h	>6h-10h	>10h-15h	>15h	
Nc Fr/Rpfl.	0-2h			>2h-6h			>6			
	0-40′	>40′-1h15′	>1h15′-2h	>2h-2h50′	>2h50′-4h	>4h-6h	>6h-10h	>10h-15h	>15h	
T Tod	0-1h						>1h			
	0-26′	>26′-40′	>40′-1h							
T WP Ri.	0-1h						>1h			
	0-26′	>26′-40′	>40′-1h							

<table>
<tr><th></th><th colspan="3"><u>Kategorie (K)1</u>
einfache Geschäftsfälle</th><th colspan="3"><u>Kategorie (K)2</u>
mittlere Geschäftsfälle</th><th colspan="3"><u>Kategorie (K)3</u>
komplexe Geschäftsfälle</th><th>Groß-verfahren</th></tr>
<tr><td rowspan="2">T WP Rpfl.</td><td colspan="3">0-1h</td><td colspan="3"></td><td colspan="3">>1h</td><td rowspan="2"></td></tr>
<tr><td>0-26´</td><td>>26´-40´</td><td>>40´-1h</td><td></td><td></td><td></td><td></td><td></td><td></td></tr>
</table>

4.2.2. Die Zivilzeitwerte

4.2.3. Geschäftsgattung Cg[381]

Für die Erhebung des Cg-Zeitwertes wurde in der Arbeitsgruppe 1 ein Erfassungsblatt entwickelt, zur Zeitwertbildung diese Verfahrensart jedoch weiter in 9 Unterarten aufgeteilt. Die Untergliederung beruhte ebenfalls auf dem Ergebnis der Beratungen in der Arbeitsgruppe.

(Unter-)arten des Cg-Verfahrens	
A	Verkehrssachen
B	Insolvenzrechtliche Klagen inklusive Anfechtungsklagen
C	Amtshaftungssachen
D	Gewerberechtliche Rechtsschutzklagen (UWG u.a.)
E	Wechsel- und Scheckklagen inklusive Mandatsverfahren
F	Klagen aus Darlehen, Krediten oder Bürgschaften
G	Klagen auf Lieferung oder Kaufpreis
H	Klagen aus Werklohn oder Honorar
I	Übrige Cg-Sachen

Bei der Erfassung und Bewertung des einzelnen Geschäftsfalles war im Äquivalenzwert-Erfassungsblatt die Art des Falles durch Ankreuzen der oben dargestellten Kategorie A bis I anzugeben.

Grundlage für die Bildung der Cg-Zeitwerte waren insgesamt 6.680 Geschäftsfälle, wobei sich diese auf die einzelnen Unterarten wie folgt verteilten:

[381] ROI, Schlussbericht LG, 8f.

Verteilung der Geschäftsfälle der Erhebung des Cg-Zeitwertes

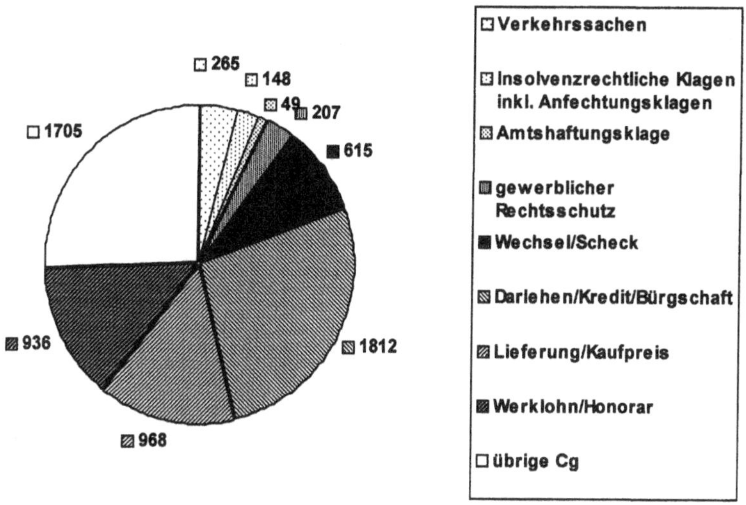

Bei der Zuweisung eines Falles zu den einzelnen Unterarten kam es in Einzelfällen zu Problemen, sodass nicht immer eine eindeutige Zuordnung getroffen werden konnte. Von den insgesamt bewerteten 6.680 Fällen wurden 34 Akten gleichzeitig 2 Verfahrenskategorien (Unterarten) zugeordnet. Bei 3 Geschäftsfällen erfolgte gleich eine „3-fach Nennung". Demgegenüber gab es 12 Geschäftsfälle, die keiner der Unterarten A bis I – erstaunlicherweise auch nicht der Kategorie I, die doch als „Restkategorie" ausgestaltet wurde – zugeordnet wurden.

Zur Bildung der Zeitwerte wurden schließlich 12 Geschäftsfälle, die in der Erhebung der Gruppe der „Verkehrssachen" eingereiht worden waren, ausgeschieden. 12 Geschäftsfälle – diesbezüglich kann den Unterlagen nicht entnommen werden, ob es sich dabei um jene aus den „Verkehrssachen" ausgeschiedenen oder die in der Erhebung keiner Unterart zugeordneten 12 Fälle handelte – wurden der Unterkategorie „Übrige Cg-Sachen" zugeschlagen.[382]

Letztlich lag den auf Grundlage der Erhebung für die einzelnen Verfahrensarten in Cg gebildeten PAR-Zeitwerten die oben dargestellte Anzahl von Geschäftsfällen zugrunde.

[382] ROI, Schlussbericht LG, Anhang „Zeitwertbildung/Auswertung Gattung Cg.

Die einzelnen Zeitwerte, geordnet nach Verfahrenskategorien, brachten folgendes Ergebnis:[383]

PAR-Zeitwerte Cg (in Min. lt. SB LG)

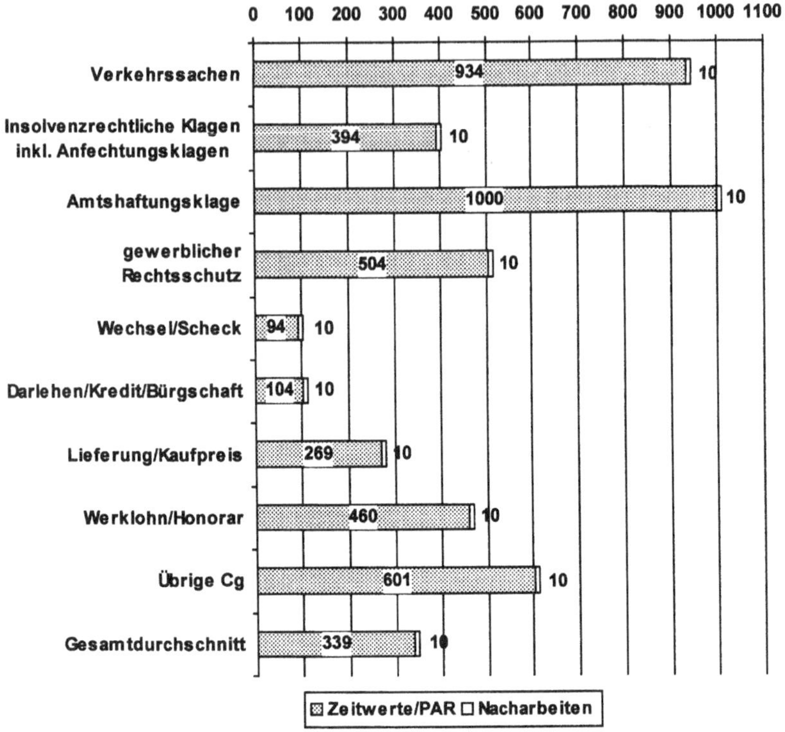

Der hier dargestellte Zeitwert für die Amtshaftungssachen war nicht das Ergebnis der Erhebung, sondern beruhte vorerst auf einer Schätzung. In die Erhebung hatten lediglich 49 Geschäftsfälle Eingang gefunden, die einen Zeitwert von 1.360 Minuten für ein durchschnittliches Amtshaftungsverfahren ergaben. Bei der näheren Untersuchung und Überprüfung dieses Ergebnisses, bei der die bewerteten Geschäftsfälle auch danach unterschieden worden waren, ob es sich um eine

383 Der Gesamtdurchschnittszeitwert, in dem der Zeitwert für die Amtshaftungsverfahren nicht enthalten war, wurde aus rein informatorischen Gründen, zur Veranschaulichung des Erhebungsergebnisses, dargestellt. Praktische Bedeutung erlangte er nicht, da im Cg-Verfahren die Unterteilung in die Unterarten, die bereits in der Erhebung stattgefunden hatte, beibehalten wurde. Es zeigt sich jedoch am Vergleich mit dem fiktiven Gesamtzeitwert welch unterschiedliche Verfahrensarten mit jeweils stark differierenden Zeitwerten in der Geschäftsgattung Cg vereint waren.

„streitige“ oder „nicht streitige“ Erledigung gehandelt hatte, zeigte sich, dass nur 5 dieser Verfahren streitig waren. Der aus der Erhebung abgeleitete Zeitwert wurde somit als nicht repräsentativ angesehen. Die Arbeitsgruppe schätzte schließlich den Zeitbedarf der Amtshaftungsverfahren mit 1.000 Minuten. Gleichzeitig wurde der Systempflege anheim gestellt, erforderlichenfalls diesen Zeitwert zu überprüfen, allenfalls dafür auch eine nachfolgende Erhebung durchzuführen[384].

Das Cg-Verfahren ist bereits ein gutes Beispiel dafür, dass in sehr vielen Fällen nicht direkt die Ergebnisse der Zeitwertschätzung, also die Rohdaten der Erhebung, zu PAR-Zeitwerten wurden. Unabhängig von den bereits angesprochenen Zeitwerten für die Amtshaftungsverfahren erfuhren auch andere Zeitwerte eine „Umformung“, die nun, beispielhaft auch für die anderen Geschäftsgattungen, am Beispiel der Cg-Verfahren dargestellt werden soll:[385]

Exkurs: Bearbeitung der Roh-Zeitwerte

In einem ersten Schritt wurden die in die Bewertung eingeflossenen Cg-Fälle danach unterschieden, ob es sich um einen „streitigen“ oder „nicht streitigen“ Fall handelte und neben dem Ausweis in absoluten Zahlen auch dargestellt, wie viel Prozent der Umfrage streitige oder nicht streitige Fälle waren.

	streitig		**nicht streitig**	
	Fälle/ Erhebung	% der Erhebung ($_1 Anteil^{Erhebung}$ (%))	Fälle/ Erhebung	% der Erhebung ($Anteil_2^{Erhebung}$ (%))
Gesamt*	2.749	41,46	3.871	58,38
A	207	74,73	58	20,94
B	119	80,41	29	19,59
C	5	10,20	44	89,80
D	126	60,87	81	39,13
E	142	23,09	473	76,91
F	277	15,29	1.535	84,71
G	342	35,33	626	64,67
H	569	60,79	367	39,21
I	988	58,36	705	41,64
* darin auch Mehrfachnennungen enthalten				

Diese Information ergab sich (auch) aus der Erhebung selbst, da beim Erfassungsblatt unter den Parametern anzugeben war, ob der einzelne Geschäftsfall eine „streitige Erledigung“ (Parameter 3) oder ein „Streiturteil“ (Parameter 5) enthielt.

[384] Als Maßstab dafür wurde von den projektbetreuenden Fachleuten eine Anzahl von rund 100 Amtshaftungsfällen angesehen. Bei einer Untersuchung in dieser Größenordnung erwarteten sie sich ein repräsentatives Ergebnis für den Zeitwert der Amtshaftungssachen; ROI, Schlussbericht LG, 9.

[385] ROI, Schlussbericht LG, 8 und Anlage 7 sowie Anhang, 31f.

Im nächsten Schritt wurde der Gesamtanfall des Geschäftsjahres in dem die Erhebung stattfand, also 1996, daraufhin untersucht, wie viele Fälle des Gesamtjahresanfalles laut BIS streitig, wie viele nicht streitig waren.

		streitig		**nicht streitig**	
	Gesamtanfall	Fälle/ streitig (A/s)	% vom Gesamtanfall $({}_1 Anteil^{Gesamt}\,(\%))$	Fälle/ nicht streitig (A/n)	% vom Gesamtanfall $(Anteil_2^{Gesamt}\,(\%))$
Gesamt *	39.091	14.440	36,94	24.651	63,06
A	1.825	1.438	78,79	387	21,21
B	875	539	61,60	336	38,40
C	219	150	68,49	69	31,51
D	546	300	54,95	246	45,05
E	3.419	565	16,53	2.854	83,47
F	12.600	1.788	14,19	10.812	85,81
G	5.334	1.873	35,11	3.461	64,89
H	3.442	1.613	46,86	1.829	53,14
I	11.050	6.371	57,66	4.679	42,34

* bei der Aufteilung in die Verfahrenskategorien wurden einzelne Fälle mehreren Kategorien zugeordnet, weshalb die Summe aus A - I nicht den ausgewiesenen Gesamtanfall ergibt.

Bei einer Gegenüberstellung der beiden Prozentwerte zeigte sich, dass im Schnitt die streitigen Fälle in der Erhebung überrepräsentiert waren. Insgesamt waren in der Erhebung 41,46% der Fälle streitig, im Gesamtanfall des Jahres 1996 laut BIS waren es demgegenüber nur 36,94% streitige Geschäftsfälle. Da im Schnitt zu erwarten ist, dass eine streitige Erledigung einen höheren Zeitaufwand in Anspruch nahm, waren in diesem Sinn die Zeitwerte weiter zu analysieren.

Dazu wurden nach den gleichen Bildungsregeln, wie zuvor die Rohzeitwerte für die Gesamtergebnisse gebildet worden waren, eigene Zeitwerte für die streitigen und nicht streitigen Fälle gebildet.

Zeitwerte aufgeteilt streitig/nicht streitig	**Teilzeitwert streitig ($_1ZW$)**	**Teilzeitwert nicht streitig (ZW_2)**
Gesamt	837	47
A	1.149	133
B	604	56
C		
D	667	306
E	419	30
F	533	33
G	682	46
H	917	57
I	989	72

Diese aufgeteilten Zeitwerte wurden nun gewichtet, und zwar nach dem Verhältnis streitig zu nicht streitig, einerseits in der Erhebung und andererseits nach diesem Verhältnis im Gesamtjahresanfall.

Die Gewichtungen folgten dabei nachstehenden Bildungsregeln:

$$ {}_1ZW_2 * \frac{Anteil^{Erhebung}(\%)}{100} = {}_1Gew.ZW_2^{Erhebung} \qquad {}_1ZW_2 * \frac{Anteil^{Gesamt}(\%)}{100} = {}_1Gew.ZW_2^{Gesamt} $$

$_1ZW$ Teilzeitwert für streitige Verfahren
ZW_2 Teilzeitwert für nicht streitige Verfahren
$_1$Anteil Prozentueller Anteil streitiger Verfahren an der Erhebung oder am Gesamtjahres-
anfall
Anteil$_2$ Prozentueller Anteil nicht streitiger Verfahren an der Erhebung oder am Gesamt-
jahresan- fall
$_1$Gew.ZW Gewichteter Zeitwert für streitige Verfahren in Bezug auf die erhobenen Verfahren
oder dem Gesamtjahresanfall
Gew.ZW_2 Gewichteter Zeitwert für nicht streitige Verfahren in Bezug auf die erhobenen
Verfahren oder dem Gesamtjahresanfall

Gewichtete Zeitwerte[386]				
	bezogen auf die Erhebung		bezogen auf den Gesamtjahresanfall	
	streitig ${}_1Gew.ZW^{Erhebung}$	nicht streitig $Gew.ZW_2^{Erhebung}$	streitig ${}_1Gew.ZW^{Gesamt}$	nicht streitig $Gew.ZW_2^{Gesamt}$
Gesamt	346,99	27,44	309,19	29,64
A	858,64	27,85	905,35	28,20
B	485,65	10,97	372,06	21,50
C				
D	406,00	119,74	366,48	137,87
E	96,74	23,07	69,24	25,04
F	81,48	27,96	75,64	28,32
G	240,95	29,75	239,48	29,85
H	557,45	22,35	429,73	30,29
I	577,16	29,98	570,22	30,49

Diese gewichteten Teilzeitwerte wurden zusammengefasst und so die neuen, auf das Verhältnis von streitigen zu nicht streitigen Verfahren in der Erhebung bzw. im Gesamtjahresanfall Rücksicht nehmenden Zeitwerte gebildet.

Gewichtete Zeitwerte	bezogen auf die Erhebung	bezogen auf den Gesamtjahresanfall
Gesamt	374	339
A	886	934
B	497	394
C		
D	526	504
E	120	94
F	109	104
G	271	269
H	580	460
I	607	601

Der PAR-LG wurden schließlich die auf den Gesamtanfall bezogenen Zeitwerte zugrunde gelegt. Die Verfahrenskategorie C, die Amtshaftungsverfahren, wurden, wie bereits oben dargestellt, nicht im Weg der Äquivalenzwerterhebung ermittelt. Diesen waren für die PAR-LG ein vorläufiger Zeitwert von 1.000 Minuten zugeordnet worden.

[386] Den weiteren Berechnungen wurden die ungerundeten Zeitwerte zugrunde gelegt, in dieser Tabelle werden aus Gründen der Übersichtlichkeit jedoch die auf zwei Stellen gerundeten Zahlenwerte dargestellt.

So erfolgte schließlich die „Transformation“ der unmittelbar aus der Erhebung abgeleiteten Rohdaten zu jenen PAR-Zeitwerten, die als Ergebnis der Erhebung in die erste PAR-LG des Jahres 1996 einflossen. Nachstehende Abbildung zeigt den

Gegenüberstellung PAR-Zeitwerte lt. Schlussbericht – PAR-Rohzeitwerte (in Min. lt. SB LG)

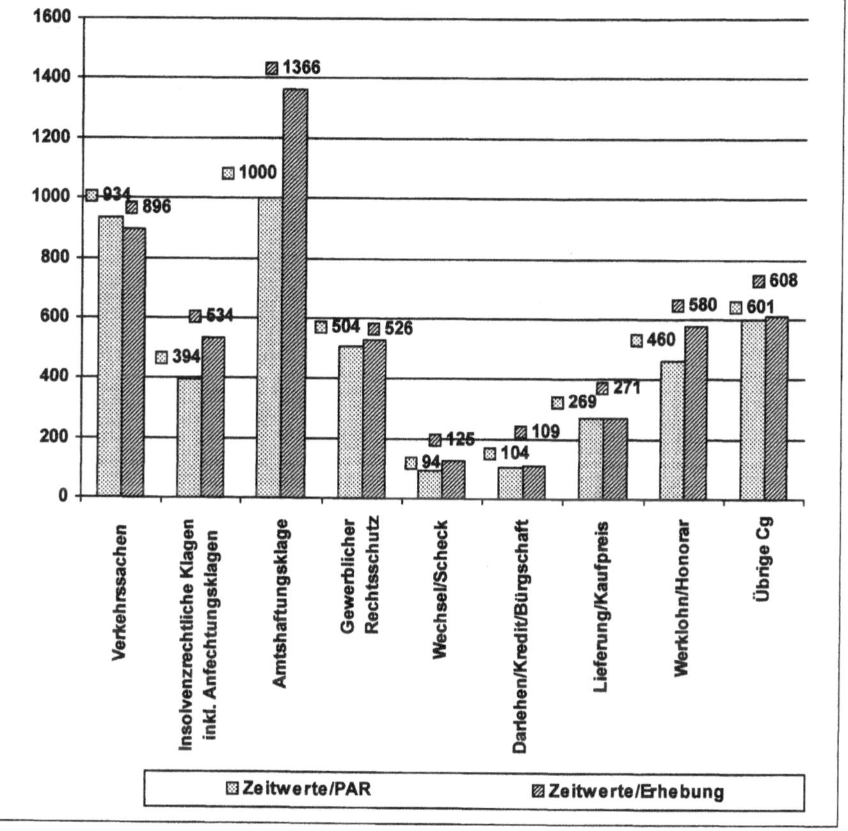

Unterschied zwischen den Rohzeitwerten, also jenen Zeitwerten, die sich unmittelbar aus der Selbstaufschreibung ergaben, und jenen die nach der weiteren Bearbeitung, insbesondere nach der Plausibilitätsprüfung und Abstimmung auf Repräsentativität, die anhand des Streitigkeits-/Nichtstreitigkeitsverhältnisses durchgeführt worden war, errechnet wurden und schließlich als Vorgabezeiten in die PAR-LG einflossen.[387]

Die Cg-Zeitwerte erfuhren im Laufe der Zeit – bis zum PAR-LG 2002 – lediglich insofern eine Veränderung, die sich jedoch auf die Vorgabezeitwerte nicht ausgewirkt hatte, als ab PAR-LG 1999 die „einstweiligen Verfügungen außerhalb eines Prozesses" (Fallcode 91) aus den Cg-Verkehrssachen, wo sie zuvor enthalten waren, herausgenommen und gesondert im PAR-ADV-Blatt ausgewiesen wurden. Als Zeitwert fand sowohl für die verbliebene „Rest"-Kategorie „Cg-Verkehrssachen" als auch für die neugebildete Verfahrensgattung „Cg-einstw. Verf. außerhalb Prozess" der ursprüngliche Zeitwert von 944 Minuten (inklusive Nacharbeitszeit) Verwendung. Mit diesem gesonderten Ausweis folgte man der Darstellung im BIS.[388]

4.2.4. Geschäftsgattung Cga[389]

Auch für den Bereich der Geschäftsgattung der arbeitsgerichtlichen Verfahren (Cga) kam ein einheitliches Äquivalenzwert-Erfassungsblatt zum Einsatz. Zur Zeitwerterfassung wurde diese Geschäftsgattung zunächst in 8 Unterarten unterteilt:

(Unter-)Arten des Cga-Verfahrens	
A	Kündigungs- und Entlassungsanfechtung
B	Zustimmung zur Kündigung/Entlassung
C	Sonstige betriebsverfassungsrechtliche Sachen
D	Schadenersatz- oder Regressklagen
E	Räumungsklagen
F	Oppositions- oder Impugnationsklagen
G	Mahnsachen (Richter)
H	Übrige Cga-Verfahren

Auch hier war am Erfassungsblatt die entsprechende Verfahrensart A bis H anzukreuzen. Für die Erhebung der PAR-Zeitwerte in Cga wurden insgesamt 2.000 Geschäftsfälle ausgewertet, wobei es auch hier in Einzelfällen zu Zuordnungs-

387 In Anlage 7 wurde in den Spalten 19 bis 21 ein prozentuelles Abweichungsverhältnis zwischen den Rohdaten (Spalte 19) und den gewichteten Zeitwerten bezogen auf die Erhebung (Spalte 20) bzw. bezogen auf den Gesamtjahresanfall (Spalte 21) dargestellt. Basis für diesen Vergleich waren die Rohdaten (100%), dazu wurden die anderen Zeitwerte jeweils in Relation gesetzt. Dabei zeigt sich ebenfalls deutlich, dass es nur in einzelnen Fällen zu einer „Aufwertung" der Rohdaten kam, im Regelfall die schließlich gültigen PAR-Zeitwerte jedoch geringer als die Rohdaten waren, und zwar teilweise deutlich geringer (beispielsweise betrug der Zeitwert für die Verfahrenskategorie B, die „Insolvenzrechtlichen Klagen inklusive Anfechtungsklagen", nur 73,7% der Rohdaten).

388 PAR-LG 1999, 53.

389 ROI, Schlussbericht, 9.

problemen kam. So erhielten 17 Geschäftsfälle gleichzeitig eine Nennung in mehreren Kategorien.

Im Unterschied zum Cg-Verfahren erfolgte hier für den Großteil der Unterarten keine eigene PAR-Zeitwertbildung, in Cga kam es letztlich zu 3 PAR-Zeitwerte für folgende Verfahrenskategorien:

Geschäftsfälle Cga

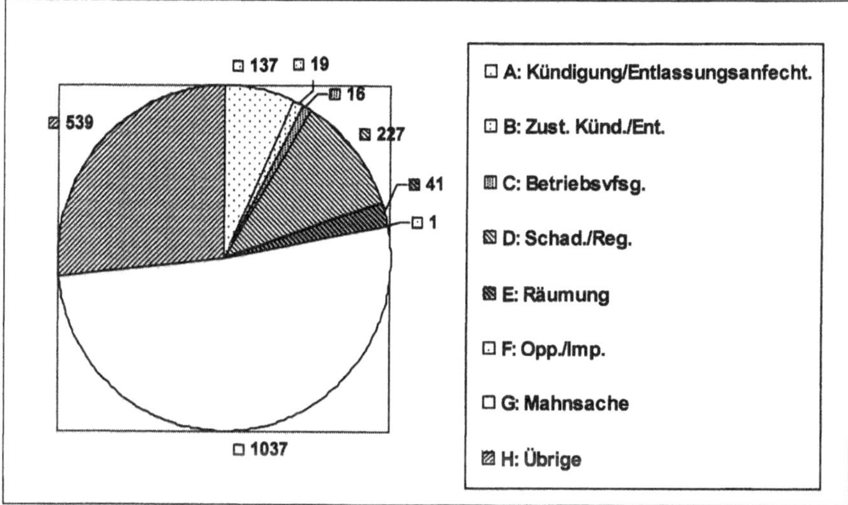

	PAR-Zeitwert (in Min.)	Nacharbeitszeit (in Min.)
Cga	**368**	10
Cga-Mahnsachen (Richter)	**7,8**	–
Cga-Mahnsachen (Rechtspfleger)	**7,8**	–

In der Geschäftsgattung der Arbeitsrechtsverfahren wurde im Ergebnis also ein Zeitwert für sämtliche Verfahren gebildet, der Cga-Zeitwert. Aus diesem ausgeschieden wurden nur die zwar mengenmäßig bedeutenden, von ihrer Konzeption aber auf rasche und einfache Erledigung angelegten Mahnverfahren. Die Mahnverfahren ihrerseits wurden unterteilt in solche, die in die Zuständigkeit von Richtern und solchen von Rechtspflegern fielen. In oben stehender Tabelle wurden jene PAR-Zeitwerte ausgewiesen, die als Schlussergebnis der PAR-Zeiterhebung in die erste PAR-LG Auswertung des Jahres 1996 eingeflossen sind. Diese Zeitwerte kamen wie folgt zustande:

Für den **Cga-Wert** waren zunächst die unter den Kategorien A, B und C sowie D, E, F und H erhobenen Zeitwerte jeweils zu zwei Gruppen zusammengefasst und für diese Gruppen Durchschnittszeitwerte gebildet worden.

Diese drei zusammengefassten Verfahrensarten hingen inhaltlich insoweit zusammen, als es sich um Gegenstände aus dem **Kollektiven Arbeitsrecht** handelte, also Rechtsgebiete, die die Gesamtheit der Arbeitnehmer betrafen oder wo Rechte der Interessensvertretung der Arbeitnehmerschaft (Mitwirkungsrechte des Betriebsrates bei Kündigung und Entlassung) eingerichtet waren. Dies unterschied diese Gruppe von den übrigen Verfahrenskategorien, welche dem **Individualarbeitsrecht** zugehörten.

PAR-Zeitwerte der Verfahrensarten A, B und C sowie Durchschnitt aus den drei Arten	**Geschäftsfälle in den einzelnen Verfahrensarten**

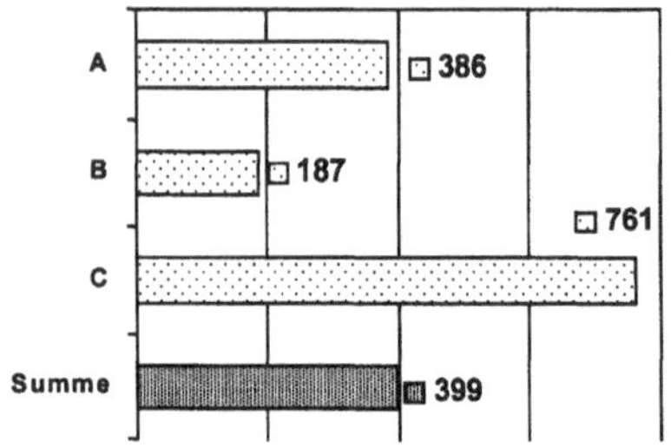

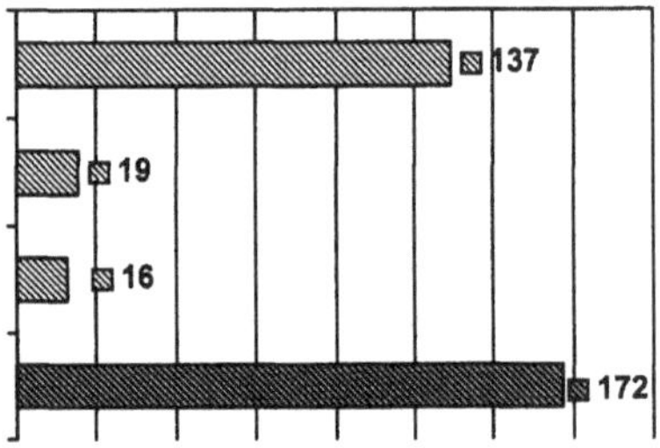

A:	Kündigungs- und Entlassungsanfechtung
B:	Zustimmung zur Kündigung/Entlassung
C:	Sonstige betriebsverfassungsrechtliche Sachen

PAR-Zeitwerte der Verfahrensarten D, E, F und H sowie Durchschnitt aus den vier Arten	**Geschäftsfälle in den einzelnen Verfahrensarten**

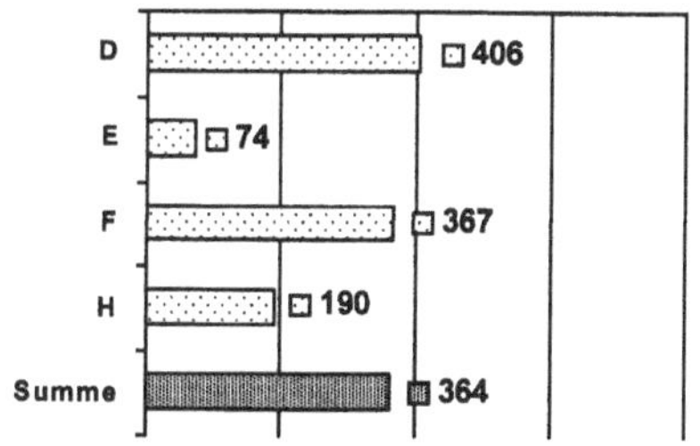

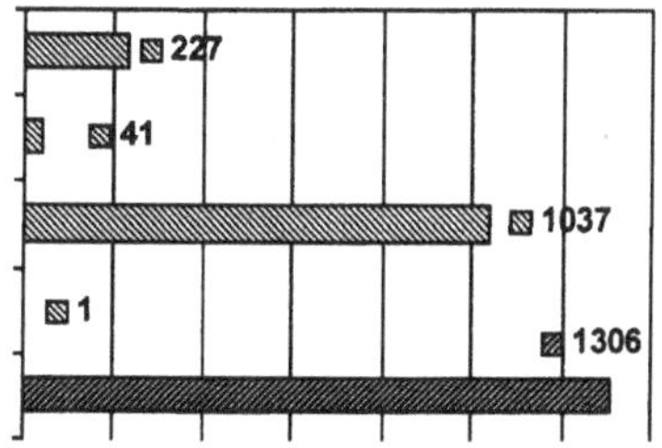

D:	Schadenersatz- oder Regressklagen
E:	Räumungsklagen
F:	Oppositions- oder Impugnationsklagen
H:	Übrige Cga-Verfahren

Nach Bildung dieser beiden Gruppen erschien dies immer noch nicht ausreichend – offenbar waren die beiden Zeitwerte nicht so weit voneinander entfernt, dass sie eine getrennte Aufnahme in die PAR notwendig gemacht hätten – sodass schließlich unter Zusammenfassung beider Gruppen ein einziger, der oben angeführte PAR-Zeitwert von 368 Minuten für die Cga-Verfahren gebildet worden war. Diesem Zeitwert wurde schließlich noch ein Zeitwert von 10 Minuten für Nacharbeiten zugeschlagen. Zur Ermittlung dieses Zeitwertes siehe später.

Mahnsachen in Arbeitsrechtssachen, die in die Zuständigkeit eines **Richters** fielen, wurden zunächst in der Unterart „G“ in der Äquivalenzwerterhebung erfasst. Dieser Verfahrenskategorie gehörten 539 Geschäftsfälle an. Dabei ergab die Rohauswertung einen Zeitwert von 31 Minuten. Dieser Wert erschien vor allem im Vergleich zu dem im Projekt PAR-BG ermittelten Zeitwert von 7,8 Minuten für Mahnsachen weit überhöht und es erfolgten weitergehende Überprüfungen.

Schließlich tauchte in einigen Auswertungen des Schlussberichtes ein Zeitwert von 18,5 Minuten für Mahnverfahren – sowohl bei Richter- als auch Rechtspflegerzuständigkeit – auf.[390] Da dieser Zeitwert für richterliche Cga-Mahnsachen auch noch in die PAR-LG 1996 aufgenommen worden war und erst in der PAR-LG 1997 – dies allerdings ohne den Grund dafür anzuführen – auf einen Zeitwert von 7,8 Minuten verändert wurde,[391] legte die Vermutung nahe, dass es sich bei den 18,5 Minuten um keinen Schreibfehler handelte, sondern dies tatsächlich der

[390] ROI, Schlussbericht LG, Anlage 1 und Anlage 6.
[391] PAR-LG 1997, 53.

ursprünglich angesetzte PAR-Zeitwert für die in richterliche Zuständigkeit fallenden arbeitsrechtlichen Mahnsachen war.[392] Nähere Ausführungen, wie dieser Zeitwert zustande kam, sind den einschlägigen Unterlagen jedoch nicht zu entnehmen. Dieser Zeitwert wurde schließlich, da es offenbar keine sachliche Rechtfertigung für eine diesbezügliche Unterscheidung gab, schließlich mit dem Zeitwert für Mahnverfahren, die in die Zuständigkeit der Rechtspfleger fallen, gleichgestellt und ab 1997 der PAR zugrunde gelegt.

Für die **Cga-Mahnsachen** mit **Rechtspflegerzuständigkeit** war zunächst anhand einer eigenen Erhebung mit 140 Geschäftsfällen ein Zeitwert von 7,2 Minuten ermittelt worden.[393] Da dieser Wert nur geringfügig von dem bereits zuvor im Projekt PAR-BG für Mahnsachen ermittelten Zeitwert von 7,8 Minuten abwich, einigten sich die Vertreter in der Arbeitsgruppe, auch auf landesgerichtlicher Ebene den Zeitwert der BG-Mahnsachen anzuwenden.[394]

Bereits mit PAR-LG 1997 kam es in diesem Bereich zu leichten Änderungen. Marginal blieb die Adaptierung der Bezeichnung der Geschäftsgattungen, es wurde letztlich präzisiert, dass lediglich für die „nicht beeinspruchten Mahnsachen" der gesonderte Zeitwert von 7,8 Minuten galt.[395]

Neben der bereits oben dargestellten Änderung des Zeitwertes für Mahnverfahren (Vereinheitlichung der Zeitwerte Richter als Rechtspfleger und Rechtspfleger sowie Übernahme des PAR-BG-Zeitwertes von 7,8 Minuten auch für Cga) kam es gleichzeitig zu einer (leichten) Herabsetzung des Zeitwertes für die übrigen Cga-Verfahren (Cga ohne Mahnverfahren) von 378 Minuten auf 374 Minuten (inklusive Nacharbeitszeiten), wobei auch hier der Grund für diese Herabsetzung nicht näher ausgeführt worden war.[396]

---

[392] Gegen diese Vermutung spricht allerdings, dass in der Anlage zum Schlussbericht PAR-LG im Blatt „Zeitwertbildung/Auswertung Gattung Cga, Cgs, Nc für Cga, Cgs" bereits der Wert 7,8 Minuten ausgewiesen wurde.

[393] ROI, Schlussbericht LG, Anhang 31 verso; dem Schlussbericht zum PAR-LG ist diesbezüglich nicht zu entnehmen, ob diese Erhebung mit einem „eigenen" Erfassungsblatt oder mit dem für richterliche Mahnsachen eingesetzten Erfassungsblatt durchgeführt wurde.

[394] ROI, Schlussbericht LG, 9.

[395] Mit Einspruch gegen den Zahlungsbefehl geht das Mahnverfahren in ein „gewöhnliches" Cga-Verfahren über. Diese Fälle wurden bereits von Anfang des Projektes an in der Verfahrenskategorie Cga-ohne Mahnverfahren gewertet. So gesehen ergab sich keine inhaltliche Änderung sondern lediglich eine Präzisierung in der Bezeichnung.

[396] PAR-LG 1997, 53.

4.2.5. Geschäftsgattung Cgs[397]

Auch für diese Geschäftsgattung wurde ein einheitliches Erfassungsblatt entwickelt. Darauf waren 8 Unterarten der Cgs-Verfahrens vorgegeben, die die Befragungsteilnehmer jeweils anzukreuzen hatten.

(Unter-)Arten des Cgs-Verfahrens	
A	Leistungsklage auf Pension
B	Leistungsklage auf Renten
C	Ausgleichszulage
D	IESG
E	Pflegegeld
F	Integritätsabgeltung
G	Krankenversicherung
H	Übrige Cgs

In die Erhebung im Cgs-Verfahren flossen 2.599 Geschäftsfälle ein, wobei es auch in dieser Geschäftsgattung bei der Zuordnung zu den Unterarten zu 9 Mehrfachnennungen kam. Von der Verfahrenskategorie F, den Integritätsabgeltungen, war kein Fall in die Erhebung eingegangen. Auf die übrigen Verfahrenskategorien verteilten sich die bewerteten Fälle wie folgt:

Geschäftsfälle Cgs

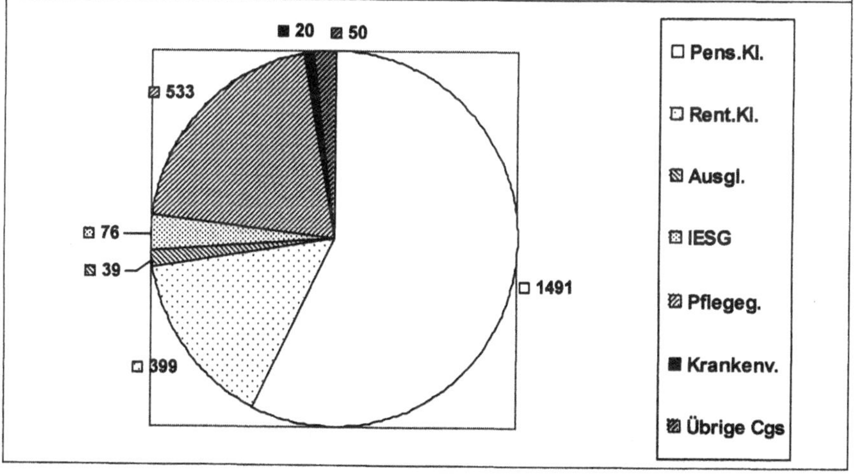

[397] ROI, Schlussbericht, 9.

Im Unterschied zum Cga-Verfahren wurden, ohne weitere Zwischenschritte über Gruppenbildungen, sämtliche Unterarten zusammengefasst und ein einheitlicher Zeitwert für alle Cgs-Verfahren von 185 Minuten ermittelt. Dabei handelte es sich bereits um den Durchschnittszeitwert aus den erhobenen Teilzeitwerten.

Bei der Geschäftsgattung Cgs wurden schließlich noch 10 Minuten für Nacharbeiten zugeschlagen.

Die Systempflege führte auch in diesem Bereich zu keiner Veränderung des Zeitwertes, welcher seit PAR-LG 1996 bis laufend (PAR-LG 2002) beibehalten wurde. Dies, obwohl zwischenzeitig eine Änderung in der Anfallsstruktur beobachtet worden war. So stieg der Anteil der (Klags-)Zurückziehungen insbesondere von 1996 auf 1997 stark an. Vor Untersuchungen der Auswirkung auf den PAR-Zeitwert wurde aber vorerst die weitere Entwicklung beobachtet und darin bislang offenbar noch kein nachhaltiger Trend erkannt.[398]

PAR-Zeitwerte Cgs (in Min. lt. SB LG)

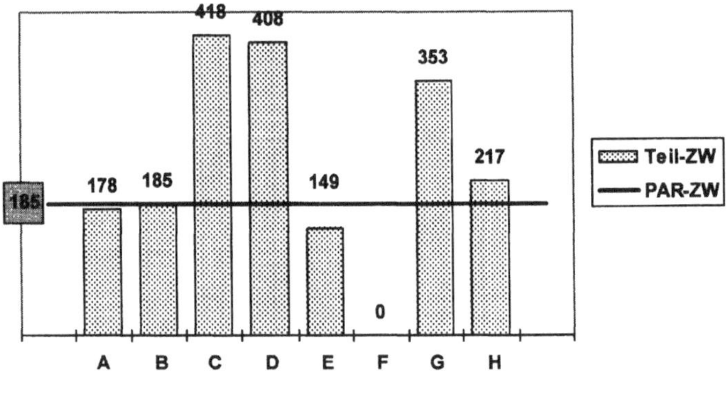

Nacharbeiten in Cg, Cga und Cgs[399]

Für die Verfahren Cg, Cga und Cgs wurde im Zeitraum 01.10.1996 bis 31.10.1996 zusätzlich auch der Zeitaufwand der Nacharbeiten in diesen Geschäftsgattungen erhoben. Dabei kam ein eigenes, für alle drei Arten einheitliches Äquivalenzwert-Erfassungsblatt zur Anwendung. Mit der Zeitschätzung für die

[398] PAR-LG 2002, 54
[399] ROI, Schlussbericht LG, 9 und Anhang, 24.

Nacharbeiten waren die gleichen Gerichtsabteilungen betraut, die auch schon die „Hauptarbeiten“ in diesen Geschäftsgattungen beurteilt hatten.
Die Probeakten waren zunächst darauf zu untersuchen, ob im zu beurteilenden Geschäftsfall tatsächlich Nacharbeiten angefallen waren. Wenn bis dahin keine solchen Tätigkeiten zu verrichten gewesen waren, hatte der Erhebende darüber hinaus auch festzuhalten, ob im Zeitpunkt der Beurteilung das Auftreten von Nacharbeiten absehbar war. Unter Nacharbeiten waren dabei, entsprechend der allgemeinen Definition, jene Arbeiten zu verstehen, die nach dem „Abstreichen“ des Cg, Cga oder Cgs-Aktes anfielen. In diesen Geschäftsgattungen kam es im Regelfall mit der erstinstanzlichen Entscheidung über einen Antrag oder eine Klage, also dem Urteilszeitpunkt erster Instanz, zum Abstreichen des Geschäftsfalls. Wo diese Entscheidung keine „endgültige“ war, also vor allem das Urteil in einem nachfolgenden Rechtsmittelverfahren aufgehoben worden war[400], zählten die nach diesen Zeitpunkten gesetzten Arbeiten nicht zu den Nacharbeiten sondern zur „Hauptarbeit“ und waren in deren Zeitschätzung einzubeziehen gewesen. Gleiches galt für die Fortsetzung eines Verfahrens nach Bewilligung einer Wiedereinsetzung. Ausdrücklich von der Beurteilung als Nacharbeit ausgenommen war auch das Erteilen einer Exekutionsbewilligung.[401]

Erhebungsgegenstand der Nachverfahren waren die im Zeitraum 02.01.1991 bis 28.02.
1991 laut den, in diesem Zeitraum noch händisch geführten Cg, Cga und Cgs-Registern „angefallenen“ Akten, wobei „Anfall“ gleich zu verstehen war, wie bei den Akten der Zeitwerterhebung der „Hauptarbeit“, also all jene Cg, Cga und Cgs-Akten, die in diesem Zeitraum „abgestrichen“ worden waren.

So gingen insgesamt 3.792 Geschäftsfälle in die Erhebung ein, bei 2.583 von ihnen, also rund 68%, wurden Nacharbeiten beobachtet.

Einzuordnen waren die festgestellten Nacharbeiten dabei folgenden Zeitkategorien:

---

[400] Weitere Fälle, die auch in den Äquivalenzwert-Erfassungsblättern vorgegeben waren und wo es ebenfalls zu einem Auseinanderklaffen zwischen registermäßigem Abstreichen und tatsächlichem Verfahrensende kam, waren Einwendungen gegen einen Wechselzahlungsauftrag oder gegen eine Kündigung, Widerspruch gegen eine Versäumungsurteil oder wenn es zu einer Fortsetzung des Verfahrens, welches durch Vereinbaren von „Ruhen“ zunächst beendet worden war.

[401] Ausgenommen davon waren die Sicherungsexekutionen. Dies sind Verfahren, bei denen es (noch) nicht zur Durchsetzung des im Erkenntnisverfahren rechtskräftig zugesprochenen Anspruches geht, wie es sich jedem Erkenntnisverfahren anschließen kann. Im Sicherungsexekutionsverfahren geht es um die vorläufige Sicherstellung eines allenfalls bestehenden, zunächst erst behaupteten Anspruches, bei dem man befürchtet, dass ohne seine Sicherstellung der Anspruch nach dem oft langwierigen Erkenntnisverfahrens nicht mehr möglich sein wird. Der Zeitbedarf für Sicherungsexekutionsverfahren war im laufenden, dem Hauptverfahren mitzuschätzen.

	Kategorie (K)1 **einfache Geschäftsfälle**			**Kategorie (K)2** **mittlere Geschäftsfälle**			**Kategorie (K)3** **komplexe Geschäftsfälle**			**Großverfahren**
	0 – 15′			>15′ – 1h			>1h			–
	0-3′	>3-8′	>8-15′	>15′-25′	>25′-40′	>40′-60′	>1h-2h	>2h-4h	>4h [402]	–

Weiters waren die festgestellten Nacharbeiten folgenden dreizehn, als „Parameter“ bezeichneten Arten von Nacharbeiten zuzuordnen:

Die Parameter 2, 3, 4 und 11 standen in unmittelbaren Zusammenhang mit einem Rechtsmittelverfahren. Solche Nacharbeiten fielen dann an, wenn die Entscheidung der ersten Instanz bekämpft wird. Es handelt sich dabei jedoch um Arbeiten, die in der Unterinstanz anfallen. Die Befassung des Rechtsmittelgerichtes gehörte nicht zu den Zeitwerten der Nacharbeiten. Diese wurden, soweit die Landesgerichte als Rechtsmittelgerichte über Entscheidungen der Bezirksgerichte tätig wurden, als eigene Zeitwerte erhoben. In den Fällen von Rechtsmitteln gegen erstinstanzliche Entscheidungen der Landesgerichte, wie es hier in den Cg, Cga und Cgs-Verfahren der Fall war, gingen an die Oberlandesgerichte. Für die Arbeiten an den OLGs gibt es bislang keine PAR-Erhebungen.

Parameter Cgs

1. Rechtskraft-/Vollstreckbarkeitsprüfung
2. Rechtsmittelvorlagen
3. Zurückweisung von Rechtsmittelschriften
4. Rechtsmittel-„Entscheidungen“ (Lesen, Zustellen)
5. Wiedereinsetzung/Aufhebung der Vollstreckbarkeit
6. Verfahrenshilfe - allfällige Nachzahlungen
7. Gebühren/Kosten/Parteiengelder
8. Amtsbestätigung
9. Berichtigung/Ergänzung
10. Sicherungsexekution
11. Erhebungen für Rechtsmittelgericht
12. Aktenbezogene Auskünfte
13. Sonstiges

In diesem Sinne war der Parameter „Rechtsmittel-Entscheidung“ so zu verstehen, dass mit Einlangen eines Rechtsmittels, welches bei jenem Gericht, das in erster Instanz entschieden hat, einzubringen ist, Arbeiten für dieses Gericht verbunden waren. Insbesondere konnte dabei vorgesehen sein, dass, bevor das Rechtsmittel an die übergeordnete Instanz zur Entscheidung vorgelegt wird, dieses Rechtsmittel noch in der Unterinstanz überprüft wird. Diese Prüfung diente dem Aussortie-

[402] In diesem Fall war die benötigte bzw. geschätzte Zeit in Stunden anzugeben.

ren schon aus formalen Gesichtspunkten nicht zulässiger Rechtsmittel. So ist dabei unter dem Titel „Zulässigkeit des Rechtsmittels" zu überprüfen, ob es von einer zur Ergreifung berechtigen Person oder rechtzeitig innerhalb der Rechtsmittelfrist eingebracht worden war.

Neben dieser Prüfung war das Rechtsmittel, bevor es an das darüber entscheidende Gericht vorgelegt wird, auch dem Verfahrensgegner zuzustellen, der sich innerhalb einer Frist zum Rechtsmittel äußern kann. In dieser Nacharbeitskategorie waren also solche Arbeiten zusammengefasst, keine eigentlichen Entscheidungen über das Rechtsmittel in inhaltlicher Hinsicht.

Unter der Kategorie „Verfahrenshilfe - allfällige Nachzahlungen" waren Arbeiten zu verstehen, die damit zusammenhingen, dass über einen Zeitraum von 3 Jahren zu überprüfen war, ob sich die wirtschaftliche Situation einer Partei, die in den Genuss von Verfahrenshilfe gekommen war, soweit gebessert hatte, dass sie nunmehr in der Lage war, die ihr vom Staat vorgestreckten Geldmittel, die ihr auch nicht vom Verfahrensgegner erstattet wurden, da sie den Prozess nicht gewonnen hatte, zurückzuerstatten.

Neben den in den begutachteten Akten tatsächlich angefallenen Nacharbeiten musste für jeden dieser Fälle auch abgeschätzt werden, ob in diesen Verfahren (weitere) Nacharbeiten zwar noch nicht durchzuführen, aber bereits absehbar waren. In diesen Fällen waren gesondert auch dafür die jeweils zutreffende Zeitkategorie sowie die Art von Nacharbeit anzugeben.

Durch die solcherart durchgeführte Erhebung wurde ein Zeitwert von 10 Minuten ermittelt, wobei dabei weder zwischen Cg, Cga und Cgs – eine solche Unterscheidung wurde in der Erhebung nicht getroffen, wäre aber anhand der Aktenzeichen der bewerteten Geschäftsfälle leicht möglich gewesen – noch zwischen den Arten von Nacharbeiten unterschieden wurde. Letztere wäre auch schwer in die Praxis der PAR umzusetzen gewesen, da es diesbezüglich keine Aufzeichnungen gibt, in welcher Menge die jeweiligen Arten von Nacharbeiten anfallen. Dieser einheitliche Zeitwert von 10 Minuten wurde so gewählt, dass er allen anfallenden Verfahren zugeschlagen werden konnte. Er berücksichtigt also bereits den Umstand, dass laut Erhebung nur in rund 68% der Fälle in Cg, Cga und Cgs überhaupt Nacharbeiten anfielen.

Zeitwerte für Nacharbeiten wurden allen Unterverfahren der Gattung Cg, dem einheitlichen Zeitwert für Cgs und den allgemeinen Verfahren in Cga zugeschlagen.[403] Für den Zeitwert der Mahnverfahren in Cga gab es keinen Zuschlag für

[403] ROI, Schlussbericht LG, Anlage 6.

Nachverfahren, deren Ausmaß in dieser Verfahrensart wurde als vernachlässigbare Größe angesehen.

Nebenregister für Cg, Cga und Cgs (Nc)

Die Zeitwerte in diesen Nebenregistern wurden zunächst getrennt für Cg auf der einen Seite, für Cga und Cgs auf der anderen Seite erhoben. Es kamen dafür jeweils eigene Äquivalenzwert-Erfassungsblätter zur Anwendung.

Die Nc-Verfahren für Cg wurden weiters nach folgenden Unterarten getrennt, wobei die der Erhebung zugrunde gelegten Fälle, aufgeteilt auf die einzelnen Unterarten, aus dem untenstehenden Diagramm ersichtlich sind.

A	Verständigung über Insolvenz
B	Verfahrenshilfe vor Verfahrenseinleitung
C	Unklare Eingaben
D	Übrige Nc für Cg

Geschäftsfälle Nc in Cg

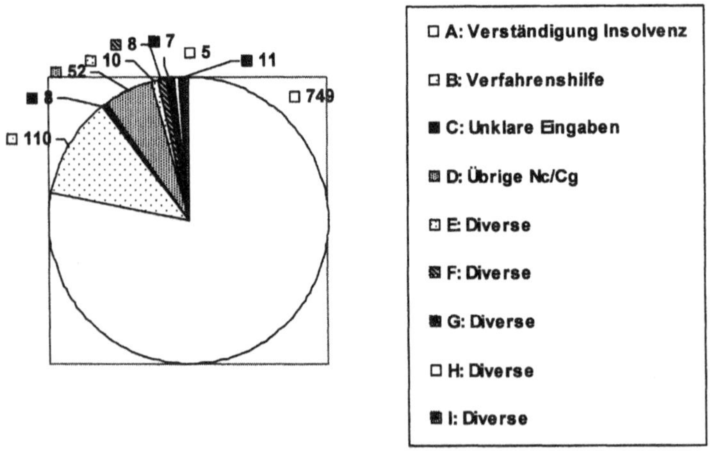

Im Zuge der Auswertung wurden 5 weitere Kategorien von Fällen gebildet, die im Schlussbericht ohne weitergehende Spezifizierung jeweils als „Diverse“ Art bezeichnet und die dazugehörige Anzahl von Repräsentanten in der Erhebung sowie die korrespondierenden Zeitwerte ausgewiesen worden waren.

Insgesamt wurden zur Bewertung in Nc für Cg 960 Geschäftsfälle herangezogen, wobei 41 davon auf die nicht näher bezeichneten fünf Kategorien „Diverse“ entfielen, die höchst unterschiedliche Durchschnittszeitwerte aufwiesen. Der niedrigste Zeitwert lag dabei bei 11 Minuten, der höchste bei 109 Minuten.

749 Geschäftsfälle, was einem Prozentanteil von rund 78% entsprach, gehörten der Gattungsart „Verständigungen über Insolvenzen“ an. Diese flossen in den Zeitwert für Nc/Cg schließlich nicht ein, sie wurden der Justizverwaltung zugeordnet und fanden damit im Zeitwert für Jv-Aufgaben, bei dem es sich um einen Wert der „Fixzeiten“ handelte, Eingang.

Für die Geschäftsgattungen **Nc in Cga und Cgs** waren im Erfassungsblatt insgesamt fünf Unterverfahrensarten angegeben. Die Unterarten B, D, E und G hatten im Wesentlichen den gleichen Inhalt wie ihre Vorgänger im Nc/Cg-Verfahren. Bei A und C handelte es sich um spezielle Nc-Verfahren, die für das Cga- bzw. Cgs-Verfahren typisch waren. Zusätzliche fielen in den arbeits- und sozialgerichtlichen Verfahren im Nc-Register auch Hc-Verfahren an. Während die Rechtshilfesachen in den allgemeinen Zivilsachen (Cg) auch bei landesgerichtlicher Zu ständigkeit an den Bezirksgerichten durchgeführt wurden, gab es in den arbeits- und sozialgerichtlichen Verfahren kein solches „vorgelagertes“ Rechtshilfeverfahren bei den Bezirksgerichten. Sämtliche ASG-Sachen, also auch in Rechtshilfe, waren bei den Landesgerichten durchzuführen, weshalb in Nc-Verfahren mit dieser Geschäftsgattung auch eine eigene Unterkategorie (F) zu bilden war.

A	Belehrung nach BAG, MSch, ArbPlSG
B	Verfahrenshilfeantrag vor Verfahrenseinleitung
C	Vergleichsversuche
D	Verständigung über Insolvenz
E	Unklare Eingaben (fremdsprachige Eingaben)
F	Hc
G	Übrige Nc für Cga und Cgs

PAR-Zeitwerte Nc für Cg (in Min. lt. SB LG)

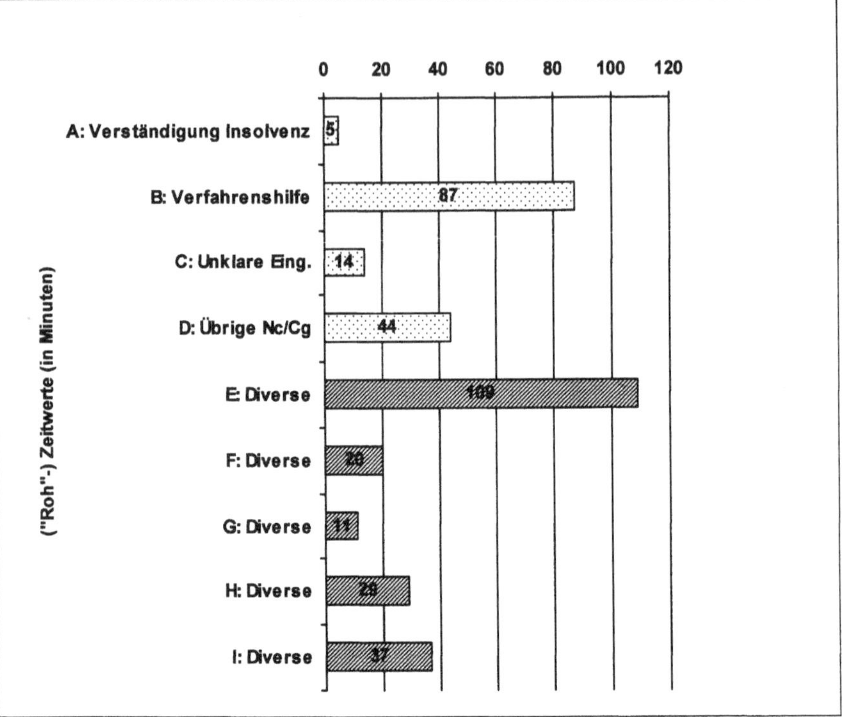

Zur Bewertung der Nc/Cga- und Cgs-Zeitwerte wurden insgesamt 226 Geschäftsfälle herangezogen, wobei es dabei drei Mehrfachnennungen gab. Dies bedeutet, dass drei Geschäftsfälle nicht nur einer, sondern gleichzeitig mehreren der Unterarten zugeordnet worden waren.

Die Verteilung der Geschäftsfälle auf die Unterarten ist aus nachstehender Tabelle ersichtlich.

Von den insgesamt 226 Geschäftsfällen entfielen allein 134 auf die Unterart „Verständigung über Insolvenz", was einem Prozentsatz von 59,3% entsprach. Auch in den Nc/Cga- und Cgs-Verfahren wurde diese Unterart, wie bereits bei den Cg-Verfahren, der Justizverwaltung zugerechnet. Es fand somit auch in diesem Verfahren der dafür erhobene Zeitwert nicht bei den Nc-Verfahren, sondern im Fixzeitwert für Jv-Tätigkeiten Berücksichtigung.

Geschäftsfälle Nc für Cga und Cgs

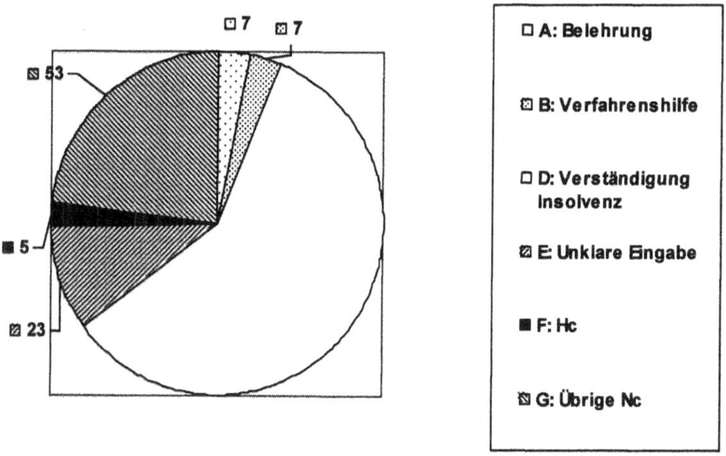

Aus unten stehender Abbildung wird ersichtlich, welche Zeitwerte in den einzelnen Unterarten der Nc-Verfahren in Cg und Cgs erhoben worden waren.

Für die Bildung der PAR-Zeitwerte wurden jedoch, trotz differenzierter Erhebung getrennt zwischen Cg einerseits, Cga und Cgs andererseits, diese Unterteilungen nicht beibehalten. Zwischen allgemeinen Zivilverfahren (Cg) und arbeits- und sozialgerichtlichen Verfahren (Cga und Cgs) bestand bei den Zeitwerten in Nc kein Unterschied mehr.

Dennoch kam es zur Bildung zweier verschiedener Nc-Zeitwerte. Diese Notwendigkeit ergab sich daraus, dass aus den einzelnen Unterarten der Zeitwert für Verfahrenshilfe sowohl in Cg als auch in Cga/Cgs deutlich herausragte. Man entschied sich daher, einen PAR-Zeitwert für Verfahrenshilfe von 84 Minuten und einen für alle „Sonstige Nc"-Verfahren mit 28 Minuten zu bilden.

	PAR-Zeitwert für Nc (in Min.)	**Anzahl bewerteter Geschäftsfälle**
Verfahrenshilfe	84	117
Sonstige Nc	28	186

PAR-„Roh“-Zeitwerte Nc für Cg (in Min. lt. SB LG)

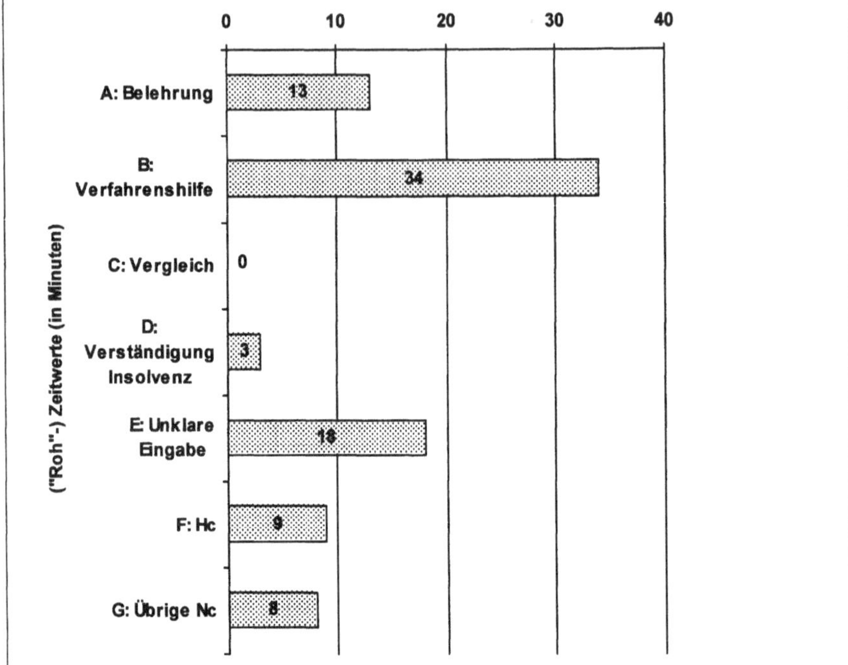

4.2.6. Geschäftsgattung R[404]

Ursprünglich war die Bildung eines einheitlichen Zeitwertes für die gesamte Geschäftsgattung der Rechtsmittelverfahren vorgesehen. Dieser sollte alle Prozesse, unabhängig welches erstinstanzliche Verfahren dem Rechtsmittel zugrunde lag, repräsentieren[405].

Die erste Zeitwerterhebung ergab nach Einbeziehung von insgesamt 4.240 Geschäftsfällen[406] einen durchschnittlichen Zeitwert von 585 Minuten für R-Verfah-

[404] ROI, Schlussbericht LG, 10.

[405] Dabei war aber auch schon zu Beginn nicht vorgesehen, die Arbeiten im „Nebenregister zur Senatsgerichtsbarkeit“ (der Nc-Wert für Rechtsmittelverfahren) in diesen einheitlichen Rechtsmittelzeitwert einzubeziehen. Dafür war bereits ursprünglich eine eigene Erhebung geplant.

[406] ROI, Schlussbericht LG, Anhang, 32.

ren in den Geschäftsgattungen C, MSch, E und A. Bei einer genauen Analyse des diesem Zeitwert zugrunde liegenden Datenmaterials wurde jedoch offensichtlich, dass die Ausarbeitung differenzierter Zeitwerte für die einzelnen Arten von Rechtsmittelverfahren sinnvoll war.

So wurde schließlich die Zeitwerterhebung in den Rechtsmittelverfahren der Zivilgerichtsbarkeit an den Landesgerichten mit drei Erfassungsblättern durchgeführt. Im ersten waren die **Rechtsmittelverfahren der allgemeinen Zivilverfahren (C)** sowie der **MSch-Verfahren** zusammengefasst, im zweiten wurden die Zeitwerte für die **Rechtsmittelverfahren aller übrigen Geschäftsgattungen** erhoben. Das dritte Erfassungsblatt schließlich betraf jenen Anfall bei den Rechtsmittelsenaten der Landesgerichte, welcher im **„Nebenregister zur Senatsgerichtsbarkeit" (Nc)** einzutragen war.

In den einzelnen Erfassungsblättern folgte schließlich eine weitere Unterscheidung in Unterarten der jeweiligen Geschäftsgattungen. Diese Unterteilung wird aus den folgenden Tabellen ersichtlich.

R-Akten für C und MSch	
A	MSch inkl. PSch
B	Familienrechtliche C (ohne Besitzstörung)
C	Bestandrechtliche C (ohne Besitzstörung)
D	Exekutionsrechtliche C
E	Verkehrssachen
F	Besitzstörungen
G	Übrige C (ohne Besitzstörung)

R-Akten außer C und MSch (d. h. für Außerstreit- und E-Sachen)	
A	Exekution auf unbewegliches Vermögen
B	Übrige E
C	SW
D	Ub
E	A
F	Tz
G	P
H	F
I	Übrige, außer C und MSch (z.B. Grenzberichtigung, Notwege, Entschädigung, Beweissicherung

Nebenregister zur Senatsgerichtsbarkeit (N)[407]	
A	Ablehnung, Befangenheit
B	Zuständigkeitsstreit
C	Fristsetzungsantrag
D	Übrige N

In den einzelnen Erfassungsblättern waren die jeweiligen Unterarten angeführt und von den mit der Zeitschätzung beauftragten Richtern die von ihnen jeweils bewerteten Geschäftsfälle diesen Unterarten zuzuordnen.

Für die Erhebung der **R/C- und MSch-Verfahren** wurden insgesamt 2.295 Geschäftsfälle herangezogen (darin befanden sich auch zwei Mehrfachnennungen).

<table>
<tr><th colspan="5">R/C + MSch</th></tr>
<tr><th></th><th></th><th>Anzahl der bewerteten Geschäftsfälle[408]</th><th>erhobene Zeitwerte im Durchschnitt (in Min.)[409]</th><th>(transformierte) PAR-Zeitwerte</th></tr>
<tr><td>A</td><td>MSch</td><td>136</td><td>865</td><td>865</td></tr>
<tr><td>B</td><td>Familienrechtliche C (ohne Besitzstörung)</td><td>170</td><td>847</td><td rowspan="7">666</td></tr>
<tr><td>C</td><td>Bestandrechtliche C (ohne Besitzstörung)</td><td>259</td><td>785</td></tr>
<tr><td>D</td><td>Exekutionsrechtliche C</td><td>71</td><td>841</td></tr>
<tr><td>E</td><td>Verkehrssachen</td><td>495</td><td>716</td></tr>
<tr><td>F</td><td>Besitzstörungen</td><td>56</td><td>686</td></tr>
<tr><td>G</td><td>Übrige C (ohne Besitzstörung)</td><td>1.108</td><td>734</td></tr>
<tr><td>I</td><td>Diverse Nennungen</td><td>2</td><td>270</td></tr>
<tr><td></td><td>Gesamt</td><td>2.295 (+2 Mehrfachnennungen)</td><td>754</td><td></td></tr>
</table>

Aus den Ergebnissen in den einzelnen Unterarten wurden schließlich zwei PAR-Zeitwerte gebildet. Der bei „R/MSch“ erhobene Zeitwert von 865 Minuten wurde unverändert als PAR-Zeitwert übernommen. Die übrigen, in den Unterarten B bis

[407] In die Erfassung des Zeitwertes im Nebenregister zur Senatsgerichtsbarkeit waren die Rechtsmittel gegen erstinstanzliche Nc-Sachen nicht einzubeziehen. Diese Verfahren waren der jeweils „inhaltlich in Betracht kommenden R-Art“ zuzuschlagen.

[408] ROI, Schlussbericht LG, Anhang, 32.

[409] ROI, Schlussbericht LG, Anhang, 32.

G ermittelten Zeitwerte wurden zu einem einheitlichen von 666 Minuten als „R/C“ zusammengefasst.
Zur Bildung der **Rechtsmittel-Zeitwerte für die Außerstreit- und Exekutionsverfahren (R/AußStr und C)** wurden insgesamt 1.945 Geschäftsfälle herangezogen, wobei es bei diesen Erhebungen insgesamt zu 9 Mehrfachnennungen kam. Dies bedeutete, dass 9 Geschäftsfälle nicht einer einzigen der im Erfassungsblatt angeführten Unterarten zugeordnet worden waren, sondern gleichzeitig mehreren dieser Unterarten.

PAR-Zeitwerte R (in Min. lt. SB LG)

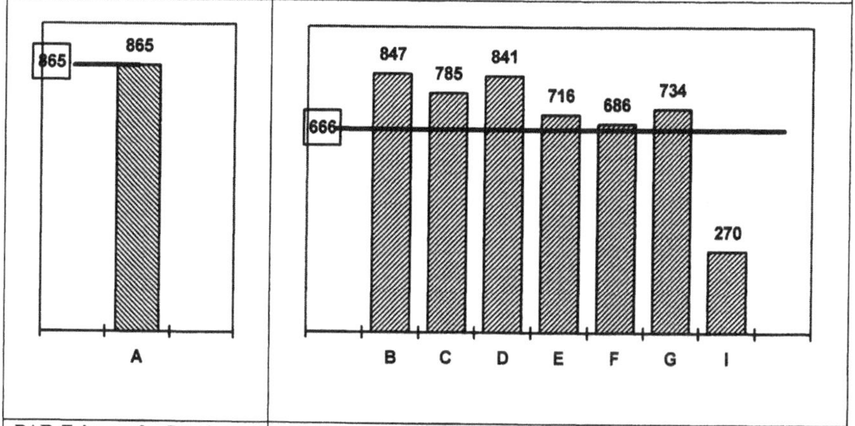

PAR-Zeitwert für R/MSch	**PAR-Zeitwert für R/C mit Teilzeitwerten**

Parameter in R/C und MSch

1. Berufung
2. Rekurs gegen Kosten/Gebühren/ Verfahrenshilfe
3. Rekurs gegen „Endentscheidung“ oder EV
4. Sonstiger Rekurs
5. Mündliche Verhandlung
6. Rückleitung ohne Entscheidung
7. Beweiswiederholung
8. Mehr als eine Entscheidung in 1 ON angefochten
9. 2 oder mehr Rechtsmittelwerber
10. 3 oder mehr Rechtsmittelwerber
11. Mehrparteienverfahren (mehr als 5 Parteien)
12. Sitzung
13. Verbesserungsverfahren/Erhebungen/ Bescheinigung
14. Spezialsenat
15. Komplexe Rechtsfrage/ausländisches Recht
16. Komplexer Sachverhalt/umfangreicherer Aktenumfang
17. Beschränkte Anfechtbarkeit (§ 501 ZPO)
18. Gegenforderung

Für die PAR-Zeitwerte wurden die Unterarten A sowie B zusammengefasst und aus diesen der einheitliche Zeitwert für Rechtsmittelverfahren in Exekutionsangelegenheiten (R/E) von 426 Minuten gebildet.
Nach dem gleichen Muster fasste man auch die Unterarten C bis I zum Zeitwert für Rechtsmittelverfahren in Außerstreitsachen (R/Außstr.) von 518 Minuten zusammen.

R/AußStr + E				
		Anzahl der bewerteten Geschäftsfälle[410]	erhobene Zeitwerte im Durchschnitt (in Min.)[411]	(transformierte) PAR-Zeitwerte
A	Exekution auf unbewegliches Vermögen	220	539	**426**
B	Übrige E	679	389	
C	SW	58	470	**518**
D	Ub	2	490	
E	A	87	616	
F	Tz	78	590	
G	P	725	469	
H	F	33	937	
I	Übrige	72	666	
	Gesamt	1.945 (+9 Mehrfachnennungen)	475	

Parameter R/AußStr und E

1. Rekurs (außer Spalte 2)
2. Rekurs gegen Kosten/Gebühren/ Verfahrenshilfe
3. UVG
4. Unterhalt
5. Mündliche Verhandlung
6. Rückleitung ohne Entscheidung
7. Beweiswiederholung/-ergänzung
8. Mehrparteienverfahren (mehr als 5 Parteien)
9. Mehr als eine Entscheidung in 1 ON angefochten
10. 3 oder mehr Rechtsmittelwerber
11. Sitzung
12. 2 oder mehr Rechtsmittelwerber
13. Verbesserungsverfahren/ Erhebungen/Bescheinigung
14. Komplexe Rechtsfrage/ausländisches Recht
15. Komplexer Sachverhalt/umfangreicher Aktenumfang
16. Spezialsenat

[410] ROI, Schlussbericht LG, Anhang, 32 verso.
[411] ROI, Schlussbericht LG, Anhang, 32 verso.

PAR-Zeitwerte R (in Min. lt. SB LG)	
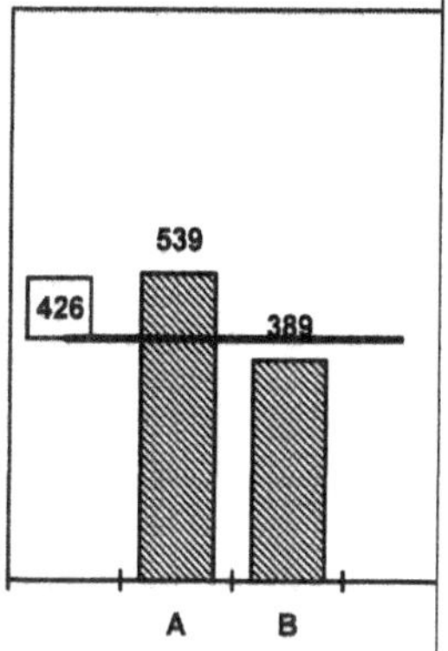	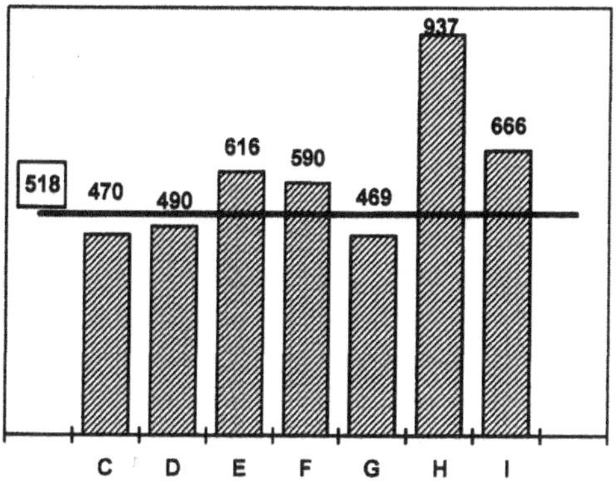
PAR-Zeitwert für R/E mit Teilzeitwerten	PAR-Zeitwert für R/AußStr mit Teilzeitwerten

Nebenregister für R (R/N-Senatsgerichtsbarkeit)[412]

Zur Erhebung des Zeitwertes der **Senatsgerichtsbarkeit aus dem Nebenregister (N-Senatsgerichtsbarkeit)** wurden insgesamt 84 Geschäftsfälle herangezogen, wobei zwei davon offensichtlich keiner der „Unterkategorien“ zugeordnet werden konnten. Die Verteilung der Geschäftsfälle auf die einzelnen Verfahrensarten, welche im Nebenregister der Senatsgerichtsbarkeit bei den Landesgerichten anfiel, ist nachstehender Tabelle zu entnehmen.

In diesem Fall wurde für alle Fälle der N-Senatsgerichtsbarkeit ein Zeitwert angesetzt, „dominierend“ in dieser Verfahrensart waren Fälle der Entscheidung über einen „Ablehnungsantrag“ bzw. eine „Befangenheitsanzeige“. 81% der Fälle in der Erhebung betrafen solche Entscheidungen und so war es auch nicht weiter verwunderlich, dass sich der Gesamtzeitwert stark an diesem Teilzeitwert orientierte[413].

[412] ROI, Schlussbericht LG, Anhang, 33.

[413] Aus der Erhebung war auch zu ersehen, dass die übrigen Arten offensichtlich eher selten vorkamen. Die die Auswertung durchführende Betriebsberatungsfirma empfahl, die Arbeitsmengen im R/N-Senat registermäßig zu erfassen, wobei diesbezüglich insgesamt ein bundesweiter Anfall von rund 300 Geschäftsfällen im Jahr erwartet wurde (ROI, Schlussbericht LG, Anlage 33).

		Anzahl der bewerteten Geschäftsfälle[414]	erhobene Zeitwerte im Durchschnitt (in Min.)[415]	(transformierte) PAR-Zeitwerte
A	Ablehnung, Befangenheit	68	156	**157**
B	Zuständigkeitsstreit	5	146	
C	Fristsetzungsantrag	2	224	
D	Übrige N	7	176	
	Gesamt	84 (-2 Fälle nicht zuordenbar)	157	

PAR-Zeitwerte R/N-Senatsgerichtsbarkeit (in Min. lt. SB LG)

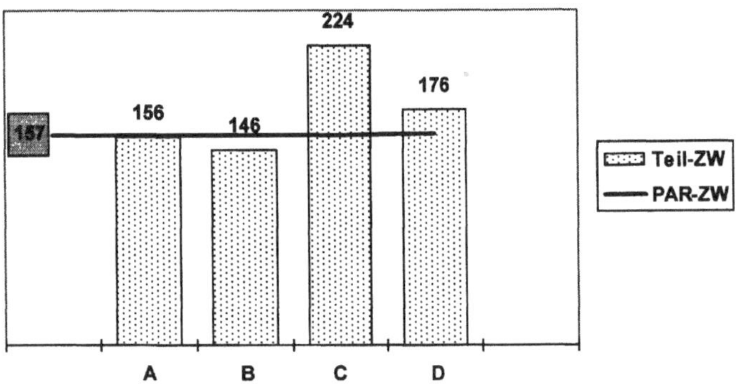

Als PAR-Zeitwert in dieser Kategorie übernahm man den unmittelbar aus der Erhebung kommenden „Durchschnittszeitwert“.

Parameter in R/Senatsgerichtsbarkeit in N

1. Verbesserungsverfahren
2. Erhebungen/Bescheinigung
3. Umfangreicher Akt
4. Mehr als eine Entscheidung in einem Akt

[414] ROI, Schlussbericht LG, Anhang, 33.
[415] ROI, Schlussbericht LG, Anhang, 33.

Einschub 1: Senatszeitwerte nach Funktionen

In den Erhebungsblättern zur Zeiterfassung der landesgerichtlichen Rechtsmittelverfahren war als zusätzliches Auswertungskriterium eine Aufschlüsselung des Zeitbedarfs nach der Funktion im jeweiligen Senat angeführt. Dies sollte die Plausibilitätsprüfung der erhobenen Zeitwerte unterstützen.

	R/C+MSch		**R/AußStr+E**		**R/N-Senat**	
Funktion im Rechtsmittelsenat	Zeitwert in Min.	Geschäftsfälle	Zeitwert in Min.	Geschäftsfälle	Zeitwert in Min.	Geschäftsfälle[416]
Vorsitz (Vorsitz und Berichterstatter	167	2.291	111	1.933	54	83
Beisitz („schlichter Beisitz")	55	2.210	50	1.937	22	77
Berichterstatter (Beisitz)	513	2.290	294	1.938	79	80
Summe	735		455		155	
Ergebnis der PAR-Zeitwerterhebung	754	2.295	475	1.945	157	84

Sämtliche R-Verfahren waren durch einen Senat von insgesamt drei Berufsrichtern abzuwickeln, wobei als besondere Funktion innerhalb des Senates zum einen die des Senatsvorsitzenden, zum anderen die des Berichterstatters anzuführen ist. Beide Funktionen sind tendenziell zeitaufwendiger als die Funktion eines „schlichten Beisitzes". Besonders die Funktion des Berichterstatters, dem die eigentliche Aktenvorbereitung und schriftliche Ausfertigung der Entscheidung zukommt, war von besonderer Zeitintensität geprägt. Der Zeitaufwand des schlichten Beisitzes hingegen ist vor allem durch die Dauer der Senatsverhandlung bestimmt.

Die Erfassungsblätter für die Rechtsmittelverfahren waren jeweils vom Vorsitzenden der in die Erfassung aufgenommenen Senate zu führen, wobei dieser die

[416] Die unterschiedliche Anzahl der Geschäftsfälle erklärt sich offenbar daraus, dass nicht bei allen in den jeweiligen Geschäftsgattungen erhobenen Fällen die entsprechenden Ankreuzungen vorgenommen worden waren.

Gesamtbewertung, also die Zuordnung des Geschäftsfalles zu den Zeitkategorien, vorzunehmen hatte. Laut Anleitung zu den Äquivalenzwertbildungs-Erfassungsblättern war es Aufgabe des jeweiligen Berichterstatters, die „Arten“, also Unterkategorien der Rechtsmittelverfahren sowie die Parameter anzugeben.

Die eigentliche Erfassung bzw. Auswertung nach der Funktion im Senat erfolgte derart, dass getrennt für die Funktion des Vorsitzenden (Vorsitzender sowie jene Fälle, in denen auch der Vorsitzende die Arbeit des Berichterstatters übernommen hatte), des Beisitzers (hier gemeint die Rolle des sogenannten „schlichten Beisitzes“) und der Berichterstattung (dies für den Fall, dass der Berichterstatter nicht gleichzeitig Vorsitzender war) der Akt jeweils einer Zeitklasse zuzuordnen war. Diese Vergabe von Zeitklassen erfolgte, wie bereits angeführt, unabhängig von der Einordnung des Geschäftsfalles im Rahmen der vom Senatsvorsitzenden durchgeführten „Gesamtbewertung“. Anhand dieser Zeitangaben konnte jedoch die Gesamtbewertung auf ihre Plausibilität überprüft werden. Im Schlussbericht von PAR-LG erfolgte eine Auswertung der Zeitwerte nach den einzelnen Funktionen. Die nur geringfügigen zeitlichen Abweichungen zeugen von der hohen Plausibilität der erhobenen PAR-Zeitwerte.

Diese Genese der Zeitwerte für Senatsverfahren zeigt jedoch auch deutlich die Gefahr, PAR-Zeitwerte für Fragen der Geschäftsverteilungen heranzuziehen. Zur Erzielung eines PAR-Zeitwertes, der sich auf ein Verfahren und nicht auf die im Verfahren beteiligten Personen bezieht, werden Zeitwerte, die auf die einzelnen Senatsmitglieder entfallen, summiert. Gerade in Senatsverfahren gibt der Zeitwert nicht jene Dauer an, wie lange der Akt von einem Richter bearbeitet wird. Die Senatszeitwerte setzen sich aus allen Arbeitszeiten der Senatsmitglieder zusammen, also wie viel Zeitkapazität das Verfahren in Summe in Anspruch nimmt.

Ein derart ermittelter Zeitwert ist für die Geschäftsverteilung nur bedingt zu verwenden, weil aus dem PAR-Zeitwert in der Regel nicht ersichtlich ist, wie sich dieser auf die einzelnen Senatsmitglieder verteilt. Die PAR-Zeitwerte sind daher nicht den einzelnen Personen zuzuordnen, insbesondere kann man den Zeitwert nicht allein dem Vorsitzenden anrechnen, weil im Gesamtzeitwert des Verfahrens die Zeitkomponenten der anderen Senatsmitglieder enthalten sind.

Einschub 2: Senatszeitwerte nach Verfahrensdauer

Im Schlussbericht wurden für die Rechtsmittelverfahren der Gattungen C, MSch, AußStr und E auch Auswertungen nach bestimmten Parametern wiedergegeben. Daraus wurde die Dauer durchschnittlicher Berufungs- bzw. Rekursverfahren ersichtlich und konnten diese Zeitwerte ebenfalls für die Plausibilitätsprüfung der PAR-Werte herangezogen werden.

Für die Rekurse in den R/C+MSch-Verfahren kam es auch zu einem Ausweis eines gemeinsamen Zeitwertes von 568 Minuten (bei gesamt 900 beobachteten Geschäftsfällen).

Parameterauswertung in R/C+MSch und R/AußStr+E					
R/C+MSch			R/AußStr+E		
Parameter	Zeitwert	Anzahl der bewerteten Geschäftsfälle	Parameter	Zeitwert	Anzahl der bewerteten Geschäftsfälle
Berufung	883	1.444			
(Allgemeine) Rekurse	506	299	(Allgemeine) Rekurse	498	1.647
Rekurse gegen Kosten/ Gebühren/ Verfahrenshilfe	486	385	Rekurse gegen Kosten/Gebühren/ Verfahrenshilfe	335	379
Rekurse gegen Endentscheidung oder EV	810	231			

Nacharbeiten in R

Auch für die landesgerichtlichen Rechtsmittelverfahren in Zivilsachen (R) wurden Nacharbeiten erhoben. Dafür kam ein eigenes Erfassungsblatt für sämtliche Rechtsmittelverfahren zum Einsatz. Im Unterschied zur Erhebung in den Hauptzeiten wurde also bei der Erhebung der Nacharbeiten nicht mehr zwischen R/C + MSch, R/AußStr + E oder R/N-Senatsgerichtsbarkeit unterschieden.

Die Zeitwerte für die Nacharbeiten erhob man auch in jenen Gerichtsabteilungen, die bereits an der Erhebung der Hauptarbeitszeiten teilgenommen hatten.

Auch hier war die Abgrenzung zu den Hauptarbeiten die, dass es sich bei Nacharbeiten um solche Tätigkeiten handelte, die nach Schluss des Verfahrens, also im Regelfall nach der rechtskräftigen gerichtlichen Entscheidung, anfielen. Dieser Zeitpunkt fand verwaltungstechnisch seine Dokumentation im „Abstreichen im Register“.
Die Durchführung der Erhebung der Nacharbeiten erfolgte im Zeitraum 01.10.1996 bis 31.10.1996. Erhebungsgegenstand der Nacharbeiten war der „Aktenanfall“ des Zeitraumes 02.01.1995 bis 28.02.1995 in den bereits an der Unter-

suchung der Hauptarbeit beteiligten Geschäftsabteilungen. Auch in diesen Fällen wurden, wie bei allen anderen Erhebungen von Nacharbeiten, die Geschäftsfälle darauf untersucht, ob bereits Nachbearbeitungen angefallen waren. In diesem Fall waren diese Nacharbeiten anhand einer vorgegebenen Liste insgesamt 10 Parametern zuzuordnen.

Parameter/Nacharbeiten in R

1. Rechtskraft-/Vollstreckbarkeitsprüfung
2. Rechtsmittelvorlagen
3. Zurückweisung von Rechtsmittelschriften
4. Rechtsmittel-„Entscheidungen" (Lesen, Zustellen)
5. Wiedereinsetzung/Aufhebung der Vollstreckbarkeit
6. Gebühren/Kosten/Parteiengelder
7. Berichtigung/Ergänzung
8. Erhebungen für Rechtsmittelgericht
9. Aktenbezogene Auskünfte
10. Sonstiges

Bei diesen Parametern handelte es sich im Wesentlichen um die auch bereits bei den anderen Erhebungsblättern für Nacharbeiten, wie z.B. bei den Cg, Cga und Cgs-Verfahren, zum Einsatz gekommenen Parameter.

Schließlich war die Dauer der Nacharbeit, entsprechend dem üblichen Vorgehen der Äquivalenzwertbildung, 9 Zeitklassen zuzuordnen.

	Kategorie (K)1 einfache Geschäftsfälle			**Kategorie (K)2 mittlere Geschäftsfälle**			**Kategorie (K)3 komplexe Geschäftsfälle**			**Großverfahren**
	0 – 15′			>15′ – 1h			>1h			–
	0-3′	>3-8′	>8-15′	>15′-25′	>25′-40′	>40′-60′	>1h-2h	>2h-4h	>4h[417]	–

Auch die Zeitkategorien stimmten mit den bei den übrigen Nacharbeiten verwendeten Zeitklassen überein.

In einem weiteren Schritt waren die Geschäftsfälle auch darauf zu untersuchen, ob, wenn auch bislang im Akt keine Nacharbeiten angefallen waren, solche oder weitere Nacharbeiten bereits absehbar waren. Dafür waren ebenso Zeitwerte entsprechend der vorgegebenen Zeitklassen zu schätzen sowie diesen Parameter zuzuordnen.

[417] In diesem Fall war die benötigte bzw. geschätzte Zeit in Stunden anzugeben.

1.309 Geschäftsfälle wurden in die Erhebung der Nacharbeiten einbezogen. Bei diesen fielen in 9% der Fälle (124 Akten) Nacharbeiten an.[418] Für die 124 Fälle wurde ein durchschnittlicher Zeitbedarf von 32,8 Minuten errechnet. Statistisch auf den Gesamtanfall umgelegt, ergab sich ein durchschnittlicher „Zeitwert-Aufschlag" für Nacharbeiten von 3,1 Minuten je Rechtsmittelakt.

Die Erhebung für die „absehbaren" Nacharbeiten brachte offenbar kein brauchbares Ergebnis, da von der Arbeitsgruppe für diese Fälle ein zusätzlicher Zeitwert von 0,4 Minuten je Geschäftsfall „geschätzt" wurde[419].

Um in den PAR-Zeitwerten die fallweise auftretenden Nacharbeiten berücksichtigen zu können, kam es zur Bildung eines für alle R-Akten einheitlichen Zuschlagswertes. Unter Zugrundelegung der Erhebungsergebnisse wurde dieser mit 3,5 Minuten festgelegt. Dieser Zuschlag zum PAR-Zeitwert sämtlicher Rechtsmittelverfahren deckte im Einzelfall doch sehr unterschiedliche Nacharbeiten ab.

4.2.7. Die Insolvenzverfahren: S, Sa, Svv und Se[420]

Für die verschiedenen Arten des Insolvenzverfahrens wurden 4 unterschiedliche Erhebungsblätter entwickelt.

Geschäftsgattung	**Erfassungszeitraum**	**Anknüpfung für PAR-Erfassung**
S	Alle S mit Eigenantrag des Schuldners oder Konkurseröffnung aus Se, Sa, Svv,	
	die in den Zeiträumen 02.01.1992 bis 30.06.1992 und 01.07.1994 bis 31.12.1994	angefallen sind
	und die bis 31.07.1996	abgestrichen wurden. Ist der Konkurs noch nicht aufgehoben, so ist der Akt nicht zu erfassen.
S Absch.	Alle S-Abschöpfungsverfahren,	
	die im Zeitraum 01.01.1995 bis 31.08.1996	angefallen sind
	und bis 10.10.1996	abgestrichen wur-

418 Laut ROI, Schlussbericht LG, Anhang 32: 2.583 Fälle.
419 ROI, Schlussbericht LG, 11.
420 ROI, Schlussbericht LG, 11f, Anhang, 12.

		den.
Sa, Svv	Alle Sa u. Svv,	
	die im Zeitraum 02.01.1994 bis 31.12.1994	angefallen sind.
	und bis 31.07.1996	abgestrichen wurden.
Se	Alle Konkursanträge von Gläubigern (= Se),	
	die in den Zeiträumen 01.10.1995 bis 31.12.1995 und 02.01.1996 bis 31.03.1996	angefallen sind.
	und bis 31.07.1996	abgeschlossen wurden. (Abweisung, Zurückziehung, Überweisung, Zurückweisung, Konkurseröffnung)

In diesen Verfahren war in einigen Fällen der Zeitbedarf der Nacharbeiten (Nachverfahren) bereits in die Schätzung einzubeziehen. Hier wurde also, im Unterschied zu den Geschäftsgattungen Cg, Cgs oder Cga, keine gesonderte Erhebung für den Nacharbeitsbedarf durchgeführt, sondern waren die (fallweise auftretenden) Nacharbeiten bereits in den Hauptarbeitszeiten mit zu berücksichtigen.

Wurde für das S-Abschöpfungsverfahren noch ein eigenes Erfassungsblatt entwickelt und für den Zeitraum 01.09. bis 10.10.1996 die Durchführung der Erhebung angesetzt, so kam es in diesem Verfahren schlussendlich zu keinem eigenen PAR-Zeitwert (lt. Schlussbericht „zumindest vorerst“[421]).

Die Ermittlung der Zeitwerte ergab erhebliche Abweichungen beim Handelsgericht Wien zu den übrigen Landesgerichten. Mögliche Ursachen dieser Divergenzen wurden in einem eigenen im Schlussbereicht zur PAR-LG nicht näher dargestellten Bericht ausgeführt. Auf Grund der bereits im Zeitpunkte des Projektes erwarteten Gesetzesänderungen im Insolvenzbereich wurde diesbezüglich 1997 vorerst von einer Nacherhebung Abstand genommen. Es kam für Insolvenzverfahren, aufbauend auf die Erhebungsergebnisse, zunächst zur Festlegung provisorischer Zeitwerte[422].

Das eigentliche **Insolvenzverfahren S** (S mit Eigenantrag des Schuldners bei Konkurseröffnung aus Se, Sa oder Svv) wurde in drei Unterarten erhoben. Aus

[421] ROI, Schlussbericht LG, 11.
[422] ROI, Schlussbericht LG, 11.

der Erhebung ergab sich die Notwendigkeit der „Eröffnung" einer vierten Unterart „Diverse", da 5 Geschäftsfälle keiner der vorgegebenen Arten zugeordnet werden konnten.

S: Alle S mit Eigenantrag des Schuldners oder Konkurseröffnung aus Se, Sa, Svv	
A	Anschlusskonkurs
B	Zurück-/Ab-/Überweisung
C	Übrige S
D	Diverse

Zur Erhebung des Zeitwertes wurden insgesamt 883 Geschäftsfälle herangezogen, welche sich wie folgt auf die einzelnen Unterarten verteilten:

Geschäftsfälle in S

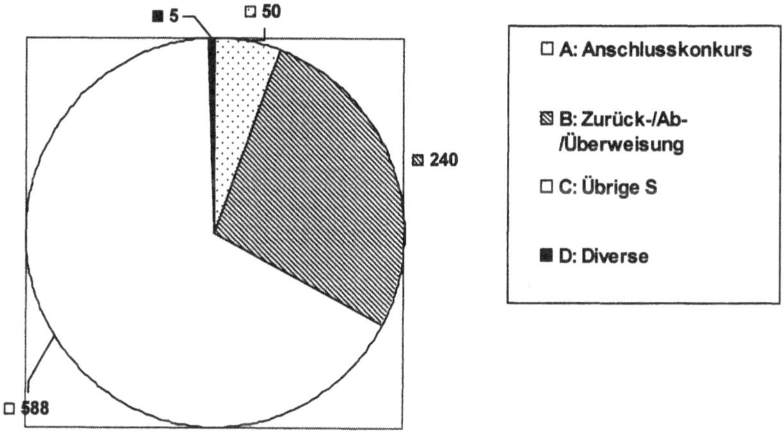

Zusätzlich zur Angabe der Unterart waren im Erfassungsblatt auch 17 „Parameter" vorgegeben. In einer 18. Spalte war vorgesehen, dass die in die Erhebung einbezogenen Richter ihnen wesentlich erscheinende Parameter anführen konnten.

Parameter S

1. Eigenantrag
2. Zwangsausgleich
3. Gläubigerausschuss

11. Zahlungsplan
12. Umfangreiche Erörterungen (z.B. Anfechtung)

4. Gläubigeranzahl (>80)
5. Nachtragsverteilung
6. Massevermögen ab 10 Mio. ATS
7. Überprüfung Schlussrechnung

8. Verwertung über 5 EZ
9. Gläubigerversammlung (3 oder mehr)
10. Auslandsbezug (ausländisches Vermögen)
13. Sachwalterzwangsausgleich
14. Abhilfeantrag (§ 84 KO)
15. Freihändige Verwertung
16. Betriebsfortführung über 3 Monate hinaus
17. Abschöpfungsverfahren
18. Angabe besonderer Parameter

Aus der Auswertung der sich aus der Unterteilung in die 4 Unterarten ergebenden Zeitwerte wurde ein PAR-Rohzeitwert von 593 Minuten für Konkursverfahren errechnet. Nach der Plausibilitätsprüfung – vor allen auf Grund der gravierenden Abweichung der Zahlenwerte beim Handelsgericht Wien – kamen Zweifel an der Richtigkeit dieser Ergebnisse auf. Sie wurden daher im Bundessteuerungsausschuss einer näheren Analyse unterzogen. Dabei kam es insbesondere zur Streichung zahlreicher Extremwerte und es wurde schließlich ein provisorischer Zeitwert von 390 Minuten für diese Geschäftsgattung festgelegt.

PAR-Zeitwerte in S (in Min. lt. SB LG)

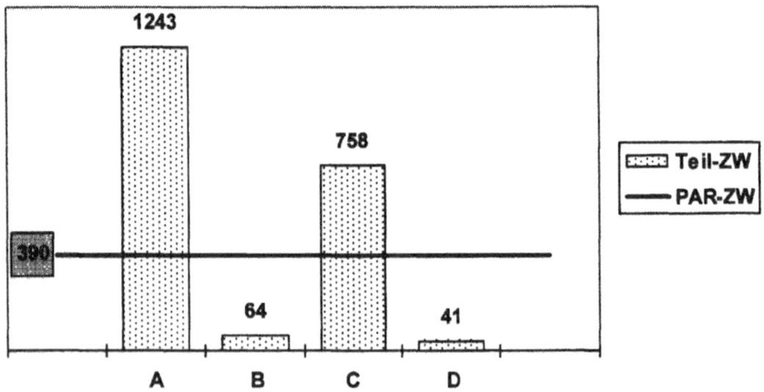

Beim **S-Abschöpfungsverfahren** stimmten die Parameter im Wesentlichen mit jenen des Insolvenzverfahren überein.

Parameter S-Abschöpfungsverfahren

1. Eigenantrag

2. Zwangsausgleich
3. Gläubigerausschuss
10. Auslandsbezug (ausländisches Vermögen)

11. Umfangreiche Erörterungen (z.B. Anfechtung)

4. Gläubigeranzahl (>80)
5. Nachtragsverteilung
6. Massevermögen ab 10 Mio. ATS
7. Überprüfung Schussrechnung
8. Verwertung über 5 EZ
9. Gläubigerversammlung (3 oder mehr)
12. Sachwalterzwangsausgleich
13. Abhilfeantrag (§ 84 KO)
14. Freihändige Verwertung
15. Betriebsfortführung über 3 Monate hinaus
16. Zahlungsplan
17. Angabe besonderer Parameter

In die Zeiterhebung flossen 10 Fälle ein, aus denen ein Zeitwert von 768 Minuten erhoben wurde. Diesbezüglich wurde jedoch – vorläufig – kein eigener PAR-Zeitwert gebildet.[423]
In den Erhebungsblättern der Insolvenzverfahren war im Übrigen auch aus einem Parameter ersichtlich, inwieweit das zur Beurteilung vorgelegte Verfahren ein Abschöpfungsverfahren war.

In den **Verfahrensarten Sa und Svv** wurde die Erhebung in 4 Unterarten durchgeführt.

Sa und Svv	
A	Sachwalterausgleich
B	Fortgesetztes Verfahren
C	Übrige Sa
D	Svv

Darüber hinaus gaben die Erhebungsblätter auch 7 Parameter zum Ankreuzen vor.

Parameter Sa und Svv

1. Gläubigerbeirat
2. Erstrecken der Frist zur Annahme des Ausgleiches
3. Gläubigeranzahl (>80)
4. Sicherstellungsbeschluss (§ 66 AO)
5. Stimmrechtsentscheidung(en)
6. Auslandsbezug (ausländisches Vermögen)
7. Erstreckte Ausgleichstagsatzung

In diesem Bereich traten die Unterschiede zwischen dem Handelsgericht Wien und den übrigen Landesgerichten bei den einzelnen Zeitwerten besonders markant auf.

[423] Dieses „vorläufig“ hält nach wie vor (PAR-LG 2002) an.

Geschäftsfälle Sa und Svv

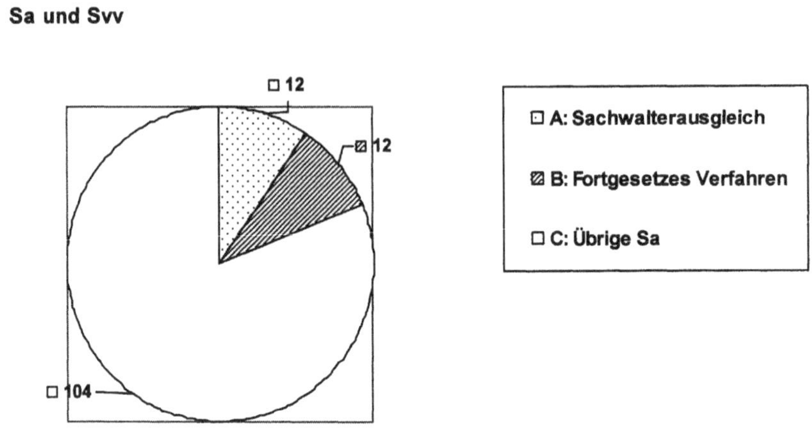

Der aus der Erhebung errechnete Gesamt-Durchschnittszeitwert von 408 Minuten wurde daher im Bundessteuerungsausschuss, in Anlehnung an die Ermittlung des Zeitwertes der S-Verfahren, ebenfalls mit 390 Minuten pro Geschäftsfall festgelegt.

Es erfolgte sohin für den überwiegenden Teil der Insolvenzverfahren die Festlegung eines einheitlichen Zeitwertes, der jedoch, laut Ausführungen im Schlussbericht, nur als provisorischer Zeitwert anzusehen war.

Seitens des Beratungsunternehmens wurde im Schlussbericht empfohlen, nach der im Zeitpunkt der Erhebung unmittelbar bevorstehenden Gesetzesänderung eine Neuerhebung für die Insolvenzverfahren durchzuführen.

Im Bereich der **Se-Verfahren** waren zwei Unterarten vorgegeben, 4 Geschäftsfälle der Erhebung konnten jedoch keiner dieser Arten zugeordnet werden.

A	Soforterledigung nach Antragstellung
B	Übrige Se
C	Diverse
D	Diverse

Im Zuge der Auswertung wurde daher der Katalog der Unterarten um die nicht näher erläuterten Kategorien „Diverse“ erweitert.

Ebenfalls vorgegeben waren folgende Parameter, die auf den Erhebungsblättern entsprechend anzukreuzen waren.

PAR-Zeitwerte in Sa und Svv (in Min. lt. SB LG)

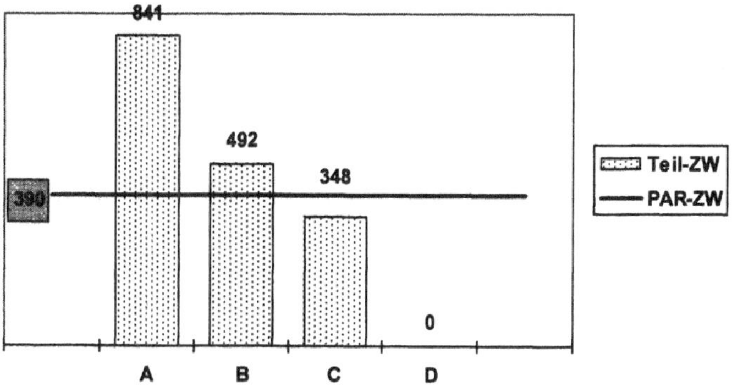

Parameter Se

1. Anträge der Sozialversicherung
2. Verbuchung auf Sonderkonto (Sozialversicherung)
3. Anträge von Arbeitnehmern
4. Antragstellung ohne Exekutionstitel
5. Einvernahme Antragsgegner
6. Bestreitung der Konkurseröffnungsvoraussetzung
7. Vorlage des Vermögensverzeichnisses

In die Erhebung der Se-Verfahren gingen insgesamt 2.869 Fälle ein, die sich wie folgt auf die einzelnen Unterarten verteilten.

Geschäftsfälle Se

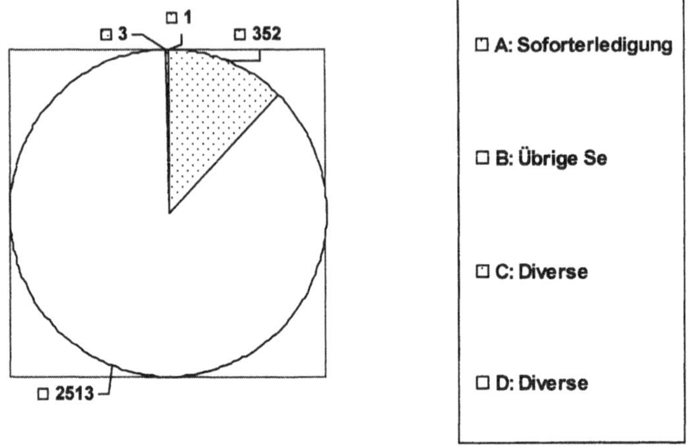

Aus der Erhebung in den einzelnen Unterarten wurden schließlich Teilzeitwerte ermittelt, welche im Durchschnitt einen „Rohzeitwert“ von 44 Minuten je Se-Verfahren ergaben.

PAR-Zeitwerte (in Min. lt. SB LG)

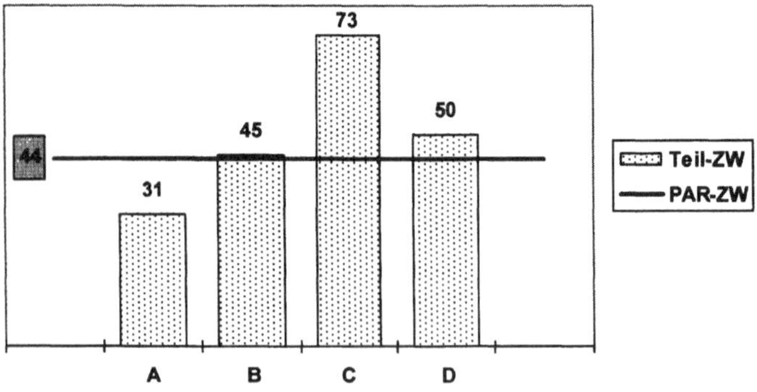

Die Se-Verfahren waren die einzige Unterart der Insolvenzverfahren, wo der in der Erhebung ermittelte Rohzeitwert dem PAR-Zeitwert zugrunde gelegt wurde. Aber auch in diesem Fall empfahl das Beratungsunternehmen nach Wirksamwerden der legislatven Änderung eine Neufestlegung, allenfalls Neuerhebung des Zeitwertes[424].

Beginnend mit 1997 kam es im Bereich der Insolvenzverfahren tatsächlich zu den erwarteten umfänglichen Gesetzesänderungen.[425] Die Ergebnisse der dazu eingerichteten Unterarbeitsgruppe „Insolvenzsachen GH I. Instanz“ führten im Rahmen der Systempflege zur Anhebung der Zeitwerte in S und Sa, Svv von 390 Minuten ab PAR-LG 1999 auf 620 Minuten.[426] Für Se wirkten sich die Gesetzesänderungen insofern aus, als der Zeitwert hier von 44 Minuten auf 72 Minuten angehoben worden war.

4.2.8. Die Strafverfahren

Im Bereich des Strafverfahrens galt es für 10 Geschäftsgattungen Zeitwerte zu finden.

Vorverfahren:	Ur	**„Sonderverfahren“:**	Ratskammer
Hauptverfahren:	EHv		
	SHv (Schöffen)	**„Sonderregister“:**	Hs: Rechtshilfe in Strafsachen
	SHv(Geschworene)		Ns: sonstige Strafverfahren
Rechtsmittelverfahren:	Bl		
Vollzugsverfahren:	BE-Einzelrichter		
	BE-Senat		

Neben der Erhebung der Hauptarbeitszeiten in diesen Geschäftsgattungen wurden für Teile davon (UR, Hv und BE) auch Erhebungen zur Eruierung des Zeitwertes für Nacharbeiten durchgeführt.

[424] Schlussbereicht LG, 12.
[425] IRÄG 1997, IVEG; PAR-LG 2002, 54.
[426] PAR-LG 1999, 54.

4.2.9. Geschäftsgattung Ur[427]

Im Ur-Verfahren wurden die Zeitwerte in 6 Unterarten erhoben. Im ersten Schritt zog man dafür insgesamt 3.334 Geschäftsfälle heran, die sich entsprechend der Aufteilung der folgenden Tabelle auf die einzelnen Unterarten verteilten.

Zur Abgrenzung bzw. näheren Definition von Wirtschaftsstrafsachen wurde auf die Definition der Geschäftsverteilung beim Landesgericht für Strafsachen Wien zurückgegriffen, bei der vor allem auf eine bestimmte Art von Delikten im Zusammenhang mit der Begehung im Rahmen von Unternehmungen abgestellt wurde.[428]

Ur	**Unterarten**	**Geschäftsfälle in der Erhebung**	**Geschäftsfälle als Grundlage der PAR- Zeitwerte[429]**
A	Jugendstrafsachen	262	241
B	Privatanklage	60	57
C	Suchtgiftdelikte	293	397
D	Wirtschaftsstrafsache	263	261
E	Auslieferungssachen	32	32
F	Übrige Ur	2.475	2.546
Gesamt		3.334 (+51 Mehrfachnennungen)	3.480 (+54 Mehrfachnennungen)

In 51 Geschäftsfällen erfolgte keine einheitliche Zuordnung zu einer der Unterarten, diese Akten wurden gleichzeitig mehreren Kategorien zugeschlagen. Diese Menge an Mehrfachnennungen erscheint im Vergleich zu den übrigen Verfahren als sehr hoch.

Nach der Analyse der ersten Rohzeitwerte erschienen in diesem Bereich auch einzelne Zeitwerte als nicht plausibel. Deshalb kam es in der Folge im Bundessteuerungsausschuss zu einer zweiten und dritten Auswertung, bei der sogar weitere Fälle in die Erhebung einbezogen worden waren. So führte der Schlussbericht als Grundlage der Erhebung letztlich 3.480 Geschäftsfälle an, die sich ebenfalls entsprechend der Darstellungen in oben stehender Tabelle (zweite Spalte) auf die einzelnen Unterarten verteilten. Auch hier war wiederum die hohe Anzahl von Fällen auffällig, die nicht nur einer einzigen Unterart zugeordnet worden waren.

[427] ROI, Schlussbericht LG, 12.
[428] Näheres dazu siehe ROI, Schlussbericht LG, Anhang, 15.
[429] ROI, Schlussbericht LG, Anhang, 34.

Zu den 51 Mehrfachnennungen der „Ersterhebung“ kamen drei weitere Mehrfachnennungen hinzu.

Diese Nacheinbeziehung von Fällen gab einen Hinweis darauf, dass die ursprünglich erhobenen Zeitwerte umstritten und primär als nicht plausibel angesehen worden waren. Als Indiz, für welche Unterarten dies vornehmlich der Fall war, mag gelten, in welchen Unterarten es zu einer deutlichen Erhöhung von Geschäftsfällen in der weiteren Auswertungsrunde kam, wobei es auch einzelne Unterarten gab (Privatanklage, Wirtschaftsstrafsachen und Jugendstrafsachen), bei denen die Anzahl der einbezogenen Geschäftsfälle in der zweiten Auswertungsrunde (im Vergleich zur ersten) abgenommen hatte. Dies mag darauf zurückzuführen sein, dass entweder Zuordnungen zu Unterkategorien verändert, allenfalls auch einzelne Verfahren der ersten Runde ausgeschieden worden waren.

Laut Schlussbericht[430] erfolgte diese Nachauswertung im Bundessteuerungsausschuss.

Ingesamt wurden letztlich um 146 Geschäftsfälle mehr den endgültigen PAR-Zeitwerten zugrunde gelegt, als für die eigentliche Erhebung ausgewiesen worden waren.
Nachstehendes Diagramm stellt die Zeitwerte, die sich als Rohdaten aus der Erhebung ergaben, jenen Teilzeitwerten gegenüber, die aufgrund der „Nacherhebungen“ herauskamen.

Letztlich wurde, trotz der in den einzelnen Unterarten sehr unterschiedlichen Ergebnisse, nur für die Kategorie Jugendstrafsachen ein eigener Zeitwert gebildet, wohingegen für alle übrigen Arten eine einheitliche, durchschnittliche PAR-Vorgabezeit errechnet worden war.

[430] ROI, Schlussbericht LG, Anhang, 4.

Ur-Zeitwerte: Gegenüberstellung (in Min. lt. SB LG)

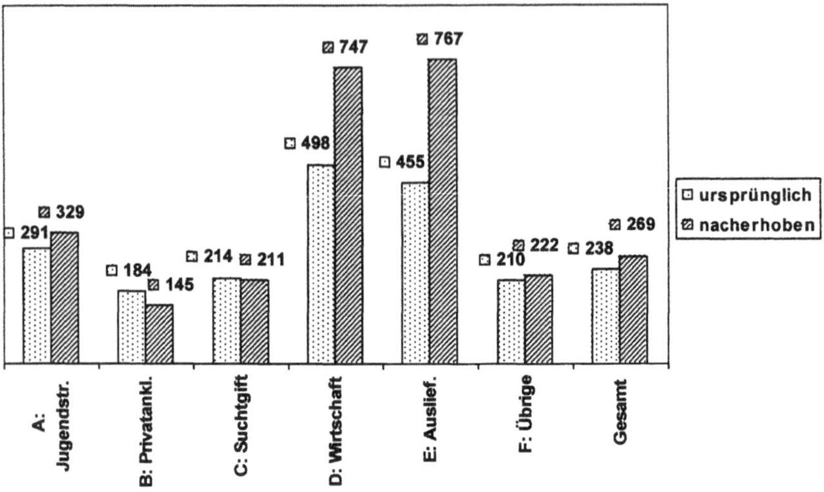

Ur-PAR-Zeitwerte (in Min. lt. SB LG)

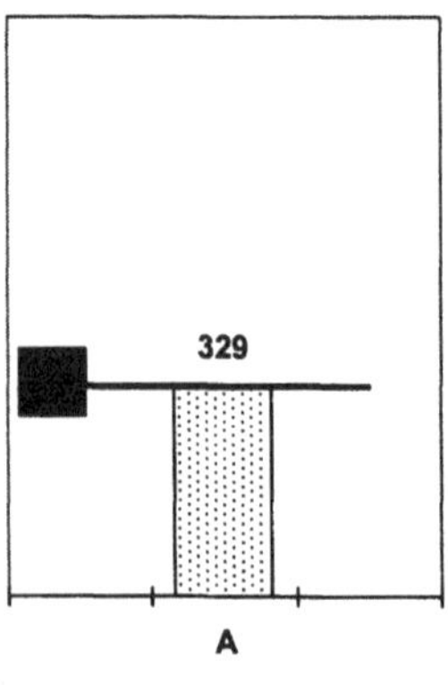

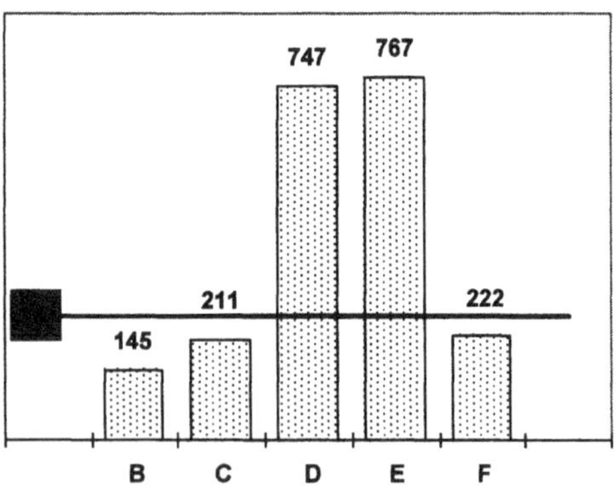

PAR-Zeitwert für Ur/Jugend mit Teilzeitwert	PAR-Zeitwert für Ur/Allgemein mit Teilzeitwerten

Für Ur-Sachen waren in den Erhebungsblättern zusätzlich 11 Parameter angegeben, die die in die Erhebung eingeflossenen Geschäftsfälle näher charakterisieren sollten und anhand derer auch die Plausibilitätsprüfung für die errechneten Zeitwerte durchgeführt werden konnte.

Wie weit einzelne Parameter „zeitmarkant" waren, wird in der Erhebung nicht explizit ausgeführt.

In Ur ergab sich als Besonderheit die Abschätzung des Zeitaufwandes für den Journaldienst. In dieser Verfahrenskategorie kommt es immer wieder vor, dass, vornehmlich am Beginn, beim „Anfall" des Aktes, Arbeiten ob ihrer Dringlichkeit und Unaufschiebbarkeit von eigens dafür eingerichteten „Journaldiensten" zu erledigen sind. Diese „Vorarbeiten", die beim jeweiligen Geschäftsfall nicht vom eigentlich für diesen Akt zuständigen Richter, sondern vom „Journal-Ur" getätigt wurden, waren bei der Zeitschätzung vom Sachbearbeiter mitzuschätzen und flossen so in die gesamte Zeitschätzung ein. Dies war der Grund, warum kein eigener Zeitwert für die Verrichtung von Journaldiensten erhoben oder dafür auch ein eigener PAR-Zeitwert angesetzt worden war. Der Zeitaufwand für die Verrichtung des Journaldienstes floss also in die durchschnittlichen Zeitwerte der einzelnen Verfahrenskategorien ein.

Parameter Ur

1. Haftsache
2. Mehr als ein Aktenband zum Zeitpunkt des Abstreichens
3. Mehr als ein Beschuldigter während des Verfahrens
4. 5 oder mehr Fakten in Verfolgung gezogen
5. Amtshandlung außerhalb des Gerichtshofes[431]
6. Kontradiktorische Einvernahme
7. Rechtshilfeersuchen ins Ausland
8. Dolmetsch
9. Mehr als eine Einvernahme
10. Sachverständige(r)
11. Unmittelbare Anklagen

Nacharbeiten in Ur

Auch im Bereich der Geschäftsgattung Ur kam es zu einer Erhebung des Zeitbedarfes für Nacharbeiten. Dazu war ein eigenes Erfassungsblatt entwickelt worden, mit dem die diesbezüglichen Erhebungen im Zeitraum 15.09.1996 bis 31.10.1996 durchgeführt worden waren. Gegenstand waren sämtliche Nacharbeiten, also Tätigkeiten des Untersuchungsrichters, die nach dem „Abstreichen" (§ 488 Abs. 2b

[431] Ortsaugenschein, Verhandlung an Ort und Stelle.

und 3 sowie § 85 Abs. 1 Geo) in den Ur-Akten der am Hauptprojekt beteiligten Landesgerichte angefallen und 1993 (erstmals) ins Ur-Register eingetragen worden waren. Hier wurden jedoch nur solche Arbeiten gezählt, die bis zu einer allfälligen Neueintragung des Aktes angefallen waren. Unter Neueintragung verstand man, dass ein Akt auf Grund eines besonderen Verfahrensschrittes (z.B. Wiederaufnahme des Verfahrens) in einem späteren Jahr eine neue Aktenzahl erhielt, somit in diesem nachfolgenden Jahr als „Neuanfall" gewertet wurde.

Entsprechend dem bereits zuvor vorgestellten Erhebungsschema für Nacharbeiten wurde auch im gegenständlichen Fall vorgegangen. Nacharbeiten waren den auf dem Erfassungsblatt vorgegebenen 9 Zeitklassen zuzuordnen[432] sowie auf das Vorhandensein der ebenfalls am Erfassungsblatt vorgegebenen 9 Parameter zu untersuchen.

	Kategorie (K)1 ***einfache Geschäftsfälle***			***Kategorie (K)2*** ***mittlere Geschäftsfälle***			***Kategorie (K)3*** ***komplexe Geschäftsfälle***			***Großver-fahren***
	0 – 1h			>1h – 5h			>5h – 15h			>15h[433]
	1′-26′	>26′-40′	>40′-1h	>1h-1h45′	>1h45′-3h	>3h-5h	>5h-9h	>9h-15h	–	

Parameter Nacharbeiten Ur

1. Depositen (Verfügungen über Beweismittel wie vernichten, einziehen, ausfolgen etc.)
2. Kosten/Gebühren
3. Haftentschädigung
4. Auskünfte/Akteneinsicht
5. Wiederaufnahme
6. Rückleitung
7. Erhebungen bei Subsidiaranträgen

Darüber hinaus waren die in die Erhebungen eingegangenen Geschäftsfälle auch darauf zu untersuchen, ob zusätzlich zu den bereits angefallenen Nacharbeiten weitere Nacharbeiten zu erwarten waren. In diesem Fall waren diese „absehbaren Nacharbeiten" durch Anführen der entsprechenden Zeitkategorie in ihrer Dauer zu schätzen und die entsprechenden Parameter zu vergeben.[434]

In die Erhebung des Zeitwertes für Nacharbeiten in Ur fanden 1.750 Fälle Eingang, aus welchen sich ein durchschnittlicher Zeitbedarf von 27 Minuten je Ur-Akt ergab. Dieser wurde beiden PAR-Zeitwerten in Ur, also sowohl dem für Ju-

[432] Im Bereich der Ur-Nacharbeiten waren andere Zeitkategorien gewählt worden, als sie im Bereich der Zivilverfahren zur Anwendung gekommen waren.

[433] In diesem Fall war die benötigte bzw. geschätzte Zeit in Stunden anzugeben.

[434] Als Trennlinie zwischen den „angefallenen Nacharbeiten" und den „absehbaren Nacharbeiten" fungierte der Zeitpunkt des Beginns der Erhebung (15.09.1996); ROI, Schlussbericht LG, Anhang, 25 verso.

gendstrafsachen als auch dem für die allgemeinen Strafsachen zugerechnet, sodass sich letztlich für Ur/Jugendstrafsachen ein Gesamt-PAR-Zeitwert von 356 Minuten, für Ur/Allgemeine Strafsachen ein Gesamtzeitwert von 291 Minuten ergab.

Im Unterschied zu der Ausarbeitung der Nacharbeiten in den Zivilverfahren wurde hier nicht gesondert ausgewiesen, in wie viel Prozent der Fälle tatsächlich Nacharbeiten festgestellt worden waren. Es ist davon auszugehen, dass jene im Schlussbericht angeführten 1.750 Geschäftsfälle, die dem Nacharbeitszeitwert zugrunde gelegt wurden, jene Fälle waren, bei denen Nacharbeiten festgestellt worden waren. Wie groß die Gesamtmenge der begutachteten Fälle war, ist dem Schlussbericht nicht zu entnehmen.

4.2.10. Geschäftsgattung EHv

Bei den in die Zuständigkeit der Einzelrichter fallenden Hauptverhandlungen in Strafsachen wurden die Zeitwerte in 6 Unterarten erhoben.

EHv	**Unterarten**	**Geschäftsfälle in Erhebung**	**Geschäftsfälle als Grundlage der PAR-Zeitwerte**[435]
A	Jugendstrafsachen	236	243
B	Privatankla-ge/Subsidiaranklage	18	18
C	Mediensachen	30	34
D	Wirtschaftsstrafsachen	222	229
E	Suchtgiftdelikte	100	103
F	Übrige EHv	1.746	1.746
Ge-samt		2.310 (+42 Mehrfachnen-nungen	2.329 (+44 Mehrfachnen-nungen)

Auch in diesem Fall kam es, wie bereits bei der Erhebung der Ur-Zeitwerte, zu großen Bedenken gegen die aus der Erhebung sich unmittelbar ergebenden Daten. Die eingeflossenen 2.310 Geschäftsfälle (auch hier kam es zu Mehrfachnennungen im Bereich von 42 Geschäftsfällen) wurden im Bundessteuerungsausschuss einer zweiten und dritten Auswertung zugeführt, wobei es auch hier zu einer Vermehrung der einbezogenen Geschäftsfälle kam. Anhand der letztlich der Auswertung zugrunde gelegten 2.329 Geschäftsfälle – die Anzahl der Mehrfachnen-

[435] ROI, Schlussbericht LG, Anhang, 34.

nungen erhöhte sich auf 44 – wurde schließlich ein PAR-Zeitwert von 277 Minuten ermittelt.

Auf dem eigens für die Ermittlung des EHv-Zeitwertes gestalteten Erhebungsblatt waren auch insgesamt 10 verschiedene Parameter angeführt, die bei der Bewertung der einzelnen Geschäftsfälle zu berücksichtigen waren.

Parameter EHv

1. U-Haft in Hv-Stadium
2. Mehr als ein Aktenband zum Zeitpunkt des Abstreichens
3. Mehr als ein Beschuldigter im Strafantrag
4. Mehr als eine Verhandlung
5. 5 oder mehr Fakten im Strafantrag
6. Sachverständige(r)
7. Dolmetsch
8. Lokalaugenschein, Amtshandlung außerhalb des Gerichtshofes
9. Urteilsvermerk
10. Auslandsbezug (Rechtshilfeersuchen ins Ausland)

Es fehlte auch für diesen Zeitwert eine konkrete Auswertung in jene Richtung, welche dieser Parameter tatsächlich als „zeitkritisch" erkannt worden war. Durch die Aufnahme dieser Parameter in das Erhebungsblatt als Ergebnis der Beratungen in der Arbeitsgruppe zeigte sich jedoch, dass aus Sicht der Praktiker sehr viele Argumente dafür sprachen, dass die angeführten Parameter Indikatoren für eine bestimmte Verfahrensdauer sind.

Trotz nachträglich erfolgter Prüfung und Einbeziehung weiterer Akten in die Nacherhebungen kam es in diesem Bereich zu keinem gravierenden Abweichen zu den bereits im Rahmen der Ersterhebung ermittelten „Rohzeitwerten".

Im Bereich des Zeitwertes für EHv war trotz der in den Unterverfahrensarten äußerst unterschiedlichen Zeitwerte ein einheitlicher PAR-Zeitwert gebildet worden. Dabei kam es nicht einmal zu einem eigenen Jugendzeitwert, wie dies noch beim Vorverfahren geschehen war.

EHv-Zeitwerte: Gegenüberstellung (in Min. lt. SB LG)

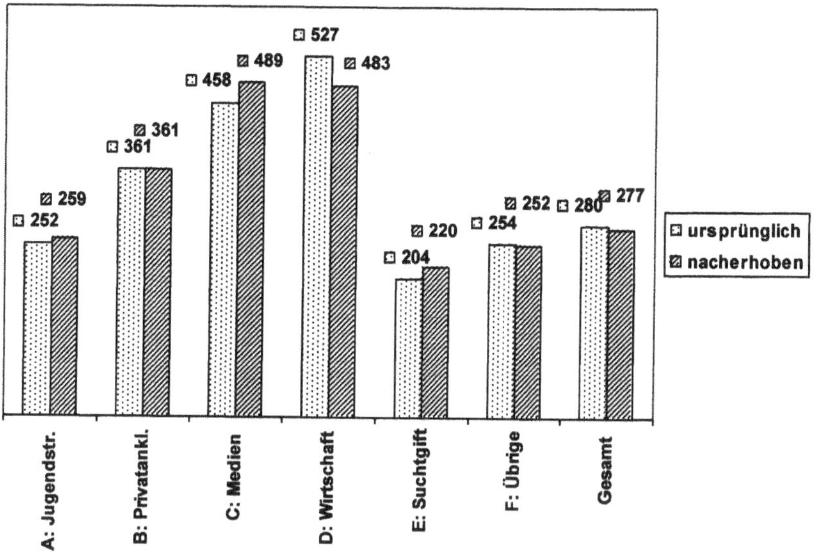

EHv-PAR-Zeitwerte (in Min. lt. SB LG)

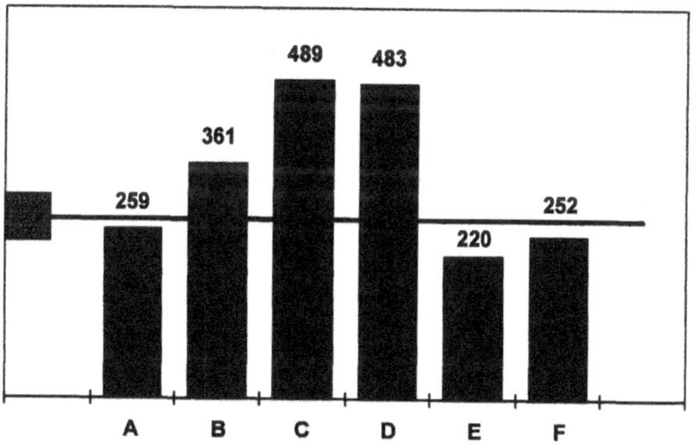

Nacharbeiten in EHv[436]

Im Bereich der in die Einzelrichterzuständigkeit fallenden Strafsachen wurden ebenfalls Zeitwerte für Nacharbeiten erhoben. Dabei geschah dies in einem einheitlichen Erfassungsblatt gemeinsam mit den Nacharbeiten in den anderen Hauptverhandlungsbereichen, also jenen Verfahren, die in Schöffen- oder Geschworenenzuständigkeit fielen. Die beurteilten Geschäftsfälle waren auf den Erhebungsblättern jeweils einer dieser Kategorien (EHv für Einzelrichterverfahren, SHv für Schöffen- und SHv-Geschworene für Geschworenenverfahren) zuzuordnen.

Nacharbeiten in EHv umfassten jene Arbeiten des Verhandlungsrichters, welche nach dem Zeitpunkt angefallen waren, zu dem der Akt abgestrichen worden war (§ 190 Geo) oder bei sofortiger Eintragung in das Verzeichnis der unvollstreckten Strafen abgestrichen werden hätte können. Das Treffen der Endverfügung als traditioneller Abschluss eines Aktes gehörte noch zur Hauptarbeit.

Der Zeitbedarf für die Nacharbeiten war von dem für die Nacharbeit zuständigen Richter (dem bearbeitenden Richter) in seinem Gesamtaufwand zu schätzen. Jenen Richtern, die bereits bei der Erhebung der „Hauptarbeitszeitwerte" ausgewählt worden waren, wurden dazu jene Akten ihrer Abteilungen, welche 1990 erstmals ins Hv-Register eingetragen worden waren, vorgelegt.

Auch bei dieser Erhebung waren die vorgelegten Akten zunächst darauf zu untersuchen, ob überhaupt Nacharbeiten angefallen waren. Im Falle einer festgestellten Nacharbeit hatten sie diese den 9 Verfahrenszeitkategorien zuzuordnen. Weiters waren insgesamt 9 Parameter angeführt, die für den Bereich der Nacharbeiten als zeitrelevant angesehen worden waren.

Für jene Nacharbeiten, die im Zusammenhang mit dem Vollzug der Strafe standen (z.B. Bearbeitung eines Antrages nach § 99 StVG auf Gewährung einer Haftunterbrechung) war der maßgebliche Abgrenzungszeitpunkt zwischen Haupt- und Nacharbeit der Antritt der Freiheitsstrafe bzw. die vollständige Bezahlung der Geldstrafe. Davor zählten sämtliche Arbeiten zum Bereich der Haupt-, danach zum Bereich der Nacharbeit.

---

[436] ROI, Schlussbericht LG, Anhang, 34.

	Kategorie (K)1 einfache Geschäftsfälle			Kategorie (K)2 mittlere Geschäftsfälle			Kategorie (K)3 komplexe Geschäftsfälle			Großverfahren
	0 – 1h			>1h – 5h			>5h – 15h			>15h[437]
	1'-26'	>26'-40'	>40'-1h	>1h-1h45'	>1h45'-3h	>3h-5h	>5h-9h	>9h-15h	–	

Parameter Nacharbeiten EHv

1. Depositen (Verfügungen über Beweismittel)
2. Vollzug (§ 99 StVG, Haftunterbrechung; § 133 StVG: nachträglicher Strafaufschub
3. Kosten, Gebühren
4. Haftentschädigung
5. Auskünfte/Akteneinsicht
6. Überwachung bedingter Strafnachsicht und endgültiger Strafnachsicht
7. Übertragung des Strafvollzuges in das Ausland
8. Wideraufnahme des Verfahrens
9. Gnadengesuche

Ebenso war auch hier vorgesehen, erst absehbare Nacharbeiten auf ihre Dauer zu untersuchen, diesbezüglich eine Zeitkategorie anzugeben sowie den dazugehörigen Parameter zu wählen.[438]

Zur Beurteilung der Zeitdauer der Nacharbeiten in EHv wurden insgesamt 3.015 Geschäftsfälle herangezogen. Daraus ergab sich ein durchschnittlicher Zeitwert von 41 Minuten.[439]

Dieser Zeitwert für Nacharbeiten wurde dem PAR-Zeitwert für EHv zugeschlagen, sodass dessen Gesamtzeitwert 318 Minuten betrug.

Auch in diesem Fall war in der Erhebung nicht gesondert ausgewiesen worden, in wie viel Prozent der Fälle Nacharbeiten beobachtet worden waren. Auf Grund der Systematik der Darstellung im Schlussbericht war davon auszugehen, dass im gegenständlichen Fall in den 3.015 der Beurteilung der Nacharbeiten in EHv herangezogenen Geschäftsfällen solche Nacharbeiten beobachtet worden bzw. bereits absehbar waren. Wie viele Fälle insgesamt in die Erhebung einflossen, wurde im Schlussbericht nicht dargestellt.

---

[437] In diesem Fall war die benötigte bzw. geschätzte Zeit in Stunden anzugeben.
[438] Die Trennung zwischen bereits angefallener Nacharbeit und noch nicht angefallener Nacharbeit erfolgte mit dem Zeitpunkt des Beginns der Erhebung, also am 15.09.1996.
[439] ROI, Schlussbericht LG, Anhang, 34.

4.2.11. Geschäftsgattung SHv Schöffenverfahren[440]

In dieser Geschäftsgattung, die zunächst in 5 Unterarten erhoben worden war, zeigte sich im Zuge der Erhebung, dass 11 Akten keiner der vorgegebenen Unterarten zugeordnet werden konnten. So wurden diese Geschäftsfälle schließlich in einer eigenen Kategorie „Diverse“ zusammengefasst.

SHv Schöffen	Unterarten	Geschäftsfälle in Erhebung	Geschäftsfälle als Grundlage der PAR-Zeitwerte[441]
A	Subsidiaranklage	0	1
B	Wirtschaftsstrafsachen	30	36
C	Suchtgiftdelikte	124	124
D	Jugendstrafsachen	70	70
E	Übrige SHv	223	253
F	Diverse	11	12
Gesamt		430 (+18 Mehrfachnennungen)	466 (+30 Mehrfachnennungen)

Parameter SHv-Schöffen

1. U-Haft in Hv-Stadium
2. Mehr als 5 Aktenbände zum Zeitpunkt des Abstreichens
3. Mehr als ein Aktenband zum Zeitpunkt des Abstreichens
4. Mehr als 1 Angeklagter in Anklageschrift
5. Mehr als 5 Angeklagte in Anklageschrift
6. 5 oder mehr Fakten in Anklageschrift
7. Mehr als eine Verhandlung
8. Sachverständige(r)
9. Dolmetsch
10. Lokalaugenschein, Amtshandlung außerhalb des Gerichtshofes
11. Auslandsbezug (Rechtshilfeersuchen ins Ausland)

Auch in diesem Fall erfolgte eine Nacherhebung bzw. eine Umformung der PAR-Zeitwerte im Bundessteuerungsausschuss. Dabei wurden auch weitere Geschäftsfälle in die Erhebung einbezogen. Während diesbezüglich bei der Unterart „Jugendstrafsachen“ offensichtlich kein weiterer Geschäftsfall herangezogen und auch der Zeitwert letztlich aus der Ersterhebung unverändert übernommen worden war, waren bei der Unterart „Suchtgiftstrafverfahren“ zwar ebenfalls keine zusätzlichen Geschäftsfälle in die Nacherhebung einbezogen worden, dennoch wurde der Zeitwert von 853 Minuten auf 813 Minuten herabgesetzt. In allen übrigen

[440] ROI, Schlussbericht LG, 12.
[441] ROI, Schlussbericht LG, Anhang, 34.

Unterkategorien kam es zur Auswertung weiterer Akten, letztlich wurden dem PAR-Zeitwert insgesamt 36 zusätzliche Fälle zugrunde gelegt. Insbesondere in der Unterkategorie „Subsidiaranklage“ war in der ursprünglichen Erhebung kein einziger Fall vertreten, bei den Nacherhebungen wurde schließlich ein Fall analysiert. Der dabei bewertete, in der Praxis äußerst seltene Fall einer Subsidiäranklage wurde mit einem sehr hohen Zeitwert gemessen.

In der im Bundessteuerungsausschuss erfolgten Umwertung fiel auf, dass gerade die Zeitwerte für Wirtschafts- und Suchtgiftstrafsachen bei der Umformung Zeiten „verloren“ hatten. Bei den übrigen Verfahrenskategorien wichen die Zeitwerte nicht so stark ab.

SHv Schöffen-Zeitwerte: Gegenüberstellung (Zeitwerte lt. SB LG in Min.)

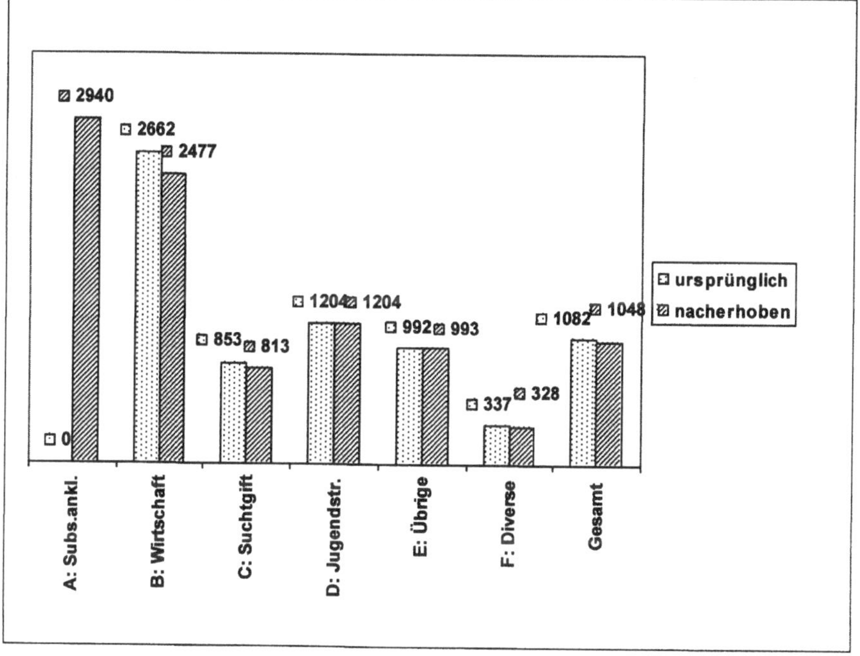

Obwohl neben den Jugendstrafverfahren (D) auch in den Suchtgiftverfahren (C) keine weiteren Geschäftsfälle in die „Nacherhebungen“ eingeflossen waren, änderte sich nur der Jugendstraf-Zeitwert nicht. Dieser wurde mit 1.204 Minuten direkt aus dem Erhebungsergebnis übernommen. Der Zeitwert für die Suchtgiftverfahren hingegen war von dem „Rohzeitwert“ mit 853 Minuten auf 813 Minuten herabgesetzt worden.

Auch im Bereich der SHv-Schöffen-Verfahren wurde kein nach Verfahrensarten unterteilter PAR-Zeitwert, sondern letztlich ein einheitlicher Zeitwert für die gesamte Geschäftsgattung gewählt.

SHv(Schöffen)-PAR-Zeitwerte (Zeitwerte lt. SB LG in Min.)

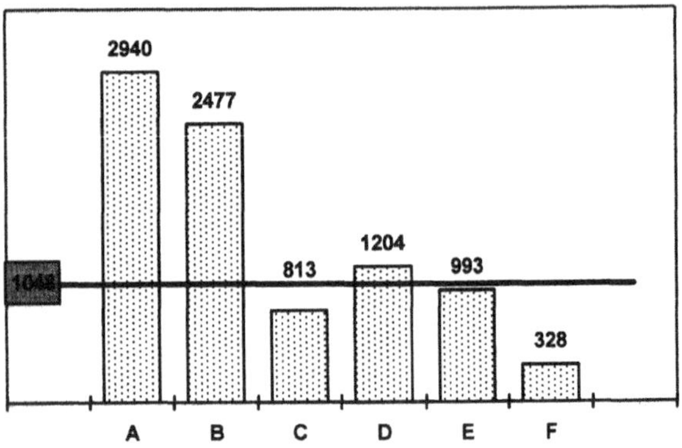

Zusätzlich hatten die Befragten bei der Bewertung des Schöffengerichts-Zeitwertes auch den Aufwand für den richterlichen Beisitz mitzuschätzen. Dabei einzubeziehen war auch der Zeitbedarf für die Belehrung und Information der Laienrichter sowie für die Beratung über das Urteil im Senat. Diesbezüglich wurden im Schlussbericht zwei getrennte Zeitwerte ausgewiesen, welche schließlich im Zuge der „Umformung" zu einem einheitlichen zusammengefasst worden waren.

Zeiten des Beisitzes in Schöffenverfahren

	Rohzeitwerte aus Erhebung		Grundlage für PAR-Zeitwerte	
	Zeitwert (in Min.)	Geschäftsfälle	Zeitwert (in Min.)	Geschäftsfälle
ri. Beisitz II	54	47	176	437
ri. Beisitz IIb	168	300		

Nacharbeiten in SHv (Schöffen)[442]

Mit der gleichen Erhebung wie für EHv und SHv-Geschworene wurde auch für diesen Bereich der Zeitbedarf der Nacharbeiten erhoben. Dabei untersuchten die

[442] ROI, Schlussbericht LG, Anhang, 26 verso.

Projektanten in SHv 416 Geschäftsfälle. Dies ergab einen Durchschnittswert von 69 Minuten, der dem PAR-Zeitwert für Schöffenverfahren zugeschlagen worden war. Der Gesamtzeitwert in SHv betrug somit 1.117 Minuten.

	Kategorie (K)1 ***einfache Geschäftsfälle***			***Kategorie (K)2*** ***mittlere Geschäftsfälle***			***Kategorie (K)3*** ***komplexe Geschäftsfälle***			***Großverfahren***
	0 – 1h			>1h – 5h			>5h – 15h			>15h[443]
	1′-26′	>26′-40′	>40′-1h	>1h-1h45′	>1h45′-3h	>3h-5h	>5h-9h	>9h-15h	–	

4.2.12. Geschäftsgattung SHv Geschworenenverfahren[444]

Diese Geschäftsgattung wurde in drei verschiedenen Unterarten erhoben. Auch hier trat das bereits aus den Zeitwerterhebungen der anderen Strafverfahren bekannte Problem auf, dass sich nicht alle Geschäftsfälle einer der vorgegebenen Kategorien zuordnen ließen. Es war daher im Zuge der Erhebung eine vierte Unterkategorie „Diverse" gebildet worden, in die letztlich jedoch nur ein Geschäftsfall fiel.

SHv Geschworene	**Unterarten**	**Geschäftsfälle in Erhebung**	**Geschäftsfälle als Grundlage der PAR- Zeitwerte[445]**
A	Jugendstrafsachen	6	
B	Suchtgiftdelikte	1	
C	Übrige SHv (Geschworene)	18	
D	Diverse	1	
Gesamt		25 (+1 Mehrfachnennung)	

[443] In diesem Fall war die benötigte bzw. geschätzte Zeit in Stunden anzugeben.
[444] ROI, Schlussbericht, 12.

Da ursprünglich nur 25 Geschäftsfälle[446] in die Stichprobe Eingang gefunden hatten und wohl auch Bedenken gegen den daraus erhobenen Zeitwert entstanden, wurden zusätzliche Erhebungen durchgeführt. Weitere Geschäftsfälle zog man in die Erhebungen ein, sodass schließlich 72 Geschworenenakten zur Grundlage für den PAR-Zeitwert wurden. Eine detaillierte Aufschlüsselung, welchen Unterarten diese zusätzlich in die Erhebung eingeflossenen Akten zuzuordnen waren, war dem Schlussbericht ebenso wenig zu entnehmen, wie das nähere Zustandekommen des letztlich für die Geschworenenverfahren angesetzten PAR-Zeitwertes von 3.820 Minuten. Es zeigt sich jedoch, dass dieser Zeitwert (deutlich) von jenem Durchschnittszeitwert abwich, der aus der Ersterhebung errechnet worden war.

SHv (Geschworene)-Zeitwerte: Gegenüberstellung (in Min. lt. SB LG)

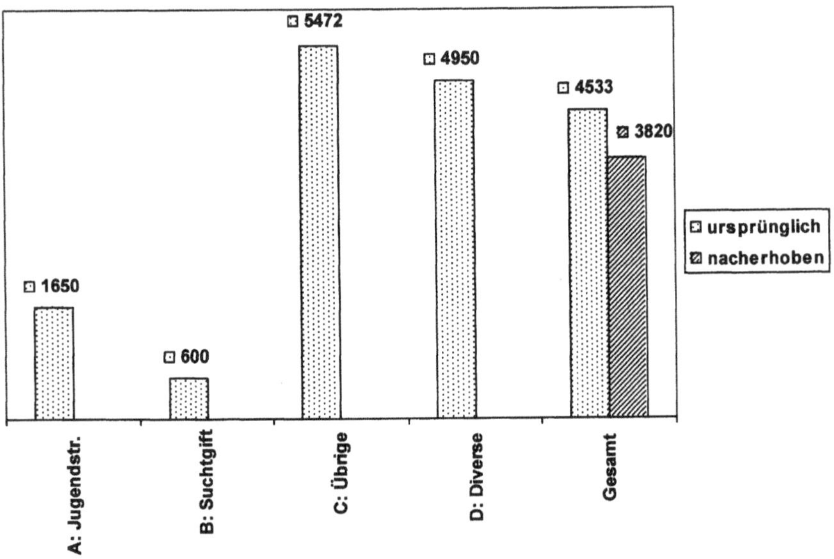

Die erste Erhebung war im Zeitraum 06.05.1996 bis 09.09.1996 durchgeführt worden, wobei der Erfassungszeitraum, also jener Zeitraum, aus dem die in die Erfassung eingegangenen Akten stammten, zwischen 15.04.1996 bis 09.09.1996

[445] ROI, Schlussbericht LG, Anhang, 34.
[446] Laut ROI, Schlussbericht LG, 12 und Anhang, 24 (Geschäftsfälle).

lag. Aus dieser Periode wurden alle an den an der Erfassung beteiligten Gerichten „abgestrichenen“ Geschworenenakten zur Bewertung herangezogen.[447]

Im Zeitraum 01.04.1997 bis 30.05.1997 kam es zur Durchführung der nachträglichen Erhebung, der der erweiterte Erfassungszeitraum 10.09.1996 bis 30.04.1997 zugrunde lag.[448] Die für beide verwendeten Erhebungsblätter waren identisch.

SHv (Geschworene)-PAR-Zeitwerte (in Min. lt. SB LG)

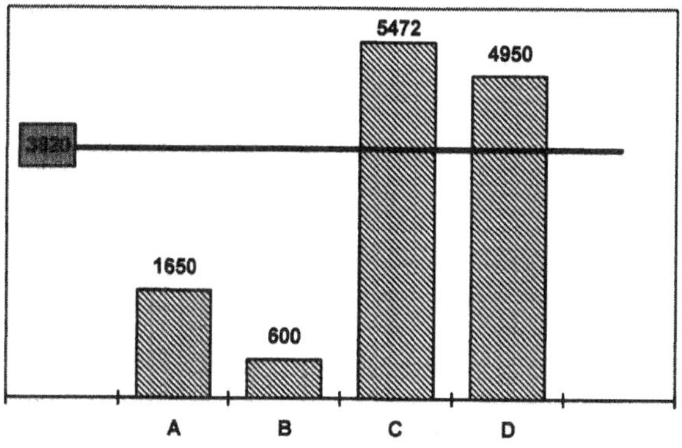

Da im Schlussbericht die Einzelzeitwerte aus den Nacherhebungen, somit für jene Fälle, die schließlich zur PAR-Zeitbildung herangezogen worden waren, nicht zur Darstellung kamen, wurde in obenstehender Tabelle der PAR-Zeitwert den „Rohzeiten“ der ersten Erhebung gegenübergestellt.

Im Bereich der Geschworenenverfahren waren abermals Beisitz-Zeitwerte mitzuschätzen. Wie in diesem Fall die Umformung der einzelnen Zeitwerte zu Stande kam, wurde im Schlussbericht nicht detailliert dargestellt. Die Zeitwerte für „Beisitz II“ und „Beisitz div“ waren offenbar zusammengefasst und zum „Hauptbeisitz“ aggregiert worden.

Zeiten des Beisitzes in Geschworenenverfahren

	Rohzeitwerte aus Erhebung		Grundlage für PAR-Zeitwerte	
	Zeitwert (in Min.)	Geschäftsfälle	Zeitwert (in Min.)	Geschäftsfälle
ri. Beisitz II	300	2	909	19

[447] ROI, Schlussbericht LG, Anhang, 17.
[448] ROI, Schlussbericht LG, Anhang, 27.

ri. Beisitz div. (z.B. Ersatzrichter)	2.640	17		
ri. Beisitz III	1.965	21	730	21

Die ausgewiesenen Zeiten des Beisitzes bezogen sich – dies ergibt sich aus der Anzahl der betrachteten Geschäftsfälle – auf die ursprüngliche, die erste Erhebung.

Es war nicht ganz nachvollziehbar, warum es im Geschworenenverfahren zum Ausweis unterschiedlicher Beisitzzeitwerte kam. Die Zeitwerte der beisitzenden Richter müssten eigentlich gleich groß sein und sich primär an der reinen Verfahrensdauer, also der Dauer der Durchführung der mündlichen Hauptverhandlung, orientieren. Ein zusätzlicher Zeitbedarf könnte sich allenfalls aus der Dauer des Aktenstudiums vor Durchführung der Verhandlung durch beisitzende Richter bzw. Tätigkeiten in Verbindung mit der Protokollerstellung während der Verhandlung ergeben. Letztere wären jedoch ebenfalls identisch mit der Dauer der mündlichen Hauptverhandlung, brächten also keinen zusätzlichen Zeitbedarf, wenn auch zusätzliche Aufgaben erfüllt werden.

Die in den Erhebungsblättern für Geschworenenverfahren angeführten Parameter waren ident mit jenen, die bereits in der Erhebung der Schöffenzeitwerte Anwendung gefunden hatten.

Nacharbeiten in SHv (Geschworene)[449]

Die Nacharbeiten wurden im Geschworenenverfahren gemeinsam mit den Nacharbeitszeitwerten der Einzelrichter- und Schöffenakten erhoben.

Für die Geschworenenverfahren ergab sich ein durchschnittlicher Zeitbedarf von 254 Minuten, der dem PAR-Zeitwert für Geschworenenverfahren zugeschlagen wurde. Der Erhebung dieses Nacharbeitszeitwertes lagen 34 Geschäftsfälle zugrunde. Dem Schlussbericht war nicht zu entnehmen, inwieweit lediglich 34 Fälle untersucht wurden oder in 34 der untersuchten Fälle einer nicht bekannten Grundgesamtheit Nacharbeiten festgestellt werden konnten. Auf Grund der Systematik der Erhebung ist jedoch davon auszugehen, dass in 34 Fällen solche Nacharbeiten beobachtet werden konnten.

Unter Berücksichtigung des Zeitwertes für Nacharbeiten ergab sich sohin ein Gesamt-PAR-Zeitwert für Geschworenenverfahren von 4.074 Minuten und war dieser Zeitwert im Bereich der Strafverfahren der deutlich größte Einzelzeitwert.

---

[449] ROI, Schlussbericht LG, Anhang, 26 verso.

4.2.13. Geschäftsgattung Bl[450]

Auch der Bereich der landesgerichtlichen Rechtsmittelverfahren wurde in folgenden 5 Unterverfahrensarten erhoben:

Bl	Unterarten	Geschäftsfälle in Erhebung	Geschäftsfälle als Grundlage der PAR-Zeitwerte[451]
A	Privatanklagen	64	61
B	Lebensmittelstrafsachen	19	19
C	Fahrlässigkeitsdelikte	289	269
D	Suchtgiftdelikte	24	24
E	Übrige Bl	603	584
Gesamt		991 (+8 Mehrfachnennungen)	949 (+8 Mehrfachnennungen)

Im Erhebungsblatt waren folgende Parameter vorgegeben:

Parameter Bl[452]

1. Beschwerde
2. Mehr als 1 Beschwerde
3. Berufung
4. Nichtigkeit
5. Schuld
6. Strafe
7. Privatrechtliche Ansprüche
8. Mehr als eine nicht öffentliche Sitzung
9. Mehr als eine Verhandlung
10. Beweisaufnahme
11. Lokalaugenschein
12. Sachverständige(r)
13. Dolmetsch

In die Ersterhebung flossen insgesamt 991 Geschäftsfälle ein, bei 8 Fällen kam es zu Mehrfachnennungen. Auch hier wurde im Bundssteuerungsausschuss eine Überprüfung der sich aus der Erhebung ergebenden Zeitwerte vorgenommen, wobei – dies ergibt sich aus der Gegenüberstellung der in die ursprüngliche Erhebung

---

[450] ROI, Schlussbericht LG, 13.
[451] ROI, Schlussbericht LG, Anhang, 34.
[452] ROI, Schlussbericht LG, Anhang, 19.

BI-Zeitwerte: Gegenüberstellung (in Min. lt. SB LG)

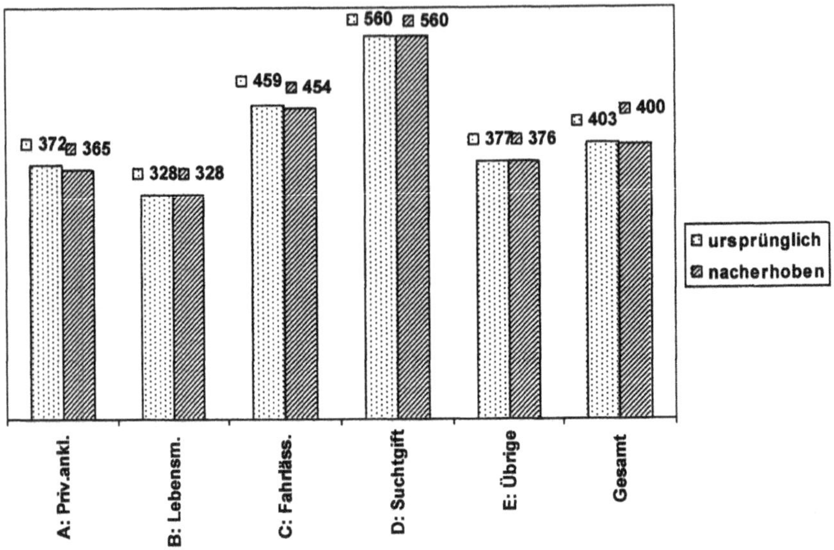

eingeflossenen Anzahl von Geschäftsfällen mit jener Anzahl, welche schließlich dem PAR-Zeitwert zugrunde gelegt worden waren – keine Nacherhebungen durchgeführt, also keine weiteren Fälle der Bewertung zugrunde gelegt wurden. Im Gegenteil, es waren einige Fälle aus der Erhebung ausgeschieden worden. So sind nur noch 949 Fälle angeführt, welche endgültig als Grundlage für die PAR-Zeitwertermittlung dienten.
Die in diesen Bereich erfolgte „Umformung“ der Erhebungsergebnisse durch den Steuerungsausschuss ergab eine relativ geringfügige Änderung der Zeitwerte. So war der Gesamtzeitwert von 403 „Rohwert“-Minuten lediglich auf 400 Minuten PAR-Zeitwert geändert worden.

Als PAR-Zeitwert wurde schließlich auch in dieser Geschäftsgattung mit 400 Minuten ein einheitlicher gewählt, die einzelnen Zeitwerte der Unterarten also zusammengefasst.

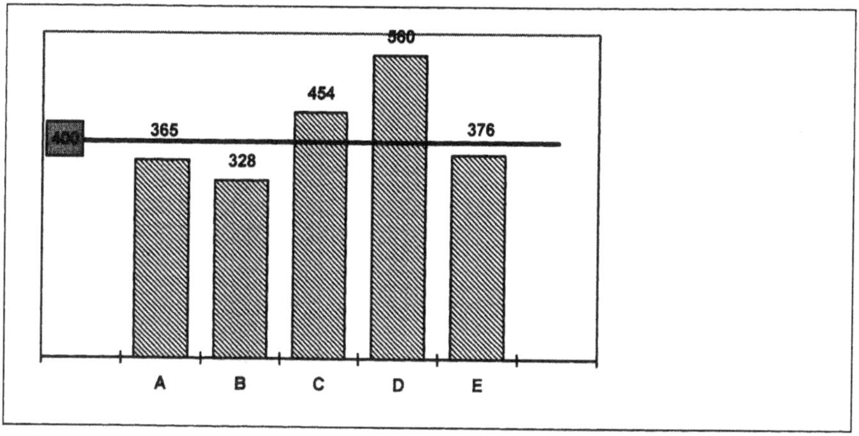

Auch bei den Rechtsmittelverfahren waren **Senatsmitgliedszeiten** zu schätzen, wobei die Zeitwerte – im Gegensatz zum Schöffen- und Geschworenenbeisitz – durchaus variierten, da hier auf einen Beisitzenden auch die Rolle des Berichterstatters und damit die des „de facto Sachbearbeiters“ zukam.

Die unterschiedliche Anzahl von Geschäftszahlen, die den einzelnen Zeitwerten zugrunde lag, war darauf zurückzuführen, dass nicht in allen Erhebungsbögen entsprechende Ausfüllungen und Ankreuzungen für den Senatszeitwert vorgenommen worden waren bzw. es in Einzelfällen zu Überschneidungen und Doppelnennungen gekommen war.

Zeiten der Senatsmitglieder im landesgerichtlichen Rechtsmittelverfahren in Strafsachen (BI)				
	Rohzeitwerte aus Erhebung		Grundlage für PAR-Zeitwerte	
	Zeitwert (in Min.)	Geschäftsfälle	Zeitwert (in Min.)	Geschäftsfälle
Vorsitz	185	983	189	942
Berichterstatter	166	980	163	939
Beisitz	58	979	57	937

Auch in diesem Fall hatte die Umformung nur marginale Zeitverschiebungen (zu Gunsten des Vorsitzenden, zu Lasten der Beisitzer) gebracht. In Summe war es jedoch ein „Nullsummenspiel“ auch wurden offenbar einige Geschäftsfälle aus der Erhebung herausgenommen.

4.2.14. Geschäftsgattung BE[453]

Das Strafvollzugsverfahren unterscheidet sich, je nachdem, ob Zuständigkeit eines Einzelrichters oder Zuständigkeit eines Senates vorliegt, in zwei Grundtypen. Es wurden daher auch die Zeitwerterhebungen getrennt für **BE-Einzelrichter** und **BE-Senat** durchgeführt. Die Parameter, die in den Erhebungsblättern aufschienen, waren jedoch im Wesentlichen ident, lediglich für die Senatsverfahren gab es auch einen sechsten.

Parameter BE-Einzelrichter und BE-Senat

Entsprechend BE-Einzelrichter
1. Mehr als eine Anhörung
2. Mehr als ein Antrag
3. Protokollsvermerk
4. Sachverständige(r)
5. Dolmetsch
6. Entscheidungen nach § 162 Abs. 2 Z 3; § 166 Z 2; § 167a Abs. 2; § 169 Z 2 StVG *

*nur bei BE-Senat

Die Geschäftsgattung **BE-Einzelrichter** zerfiel in 6 Unterarten.

BE-Einzelrichter	**Unterarten**	**Geschäftsfälle in Erhebung**	**Geschäftsfälle als Grundlage der PAR-Zeitwerte**[454]
A	Freiheitsstrafe	395	372
B	Maßnahmenvollzug	12	12
C	§ 46 Abs. 1 StGB	76	73
D	§ 46 Abs. 2 StGB	182	168
E	Amnestie 1995	115	114
F	Übrige Be	8	9
Geschäftsfälle		494	477

In diesem Bereich stellten nicht alle Unterarten Alternativen dar. Die Parameter A und B waren (im Regelfall) kumulativ zu einer der folgenden Unterarten. Dies erklärt auch, dass die dieser Erhebung zugrunde liegenden Fälle nicht aus der Summe der Unterarten gebildet werden konnten.

[453] ROI, Schlussbericht LG, 13.
[454] ROI, Schlussbericht LG, Anhang, 34.

BE-Einzelrichter-Zeitwerte: Gegenüberstellung (in Min. lt. SB LG)

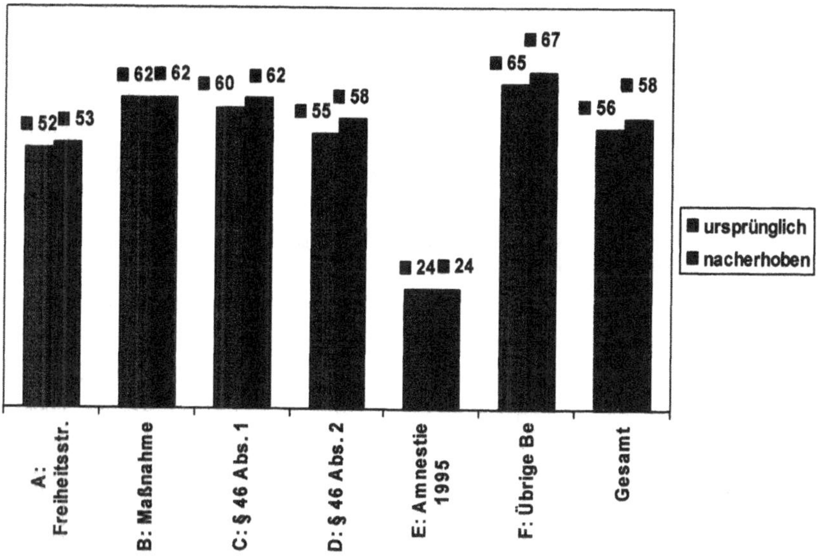

Entsprechend dem Erhebungsvorgang in den Strafverfahren kam es auch hier zu einer „Umformung" des PAR-Wertes im Bundessteuerungsausschuss. Es wurden aber keine zusätzlichen Geschäftsfälle beurteilt, sondern einige Fälle aus der Erhebung herausgenommen bzw. in einem Fall („Übrige BE") einer andern Geschäftsgattung zugeordnet.

Es kam schließlich für die Verfahrensart „Amnestie" zur Bildung eines eigenen PAR-Zeitwertes von 24 Minuten. Die übrigen Unterarten (A bis D und F) wurden zu einem einheitlichen Zeitwert von 69 Minuten zusammengefasst.

PAR-Zeitwerte BE-Einzelrichter (in Min. lt. SB LG)	
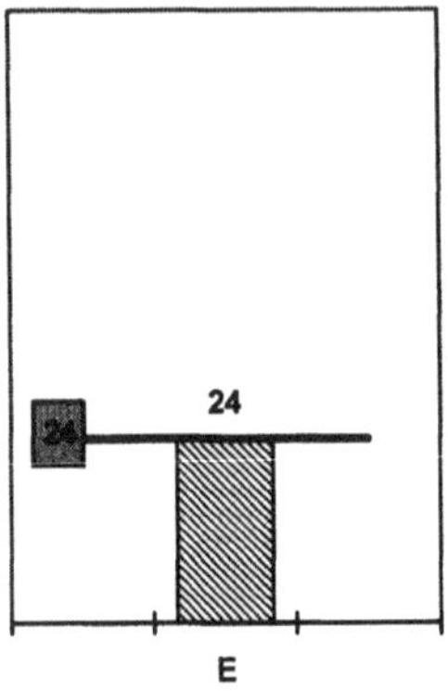	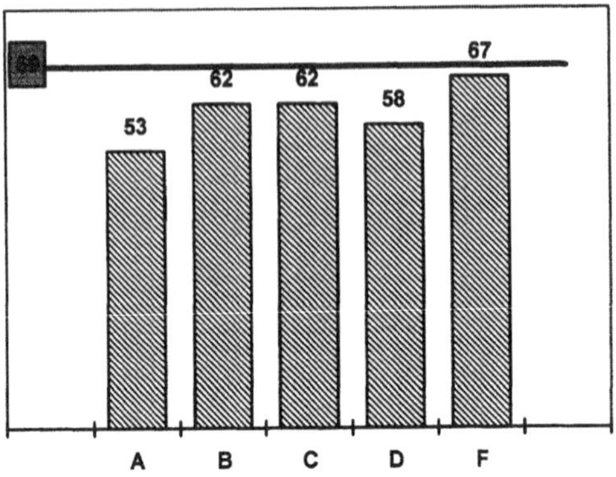
PAR-Zeitwert für Amnestie mit Teilzeitwert	**PAR-Zeitwert für BE-Einzelrichter mit Teilzeitwerten**

Laut Schlussbericht[455] fielen in den Erhebungszeitraum auch „zahlreiche Tätigkeiten" nach dem Amnestiegesetz. Da diese Abweichungen gegenüber den „normalen" BE-Verfahren aufwiesen, wurde ein eigener Zeitwert für Amnestiegeschäftsfälle gebildet. Die Besonderheit im Zusammenhang mit dieser Verfahrensart bestand primär darin, dass nicht jedes Jahr ein neues Amnestiegesetz erlassen wird. In Jahren eines solchen Gesetzes kommt es daher zu einer Häufung solcher Geschäftsfälle. Auch in den Folgejahren fallen, wenn auch deutlich weniger, Arbeiten aus dem jeweiligen Amnestiegesetz an. Da in regelmäßigen Abständen ein solches Gesetz erlassen wird, kommt es daraus zu einer „zyklischen" Mehrarbeit. Auf diese schwankende Arbeitsanfallssituation kann jedoch die justizielle Personalbedarfsplanung nicht reagieren, da auf diesen im Regelfall zehnjährigen Rhythmus aufgrund der langen Vorlaufzeiten der Ausbildung einerseits sowie der verfassungsrechtlichen Einschränkung der Versetzbarkeit von Richtern andererseits, nur eingeschränkte Reaktionsmöglichkeiten bestehen.

Neben diesen Arbeitskapazitäten, die für Amnestiegesetze notwendig wären, fallen Arbeiten aus den „regelmäßigen Amnestien", wie zum Beispiel „Weihnachtsamnestie", an.[456]
Auch im **Bereich BE-Senat** kamen die bereits für die Einzelrichterzuständigkeit angewandten 6 Unterarten zur Anwendung:

[455] ROI, Schlussbericht LG, 13.
[456] Fraglich ist, inwieweit auch diese Verfahren im „Amnestie-Zeitwert" enthalten waren oder den „übrigen BE" zugeschlagen wurden. Unklar ist auch, inwieweit diese Verfahren überhaupt zu den BE-Verfahren gehören oder nicht bzw. nicht ausschließlich im „Normalverfahren", dort allenfalls als Nacharbeiten, anfallen.

BE-Senat	Unterarten	Geschäftsfälle in Erhebung	Geschäftsfälle als Grundlage der PAR-Zeitwerte[457]
A	Freiheitsstrafe	550	540
B	Maßnahmenvollzug	55	55
C	§ 46 Abs. 1 StGB	166	165
D	§ 46 Abs. 2 StGB	296	295
E	§ 46 Abs. 5 StGB	0	0
F	Übrige Be	1	1
Geschäftsfälle		682	679

BE-Senat-Zeitwerte: Gegenüberstellung (in Min. lt. SB LG)

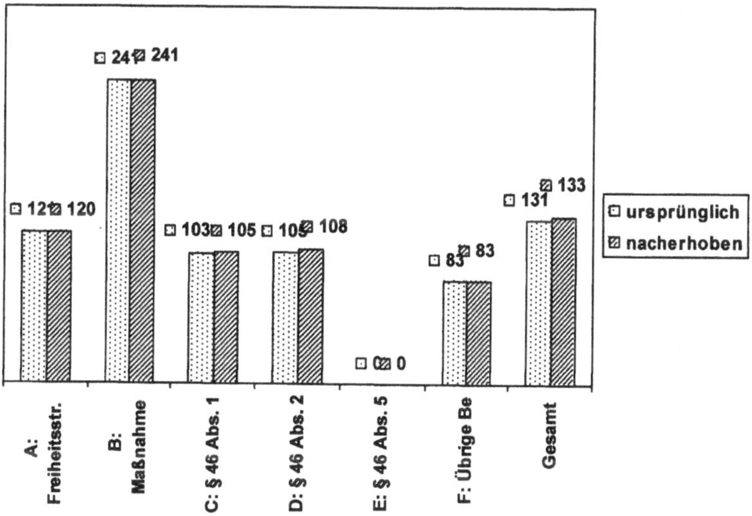

Bei der durchgeführten Umformung der „Roh-Zeitwerte" kam es nur zu einer geringfügigen Veränderung, wobei sich auch nur in äußerst geringem Umfang die in die Erhebung einbezogenen Geschäftsfälle vornehmlich durch Zuordnung zu anderen Kategorien änderten. So flossen ursprünglich 682 Geschäftsfälle ein – auch hier kann aus der Summe der „Unterarten" nicht auf die Anzahl der Geschäftsfälle

[457] ROI, Schlussbericht LG, Anhang, 34.

geschlossen werden, da die Unterarten ebenfalls vielfach kumulativ vorlagen. Den PAR-Zeitwerten wurden schließlich 679 Akten zugrunde gelegt.

Bei der Zeitwertbildung wurde schließlich ein eigener Zeitwert für den „Maßnahmenvollzug“ von 241 Minuten gebildet und die übrigen Unterarten (A, C bis F) zu einem einheitlichen von 123 Minuten zusammengefasst.

Die Auswertung der Senatszeiten ergaben in diesem Fall folgendes Bild:

Zeiten der Senatsmitglieder im BE-Senatsverfahren

	Rohzeitwerte aus Erhebung		Grundlage für PAR-Zeitwerte	
	Zeitwert (in Min.)	Geschäftsfälle	Zeitwert (in Min.)	Geschäftsfälle
Vorsitz (+ Berichterstattung)	55	679	53	677
Beisitz (+ Berichterstattung)	52	655	52	653
Beisitz	23	656	23	654

PAR-Zeitwerte BE-Senat (in Min. lt. SB LG)

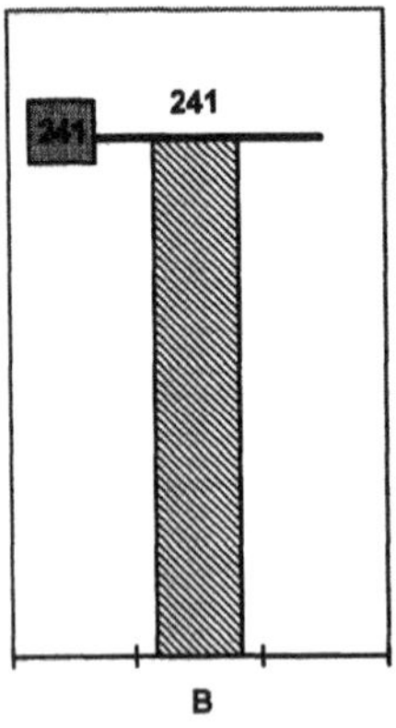

PAR-Zeitwert für Maßnahmenvollzug mit Teilzeitwert

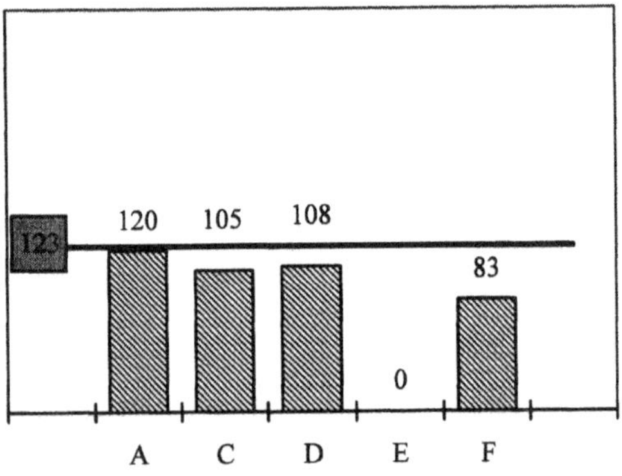

PAR-Zeitwert für BE-Senat mit Teilzeitwerten

Nacharbeiten in BE

Für die **Nacharbeiten in BE**[458] kam es zu eigenen Erhebungen. Dazu fand ein einheitliches Erfassungsblatt für BE-Einzelrichter und BE-Senat Verwendung. Es wurden dabei Geschäftsfälle aus dem Jahr 1990 untersucht, die Erhebung im Zeitraum 15.09.1996 bis 31.10.1996 durchgeführt.

Im Erhebungsblatt waren schließlich die Geschäftsfälle daraufhin zu untersuchen, ob im zu bewerteten Geschäftsfall Nacharbeiten anfielen. Dabei waren die Nacharbeiten danach zu unterscheiden, ob es sich um bewilligte oder nicht bewilligte Anträge handelte.

Die anzugebenden Zeitklassen zeigten dabei folgendes Bild:

	Kategorie (K)1 ***einfache Geschäftsfälle***			***Kategorie (K)2*** ***mittlere Geschäftsfälle***			***Kategorie (K)3*** ***komplexe Geschäftsfälle***			***Großverfahren***
	0 – 0,5h			>0,5h – 3h			>3h[459]			
	1′-6′	>6′-15′	>15′-30′	>30′-1h	>1h-1h45′	>1h45′-3h	–	–	–	–

Zusätzlich waren auf den Erhebungsblättern die drei Parameter „Weisung“, „Bewährungshilfe“ und „Entscheidung über Widerruf“ angeführt:

Für beide Formen des BE-Verfahrens wurde schließlich ein Nacharbeits-Zeitwert von 55 Minuten erhoben, der den Hauptarbeitszeiten jeweils zugeschlagen worden war.

4.2.15. Geschäftsgattung Ratskammerverfahren (RK)[460]

Für das im Strafverfahren vorgesehene Entscheidungsorgan der Ratskammer waren von ihrem Inhalt her sehr unterschiedliche Aufgaben vorgesehen. Dementsprechend wurden die Zeitwerte dafür auch in 9 Unterarten erhoben, was zeigt, wie vielschichtig und verschiedenartig die Arbeit in der Ratskammer ist:

[458] ROI, Schlussbericht LG, Anhang, 26.
[459] In diesem Fall war die benötigte bzw. geschätzte Zeit in Stunden anzugeben.
[460] ROI, Schlussbericht LG, 13.

Ratskammer	Unterarten	Geschäftsfälle in Erhebung	Geschäftsfälle als Grundlage der PAR-Zeitwerte[461]
A	Einstweilige Verfügung	8	8
B	Subsidiarantrag	65	67
C	Wiederaufnahme	3	4
D	Auslieferungssachen	10	10
E	Haftentschädigung	12	12
F	Beschwerden	40	41
G	Überwachung im Fernmeldeverkehr	147	148
H	§ 485 StPO	4	4
I	Übrige RK	47	50
Gesamt		336	344

Im Erfassungsblatt waren dabei auch folgende Parameter vorgegeben:

Parameter Ratskammer

1. Mehr als ein Antrag
2. Mehr als 5 Anträge
3. Mehr als eine Beschwerde
4. Mehr als 5 Beschwerde
5. Haftsache
6. Mehr als ein Aktenband
7. Mehr als 5 Aktenbände

Zur Erhebung des Zeitwertes fanden 336 Geschäftsfälle in die Erhebung Eingang. Die im Bundessteuerungsausschuss vorgenommene Umformung bezog offensichtlich weitere Geschäftsfälle ein, da als Grundlage für den PAR-Zeitwert schließlich 344 Geschäftsfälle ausgewiesen worden waren. Dabei kam es zu Änderungen im Zeitwert lediglich in den Unterarten B (Subsidiarantrag), C (Wiederaufnahme) sowie I (Übrige RK), wobei diesbezüglich durchwegs Erhöhungen der einzelnen Zeitwerte stattfanden. Eine besonders große Erhöhung fand dabei im Bereich der Wiederaufnahmeverfahren statt, wo sich der Zeitwert von erhobenen 280 Minuten auf 495 Minuten nahezu verdoppelte.

---

[461] ROI, Schlussbericht LG, Anhang, 34.

RK-Zeitwerte: Gegenüberstellung (in Min. lt. SB LG)

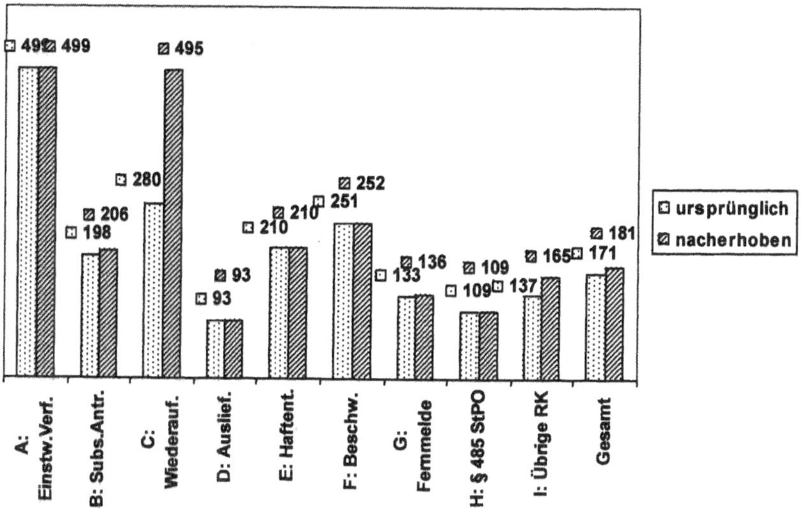

Trotz der unterschiedlichen Einzelzeitwerte wurde für die gesamte Ratskammer schließlich ein einheitlicher Zeitwert von 181 Minuten gebildet.

RK-PAR-Zeitwerte (in Min. lt. SB Lg)

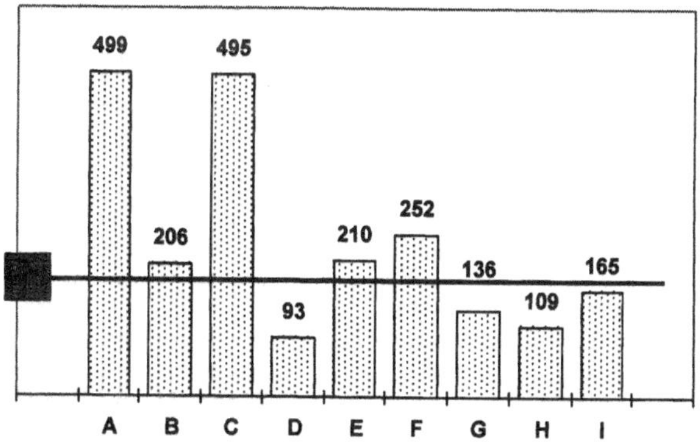

Vor dem Projekt PAR-LG waren die in die Zuständigkeit der Ratskammer fallenden Arbeiten nicht in einem eigenen Register erfasst. Als „Folge" der Erhebung wurde zunächst für die in das Projekt einbezogenen Gerichtshöfe am 01.05.1996, ein Monat später (01.06. 1996) schließlich für alle übrigen ein eigenes RK-Register eingeführt.[462] Im PAR LG 1996 wurde noch der Anfall, welcher sich aus der Erhebung ergeben hatte, hochgerechnet und so der Gesamtjahresanfall „errechnet".

Auch im Bereich der von der Ratskammer zu treffenden Entscheidungen war der Zeitanteil in der „Senatsarbeit" mitzubeurteilen.

Zeiten der Senatsmitglieder im RK-Verfahren				
	Rohzeitwerte aus Erhebung		Grundlage für PAR-Zeitwerte	
	Zeitwert (in Min.)	Geschäftsfälle	Zeitwert (in Min.)	Geschäftsfälle
Vorsitz (+ Berichterstattung)	34	333	34	340
Beisitz (+ Berichterstattung)	121	314	131	322
Beisitz („schlichter Beisitz")	26	311	26	318

4.2.16. Geschäftsgattung Hs[463]

Bei den Verfahren der Rechtshilfe in Strafsachen (Hs) kamen lediglich zwei Unterarten zur Anwendung.

Hs	**Unterarten**	**Geschäftsfälle in Erhebung**	**PAR-Zeitwerte**[464]
A	Rechtshilfeersuchen für Ausland	4	225
B	Rechtshilfeersuchen für Inland	34	53
Gesamt		38	71

Im Erhebungsblatt waren daneben auch folgende Parameter vorgegeben:

[462] ROI, Schlussbericht LG, 13.
[463] ROI, Schlussbericht LG, 13
[464] ROI, Schlussbericht LG, Anhang, 19 verso.

Parameter Hs

1. Mehr als eine Einvernahme
2. Mehr als ein übersandter Aktenband
3. Kontradiktorische Einvernahme
4. Dolmetsch

Für Hs wurden 38 Geschäftsfälle bewertet, die, was schon auf Grund der Aufgabenstellung in den einzelnen Unterverfahren zu erwarten war, stark unterschiedliche Zeitwerte ergaben. Dennoch konstruierte man einen einheitlichen PAR-Zeitwert von 71 Minuten für diese Geschäftsgattung. Dabei wurde bereits der sich unmittelbar aus der Erhebung ergebende „Rohzeitwert" als PAR-Zeitwert übernommen, hier kam es also, nicht wie in allen übrigen Strafverfahren, zu keiner Umformung der Zeitwerte im Bundessteuerungsausschuss.

Hs-PAR-Zeitwerte (in Min. lt. SB LG)

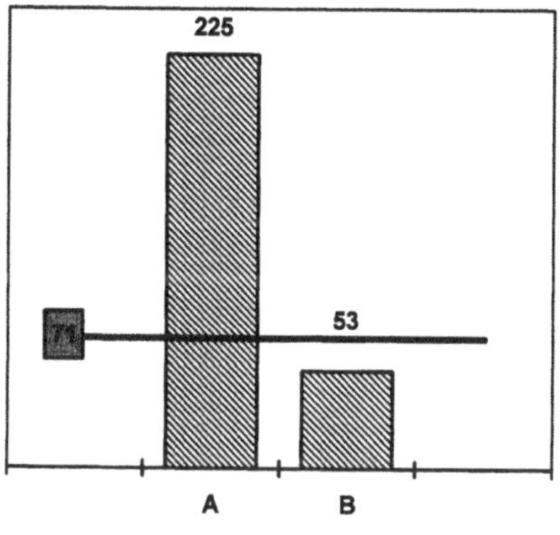

4.2.17. Geschäftsgattung Ns[465]

Das „Sammelregister" für Strafsachen, also die Menge all jener strafrechtlichen Akten, die keiner der anderen Verfahrensarten zugeordnet werden konnten, das Ns-Register, wurde für die Erhebung in drei Unterarten zerteilt:

Ns	Unterarten	Geschäftsfälle in Erhebung	Geschäftsfälle als Grundlage der PAR-Zeitwerte[466]
A	§ 494a StPO-Folgeverfahren[467]	17	31
B	Anträge nach StVG	112	142
C	Übrige Ns	699	718
Gesamt		829 (-1 Streichung)	**886** (+5 Mehrfachnennungen)

Ns-PAR-Zeitwerte (in Min. lt. SB LG)

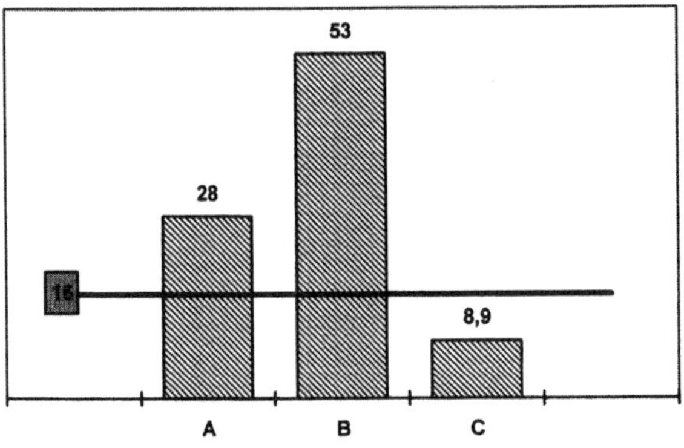

[465] ROI, Schlussbericht LG, 13 und Anhang, 20.
[466] ROI, Schlussbericht LG, Anhang, 34.
[467] In Verfahren, wo eine bedingte Strafnachsicht widerrufen wird, wird die „Verwaltung" dieses Widerrufes, also die Anordnung und die Überwachung des Vollzuges dieser Strafe, in jenem Verfahren geführt, wo der Widerruf erfolgte und nicht mehr in jenem Verfahren, wo ursprünglich die bedingte Strafnachsicht gewährt worden war. Registermäßig erfolgen diese Arbeiten nach dem Widerruf in Nc.

Ns-Zeitwerte: Gegenüberstellung (in Min. lt. SB LG)

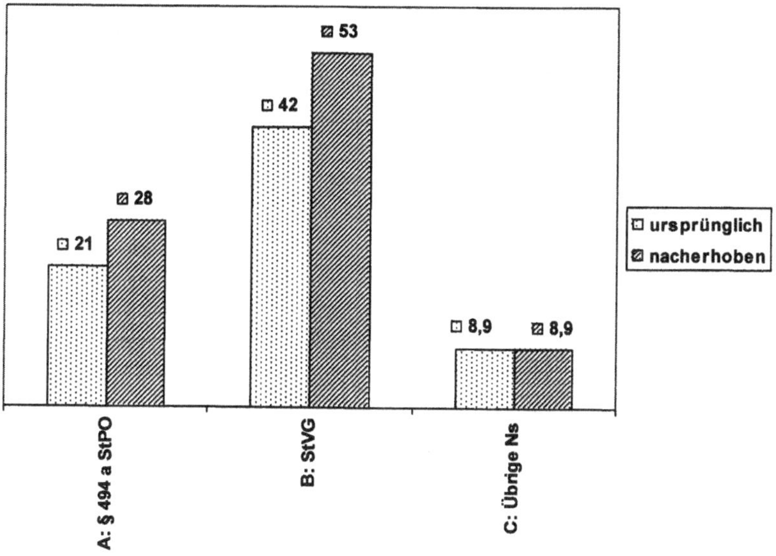

Dafür wurden 829 Geschäftsfälle betrachtet (eine Mehrfachnennung). Auch hier kam es zu einer Umformung und sogar zu einer Nacherhebung von weiteren Geschäftsfällen, sodass schließlich dem PAR-Zeitwert insgesamt 886 Geschäftsfälle (5 Mehrfachnennungen) zugrunde gelegt wurden. Der ursprünglich erhobene Gesamtzeitwert von 14 Minuten mutierte dabei zum PAR-Zeitwert von 16 Minuten jedoch nur geringfügig.

Parameter waren am Erhebungsblatt keine vorgegeben.

4.2.18. Firmenbuch und Todes-/Kraftloserklärungen[468]

Die Arbeitsgruppe 4 beschäftigte sich mit „Randbereichen", den „Exoten" der landesgerichtlichen Zuständigkeiten. Einerseits gehörte hierher der Bereich des großen, bei den LGs geführten Registers, das Firmenbuch. Andererseits waren hier jene Aufgaben zusammengefasst, die im Gegensatz zu den übrigen Gattungen weniger die Erledigung eines Rechtsstreites oder die Durchführung eines gerichtlichen Verfahrens zum Gegenstand hatten sondern den Bereichen Registerführung, Beurkundung und gerichtliche Feststellungen im weitesten Sinn zuzurechnen waren. Dazu gehörten sowohl die Aufgaben, Todeserklärungen auf gerichtlichem Weg zu erwirken, als auch Wertpapiere, die in Verlust geraten waren, für kraftlos zu erklären.

Es war dies der Bereich, in welchem auch auf landesgerichtlicher Ebene neben Richtern Rechtspfleger tätig wurden. Daher waren Zeitwerte sowohl für richterliche als auch für rechtspflegerische Aufgaben zu erheben und wurden auch in den jährlichen PAR-Auswertungsblättern Zeitwerte sowohl für richterliche als auch rechtspflegerische Organe ausgewiesen.

4.2.19. Geschäftsgattung Firmenbuch[469]

Im Bereich des Fr-Registers wurden zur Erhebung der **„Hauptarbeiten"** drei Äquivalenzwert-Erfassungsblätter eingesetzt. Diese drei Erhebungsblätter – je eines für Fr/Richter, Fr/Vorlage an Richter und Fr/Rechtspfleger – unterschieden sich nur in ihren Zeitkategorien. Bei allen dreien fanden folgende Parameter Anwendung:

Parameter Fr

1. Sacheinlagen
2. Zwischenerledigungen
3. Auslandsbezug
4. Zustellanstände
5. Umgründungen
6. Mehrparteienverfahren
7. Beschluss mit ausführlicher Begründung
8. Einvernahmen

Daneben wurden auch die Geschäftsfälle der **Nebenregister zum Firmenbuch (Nc)** mit zwei Erhebungsblättern – je eines für Nc für Fr/Richter und eines für Nc für Fr/Rechtspfleger – untersucht. Diese beiden Erhebungsblätter waren inhaltlich identisch, in ihnen fanden sich folgende Parameter:

---

[468] ROI, Schlussbericht LG, 14f.

[469] ROI, Schlussbericht LG, 14.

Parameter Nc für Fr

1. Prüferbestellung
2. Zeitungsrechung[470]
3. Firmenmissbrauchsverfahren
4. Anfragen
5. Einvernahme(n)
6. Mehrparteienverfahren
7. Auslandsbezug
8. ausführliche Begründung
9. Edikte

Die in der Erhebung ermittelten „Rohzeitwerte" wurden im Rahmen der Plausibilitätsprüfung im Bundessteuerungsausschuss einer Umformung unterzogen. Von einer Änderung waren dabei insbesondere die Zeitwerte für Fr/Vorlage an Richter sowie Nc/Richter betroffen.

Fr	Geschäftsfälle in Erhebung	Zeitwerte aus der Erhebung	PAR- Zeitwerte[471]
Fr/Richter	1.106	51	50
Fr/Vorlage an Richter	496	12	(11)[472]
Fr/Rechtspfleger	7.105	47	46
Nc für Fr/Richter	1	30	–
Nc für Fr/Rechtspfleger	125	58	32

Dass der Zeitwert für Fr/Vorlagen an Richter, welcher zunächst mit 12 Minuten, nach der Umformung mit 11 Minuten festgelegt worden war, schließlich gänzlich aus den PAR-Zeitwerten eliminiert wurde, war das Ergebnis der bei einem Großteil der Landesgerichte beobachteten Praxis, dass an sich in die richterliche Zuständigkeit fallende Firmenbuchsachen durch Rechtspfleger vorbereitet und dem Richter lediglich zur Enderledigung vorgelegt worden waren. Da diese „Arbeitsverteilung" nach Ansicht der am Projekt mitwirkenden Fachleute nicht der gesetzlichen Zuständigkeitsverteilung entsprach, fand der für diesen Bereich ermittelte Zeitwert im PAR keinen Niederschlag.[473]

Ebenfalls nicht (mehr) in den PAR-Wert (Nc für Fr) eingeflossen war der Zeitanteil, der auf gewerberechtliche Mitteilungen entfiel (ca. 25% des Fr-Anfalles), da diese Aufgaben im Zeitpunkt der Erhebung in „absehbarer Zeit nicht mehr anfallen würden".[474]

[470] Für Einschaltung von Edikten bzw. Veröffentlichungen von Bilanzen in Zeitungen.
[471] ROI, Schlussbericht LG, Anhang, 19 verso.
[472] Wurde letztlich nicht als PAR-Zeitwert angesetzt.
[473] ROI, Schlussbericht LG, 14.
[474] ROI, Schlussbericht LG, 14.

Im Bereich der Arbeiten in Nebenregistern (Nc für Fr) ergab die Erhebung, dass diese Art von Aufgaben nur vereinzelt in die Zuständigkeit der Richter fiel. So lag von den in die Studie einbezogenen 126 Fällen nur bei einem einzigen richterliche Zuständigkeit vor. Es wurde schließlich der im Bundessteuerungsausschuss modifizierte Zeitwert von 32 Minuten zur Gänze als Rechtspfleger-Zeitwert den weiteren PAR-Berechnungen zugrunde gelegt.[475] Die Modifikation dieses Zeitwertes im Bundessteuerungsausschuss war insbesondere darauf zurückzuführen, dass Großverfahren, welche offensichtlich in die Erhebung Eingang gefunden hatten, aus der Erhebung ausgenommen worden waren.[476]

Fr-Zeitwerte: Gegenüberstellung (in Min. lt. SB LG)

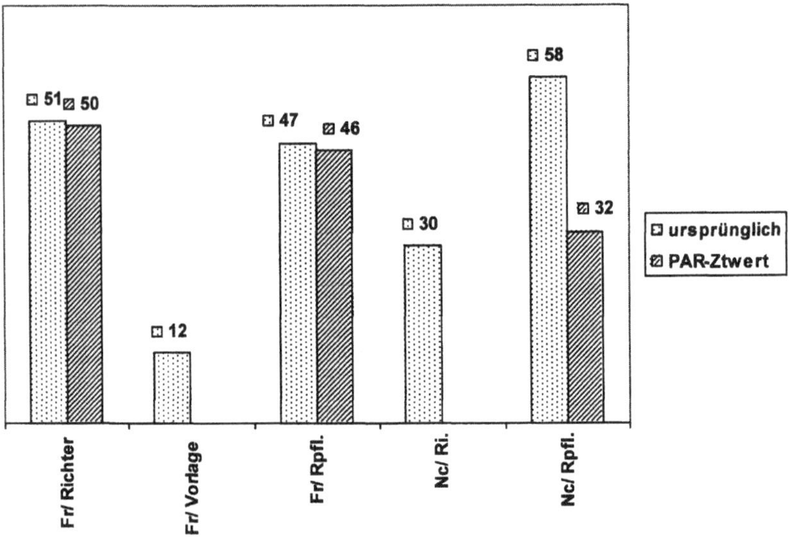

Bei der **Mengenanknüpfung** traten in den Firmenbuchsachen anfänglich gravierende Probleme auf. So war im Zeitpunkt der Erhebung aus dem Fr-Register bzw. der registermäßigen Anfallszählung in Fr nicht zwischen Richter- und Rechtspflegersachen zu unterscheiden. Es konnte also nicht festgestellt werden, wie viele Akten in die Zuständigkeit der Richter und wie viele in die Zuständigkeit der Rechtspfleger fielen. Auch gab es im Zeitpunkt der Erhebung kein automations-

[475] ROI, Schlussbericht LG, 15.
[476] ROI, Schlussbericht LG, Anhang, 35 verso.

unterstütztes Geschäftsregister. Die Umstellung des Fr-Registers von einer händischen Führung auf ein ADV-Register war erst für 1998 vorgesehen. Für die PAR-Erhebung in diesem Bereich waren daher Zusatzerhebungen erforderlich.

Zunächst musste ermittelt werden, wie sich der Anfall an Fr-Sachen auf richterliche und rechtspflegerische Zuständigkeiten verteilte.[477] Im Rahmen der Projekterhebungen zeigte sich, dass rund 13% der Fr-Geschäftsfälle in die Kompetenz eines Richters und rund 87% in die Kompetenz eines Rechtspflegers fielen. Dieses im Rahmen des Projektes erhobene „Anfallsverhältnis" wurde, vorläufig bis zu einer registermäßigen Zuordnung von Richter- und Rechtspflegeranfällen, zunächst der PAR-Erhebung zugrunde gelegt. Dieser Schlüssel fand in der Folge auch noch als Basis der Mengenanknüpfung für die PAR-LG 1996 und 1997 Anwendung. Erst mit Einführung des automationsunterstützten Registers, projektiert mit 01.01.1998, erhoffte man sich aus den Registern direkt ersichtliche Zuordnungen. Bis zum „zuverlässigen" Ausweis der genauen Fr-Anfallzahlen wurden die PAR-Berechnung zunächst (PAR-LG 1996 und 1997) auch nicht anhand der erhobenen Zeitwerte durchgeführt sondern die in den ADV-Jahresblättern ausgewiesenen Personalbedarfzahlen in Fr anhand einer „Hilfsrechnung" ermittelt.
Als „Rechengrundlage" dafür wurde das „Spezialgericht" für Firmenbuchregister, das Handelsgericht Wien, herangezogen.[478] 1996 waren an diesem Gericht 2,4 Richterplanstellen rein für die Firmenbuchangelegenheiten vorgesehen. In diesem Jahr fielen dort 5.046 Firmenbuch-Sachen („FA"-Sachen) an.

Umgelegt auf den Aufteilungsschlüssel ergab dies, dass 13% dieses Anfalls, also 656 FA-Sachen, dem richterlichen Anfall zuzuordnen waren. Davon ausgehend, dass dieser Anfall am HG Wien von 2,4 Firmenbuchrichtern erledigt worden war, ließ sich für jeden beliebigen Firmenbuch-Anfall die Anzahl der benötigten Arbeitskräfte zu dessen Erledigung errechnen.[479]
Diese Berechnungen waren, wie dargestellt, als Hilfskonstruktion lediglich für den Zeitraum gedacht, bis brauchbare Registerzahlen für die Mengenanknüpfung der PAR vorliegen sollten und gingen von der Annahme aus, dass die Auslastungssituation beim Handelsgericht Wien „passt", diese Richter also richtig ausgelastet waren, es hier weder eine Über- oder Unterbelastung gab.

---

[477] ROI, Schlussbericht LG, 14.

[478] Das Handelsgericht Wien wurde deshalb als Beurteilungsgrundlage herangezogen, weil an diesem Gerichtshof auch bereits im Zeitpunkt der Erhebung die Richter alle in ihre Zuständigkeit fallenden Geschäftsfälle selbst, ohne Vorbereitung durch Rechtspfleger, erledigten. Im Zeitpunkt der Erhebung wurde bei nahezu allen anderen Firmenbuchgerichten festgestellt (bzw. vermutet), dass Rechtspfleger für „ihre" Richter über ihre an sich gesetzliche Zuständigkeit hinaus auch weitergehende Vorerledigungen machten; ROI, Schlussbericht LG, 15).

[479] Wenn beim Handelsgericht Wien 2,4 Richter 656 Firmenbuchsachen erledigten (aus der Erhebung ergaben sich 50 Minuten je FA-Fall) so ließ sich daraus errechnen, wie viele Richter beispielsweise für 100 Firmenbuchsachen beim Landesgericht Graz benötigt wurden.

Zu den sich bereits im Schlussbericht abzeichnenden Änderungen für den Firmenbuchbereich kam es in der Folge auch tatsächlich. So wurden im Rahmen der PAR-Systempflege ab PAR-LG 1999 der Zeitwert Fr/Richter von 50 Minuten auf 80 Minuten erhöht, der für Fr/Rechtspfleger von 46 Minuten auf 30 Minuten gesenkt.

Der – an sich bereits bei der Zeitwerterhebung berücksichtigte – Wegfall der gewerberechtlichen Mitteilungen beim Nc-Anfall für Fr führte ab PAR-LG 1999 zu einer Reduzierung dieses Zeitwertes von 32 Minuten auf 30 Minuten. Ab diesem Zeitpunkt war für die Tätigkeit der Rechtspfleger in Fr ein einheitlicher Zeitwert von 30 Minuten je Akt geschaffen worden.

Das Hauptproblem aber, die Ableitung von für Richter und Rechtspfleger getrennter, „zuverlässiger" Anfallzahlen, war offenbar auch in den Folgejahren nicht in den Griff bekommen worden. Abweichend von dem ursprünglich ermittelten Aufteilungsverhältnis zwischen richterlichem und rechtspflegerischem Anfall von 13% zu 87% wurde für die PAR-LGs 1998 bis 2000 ein Schlüssel von 10% zu 90% gewählt. Mit PAR-LG 1999 kam dazu, dass „Offenlegungen" als neue PAR-Verfahrenskategorie geschaffen worden war. Für diese, in die ausschließliche Zuständigkeit von Rechtspflegern fallende Tätigkeit wurde ebenfalls der, zu diesem Zeitpunkt bereits bestehende einheitliche Rechtspflegerzeitwert von 30 Minuten angesetzt.

Auf Grund der bei den einzelnen Landesgerichten festgestellten uneinheitlichen Erledigungspraxis wurde schließlich von der Arbeitsgruppe PAR-Systempflege ab PAR-LG 2001 von einem bundeseinheitlichen Aufteilungsschlüssel zwischen Richtern und Rechtspflegern abgegangen und für die folgenden Jahres-PARen (PAR-LG 2001 und 2002) die Aufteilung des Fr-Anfalles nach dem tatsächlichen Verhältnis der Erledigungen, abgestellt auf jeden einzelnen Gerichtshof, vorgenommen.

Aufteilungsverhältnis Fr lt. PAR-LG 2002[480]		
	Richter	Rechtspfleger
HG Wien	15%	85%
LG Korneuburg	17%	83%
LG Krems	32%	68%
LG St. Pölten	25%	75%
LG Wiener Neustadt	16%	84%
LG Eisenstadt	24%	76%
LG Linz	18%	82%

[480] PAR-LG 2002, 55.

LG Ried im Innkreis	18%	82%
LG Steyr	19%	81%
LG Wels	16%	84%
LG Salzburg	17%	83%
LG Leoben	14%	86%
LGZ Graz	17%	83%
LG Klagenfurt	17%	83%
LG Innsbruck	16%	84%
LG Feldkirch	27%	73%

Diese Aufteilungsverhältnisse ergaben sich aus der Auswertung der an den einzelnen Gerichten in den betreffenden Geschäftsjahren jeweils vollzogenen Firmenbuch-Eintragungen.[481]

4.2.20. Geschäftsgattung T[482]

Unter dieser Registerbezeichnung sind einerseits Todeserklärungen, andererseits Kraftloserklärungen von Wertpapieren zusammengefasst.

Der Bereich der **Todeserklärungen** fällt ausschließlich in die Zuständigkeit von Richtern.[483] In die Erhebung waren insgesamt 73 Geschäftsfälle einbezogen, aus welchen sich ein Zeitwert von 115 Minuten für diese Geschäftsgattung ergab. Dieser Wert wurde ohne weitere Umformungen dem PAR-Zeitwert zugrunde gelegt.

In den Erhebungsblättern für diesen Bereich – die Todeserklärungen wurden mit einem eigenen Erhebungsblatt erhoben – waren folgende Parameter angeführt:

[481] Aus der Zählung wurden einerseits die Offenlegungen, andererseits die FB-Eintragungen ausgenommen, die nur die Einreichung eines Jahres- oder Konzernabschlusse vollzogen; PAR-LG 2002, 55.
[482] ROI, Schlussbericht LG, 15.
[483] ROI, Schlussbericht LG, Anhang, 23.

Parameter T-Todeserklärungen

1. Allgemeine Verschollenheit
2. Kriegsverschollenheit
3. Seeverschollenheit
4. Luftverschollenheit
5. Gefahrenverschollenheit
6. Auslandsbezug
7. StA-Anträge
8. Beweisführung des Todes

In wie weit einzelne Parameter besonders zeitmarkant waren, ist im Schlussbericht der Erhebung nicht ausgewiesen. Der in der Erhebung ermittelte Zeitwert von 115 Minuten, dem die Beurteilung von 73 Geschäftsfällen zugrunde lag, wurde ohne weitere „Umformung“ als PAR-Zeitwert angesetzt.

T-Todeserklärungen	Geschäftsfälle in Erhebung	PAR-Zeitwerte[484]
Fr/Richter	73	115

Der Zeitwert für **Kraftloserklärungen von Wertpapieren** wurde mit für Richter und Rechtspfleger getrennten Erhebungsblättern erhoben, die inhaltlich jedoch gleich waren. Dabei fanden folgende Parameter Anwendung:

Auch für diesen Bereich war dem Register nicht zu entnehmen, wie viel des Anfalles in T-Wertpapiere auf Richter- und wie viel auf Rechtspflegerzuständigkeit entfiel, da es dafür keine eigenen Fallcodes gab.[485]

Parameter T- Wertpapiere

1. Einvernahme(n)
2. Überweisung
3. Abtretung
4. Inhaberwertpapiere
5. Legitimationswertpapiere
6. Mehrparteienverfahren

Bei der Erhebung wurden die T-Wertpapiere in den Gerichten Wels und Ried daher als „richterlicher Anfall“ erhoben, d.h. von Richtern bewertet, während in Innsbruck, Klagenfurt und Wiener Neustadt sie als „Rechtspflegeranfall“ betrachtet, also von Rechtspflegern bewertet worden waren.

Im Ergebnis vertrat man schließlich die Auffassung, dass aufgrund der gesetzlichen Bestimmungen – bis auf zu vernachlässigende Ausnahmen – die Kraftloserklärungen der „ausschließlichen“ Zuständigkeit der Rechtspfleger zugeschlagen werden konnten. Als PAR-Zeitwert für Kraftloserklärungen fand deshalb, und zwar für alle, also sowohl für den richterlichen Anfall als auch für Rechtspfleger-

[484] ROI, Schlussbericht LG, Anhang, 19 verso.
[485] ROI, Schlussbericht LG, Anhang, 35 verso.

akten, der von den Rechtspflegern bewertete, geringere Zeitwert von 33 Minuten Anwendung.[486]

T-Wertpapiere[487]	Geschäftsfälle in Erhebung	Zeitwerte aus der Erhebung	PAR-Zeitwerte[488]
T/Richter	595	40	–
T/Rechtspfleger	1.437	33	33

4.4. Infrastrukturelle Tätigkeiten beim LG

Dabei handelt es sich um jene Aufgaben, die für das Funktionieren einer Organisationseinheit Voraussetzung sind. Sie gewährleisten also, dass der Gerichtsbetrieb planmäßig und organisiert ablaufen kann.

Welche Tätigkeiten dies im Einzelnen im Bereich der Landesgerichte waren, die „Inhalte der infrastrukturellen Tätigkeiten" also, wurde von der Arbeitsgruppe 5 „nach langen Diskussionen"[489] ermittelt. Neben dieser Festlegung galt es auch, den Zeitbedarf zu fixieren. Dazu wurde im Schlussbericht ausgeführt, dass es grundsätzlich in den Kompetenzbereich des Dienstgebers fiel, wie viel Raum er solchen Tätigkeiten einräumte.

Der Einsatz von Messsystemen, wie er im Bereich der Zeitermittlung der variablen Zeiten erfolgte, war bei den infrastrukturellen Zeiten nur für wenige Bereiche als sinnvoll und wirtschaftlich erachtet worden. So fanden solche „Messungen" zur Zeitbedarfsermittlung nur im Bereich der Amts- und Gerichtstage Anwendung. Daneben war es auch an den Arbeitsgruppen, die „Dimensionierung", also den Zeitbedarf bzw. den Zeitanteil, welchen diese Tätigkeiten an Arbeitszeit einnehmen sollten, festzulegen.

Von dieser wurden dazu – in Anlehnung an die Gliederung der infrastrukturellen Tätigkeiten im PAR-BG – die Aufgaben auf der landesgerichtlichen Ebene in folgende vier Gruppen unterteilt:

[486] ROI, Schlussbericht LG, 15.
[487] In den Geschäftsgattungen „T" sind in den Zeitwerten auch die Nacharbeiten enthalten; ROI, Schlussbericht LG, 15.
[488] ROI, Schlussbericht LG, Anhang, 19 verso.
[489] ROI, Schlussbericht LG, 16.

<table>
<tr><th colspan="2" rowspan="2">Infrastrukturelle Tätigkeiten auf landesgerichtlicher Ebene</th><th rowspan="2">betrifft alle</th><th colspan="2">betrifft nur Teil</th></tr>
<tr><th>Gericht</th><th>Richter</th></tr>
<tr><td>Justizverwaltung</td><td></td><td></td><td>☒</td><td></td></tr>
<tr><td rowspan="8">Grundaufgaben</td><td>Fortbildung aktiv/passiv</td><td>☒</td><td></td><td></td></tr>
<tr><td>Amtstage</td><td></td><td></td><td>☒</td></tr>
<tr><td>Gerichtstage</td><td></td><td></td><td>☒</td></tr>
<tr><td>Sonstige Berichte, Statistiken</td><td rowspan="4">☒</td><td rowspan="4"></td><td rowspan="4"></td></tr>
<tr><td>Sitzungen, Dienstbesprechungen</td></tr>
<tr><td>Begutachtungen und Stellungnahmen zu Gesetzes- und Verordnungsentwürfen</td></tr>
<tr><td>Fachaufsicht der Richter</td></tr>
<tr><td rowspan="5">Aufgaben „ad personam“</td><td>Standesvertretung</td><td></td><td></td><td>☒</td></tr>
<tr><td>Personalvertretung</td><td></td><td></td><td>☒</td></tr>
<tr><td>Personal- und Außensenat</td><td></td><td></td><td>☒</td></tr>
<tr><td>Gleichbehandlungsbeauftragte(r)</td><td></td><td></td><td>☒</td></tr>
<tr><td>Projekte</td><td></td><td></td><td>☒</td></tr>
<tr><td>Standortzuschläge</td><td></td><td></td><td>☒</td><td></td></tr>
</table>

4.3.1. Justizverwaltung

Zum Bereich der Justizverwaltung [490] gehörten die Unteraufgaben der **Dienstaufsicht**, **Personen- und Wirtschaftsverwaltung** sowie die **Pflege der Kontakte nach außen**. Darunter zu verstehen war insbesondere die Verbindung zu anderen Dienststellen, sowohl zu den „nachgeordneten“ Bezirksgerichten als auch zu dem in der Justizverwaltung „übergeordneten“ Oberlandesgericht. Eine besondere Rolle in diesem Zusammenhang spielte auch der Kontakt zu Medien durch die eigens dafür eingerichtete Funktion des „Mediensprechers“.

Träger der Justizverwaltung im Bereich der Landesgerichte ist der Präsident, der in diesen Aufgaben von dem oder den Vizepräsidenten unterstützt wird. Fallweise können für diese Tätigkeit auch andere Richter, sofern sie sich dazu bereit erklären, herangezogen werden.

Der zeitliche Aufwand für Justizverwaltungstätigkeiten ist abhängig von der Größe des jeweiligen Landesgerichtes. § 31 Abs. 2 GOG entwickelte diesbezüglich ein System, welches auf die Anzahl der beim Gericht systemisierten Richterplanstellen abstellt. Dieses System wurde auch für die PAR-Berechnung des Zeitbedarfes angewendet.

[490] ROI, Schlussbericht LG, 16.

4.3.2. Grundaufgaben

Der Zeitaufwand für **Fortbildung** umfasste einerseits die Teilnahme an von der Justizverwaltung gebotenen Fortbildungsveranstaltungen (in der Diktion des Schlussberichtes „passive Fortbildung“) andererseits auch den Bereich der „individuellen Fortbildung“, worunter insbesondere das Studium von Fachliteratur angeführt wurde.[491]

Der Zeitfindung in diesem Bereich ging laut Schlussbericht eine „lange“ Diskussion voraus. Im Zuge dieser Diskussion wurde schließlich für die Fortbildung an Landesgerichten ein Zeitwert von 4,5% einer richterlichen Vollzeitarbeitskraft bzw. 3,6% der Arbeitszeit eines Rechtspflegers (ebenfalls Vollzeitkraft) gefunden. Dazu führte das Beratungsunternehmen aus, dass Relationen in dieser Größenordnung bei internationalen Konzernen für die Bereiche spezieller Know-how-Träger zur Anwendung kommen.

Die Frage nach dem Fortbildungs-Zeitbedarf war in der Erhebung offenbar einer der „weichsten“ Bereiche, was auch die Diskussion über diese Zeitwerte zeigte.

Im Vergleich zu dem im Zuge der PAR-LG gefundenen Zeitbedarf war jener, der ursprünglich im Bereich des PAR-BG eingesetzt worden war, deutlich geringer. Bei PAR-BG ging man von einem solchen Wert für Fort- und Weiterbildung aus, der sich im Durchschnitt für Führungskräfte im Bereich der Privatwirtschaft herausgebildet hatte. Insoweit scheinen sich in der im Zuge des Projektes PAR-LG entstandenen Diskussion die Vertreter der Richterschaft mit ihrer Forderung nach stärkerer Berücksichtigung des Fortbildungsbedarfs durchgesetzt zu haben, da diese höheren Zeitwerte nachträglich auch für den Bereich des PAR-BG angesetzt wurden. Auffällig dabei war, dass von Seiten des Beratungsunternehmens von Durchschnittszeitenwerten für Führungskräfte auf spezielle Know-how-Träger übergegangen wurde.

Das Ergebnis dieser Diskussion war jedoch auch, dass im Bereich Fortbildung eine Art „Privatanteil“ festgelegt wurde. Man ging also davon aus, dass die laut PAR festgelegte Fortbildungszeit nicht den gesamten von Richtern und Rechtspflegern aufzuwendenden Zeitbedarf abdecken sollte. Grundgedanke war, dass der Fortbildungsaufwand nicht ausschließlich dem Dienstgeber angelastet werden konnte. Jeder Dienstnehmer müsste, so die Überlegung, aus eigenem daran inte-

[491] Der Diktion des Schlussberichtes nach werden diese Bereiche offenbar als „aktive“ und „passive“ Fortbildung zusammengefasst. Dabei wird offensichtlich unter aktive jener Bereich verstanden, der nicht von der Justizverwaltung organisiert wird, also Fortbildung, die sich die Betroffenen „aktiv“ selbst organisieren müssen; ROI, Schlussbericht LG, Anlage 3.

ressiert sein, seinen Ausbildungsstandard zumindest beizubehalten bzw. auf aktuellem Stand zu halten.

Eine Besonderheit in diesem Bereich war auch die Frage des Zeitaufwandes zur Ausbildung der zugeteilten Rechtspraktikanten und Richteramtsanwärter. Richtern werden Rechtspraktikanten während der Absolvierung des Gerichtsjahres sowie Richteramtsanwärter, also Personen, die im richterlichen Vorbereitungsdienst stehen, zur „ausbildungsweisen" Verwendung anvertraut. Dies geschieht bei Rechtspraktikanten durchaus regelmäßig, wobei zeitweise manchen Gerichtsabteilungen auch mehrere Rechtspraktikanten gleichzeitig zugeteilt sein können.

Eine solche Zuteilung ist einerseits mit „Arbeitsaufwand" verbunden, weil diese Personen entsprechend der gesetzlichen Vorgaben zu schulen und auszubilden sind. Andererseits stellt sie auch eine „Arbeitsentlastung" dar, da teilweise, je nach Ausbildungsstand, vorbereitende und konzeptive Tätigkeiten für den Richter vorerledigt werden können.

Für diese Ausbildungstätigkeit der Richter wurde kein eigener Zeitwert festgelegt, da zum einen der Zeitaufwand dafür schwer zu erfassen war und letztlich nur individuell abgegrenzt werden konnte, ob der Nutzen oder der Aufwand, also die Arbeitsentlastung oder
-mehrbelastung überwog. Seitens der PAR-Zeitberechnung ging man grundsätzlich von der Annahme aus, dass sich der Mehraufwand und die Entlastung im Durchschnitt aufheben.

Vor dem Hintergrund, dass die „Wichtigkeit" der Ausbildung des richterlichen Nachwuchses stark betont wurde und zu den Dienstpflichten eines Richters ausdrücklich auch die Mitwirkung an dieser Ausbildung zählte, wurde diese Lösung insofern stark kritisiert, als dadurch kein exogener Anreiz geschaffen worden war, sich intensiver um die Ausbildung zu bemühen.

Zu einer eigenen, einheitlichen Kategorie wurden eine Reihe von „Nebentätigkeiten" wie die **Abfassung von Berichten oder Statistiken**, die **Teilnahme an Sitzungen und Dienstbesprechungen** zusammengefasst. In diesen Bereich fielen auch die Aufgaben der Begutachtungen und Stellungnahmen zu Gesetzes- und Verordnungsentwürfen. Dafür sieht das Gerichtsorganisationsgesetz (§ 36 GOG) die Einrichtung eines eigenen Begutachtungssenates vor. Obwohl diese Aufgaben nicht alle Richter gleichmäßig trafen, wurde dafür kein eigener Zeitanteil ermittelt, sondern in den in dieser Gruppe zusammengefassten Zeitanteil, der jedem Richter zugeschlagen wird, einbezogen.
Ebenfalls diesem Bereich zugeschlagen wurde der Zeitbedarf, den die von Richtern über die ihnen zugeteilten Rechtspfleger auszuübende Fachaufsicht einnimmt.

Als Ergebnis der Arbeit in der Arbeitsgruppe wurde für den „Sammelbereich“ ein Zeitbedarf von 1,5% einer richterlichen Vollzeitkraft und 1,2% einer rechtspflegerischen Vollzeitkraft festgelegt.

Zur Erhebung des Zeitbedarfs der **Gerichtstage**[492] wurde eine Erhebung im Zeitraum 16.09.1996 bis 11.10.1996 durchgeführt. In diesem Umfang handelte es sich um eine „Vollerhebung“, da dafür jedes Landesgericht, welches gemäß Gerichtstagsverordnung[493] Gerichtstage in Cga und Cgs abzuhalten hatten, einbezogen worden war.

Auf landesgerichtlicher Ebene fanden solche Gerichtstage lediglich für den Bereich Cga und Cgs, also in arbeits- und sozialgerichtlichen Sachen statt. Der Zeitwert dafür wurde mit einem eigens entwickelten Erfassungsblatt erhoben. Dabei mussten die beim Gerichtstag entfalteten Tätigkeiten neben der Reisezeit zum Ort

Anzahl der Gerichtstage nach Landesgerichten (geteilt in die jeweiligen OLG-Sprengel)[494]

Landesgericht, welches Gerichtstag abhielt	Ort des Gerichtstages	Anzahl der Gerichtstage im Monat
Korneuburg	Mistelbach	2
Krems	Gmünd	3
St.Pölten	Amstetten	4
Klagenfurt	Spittal	2
	Villach	3
	Wolfsberg	2
Graz	Fürstenfeld	4
Leoben	Liezen	4
Wels	Bad Ischl	1
	Vöcklabruck	4
Salzburg	Tamsweg	1
	Zell am See	4
Innsbruck	Kufstein	8
	Reutte	1
	Lienz	1

des Gerichtstages, welche in Minuten anzuführen war, in insgesamt sechs „Tätigkeitskategorien“ angegeben werden, wobei die jeweilige Tätigkeiten eine der vorgegebenen fünf Zeitkategorien einzuordnen war.

---

492 ROI, Schlussbericht LG, 17.
493 BGBl I 174/1996.
494 ROI, Schlussbericht LG, Anlage 4.

Bei der Auswertung wurde bei der eigentlichen Gerichtstagstätigkeit unterschieden, inwieweit sich die entfaltete Tätigkeit bereits auf ein anhängiges Verfahren bezog oder ohne ein solches anhängiges Verfahren zu verrichten war. Diesbezüglich konnte es allenfalls sogar zu einem Neuanfall kommen, der – und das war für die Bewertung als Gerichtstagstätigkeit entscheidend – bereits am Gerichtstag selbst erledigt werden konnte.

Für den PAR-Zeitwert der Gerichtstagstätigkeit wurde jener Zeitaufwand, der auf bereits anhängige Verfahren entfiel – es war dies ein durchschnittlich ermittelter Zeitwert von 186 Minuten – nicht dem Zeitwert für Gerichtstage zugeschlagen, da diese Zeitanteile schon in den Zeitwerten der einzelnen Geschäftsgattungen mitzuschätzen waren und sohin bereits in diese PAR-Zeitwerte Eingang gefunden hatte. Diesbezüglich galt es, „Doppelbewertungen“ von Tätigkeiten zu vermeiden. Gleiches galt dafür, dass ein Geschäftsfall während des Gerichtstages anhängig wurde und nicht bereits auf diesem Gerichtstag erledigt werden konnte („Neuan fall mit Erledigung“), da diesbezüglich anhängig gewordene Akten im Rahmen der Zeitwerterhebung der eigentlichen Geschäftstätigkeit mitzuschätzen waren. Es

Zeit- und Tätigkeitskategorien im Erfassungsblatt „Gerichtstage“

Zeitkategorien	Kategorie (K)1	Kategorie (K)2	Kategorie (K)3	Kategorie (K)4	Kategorie (K)5
	-10′	>10′-20′	>20′-30′	>30′-60′	>60[495]

Tätigkeitskategorien	**vorgegeben im Erfassungsblatt**	**zusammengefasst für die Auswertung**
	Auskunft ohne anhängiges Verfahren	Tätigkeit (inkl. Auskünfte) ohne anhängiges Verfahren
	Neuanfall mit Erledigung	
	Auskunft zu anhängigem Verfahren	Tätigkeit in anhängigem Verfahren
	Sonstige Tätigkeit in anhängigem Verfahren	
	Wartezeit	Wartezeit
	Nicht gerichtstagsbezogene Tätigkeit	
		Reisezeiten[496]

war dabei eben der Umstand bei seiner Zeitschätzung zu berücksichtigen, dass er nicht wie üblich sondern im Rahmen eines Gerichtstages anhängig geworden war.

[495] In diesem Fall war die geschätzte Zeitdauer in Minuten/Stunden anzugeben.

[496] Die Reisezeiten waren von der Zeitwerterhebung der Gerichtstagsverrichtungen gesondert auf den Erhebungsblättern anzuführen. Worin die „nicht-gerichtstagsbezogenen Tätigkeiten“ bei der Auswertung eingeflossen sind oder ob solche überhaupt in der Erfassung anfielen, ist dem Schlussbericht nicht zu entnehmen.

Ort des Gerichts-tages	Gerichts-tage/ Monat	Gerichts-tage/Jahr	Tätigkeiten ohne anhängiges Verfahren (h/Jahr)	Wartezeit (h/Jahr)	Reisezeit (h/Jahr)	Summe Zeiten der Gerichtstage (h/Jahr)
Mistelbach	2	24			36	36
Gmünd	3	36	6	4	86,4	96,4
Amstetten	4	48	24	2,75	90	116,75
Spittal	2	24		0,5	60	60,5
Villach	3	36	30	0,84	40	70,84
Wolfsberg	2	24	12		72	84
Fürstenfeld	4	48	6		144	150
Liezen	4	48			64	64
Bad Ischl	1	12	6		44	50
Vöcklabruck	4	48	27		72	99
Tamsweg	1	12		0,75	48	48,75
Zell am See	4	48	23		164	187
Kufstein	8	96	21	5,75	175	201,75
Reutte	1	12			60	60
Lienz	1	12		0,75	128	128,75
Summe	44	528				

Zur Repräsentativität der Ergebnisse bei der Erhebung der Gerichtstagstätigkeit ist auszuführen, dass der Bewertungszeitraum (16.09.1996 bis 11.10.1996) einen knappen Monat betrug. Von jenen insgesamt 15 Orten, wo Gerichtstage abgehalten worden waren, wurden in drei Fällen zwei Gerichtstage im Monat, in vier Fällen ein Gerichtstag im Monat abgehalten. Dies bedeutete, dass als Grundlage für die Erhebung in sieben Orten, also beinahe der Hälfte der erhobenen Orte, lediglich zwei bis maximal drei Gerichtstage beobachtet worden waren.

Bei den Gerichtstagen in Liezen (vier Gerichtstage im Monat), Mistelbach (zwei Gerichtstage im Monat), Spittal (zwei Gerichtstage im Monat), Reutte, Lienz und Tamsweg (jeweils ein Gerichtstag im Monat) wurde, außer der Reisezeit, keine Tätigkeit außerhalb eines anhängigen Verfahrens registriert.
Nachstehende Tabelle zeigt jene Durchschnittszeitwerte, welche sich bei den einzelnen Gerichtstagen ergeben haben.

Ort des Gerichtstages	Gerichtstage/ Jahr	Tätigkeiten ohne anhängiges Verfahren (in Min.)		Wartezeit (in Min.)		Reisezeit (in Min.)		Summe Zeiten der Gerichtstage (in Min.)	
		Jahr	GT	Jahr	GT	Jahr	GT	Jahr	GT
Mistelbach	24					2.160	90	2.160	90
Gmünd	36	360	10	240	6,67	5.184	144	5.784	160,67
Amstetten	48	1.440	30	165	3,44	5.400	112,5	7.005	145,94
Spittal	24			30	1,25	3.600	150	3.630	151,25
Villach	36	1.800	50	50,4	1,4	2.400	66,67	4.250,4	118,07
Wolfsberg	24	720	30			4.320	180	5.040	210
Fürstenfeld	48	360	7,5			8.640	180	9.000	187,5
Liezen	48					3.840	80	3.840	80
Bad Ischl	12	360	30			2.640	220	3.000	250
Vöcklabruck	48	1.620	33,75			4.320	90	5.940	123,75
Tamsweg	12			45	3,75	2.880	240	2.925	243,75
Zell am See	48	1.380	28,75			9840	205	11.220	233,75
Kufstein	96	1.260	13,13	345	3,6	10.500	109,4	12.105	126,1
Reutte	12					3.600	300	3.600	300
Lienz	12			45	3,75	7.680	640	7.725	643,75
Summe	528								

Rechnerisch ergab sich ein durchschnittlicher Zeitwert je Gerichtstag von 18 Minuten für die eigentliche Tätigkeit, also Aktenbearbeitung bzw. Auskünfte außerhalb eines bereits anhängigen Verfahrens. Dazu kamen durchschnittliche Wartezeiten von 24 Minuten und eine durchschnittliche Reisezeit von 144 Minuten.

Als plastisches, jedoch nur rechnerisch interessantes Beispiel ohne Relevanz für die Praxis, ergab dies umgelegt auf die Arbeitszeit eines Richters, dass alle in einem Jahr im Bundesgebiet abgehaltenen Gerichtstage (insgesamt 52.861 Gerichtstage an 15 Standorten) die Kapazität rund eines Richters, einer Jahres-Richterarbeitszeit, beanspruchten.

Aufgrund der unterschiedlichen Zeitwerte, die die Gerichtstage an den einzelnen Standorten benötigten, wurde der PAR kein einheitlicher Durchschnittszeitwert zugrunde gelegt. In dieser wurden die Zeitwerte für Gerichtstage standortbezogen, d.h. individuell abgestimmt zugeschlagen. Diese Vorgehensweise war zwingend notwendig, da nicht alle Landesgerichte gleich viele Gerichtstage abzuhalten hatten und auch bei den einzelnen Gerichtstagen höchst unterschiedliche Zeitwerte vorlagen. Diese Unterschiede ergaben sich nicht zuletzt aufgrund der geografischen Situation und dem damit verbundenen Reisezeiten.

Amtstage werden auf landesgerichtlicher Ebene in Cga-, Cgs- und Fr-Verfahren abgehalten. Zur Erhebung des Zeitbedarfes in diesen Bereichen wurden drei Erfassungsblätter entwickelt. Die Werte wurden bei jenen Landesgerichten, bei denen bereits die Hauptarbeitszeiten in den Bereichen Cga, Cgs und Fr ermittelt worden waren, erhoben.

Die „Amtstagstätigkeit" umfasste dabei allgemeine Rechtsauskünfte, wobei auch in diesem Fall für den PAR-Wert nur jene Tätigkeiten Berücksichtigung fanden, die außerhalb eines anhängigen Verfahrens erfolgten. Auskünfte zu einem anhängigen Verfahren, auch wenn sie während eines Amtstages erfolgten, zählten beim Zeitwert des jeweiligen Verfahrens.

Der **Amtstag in Fr** wurde mit einem eigens dafür entwickelten Erfassungsblatt erhoben. In diesem Bereich gab es, im Gegensatz zu den anderen Geschäftsgattungen, in denen Amtstage durchgeführt wurden, keine zeitlich festgelegten Amtstagszeiten. Laufend während der Amtsstunden bestand die Möglichkeit, beim Firmenbuchgericht Auskünfte einzuholen.

Erhebung der Amtstagstätigkeit LG		
Erfassungsblatt	Erfassungszeitraum	Erfassungsinhalt
1. Nicht aktenbezogener Parteiverkehr in Fr-Sachen	16.09.1996 bis 11.10.1996	Auskünfte in Fr
2. Nicht aktenbezogener Parteiverkehr Cga, Cgs außerhalb des Amtstages	16.09.1996 bis 11.10.1996	„Amtstagstätigkeit" außerhalb von Amtstagen
3. Amtstag Cga, Cgs	16.09.1996 bis 11.10.1996	„Amtstagstätigkeit" beim Amtstag

Die Zeitwerte wurden hier „personenbezogen" erfasst. Eine „aktenbezogene" Erfassung, wie sie in den übrigen Erhebungen der PAR-Zeitwerte Anwendung fanden, war hier nicht möglich, da nur jene Tätigkeiten erfasst werden sollten, die außerhalb eines bereits anhängigen Aktes lagen. Für diese Auskünfte gab es daher keine Aktenzeichen, weshalb auf personenbezogene Erfassung abzustellen war. Jeder Richter, Rechtspfleger, darüber hinaus auch Richter- und Rechtspflegeranwärter, der an der Erfassung beteiligten Gerichte erhielt ein eigenes Erfassungsblatt. Auf diesem war zunächst jede Amtstagstätigkeit dem Inhalt nach mit Schlagworten kurz darzustellen. Nicht zu erfassen waren bloße Ausdrucke und

Auskünfte aus dem Firmenbuch, wo sich die Tätigkeit also rein auf die Wiedergabe des Firmenbuchstandes bezog.
Neben der kurzen Beschreibung des Inhaltes der Auskunft war zu vermerken, wem die Auskunft erteilt worden war. Als mögliche „Auskunftswerber“ kamen die Partei in eigener Sache (P), ein Rechtsanwalt (RA), ein Notar (N) oder ein Wirtschaftstreuhänder (WT) in Frage.

Schließlich war die Dauer der Amtstagstätigkeit einer von fünf vorgegebenen Zeitkategorien zuzuordnen.

Im Erfassungszeitraum von 16.09.1996 bis 11.10.1996 wurden bei den in die Erfassung einbezogenen Landesgerichten insgesamt 1.519 solcher Tätigkeiten des nicht aktenbezogenen Parteiverkehrs in Fr-Sachen registriert. Die Anzahl der entfalteten Tätigkeiten teilten sich dabei wie folgt auf die jeweiligen auskunftserteilenden Organe auf. Für die im Erfassungsblatt vorgesehenen Richteramtsanwärter wurden keine gesonderten Werte ausgewiesen. Dies wird seine Ursache darin haben, dass im Erfassungszeitraum derartige Tätigkeiten von Richteramtsanwärtern nicht entfaltet wurden. Diese Vermutung stützt sich auf die praktische Erfahrung, dass Hauptaufgabe der Auskunftserteilung in Firmenbuchangelegenheiten auf Ebene der Rechtspfleger lag. Dies zeigte sich auch deutlich in der Verteilung der Auskünfte lt. Erhebung. Sollte sich das Erfordernis ergeben, dass die Auskunftserteilung von einem Richter geboten ist, scheint für diese tendenziell eher komplexe Fragestellung die Wahrnehmung durch einen Richteramtsanwärter nicht geeignet. Im Unterschied dazu sind vom Ausbildungsablauf Rechtspflegeranwärter stärker in den täglichen Kanzleibetrieb eingebunden, weshalb für diese Organwalter entsprechende Auskunftserteilungen registriert wurden.

Zeitkategorien, Tätigkeiten und PAR-Zeitwerte Amtstage Fr Landesgericht					
Zeitkategorien	Kategorie (K)1 -5′	Kategorie (K)2 >5′-10′	Kategorie (K)3 >10′-20′	Kategorie (K)4 >20′-30′	Kategorie (K)5 >30[497]
Tätigkeiten und Zeitwerte	**wer entfaltete Amtstagstätigkeit**	**Anzahl der Auskünfte**	**Durchschnittszeitwert pro Auskunft (in Min.)**	**PAR-Zeitwert (in Min.)**	

[497] In diesem Fall war die geschätzte Zeitdauer in Minuten/Stunden anzugeben.

	Richter	265	7,4	7,4
	Rechtspfleger	1.153	8,8	8,7
	Berufsanwärter[498]	101	7,7	
	Summe	1.519		

Die Ergebnisse der Erhebung wurden schließlich zu zwei PAR-Werten verdichtet, wobei der Zeitwert für richterliche Auskunftserteilung im Schnitt mit 7,4 Minuten bewertet wurde, wohingegen die Auskunftsereilung in Firmenbuchangelegenheiten durch Rechtspfleger 8,7 Minuten betrug.

Aus der Erhebung wurde auch ersichtlich, dass diese „Firmenbuchamtstage" zu einem überwiegenden Teil von Rechtsanwälten, gefolgt von Notaren und zu einem geringeren Prozentsatz von Wirtschaftstreuhändern frequentiert wurden. Im Unterschied dazu nahmen Parteien selbst die richterlichen Auskünfte nur zu 22% in Anspruch.

Bei den Rechtspflegern zeigte sich demgegenüber, dass diese wiederum am häufigsten von den Parteien selbst aufgesucht wurden, ein Bild, welches der Frequenz bei den übrigen Amtstagen entsprach.[499]

Inanspruchnahme des Amtstages in Fr durch unterschiedliche Berufsgruppen[500]
Anzahl der Auskünfte (absolut und relativ) und durchschnittliche Zeitwerte der Auskunftserteilung

	Richter			**Rechtspfleger**			**Rechtspflegeranwärter**		
	abs. Anzahl	rel. Anzahl	Zeitwert	abs. Anzahl	rel. Anzahl	Zeitwert	abs. Anzahl	rel. Anzahl	Zeitwert
Partei	**59**	22%	*8,5*	**495**	43%	*9,2*	**66**	65%	*7,5*
Rechtsanwalt	**99**	37%	*6,6*	**220**	19%	*8,5*	**17**	17%	*9,1*
Notar	**69**	26%	*6,6*	**344**	30%	*7,7*	**18**	18%	*6,8*
Wirtschaftstreuhänder	**38**	15%	*9,1*	**94**	8%	*10,7*	-	-	-
Gesamt	**265**			**1.153**			**101**		

[498] Laut Erhebungsblatt waren an der Erhebung sowohl Richteramtsanwärter (RiAA) als auch Rechtspflegeranwärter (RpflA) beteiligt. In der Darstellung der Ergebnisse scheinen nur noch RpflA auf.
[499] Näheres dazu: ROI, Schlussbericht LG, Anlage 5.
[500] ROI, Schlussbericht LG, Anlage 5.

Ausgehend von diesen erhobenen Zeitwerten in Verbindung mit der ebenfalls erhobenen Anzahl der erteilten Auskünfte (Menge) wurden daraus die „PAR-Berechnungswerte", also die Zuschlagsätze für die PAR-Zeitwerte des infrastrukturellen Bereiches errechnet. Dies ergab, dass 6,8% der in Firmenbuchsachen eingesetzten „Richter-Arbeitszeit" auf derartige Amtstagstätigkeiten entfielen, im Bereich der Rechtspfleger sogar 8,7% der in Firmenbuchsachen eingesetzten „Rechtspfleger-Arbeitszeit".

Für die **Amtstage in Cga und Cgs** kamen zwei Erhebungsblätter zum Einsatz, die einerseits die Amtstagstätigkeiten im „nicht amtstagsbezogenen Parteienverkehr", andererseits die innerhalb des zeitlich festgesetzten Amtstages erfassten.

Dabei erfolgte die Erhebung, wie bereits bei der Amtstagstätigkeit in Fr dargestellt, nicht aktenbezogen, da es bei diesen Tätigkeiten in der Regel zu keiner „Aktenbildung" kam, sondern personenbezogen. Die an den in die Erhebung der Haupttätigkeiten einbezogenen Richter, Richteramtsanwärter und Rechtspraktikanten mussten über den Zeitraum 16.09.
1996 bis 11.10.1996 jeweils innerhalb der Amtstage, aber auch bei Auskunftserteilung außerhalb von Amtstagen, die entsprechenden Arbeiten mit einer kurzen inhaltlichen Darstellung auf das jeweilige Erfassungsblatt eintragen. Abschließend war die Tätigkeit einer der vier vorgegebenen Zeitkategorien zuzuordnen.

Dabei wurden im Erfassungszeitraum insgesamt 510 solcher nicht aktenbezogener Auskunftserteilungen in arbeits- und sozialgerichtlichen Angelegenheiten erfasst, die sich einerseits auf Auskunftserteilung durch Richter oder Rechtspraktikanten, andererseits auf eine solche in arbeits- oder sozialrechtlichen Fragen wie folgt verteilten:

Amtstagstätigkeiten in Cga und Cgs								
	Amtstag				**außerhalb Amtstag**			
	Cga		Cgs		Cga		Cgs	
	Anzahl	Zeitwert	*Anzahl*	Zeitwert	*Anzahl*	Zeitwert	*Anzahl*	Zeitwert
Richter	*66*	16,8	*90*	14,1	*163*	12,4	*106*	14,3
Rechtspraktikant	*11*	24,1	*39*	21,3	*23*	14,9	*12*	20,6
Summe		**20,8**		**23,3**		**14,5**		**16,6**

Für Richteramtsanwärter wurde, obwohl im Erfassungsblatt eigens ausgewiesen, im Schlussbericht kein eigener Zeitwert angeführt. Es konnte den zur Verfügung stehenden Unterlagen nicht entnommen werden, in wie weit diesbezügliche Zeitwerte den Richtern oder Rechtspraktikanten zugeschlagen oder allenfalls im Erfassungszeitraum solche Tätigkeiten durch Richteramtsanwärter nicht beobachtet worden waren.

Diese Zeitwerte in Verbindung mit der ebenfalls erhobenen Anzahl der Auskünfte („Menge") ergaben für Amtstagstätigkeiten in Arbeits- und Sozialgerichtssachen einen „PAR-Berechnungswert" von 1,6% einer richterlichen Vollzeitkraft (VZK). Dies entsprach dem Anteil, welchen die Amtstagstätigkeit bei jedem in Arbeits- und Sozialrechtssachen eingesetzten Richter von seiner Gesamtarbeitszeit in Anspruch nahm. Im Rahmen der infrastrukturellen Tätigkeit wurden diese Zeitanteile entsprechend der bei den jeweiligen Gerichten für Arbeits- und Sozialrechtssachen gebundenen bzw. vorgesehen Arbeitskapazität (Arbeits- und Sozialrichter) zugeschlagen.

4.3.3. Aufgaben „ad personam"

Unter den „Aufgaben ad personam" wurden Tätigkeiten zusammengefasst, die nur bestimmte Richter oder Rechtspfleger trafen.

Dazu zählten zum Beispiel die Funktionen in der **richterlichen Standesvertretung**. Für das PAR-LG waren die bereits dem PAR-BG zugrunde gelegten Zeitwerte übernommen worden. Diese basierten auf einer Selbsteinschätzung der Standesvertreter und waren gestaffelt je nach Funktion auf Bundesebene bzw. in den Landesgremien.

Aufgrund der räumlichen Situation und dem sich daraus ergebenden Aufwand für Reisebewegungen wurde den Landesvorsitzenden für Kärnten, Tirol und Vorarlberg sowie Mitgliedern der Standesvertretung auf Bundesebne, sofern sie aus einem der genannten Bundesländer kamen, ein jeweils 3%iger Aufschlag auf die für diese Funktion festgesetzten Prozentsätze gewährt.

War ein Standesvertreter in mehreren Funktionen tätig, erfolgte keine Summierung der einzelnen Zeitwerte, sondern wurde für diesen der jeweils höchste Wert zur Kapazitätsberechnung herangezogen.[501]

[501] ROI, Schlussbericht LG, 18 und Anlage 2.

Standesvertretung			
Bundesvorsitzender	60%	Landesvorsitzender*	20%
Bundesvorsitzender Stv.	20%		
Mitglied der Bundessektion*	12%	Mitglied der Landessektion	7%
* Kommen Träger dieser Funktionen aus den Bundesländern Kärnten, Tirol oder Vorarlberg erhalten sie einen Zuschlag für den erhöhten Fahraufwand von 3%.			

Auch für die **Personalvertretung** wurden die Zeitansätze des PAR-BG übernommen. Diese basierten auf einer von der Personalvertretung durchgeführten Erhebung und waren
ebenfalls nach Funktion gestaffelt. Innerhalb der Funktion eines Ausschussvorsitzenden erfolgt eine Staffelung je nach Anzahl der vom Ausschuss zu betreuenden Bediensteten. Bei den Mitgliedern eines Ausschusses erfolgte eine Unterscheidung danach, in wie weit der Dienstort eines Ausschussmitgliedes mit dem Sitz des Ausschusses zusammenfiel.

Personalvertretung		
Ausschussvorsitzender	20-50 Bedienstete	25%
	51-150 Bedienstete	38%
	151-300 Bedienstete	50%
	>300 Bedienstete	66%
Stellvertretender Ausschussvorsitzender		10%
Ausschussmitglied/Dienstort am Sitz des Ausschusses		5%
Ausschussmitglied/Dienstort außerhalb des Sitzes des Ausschusses		7%

Nach dem gleichen System wurde auch bei den **Wahlmitgliedern der Personalsenate** vorgegangen. Auch hier war zur Abdeckung der erforderlichen Fahrtzeiten jenen Personalsenatsmitgliedern, die an einem Gericht außerhalb des Sitzes (Gemeindegebiet) des Gerichtshofes, bei dem der jeweilige Personalsenat eingerichtet war, ernannt waren, der „erhöhte“ Zuschlagssatz der Ausschussmitglieder von 7% der Arbeitszeit einer VZK zugebilligt worden. Die übrigen, „ortsansässigen“ Mitglieder wurden mit 5% kalkuliert.

PAR-Zeitsätze für Tätigkeiten in richterlichem Personalsenat (Personal- und Außensenate)		
Funktion		% einer VZK
Wahlmitglied in Personalsenat[502]	Dienstort außerhalb Gerichtshofsitz	5%
	Dienstort innerhalb Gerichtshofsitz	7%

Die Formulierung „und sind Fahrtzeiten für Hin- und Rückreise erforderlich" im Schlussbericht[503] indiziert, dass der höhere Prozent-Zeitsatz nur zur Anwendung kommt, sollten tatsächlich solche zusätzlichen Fahrtzeiten erforderliche werden. Dass dies nicht der Fall ist, wäre denkbar, wenn ein Richter zwar außerhalb des Sitzes des Gerichtshofes ernannt ist, seinen Wohnsitz jedoch am Sitz des Gerichtshofes hat.

Gemäß Bundes-Gleichbehandlungsgesetz[504] hat die **Gleichbehandlungsbeauftragte** einen Anspruch auf Freistellung, der gesetzlich determiniert bzw. im Freistellungsbescheid festzulegen ist. Für die PAR-Zeitberechnung wurden, für das Gericht, an dem die Gleichbehandlungsbeauftragte ernannt war, diese Werte zugrunde gelegt.

Neben Aufgaben, die im Rahmen der Interessenvertretung der Arbeitnehmerschaft wahrgenommen wurden, fielen in die Gruppe der Aufgaben „ad personam" auch Zeiterfordernisse für **Projekte**, in die einzelne Richter oder Rechtspfleger einbezogen waren. Diesbezüglich erfolgte eine anlass- und projektbezogene Berücksichtigung „nach Maßgabe der konkreten Beteiligung" an einem solchen Projekt.[505]

4.3.4. Standortzuschläge

Als letzter Unterpunkt der infrastrukturellen Tätigkeiten auf landesgerichtlicher Ebene kamen für einzelne Gerichtshöfe Standortzuschläge zur Anwendung. Dabei war insbesondere an jene Fälle gedacht, dass ein Gerichtshof in räumlich getrennten Gebäuden untergebracht war. Es wurde für die bei einem solchen Gerichtshof ernannten Richter und Rechtspfleger, die regelmäßig Aufgaben an beiden Standorten wahrzunehmen hatten, ein Zuschlag von jeweils 5% ihrer Vollzeitkraft berücksichtigt. Im Zeitpunkt der Erhebung war dies beispielsweise beim

---

[502] Zum Unterschied zu den Wahlmitgliedern, die neben ihren eigentlichen richterlichen Tätigkeiten diese Aufgaben wahrnehmen, ist die Tätigkeit in den Personalsenaten bei den Mitgliedern kraft Amtes bereits in den Zeitwerten ihrer Funktion enthalten.
[503] ROI, Schlussbericht LG, 19.
[504] BGBl. 100/1993 i.d.g.F.
[505] ROI, Schlussbericht LG, 19.

Landesgericht Leoben der Fall, welches in zwei, ca. 10 Gehminuten von einander entfernten Gebäuden untergebracht war. Diesem wurde laut Schlussbericht insgesamt ein Zuschlag von 10% einer richterlichen Vollzeitkraft zugerechnet und indiziert dies entsprechend der allgemeinen Berechnungsgrundlage, dass im Zeitpunkt der Erstellung des PAR-LG auf zwei Richter oder Rechtspfleger (jeweils Vollzeitkraft) das Kriterium zutraf, an beiden Standorten regelmäßig Aufgaben verrichtet zu haben.

Abkürzungsverzeichnis

A	Verlassenschaftsverfahren (Abhandlung)
ABGB	Allgemeines Bürgerliches Gesetzbuch
Absch.	Abschöpfung (Insolvenzverfahren)
ADV	Automatische Datenverarbeitung
AG	Arbeitsgruppe(n)
Allg.-C	Allgemeine zivilrechtliche Streitsache(n)
Anhang	Anhang zur gebundenen Fassung der Dissertation mit dem gleichen Titel
AO	Ausgleichsordnung
ArbPlSG	Arbeitsplatzsicherungsgesetz
ASG	Arbeits- und Sozialgericht
ATS	Österreichische Schillinge
aTZ	amtswegige Grundbuchverfahren (Tagebuchzahl)
Ausgl.	Ausgleichszulage
Auslief.	Auslieferung
Auß.sen.	Außensenat
Außstr	Außerstreitsache(n)
BAG	Berufsausbildungsgesetz
BE	Bedingte Entlassung(en)
Bea	Beamte(r)
Beschw.	Beschwerde(n)
Betriebsvfsg.	Betriebsverfassung
BG	Bezirksgericht
BGBl.	Bundesgesetzblatt
BGS	Bezirksgericht für Strafsachen Graz
BGZ	Bezirksgericht für Zivilrechtsachen Graz
BIS	Betriebliches Informationssystem
BKA	Bundeskanzleramt
Bl	Rechtsmittelverfahren vor dem Landesgericht in Strafsachen (Berufung Landesgericht)
BMF	Bundesministerium für Finanzen
BMJ	Bundesministerium für Justiz
BMöLS	Bundesministerium für öffentliche Leistung und Sport
BWL	Betriebswirtschaftslehre
bzw.	beziehungsweise
C	Bezirksgerichtliche Zivilrechtsangelegenheit(en)

Cg	Landesgerichtliche Zivilrechtsangelegenheit(en)
Cgs	Sozialrechtsverfahren
CIS	Controllinginformationssystem
C-Verkehrs.	Zivilverfahren nach Verkehrsunfällen
d.	der
d.h.	das heißt
dir.	direkt(er)
Diss.	Dissertation
div.	diverse
DRiZ	Deutsche Richterzeitung
E	Exekutionsverfahren
EDV	Elektronische Datenverarbeitung
EheG	Ehegesetz
EHv	Einzelrichterverfahren in Strafsachen
Einfl.	Einfluss
Eing.	Eingabe
einheitl.	einheitlich
Eink.	Einkommen
Einstw. Verf.	Einstweilige Verfügung(en)
Ent.	Entlassung(en)
Entlassungsanfecht.	Entlassungsanfechtung(en)
EO	Exekutionsordnung
etc.	et cetera
EV	Einstweilige Verfügung(en)
E-Verst.	Liegenschaftsversteigerungsverfahren (Unterart des Exekutionsverfahrens)
E-Vwltg.	Liegenschaftsverwaltungsverfahren(Unterart des Exekutionsverfahrens)
EZ	Einlagezahl
F	Familienrechtsangelegenheiten
f	folgende(r)
f.	für
FA	Firmenbuchangelegenheiten
ff	fort folgende
Fr	Firmenbuchverfahren
Freiheitsstr.	Freiheitsstrafe
gem.	gemäß
Gen.Prok.	Generalprokuratur
Geo	Geschäftsordnung
Ges.	Gesamt

Gew. ZW	Gewichteter Zeitwert
GH	Gerichtshof
GöD	Gewerkschaft öffentlicher Dienst
GOG	Gerichtsorganisationsgesetz
h	Stunde
Haftent.	Haftentschädigung
Hc	Rechtshilfe in Zivilsachen
HG	Handelsgericht
Hrsg.	Herausgeber
Hs	Rechtshilfe in Strafsachen
Hv	Hauptverhandlung
I	Bezirksgerichtliche Insolvenzverfahren (Privatkonkurs)
i.d.F.	in der Fassung
i.d.g.F.	in der geltenden Fassung
i.d.R.	in der Regel
i.d.S.	in diesem Sinn
i.o.S.	im obigen Sinn
i.S.	im Sinne
i.V.m.	in Verbindung mit
i.w.S.	im weiteren Sinn
IESG	Insolvenzentgeltsicherungsgesetz
Imp.	Impugnationsklage
indir.	indirekt
inkl.	inklusive
insbes.	insbesondere
Int.vert.	Interessensvertretung
IRÄG	Insolvenzrechtsänderungsgesetz
i.V.m.	in Verbindung mit
J	Strafverfahren gegen Jugendliche
JA	Justizanstalt
JABl	Justizamtsblätter
JBl	Juristische Blätter
JE	Strafverfahren gegen junge Erwachsene
JGH	Jugendgerichtshof
JMZ	Justizministerialzahl
JN	Jurisdiktionsnorm
Jv	Justizverwaltung
K	Kategorie(n)

k.A.	keine Angabe(n)
Kap.	Kapitel
Kl.	Klage(n)
KO	Konkursordnung
Krankenv.	Krankenversicherung
LG	Landesgericht
LGK	Landesgericht Klagenfurt
LGL	Landesgericht Leoben
LGS	Landesgericht für Strafsachen
LGZ	Landesgericht für Zivilrechtssachen
lt.	laut
LTG	Liegenschaftsteilungsgesetz
Mahn.	Mahnsache(n)
Min.	Minute(n)
MSch	Außerstreitige Mietschutzverfahren
Nacharb.	Nacharbeiten
Nc	Nebenregister im Zivilverfahren
niri	nicht richterliche Bedienstete bei Gericht
Nr.	Nummer
Ns	Nebenregister im Strafverfahren
OGH	Oberster Gerichtshof
OLG	Oberlandesgericht
ON	Ordnungsnummer
Opp.	Oppositionsklage
OStA	Oberstaatsanwalt(schaft)
P	Pflegschaftsverfahren
P.sorg.	Personensorge im Pflegschaftsverfahren
P.stand	Personenstandsverfahren in Pflegschaftsverfahren
PAR	Personalanforderungsrechnung
PAR-BG	Personalanforderungsrechnung für Bezirksgerichte
PARen	Personalanforderungsrechnungen
PAR-LG	Personalanforderungsrechnung für Landesgerichte
Pens.Kl.	Pensionsklage
Pers.Sen.	Personalsenat
Pflegeg.	Pflegegeld
PIS	Personalinformationssystem
Präs.	Präsident
prät.	prätorisch

Privatankl.	Privatanklage
PS	Personalsenat
PSch	Pachtschutz
PV	Personalvertretung
R	Landesgerichtliche Rechtsmittelverfahren in Zivil
RDG	Richterdienstgesetz
R-E	Rechtsmittelverfahren in Exekutionsangelegenheiten
Real-E	Exekution in unbewegliches Vermögen
Reg.	Register
Registrg.	Registrierung
Rent.Kl.	Rentenklage
Ri.	Richter
ri.	richterlich(er)
RiAA	Richteramtsanwärter
RiBG	Richter des Bezirksgerichtes
RiLG	Richter des Landesgerichtes
RiOLG	Richter des Oberlandesgerichtes
RiVer.	Richtervereinigung
RK	Ratskammer
RM	Rechtsmittel
R/N	Nebenregister für landesgerichtliche Rechstmittelverfahren in Zivilsachen
ROM	ROI-Opperationsfolgen-Methode
Rp	Rechtspraktikant
Rpfl.	Rechtspfleger
RpflA	Rechtspflegeranwärter
RZ	Richterzeitung
S	Konkursverfahren
s.	siehe
Sa	Ausgleichsverfahren
SB	Schlussbericht
Schad.	Schadenersatzklagen
Se	Insolvenzrechtliches Einleitungsverfahren
SHv	Schöffenverfahren in Strafsachen
SMG	Suchtmittelgesetz
Sonst.	Sonstige
SprengelRi	Sprengelrichter
StA	Staatsanwalt(schaft)
StGB	Strafgesetzbuch
StPO	Strafprozessordnung

Strafverf.	Strafverfahren
Stv.	Stellvertreter
StVG	Strafvollzugsgesetz
Subs.ankl.	Subsidiaranklage
Subs.antr.	Subsidiarantrag
SV	Sachverständige(r)
Svv	Insolvenzverfahrensart
SW	Sachwalterschaftsverfahren
SW-B	Sachwalter-Bestellungsverfahren
SW-Ges.	Gesamte richterliche Sachwalterschaftsverfahren (ohne Bestellungsverfahren
TZ	Grundbuchverfahren (Tagebuchzahl)
U	Bezirksgerichtliche Strafverfahren
u.	und
u.a.	und andere
u.ä.	und ähnliches
u.U.	unter Umständen
Ub	Unterbingungsverfahren
Unterh.	Unterhaltsvorschussverfahren
Untersch.	Unterhaltsschutzverfahren
Ur	Strafverfahren vor dem Untersuchungsrichter
UVG	Unterhaltsvorschussgesetz
vgl.	vergleiche
VPräs.	Vizepräsident
VZK	Vollzeitkraft
WBO	Wohn-Bau-Ost (Bauskandal)
WEG	Wohnungseigentumsgesetz
WGG	Wohnungsgemeinnützigkeitsgesetz
WGN	Wertgrenznovelle
Wiederauf.	Wiederaufnahmeverfahren
Z	Bezirksgerichtliches Nebenverfahren
z.B.	zum Beispiel
z.T.	zum Teil
ZK	Zeitklasse
ZPO	Zivilprozessordung
ZRS	Zivilrechtssachen
Zust. Künd.	Zustimmung zu einer arbeitsrechtl. Kündigung

Literaturverzeichnis

Ackerl Franz, Ergebnisse einer Untersuchung, RZ 1991, 88ff.

Adickes Franz, So schnell und so billig wie möglich Recht finden, DRiZ 1995, 120f.

Atteslander Peter, Methoden der empirischen Sozialforschung[7] (1993).

Ballon Oskar J., Einführung in das österreichische Zivilprozessrecht[5] (1995).

Bamberg Günther/Baur Franz, Statistik[11] (2001).

Baumgart Michael/Schmitt-Michalowitz Sylvia, Justizreform durch leere Kassen, DRiZ 1997, 61f.

Bühl Achim/Zöfel Peter, SPSS für Windows Version 6 (1994).

Bundesministerium für öffentliche Leistung und Sport (Hrsg.), Verwaltung auf einen Blick. Leistungsbericht der österreichischen Bundesverwaltung 2000 (2002).

Burisch Wolfgang, Industrie- und Betriebssoziologie[7] (1973).

Brade Horst, Die innere Revision und die Aufgabe der Visitatoren als Stütze des Justizmanagements, in: BMJ (Hrsg.), Die Verwaltung der Gerichte – Wege zu einem neuen Justizmanagement (1991), 83ff.

Danzl Karl-Heinz, Geo. Geschäftsordnung für die Gerichte I. und II. Instanz. Leitfaden[5] (1999).

Danzl Karl-Heinz, Kommentar zur Geschäftsordnung für die Gerichte I. und II. Instanz (Geo.) (1999) (Loseblattsammlung).

Ehrmann Harald, Unternehmensplanung[3] (1999).

Fellner Wolfgang, Leitfaden zur „Personalanforderungsrechnung" im Bereich der Richter und Rechtspfleger der Bezirksgerichte (PAR-BG) (1996).

Fellner Wolfgang, Personalbewirtschaftung in der Justiz und die Steuerungsinstrumente des betrieblichen Informationssystems, in: BMJ (Hrsg.), Die Verwaltung der Gerichte – Wege zu einem neuen Justizmanagement (1991), 105ff.

Fellner Wolfgang, Personalbewirtschaftungssystem der österreichischen Justiz. Instrumente der Messung der richterlichen Arbeitsauslastung in Österreich (Vortragsunterlage) (1996).

Friedrichs Jürgen, Methoden empirischer Sozialforschung[14] (1990).

Geschka Horst, Delphi, in: Bruckmann Gerhard (Hrsg.), Langfristige Prognosen (1978).

Geschka, Horst, Implementierungsprobleme bei der Anwendung von Ideenfindungsmethoden in der Praxis der Unternehmen, in: Pfohl Hans Christian/Rürup Bernd (Hrsg.), Anwendungsprobleme moderner Planungs- und Entwicklungstechniken (1978).

Gordon Theodore J./ Helmer Olaf, Report on a Long Range Forecasting Study, Rand Paper P-2982 (1964).

Günter Hans-Helmut, Der Unternehmensberater am Arbeitsplatz des Richters, DRiZ 1994, 305ff.

Hanke Othmar, Justiz und Justizverwaltung, RZ 1991, 86f.

Harris Hubert/Mosnik Rudolf/Redding Joseph/Schmeidler Neal/Seidl Thomas, Industrial engineering in government, in: Maynard´s industrial engineering Handbook[5] (2001), 15.3ff.

Helmer Olaf/Rescher Nicholas, On the Epistemology of the Inexact Sciences, Management Science 1959, 25ff.

Hentze Joachim, Personalwirtschaftslehre 2. Personalerhaltung und Leistungsstimulation, Personalfreistellung und Personalinformationswirtschaft[5] (1991).

Hoffmann-Riem Wolfgang, Für ein professionelles Gerichtsmanagement, DRiZ 1997, 290ff.

Huff Martin W., Bessere Organisation in der Justiz – Das Museum Gericht, DRiZ 1995, 282.

Hule Oskar, Nochmals: Reform der Personalsenate, RZ 1993, 209.

Jackwerth Reinhard, Urteilsrückstände und Dauer gerichtlicher Verfahren, RZ

1991, 33ff.

Jackwerth Reinhard/ Krommer Eberhard/ Schmidt Alexander, Die Messung der richterlichen Auslastung und Effizienz, RZ 1992, 117ff.

Kicker Friedrich, Garantien und Standards zur Sicherung einer unabhängigen Justiz, in: BMJ (Hrsg.), Richter/innen in der ARGE Alpen-Adria. Ein einheitliches Berufsbild im Hinblick auf ein integriertes Europa? (1993), 23ff.

Kleinknecht Manfred, Schlanker Staat – schlanke Justiz, RZ 1995, 167.

Klingler Josef, Funktionierende Justizverwaltung – ein wichtiges Anliegen der Richterschaft, RZ 1991, 158ff.

Klingler Josef, Garantien und Standards zur Sicherung einer unabhängigen Rechtsprechung, in: BMJ (Hrsg.), Richter/innen in der ARGE Alpen-Adria. Ein einheitliches Berufsbild im Hinblick auf ein integriertes Europa? (1993), 33ff.

Kromrey Helmut, Empirische Sozialforschung[6] (1994).

Leeb Hermann, Brauchen wir Gerichtsmanager, DRiZ 1997, 287.

Leitner Ulrich, Laufende Kontrolle der fachlichen und persönlichen Eignung, in: BMJ (Hrsg.), Richter/innen in der ARGE Alpen-Adria. Ein einheitliches Berufsbild im Hinblick auf ein integriertes Europa? (1993), 55ff.

Linstone Harold, The Delphi Technique, in: Fowles J. (Hrsg.), Handbook of Futures Research (1978), 273ff.

Linstone Harold/Turoff Murray, The Delphi Method, Techniques and Application (1979).

Mag Wolfgang, Planung, in: Bitz Michael/Dellmann Klaus/Domsch Michel/Egner Henning (Hrsg.), Vahlens Kompendium der Betriebswirtschaftslehre II[3] (1992), 3ff.

Malaniuk Wilhelm, Justizverwaltung beim Gerichtshof, JBl 1954, 529ff.

Mäurer Ulrich, Dezentrale Ressourcensteuerung im Justizhaushalt der Freien Hansestadt Bremen – Erfahrungen und Perspektiven im Umgang mit den Finanzen der Justiz zu Zeiten knappen Geldes, DRiZ 1996, 169ff.

Olfert Klaus/Steinbuch Pitter A., Personalwirtschaft[4] (1990).

Papandreou Konstantinos A., Die Entwicklung neuer Telekommunikationsformen. Ergebnisse einer Delphi-Studie am Beispiel Griechenlands (1984).

Personalanforderungsrechnung für das Jahr 1994 im Bereich der Richter und Rechtspfleger der Bezirksgerichte. (PAR-BG 1994) (01.04.1996).

Personalanforderungsrechnung 1995 für Richter und Rechtspfleger der Bezirksgerichte. (PAR-BG 1995) (02.08.1996).

Personalanforderungsrechnung für das Jahr 1996 im Bereich der Richter und Rechtspfleger der Bezirksgerichte (PAR-BG 1996) (09.07.1997), JMZ 573.10/33-III 1/97.

Personalanforderungsrechnung für das Jahr 1997 im Bereich der Richter und Rechtspfleger der Bezirksgerichte (PAR-BG 1997) (10.08.1998), JMZ 573.10/33-III 1/98.

Personalanforderungsrechnung im Bereich der Richter und Richterinnen sowie der Rechtspfleger und Rechtspflegerinnen der Bezirksgerichte für das Jahr 1998 (PAR-BG 1998) (17.05.1999), JMZ 573.10/32-III 1/99.

Personalanforderungsrechnung im Bereich der Richter und Richterinnen sowie der Rechtspfleger und Rechtspflegerinnen der Bezirksgerichte für das Jahr 1999 (PAR-BG 1999) (24.05.2000), JMZ 573.10/22-III 1/2000.

Personalanforderungsrechnung im Bereich der Richter und Richterinnen sowie der Rechtspfleger und Rechtspflegerinnen der Bezirksgerichte für das Jahr 2000 (PAR-BG 2000) (12.07.2001), JMZ 573.10/26-III 1/2001.

Personalanforderungsrechnung im Bereich der Richter und Richterinnen sowie der Rechtspfleger und Rechtspflegerinnen der Bezirksgerichte für das Jahr 2001 (PAR-BG 2001) (11.07.2002), JMZ 573.10/34-III 1/2002.

Personalanforderungsrechnung im Bereich der Richter und Richterinnen sowie der Rechtspfleger und Rechtspflegerinnen der Bezirksgerichte für das Jahr 2002 (PAR-BG 2002) (29.04.2003), JMZ 573.10/20-PR 6/2003.

Personalanforderungsrechnung im Bereich der Richter und der Rechtspfleger der Gerichtshöfe erster Instanz für das Jahr 1996 (PAR-LG 1996) (17.12.1997), JMZ 573.10/82-III 1/97.

Personalanforderungsrechnung im Bereich der Richter und der Rechtspfleger der Gerichtshöfe erster Instanz für das Jahr 1997 (PAR-LG 1997) (18.11.1998), JMZ

573.10/44-III 1/98.

Personalanforderungsrechnung im Bereich der Richter und Richterinnen sowie der Rechtspfleger und Rechtspflegerinnen der Gerichtshöfe erster Instanz für das Jahr 1998 (PAR-LG 1998) (17.05.1999), JMZ 573.10/31-III 1/99.

Personalanforderungsrechnung im Bereich der Richter und Richterinnen sowie der Rechtspfleger und Rechtspflegerinnen der Gerichtshöfe erster Instanz für das Jahr 1999 (PAR-LG 1999) (24.05.2000), JMZ 573.10/23-III 1/2000.

Personalanforderungsrechnung im Bereich der Richter und Richterinnen sowie der Rechtspfleger und Rechtspflegerinnen der Gerichtshöfe erster Instanz für das Jahr 2000 (PAR-LG 2000) (12.07.2001), JMZ 573.10/27-III 1/2001.

Personalanforderungsrechnung im Bereich der Richter und Richterinnen sowie der Rechtspfleger und Rechtspflegerinnen der Gerichtshöfe erster Instanz für das Jahr 2001 (PAR-LG 2001) (11.07.2002), JMZ 573.10/35-III 1/2002.

Personalanforderungsrechnung im Bereich der Richter und Richterinnen sowie der Rechtspfleger und Rechtspflegerinnen der Gerichtshöfe erster Instanz für das Jahr 2002 (PAR-LG 2002) (29.04.2003), JMZ 573.10/21-PR 6/2003.

Popelka Hans-Bert, Die Delphi-Methode. Ein Leitfaden zur praktischen Durchführung von Delphi-Untersuchungen (1990).

Rauch Wolf, WTI-Delphi. Untersuchung über den gegenwärtigen Stand und zukünftige Entwicklungen des wissenschaftlich-technischen Informations- und Dokumentationswesens in Österreich (1978).

Refa-Verband für Arbeitsstudien und Betriebsorganisation e.V. (Hrsg.), Methodenlehre des Arbeitsstudiums. Teil 2. Datenermittlung[7] (1992).

Reissner Gerhard, PAR – Ein Experiment mit Folgen? RZ 1994, 75ff.

ROI, CIS Controlling-Informations-System. Pilotprojekt OLG Linz (Mai 1992).

ROI, Handbuch für die Handhabung der Personalanforderungsrechnung für Bezirksgerichte im Oberlandesgerichtssprengel Linz (1993).

ROI, Schlussbericht zum „Controlling-Informationssystem (CIS)" (Jänner 1993).

ROI, Schlussbericht zum Projekt Personalanforderungsrechnung im Bereich der Richter und Rechtspfleger der Gerichtshöfe erster Instanz. PAR-LG (1997), JMZ

573.10/81-III 1/1997.

Sackman Harold, Delphi Assessment. Expert Opinion, Forecasting and Group Process (1974).

Salinger Edgar/Kunz Christian, Zum Nachweis der Effizienz der Delphi-Methode, ZfB 1981, 470ff.

Schäfer Hans-Bernd, Kein Geld für die Justiz – Was ist uns der Rechtsfriede wert? DRiZ 1995, 461ff.

Schiller Jürgen, Auswahl des richterlichen Nachwuchses, in: BMJ (Hrsg.), Richter/innen in der ARGE Alpen-Adria. Ein einheitliches Berufsbild im Hinblick auf ein integriertes Europa? (1993), 39ff.

Schmidt Götz, Methoden und Techniken der Organisation[9] (1991).

Seidl Thomas/Hubner Elmar, Prozessmanagement und -kosten. Der Beitrag der Personalanforderungsrechnung (PAR) zur Ressourcenlenkung in der Verwaltung (Zeitungsartikel Wiener Zeitung vom 03.09.2002).

Spehar Herbert/Fellner Wolfgang, Richterdienstgesetz (RDG) und Gerichtsorganisationsgesetz (GOG)[3] (1999).

Vereinigung der Österreichischen Richter in Gemeinschaft mit der Vereinigung Österreichischer Staatsanwälte und der Bundessektion Richter und Staatsanwälte in der Gewerkschaft öffentlicher Dienst (Hrsg.), ACTIO. Mitteilungsblatt für Richter und Staatsanwälte, 2/02.

Walter Robert, Trennung von Justiz und Verwaltung und Justizverwaltung, JBl 1957, 255ff.

Walter Robert/Mayer Heinz, Grundriss des österreichischen Bundesverfassungsrechts[9] (2000).

Werner Marcus/Koetz Axel G./Hagener Dirk, Der Unternehmensberater am Arbeitsplatz eines Richters – ein Muß! DRiZ 1995, 430ff.

Wohinz Josef W./Russ Michael, Arbeitswissenschaften – Skriptum der TU Graz, Institut für Wirtschaft und Betriebswissenschaften (1993/1994).

Summary

The judicial Staffing Requirement Calculation PAR – an adequate personnel management tool in the public sector? – Abstract.

"In these times of growing demands of the citizens towards the state and a more critical view of the work carried out by governmental institutions, the judicature, too, is permanently observed by the public. In order to make the legal bodies fulfil their responsibilities, it is not only necessary to create a suitable legislative and administrative environment but also to meet adequate organisational, human resources and financial requirements. Two vital items in this context are sufficient staffing at the law courts and ensuring adequate working conditions."

This statement of the Austrian Federal Ministry of Justice, published at the beginning of the 1990s, was the reason why one more management tool has been added to those already used for the personnel within the judicial authorities by then. The Staffing Requirement Calculation (PAR for "Personalanforderungsrechnung") was developed in the course of a project awarded to the external management consulting agency "ROI Seidel + Partner Management Consultants" including the cooperation of internal experts of the Austrian judicature. After being introduced in 1994 for district courts and 1996 for provincial courts, the PAR calculations have been carried out every year with its results always being communicated to the various law courts in May of the following year.

Ever since the introduction of the PAR, however, there have also been, from time to time, doubtful voices questioning the figures which seem so objective. This because the mathematically calculated "rate of capacity utilisation" has often not corresponded to the subjective "feeling of strain" of the personnel in question. Is this only the effect of the general scepticism in regard to the measuring system common in the people who "are measured" or do the critical comments contain justified doubts as to whether the work of judges can be measured or not?

It was the aim of a Delphi study in the course of a dissertation at the Faculty of Social and Economic Sciences of the University of Graz to describe the PAR as a Human Resources Management Tool in the legal authorities. In a discussion among experts, consisting of four rounds and carried out anonymously with questionnaires, the strengths and weaknesses of this instrument have been elaborated. The questionnaires were sent to judges active in the area of the Graz Regional Appeal Court (Oberlandesgericht Graz) who have not only been affected by the PAR as "measuring objects" but who had to use it also in their function as members of the Autonomous Juridical Body or employees of the legal administrative body of the Regional Appeal Court. The circle of interviewees was completed with specialists who have been working on the PAR and were recommended by representatives of the Association of Judges and of the Union for Public Services (GöD for Gewerkschaft öffentlicher Dienst), Department for Judges and Public Prosecutors.

The survey was neither meant to be a mouthpiece for the discontented who could thereby question an unpleasant tool of control nor a scientific placet for an instrument used to control centrally the employment of judges. By tackling questions like "the importance of the PAR for the legal administration" or "where and how does the calculation system work" it was maybe possible to show and sometimes eliminate prevailing prejudice or misunderstandings within the community of judges. In this way this system analysis based on the personal opinion of "experts" in the area of the Graz Regional Appeal Court is supposed to contribute to the further development of the system.

One of the most striking results seems to be the importance attached to the maintenance of the system. This includes a process implemented to keep the calculation, which is based on detailed time frames, updated. This maintenance is being considered insufficient in its present form. On the other hand the answers of the questioned people allowed us to develop a system which counteracts the profound distrust towards the calculation of capacity utilisation displayed by the Human Resources and Financial Departments, where it is argued that the results are "only" based on the estimation of the measured objects themselves, always making sure, however, that individual note-taking and time requirement calculation are carried out by those people who do the work.

Peter Lang · Europäischer Verlag der Wissenschaften

Jochen Schellinger

Konzeption eines wertorientierten strategischen Personalmanagements

Frankfurt am Main, Berlin, Bern, Bruxelles, New York, Oxford, Wien, 2004.
XXIX, 513 S., zahlr. Tab., Graf. und Faltbl.
Schriften zur Unternehmensplanung.
Herausgegeben von Franz Xaver Bea, Alfred Kötzle und Erich Zahn. Bd. 67
ISBN 3-631-52033-6 · br. € 79.50*

Den Personalressourcen kommt in Unternehmen zu Beginn des 21. Jahrhunderts eine herausragende strategische Bedeutung zu. Zahlreiche empirische Studien belegen die signifikante Relevanz des Faktors Personal für die betriebliche Wertschaffung. Dies sowie die notwendige Rückbesinnung auf die ökonomische Essenz der Personalwirtschaft ist der Ausgangspunkt für die Entwicklung der Konzeption eines Shareholder Value-orientierten strategischen Personalmanagements. Der umfassende, theoretisch fundierte Portfolio-Ansatz beinhaltet Gestaltungsempfehlungen für ein strategisches Personalcontrolling, ein wertorientiertes Kulturmanagement, für wertbasierte Anreiz- und Vergütungssysteme, die strategische Personalbeschaffung, -entwicklung und -freisetzung und für ein adäquates Personalmarketing.

Aus dem Inhalt: Konzeptionen einer strategischen Personalwirtschaft · Unternehmenswertsteigerung als ökonomisches Leitbild eines strategischen Personalmanagements · Theoriemodule und konzeptionelle Eckpunkte eines strategischen Personal-Wertkonzepts · Integriertes Phasenschema zur Analyse ökonomischer Humanpotenziale (strategische Personal-Wertanalyse) · Gestaltungsfelder eines Shareholder Value-orientierten strategischen Personalmanagements

Frankfurt am Main · Berlin · Bern · Bruxelles · New York · Oxford · Wien
Auslieferung: Verlag Peter Lang AG
Moosstr. 1, CH-2542 Pieterlen
Telefax 00 41 (0) 32 / 376 17 27

*inklusive der in Deutschland gültigen Mehrwertsteuer
Preisänderungen vorbehalten

Homepage http://www.peterlang.de

FSC
www.fsc.org
MIX
Papier | Fördert gute Waldnutzung
FSC® C083411

Kolibri 360 GmbH
Ferdinand-Jühlke-Straße 7
99095 Erfurt, Deutschland
produktsicherheit@kolibri360.de

Druck:
CPI Druckdienstleistungen GmbH
im Auftrag der
Kolibri 360 GmbH
Ferdinand-Jühlke-Str. 7
99095 Erfurt